REITs:
中国道路

韩志峰 张 峥 等著

人民出版社

作 者 名 单

主要作者

    韩志峰　张　峥

主要参与作者（按姓氏笔画排序）

    王国庆　闫云松　李文峥　李泽正　何亮宇

    呼　和　周浩宇　周　磊　赵成峰　徐成彬

2017 年 4 月 11 日，首批 PPP 项目资产证券化产品在上海证券交易所挂牌。

2017 年 4 月 11 日，证监会债券部、发展改革委投资司在上交所召开 PPP 项目资产证券化座谈会。前排左起为李泽正、刘绍统、韩志峰、蔡建春、汪兆军、佘力。

2019年3月28日，基础设施 REITs 调研小组在深圳前海调研。前排左四起为王翔、陈飞、段东兴、刘世坚。

2019年4月10日，基础设施 REITs 调研小组在苏州产业园调研。前排左三起为李泽正、王翔、姚斌、卢大彪、汪兆军、王建国、徐成彬。

　　2019 年 4 月 17 日，基础设施 REITs 调研组在北京新疆大厦召开座谈会。靠窗前排左六起为闫云松、刘榕、韩志峰、李开孟、王翔、李泽正，前排右起为徐成彬、张峥。

　　2019 年 6 月 27 日，北大光华管理学院举办中国 REITs 论坛 2019 年会。前排左起为厉以宁、王仰麟、刘俏。

2019 年 5 月 21 日，基础设施 REITs 试点文件起草小组部分成员在北京大学合影。左起为胡双力、王建国、罗桂连、闫云松、汪兆军、张峥、韩志峰、王翔、李泽正、郑雪晴、卞超、于嘉文。

2020 年 9 月 27 日，中国 REITs 论坛 2020 年会在上海证券交易所举办。

中国 REITs 论坛 2020 年会嘉宾合影，前排左起为刘俏、韩志峰、邱勇、黄民、翁孟勇、张勇、徐宪平、刘小明、黄红元、陈飞、蔡建春。

2020 年 10 月 16 日，北京市举办 2020 年基础设施 REITs 产业发展大会。

2021 年 2 月 25 日，大湾区基础设施 REITs 发展论坛在深圳证券交易所举行。

2020 年 10 月 31 日，受发展改革委委托，中咨公司组织开展基础设施 REITs 专家评审工作。中图为全体专家；下图左三起为王国庆、呼和、韩志峰、李开孟、徐成彬。

2020 年 11 月 5 日，深交所在重庆市举办资产证券化及基础设施公募 REITs 专题培训。

2021 年 5 月 6 日，上交所专家委员就首批项目重点关注问题展开讨论。

　　2021年6月21日，中国首批基础设施REITs上市，中国公募REITs市场正式诞生。上图为上交所，下图为深交所举行上市挂牌仪式。

序　一

中国基础设施 REITs：1096 天的绽放

2021 年 6 月 21 日，夏至，太阳直射北回归线。

这一天，首批基础设施公募 REITs 试点项目在沪深证券交易所挂牌．中国 REITs 市场由此正式诞生。无论是在中国投融资体制改革的长河中，还是在中国资本市场的发展史上，这都是一个里程碑式的事件。这一天，也将永久记录在共和国改革开放的史册上。

事非经过不知难。从本世纪初的研究探索，到首批公募 REITs 产品的面世，其间坎坷曲折、风云变幻。多少人为之呼吁呐喊，多少人为之苦苦求索，多少人为之衣带渐宽，多少人为之痴心不改……九单基础设施 REITs 产品的呱呱坠地，是所有曾为中国 REITs 付出过努力的各界人士共同的心血结晶，也是对他们最好的回报与致敬！

阳光总在风雨后。从 2018 年 6 月 21 日召开首次基础设施 REITs 座谈会，到 2021 年 6 月 21 日首批 REITs 产品挂牌，整整三个寒暑、1096 天。难以忘怀的，是领导们的支持与肯定、鞭策与担当；记忆犹新的，是工作组奔赴各地的调研与座谈，是对试点文件字斟句酌的起草与完善；历历在目的，是专家们评审项目时的严格认真，是对申报材料的披沙沥金……基础设施 REITs 试点初战告捷，既来自于制定政策、审核项目时的缜密与严谨，更来自于"摸着石头过河"的信心与勇气。

一石激起千层浪。基础设施 REITs 试点政策的出台，引发了高度的社会关注和强烈的市场反响，众多原始权益人、基金、券商等积极投身到这一洪流中来。他们是传播者，从理论到政策，边认真学习、边大力推广；他们是探路人，纵使前路崎岖，毅然栉风沐雨、砥砺前行；他们是"许三多"，尽管困难重重，决然不抛弃、不放弃，用热诚、智慧和执着去化解……正因为有了这样一批矢志不渝的同行者，基础设施 REITs 之花才能最终绽放。

三年再回首，感慨良多。在本书即将付梓之际，在沪深证券交易所的 REITs 钟声敲响之时，谨向关心、参与、支持中国 REITs 的所有人，致以崇高的敬礼和深深的谢意。

作为中国 REITs 试点的参与者之一，既深知其破土而出的来之不易，更深感其未来发展的任重道远。如何把握借鉴国际经验和坚持中国特色的关系？如何实现实体经济和金融资本的有机结合？如何处理基础设施商业价值和公共利益的对立统一？如何构建符合国情、成熟稳定的中国 REITs 制度体系？如何促进 REITs 市场的平稳健康发展、维护投资人的合法权益？一系列的焦点、难点问题，既需要在实践中不断探索和解决，亦需要静下心来，钩沉稽古，发微抉隐。

因此，不揣浅陋，萌生了写作本书的想法。经与业内人士交流探讨、集思广益，本书的定位逐渐清晰，内容日趋丰满。讲述中国 REITs 故事，体现中国 REITs 特色，发掘中国 REITs 价值，是本书的基本定位，也是本书独出机杼之处。希望通过这本书，能帮助读者了解中国 REITs 的来龙去脉、知晓中国 REITs 的政策要义、掌握中国 REITs 的操作方法、理解中国 REITs 的行业特性、洞悉中国 REITs 的投资策略、借鉴中国 REITs 的成功经验。本书的酝酿，始于去年仲夏，执笔写作之日，正是 REITs 试点快速推进之时，相关内容根据试点进展情况及时补正完善。历经近一年的雕琢打磨，希望呈献给读者的，是一本既有宏观视角的高屋建瓴、又有微观层面的条分缕析，既有严肃认真的专业论述、又有浅显易懂的解释说明，紧贴时代、内容鲜活的诚意之作。

爱好由来落笔难。所幸的是，有众多中国 REITs 的一线参与者加入进来，在 REITs 的理论研究、政策制定、行业监管和市场实践等方面，他们都是各自领域的佼佼者。饱含对 REITs 的挚爱与情怀，他们克服繁重的日常工作，花费大量时间和精力，收集资料、撰写文稿、精心修改、字斟句酌。本书是集体智慧的结晶，是共同创作的成果。谨向参与本书写作的所有人员，表达最衷心的感谢。

今年春节七天假期，每天都在办公室度过，对书稿进行修改核校。在此过程中，深深感到，尽管作者们付出了巨大心血，但由于中国 REITs 刚刚起步，也由于水平和资料有限，遗憾和疏漏之处在所难免，希望能够得到广大读者的批评与谅解。另外，全书基本定稿于今年 5 月底，此后的一些重要进展未能在书中呈现，也是一个小小的缺憾。

中国 REITs 的推进和本书的写作，也让我与北大光华再续前缘。1985 年，有幸进入北大经济学院经济管理系学习，厉以宁老师是我们的系主任，他在迎新会上的谆谆叮嘱仿佛就在昨天。当年的经济管理系，演变成了今天的光华管理学院。这次研究探索 REITs 的过程中，又与光华紧密合作，得到了刘俏院长、张峥副院长的大力支持。一塔湖图，永驻心间。

当年燕园读书时，厉以宁老师大力倡导企业上市股份制改革，而今已硕果累累。今日，被称为资产上市的 REITs 刚刚破土，祝愿它能茁壮成长，早日枝繁叶茂。

地上本没有路，走的人多了，也便成了路。

期待着越来越多的中国企业走上 REITs 之路。

期待着 REITs 的中国道路越走越宽广。

韩志峰

2021 年 6 月

序 二

坚持问题导向　发展 REITs 市场

　　2020 年 4 月 30 日，中国证监会与国家发展改革委颁布了《关于推进基础设施领域不动产投资信托基金（REITs）试点相关工作的通知》及《公开募集基础设施证券投资基金指引（试行）（征求意见稿）》，正式启动公募 REITs 试点。《通知》的发布是中国 REITs 市场建设的里程碑事件，公募 REITs 试点对于中国不动产投融资体制改革具有重大意义，其重要性可以比肩 A 股市场的注册制试点。

　　中国公募 REITs 蓝图正徐徐展开，亟待系统性阐述中国 REITs 制度设计，指导中国 REITs 市场实践的作品，本书正是这样一本著作。中国 REITs 市场的发展道路不同于大多数国家和地区，其最大特色在于从基础设施领域开始推进公募 REITs 试点。我们知道，基础设施和持有型房地产是 REITs 的两类主要基础资产。从全球发展经验来看，REITs 最早集中在持有型房地产，现已广泛应用于无线通信、电力、交通、能源、工业园区、物流仓储、数据中心等基础设施领域。应该说，无论从哪里开始试点，理论上均具备可行性。从基础设施领域启动试点工作，既有中国经济发展模式与发展路径的自然驱动，更体现了制度设计者与市场实践者的智慧。

　　REITs 是直接金融。产品高透明度、风险匹配，以及流动性匹配，是 REITs 的设计和运作理念。REITs 产品定位于不动产项目的成熟期，相比于开发阶段，成熟不动产资产以现金流为基础，透明度高，不易产生估值的分歧。REITs 采取强制分红制度，保障了投资者到手现金流与不动产资产经营的强相关性，这一约束条件，使得 REITs 的价值创造建立在不动产资产的真实经营之上，使得 REITs 的定价中枢定位于资产的稳定分红以及现金流成长性。权益型 REITs 公开上市交易，目的是将有风险的永续现金流证券化，对接长期资金，满足投资者的流动性需要，实现了投融资的风险匹配和流动性匹配。

中国基础设施 REITs 试点把握了中国 REITs 市场建设的第一性问题。从基础设施领域入手，直接回应了基础设施投融资体制以及资产管理市场的补短板需求，充分体现了金融服务于实体经济。公募 REITs 试点坚持市场化原则，以公开发行、公开交易方式，坚持权益型导向，实现 REITs 穿透持有不动产权益，其中收入结构要求、分红比例等具体规则参考成熟市场规则制定，试点的制度设计充分把握了 REITs 制度设计的本质特征。

本书聚焦于两个重要的主题，中国基础设施 REITs 的制度设计，以及中国基础设施 REITs 的市场实践。本书重点回答了这些问题：为什么基础设施 REITs 是中国 REITs 市场建设的必由之路？如何搭建基础设施 REITs 的制度架构？哪些行业领域是中国基础设施 REITs 的发展重点？如何发起、设立、申报和发行基础设施 REITs？基础设施 REITs 操作实务中有哪些要点需要关注？中国基础设施 REITs 的投资价值在哪里？怎样投资中国基础设施 REITs？已发行基础设施 REITs 有哪些特色？全球基础设施 REITs 有哪些发展经验？本书包括六篇，分别是概述篇、政策篇、行业篇、实务篇、投资篇和案例篇，另附基础设施国际经验介绍，形成了本书的完整体系框架。

本书以问题为导向，体现中国特色，讲中国故事。改革开放四十多年，中国经济进入了高质量发展的新发展阶段，在实现社会主义现代化的道路上，中国经济社会发展面临诸多挑战，其中，解决不动产投融资市场中资金需求与供给的结构性错位问题迫在眉睫，而建设中国公募 REITs 市场则是破题的关键。本书详细介绍了中国 REITs 制度的探索进程，全面阐述了中国公募 REITs 市场的制度设计，深入解读了中国基础设施 REITs 的政策体系。我们可以看到，中国 REITs 市场建设，不是在"白纸上作画"，需要考虑经济增长、高质量发展、防范风险的权衡取舍，需要协调国有资产管理、税收、土地、行业、金融等各方面政策，其复杂性不言而喻。本书的作者来自政策、学术和实务界，深度参与了中国基础设施 REITs 市场的规划与设计，他们从现实出发，从中国的问题出发，对照问题，解决问题，勇于探索与实践。将研究成果和实践经验以著作的形式呈现，目的是为中国基础设施 REITs 试点提供行动指南，推动中国 REITs 市场的长期健康发展。

2017 年至今，在刘俏教授的倡议和组织下，由北京大学光华管理学院的学者、研究人员，以及国内外政策、实务界专家等组成的北大光华 REITs 课题组，在"光华思想力"平台的支持下，相继推出了《中国 REITs 白皮书》系列研究报告，出版《中国 REITs 市场建设》，全面深入地论述了中国 REITs 市场建设的意义、制度设计与实现路径等重要问题，受到广泛关注与高度认可。之后，课题组设立北大光华中国 REITs 研究中心并发起中国 REITs 论坛，持续地推进相关领域的研究。

2018 年 6 月 21 日，我有幸参加了国家发展改革委投资司召开的基础设施 REITs 座谈会，介绍了 REITs 的定义、特点和发展概况。2019 年 3 月和 4 月间，参与了国家发展改革委投资司和中国证监会债券部组织的基础设施 REITs 联合调研小组，在京津冀、长三角、粤港澳、海南等地区进行了大量调研。调研之后，刘俏教授、我，以及北大光华课题组的成员，分别参加了由国家发展改革委和中国证监会举办的多次研讨，调研报告和试点文件的起草工作，以及试点推出之后的研究工作。身处伟大的时代，能够参与一项具有重大意义的工作，与有荣焉！

中国公募 REITs 市场建设不会是一蹴而就，但"千里之行始于足下"，对于 REITs 市场建设的相关问题，例如产品设计、估值定价、治理结构、管理人能力建设、税制、国资转让、扩募机制、杠杆率等，应理性看待，科学分析。基础设施 REITs 试点启动是一个突破，随着试点工作顺利推进，在政策、学术，以及行业各界的共同努力下，不断积累经验，完善制度规则和行动方案，中国 REITs 市场将成为中国资本市场的重要组成部分，有效助力中国经济的高质量发展。

张　峥

2021 年 6 月

目 录

概述篇

政策篇

行业篇

实务篇

投资篇

案例篇

附　录

概　述　篇

第一章　REITs 起源和发展

不动产证券化是把流动性较低、非证券形态的不动产资产，直接转化为资本市场上的证券资产的金融化过程。不动产投资信托基金（Real Estate Investment Trusts，REITs）是实现不动产证券化的重要手段，是通过发行收益凭证汇集多数投资者的资金，交由专业投资机构进行不动产投资经营管理，并将投资收益及时分配给投资者的一种投资基金。

第一节　REITs 是什么

REITs 最早于 1960 年在美国出现，后于 1971 年在澳大利亚出现。在亚洲市场上，REITs 于 2001 年在日本出现，其后于 2002 年在新加坡出现，紧接着在中国台湾和中国香港等地区相继推出。截至 2020 年 12 月，全球共有 43 个国家或地区出台了 REITs 制度，全球公募 REITs 市场的总市值已经超过 2 万亿美元①。

一、REITs 的分类

REITs 有多种分类标准。根据法律载体不同，可以将 REITs 分为公司型和契约型，公司型 REITs 在美国市场占主体地位，如西蒙地产、美国铁塔等。公

---

① 根据全美 REITs 协会（Nareit）统计，共 39 个国家和地区推出 REITs 制度。由于强制分配宽松程度、属地原因等，Nareit 未纳入智利、立陶宛、波多黎各 3 个国家或地区，但欧洲不动产协会（EPRA）认可其 REITs 制度。本书综合了 Nareit 和 EPRA 于各地域的统计数字，并将中国纳入推出 REITs 的国家。

司型 REITs 在法律意义上以公司形态而存在。公司因为主业、红利发放等方面符合 REITs 条例的有关规定，获得了 REITs 的相关政策。公司型 REITs 的典型架构如图 1.1 所示。

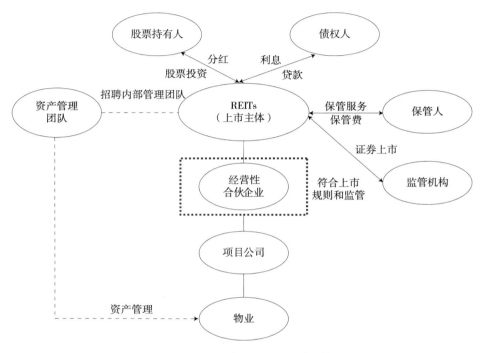

图 1.1　公司型 REITs 的典型架构

契约型 REITs 以信托或基金为法律载体，在亚洲市场上更为普遍，如新加坡凯德多只 REITs、香港领展等，其运作符合 REITs 条例并通过发行信托凭证或基金份额来募集资金。契约型 REITs 的典型架构如图 1.2 所示。

根据投资方式不同，REITs 可分为权益型、抵押型和混合型。其中，权益型 REITs 投资并拥有底层不动产资产的所有权，通过资产经营取得收入，其收益来自租金和不动产的增值，是 REITs 的主导类型，占全球 REITs 总市值的 90% 以上。抵押型 REITs 向不动产所有者或开发商直接提供抵押信贷，或者通过购买抵押贷款支持证券间接提供融资，其主要收入来源为贷款利息，因此抵押型 REITs 资产组合的价值受利率影响比较大。混合型 REITs 既购入拥有并经

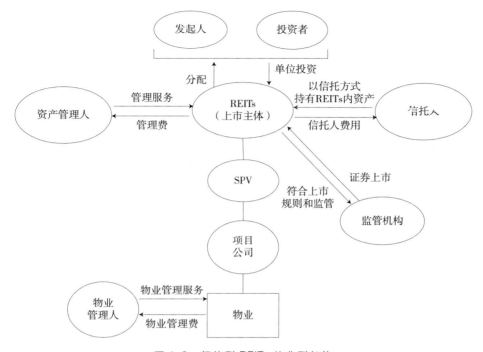

图 1.2　契约型 REITs 的典型架构

营不动产，又向不动产所有者和开发商提供信贷资金，是上述两种类型的混合。

　　根据 REITs 的基础资产不同，可以将 REITs 分为商业零售 REITs、基础设施 REITs、租赁住房 REITs、物流 REITs 等。REITs 的投资领域十分丰富，其基础资产包括商业写字楼、零售物业、酒店、公寓、仓储物流、医疗保健、主题公园、体育馆等，以及种植园、监狱、学校建筑等创新性 REITs 投资领域。机场、港口、收费路桥、电力设施、通信铁塔、数据中心等具有稳定、较高收益率的基础设施也越来越多被各国 REITs 所应用。

　　REITs 是一种满足特定制度要求的金融产品。经过多年的发展，全球 REITs 产品形成了六个典型的特征，我们通常将具有这些特征的 REITs 产品称为标准化 REITs，这些特征包括：

　　第一，REITs 的主要投资标的是成熟的不动产资产，以不动产产生的长期、稳定的现金流作为主要收入来源。

第二，对 REITs 投资经营产生的收益实施强制分红政策，即 REITs 的可分配利润应高比例分配给投资人。

第三，REITs 制度是税收驱动的，具体表现在 REITs 层面进行所得税免除，以及在 REITs 形成过程中实施一定的税收优惠。

第四，以公开募集与上市交易的 REITs 产品为市场建设的标志，同时给予私募 REITs 足够的发展空间。

第五，REITs 通常实行主动管理模式，其产品价值依赖于专业管理人对不动产资产的专业管理与合理投资决策。REITs 的管理既具有金融属性，又具有不动产属性。金融属性体现在 REITs 的增资扩股、债务融资、并购与处置、投资者关系等，不动产属性体现在不动产资产管理、运营、客户管理等。

第六，为保障 REITs 持有人的分红权益和降低运作风险，REITs 在负债方面表现出一定程度的节制，一些国家的 REITs 制度通过制订 REITs 杠杆率上限来约束其债务融资行为。

二、REITs 的功能

REITs 市场是不动产投融资体系的重要组成部分，对于企业增强投融资能力、改善财务和经营状况、实现企业战略落地具有重要价值。REITs 同时也为投资者提供了资产管理的工具，因其风险分散性及优质的抗通胀属性而具有较高的配置价值。在宏观经济层面上，REITs 对国家财政政策和货币政策的实施，也具有重要的积极意义。

（一）企业视角

各国 REITs 制度均要求权益型 REITs 主要投资于成熟的不动产资产，以不动产产生的长期、稳定的现金流作为主要的收入来源；抵押型 REITs 的主要投资标的是抵押贷款支持证券。此外，各国还往往对 REITs 进行房地产开发、短期交易等行为加以限制。因此，占市场主流的权益型 REITs 是将企业持有的低流动性不动产资产通过证券化的手段变为高流动性的金融资产，实现全部或部分出售。REITs 的融资功能并不主要体现为直接为企业提供增量资金，而是通过将存量资产变现来缓解企业的资金压力。相比于直接出售资产，在 REITs 市场上出售资产权益，一方面有可能降低由于资产缺乏流动性而带来的估值损失，另一方面可以保有决定整体资产控制权是否转移的选择权。REITs 通过真实出售对应基础资产，可以起到资产出表的效果，不会为企业积累负债、增加企业杠杆率。REITs 融资的资金所得可以更广泛地投入于企业发展和运营。

对于非不动产企业而言，REITs 同样具有重要意义。不动产在企业资产结构中占有较高的份额，REITs 将企业所拥有的成熟不动产进行证券化，为企业经营提供资金，同时起到补充资本金，降低财务杠杆作用。对于金融机构而言，在巴塞尔协议 III 方针和各国（地区）监管政策的要求下，资本金是包括银行、券商、保险等在内的各类金融机构抵御风险、扩大业务及市场规模、获取竞争优势的根基和关键。REITs 能够扩充企业特别是金融机构的资本金补充渠道，对股权 IPO、股权再融资、公司债、可转债等传统融资方式形成有力补充，在特定市场环境之中为企业形成有效的资本支持。

不动产资产常常是企业的重要生产要素，例如连锁零售、物流等行业企业。在不动产通过 REITs 进行证券化之后，企业可以通过回租等方式继续使用相关资产，在不影响企业经营的同时，改善企业融资环境，促进企业的战略转型和发展。企业可以通过应用 REITs 市场来打造完整的业务模式，实现企业战略落地。REITs 的存在，使不动产企业在经营模式的选择方面更具灵活性，根据自身条件和商业环境来选择散售模式、持续性经营收入模式，或两者并重的经营模式。企业以存量资产发行 REITs，能够在不增加债务的情况下收回前期投资，在整体上提升财务健康状况；企业可以以 REITs 管理人或服务商的身份参与资产管理和运营，充分挖掘物业资产的运营价值，实现轻资产经营；企业还可以选择用持有 REITs 的方式保有资产的控制权，将 REITs 作为轻重资产分离的工具。

（二）投资者视角

REITs 是优质的抗通胀资产。与股票、债券等传统资产大类相比，不动产投资具有优秀的抗通胀能力。REITs 是与不动产资产密切相关的重要金融产品，REITs 制度的各项要求保障其具备良好的风险收益特性，具有良好的资产配置价值。REITs 直接投资于租金收入稳定的不动产项目，租金合同往往根据通货膨胀情况进行调整，强制分红制度保障了投资者收益的稳定性，而底层资产的价格也具有抗通胀属性。REITs 较低的波动性同时受短期固定租约和长期房地产周期影响，回报和风险介于债券与股票之间。作为单一投资品种，REITs 为希望投资于不动产的投资者提供了替代途径，相比直接进行不动产投资，REITs 有着更高的流动性、更低的交易成本和更低的交易门槛。作为标准化的、透明的金融产品，REITs 投资者保护机制完善，可以降低投资者的投资成本。上市交易的 REITs 具有良好的流动性，已经开发了一系列指数和指数 ETF 产品，为投资者的交易提供了巨大便利。

REITs 具有较高的配置价值。REITs 有着出色的风险分散的属性，可以帮助投资者优化投资组合有效边界，改善投资组合的整体表现，使之成为股票、债券和现金之外的第四个大类资产配置类别。美国权益型 REITs 与标普 500、巴克莱美国债券指数之间的相关性分别为 0.58、0.19，相关系数都远低于 1，能够有效分散投资风险。同时，由于 REITs 产品的基础资产具有显著的地域差异，相比于股票，REITs 是投资者分散地域风险更为有效的工具，有利于投资者进行跨地区资产配置。

（三）宏观经济的视角

纵观全球 REITs 的发展历程，各个国家和地区推出 REITs 的契机往往与自身的经济周期有着密不可分的关联，绝大多数在经济危机、经济衰退或经济高速发展动力不足时出台 REITs 相关的法律法规。REITs 市场建设对于宏观经济发展有着重要的作用，能够帮助经济体摆脱低迷、走出危机、为经济发展提供新动能。

REITs 可以成为经济发展的新动能。REITs 的推出，对于国家财政政策和货币政策的实施都有着重要的作用。一方面，让不动产行业拥有更强的活力、更大的流动性和更高的透明度，使同等的财政投入获得更大的回报，为保障经济增长作出更大的贡献；另一方面，REITs 的推出可以吸引社会资本一同参与基础设施建设，也为国有资本在未来经济景气时的退出提供新的渠道，帮助政府财政能够健康可持续发展。在税收的角度，一方面，对于房地产企业，采取 REITs 结构可以降低税率，增强其不动产行业的开发和经营动机；另一方面，现有的大量存量不动产通过 REITs 的引入重新拥有了流动性，反而为政府的税收引入了合理税源。此外，对于发展中的经济体而言，REITs 制度的引入有助于吸引稳定的外国资本和外商投资，成为助推发展中经济体经济转型的关键力量。一方面，REITs 作为回报稳定的投资工具有助于吸引稳定的外国资本，避免剧烈的资本流入和流出引起汇率剧烈波动；另一方面，REITs 吸引外商投资可以进一步推动不动产项目的建设，从而促进国家经济发展。

在货币政策层面，应用 REITs 作为货币政策调控工具，有助于使得货币政策向实体经济的传导机制更加畅通。REITs 是由实体经济直接发行的证券化工具，对 REITs 进行操作，可以绕过商业银行体系，直接影响实体经济的货币供应，更直接和有效地发挥货币政策的作用。在理性预期的经济体中，REITs 的购买操作还可以刺激总需求，合理影响通货膨胀预期，提高商品价格。

以 REITs 作为货币政策调控工具有助于促进直接融资，降低实体经济的杠杆率。REITs 以权益型为主要特征，通过中央银行介入 REITs 市场，体现为实体经济资产负债表中的股权和长期资本，增加了实体经济的耐心与韧劲，扩大了实体经济股权融资的深度和广度。与传统货币政策工具相比，REITs 操作在增加了市场流动性的同时，不会提高企业杠杆率，保持甚至优化经济的资产负债表，改善企业的融资期限结构，增加企业的直接融资比率。

REITs 有助于拓宽货币政策对金融市场定价机制的影响力，为外汇政策预留操作空间。金融市场的定价能力由利率和风险溢价二个维度共同组成，传统的货币政策工具如央行票据、国债等只会对利率产生影响，而不影响风险溢价。商业银行的资产端主要由基础设施投资以及其他有一定风险特征的投资构成，如果金融市场的风险偏好不变，仍然不敢于增加投资，则货币政策的操作空间和效力会受到严重的限制。在开放的经济环境中，利率的变化将直接作用于资本流入流出的压力，对外汇政策产生影响。使用 REITs 工具，绕过利率这一渠道，直接对风险溢价进行调节，在一定程度上可以在不影响外汇市场的同时实现国内资产价格的提升。

第二节 全球 REITs 市场

全球 43 个已推出 REITs 制度的国家或地区既有发达经济体也有发展中经济体，覆盖美洲、欧洲、亚洲、非洲、大洋洲等五个大洲。在已经建立了 REITs 制度的国家以外，阿根廷、葡萄牙、尼日利亚等十几个国家正在积极推进 REITs 制度的出台。

一、REITs 制度

REITs 市场遍布美洲、欧洲、亚洲、非洲、大洋洲，这些地区中既有发达经济体，也有发展中经济体，但制度建立较为完善、运营较为成熟的市场仍集中在发达国家或地区，如美国、澳大利亚、加拿大、日本、新加坡以及北欧与西欧地区的国家等，印度、马来西亚、泰国、南非、土耳其等人均收入水平较高的发展中国家的 REITs 制度也较为完备。表 1.1 展示了各个经济体推出 REITs 的时间与标志性条令。

表 1.1 各经济体推出 REITs 的时间和标志性条令

国家和地区	出台时间	标志性条令	国家和地区	出台时间	标志性条令
美国	1960 年	Internal Revenue Code	德国	2007 年	Real Estate Investment Trust Law
荷兰	1969 年	FBI（Art. 28 CITA）	泰国	2007 年	Trusts for Transactions in the Capital Market Act B. E. 2550
波多黎各	1972 年	Internal Revenue Code for a New Puerto Rico	立陶宛	2008 年	Law on Collective Investment Undertakings
比利时	1990 年	Belgian Law of 4 December 1990	巴基斯坦	2008 年	REIT Regulatory Framework in Pakistan by SECP
巴西	1993 年	Federal Law 8. 6 68/93	哥斯达黎加	2009 年	The General Regulationsof Fund Management Companies and Investment Funds
加拿大	1994 年	Income Tax of Act	芬兰	2009 年	Act 24. 4. 2009/299

续表

国家和地区	出台时间	标志性条令	国家和地区	出台时间	标志性条令
土耳其	1995 年	Capital Markets Law No. 6362	菲律宾	2009 年	Republic Act 9856.
新加坡	1999 年	Property Fund Guidelines	西班牙	2009 年	Act 11/2009
希腊	1999 年	Law 2778/1999 (REIC Law)	匈牙利	2011 年	Act on Real Estate Investment Companies
日本	2000 年	The Admendment to the Investment Trust and Investment Corporation Law	爱尔兰	2013 年	Finance Act 2013
韩国	2001 年	Real Estate Investment Company Act	肯尼亚	2013 年	Legal Notice No. 116 of 18th June 2013
马来西亚	2002 年	Guidelines on Property Trust Funds by the Securities Commission	南非	2013 年	The Amendment of the Tax Legislation and the JSE Listing Requirements
法国	2003 年	Article 11 of the Finance Act for 2003	智利	2014 年	Law No. 20, 712 on Administration of Funds and Individual Funds Portfolio
中国台湾	2003 年	Code on Real Estate Securitization	印度	2014 年	SEBI (Real Estate Investment Trusts) Regulations
中国香港	2003 年	Code on Real Estate Investment Trusts by SFC	越南	2015 年	Techcom REIT IPO
保加利亚	2004 年	Special Purpose Investment Companies Act (SPICA)	巴林	2016 年	The Real Estate Regulatory Law
墨西哥	2004 年	Mexican Income Tax Law	沙特阿拉伯	2016 年	REITs Instructions by Board of the Capital Market Authority
英国	2006 年	Finance Act 2006, and subsequently issued regulations	阿曼	2018 年	Decision No. 2/2018 by Capital Market Authority
意大利	2006 年	Law No. 296/2006	葡萄牙	2019 年	Decree-Law No. 19/2019

续表

国家和地区	出台时间	标志性条令	国家和地区	出台时间	标志性条令
阿联酋	2006 年	The Investment Tr-ust Law No. 5	澳大利亚	/	时间跨度大，无明确起始法令出台时间
以色列	2006 年	Sections 64A2–64A11 of the Is-raeli Tax Ordin-ance	新西兰	/	时间跨度大，无明确起始法令出台时间

资料来源：蔡建春等，《中国 REITs 市场建设》，中信出版集团 2020 年版。

可以看到，绝大部分的 REITs 制度出台时间集中在 20 世纪 90 年代之后，这一现象与全球及各国（地区）的经济周期变动趋势紧密相关。20 世纪 90 年代初，因国际形势、区域争端以及各个地区的结构性问题，全球经济陷入了巨大的衰退中，1991 年全球 GDP 增长率较 1988 年下降了近 70%[1]。各国（地区）不动产景气度也随之下滑，几乎达到前后数年中的最低值，如美国的商业不动产价格指数从 1989 年开始一路走低，直至 1993 年达到最低值 52.7（2010 年为基期，基数为 100)[2]。加拿大、新加坡、韩国、日本等在 20 世纪 90 年代后建立 REITs 制度的国家，房价也都在此前出现了持续性或大幅度的下降[3]。在这一背景下，REITs 成为帮助经济体摆脱低迷、走出危机，为经济发展提供新动能的重要工具[4]。

各国（地区）的 REITs 制度均脱胎于美国 REITs 的制度规范，虽因各自经济体系与市场现状的路径不同体现出些许的差异性，但各地的 REITs 制度仍然保留了区别于其他不动产金融产品的重要要求，体现在：

第一，对 REITs 的收入与资产结构的要求。尽管具体的规定方式不同，各国（地区）REITs 制度无一例外对 REITs 的经营活动进行限制，要求 REITs 投资于成熟的不动产资产，以不动产产生的长期、稳定的现金流作为主要的收入来源。美国、英国、加拿大、新加坡、德国等国家均设定了 REITs 不动产占总资产的最低资产比例、来源于不动产收入占总收入的最低收入比例；澳大利

---

[1] 根据世界银行数据库，1991 年全球 GDP 增速为-3.191%，1988 年为 4.619%。

[2] 资料来源：CEIC 数据库。

[3] 蔡建春等：《中国 REITs 市场建设》，中信出版集团 2020 年版，第 54 页。

[4] 有关 REITs 的功能分析，详见上一小节"REITs 的功能"。

亚、法国、中国香港等国家或地区则以审核是否主要进行"合格不动产投资"作为税收优惠的前提条件；各国（地区）还往往对 REITs 进行房地产开发、短期交易、持有其他公司股票等加以限制，以确保 REITs 持有的底层资产的成熟与优良属性。

第二，对 REITs 收入进行强制分配的要求。REITs 制度较为完备的主要国家和地区均作出了有关收入强制分配的规定，美国、新加坡、英国等国家明确规定了租金等一般性收入的分红比例不得低于 90%，澳大利亚、加拿大等国则对不分红的收入部分按最高税率进行征税以确保 REITs 向投资者进行分红。利润的强制分配制度保障了基于不动产而产生的长期、稳定的现金流能够流入投资者手中，减小投资者的投资风险。

第三，在 REITs 层面实施税收支持政策。各国（地区）的 REITs 制度均是税收驱动的，对基于不动产长期、稳定现金流所产生的一般性收入，在 REITs 层面进行所得税的免除。在 REITs 制度较为完备的市场中，几乎均保持了税收中性原则，免除 REITs 对于租金收入等一般性收入的所得税，避免投资者入手的现金流被双重征税。此外，各国（地区）的相关税收政策往往并不对不动产买卖和租赁中的交易税、印花税、财产税等常规税种进行一定减免。

除了上述核心特质，还存在一些被大多数国家所采用的较为普遍的制度，也构成了 REITs 制度的重要组成部分：

第一，以权益型 REITs 为发展重点。在各国（地区）的 REITs 制度实践中，REITs 往往具有浓厚的权益属性。一方面，对于投资者而言，通常其持有的是基金份额或者公司股权，以 REITs 所获利润的分红作为主要的收益来源，与债权有着明显的区别；另一方面，REITs 实体也主要投资于成熟的不动产产权，只有少部分抵押型 REITs 投资于房地产抵押贷款等债权。根据美国不动产投资信托协会（Nareit）对美国 REITs 市场市值的统计，截至 2019 年年底，抵押型 REITs 的占比仅有 6%，权益型 REITs 高达 94%。

第二，公开募集与上市交易。各国（地区）的 REITs 制度均以要求 REITs 公开募集、强制 REITs 上市交易为主，但美国、澳大利亚、日本等国家均给予私募 REITs 足够的发展空间，允许 REITs 非上市交易。

第三，杠杆率限制。不同国家和地区对于 REITs 的杠杆率限制存在差异，如新加坡、中国香港均要求 REITs 的杠杆率不超过 45%，且于 2020 年修订规则将杠杆率调为 50%，英国、比利时对利息覆盖比率规定了 1.25 倍的下限，而美国、日本等国家未对 REITs 的杠杆率作出限制。REITs 设定杠杆率的主要目的在于防止杠杆过高出现债务违约风险，避免收入主要用于利息的偿付，降低股东或份额持有人与债权人之间的利益冲突，保障股东或份额持有人的权益。

第四，对物业增值部分的分配和税收政策。不同国家和地区对于 REITs 物业出售的增值部分采取不同的分配政策和税收政策，如美国、新加坡未对物业出售的增值部分设定强制分配的要求，而日本、加拿大则有着很高的强制分配比例。

第五，投资者层面的税收优惠政策。大多数国家在 REITs 税收制度的实践中秉持着税收中性的原则，REITs 主体无须缴纳所得税，但是否在 REITs 投资者层面进行税收优惠是一个重要的外延问题。为了促进 REITs 市场的发展，中国香港对 REITs 投资者的股利和利得免税，新加坡则对个人投资者给予免税，澳大利亚则对于本国的个人投资者给予一部分的税收折扣。

二、市场概况

全球 REITs 最早起源于 20 世纪 60 年代的美国。截至 2020 年 12 月末，全球 REITs 市场上公开交易的市值约 2 万亿美元。图 1.3 按照国家和地区列示了全球主要 REITs 市场的市值规模。

经过多轮经济周期与一系列的立法、税收政策调整，美国 REITs 市场发展臻于成熟，一直以来占据全球 REITs 市场的半壁以上。截至 2020 年年底，在美国上市的 REITs 约有 238 只，涉及零售和购物中心、办公、公寓、酒店、物流和仓储、医疗保健、林地、户外广告牌等多种类型的不动产，总市值规模约为 1288 亿美元，占 REITs 全球总市值的 65.9% 左右，如图 1.4 所示。美国 REITs 市场实践检验了抵押型、权益型、混合型 REITs 产品的适用性，20 世纪 80 年代，随着美联储加息与房地产商融资缺口的不断扩大，高分红、高杠杆的抵押型 REITs 产品开始野蛮生长，一度达到市值的 40%，但随着资金链的断裂，抵押型 REITs 产品迅速衰落，至今仅占市值的个位数。权益型 REITs 则一

（十亿美元）

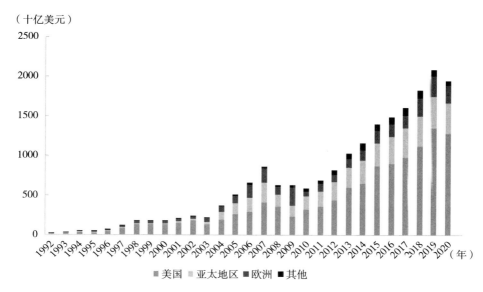

图 1.3　1992—2020 年全球 REITs 市值规模

资料来源：Bloomberg。

路壮大，2020 年市值占比高达 95%。目前，美国权益型 REITs 产品约 186 只，市值达到 1.22 万亿美元。

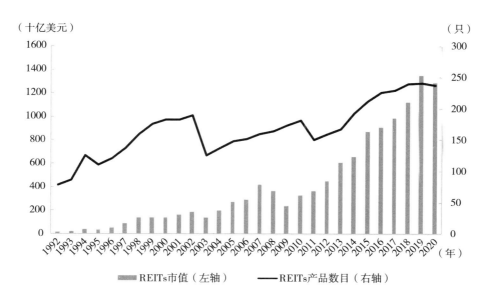

图 1.4　1992—2020 年美国 REITs 市场规模与产品规模

资料来源：Bloomberg。

澳大利亚也是全球较早推出 REITs 制度的国家，但发展一直不温不火，直到 2002 年，经历了 5 年爆发式的增长，年复合增长率高达 67.7%。截至 2020 年年底，澳大利亚有近 46 只 REITs 产品，总市值达到 1102.6 亿美元，如图 1.5 所示。同美国较为分散的资产不同，澳大利亚的资产类别非常集中，主要由零售和购物中心、工业和仓储以及综合类三大类别构成，占总市值的 98.6%，其中又以零售以及零售物业占比高的综合类 REITs 的比例最高，约为总市值的 50%。

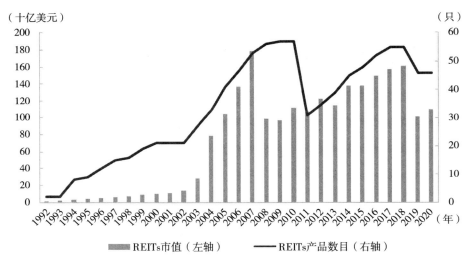

图 1.5　1992—2020 年澳大利亚 REITs 市场规模与产品规模

资料来源：Bloomberg。

亚洲 REITs 于 2001 年首先在日本诞生，近些年随着日本持续低利率与大都市圈的开发，REITs 规模不断扩大，目前有 62 只，总市值 1394.5 亿美元，超过澳大利亚，在全球规模仅次于美国，如图 1.6 所示。日本投资多种类型房地产的综合类 REITs 市场规模最大，占总规模的 39%。单一物业类型的 J-REITs 中，办公类型的 REITs 占比最大，占总规模的 23%，酒店和公寓分别占据市场总规模的 6.5% 和 12.9%。仓储与物流中心 J-REITs 已经超过酒店 REITs，成为平均产品市值最高的 REITs，为 31.8 亿美元，其次为含通信及数据中心的 REITs 产品，为 29.5 亿美元，远超其他类型 J-REITs 平均市值。

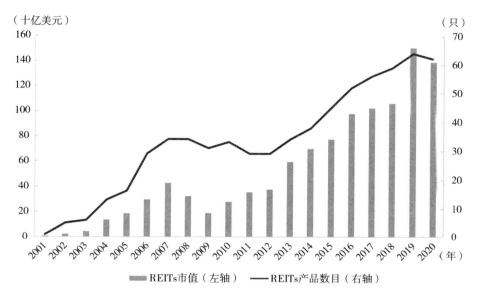

（十亿美元）　　　　　　　　　　　　　　　　（只）

图 1.6　2001—2020 年日本 REITs 市场规模与产品规模

资料来源：Bloomberg。

　　新加坡是继日本之后亚洲第二个推出 REITs 的国家，也是亚洲第一个允许跨境资产发行 REITs 的国家，超过 75% 的新加坡 REITs 或地产信托（property trust）拥有除新加坡以外的资产，这些境外资产主要集中在马来西亚、中国、印度尼西亚、美国与欧洲等地。新加坡 REITs 底层资产类别中有近一半的是综合型 REITs；其次为零售与购物中心，占比 20.42%；工业和仓储较往年有所上升，占比近 16%，这三种资产类型的 REITs 占新加坡 REITs 市场总规模的 80%。截至 2020 年年末，在新加坡证券交易所上市的 REITs 已经达到了 31 只，总市值达到 734.6 亿美元，如图 1.7 所示。

　　中国香港地区 REITs 于 2005 年起步，截至 2020 年年末，香港 REITs 市场共有 12 只 REITs[①]，市值规模达 306.8 亿美元，是亚洲市值规模第三大的市场，如图 1.8 所示。尽管香港整体市值规模与增长速度低于日本和新加坡，但平均市值远超前两者，且香港 REITs 市值分布存在高度的集中度，64.34% 的

────────────

　　①　该统计包含了因造假自 2010 年起等待退市的睿富房地产基金（0625），香港正常运营 REITs 为 11 只。

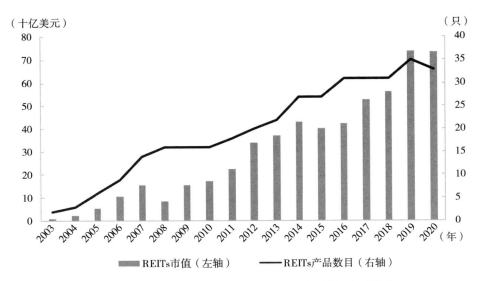

图 1.7　2003—2020 年新加坡 REITs 市场规模与产品规模

资料来源：Bloomberg。

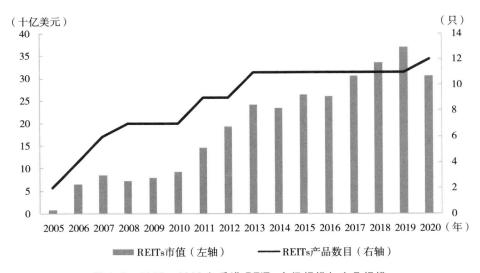

图 1.8　2005—2020 年香港 REITs 市场规模与产品规模

资料来源：Bloomberg。

市值增长率由领展房地产投资信托基金（以下简称"领展"）贡献。香港
REITs 产品主要覆盖香港地区和中国内地的商业资产，包括零售、商铺、酒店
和工业物业等，其中零售与购物中心资产占比超过 65%。

印度 REITs 市场独具特色，针对底层资产的不同分别设立了 REITs 和 InvITs 两种证券化安排。两类投资信托基金的制度规范类似，其中房地产资产适用于前者，基础设施类不动产适用于后者，因此 InvITs 可以看作基础设施资产领域的 REITs。规则出台后，目前已有两只 InvITs 成功先后于 2017 年 3 月在印度国家交易所（NSE）和孟买证券交易所（BSE）发行上市。2019 年 3 月，印度推出首个 REITs 产品 Embassy Office Parks。

欧洲最早推行 REITs 的国家是荷兰，但英国和法国的 REITs 市场发展速度最快，市场规模最大，总市值分别为 1075.26 亿美元、958.22 亿美元。截至 2019 年年末，欧洲已经有 226 只 REITs 产品，总市值为 2742.80 亿美元，平均市值达到 12.14 亿美元，如图 1.9 所示。欧洲 REITs 市场中综合型不动产标的类型占市场规模的一半，零售、购物中心占 21%，办公占 12%。

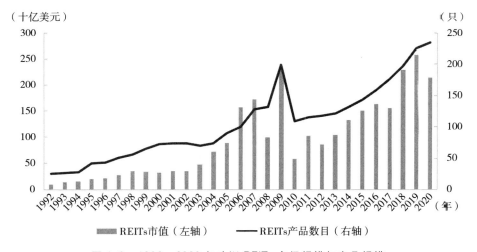

图 1.9　1992—2020 年欧洲 REITs 市场规模与产品规模

资料来源：Bloomberg。

第三节　全球基础设施 REITs

以交通运输仓储、供水供电燃气、绿化污染防治以及信息网络等为主要内容的基础设施建设，是国民经济各项事业发展的先行生产要素，因其具备的

"乘数效应",可以带动数倍于投资额的社会总需求,基础设施建设已成为各国制定经济发展目标、稳定国内就业、提高营商环境的重要措施。不同经济发展阶段的社会对基础设施需求层次不同,经济发展水平越高,对基础设施的需求层次就越高。因此,建造、完善并迭代基础设施是各个国家和地区发展的普遍性需求。这一持续性需求对融资规模与方式提出了更高要求,随着数字经济的发展,以仓储物流、数据中心为底层资产的广义基础设施 REITs 产品越来越受到关注。

一、资产范围界定

基础设施 REITs 是指以基础设施为底层资产的 REITs。这一概念在不同的国家或地区,REITs 中的基础设施资产范围有所不同。本书将中国基础设施 REITs 试点项目所划定资产范围,称为 REITs 的"广义基础设施资产",其发行的产品定义为"基础设施 REITs"产品。

(一)基础设施 REITs 公募试点要求的资产范围

根据中国证监会与国家发展改革委在 2020 年 4 月 30 日发布的《关于推进基础设施领域不动产投资信托基金(REITs)试点相关工作的通知》、国家发展改革委在 2020 年 7 月 31 日出台的《关于做好基础设施领域不动产投资信托基金(REITs)试点项目申报工作的通知》两份政策文件,国内基础设施 REITs 试点要求优先支持基础设施补短板项目,鼓励园区基础设施和新型基础设施项目开展试点,对基础设施的定义主要包括:仓储物流;收费公路、铁路、机场、港口;城镇污水垃圾处理及资源化利用、固废危废医废处理、大宗固体废弃物综合利用;城镇供水、供电、供气、供热;数据中心、人工智能、智能计算中心;5G、通信铁塔、物联网、工业互联网、宽带网络、有线电视网络;智能交通、智慧能源、智慧城市;园区等基础设施,不含住宅和商业地产。

(二)全球 REITs 市场的基础设施资产范围

综合国际上主要 REITs 市场的信息,如表 1.2 所示,可以看到,目前国际上 REITs 中含有基础设施资产的国家可以粗略分为以下三种类型:

一是以印度为代表的国家,将基础设施 REITs 与房地产 REITs 定义为两个产品（InvITs、REITs），分别出台相关制度规则。基础设施 REITs 的资产范围设置是比较广泛的，包含了交通运输，水利、环境和公共设施，电力、燃气及水生产供应，信息传输、计算机服务和软件业等多领域的基础设施。根据印度《基础设施投资信托条例》（以下简称"InvITs 条例"）规定，凡曰印度财政部定义的基础设施及其子行业，包括 PPP 清单中的项目，都可视作符合 InvITs 条例的资产。因此，除了与中国对应的类别外，医院、旅游、国家安全、农业等领域的公共或商业设施，也都包含在印度的 InvITs 中。目前仅发行收费公路与电力运输两只 InvITs。

二是以美国为代表的市场，将广义基础设施与持有型房地产均定义为 REITs 的底层资产，都纳入 REITs 制度框架内，同时所涉及的广义基础设施资产类别也较为丰富。美国 REITs 产品中可列入广义基础设施资产的包括：基础设施 REITs、工业地产 REITs、自助仓储 REITs、数据中心 REITs。根据美国国内税务局与 Nareit 的规范，美国所述基础设施 REITs 可投资的对象包括：铁路、微波收发系统、输变电系统、天然气储存及输送管道、固定储气罐等，目前发行了光纤、无线基础设施、通信铁塔和能源管道为底层资产的 6 只 REITs。工业地产包括仓库和配送中心、工业厂房等工业设施；自助仓储包括出租给个人和企业的自助仓库设施；数据中心包括保证服务器和数据安全的相关数据中心设施，如不间断电力设施、冷却系统以及物理防护设施等。此外，在一些多元资产 REITs 中，还包含了铁路、农场设施等资产。

三是以澳大利亚、新加坡、日本等为代表的国家，也是在 REITs 框架内可以同时存在商业与广义基础设施类的资产，但后者涉及的范围狭窄，仅有工业地产、自助仓储与数据中心等。这类 REITs 资产组合的适用国家比较多，还包括英国、加拿大、比利时、希腊等国家。这些国家的 REITs 资产选择逻辑在于：工业地产、自助仓储与数据中心具备商业地产产品属性，与商业地产一起归在 REITs 下；而针对港口、公路、太阳能、油气开采运输设备等更属于传统认知的基础设施建设，部分国家则另外设置基础设施基金或信托来投资并运营。

表 1.2 与中国试点范围对照的各国广义基础设施 REITs 资产范围

国内公募试点	美国 REITs	加拿大 REITs	新加坡 REITs	日本 REITs	印度 InvITs	澳大利亚 REITs	英国 REITs
仓储物流	工业地产、自助存储	仓储物流、分发中心、厂房等工业地产	物流	仓储物流		仓储、物流与分发中心	自助仓储、物流与分发中心
收费公路、铁路、机场、港口	铁路*	—			交通大类*：如收费公路、港口、机场		
城镇供水、供电、供气、供热	输变电系统；天然气输送管道、定储固定储气罐*	—			能源类：如电力运输、燃气管道		
数据中心、人工智能、智能计算中心	数据中心	—	数据中心	数据中心		数据中心	
5G、通信铁塔、工业互联网、宽带网络、有线电视网络	光纤电缆*；微波收发系统*如无线基础设施；通信铁塔		产业园		通信等*，如通信铁塔、光纤等电信基础设施；可再生能源	光纤、小型基站	
园区基础设施	工业地产		产业园		产业园*	物流园	

续表

国内公募试点	美国 REITs	加拿大 REITs	新加坡 REITs	日本 REITs	印度 InvITs	澳大利亚 REITs	英国 REITs
城镇污水垃圾处理及资源化利用、固废危废医废处理、大宗固体废弃物综合利用	—				水利与环保*，如固废、污水处理等		
智能交通、智慧能源、智慧城市							
—	农场、绿色农业				其他公共或商业基础设施*，如医院、旅游设施、农业设施等	水果农场	

资料来源：作者根据公开资料整理。

注：*表示这些资产被当地 REITs 市场归类为基础设施 REITs 的类别。

（三）其他以基础设施为底层资产的公募证券化

除 REITs 产品形态以外，一些国家还存在与 REITs 类似、以基础设施为底层资产、公开发行的证券投资产品，如表 1.3 所示。

一类是适用于本国其他法律框架的基础设施资产，一般为能源、交通、水利等公共产品属性更重的资产。如美国的 MLPs（Master Limited Partnerships）适用于相应的合伙企业法，涉及的资产主要是油气运输管道等以能源开发为主。再如新加坡的商业信托（Business Trust，BT）中的不动产信托，适用于《商业信托法》（*Business Trusts Act*），涉及的底层资产主要是通信、能源、码头、物流园等。还有如日本、澳大利亚等在 REITs 结构之外，为基础设施公开上市融资所专门设置的"基础设施基金"（Infrastructure Fund）等，加拿大则设置了针对能源开采和管线设备的信托产品。

另一类是 REITs 与上述产品的合订证券。合订证券是指将发行人的不同证券在法律或契约上捆绑在一起上市，交易所仅就合订证券提供单一报价，但单个证券的税收等仍遵守各自法律规范要求。在各国实践中，REITs 经常会与它相关的公司股份或信托等合订在一起。如澳大利亚将 REITs 与 LIF（Listed Infrastructure Fund）合订在一起公开发行。

表 1.3　其他基础设施投资证券化方式

类别	美国 MLPs	加拿大 IT	澳大利亚 LIF	日本 IF	新加坡 BT
电力、燃气与水供应	油气行业，尤其专注于能源收集、存储、加工和运输以及石油化工的中游	石油和天然气的开采特许经营；管线设备	电气管道	可再生能源发电设施，如太阳能、风能、地热能、生物质能、中小型水利发电等；电器设备、电厂；油气管道	能源开采或运输设施
交通			收费公路；机场；码头；铁路	公路 机场 港口设施 轨道交通	集装箱码头
信息传输与通信			通信设施如广播塔	无线电装备	通信设施

续表

类别	美国 MLPs	加拿大 IT	澳大利亚 LIF	日本 IF	新加坡 BT
水利与环境				供水与污水处理	水利设施
产业园					工业物流园

资料来源：作者根据公开资料整理。

二、全球基础设施 REITs 市场情况

近年来随着电子商务与数字经济的大力推进，以仓储物流、分拣配送、数据中心、通信电缆等为主要资产的基础设施 REITs 规模与数量逐渐增多。疫情影响冲击下，也逐渐有更多的企业希望扩展广义基础设施资产池。根据 Bloomberg 数据，保守估算基础设施 REITs 的总规模在 3000 亿—7000 亿美元之间[1]，主要涵盖仓储物流、分拣配送，以及部分的能源输送设施、数字经济设施等。因此，全球基础设施 REITs 占全部 REITs（约 17550 亿美元）的约 17%—40%。表 1.4 展示了一个较高的估算结果，如果将各国（地区）的全部多元化 REITs 产品的一半计入广义基础设施 REITs 的市值，则全球基础设施 REITs 的市值为 6000 多亿美元，占全部 REITs 规模的 34%—39%。其中美国的基础设施 REITs 规模约为 5000 亿美元，占所有基础设施 REITs 的 70% 以上。

表 1.4　全球基础设施 REITs 市场规模与比值[2]

区域/国家	基础设施 REITs 市值 （估算值，亿美元）	占当地 REITs 市值比例（%）
美国	4996.66	43.03
澳大利亚	548.35	30.70

---

　　① 该数据区间左侧取值于 Bloomberg 口径下 warehouse/industry 行业市值加总，右侧为估算值。

　　② 注：本表中基础设施 REITs 的市值采取了两种方法：一是估算值，测算公式 = 市值（warehouse/industry）+市值（diversified）/2，其中 warehouse/industry 与 diversified 是 Bloomberg 的行业分类，广义基础设施 REITs 大部分被分在这两类中，应用于亚洲、欧洲、加拿大和其他地区；二是根据当地市场发行的具体产品进行计算，应用于美国、澳大利亚和日本。

续表

区域/国家	基础设施 REITs 市值 （估算值，亿美元）	占当地 REITs 市值比例（%）
日本	341.03	27.24
亚洲（除日本）	364.57	29.73
欧洲	352.96	2.33
加拿大	132.97	25.70
其他	9.06	0.06
总计	6745.60	38.44

资料来源：Bloomberg。

为进一步了解各个国家基础设施 REITs 的现状，我们选取了美国、日本、澳大利亚和英国四个代表性国家，一一读取了该国已发行的广义基础设施 REITs 产品信息，整理出精确度更高、更为详细的内容。美国广义基础设施 REITs 无论是数量还是规模都占比最大，共计 31 只，规模近 5000 亿美元，占美国全部 REITs 的约 43%。其中光纤/通信塔有 4 只产品，总市值 2156.75 亿美元，占广义基础设施中的接近一半。仓储物流和数据中心规模也较大，分别占到基础设施类别的 25% 以上，如表 1.5 所示。

表 1.5　按中国 REITs 试点分类的美国权益型 REITs 市值情况

REITs 物业类型		数量（只）	数量比例（%）	市值（亿美元）	市值比例（细分类）（%）	市值比例（大类）（%）
基础设施	光纤/通信塔	4	2	2156.75	18.57	43.03
	仓储物流	19	10	1393.95	12.00	
	数据中心	5	3	1322.08	11.38	
	综合	1	1	87.42	0.75	
	产业园区	1	1	35.15	0.30	
	供气、供电	1	1	1.30	0.01	
广义基础设施合计		31	16	4996.66	43.03	
住宅	公寓	20	10	1302.80	11.22	13.53
	预制房屋	3	2	268.21	2.31	
办公		26	13	1027.16	8.84	8.84

REITs 物业类型		数量（只）	数量比例（%）	市值（亿美元）	市值比例（细分类）（%）	市值比例（大类）（%）
医疗保健		18	9	995.62	8.57	8.57
综合（多元化）		30	15	636.49	5.48	5.48
零售	购物中心	22	11	358.94	3.09	5.36
	区域商场	8	4	264.02	2.27	
自助仓储 to C		—	—	559.37	4.82	4.82
单租户物业		8	4	472.26	4.07	4.07
林场/农业		6	3	312.77	2.69	2.69
酒店		18	9	348.59	3.00	3.00
其他		5	3	70.20	0.60	0.60
总计		195		11613.07		

资料来源：Bloomberg。

注：广义基础设施的仓储物流类中，自助仓储只保留了 to B 端市值（96.90 亿美元）。

澳大利亚广义基础设施 REITs 包含了物流分拣中心、多功能仓储、公用事业等，共 11 只产品，总规模 725 亿澳元，约 548 亿美元，单只产品规模约 50 亿美元，资产集中在仓储与物流中心，约占澳大利亚全部 REITs 的 37%，如表 1.6 所示。

表 1.6　按中国 REITs 试点分类的澳大利亚权益型 REITs 市值情况

REITs 物业类型	数量（只）	数量比例（%）	市值（亿澳元）	市值比例（细分类）（%）
物流中心、分拣中心	4	10.0	378.66	30.70
多功能仓储，含个人与商用	1	2.5	18.98	1.54
混合 REITs，含仓储、物流中心、教育等公用事业	6	15.0	327.75	26.55
广义基础设施合计	11	27.5	725.11	37.02
公寓	1	2.5	0.82	0.07
酒店	1	2.5	5.07	0.41
办公	4	10.0	20.05	1.63
购物中心	7	17.5	232.92	18.88

REITs 物业类型	数量（只）	数量比例（%）	市值（亿澳元）	市值比例（细分类）（%）
农场	1	2.5	1.43	0.12
单租户物业	1	2.5	8.88	0.72
混合 REITs，主要为购物中心、办公、医疗健康等	13	32.5	237.28	19.24
混合 REITs，商业地产与数字地产	1	2.5	1.96	0.16
总计	40		1233.56	

资料来源：Bloomberg、澳大利亚证券交易所。

日本广义基础设施 REITs 共 13 只，规模约 37324 亿日元，约合 341 亿美元，约占日本全部 REITs 的 27%，低于美国和澳大利亚。其中仍是仓储和物流中心占比最高，其次为含有数字经济设施资产的 REITs，仅占日本全部 REITs 的 4.7%，如表 1.7 所示。

表 1.7　按中国 REITs 试点分类的日本权益型 REITs 市值情况

REITs 物业类型	数量	数量比例（%）	市值（亿日元）	市值比例（细分类）（%）
仓储、物流中心	7	11.29	24339.94	17.76
混合 REITs，含物流	4	6.45	6537.08	4.77
混合 REITs，含电信、数据中心等	2	3.23	6446.68	4.70
广义基础设施合计	13	20.97	37323.70	27.24
公寓住宅	8	12.90	21630.86	15.79
医疗健康	1	1.61	388.13	0.28
酒店	4	6.45	3957.61	2.89
办公	14	22.58	37863.25	27.63
购物中心	4	6.45	9070.70	6.62
混合 REITs，包括办公、酒店、零售、住宅等	18	29.03	26789.12	19.55
总计	62		137023.35	

资料来源：Bloomberg、东京证券交易所。

英国是欧洲最大的 REITs 市场，但仍远远小于美国、澳大利亚和日本，受限于总规模，广义基础设施内仅含有仓储物流、分拣中心和工业地产，10 只广义基础设施 REITs 产品 226 亿英镑，约合 297 亿美元，单只产品平均规模 29.7 亿美元，低于美国、日本和澳大利亚的平均水平。但英国广义基础设施 REITs 占全英 REITs 的比例并不低，达到 40.54% 的水平，如表 1.8 所示。

表 1.8　按中国 REITs 试点分类的英国权益型 REITs 市值情况

REITs 物业类型		数量（只）	数量比例（%）	市值（亿英镑）	市值比例（细分类）（%）
基础设施	自助仓储	2	4	38.14	6.86
	物流、分拣中心	4	8	157.00	28.22
	混合 REITs，含工业	4	8	30.40	5.46
广义基础设施合计		10	20	225.54	40.54
办公		2	4	26.04	4.68
住宅	公寓	3	6	43.06	7.74
	学生公寓	1	2	1.34	0.24
购物中心		7	14	54.92	9.87
医疗健康		4	8	53.00	9.53
综合类	商业类混合 RE-ITs，含购物中心、办公、酒店、停车场、公寓等	23	46	152.41	27.40
总计		50		556.32	

资料来源：Bloomberg、伦敦证券交易所。

第二章 中国 REITs 的诞生

中国 REITs 市场建设是一个研究、探索和实践的过程，其中既有"自上而下"的规划设计，也有"自下而上"的探索创新。中国 REITs 市场是综合社会经济各部门的系统性工程，必须与当下中国社会经济发展的现实相结合。我们看到，无论是政策界、学术界还是实务界，都是从中国的问题出发，对照问题，解决问题，在大量调查研究、科学分析的基础上，形成了中国 REITs 制度设计、实现路径以及行动方案。

第一节　政策探索

金融与不动产投融资相伴相生，改革开放以来，中国在不动产投融资领域进行了不断探索与实践。随着香港地区在 2003 年推出《房地产投资信托基金守则》，REITs 这一新生事物逐步进入中国境内金融行业及管理部门视野。

中国 REITs 的政策探索大致可以分为三个阶段：2003 年以前的萌芽孵化期、2003—2018 年以房地产为主的探索期、2018 年至今以基础设施为主的突破期。这一过程中，监管部门和业界对 REITs 的认识不断加深，最终以基础设施领域为突破口，走出了一条中国特色的 REITs 探索启航之路。

一、2003 年以前的萌芽孵化期

REITs 率先出现于 20 世纪 60 年代的美国，到 21 世纪初全球已有多个国家或地区相继试水。相比之下，中国由于发展阶段、思想认识、金融制度、市场成熟等各方面的原因，在 REITs 发展方面较为滞后。然而，1990 年起，中国

部分地区就已开展了具有 REITs 雏形的金融产品探索，为后来国内公募 REITs
的开展积累了宝贵的经验。

三亚地产投资券为 REITs 雏形孵化提供了有益探索。1992 年，海南三亚
市政府下属的三亚市开发建设总公司（以下简称"三亚开建"）发行了总金
额为 2 亿元的三亚地产投资券，通过预售地产开发后的销售权益，集资开发建
设，已经具备了资产证券化的本质特征和 REITs 的部分要素条件。首先，三亚
地产投资券以三亚市丹州小区 800 亩土地为标的物，以未来的地产销售收入为
支撑募集资金。其次，作为投资管理人的汇通国投承担了担保责任，控制着向
三亚开建支付发行收入的节奏，并负责监督三亚开建按照设计标准和预定时间
完成开发任务。此外，在开发完成后，汇通国投还需要组织地产销售并保证地
产售价的公允性。这些措施一定程度上提高了证券发行人三亚开建的信用等
级，降低了证券违规与违约风险。尽管在三亚地产投资券案例中没有独立的
SPV，但汇通国投的担保措施实际上发挥着与破产隔离同样的功能。三亚地产
投资券被广泛认为是中国不动产证券化的开山之作，包括现金流来自未来销售
收入、破产隔离等相关安排，使其已初具 REITs 雏形。

20 世纪 90 年代初，由于政策导向、经济发展、人口变化、土地供给等多
方面因素，中国沿海各地出现了改革开放后的第一轮房地产开发热潮，土地资
源价值显著提升，房地产项目增值较大。包括海南三亚市政府在内的地方政府
在城市建设与市政开发中，采取多种模式出让土地使用权，充分利用土地资源
开展投融资活动，对于早期具有 REITs 概念的金融产品探索提供了重要的政策
支持。以三亚地产投资券为例，当地政府在前期审批、发行募集、投资者宣传
等环节均给予了较大支持，为三亚地产投资券的顺利推出奠定了基础。

总体来看，2003 年以前中国在相关政策文件中虽未明确提及 REITs 这一
概念，但已依托地方市场开展了具有一定 REITs 理念的创新金融实践。无论是
1992 年的三亚地产投资券，还是海南三亚市政府的土地投融资政策，又或是
2001 年《信托法》的实施及国家发展计划委员会《产业投资基金管理暂行办
法》的公开征求意见，以及 2002 年"新上海国际大厦项目资金信托计划"等
房地产开发类信贷融资产品，均具有一定的 REITs 理念特征，代表了早期中国

投资银行家的创造性发挥，为中国 REITs 这颗萌芽的培育与成长提供了温床。

二、2003—2018 年以房地产为主的探索期

2003 年前后，日本、新加坡、中国台湾等亚太国家和地区相继推出了 RE-ITs，特别是 2003 年香港地区证监机构在借鉴海外市场 REITs 发展的基础上，制定并出台了《房地产投资信托基金守则》，并于 2005 年推动首只 REITs 上市，引发了社会各界的广泛关注。中国证监会等有关部门随即开展了对 REITs 的研究工作，标志着正式进入了对 REITs 的政策探索期。这一时期的探索以房地产领域为主，又大致分为两个阶段：2003—2009 年，更多聚焦于商业地产领域；从 2010 年开始，逐步将租赁住房作为关注的重点。

2004 年 1 月，国务院发布《关于推进资本市场改革开放和稳定发展的若干意见》，明确 "建立以市场为主导的品种创新机制……积极探索并开发资产证券化品种"，表明从国家层面开始认识到发展具有 REITs 特征的金融产品的重要性。2005 年，商务部在全国商业地产情况调查组向国务院递交的全国商业地产调查报告中明确提出，"打通国内 REITs 融资渠道"，这是国家部委层面首次正式提出 REITs 的概念和政策建议。2007 年，中国人民银行、中国证监会和中国银监会分别成立了 REITs 专题研究小组，标志着有关监管部门正式启动了国内 REITs 市场的建设推进工作。2008 年 3 月，国务院常务会议研究部署当前金融促进经济发展的政策措施，明确提出通过房地产信托投资基金等多种形式，拓宽企业融资渠道；12 月，国务院办公厅发布《关于促进房地产市场健康发展的若干意见》，明确 "支持资信条件较好的企业经批准发行企业债券，开展房地产投资信托基金试点，拓宽直接融资渠道"。2009 年 4 月，经国务院批复，中国人民银行联合中国证监会等 11 部委成立 "REITs 试点管理协调小组"，分别研究推动银行间市场和交易所市场 REITs 试点工作，北京、上海、天津和苏州等城市纳入试点范围。2009 年 12 月，国务院发布《关于推进海南国际旅游岛建设发展的若干意见》，明确提出条件成熟时在海南开展房地产投资信托基金试点。

这一时期的 REITs 政策研究充满波折。2003 年开始，部分城市房地产价

格过快上涨，供应结构不合理、市场秩序比较混乱等问题突出，中央出台了一系列加强宏观调控、抑制房地产价格过快上涨的政策措施。如何认识和把握发展房地产投资信托基金与抑制房价之间的关系，成为一个难以回避的焦点问题。中国人民银行、中国银监会等部门对房地产市场的发展战略、房地产金融制度、通过金融手段支持低收入家庭解决居住困难等问题，均从各自职责角度进行了认真研究，其中普遍共识是：合理的融资结构，丰富的金融产品，是建立健全国家住房制度的基础保障，也是推动房地产市场健康发展的重要保证，是有效实施宏观调控的关键。推动房地产金融产品创新，可以拓宽房地产直接融资渠道，分散银行体系风险，可以服务于国家住房保障制度，推动解决"城镇化"过程中城市居民的住房问题。

2007 年次贷危机发生后，中国人民银行、中国证监会等部门又开始对次级抵押贷款证券化与 REITs 的关系进行研究，希望通过研究次级抵押贷款证券化风险来提前对 REITs 风险进行预判。各方面的研究结果较为接近，均认为 REITs 的收益主要源于房地产物业租金和股息，比较稳定，不易受宏观经济周期影响，是兼具债券收入稳定性和股票波动性的直接融资产品，而次级抵押贷款证券化因借款人的信用等级和还款能力属于"次级"，其贷款利率和风险都比正常贷款要高，收益水平易受宏观经济和市场利率波动影响，通过证券衍生品的组合与叠加，风险与收益均被急剧放大。

从今天的视角来看，REITs 与次贷风险完全是不同维度的两类事物，但由于同样涉及房地产类资产与房地产信贷市场，导致了相关概念混淆，影响了工作进展。在后来 REITs 推进过程中，仍然充满了不少似是而非、模棱两可的概念，不断干扰着前进方向。这一阶段的试点，随着 2010 年后房地产调控政策的不断收紧，以及许多人把 REITs 视为一种纯粹的房地产融资工具，而未能成功落地。

2010 年 6 月，为了贯彻落实党中央、国务院坚决遏制部分城市房价过快上涨的要求，促进房地产市场平稳健康发展，住房城乡建设部、国家发展改革委等七部门联合发布了《关于加快发展公共租赁住房的指导意见》，提出"探索运用保险资金、信托资金和房地产信托投资基金拓展公共租赁住房融资渠道"。这是国家部委层面首次明确提出利用 REITs 为发展公共租赁住房提供金融支持与服务，是一个很重要的风向标。此后，有关方面关于在中国发展 REITs 的研究和探讨日益聚焦于租赁住房领域。2016 年 6 月，国务院办公厅发布《关于加快培育和发展住房租赁市场的若干意见》，提出"稳步推进房地产投资信托基金（REITs）试点"。2017 年 7 月，住房城乡建设部、国家发展改革委、证监会等九部门联合发布《关于在人口净流入的大中城市加快发展住房租赁市场的通知》，提出"鼓励地方政府出台优惠政策，积极支持并推动发展房地产投资信托基金（REITs）"。2018 年 4 月，中国证监会、住房城乡建设部发布《关于推进住房租赁资产证券化相关工作的通知》，提出重点支持住房租赁企业发行以其持有不动产物业作为底层资产的权益类资产证券化产品，积极推动多类型具有债权性质的资产证券化产品，试点发行房地产投资信托基金（REITs）。这一阶段在租赁住房领域的 REITs 政策探索，服务于"房住不炒"的政策基调，监管部门和业界逐步形成了 REITs 必须服务于国家宏观政策的探索思路。REITs 底层资产的多样性，也为 REITs 更好服务于不同政策目标提供了便利性与可能性。但令人遗憾的是，由于缺乏详细的操作规则和可行的实施路径，一直未能有具体的租赁住房 REITs 产品面世。

三、2018 年至今以基础设施为主的突破期

随着中国实体经济的不断发展，资本市场的逐步完善，以及证券理论研究的持续深入，有关方面逐渐形成了通过资产证券化手段盘活存量资产、增强资本市场服务实体经济质效的理念。

2013 年和 2014 年，中国证监会相继颁布了《证券公司资产证券化业务管理规定》与《证券公司及基金管理子公司资产证券化业务管理规定》，明确将商业物业、基础设施不动产等资产纳入基础资产，赋予了不动产这类传统上不具有任何流动性特征的资产在证券交易所进行流动性交易的可能性，也为依托资产证券化法律框架推动 REITs 发展提供了可供选择的道路。2016 年 3 月，国务院批转国家发展改革委《关于 2016 年深化经济体制改革重点工作意见的通知》，提出支持开展基础设施资产证券化试点，研究制定房地产投资信托基

金规则，积极推进试点。2016 年 12 月，国家发展改革委、中国证监会联合印发《关于推进传统基础设施领域政府和社会资本合作（PPP）项目资产证券化相关工作的通知》，提出要共同推动不动产投资信托基金（REITs），进一步支持传统基础设施项目建设。特别需要指出的是，这是在国家部委层面上首次把 REITs 的中文名称正式定义为不动产投资信托基金，并把其与基础设施紧密联接，对于改变多年以来许多人一直把 REITs 视为一种纯粹的房地产融资工具的传统理念，促使业内更全面准确认识 REITs 的内涵和外延，进而为后来的中国 REITs 在基础设施领域的破土而出，发挥了十分重要的作用。这份文件的出台，是中国 REITs 发展历程中十分关键的一个转折点。

在国家发展改革委和中国证监会合作推进 PPP 项目资产证券化的过程中，两个部门开始研究国际上的 PPP 融资方式。中国证监会债券部的闫云松博士在研究印度的 PPP 情况时发现，印度关于 PPP 的规则，主要体现在印度基础设施 REITs 的法律规则中。印度寄希望于通过 REITs 模式盘活基础设施领域投资，带动 PPP 业务发展。印度证监会将 REITs 区分为商业地产 REITs 与基础设施 REITs 两个不同领域，给予不同的政策支持力度，也更好地回避了印度联邦政府、议会与各邦之间的政治矛盾。

在此之前，国内对 REITs 的研究和了解，主要来自于中国香港、中国台湾与新加坡市场，因为具有相似的信托法律体系，同时具有较为广泛的中文参考资料，更便于境内资本市场借鉴学习。受印度基础设施 REITs 的启发，闫云松等人随后将研究视野逐步深入美国、日本与澳大利亚等其他境外主要 REITs 市场，充分了解到各国基础设施 REITs 的繁荣发展，也认识到不同类型的基础设施资产在 REITs 市场的价格表现与投资者偏好，了解了产品属性。

长期以来，REITs 的推动者始终面临着一个难以回避的根源性问题：为何要在中国推行 REITs？初始阶段，主要受中国香港、新加坡等地的启发和影响，更多是将 REITs 作为资本市场的一个创新产品进行设计推动。2007 年次贷危机之后，更多将其与宏观政策、实体经济相结合，作为贯彻宏观调控政策，解决经济发展难题的手段或方法而推出。2008 年年底提出开展房地产投资信托基金试点，2010 年之后更多聚焦租赁住房研究推动相关工作，就明显有这方面的考量。从何种路线出发，直接决定了中国 REITs 诞生之路的坎坷与艰难程度。对海外基础设施 REITs 的研究，使中国 REITs 的推动者开始从另外一个角度看待和审视 REITs 在经济与社会发展中的作用，率先在基础设施领域推进 REITs 的思路更加明确。

2018 年 6 月，国家发展改革委投资司、中国证监会债券部联合召开了首次基础设施 REITs 座谈会，开始对在基础设施领域推行 REITs 的可行性、操作性等问题进行研究探讨，这也标志着中国基础设施 REITs 的探索之旅正式开启。

2018 年以后，党中央、国务院对 REITs 的支持力度不断加大。2019 年 1 月，中共中央发布《关于支持河北雄安新区全面深化改革和扩大开放的指导意见》，明确提出支持雄安新区创新投融资机制，发行房地产投资信托基金（REITs）等房地产金融创新产品。2019 年 5 月，国务院发布《关于推进国家级经济技术开发区创新提升　打造改革开放新高地的意见》，支持在有条件的国家级经开区开展不动产投资信托基金试点。

这些政策精神，进一步坚定了两个部门推动基础设施 REITs 的信心。两个部门齐心协力、紧密合作，加大工作力度，克服各种困难，开展了一系列的深入调研，认真起草试点文件。2020 年 4 月 30 日，《关于推进基础设施领域不动产信托基金（REITs）试点相关工作的通知》向社会公开发布，在经历十几年的艰难探索后，中国 REITs 终于扬帆起航。

四、政策探索过程中的若干焦点、难点问题

在十几年的探索过程中，曾有许多焦点、难点问题困扰着 REITs 的推动者。例如，在早期阶段，就有关于 REITs 推行路线的三种不同方式。

其一，为通过公募基金直接投资项目公司股权方式，实现对于不动产的所有、控制。按照该方案，需要修订《证券投资基金法》，将未上市项目公司股权纳入证券投资基金投资范围，但由于《证券投资基金法》修订过程不如预期，针对投资范围，难以达成一致意见，同时伴随 2009 年后房价持续攀升，房地产调控压力逐步增大，该方案继续推进步履维艰。

其二，是资产支持证券的公开发行。2008—2010 年，包括证券交易所及部分行业专家观点认为，从 REITs 的业务模式、法律结构等方面看，REITs 更接近于资产证券化方式，因此建议按照资产证券化方式推进 REITs 落地，该模式与台湾地区的 REITs 模式基本一致，但这一方案推进也同样存在一些需要逾越的障碍，尤其是需要明确资产证券化的法律基础与公开发行。

其三，就是采用公司型 REITs 模式。相对于前两种路径思路，采用公司型这一在美国较为通用的模式，受到的争议最为剧烈。反对声音来自于市场与学界的方方面面，其中仅就 IPO 审核角度而言，就存在以下争议：一是 IPO 本身制度并不完善，需要针对 REITs 单独设立一类审核标准，且独立于原有的各行业审核标准，将大幅增加审核难度并增加市场融资难度；二是公司型 REITs 本身仅持有资产，按照传统 IPO 审核标准，公司型 REITs 将被界定为缺乏主业、无法形成完整产业链条、缺乏独立运营能力以及盈利能力单一等缺陷，难以通过审核；三是公司型 REITs 往往需要从大型不动产企业分立形成，该模式下，进行公开 IPO 需要募集资金寻找新的投资项目，而基于 REITs 本身特点，仅需要发行老股融资，不应发行新股融资。而老股融资带来实际控制人股份稀释的同时，募集资金及投向不在 REITs 体系内，增加监管难度，引发实际控制人的道德风险。除此以外，在法律限制、管理体制、税法冲突等方面也存在众多问题，难以一一赘述。因此，在 REITs 政策讨论之初，公司型 REITs 成为最先被淘汰的模式。

在 REITs 政策的探索过程中，还存在着 REITs 制度与税收制度出台顺序之争。从境外成熟市场情况看，全球 REITs 市场的发展往往离不开税收政策的驱动，各国政府均在制定 REITs 法规的同时，出台了 REITs 产品设立及运营环节的税收中性政策，确保不存在重复征税的情形。1960 年，美国国会通过了《国内税收法典》（*Internal Revenue Code*）的修订条款《房地产投资信托法案》（*Real Estate Investment Trust Act of 1960*），美国 REITs 市场起步。1986 年美国国会通过并发布了《税收改革法案》（*The Tax Reform Act of 1986*），促使 REITs 的税收优势再次凸显，再次促进了 REITs 的繁荣发展。在中国目前税收制度下，REITs 在产品设立、运营及退出等环节均面临较高的税负成本，纳税负担将使得融资成本增加，同时降低投资者收益。因此，国内许多人曾坚持认为，必须先出台关于 REITs 的税收中性政策，才能出台 REITs 制度。但另有一种声音认为，只有先启动 REITs 试点，在实践中再去完善和改进税收等相关政策，不行动就永远不会有结果。

另外，现行《证券法》主要规制股票和公司债券，但 REITs 的交易结构具有特殊性，在发行主体、发行条件、信息披露和监督管理等方面与股票、债券存在差别，既具备融资属性，也兼具投资功能，因而与其他传统金融产品存在较大差异。而 REITs 天然存在的这种特殊性与复杂性，对于其属性的定位以及规则制定的逻辑起点形成了较大争议和干扰，导致各方在对 REITs 的属性认知上极易陷入困境，从而给制度的制定带来一定困难；也为制度推行以后，就产品的金融属性定位、会计记账处理等，带来了一定的不确定性，增加了沟通成本。

在这里，需要着重强调的是，金融机构和金融市场在各国都受到监管，金融监管的法律法规就形成了金融制度和产品创新的初始行动集合，市场主体在这一集合下从事金融创新，寻求更具效率的金融产品。正因如此，金融创新往往对旧体制与旧模式有较强的依赖性，使金融创新并非总是按照最优效率或者帕累托改进方向前进。不仅如此，由于人的有限理性、委托代理关系、信息不对称等因素，金融制度和产品创新的设计也难以在一开始就达到最优解。

正如 W. Brian Arthur 所言，新制度和新产品在未来发展过程中，也并不总是符合设计者预期，朝着更好更高效率发展，而往往需要充分考虑历史条件与路径依赖作用，尤其在旧有模式下，一些行之有效的制度、模式形成的"次优"或"暂时优势"的选项，可能会对最终的制度选择形成决定性因素①。

第二节　理论先行

中国学者与研究人员从 20 世纪 90 年代初开始就对 REITs 展开了介绍、分

---

① 　B. Arthur, "Self-reinforcing Mechanisms in Economics", *In The Economy as an Evolving Complex System*, P. W. Andersen, et al. (ed.), Readwood city, CA: Addison-wesley 1988, pp. 9-31.

析或研究，随着实践进步与金融基础设施配套发展，对 REITs 的研究经历了从早期对国际的经验套用、论证、借鉴，再到最近十年开始探索中国化道路的特点与适应性；从探索不动产证券化市场到对 REITs 的深入、多角度的探讨；对底层资产的认识也从商业地产逐步到住宅地产、养老地产、医疗地产以及基础设施不动产的扩展。

一、中国 REITs 意义与作用的探讨

对中国 REITs 市场建设的意义与作用的探索是学者开展中国 REITs 市场的切入口，也是一个重要的领域。从 20 世纪 90 年代初至今，学者们分别从 REITs 对不动产市场、金融市场、国企改革、资产配置、债务风险、企业财务与管理等的积极意义入手，探讨了 REITs 作为一种链接实体经济与金融市场的工具作用，并实证检验了 REITs 对宏观与微观经济的双重价值，为中国 REITs 市场的建设提供了重要的理论依据。

刘俏的《共同基金和不动产证券化探索》（1993）[1] 是国内第一篇探讨以共同基金做载体进行不动产证券化设计的文献，从当时不动产与证券市场亟待完善的背景出发，认为不动产证券化是使二者健康发展的一种现实选择。在当时存在资金需求缺口和使用效率低下的情况下，采取共同基金的形式可以提高公众对投资效率的监督约束功能，也有利于中小投资者共享收益，降低三权安全风险，政府也可凭借 REITs 加强对不动产市场的间接调控。

中国 REITs 市场发展的初期，得到了众多有远见的政策界专家的关注，时任中国人民银行副行长的吴晓灵 2005 年表示"用公开发行收益凭证的方式设立 REITs 才是房地产直接融资的方向和可持续发展的模式"[2]。孟晓苏 2005 年起就在多个场合呼吁引入 REITs，2017 年他表示，在中国地方债与基础设施资产规模巨大的现实下，REITs 可以化解债务、盘活存量资产，可与 PPP 形成互补。[3]

---

[1]　刘俏：《共同基金和不动产证券化探索》，《金融与经济》1993 年第 4 期。
[2]　吴晓灵：《REITs 是房地产直接融资方向所在》，《每日财经新闻》2005 年 11 月 7 日。
[3]　金缕春等：《除了 REITs，没有更好的金融创新可讲》，《中国经营报》2017 年 11 月 27 日。

从资产配置的视角看，王庆仁、高春涛（2006）① 根据美国市场的数据，认为 REITs 具有"长期收益率高于股票、波动性低于股票"的风险收益特征，因此加入 REITs 可使投资组合在相同风险下可获得更高收益。陈莹莹、王忠民（2016）建议将 REITs 基金与养老服务结合起来，"用 REITs 的方式进行一种融资证券化和金融化的管理，社保基金再以一个独立的公司，把这部分资产可以管得更有效"②。

北京大学光华管理学院 REITs 课题组在这一领域作了系统深入的研究，发布了多篇研究报告并出版专著（蔡建春等，2020③），从微观与宏观两个视角全面而系统地分析了 REITs 对企业的财务与经营决策价值。通过总结各个国家和地区推出 REITs 的契机，发现 REITs 能够帮助国家摆脱低迷，为经济发展提供新动能。

二、制度设计的相关研究

从微观的角度看，REITs 是一种满足特定制度要求的金融产品，REITs 的制度设计对于 REITs 市场的持续健康发展、实现 REITs 市场对于经济改革与发展具有重要作用。为设计适用于中国资本市场发展的 REITs 制度，学者们从很早就开始研究国际上已经相对成熟的 REITs 制度安排，在税收政策、经营主体、法律构架、合格资产、管理方式、分配要求等进行多维度的借鉴后，结合国内现状，逐步形成了如今以"公募基金+资产支持证券"（简称"公募基金+ABS"）为基础的试点制度安排。

对 REITs 的制度安排研究是从早期对国际尤其是美国不动产证券化经验的学习和摸索开始的。刘俏（1993）④ 通过对不动产证券化的特点与不动产投资信托基金的运作步骤拆解，提出基于共同基金（公募基金）形式的不动产证

---

① 王庆仁、高春涛：《REITs 风险收益特征及其资产配置作用》，《证券市场导报》2006 年第 3 期。
② 陈莹莹、王忠民：《正争取部分未上市国有股权划归社保基金》，《中国证券报》2016 年 12 月 11 日。
③ 蔡建春等：《中国 REITs 市场建设》，中信出版社 2020 年版，第 35—60 页。
④ 刘俏：《共同基金和不动产证券化探索》，《金融与经济》1993 年第 4 期。

券化来实现"产权证券化""资本大众化"以及"经营专家化"。

戴金明（1993）[1] 对 REITs 在美国的优越性、发展历程、分类与收益率、税收条款、参与主体等作了概述性分析，对美国权益型信托的稳定性、免税优惠附加条款、REITs 的经营主体等制度作了详尽研究并提出政策建议。李健飞（2005）[2] 在参考美国 REITs 运作基础上，认为 REITs 应被视为一种产业基金，而非只注重证券市场行情的证券投资基金，并且建议在中国的 REITs 制度建设中，限制开发性资产比例和贷款，禁止向其他产业投资、资金拆借等。

闫云松（2016）[3] 通过对境外不同类型 REITs 的对比分析后，认为现阶段中国 REITs 更适宜采取资产证券化模式，采用不动产资产证券化型基金，以符合当下税收与法律环境，具有交易成本低，估值成熟等优点。

2018 年，北大光华 REITs 课题组在报告《中国 REITs 制度的特征与实现路径》[4] 中进一步比较了设立新券、企业资产支持证券公募化，以及"公募基金+ABS"三种 REITs 实现路径，首次系统论证了后者的可行性。并在其后的《中国 REITs 市场建设与发展建言》[5] 中，对 REITs 的分红、扩募、杠杆率等具体制度安排提出明确路径建议。

三、市场建设的重点问题讨论

随着对 REITs 的研究不断深入，越来越多的学者开始关注中国公募 REITs 市场建设中可能面临的各种问题。法律基础与税收制度作为外在因素，是 REITs 建立与推进的先决条件，学者们通过研究国际经验，认为缺乏相应的金融法令与税收配套机制是阻碍中国 REITs 行进的关键，提出应出台专业金融法规、改革税法，建立长期投资的健康市场。在 REITs 的运营过程中，普遍关注风险管理与治理机制这两个重要问题。在对风险的探讨上，学者们从 REITs 的特性出发，认为 REITs 受到不动产和证券市场的双重影响，面临产品结构链条

---

[1] 戴金明：《美国不动产投资信托发展及启示》，《上海金融》1993 年第 4 期。
[2] 李健飞：《美国房地产信托基金研究及对我国的启示》，《国际金融研究》2005 年第 1 期。
[3] 闫云松：《从境外 REITs 看境内模式》，《中国金融》2016 年第 11 期。
[4] 北大光华 REITs 课题组：《中国 REITs 制度的特征与实现路径》，2018 年 9 月。
[5] 北大光华 REITs 课题组：《中国 REITs 市场建设与发展建言》，2019 年 6 月。

过长复杂、退出渠道和流动性不足、基础资产的信用独立性欠缺等挑战。在治理机制上，由于 REITs 管理过程中委托—代理问题的存在，必然有着基金份额持有人与其他受托人之间、托管人之间的利益冲突，因此如何采取适当的管理模式，形成对 REITs 管理人有效的内外部监督与激励成为备受学者们关心的问题。

（一）法律基础

许多学者都认为相关律法的支持是 REITs 制度建立的前提。杜筠翊、胡轩之（2000）[①] 从立法保障的角度，认为 REITs 孕育于成熟的市场经济体制，只有具备了规范的市场运作机制、完善的法律法规和技术管理等要求，才能保证这一金融工具的顺畅运行。

田土城（2004）[②] 重点分析了不动产证券化的基本架构、法律要件与中国法律的契合性问题。他认为，无论是基于物权还是债权的证券化结构设计，所面临的诸多考量的重点在于实施主体、物权变动的规则、发行人的义务与责任界定。北大光华 REITs 课题组《中国公募 REITs 发展白皮书（2017）》[③] 在分析了成熟市场 REITs 的发展现状之后，指出影响中国公募 REITs 推出的主要问题：包括缺乏正确认识，缺少配套法律法规，建议以《证券投资基金法》作为 REITs 的立法依据，并配套适用性规范政策加以指引。

（二）税收制度

税收是各国 REITs 制度形成的重要前提。陈琼和杨胜刚（2009）[④] 结合美国、澳大利亚和新加坡在 REITs 方面的发展历程，认为避免公司和投资者层面双重征税是上述国家 REITs 的一大核心优势。汪诚、戈岐明（2015）[⑤] 建议应对长期投资者分红收益降低税率；免征基金募集资金营业税等。

---

① 杜筠翊、胡轩之：《不动产投资信托研究》，《政治与法律》2000 年第 3 期。
② 田土城：《不动产证券化初探》，《郑州大学学报（哲学社会科学版）》2004 年第 2 期。
③ 北大光华 REITs 课题组：《中国公募 REITs 发展白皮书（2017）》。
④ 陈琼、杨胜刚：《REITs 发展的国际经验与中国的路径选择》，《金融研究》2009 年第 9 期。
⑤ 汪诚、戈岐明：《房地产投资信托基金的税收问题探究》，《税务研究》2015 年第 7 期。

李敏（2017）[①] 认为，基础资产转移在税法上能否被认定为"真实出售"会产生截然不同的税收后果，通过专项计划购买发起人项目公司股权间接收购物业的方式，可以免除增值税、城建税及教育费附加、土地增值税等。2018年，北大光华 REITs 课题组在报告《不动产信托投资基金税制问题研究》[②] 中建议秉持 REITs 税收的中性原则，增加税收透明度，降低经营环境的税负，减少 REITs 结构构建产生的税收负担。孟明毅（2020）[③] 指出当前物业剥离产生的高昂土地增值税抑制了 REITs 的发行意愿，同时偏债型 REITs 不能申请所得税递延。因此，建议对关乎国计民生的不动产交易减免土地增值税，并遵从"实质重于形式"的税收原则，允许偏债型 REITs 的所得税递延。

（三）风险测度与管理

学者们关于 REITs 中的风险的研究围绕着识别风险、避免风险而展开，对于 REITs 在运营、管理、市场交易等过程中可能存在哪些风险，如何通过有效的管理避免这些风险，产生了广泛而有价值的讨论。

杜筠翔、胡轩之（2000）[④] 认为 REITs 涉及不动产和证券市场，因此证券价格也同时受到两个市场景气荣枯的影响。也有学者试图用定量方法分析 REITs 面临的风险性。张洋舟（2009）[⑤] 将证券风险量化管理的 VaR 方法引入到对 REITs 投资的头寸调整管理中，计算未来某段时间损失的概率与规模，为 REITs 管理人提供调整依据。

洪磊（2018）[⑥] 指出中国 REITs 产品存在资产信用独立性欠缺、权益型产品投资回报率低等问题，建议先行制定 REITs 管理方法；对投资者和管理人加强教育，打破刚性兑付；在雄安新区等地进行以直接税为主的综合税制改革试

[①]　李敏：《我国"过户型 REITs"的风险隔离机制与交易结构优化》，《金融法苑》2017年第 2 期。

[②]　北大光华 REITs 课题组：《不动产信托投资基金税制问题研究》，2017年 12 月。

[③]　孟明毅：《不动产信托投资基金的美国经验借鉴》，《经济与管理评论》2020年第 1 期。

[④]　杜筠翔、胡轩之：《不动产投资信托研究》，《政治与法律》2000年第 3 期。

[⑤]　张洋舟：《VaR 在 REITs 风险管理中的应用——以历史模拟法为例》，《金融经济》2009年第 12 期。

[⑥]　《北大光华中国 REITs 论坛——中国 REITs 市场建设与金融改革》，2018年 6 月 19 日。

点。陆序生（2019）[1] 认为相比于国际成熟的 REITs 产品，基于资产支持证券的类 REITs 产品存在投资者进入门槛高、流动性不足、偏向固收而非权益性等问题。

肖钢（2019）[2] 点出了制约中国公募 REITs 的五大因素：对于 REITs 金融属性的认知不清，对 REITs 与房地产市场价格关系有认知误区；法律法规尚未配套；当前国内房地产估值过高，租金收益率偏低；资产配置功能常常被忽视。基于这些问题，提出建立符合国情的税收中性体系、试点先行等建议。

（四）治理机制

2004 年 6 月，中国《证券投资基金法》出台，明确了中国的证券投资基金为契约型，法律构架建立在信托法律制度上。在这一框架内，基金份额持有人、基金管理公司、托管银行之间订了信托契约，实现了管理和收益分离。但必然存在作为受益人的基金份额持有人与其他受托人之间、托管人之间的利益冲突等，随着加入主体的增多，利益冲突也更为频繁和复杂。学者们普遍关心基于 REITs 特殊的制度设计是否存在复杂的代理问题，以及如何通过适当的治理机制避免利益相关方之间的利益冲突。丁洁（2004）[3] 认为立法者通常通过委托人"信赖义务"和对利益冲突的限制原则来防范受托人和受益人之间的冲突，从信托法理上将利益冲突类型分为基金受托人与基金财产之间的交易、基金管理人与第三方利益冲突、基金管理人与受益人之间的交易，并依据中国的法律规范提出应对措施。

北大光华 REITs 课题组在《中国公募 REITs 管理模式研究》[4] 中，为搭建外部管理模式提出建议：在职能分配上，建议以全面管理的职能模块为基础，结合资产支持证券现有职责体系，在各层管理结构中对职能模块和管理重心进行分配；在治理机制方面，建议采取更合理的激励机制，将使得原有的代理问

---

[1] 陆序生：《REITs 的国际经验、国内实践与建议》，《区域金融研究》2019 年第 8 期。
[2] 肖钢：《制约我国公募 REITs 的五大因素和破解路径》，《清华金融评论》2019 年第 2 期。
[3] 丁洁：《证券投资基金的利益冲突问题及其法律防范》，《证券市场导报》2004 年第 7 期。
[4] 北大光华 REITs 课题组：《中国公募 REITs 管理模式研究》，2018 年 7 月。

题得到有效的缓解。

四、REITs 底层资产分类

由于 REITs 的底层资产十分广泛，而不同资产之间存在较大的差异，对 REITs 相关问题的深入讨论通常需要聚焦于某个资产类别之内。基于实践与政策因素，已有文献对不同基础资产类别的 REITs 讨论具有鲜明的特点：由于已有境内商业类资产在境外市场发行 REITs，研究的内容多聚焦在从案例出发，探讨以该案例为代表的某一类型 REITs 的产品结构、财务绩效、风险管理等；而对住房租赁和基础设施这两类资产，由于大多产品发行较少，涉及的法律问题较为复杂，因此大多聚集在讨论可行性和必要性、发展模式的构思、欠缺的法规条件、监管措施等。

（一）基础设施 REITs

2020 年 4 月 30 日，中国证监会联合国家发展改革委共同发布了《关于推进基础设施领域不动产投资信托基金（REITs）试点相关工作的通知》。在此前后，也有一些学者从基础设施 REITs 道路设计、关注重点、与 PPP 相结合等角度进行了讨论。

北大光华 REITs 课题组在 2019 年发布《中国基础设施 REITs 创新发展研究》[1]，探讨了 REITs 在中国基础设施领域的适用性并估算了中国基础设施 REITs 市场的规模，提出尽快出台 REITs 规则、推出试点产品，培育投资机构与市场专业机构等建议。

陈静怡等（2019）[2] 构建了“VaR + NPV”模型，将传统 PPP 模式和“PPP + REITs”模式下项目运营期内的现金流作为研究变量，证明了“PPP+REITs”模式在降低融资风险、减少融资成本方面具有实用性，延长 REITs 产品的发行周期也对 PPP 项目产生积极作用。王守清等（2020）[3] 认为

---

[1]　北大光华 REITs 课题组：《中国基础设施 REITs 创新发展研究》，2018 年 6 月。
[2]　陈静怡等：《REITs 应用于 PPP 模式的风险价值评估研究》，《建筑经济》2019 年第 40 期。
[3]　王守清等：《PPP-REITs 的收益回报机制》，《中国金融》2020 年第 6 期。

REITs 作为一种不动产证券化的方式，与 PPP 二级市场退出方向契合度极高，可为 PPP 提供资产证券化、股权交易等市场化退出渠道。徐成彬（2020）① 探讨提出了基础设施 REITs 的底层资产判别标准，包括对其合法合规性、资产权属、稳定现金流、具有成长性等标准内涵进行了深入的剖析。左大杰等（2020）② 从 REITs 与 PPP 结合的角度分析运作路径，通过 REITs 为 PPP 筹集社会资本，对项目提供资金和管理支持，之后 PPP 项目公司再以股权或收益权作为基础资产在资本市场发行基础设施 REITs。

（二）租赁住房 REITs

能否通过 REITs 支持中国租赁住房建设，从而帮助解决中国城镇居民的住房问题是备受学者关注的问题，也形成了大量的相关讨论。

巴曙松等（2006）③ 认为 REITs 能够增强廉租房的资产流动性并且能够吸引投资者，REITs 可以作为一种金融工具解决廉租房问题。杨绍萍（2010）④ 指出收益较低的公共租赁住房较难吸引社会资金，提出由政府招标、通过专业机构以 REITs 模式进行运作的解决方法，以期完善中国住房保障体系。李智、乔海方（2013）⑤ 指出了公租房 REITs 面临的法律障碍：存在信托财产登记制度缺失、信托业融资限制、信托产品公共宣传不足，存续期不足，税收优惠制度缺失的问题。对于该问题，北大光华 REITs 课题组发表报告《中国租赁住房市场发展研究》⑥，在分析住房租赁市场的现状与规模展望后，建议在"公募基金+ABS"的模式基础上，就 REITs 服务租赁住房的结构化安排、收益率定价、主动管理机制与能力等问题进一步探索。

---

① 徐成彬：《基础设施 REITs 优质底层资产的识别与评价》，《中国工程咨询》2020 年第 6 期。

② 左大杰等：《铁路基础设施 REITs 融资研究》，《综合运输》2020 年第 7 期。

③ 巴曙松等：《中国廉租房的融资特征及其发展路径研究》（下），《中国房地产》2006 年第 10 期。

④ 杨绍萍：《运用 REITs 模式发展我国公共租赁住房的路径研究》，《中国金融》2010 年第 17 期。

⑤ 李智、乔海方：《公租房 REITs 的瓶颈与出路》，《国家行政学院学报》2013 年第 6 期。

⑥ 北大光华 REITs 课题组：《中国租赁住房市场发展研究》，2017 年 12 月。

（三）　商业物业 REITs

江崇光、陈宇焕（2015）[1] 通过对越秀、汇贤和春泉 REITs 的资产分析，认为 REITs 资产价格的估值不能仅依靠收益率，还应考虑公司的实际价值采取加权平均法估值。郭杰群（2017）[2] 认为中国 REITs 应关注基础资产（物业）的租金收入，从物业空置率、合同履约能力、租金稳定性等方面予以衡量，进行合理估值。中国 REITs 论坛于 2019 年 6 月发布首期《中国 REITs 指数之商业不动产资本化率调查研究》，该研究总结了不同类型底层资产的受关注程度，并为不同级别城市的甲级写字楼、物流、商业零售等资产给出了资本化率预测，为商业物业 REITs 底层资产定价提供了重要的参考作用。

第三节　市场实践

21 世纪初以来，伴随着国内关于 REITs 政策探索和理论研究的脚步，相关的市场实践也逐步展开。一方面，国内企业在境外市场尝试发行以国为资产为投资标的的 REITs 产品，可称之为境外中国概念 REITs；另一方面，在国内监管规则框架下推出了一批与标准 REITs 具有一定相似性的"类 REITs"产品。

一、境内资产的境外上市

国内的房地产市场自 20 世纪 90 年代开始兴起，持有型物业迅速发展，涌现出一批运营相对成熟、回报相对较好的资产。随着新加坡、中国香港等境外 REITs 市场的逐步发展，部分持有境内优质资产的企业开始考虑通过 REITs 方式在国际资本市场上进行资产权益型融资，境外中国概念 REITs 陆续登上历史舞台。

---

[1]　江崇光、陈宇焕：《论 REITs 发行价格与资产价值间的关系》，《中国市场》2015 年第 48 期。

[2]　郭杰群：《中国 CMBS、类 REIT 的运作模式、交易结构设计与风险控制》，《清华金融评论》2017 年第 12 期。

（一）越秀房托：首单境外 REITs 发行

2005 年 12 月 21 日，广州越秀集团所属的越秀房地产投资信托基金（以下简称"越秀房产基金"）在中国香港上市，成为第一只以中国内地资产为标的、在境外资本市场发行的 REIT。香港证监会于 2003 年发布《房地产投资信托基金守则》（"REIT CODE"），并于 2004 年进行了修订，允许香港地区之外的资产以 REITs 方式在香港上市，才使得越秀集团将香港作为 REIT 首发地，而未选择之前接洽的新加坡。当年同一时期上市的还有香港第一只 REIT 领汇房地产投资信托基金（后更名领展房地产投资信托基金），以及长江实业所属的泓富房产信托。

在越秀房产基金的首发中，发起人越秀投资以其在广州的四处物业，包括白马商贸大厦、维多利广场、城建大厦和财富大厦，打包组成 REIT 上市，募集公众资金约 18 亿港元。之后，越秀房产基金持续注入集团内部资产和收购第三方资产，至今已拥有广州、上海、武汉、杭州四地的 8 处物业，截至 2020 年年底旗下物业总价值约 345 亿元。越秀房产基金作为中国第一只境外 REIT，开辟了中国不动产融资新渠道，拉开了中国概念 REITs 在境外尤其是中国香港和新加坡两地上市的序幕。

境外 REITs 上市的一大难题，是跨境资产重组。越秀房产基金是基于 1997 年东南亚金融危机时，越秀投资与广州市属国资企业城建集团重组时留下的政策空间，才使得四个物业以英属维尔京群岛注册公司（BVI）直接持有物业的方式达成资产跨境。后来上市的中国概念 REITs，都是付出较大努力，才搭建好红筹架构上市融资。

（二）境外中国概念 REITs

境内资产在境外发行 REITs，大多选择了具有华人文化背景的中国香港和新加坡两地市场。截至 2020 年年底，新加坡和中国香港共有 16 只 REITs 持有中国内地 112 处商业不动产。境外中国概念 REITs 有以下特点：

第一，新加坡市场受到更多企业青睐。16 只中国概念 REITs 中，新加坡 10 只，香港 6 只。除越秀房产基金外，中国香港还包括领展房地产投资信托基金、汇贤产业信托、开元产业投资信托基金、春泉产业信托以及 2019 年年底上市的招商局商业房托基金，合计持有中国内地物业 30 处。新加坡 REITs 个数更多，持有内地物业数量达到 73 处，其中以中国内地资产为主的 REITs 有凯德商用中国信托、北京华联商业信托、运通网城房地产信托、丰树物流信托、砂之船房地产投资信托及大信商业信托等，其他 REITs 如丰树北亚商业信托、华联商业房地产投资信托、升禧环球房地产投资信托、雅诗阁公寓信托等则在资产组合中有部分中国内地物业。

第二，境外 REITs 更倾向于持有内地一线及强二线城市资产。在新加坡、中国香港上市 REITs 持有的 112 处内地物业中，一线城市及强二线城市（如成都、杭州、苏州）的物业数量分别为 34 处、40 处，占比分别为 30.4% 与 35.7%，一定程度上反映了两地市场 REITs 投资者对中国内地城市与区域的风险偏好。

第三，资产业态较为广泛，均包含地产元素。新加坡 REITs 所持有的中国内地物业集中于零售及工业物流业态，其中零售物业 30 处，数量占比 37%，主要包括凯德商用中国信托持有的 12 处购物中心、北京华联商业信托持有的 7 处购物中心及奥特莱斯、大信商业信托持有的 7 处大信新都汇商场、砂之船房地产投资信托持有的 4 处奥特莱斯等；工业物流物业 38 处，数量占比 46%，丰树物流信托、运通网城房地产投资信托两家分别持有 30 处和 8 处资产。香港 REITs 持有内地物业的业态集中在办公、零售、酒店及商业综合体，其中办公和酒店物业分别有 9 处，商业综合体有 5 处，没有涉及工业物流业态。伴随着内地消费升级和电商的快速发展，两地 REITs 更多关注于内地零售类和工业物流类资产的收购与发展机会。

（三）境外中国概念 REITs 的市场表现

境外资本市场以国际机构投资者为主要买方。中国概念 REITs 是国际投资者投资于中国不动产市场的一种有效方式，因此，该类 REITs 的市场表现，可以集中反映国际投资者对于这类资产的风险收益看法。以 2005 年同一时期上市的三只 REITs 来看，越秀房产基金在招股书中公布的预期分派收益率 6.54%，略高于领展（5.53%）和泓富 REIT（5.31%），国际投资者对于中国概念 REITs 的收益率回报要求略高。这一方面体现了国际投资者对于中国主权风险的看法，反映出国际投资者对中国境内资产的熟悉程度相对较弱；另一方面也反映出境内资产在境外资本市场发行 REITs 时需要面对的一些风险和技术问题，比如土地使用权到期后的政策风险、汇率变动的风险、外汇管制导致的现金流不能跨境分派的技术问题等。

尽管收益率要求较高，融资成本较贵，但内地物业在中国香港和新加坡以 REITs 上市的情况仍时有发生，近年以新加坡为主，表明内地持有型物业存在较大的权益型融资需求，以及企业对于商业模式转型的迫切需要。

二、境内市场的类 REITs 实践

REITs 自身复杂程度较高，又和房地产市场关联程度较强，多次试点工作推进效果不佳。但在市场需求的强烈呼唤和金融机构的辛勤探索下，产生了包括类 REITs 产品在内的与标准 REITs 产品具有一定相似性的金融产品。这些产品的底层资产、产品形式、交易流程与标准 REITs 均具有一定相似性，但具有较强的固定收益属性，因此与标准 REITs 仍存在一定差异。由于发行类 REITs 产品时需实现底层资产或持有资产的项目公司股权的过户，重组难度相对较高，部分企业更倾向于使用无需过户的金融产品进行融资，CMBS、CMBN 与收益权资产支持证券等产品也因此应运而生。

（一）类 REITs 的产生与发展历程

"中信启航专项资产管理计划"是中国第一只类 REITs 产品，于 2014 年 5 月发行。该项目由中信证券不动产团队（中信金石）实施推动，选择了中信证券旗下两处自持物业，即北京中信证券大厦和深圳中信证券大厦，获得中国证监会的专项批准，发行规模 52.1 亿元。该项目有诸多创新之处，包括资产重组、交易流程、产品结构、计划分级（70.1%优先级和29.9%次级）、流动性安排、退出设计等，是具有突破创新意义的类 REITs 产品。

2015 年 6 月，鹏华基金发行了境内第一只使用公募基金作为发行载体的公募类 REITs 产品，即鹏华前海万科封闭式混合型发起式证券投资基金。该产品在顶层结构上比中信启航更进一步，公募基金直接投资股权，突破了相关规则，获得了证监会的特别批准。可是该产品投资于不动产资产的比例不超过基

金资产的 50% ，其他则投资于固定收益证券和股票，并且持有的不动产资产
（"前海万科企业公馆"）并不是商业物业的产权，而是一个有固定期限（10
年）的收益权，因此也与标准 REITs 有较大差异。

在中信启航出现之后，市场上不断涌现出类 REITs 产品，底层资产逐步从
写字楼、购物中心、酒店等商业物业扩展到仓储、产业园、高速公路等基础设
施领域，例如菜鸟仓储类 REITs、顺丰产业园类 REITs、苏州纳米大学科技园
类 REITs、沪杭甬徽杭高速类 REITs、四川隆纳高速公路类 REITs、中交路建
清西大桥类 REITs 等。

2014 年以来的类 REITs 发行情况如图 2.1 所示。

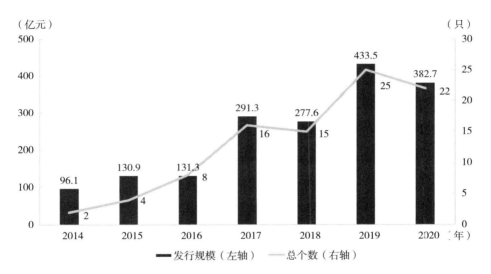

图 2.1 2014—2020 年类 REITs 发行规模及数量

资料来源：上海证券交易所、深圳证券交易所。

截至 2020 年年底，包括基础设施资产在内的类 REITs 累计发行规模
1752.14 亿元，共 92 单（含沪深交易所、银行间、报价系统产品）。2019 年
发行规模为历年最高，达到 25 单 433.5 亿元。截至 2020 年年底，上述产品
中已有 15 单类 REITs 产品通过主体回购、续发、市场化处置等方式退出，
退出产品总规模 367.73 亿元，存续中的产品规模仍超过千亿元，约
1384.41 亿元。

2020 年，许多原始权益人和金融机构开始更多关注基础设施 REITs 试点，再加上新冠肺炎疫情的影响，类 REITs 发行数量和金额均有所下降，共计 22 单，规模 382.66 亿元，其中包括交通基础设施类的中交路建清西大桥类 REITs 的发行，还包括仓储基础设施类的菜鸟仓储类 REITs 的扩募发行。

（二）其他不动产资产证券化产品

除了类 REITs 外，境内商业不动产涉及底层物业产权的资产证券化产品还有 CMBS（或 CMBN）。CMBS 是纯债属性的融资方式，仅需抵押底层不动产，不涉及物业的产权转移，不像类 REITs 那样需要进行复杂的资产重组和交易，亦无税负压力。因此，近年来市场出现了许多 CMBS 和 CMBN 产品。截至 2020 年年底，CMBS 累计发行 154 单，发行规模 3449.48 亿元；CMBN 发行 24 单，发行规模 458.33 亿元。这些资产证券化产品的共同发展，为公募 REITs 的推出提供了实践基础。

（三）类 REITs 与标准 REITs 的区别

以底层资产来看，类 REITs 与标准的公募 REITs 基本相同，但类 REITs 是一个私募范畴、偏债性的产品，在基本属性、组织形式、产品结构、期限、增信、分配方式等方面，与标准的公募 REITs 有较大差别，如表 2.1 所示。

表 2.1 类 REITs 与公募 REITs 的特征比较

维度	类 REITs	公募 REITs
属性	混合，偏债属性	权益属性
组织形式	资产支持专项计划	信托基金或投资公司（境内为封闭式公募基金）
产品结构	优先级、劣后级	平层
负债及抵押	以优先级作为融资手段	项目公司及产品层面均可进行融资，有比例限制
流动性	大宗交易平台，最低门槛 100 万元	公开市场交易
投资者人数	不超过 200 人	无上限
期限	固定期限	永续
增信	差额补足、流动性支持等	少数有派息补贴
分配	优先级固定收益，次级浮动收益	强制分红比例，无固定收益

续表

维度	类 REITs	公募 REITs
投资者收益	优先级固定收益，次级主要享受资本增值	分红及资本增值
管理模式	以安全运营退出为主	稳定运营的同时注重业绩提升

这些差异中，核心点在于类 REITs 的较强债务融资属性。类 REITs 通常进行结构化设计，如优先级与次级（或劣后级），通常次级可体现产品的权益属性，而优先级则为固定收益即债权属性。市场上发行的类 REITs 大多存在次级比例较低（甚至没有）、次级在持有期间的收益较少等情况。对大部分类 REITs 来说，次级份额基本上由原始权益人及其关联方持有，外部独立投资者认购意愿不强、认购比例较低。主要以优先级进行融资的类 REITs 产品体现出明显的债权属性，除分级的内部增信外，主要依赖发行主体的信用，以回购、权利维持费、差额补足、流动性支持等方式进行增信。

中国式的类 REITs 发展具有不同于境外标准 REITs 的一些明显特征。

第一，类 REITs 投资主要为固定收益投资人参与，权益投资人参与程度有限。从原始权益人的角度看，主要是希望通过类 REITs 产品实现债务融资；从投资人角度看，银行等主流投资人的传统配置思路更愿意接受稳定性强、安全性高的金融资产，类 REITs 的优先级部分更容易进入银行投资经理的视野。无论从企业端，还是资金端，对类 REITs 的主流认知都是能够帮助企业实现额外诉求（包括财务调整等）的固定收益类产品。

第二，原始权益人对资产的掌控力度较强，管理人主动管理的范围和程度有限。由于原始权益人进行类 REITs 操作的出发点主要在于进行债务融资，并非对外出售资产，故而从根本上就要求保持对资产的控制力。原始权益人对资产的控制力体现在权益份额持有与资产运营管理两方面，权益份额持有保障了投资剩余分配权，资产运营管理保障了资产端权利，留给管理人的权利则相对有限。当然，从多数金融机构背景的管理人对类 REITs 产品的定位上看，也主要将其定位为一类为企业融资的投行产品，对其自身管理能力的要求、对资管体系建设的要求相对有限，对主动管理的诉求相对较弱，故而其关注重点主要集中在产品合规性与现金流的归集偿付上。

三、境内外 REITs 实践的价值

境外中国概念 REITs 的发展，为国内提供了标准 REITs 的宝贵实践。首先，发掘了广阔的市场需求。通过境外 REITs 的一系列努力，我们最容易感受到的是持有型物业资产的巨大融资需求和商业模式创新需求，这为中国境内标准 REITs 的推出提供了坚实的市场基础。此前国内对境内资产是否适合进行 REITs 操作、中国 REITs 市场是否到了兴起的时点等问题存在一些不同观点，而境内资产陆续赴境外上市体现了国内企业对发行 REITs 的强烈需求，为发展国内 REITs 市场打了一剂强心针。其次，积累了丰富的实操经验。境外 REITs 上市为中国发展 REITs 提供了重要的借鉴模式和专业参考，也培养了一批专业人才。境内资产在中国香港和新加坡 REITs 的上市和发展，提供了监管规则、产品结构、管理模式、治理结构、估值定价、运营管理、市场表现、投资者诉求、税收等政策和专业方面的实践做法，为中国出台标准 REITs 提供了重要的理论和现实基础。越秀房产基金的成长、睿富中国商业房地产投资信托基金（以下简称"睿富房地产基金"）的退市、春泉产业信托的管理人之争与私有化举牌、领展在中国大陆不断收购资产等，都为中国提供了丰富的案例。最后，提供了成熟的操作样本。境外中国概念 REITs 的持续发展和推动，成为可以借鉴的样本，发挥了很好的示范作用，不断坚定了国内推出 REITs 的信心和决心，促进了国内基础设施 REITs 试点的出台。

国内类 REITs 的实践亦具有积极作用，是对 REITs 模式的有益探索，为公募 REITs 的推出积累了经验，创造了市场环境，培育了投资者，打下了公募 REITs 的基础。

首先，打磨了产品模式。自 2014 年中信启航项目创设了通过资产支持专项计划搭设产品收购持有资产的项目公司股权开始，产品模式结合市场情况进行了产品期限、产品分层、储架发行、扩募发行、运营激励等各维度创新完善，目前的产品模式已得到各方的认可与支持，为基础设施 REITs 的推出提供

了经过市场检验的一种产品模式。

其次，锻炼了参与主体。类 REITs 已具备公募 REITs 项目推进所需的主要参与主体，包括原始权益人、总协调人、财务顾问、资产支持证券管理人、运营管理机构、托监管机构、会计师事务所、律师事务所、评估机构等，相关主体经过千亿级类 REITs 市场的磨砺，对 REITs 的理解在实践中日益加深，自身定位、职责要求在项目操作中日益明确，为公募 REITs 的推出培育了一批具有先进理念、丰富经验的参与主体。

再次，积累了投资经验。类 REITs 产品推出前，银行等主流金融机构主要通过表内贷款、非标贷款、企业债券等方式为企业提供债务融资，真正看资产运营情况的项目较少。类 REITs 产品由于资产过户到产品名下，越来越多的投资人逐步将关注重点在企业信用基础上加强了资产信用，审项目时不只是审主体，也开始审区位、审运营、审业务逻辑、审资产持续产生现金流的能力，也开始建立内部资产评价体系、开始培育内部资产判断团队，为公募 REITs 投资端打下了扎实基础，向公募 REITs 的发展迈出了一大步。

最后，坚定了推进信念。虽然类 REITs 可以解决企业的融资、财务优化等诸多诉求，在未来一段时间可能仍将是部分企业重点选择的融资方式，但在类 REITs 项目推进过程中也能明显感觉到，只有推出公募 REITs，才能更好实现权益部分对公开市场的释放；只有公开市场培育起来，才能有更多机会赋予优质物业流动性，体现持有型物业的投资价值；只有让公开市场更匹配的资金参与到持有型物业投资，持有型物业的"投融管退"产业链才能更有效地形成闭环，企业面临的回收期长、杠杆比率高、经营风险大等诸多问题才能有更系统更持久的解决之道。经过类 REITs 的不断实践，市场参与主体逐渐意识到发展标准 REITs 是众望所归、大势所趋，基础设施 REITs 试点的推出，正是对此信念的最好回应。

境外中国概念 REITs 的探索让我们走出去，了解境外 REITs 的逻辑与规则，了解境外资本如何看待境内物业，为标准 REITs 的推出引进了国际经验；境内类 REITs 的不断创新展示了境内市场的广阔性和产品模式的可行性，培育了参与机构与投资人，坚定了公募 REITs 的推出信念，为公募 REITs 的推出打下了实践基础。境内外 REITs 的实践，以不同的方式呈现，共同为中国公募 REITs 的推出和发展作出了贡献。

第四节　破土而出

一、基础设施 REITs 序幕初启

正如本章"政策探索"部分所述，2016 年 12 月，《国家发展改革委　中国证监会关于推进传统基础设施领域政府和社会资本合作（PPP）项目资产证券化相关工作的通知》，为中国 REITs 在基础设施领域的破土而出发挥了十分重要的作用。这份文件的出台，既带有一定的偶然性，也是基础设施和资本市场对接的必然结果。

2016 年，PPP 模式迅速推广，一大批 PPP 项目应运而生，PPP 项目的社会资本方投入了大量资金，但退出渠道狭窄，一定程度上制约了其再投资能力。与此同时，中国的资产证券化市场快速发展，但基础设施领域的证券化产品数量很少。如果能将 PPP 项目与资产证券化有机结合，既可以为资产证券化市场提供基础设施类底层资产，也可以为 PPP 项目的社会资本方提供资金退出途径，丰富融资渠道。2016 年 11 月，在国家发展改革委投资司工作的李泽正博士和证监会债券部的闫云松博士通过交流，共同认识到 PPP 与资产证券化之间极强的互补性，萌发了加强合作的想法，得到了投资司副司长韩志峰和时任债券部主任蔡建春的高度认可。随后，投资司和债券部密切合作，加快推动 PPP 项目资产证券化工作。2016 年 12 月 21 日，《国家发展改革委　中国证监会关于推进传统基础设施领域政府和社会资本合作（PPP）项目资产证券化相关工作的通知》正式印发。2017 年 3 月，首批 4 单 PPP 项目资产证券化产品获得批准，2017 年 4 月正式挂牌。

国家发展改革委投资司与证监会债券部在 PPP 项目资产证券化上的成功合作，促进了基础设施与资本市场的对接，为基础设施 REITs 试点打下了基础。2018 年 6 月 21 日，国家发展改革委投资司、证监会债券部召开基础设施

REITs 座谈会，就在基础设施领域推行 REITs 的可行性、操作性等问题进行研讨。北京大学光华管理学院张峥教授介绍了 REITs 的定义、特点和发展概况，时任广州城发基金董事总经理李文峥介绍了国内资产在境外发行 REITs 的实践情况，参会企业和金融机构表达了对国内 REITs 的热切期盼。投资司和债券部负责同志表示，要加强合作，进一步深入研究相关的理论和政策问题。基础设施 REITs 工作，正式提上了议事日程。

经过一段时间的酝酿，2019 年 1 月 29 日，国家发展改革委投资司向委领导呈报了《关于开展创新投融资方式运用基础设施 REITs 盘活存量资产试点研究工作的请示》，建议开展基础设施 REITs 试点研究工作，由国家发展改革委投资司、证监会债券部作为组长单位共同牵头，沪深证券交易所、北京大学光华管理学院、清华大学 PPP 研究中心、中咨公司研究中心等参与，选择粤港澳大湾区、海南自贸区、雄安新区（后又补充了长三角地区）进行调研，争取在调研基础上提出试点工作方案、推出试点产品。时任国家发展改革委副主任张勇签批同意，并提出了具体工作要求。2019 年 2 月 20 日，国家发展改革委投资司、证监会债券部联合召开了基础设施 REITs 试点研究工作启动会，成立了试点调研组，商定了具体调研计划。

基础设施 REITs 试点调研组的主要成员，有投资司韩志峰、王翱、王国庆、李泽正，债券部陈飞、刘榕、汪兆军、闫云松，上海证券交易所刘绍统、余力，深圳证券交易所李辉、卞超，北京大学光华管理学院刘俏、张峥，清华大学 PPP 研究中心杨永恒、刘世坚，中咨公司研究中心李开孟、徐成彬，中国证券投资基金业协会陈春艳等。

2019 年 3 月，调研组赴海南、广东、上海、江苏、浙江等地开展实地调研。调研组召开了十几场座谈会，听取了地方政府、企业、金融机构、科研院所等 100 多家单位的意见，实地调研了产业园、自贸区、机场、港口、收费公路、仓储物流、生态环保等领域 40 多个项目和数十家中外企业，对基础设施的资产类型、运营情况、收益水平、手续合规以及原始权益人的发行意愿等进行了深入了解，对粤港澳、长三角、海南等区域的基础设施资产状况进行了全面摸底。2019 年 4 月 17 日，调研组又在北京新疆大厦召开座谈会，邀请全国社保基金理事会、中国建筑、雄安集团、大唐集团、首创股份、建设银行、中金公司、中信证券、嘉实基金等单位，就发行基础设施 REITs 的资产状况、操作模式、发行流程、信息披露、国资转让、土地、税收等重点问题进行了深入研讨。

广泛而深入的调研，坚定了有关方面在基础设施领域推动 REITs 试点的信心。北京大学光华管理学院长期关注 REITs 研究，先后发布了一系列研究报告，在深度参与调研活动后，起草发布了《中国基础设施 REITs 创新发展研究报告》，对 REITs 在中国基础设施领域的适用性进行了深入分析。2019 年 6 月 27 日，北京大学光华管理学院举办中国 REITs 论坛 2019 年会，著名经济学家厉以宁、中国证监会原主席肖钢等出席并发言。韩志峰在会上作了题为"中国基础设施 REITs 前景"的发言，提出"有没有可能在基础设施领域，中国 REITs 先迈出它的第一步"。

2019 年 8 月，调研组起草完成了调研报告。调研报告认为，发展基础设施 REITs，有利于盘活存量资产、化解地方政府隐性债务风险，有利于落实中央部署、推动国家重大战略实施，有利于创新投融资机制、推动基础设施高质量发展，有利于提升直接融资比重、推动金融供给侧改革，经过十多年的探索，目前条件已经基本成熟，可依托现行法律法规，通过"公募基金+资产支持证券"的模式开展基础设施 REITs 试点。可以说，调研报告提出了中国发展基础设施 REITs 的可行之路。

二、基础设施 REITs 试点政策出台

2019 年 5 月，基础设施 REITs 调研工作基本结束后，国家发展改革委投资司、证监会债券部联合成立了试点文件起草小组，开始着手文件起草工作。起草小组成员包括国家发展改革委投资司、证监会债券部、北京大学光华管理学院、沪深证券交易所、中咨公司研究中心有关人员。

专门针对基础设施 REITs 起草政策文件、确定制度框架，是国内一项前所未有的开创性工作，可供借鉴和参考的资料有限，难度很大。起草小组广泛学习其他国家和地区 REITs 市场的规则体系，认真研究中国基础设施资产的运营

状况，充分归纳提炼调研成果，对试点政策文件进行了长时间的酝酿、起草、修改和完善。在这个过程中，起草小组曾多次在北京大学光华管理学院进行研讨。2019 年 5 月，起草小组第一次赴北京大学讨论文件起草时，大家身着短袖，以博雅塔和西山为背景，留下了珍贵的合影；2019 年 12 月，第四次赴燕园时，已是大雪纷飞，大家穿着厚厚的大衣、羽绒服，在漫天飞雪中徜徉未名湖畔。

试点文件起草过程中，一个基本指导思想是：必须符合党中央、国务院确定的重大战略，为实体经济服务。因此，起草小组明确的第一项重要内容，就是将京津冀、雄安新区、粤港澳大湾区、海南、长江三角洲等确定为重点试点区域。后来又确定的几项重要原则包括：一是必须聚焦基础设施领域。起草小组认真总结了国内 REITs 的政策探索、理论研究和市场实践，深刻认识到只有以基础设施领域为切入点，中国 REITs 才有可能真正推出来，这是此次 REITs 试点与以往的根本性区别。二是确定采用"公募基金＋ABS"模式。起草小组研究了多种模式，按照依托现行法律法规、借鉴国际成熟经验的原则，最终确定采用"公募基金＋ABS"模式，在现行资本市场法规体系下，这是成本较低、难度较小、可能性较大的一种方式。三是聚焦重点行业。基础设施项目范围广、资产类型多。在充分考虑政策导向、参与意愿、市场反响等多种因素的基础上，初步明确了试点工作的重点方向，集中在基础设施补短板、新型基础设施、产业园区等领域。四是坚持权益型原则。国际上绝大部分 REITs 都是权益型产品，而中国基础设施投融资的主要难点之一就是缺乏权益型融资工具。因此，试点必须坚持权益型原则，要求底层资产真实出售、权益份额公开上市交易。五是聚焦资产质量。底层资产的质量如何将直接影响到 REITs 能否成功发行。起草小组总结了 PPP 项目资产证券化的工作经验，进行了多次讨论，提出了底层资产既要工程质量合格，也要运营良好、权属清晰等要求。此外，试点文件还对形成良性投资循环、坚持公开发行、加强风险管理、培育专业运营机构等作出了规定。

起草 REITs 试点文件的同时，国家发展改革委和证监会还通过多种渠道和方式，不断提出开展基础设施 REITs 的政策建议。2019 年 12 月，这一建议被有关方面纳入了"稳就业、稳金融、稳外贸、稳外资、稳投资、稳预期"的政策储备，得到了国务院有关负责同志的认可。这给了起草小组极大的鼓舞和信心，他们克服各种困难，加快工作进度，多方征求意见，不断修改完善。由于对 REITs 的认知不尽相同，试点文件在修改和完善过程中曾一波三折。精诚所至，金石为开。2020 年 4 月 24 日，《中国证监会　国家发展改革委关于推进基础设施领域不动产投资信托基金（REITs）试点相关工作的通知》由两部门主要领导签署完毕，4 月 30 日正式向社会公开。中国 REITs 终于登上了历史舞台。

三、基础设施 REITs 试点政策引起热烈反响

2020 年，突如其来的新冠肺炎疫情几乎打乱了所有人的生活和工作。2020 年 4 月 29 日，北京市政府宣布将突发公共卫生事件应急响应级别由一级调整为二级，并相应调整防控措施，让大家紧张压抑的心情得到了极大缓解，许多人期望着五一假期外出旅游放松。4 月 30 日下午 6 点多，基础设施 REITs 试点文件率先通过国家发展改革委官方微信公众号向社会公布，瞬间刷爆了朋友圈。多年来，中国 REITs 几度探索，几度沉浮，许多曾经的推动者、拥趸者未免有些心灰意冷，有人甚至已经不抱希望。恰在此时，基础设施 REITs 试点以一种出人意料的方式登场，一时间让业界进入了一种近乎亢奋的状态。很多业内人士放弃五一休假，召开研讨会议、撰写政策解读、发表评论文章……REITs 热潮，扑面而来。

新华社记者余蕊长期跟踪基础设施 REITs 的工作进展。文件出台当天，新华社就发表了她主笔的点评文章，提出此次 REITs 试点是基建领域和资本市场的一件大事，弥补了当前中国资本市场的空白。文章发表后不久，累计阅读量很快突破 200 万，很多媒体纷纷转发。除新华社等主流媒体外，网易、新浪、凤凰网、今日头条、腾讯网等媒体也在第一时间对基础设施 REITs 试点作了报道。据不完全统计，5 月 1 日至 3 日，与基础设施 REITs 试点相关的媒体消息达到了数千万条。

在众多宣传报道和解读文章中，一些著名学者的观点格外引人注目。国务

院参事、北京大学光华管理学院特聘教授徐宪平表示，基础设施 REITs 产品，能够盘活各类经营性基础设施存量资产，既可以为增量投资提供新的融资工具，又可以降低政府和企业财务风险。徐宪平认为，新基建作为中国经济新旧动能转换的一个具体路径，按照标准的公募 REITs 产品发行的话，可以带动 20 万亿—40 万亿元的直接投资。国务院发展研究中心 REITs 课题组长、汇力基金董事长孟晓苏提出，REITs 既对发展经济非常有利，又可以有效防范金融风险，国外专业人士曾经说过："除了 REITs，没有更好的金融创新可讲。"这句话正好可以献给当下中国。北京大学光华管理学院院长刘俏在《REITs 是好金融，大力发展中国 REITs 市场正当其时！》一文中指出，通过 REITs 市场发展，可以给中国的基础设施提供一个很重要的定价的"锚"，从而引导资源的有效配置，从这个角度讲，REITs 是未来中国金融供给侧改革最重要的抓手之一。北京大学光华管理学院副院长张峥认为，基础设施 REITs 试点通知的发布是中国 REITs 市场建设的一个里程碑式的事件，公募 REITs 试点对于中国不动产投融资体制改革具有重大意义，其重要性可以比肩注册制试点对于 A 股市场改革的意义。

随着时间的推移，针对 REITs 试点的政策解读不断深入，研讨范围日益广泛，研讨规格逐步提升。2020 年 9 月 18 日，新华财经与中国 REITs 论坛联合推出了公益课程"中国 REITs 公开课"，点播率很快超过 1000 万次。2020 年 9 月 27 日，以"公募 REITs 起航·中国基础设施 REITs 的生态建设"为主题的中国 REITs 论坛 2020 年会在上海证券交易所举办，全国政协常委张勇、国务院参事徐宪平、交通运输部副部长刘小明、上海市副市长吴清、国家铁路集团副总经理黄民、上海证券交易所总经理蔡建春等出席并发表演讲。2020 年 10 月 16 日，北京市以"基础设施 REITs 开局与展望"为主题举办了 2020 年基础设施 REITs 产业发展大会，中国证监会副主席李超、北京市副市长殷勇、国家发展改革委副秘书长高杲、深圳证券交易所总经理沙雁等出席并发表演讲。

由于 REITs 热度不断提升，甚至连抖音里的一些高流量账号也开始宣传、介绍 REITs。试点文件发布出台后不久，某抖音账号就发布了通俗易懂、诙谐有趣的 REITs 介绍视频，在短短数个小时内，点赞人数接近 20 万，评论 2.4

万条，转发 3.5 万次。曾几何时，REITs 在国内是个高居庙堂之上的专业词汇，普通民众对其知之甚少，但通过这些新媒体的积极传播，很好地普及了 REITs 概念，使 REITs 理念广为人知。

社会各界对基础设施 REITs 的热切关注，不仅体现在研讨和传播上，更体现在具体行动上。北京市制定了《关于支持北京市基础设施领域不动产投资信托基金（REITs）产业发展的若干措施》，成立了推进基础设施 REITs 产业发展工作领导小组。上海市发展改革委印发通知，推动建立基础设施 REITs 项目储备库，充分调动企业参与基础设施 REITs 试点积极性，力争形成源源不断的项目储备。深圳市政府针对基础设施 REITs 试点过程中遇到的难点问题积极协调解决，帮助本市企业更好参与试点。许多地方政府、国有企业等克服疫情影响，采取多种方式开展培训，尽快提升对 REITs 的认知水平。许多券商、基金开始招兵买马，充实力量，加大 REITs 业务的研究和开拓力度。招商局集团、首钢、张江高科等一批中央企业、地方国企积极参与试点，京东、普洛斯等民营企业、外资企业也迅速开始准备试点项目。

中国基础设施 REITs 试点的推出，也引起了境外资本市场和相关机构的高度关注。一些境外交易所通过放宽门槛、寻求与境内机构合作等方式，提高其吸引力，争取境内资产。香港证监会 2020 年 12 月发布《房地产投资信托基金守则》的修订版，将 REITs 的借款上限从其总资产价值的 45% 提高到 50%，并放宽相关投资限额。东京证券交易所、新加坡证券交易所也积极寻求与中国企业、金融机构、资本市场的合作。Nareit 总裁兼首席执行官史蒂文·韦克斯勒（Steven Wechsler）、亚太不动产协会（APREA）首席执行官西格丽德·西亚尔西塔（Sigrid Zialcita）等通过"云致辞"的方式参加了中国 REITs 论坛 2020 年会，对 REITs 在中国的发展潜力充满信心，认为中国将超过日本成为亚太地区规模最大的 REITs 市场。

四、基础设施 REITs 试点项目落地

基础设施 REITs 试点文件的发布，只是一个开端，要真正把基础设施 REITs 这项事业推进好，做到项目成熟优质、规则健全完善、市场良性运转，

还有很长的路要走。从某种意义上讲，基础设施 REITs 试点，只能成功 不能失败。因此，社会各界的热烈反响和广泛好评，不仅没有使参与这项工作的同志感到陶醉和轻松，反而更让大家认识到责任重大、任重道远。

在经历过短暂的喜悦后，两个部门中负责具体工作的相关机构就组织力量、加班加点，深入研究实操问题，广泛听取各方意见，加快制定配套规则，确保试点有章可循、顺利实施。2020 年 7 月 31 日，国家发展改革委办公厅印发《关于做好基础设施领域不动产投资信托基金（REITs）试点项目申报工作的通知》，就试点项目申报工作提出了具体要求，明确了重点行业、重点领域、项目条件、材料要求、申报程序等，为试点项目申报提供了操作指南。2020 年 9 月 9 日，国家发展改革委投资司又印发了《基础设施领域不动产投资信托基金（REITs）试点项目申报材料格式文本》，进一步明确和规范了申报材料要求。

2020 年 8 月 6 日，中国证监会出台了《公开募集基础设施证券投资基金指引（试行）》（以下简称《基础设施 REITs 指引》），从规范公开募集基础设施证券投资基金设立、运作等相关活动，保护投资者合法权益等方面提出了50 余条要求。2021 年 1 月 29 日，上海证券交易所发布《公开募集基础设施证券投资基金（REITs）业务办法（试行）》《公开募集基础设施证券投资基金（REITs）规则适用指引第 1 号——审核关注事项（试行）》《公开募集基础设施证券投资基金（REITs）规则适用指引第 2 号——发售业务（试行）》，深圳证券交易所发布《公开募集基础设施证券投资基金业务办法（试行）》《公开募集基金设施和投资基金业务指引第 1 号——审核关注事项（试行）》《公开募集基金设施证券投资基金业务指引第 2 号——发售业务（试行）》，明确了基础设施 REITs 的业务流程、审查标准和发售流程等。

由于基础设施 REITs 试点得到了社会高度认可，许多政策文件都将 REITs 列为重要内容之一。2020 年 6 月，中共中央、国务院印发《海南自由贸易港建设总体方案》，明确要求加快金融改革创新、支持发展 REITs。2020 年 10月，中共中央办公厅、国务院办公厅印发《深圳建设中国特色社会主义先行示范区综合改革试点实施方案（2020—2025 年）》，提出支持深圳"依法衣规开展基础设施领域不动产投资信托基金试点"。2021年1月，国家发展改革委、财政部、自然资源部、生态环境部等十部门联合印发《关于推进污水资源化利用的指导意见》，提出在污水资源化利用领域稳妥推进基础设施领域不动产投资信托基金试点。

2021年1月，上海市发布《上海市国民经济和社会发展第十四个五年规划和二〇三五年远景目标纲要》，要求加大资产证券化产品创新力度，依托上海证券交易所打造全国基础设施（REITs）产品发行交易首选地。

2021年3月，国家公布了《中华人民共和国国民经济和社会发展第十四个五年规划和2035年远景目标纲要》，其中第十四章"加快培育完整内需体系"的第二节提出："规范有序推进政府和社会资本合作（PPP），推动基础设施领域不动产投资信托基金（REITs）健康发展，有效盘活存量资产，形成存量资产和新增投资的良性循环。"基础设施REITs写入"十四五"规划纲要，表明这项工作得到了党中央、国务院的充分认可，表明社会各界对推动基础设施REITs健康发展形成了高度共识。

2020年10月，有关地方上报了第一批基础设施REITs试点项目，总共48个。为了优中选优，确保试点顺利实施，国家发展改革委委托中咨公司组织开展了项目评估工作。评估过程中，制订了详细的评估方案，统一了项目评审标准，组织了数十位投资管理、工程咨询、金融、土地、法律、财务等方面的专家，对试点项目进行了认真评审。针对评审过程中发现的一些重点问题，国家发展改革委投资司组织现场交流会，与有关项目的原始权益人、基金、券商、律师等当面沟通，甄别研判难点问题，寻找解决方案。针对试点项目普遍遇到的特许经营、土地管理、税收等共性问题，多次召开座谈会，深入研究既符合法律法规、又便于企业执行的可行办法。

经过多轮评估和认真审核，按照成熟一个、推荐一个的原则，截至2021年4月，国家发展改革委共向中国证监会推荐了10个项目，资产类型涉及高速公路、污水垃圾处理、仓储物流、产业园区等。证监会债券部、机构部等相关部门，以及沪深证券交易所，又从基金管理人等参与主体规范性、资产评估和交易结构搭建的合理性、基金运作管理和治理安排的完善性、信息披露和风险揭示的全面性等角度进行了认真审核把关，有序推进首批试点项目发行上市工作，确保项目质量成熟、产品方案完善、发行工作顺畅。

2021 年 6 月 21 日，华安张江光大园项目、浙商杭徽高速项目、富国首创水务项目、东吴苏州产业园项目、中金普洛斯项目在上海证券交易所正式挂牌。博时蛇口产园项目、平安广州广河高速项目、红土创新盐田港项目、中航首钢生物质项目在深圳证券交易所正式挂牌。9 个项目发行规模合计 314.03 亿元，中国公募 REITs 市场正式诞生。

"潮平两岸阔，风正一帆悬。"中国基础设施 REITs 这艘巨船，从此驶向浩瀚而广袤的未来。

第三章　中国基础设施 REITs 前瞻

　　基础设施 REITs 试点推出，标志着中国 REITs 市场建设取得重大突破，对于新发展阶段的中国经济具有重要意义，惠企业、惠百姓、惠市场。基础设施 REITs 涉及资产类型丰富、市场规模巨大、收益较高且稳定，具有广阔的发展前景。推进基础设施 REITs 行稳致远，须秉持中国特色，把握市场建设的第一性问题，达成实体经济与金融资本的相互促进，相互支撑，充分运用、协调基础设施的商业属性与公共属性，实现基础设施领域的高质量发展。

第一节　创新意义重大

　　基础设施 REITs 是基础设施投融资机制的重大创新，是中国金融供给侧改革的重要抓手，对于贯彻落实党中央重大战略部署、促进高质量发展，降低实体经济杠杆、防范债务风险，提升基础设施领域市场化水平、广泛吸引社会资金，完善储蓄投资转化机制、提高直接融资比重、提升资本市场服务实体经济质效等，都具有十分重要的意义和作用。

一、推动实现国家的经济社会发展目标

　　作为投融资领域的重要改革创新，基础设施 REITs 对推动实现《中共中央关于制定国民经济和社会发展第十四个五年规划和二〇三五年远景目标的建议》所提出的经济社会发展主要目标，贯彻新发展理念，构建新发展格局，推动高质量发展等，具有重要的现实意义。

　　首先，基础设施 REITs 有助于宏观经济去杠杆、防风险，为"十四五"

规划创造良好发展环境。宏观杠杆率是指全社会债务总规模与 GDP 的比值，宏观杠杆率的上升意味着经济主体的债务负担加重，违约可能性增加，容易引发债务危机，进而影响金融稳定。2020 年中国宏观杠杆率从 2019 年年末的 246.5%攀升至 270.1%，去杠杆、防风险的压力较大。基础设施 REITs 是一种权益型融资工具，有助于提高直接融资比重、降低宏观杠杆率，防范债务和金融风险，为未来发展创造良好环境。

其次，基础设施 REITs 有助于推动形成投资良性循环，构建投资领域发展新格局。从"十四五"规划开始，中国将加快构建以国内大循环为主体、国内国际双循环相互促进的新发展格局。具体到投资领域，通过发行基础设施 REITs 将成熟的存量资产盘活，将回收资金用于新的项目建设，新资产成熟后可再通过 REITs 等方式予以盘活，从而形成投资的良性循环。这是贯彻新发展理念、构建新发展格局在投资领域的具体实践。

再次，基础设施 REITs 有助于推动国家重大战略发展和重大政策实施。2018 年以来，《中共中央　国务院关于支持河北雄安新区全面深化改革和扩大开放的指导意见》《海南自由贸易港建设总体方案》《国务院关于推进国家级经济技术开发区创新提升打造改革开放新高地的意见》《深圳建设中国特色社会主义先行示范区综合改革试点实施方案（2020—2025 年）》等多个文件中明确提出，发挥 REITs 积极作用，促进国家重大战略发展和重大政策实施。

最后，基础设施 REITs 有助于广泛筹集投资资金支持基础设施建设，促进"十四五"发展规划目标和二○三五年远景目标的顺利实现。"十四五"期间，中国将统筹推进基础设施建设，加快数字化发展，健全现代流通体系，全面实施乡村振兴战略，推进区域协调发展和新型城镇化，加快推动绿色低碳发展等。发行基础设施 REITs，有助于吸引各类社会资金积极参与上述领域建设。

二、促进基础设施领域的高质量发展

就基础设施领域而言，发行基础设施 REITs，不仅有助于筹措投资资金，对于创新基础设施投融资机制、提升市场化配置资源水平、促进基础设施高质量发展，都有更加深远的意义。

一是打通基础设施领域的资本退出渠道，形成基础设施投融资"募投管退"的完整流程，吸引更多社会资本参与基础设施建设。基础设施REITs的出台，使基础设施领域的股权投资有了规范化、标准化的退出渠道，提升了基础设施资产的流动性和市场估值，可以缩短资金周转时间、提高资金使用效率、提升投资回报水平，从而极大增强社会资本参与基础设施投资建设的积极性。

二是为基础设施资产提供定价之"锚"，提高基础设施领域的市场化水平，提升资源配置效率。长期以来，基础设施领域的市场化程度不高，基础设施资产的流动性不强，缺乏大规模的公开市场交易，资产价值难以得到客观、公允的认定，不利于发挥市场配置资源的主导作用。当REITs深度参与基础设施领域时，可以通过对基础设施资产进行合理的估值、定价、发行、二级市场交易，实现价格发现（price discovery），相当于为基础设施提供定价之"锚"，根据资产的内在价值形成相对合理的定价，进而引导资源的有效配置。该定价之"锚"还可有效传导至产业链的前端，有助于基础设施项目在投资开发之初即可更准确地测算出全周期的回报率，从而更好地作出投资决策。

三是有利于提高基础设施项目运营管理效率。基础设施项目发行REITs后，REITs基金管理人有动力通过加强运营管理提高项目回报，以获得更多投资人认可，从而便于扩大基金募集规模，获取更多管理收益。另外，基础设施REITs相当于资产的IPO，实现公开上市后，信息披露必须规范完整、公开透明，这会给基金管理人和运营管理机构形成外部监督压力，有利于促使他们建立更为精细化、专业化、市场化的运营管理机制，提高运营管理效率。

三、助力基础设施企业转型升级

很多以基础设施为主业的企业投资建设了大量的基础设施项目，同时也面临着资产负债率过高、还本付息压力过大、再投资能力受限等问题，少数企业甚至因现金流过于紧张、资金周转困难而濒临破产边缘。基础设施REITs的出台，有助于这些企业实现轻资产运营，降低资产负债率和债务风险，促进企业可持续发展。

首先，企业通过发行 REITs，可以将许多重资产剥离出去，转移到公募基金，实现自身的轻资产运营和 REITs 的重资产投资均衡发展。发行 REITs 后，可以运营管理机构的身份继续参与底层资产的日常运营，可以通过持有 REITs 份额继续享有资产的收益权，如果持有的 REITs 份额足够多，还能相当程度上保持对资产的控制权。因此，REITs 可以作为企业轻重资产均衡发展的战略，成为企业构建新型商业模式，取得市场领先优势的有力金融工具。

其次，企业通过发行 REITs 产品获得等价现金资产，无须提供差额补足、兜底或回购等增信措施，可帮助企业真正改善资产负债表，降低杠杆率和债务风险，并腾出融资空间，增强再融资、再投资能力。目前，许多基础设施企业的资产负债率已经接近甚至达到了天花板，很难腾挪出再投资空间，亟须发行 REITs。

再次，发行基础设施 REITs，也更有利于吸引社会资本参与基础设施投资。社会资本可以通过购买 REITs 基金份额的方式，参与投资成熟的存量基础设施项目，这样既可避免承担烦琐复杂的项目建设前期工作，又能够以合适的方式在合适的时点切入，获取更加稳定的收益，降低投资风险。以购买 REITs 份额的方式介入，还有利于规避社会资本直接投资基础设施项目可能遇到的"玻璃门""旋转门""弹簧门"等隐性限制。

最后，REITs 有助于企业缩短投资回收周期、加快周转速度，形成有效的投融管退的闭环，提高市场规模。从京东、普洛斯、光环新网等申报首批基础设施 REITs 试点企业情况看，由于仓储物流、大数据中心等领域未来发展潜力大，企业也很期望通过发行 REITs 加快资金周转，不断投资新的项目，抓住发展机遇，提高市场占有率。

四、提升居民财产性收入

在中国，基础设施 REITs 是一种新兴投资产品，具有风险适中、回报稳定、流动性好等特点，既为银行理财、保险资金、社保基金、养老基金、企业年金等机构投资者提供了一种新的大类资产配置选择，又为它们开辟了一条参与基础设施股权投资的新渠道，同时降低了公众投资者参与基础设施投资的门槛，有利于提升居民财产性收入，贯彻共享发展的新理念。

近几年来，中国机构投资者管理的资产规模增长迅速，截至 2020 年 9 月，中国国内机构投资者资产总规模超过 127 万亿元，其中，银行非保本理财规模为 23.40 万亿元，保险资金规模为 22.44 万亿元，社保基金规模为 2.63 万亿元，养老金规模为 3.02 亿元，企业年金规模为 2.09 万亿元。总体而言，这些机构投资者需要配置相当数量的长期资产，偏好低风险投资，注重安全性与稳定性。基础设施 REITs 能够较好满足它们的长期配置需求，为它们提供了大类资产配置的新选择。

许多新建基础设施项目的资本金筹措难度大，很希望吸引保险资金、社保基金等参与股权投资。但新建基础设施项目的风险相对较高、流动性相对较差，股权投资的回报水平难以满足这些机构投资者的要求，因此很少有机构投资者以真正的股权投资方式参与新建基础设施项目。而 REITs 是成熟基础设施资产的上市，预期回报稳定，风险相对较低，产品流动性强，可以较好满足这些机构投资者的投资偏好，为它们开辟一条参与基础设施股权投资的新渠道。

基础设施项目投资规模大，回收周期长，长期以来一直以企事业单位为主建设，普通公众投资者很难直接参与。按照《基础设施 REITs 指引》的要求，基础设施 REITs 的一部分份额必须由公众投资者认购。公众投资者可以像购买股票一样购买 REITs 份额，获取投资收益，投资门槛大大降低。《基础设施 REITs 指引》规定基础设施 REITs 的收益分配比例不低于基金年度可供分配金额的 90%，这也有利于公众投资者获得稳定的投资收益，提升居民财产性收入，使普通百姓共享基础设施建设成果。

五、填补资本市场空白

一是有利于提高直接融资比重，深化金融供给侧结构性改革。中国融资结构长期以间接融资为主，信贷资产在金融总资产中的比重超过 70%，直接融资特别是股权融资比重过低，既不利于金融体系防风险，也不利于更好促进经济高质量发展。基础设施 REITs 是一种权益型直接融资工具，可以提高直接融资特别是股权融资比重，有助于稳定宏观杠杆率，更好防范化解金融风险。

二是能够丰富金融产品类型，填补资本市场空白，满足投资者多元化的投资需求。目前，中国资本市场上金融产品的类型还不够丰富，产品同质化比较严重，优质产品短缺、难以满足市场需求。REITs 作为一种高比例分红、高收益风险比的长期投资工具，是国际市场上十分成熟的高质量金融产品，能够大大丰富除股票、债券之外的投资选择，填补中国资本市场的空白，促进中国投资者的资产配置多元化。

三是有利于完善储蓄投资转化机制，提高资本市场服务实体经济质效。基础设施 REITs 作为基础设施资产与资本市场对接的一个重要金融工具，打通了基础设施项目（而不是企业）通过公开市场直接募集权益资金的通道，有利于广泛吸引各类社会资金参与基础设施建设、支持实体经济发展，为高质量发展提供有力支撑。

第二节　市场前景广阔

由于 REITs 一词最初引进国内时，被翻译成"房地产投资信托基金"，使得许多人一直认为只能在房地产领域推行，对于能否在基础设施领域推行、其市场潜力究竟如何，时常持怀疑态度。随着基础设施 REITs 试点的逐步推进，人们的认识不断深化，质疑的声音越来越弱，无论是市场机构还是原始权益人，都开始普遍认识到基础设施 REITs 具有广阔的发展前景。

一、资产类型丰富

基础设施涵盖的资产类型非常丰富。基础设施指为社会生产和生活提供基础性、大众性服务的工程和设施，是社会赖以生存和发展的基本条件。基础设施包含交通运输、能源供应、生态环保、市政工程、信息通信、农林水利、仓储物流、产业园区、医疗健康、文化旅游等多种形式，业态十分丰富。REITs 依托于成熟稳定的底层不动产，使投资者获得长期持续稳定回报，很多类型的基础设施资产都符合这一基本要求。

第一，交通运输。铁路、收费公路、机场、港口等传统的"铁公机"行业，长期以来一直是中国"促投资、稳投资"的重点方向，经过多年投资建设，形成了大量优质资产。这些交通项目普遍投资规模大、回收期长，具有成熟的收费机制，很多都适宜发行 REITs。例如，很多人都曾经怀疑高铁的盈利能力和财务可行性，但京沪高铁的成功上市，使人们开始重新审视高铁项目的投资回报水平。

第二，仓储物流。在经济全球化与供应链一体化背景下，特别是随着互联网经济的快速发展，仓储物流的重要性日益凸显，资产类型不断丰富。这一领域不仅包括主要为消费品等生活物资配送提供服务的仓储，也包括大量主要为原材料等生产物资配送提供服务的仓储；不仅涵盖通用仓储，也涵盖低温仓储、危险品仓储、医药仓储等许多专业仓储。尤其近年来高标仓、冷链物流等市场缺口很大，发展十分迅速。许多仓储物流项目收益水平较好，具备良好的发行 REITs 的条件。

第三，生态环保。这一领域既包括污水垃圾处理等传统环保项目，也包括固废危废医废处理、大宗固体废弃物综合利用等资源化利用项目。这些项目很多采用政府和社会资本合作模式或由社会资本直接投资建设，通过发行REITs，有助于打通投资退出渠道，进一步吸引社会资本参与，进而推动中国加强生态环境保护、实现绿色发展。

第四，园区基础设施。自 1984 年设立首批国家级经济技术开发区以来，开发区类型不断丰富，仅国务院批准设立的开发区就涵盖了经济技术开发区、高新技术产业开发区、海关特殊监管区域、边境/跨境经济合作区等多种类型。此外，还有国家批准设立的国家级新区、自由贸易试验区，国家发展改革委确定的战略性新兴产业集群等。这些园区中有大量较为优质的基础设施资产，增长潜力较好，是很受市场欢迎的 REITs 资产类型之一。

第五，市政基础设施。市政基础设施的类型十分广泛，其中很多都具有成熟运营模式和稳定现金流、具备发行 REITs 的基础条件，如城镇供水、供电、供气、供热等为城市运转提供基本服务的项目，轨道交通、停车场等为市民出行提供服务的资产等。随着中国深入推进以人为核心的新型城镇化战略，市政基础设施的资产规模、运营质量、收益水平等也将不断提升。

第六，新型基础设施。这一领域包括以数据中心、人工智能、智能计算中心为代表的新技术基础设施，以 5G、通信铁塔、物联网、工业互联网、宽带网络、有线电视网络为代表的通信网络基础设施，以智能交通、智慧能源、智慧城市为代表的支撑传统基础设施转型升级的融合基础设施等。人类社会已经进入数字时代，中国正在加快建设数字经济、数字社会、数字政府，新型基础设施的资产类型将不断丰富。

此次基础设施 REITs 试点范围基本涵盖了上述重点领域。2020 年首批申报 REITs 试点的 48 个项目中，收费公路项目 11 个，产业园区基础设施 12 个，仓储物流 8 个，生态环保 5 个，铁路 3 个，轨道交通 3 个，数据中心 2 个，电力能源 2 个，港口码头 1 个，城镇供水 1 个，行业范围分布较为广泛。

随着基础设施 REITs 试点的不断推进，试点范围必然会逐步扩展。例如，中国已明确提出"3060"目标（即二氧化碳排放力争 2030 前达到峰值，力争 2060 年前实现碳中和），在水电、风电、光伏发电、抽水蓄能等多个清洁能源行业，通过发行 REITs 盘活存量资产、筹集资金用于新项目建设，对于实现"3060"目标具有重要意义。此外，在文化旅游、医疗健康、租赁住房等社会基础设施领域，也可以逐步开展 REITs 试点工作。

二、市场规模巨大

中国的基础设施不仅资产类型丰富，而且存量规模巨大。根据国家统计局对基础设施投资的定义和数据测算，仅 2010—2020 年，基础设施累计投资达到 108 万亿元。

从基础设施建设规模看，截至 2019 年年底，全国铁路营业里程达 13.9 万千米，其中高铁 3.5 万千米，稳居世界第一位；全国公路营业里程 501 万千米，其中高速公路 14 万千米，同样居世界第一位；民用运输机场 238 个，旅客吞吐量超千万机场达 39 个，全球机场吞吐量前 10 位中国占据 3 位；全国已有 39 个亿吨大港，其中 6 个港口进入全球十大港口行列；全国共建成生活垃圾焚烧厂 506 座，危险废物集中利用处置单位近 2600 家；全国营业性通用仓库面积超过 10 亿平方米，冷库库容超 1.5 亿立方米；全国运营、在建和规划的各类物流园区超过 1600 个，国家示范物流园区 56 个，国家物流枢纽 23 个；全国电信运营商和第三方数据中心服务商拥有的机柜大约 300 万台。这些行业累计资产规模均以万亿元计，将为发展 REITs 市场提供不竭源泉。

从基础设施服务能力看，2019 年，铁路动车组发送旅客 22.9 亿人次，铁路完成货运量达 43.9 亿吨，是美国、俄罗斯铁路货运量之和的 1.3 倍；全国民航运输机场完成旅客吞吐量 13.52 亿人次；全国港口货物吞吐量为 139.51 亿吨，7 个港口集装箱吞吐量突破 1000 万标箱；生活垃圾焚烧厂日处理能力 46.2 万吨，污水处理厂日处理能力 2.26 亿立方米，危险废物集中利用处置能力超 1.1 亿吨/年；邮政业服务用户超过 1000 亿人次，快递业务量和业务收入分别为 635 亿件、7498 亿元，稳居世界第一位。这些基础设施强大的服务提供能力，将为发行 REITs 产品奠定坚实基础。

基础设施投资大多以历史成本法计入资产原值，在原料、用工成本等提升后，各类基础设施的重置成本往往远大于历史成本。基础设施项目发行 REITs 时，一般采用收益法估值，市场价值普遍大于资产形成阶段的累计建设投资。特别是对于未来收益有较大增长潜力的项目，资本市场往往会给予较高市盈率，将进一步提升这类资产的市场估值。预测基础设施 REITs 的市场规模时，对这一因素应予以充分关注。

未来一段时期，中国将进一步统筹推进基础设施建设，包括系统布局新型基础设施、加快推动绿色低碳发展、建设交通强国、推进能源革命、加强水利基础设施建设、推进以人为核心的新型城镇化、加快补齐基础设施领域短板等。这将为基础设施 REITs 持续发展提供更多的优质资产。

关于中国基础设施 REITs 的潜在市场规模，许多机构都进行过预测。2020 年 10 月，标准普尔评级发布报告称，预计中国基础设施 REITs 市场未来 5—10 年可能扩大至 2 万亿—5 万亿元，未来有可能发展成为全球最大的 REITs 市场之一。北京大学光华管理学院 REITs 课题组根据全球主要市场的 REITs 相对其经济总量和上市公司总市值的规模占比，结合中国的相关数据和合理预估，认为中国 REITs 市场的潜在规模有望达到 10 万亿元，甚至远超这一规模。据瑞银证券统计，中国适合做基础设施 REITs 的收费公路、交通设施、电力、物流仓储类项目等相关产业潜在市场规模达 39 万亿元。我们相信，如果通过试点，能建立起一套适应国情、成熟完善的基础设施 REITs 制度规则，基础设施 REITs 在中国的发展潜力将非常广阔，其市场规模至少以万亿元为单位来计算。

三、收益相对稳定

发行 REITs 最关键的是要有成熟的底层资产和稳定的现金流，大部分基础设施项目非常符合这一要求。商业地产类项目容易受经济波动、市场变化的影响，经济下行、市场行情不好时收益率可能大幅下降，而基础设施项目受市场波动的影响较小，收益相对稳定，具备独特优势。

第一，相关资产具有一定的自然垄断性。所谓自然垄断性，指的是当一种产品或一种服务的生产全部交给一家垄断企业经营时，对全社会来说有总成本最低的特性。很多基础设施项目，如电网、通信、铁路、供水、供气、供电、供热等，普遍投资规模大，进入门槛高，排他性程度强，具有很强的自然垄断性，对于消费者来说基本没有可选择性或选择的余地很小。

第二，产品和服务满足的是刚性需求。基础设施为社会生产和居民生活提供基础性、公共性服务，满足的是人们衣食住行等基本需求，需求弹性较低，受经济波动和价格变化的影响较小。相比于商业地产类项目，其收益的稳定性更强。

第三，投资建设的规划性较强。基础设施建设与经济社会发展密切相关，并且需要占用大量土地等公共资源，因此，中国政府通过国民经济和社会发展规划、城乡规划、土地利用规划、区域规划、行业发展规划等一系列规划手段，以及必要的土地使用、项目审核等方式，对基础设施建设加强调控引导，一般不会出现大规模重复建设，不会因恶性竞争导致收益率大幅下降。

第四，需求仍有较大增长潜力。当前和今后一个时期，中国发展仍然处于重要战略机遇期，经济长期向好，发展韧性强劲，居民收入水平将不断提高，中等收入群体规模将持续扩大。另外，2019 年年末，全国常住人口城镇化率仅 60.6%，与发达国家普遍超过 80% 相比，还有很大的增长空间，新型城镇化过程将持续深入推进。这都将对基础设施服务的需求形成强有力支撑。

第五，部分项目具有很强的稀缺性。以南水北调中线工程为例，目前实行成本水价，综合水价在每立方米 0.18—2.33 元之间，其中北京市为每立方米 2.33 元。2019—2020 供水年度，中线工程共向河南、河北、北京、天津四省市供水 86.22 亿立方米，每年平均入京水量约 10 亿立方米。由此可见，该工程具有极好的现金流。由于水资源平衡、用水需求、工程造价等多种因素，该工程具有基本不可复制的独特优势，收益稳定性很强。

从境外实践情况看，基础设施类 REITs 也表现出很强的市场稳定性。例如，2020 年 5 月，Nareit 高级副总裁卡乐文（Calvin）发表文章称，新冠肺炎疫情对美国 REITs 市场产生很大冲击，截至 2020 年 4 月底，权益型 REITs 指数下跌 16.7%，但其中基础设施 REITs 上涨 8.8%，数据中心 REITs 更是上涨 17.7%，该类资产的市场稳定性表现突出。

四、收益水平较高

基础设施 REITs 收益率包括净现金流分派率和资产增值资本利得收益率。净现金流分派率是预计年度可分配现金流与目标不动产评估净值之比。基础设施 REITs 试点政策要求未来 3 年净现金流分派率原则上不低于 4%。从中长期来看，基础设施 REITs 实际收益率可望高于 4% 的参考标准，对投资者具有较强吸引力。

第一，基础设施需求基础稳固。基础设施需求与一个国家的人口数量、经济发展水平和国土面积等密切相关。中国国土面积与美国基本相当，GDP 总量约为美国的 70%，但人口数量是美国的 4 倍多，因此，对基础设施的需求强度总体上超过美国。世界上其他国家由于人口数量较少、国土面积狭小、经济发展滞后等多种因素，对基础设施需求的规模和强度也很难与中国相比。随着中国经济持续发展和人均收入不断提高，基础设施需求将会稳步增长，有利于基础设施项目保持较高收益水平。

第二，部分项目可望获得土地增值收益。原始权益人只拥有特许经营权或运营收费权的基础设施项目，如高速公路、污水垃圾处理等，其投资收益就是来自项目的现金流。而对于包含土地使用权的基础设施资产，如园区基础设施、仓储物流、数据中心（IDC）等，其土地资产具有增值的空间和可能，这类 REITs 产品的投资人不仅可以获得现金分派收入，还有望分享土地增值红利，提升综合投资收益。

第三，部分行业发展前景广阔。数字化时代的到来，将大力推动新型基础设施建设；生产生活方式的转变，正在使仓储物流成为投资热点；碳达峰、碳中和"3060"目标的提出，将极大促进清洁能源发展；坚持"房住不炒"定位、加快培育和发展住房租赁市场，将带动城市租赁住房建设。这些新领域需求强烈、发展迅速，REITs 投资人不仅将从项目本身直接获取收益，还有望分享行业增长红利。

第四，相对收益水平有望提升。从世界主要发达经济体的发展历程来看，当其经济发展高峰过去后，由于资金供应充足、投资机会较少等原因，对资金的需求相对减弱，利率水平往往进入下行通道。中国已转向高质量发展阶段，不再以经济增速为主要追求目标，同时货币供应适量充足，长期来看利率水平很大可能呈下行趋势。无风险利率水平的下降，将使基础设施 REITs 的相对收益水平得到提升。

第五，资产重组可提升回报水平。一些基础设施项目整体回报水平较低，达不到发行 REITs 的条件。但是如果能够进行资产重组，剥离其中没有收益或收益率较低的资产，选择收益率较高的资产来发行 REITs，也能实现较高的投资回报。例如，民航机场的收入主要来自起降费和停场费，可以考虑剥离掉投资大、收益少的航站楼等设施，以具有较好收益的机场跑道和停机坪为主要资产来发行 REITs。

第六，通过商业模式和技术创新提升收益水平。例如，可以按照交通引导开发（transit oriented development，TOD）模式的理念，大力发展轨道交通项目的上盖物业开发，提升其投资收益水平。香港、东京和首尔等城市在这方面较为成熟和普遍，北京、深圳等地也有较为成功的尝试。再如，由于技术进步，中国光伏发电成本近几年大幅下降，平价上网已能实现盈利，未来随着技术不断进步，盈利水平可望进一步提升。

从境外 REITs 市场实践看,基础设施 REITs 收益率通常处于较高水平。美国基础设施 REITs 近 5 年年化回报率近 20%,位于各类型 REITs 第一梯队,远高于平均水平。从中国首批 REITs 试点项目来看,各类申报项目测算的未来三年净现金流分派率均高于 4%,考虑到很多项目收益仍有较大增长潜力,未来可能会有很多基础设施 REITs 产品的综合收益率超过 10%,给投资人带来可观回报。

第三节　坚持行稳致远

基础设施 REITs 推行意义重大,发展前景广阔。要真正做好试点工作,必须从中国基础设施领域的实际情况出发,遵照国际资本市场上公认的 REITs 基本准则,坚持中国特色,妥善处理好实体经济与金融资本、商业价值与公共利益之间的关系,推动中国基础设施 REITs 的发展行稳致远。

一、必须坚持中国特色

经过 40 多年的改革开放,中国基本建成了中国特色社会主义市场经济体制,在基本经济制度、政府和市场关系等方面,与资本主义市场经济体制有着很多根本性的差异。另外,中国的基础设施投融资体制在这 40 多年中也发生了很大变化,投资主体多元,建设方式多样,不同领域、不同时期的投资政策差异较大。因此,推进基础设施 REITs 工作必须从中国实际出发,坚持中国特色。

(一)生产资料公有制

生产资料公有制是中国社会主义经济制度的基础。在公有制背景下推进基础设施 REITs,面临着如何处理土地使用权转让、企业国有资产交易等问题,这与西方国家存在显著差异。

1. 中国土地属于国家所有或集体所有

企业仅能通过划拨、出让、租赁、土地作价出资或入股、从第三方购买等方式拥有土地使用权,其中出让又包括招标、拍卖、挂牌、协议等方式。不同的土地使用权获取方式，对土地使用权转让有着不同的要求。例如，国家重点扶持的能源、交通、水利等基础设施项目可以通过划拨方式获得土地使用权，但划拨土地使用权未经批准不得转让，转让须履行必要的审批手续。以协议出让方式取得国有土地使用权的，如果将土地使用权出让合同约定的土地用途改变为商业、旅游、娱乐和商品住宅等经营性用途的，应当获得有关部门的同意并补交土地出让金。通过出让或从第三方购买方式获取土地使用权的，转让土地使用权时需要考虑土地增值税缴纳问题。

2. 以公有制为主体、多种所有制经济共同发展是中国的基本经济制度

中国基础设施领域的投融资活动更是以国有企业为主体，大量基础设施资产属于国有资产，发行 REITs 时必须遵守有关国有资产保值增值及资产转让规定。例如，REITs 产品收购项目公司股权时，必须符合企业国有资产交易相关规定，但国有资产进场交易结果面临较大不确定性，与 REITs 产品收购项目公司股权所要求的确定性存在一定矛盾。如何既能符合企业国有资产转让的相关规定，又能保证实现 REITs 的顺利发行，需要认真研究。

（二）政府宏观调控

建立社会主义市场经济体制，是要使市场在国家宏观调控下对资源配置起决定性作用，而不是自由放任，完全由市场自行配置。国家宏观调控有发展规划、产业政策、价格管理等多种手段和方式，发行基础设施 REITs 时必须遵守相应要求。

1. 发展规划

包括国民经济和社会发展规则、城乡规划、国土规划、行业规划、区域规划等多种形式。许多规划都涉及经济发展方向、重大项目布局等内容，会对基础设施资产的运营管理、投资收益等产生影响，因此在筛选存量资产时，要充分考虑规划因素。例如，高速公路的收益主要为通行费收入，受车流量影响较大，如果交通运输规划中规划了新的高速公路项目，可能会降低既有高速公路的车流量，进而影响其收益水平。

2. 产业政策

产业政策是国家引导产业发展方向、推动产业结构升级、协调产业结构、

促进经济可持续发展的重要手段，通过设定产业发展目标、制订重要技术标准、财政税收支持、土地资源供给等一系列措施予以贯彻。产业政策的调整，也可能会对基础设施项目的运营产生很大影响。例如，2020年12月23日，国家发展改革委等部门发布的《关于加快构建全国一体化大数据中心协同创新体系的指导意见》明确提出，到2025年，大型、超大型数据中心运行电能利用效率（PUE值）降到1.3以下，这对存量数据中心项目发行基础设施REITs提供了明确能效指标导向。再如，受益于国家财政补贴政策，光伏、风电、生物质发电等一度发展很快，但这些新能源发电项目都面临"国补退坡"问题，将较大影响到基础设施底层资产的收益水平。

3. 价格管理

根据《价格法》，中国实行并逐步完善宏观经济调控下主要由市场形成价格的机制，大多数商品和服务价格实行市场调节价，极少数商品和服务价格实行政府指导价或者政府定价。《中央定价目录》中，包含了省及省以上电网输配电价、铁路运输服务、港口服务、民航运输服务等，地方定价目录中则包含了电力、燃气、供排水、供热、文化旅游、环境保护等。价格调整会直接影响到基础设施项目的收入能力，在发行基础设施REITs时应高度关注。例如，为支持实体经济发展、降低企业用电成本，中国对省及省以上电网输配电价进行严格管理，如果想以电网为底层资产发行REITs，就必须对这一管理制度的影响进行全面分析评估。

在招商引资过程中，地方政府通常会向引进的企业提供一些政策支持，同时可能附带限制条件。这些限制条件可能会对发行REITs过程中的资产重组、项目公司股权转让、特许经营权转让等造成一定影响，也应高度关注和重视。

（三）投融资机制多元

中国的基础设施投融资机制是在从传统计划经济向社会主义市场经济转变过程中不断改进和完善的，有着十分鲜明的中国特色和时代特征。

一是投资主体多元，包括政府、企业、事业单位和社会团体等多种类型。其中企业又包括中央国有企业、地方国有企业、民营企业、外商投资企业和混合所有制企业等。不同的投资主体，投资建设基础设施时的目标追求、管理方式、资金筹措、运营能力等都不尽相同，甚至差异很大。

二是建设方式多样。基础设施的建设方式包括公建公营、委托代理（代建制和工程总承包制）、业主自管与委托代理相结合，以及政府和社会资本合作（PPP）等多种方式。不同建设方式之间的制度设计差别很大。例如，公建公营方式是政府部门或国有企业派人员组成业主项目管理班子，负责建设和运营全过程；代建制是将国有投融资项目全部或部分委托给专业代建机构负责建设管理；工程总承包则是由总承包企业对工程项目的设计、采购、施工等实行全过程承包，对工程的质量、安全、工期和造价全面负责。

三是投融资政策差别较大。中国基础设施投融资活动时间跨度长，不同时期的改革目标、调控政策、管理模式等不尽相同。另外，基础设施项目类型众多，不同行业的投融资政策也存在很大差异。

不同的投资主体，依据不同时期、不同行业的投融资政策，采用不同的建设管理方式，形成不同类型的基础设施资产，往往使得很多项目都具有其自身特点，在推进 REITs 过程中需要充分考虑到情况的复杂性，针对不同项目设计不同方案。

以高速公路为例，其投融资模式至少有三种：一是政府收费还贷模式，即县级以上政府交通主管部门作为投资主体，通过政府投资与市场融资建设，收取车辆通行费（不超过 20 年）用于偿还贷款和必要的养护管理。此类项目只能保障必要支出、无法形成剩余收益，不适合发行 REITs。二是地方政府投融资平台公司投资建设模式，如杭徽高速公路（浙江段）项目，项目发起人（原始权益人）是浙江沪杭甬高速公路股份有限公司，其控股股东是浙江省交通投资集团有限公司。此类项目参与 REITs 试点须妥善处理国有资产转让等问题。三是特许经营模式，如渝遂高速公路重庆段项目采用 BOT 模式建设，项目公司为重庆铁发遂渝高速公路有限公司，项目发起人（原始权益人）为中铁建重庆投资集团有限公司。此类项目参与 REITs 试点须认真研究特许经营模式对产品期限、资产交易、运营管理的影响。

二、实体经济和金融资本有机结合

基础设施 REITs 是实体经济和金融资本结合最为密切的一种金融产品，在推进基础设施 REITs 过程中要妥善处理好实体经济和金融资本之间的关系，做到相互融合、相互促进。

（一）实体经济决定资本市场表现

基础设施有不低于 90% 的强制分红要求，REITs 主要收益来源为基础设施资产运营现金流，因此，基础设施 REITs 投资收益直接与基础设施运营情况挂钩，基础设施运营产生的现金流越多，投资者获取的收益就越多，其在资本市场的表现就会越好。

同其他融资方式相比，REITs 更能反映实体经济对资本市场的决定作用。在股票市场中，投资者主要依靠股价波动获利，而股价波动受企业经营、政策变动、市场情绪等多种因素影响，即使企业经营情况变化不大，股价依然可能出现较大波动。在借贷和债券市场中，借款方或投资方主要希望获得确定的还本付息收入，加上有抵押担保等多种增信措施，因而对企业日常运营的关注度不会太高。而在 REITs 市场中，没有各种增信措施，投资收益主要来源于基础设施运营产生的现金流，底层资产的运营状况直接决定了 REITs 产品的资本市场表现。

（二）资本市场助力实体经济发展

基础设施项目投资规模大，回收周期长，投资回报率相对较低，传统投融资模式下许多社会资本对参与基础设施投资的热情不是很高。而基础设施 REITs 相当于打通了社会资本在基础设施领域"募投管退"的全流程，十分有利于提高社会资本参与基础设施投资的积极性。如果基础设施企业善于利用 REITs 盘活存量资产，可以通过不断发行新 REITs 产品、扩大基金募集规模的方式，在资本市场上持续融资，获取源源不断的现金流投资建设新项目，从而在市场竞争中占据主动。另外，由于基础设施 REITs 是公开市场交易，投资者数量较多，可以使基础设施资产获得客观公允的市场定价，有利于基础设施企业通过 REITs 交易获得合理利润，不会因交易对手数量过少而导致资产价值被低估。

从国际经验看，诸如安博（Prologis）、凯德等企业均凭借 REITs 市场实现了实体业务的迅速扩张。例如，Prologis 的前身 Security Capital Industrial Trust1994 年即以 REITs 形式在纽约证券交易所上市，获得了资本市场支持，1998 年更名为 Prologis。一方面，通过"开发—运营—成熟—REITs 退出"产业链条，加速资金周转；另一方面，通过 REITs 增发四处并购，扩大管理规模。金融市场的强力支持辅以其专业的运营管理能力，使 Prologis 实现了迅速扩张，短时间内就成为全球最大的物流设施持有人、管理者和开发商。

（三）加强两者结合，是保障试点成功的必然要求

根据基础设施 REITs 试点政策，基础设施 REITs 存续期间，基金管理人应当按照法律法规和基金合同约定承担项目运营管理职责。迄今为止，中国的公募基金以证券为主要投资对象，很少介入实体企业的日常经营管理。由于基础设施资产种类众多，运营管理的专业性很强，而基金管理人长于金融产品管理、短于基础设施运营，在基础设施 REITs 试点阶段，委托专业的外部管理机构（通常为原始权益人）负责资产运营管理是十分必要的。

按照《基础设施 REITs 指引》要求，基金产品发售过程中，原始权益人自持比例不得低于 20%，且对持仓锁定期也有具体规定——20% 的自持部分锁定期不低于 5 年，超过 20% 的自持部分锁定期不低于 3 年。这意味着原始权益人并不能通过 REITs 产品发行实现完全退出，它通过持有 REITs 份额享有投资收益，仍然充当着类似底层资产股东的角色，再加上原始权益人往往都要承担运营管理职责，因而它与基金管理人是同舟共济的利益共同体关系，两者之间需要紧密合作，共同营造实体经济和资本市场的双赢局面。

三、商业价值和公共利益对立统一

从名称上便可以看出，"基础设施 REITs"天然具有两大属性：一方面具备 REITs 这类金融产品的商业属性，另一方面具备基础设施与生俱来的公共属性。如何处理商业属性和公共属性之间的关系？如何在追求商业价值的同时保障公共利益、在维护公共利益的基础上实现更大的商业价值？这是基础设施

REITs 试点过程中必须重视的问题。

（一）商业价值是产品发行的重要支撑

基础设施 REITs 是一种金融产品，要想成功发行，至少需要满足两大诉求：一是满足原始权益人对融资金额的诉求，二是满足投资者对投资收益的诉求。因此，无论对原始权益人，还是对投资者而言，基础设施 REITs 都必须具备商业价值。拟发行的基础设施 REITs 收购基础设施资产价格过低，无法满足原始权益人的融资诉求，原始权益人不会参与 REITs 试点；如果基础设施运营情况较差，无法满足投资者的收益分配要求，投资者也不愿意进行投资。无论是何种情景，只要不具备商业价值，均无法成功发行。

然而，如果为了提高产品投资收益、优化 REITs 产品二级市场表现而采取一些过度商业化的措施，诸如大幅提高产业园区基础设施的租金水平，为控制运营成本不对基础设施及时进行维护或降低维护标准等，均可能影响基础设施资产的稳定运营，损害公共利益，和基础设施的公共属性相悖，长期来看也必将对基础设施 REITs 的商业价值产生负面影响。

（二）保障公共利益是不可逾越的红线

基础设施的基本特性，就是为社会生产和居民生活提供公共服务，天然具有公共属性，以保障和维护公共利益为首要目标。因此，基础设施资产的公共属性不存在有和无的差异，只有多和少的区别。例如，供水、供电、供气、供热等市政基础设施项目，高速公路等交通基础设施项目，污水垃圾处理等生态环保项目，其公共属性更强一些；仓储物流项目和产业园区项目，其商业属性可能更强一些。但是，所有类型的基础设施项目，都能产生一定的外部效应，影响公共利益，因而决不能只强调商业属性。

发行基础设施 REITs 必须维护公共利益，同时也应处理好同商业利益的关系，防止以维护公共利益的名义损害基础设施项目正常合理的商业利益。如果没有合理的商业利益，就不会有社会资本愿意进入基础设施领域，公共产品、公共服务的提供可能会受到影响，最终伤害的还是广大公众的公共利益。

（三）要做到商业价值与公共利益的统一

商业价值与公共利益是基础设施 REITs 项目不可分割的两部分，既不能因为公共利益而排斥商业价值，也不能为了产品成功发行而放弃维护公共利益。必须正视基础设施 REITs 具有商业价值和公共利益对立统一的双重属性. 在实践中统筹兼顾、逐步探索，努力找到二者之间的平衡点，促进商业价值和公共利益的有机统一。

可以考虑采用资产重组方式，适当分割基础设施项目的公共属性与商业属性，减少两者之间的矛盾冲突。例如，具有水力发电功能的大型水库，其大坝部分主要提供公共服务，发电装机部分则具有较好商业价值。可以考虑将其资产进行合理切割，用其中商业属性强、商业价值高的资产发行 REITs，保留其余部分的公共属性。政府还可以明确规定基础设施必须达到的公共服务标准，在符合标准的前提下，允许企业采取适当方式开展商业运营活动，实现较好商业价值。

加强信息披露也是促进商业价值与公共利益相统一的有效途径。客观全面及时地向市场披露项目商业安排、社会责任承担等方面信息，有利于对基础设施资产的运营管理形成市场评判和外部监督机制，从而促进商业价值和公共利益的统一。

四、牢牢把握试点初心

如何把握借鉴国际经验和坚持中国特色的关系？如何实现实体经济和金融资本的有机结合？如何处理商业价值和公共利益的对立统一？这些都是在基础设施 REITs 试点过程中必须直面和解决的问题。只有真正把这些问题解决好，中国的基础设施 REITs 事业才可能行稳致远。

推行基础设施 REITs 试点的初心，应该是发现问题、解决问题，努力构建符合国际惯例、适应中国国情、相对成熟稳定的中国基础设施 REITs 制度框架和规则体系。要用制度和规则把堵点打通、把困难克服、让产品结构逐步固定、让治理体系日益清晰，这样中国的基础设施 REITs 市场才能真正得到培育、建设和发展，中国的基础设施 REITs 管理体制才能真正得到建立、健全和完善，中国的基础设施 REITs 事业才能真正蓬勃发展。

政　策　篇

第四章　基础设施 REITs 试点政策

中国基础设施 REITs 试点的制度架构，主要体现在以下四个方面：第一是中国证监会、国家发展改革委联合发布《关于推进基础设施领域不动产投资信托基金（REITs）试点相关工作的通知》，对基础设施 REITs 试点的意义进行了全面阐释，对具体工作进行了细致部署；第二是国家发展改革委办公厅发布《关于做好基础设施领域不动产投资信托基金（REITs）试点项目申报工作的通知》，明确了试点项目申报和审核政策要求；第三是中国证监会发布《公开募集基础设施证券投资基金指引（试行）》，是规范公开募集基础设施证券投资基金（以下简称基础设施基金）注册、发售和投资运作等活动的基础性规则；第四是沪深交易所发布的"1 个办法+2 个指引"，对基础设施基金份额发售、上市、交易、收购、信息披露、退市等业务规则进行了规范。

第一节　试点通知的核心要义

《中国证监会　国家发展改革委关于推进基础设施领域不动产投资信托基金（REITs）试点相关工作的通知》（以下简称《通知》），确定了中国基础设施 REITs 试点的基本框架，是推动中国 REITs 发展的基石。随着试点的逐步深入，未来我国 REITs 的基本结构、监管要求等可能会有较大变化，但《通知》的历史地位无可撼动。

一、确立了两部门联合推进机制

从 PPP 项目资产证券化工作开始，国家发展改革委和证监会便建立了两部门共同推动基础设施与资本市场对接的工作机制。此次基础设施 REITs 试点，两部门再次通力合作，充分发挥各自优势，联合推进相关工作。

国家发展改革委作为国务院投资主管部门，代表国家进行投资宏观调控，制定投资政策，审核重大项目。证监会作为国务院证券主管部门，主要负责证券市场的监管工作。从职责上看，两部门具有较强的互补性。一个负责实体经济，熟悉了解基础设施项目；一个负责金融监管，熟悉了解资本市场。在两部门的密切合作下，基础设施 REITs 试点方能得以推行。

从《通知》明确的部门分工看，两部门充分发挥各自优势，建立起了完善的合作机制。其中，发展改革部门主要对项目是否符合国家重大战略、宏观调控政策、产业政策、投资管理法规制度，以及募集资金用于基础设施补短板领域等方面进行把关。证监会负责制定公开募集基础设施基金相关规则，对基金管理人等参与主体履职要求、产品注册、份额发售、投资运作、信息披露等进行规范。沪深证券交易所比照公开发行证券相关要求建立基础设施资产支持证券发行审查制度。总的来看，国家发展改革委负责推荐基础设施项目，证监会负责审核 REITs 发行。

二、明确了试点范围和具体条件

（一）明确聚焦重点区域

此次基础设施 REITs 试点，将优先支持位于京津冀、雄安新区、长江经济带、长三角、粤港澳大湾区、海南等国家重大战略区域内的基础设施项目，支持位于国务院批准设立的国家级新区、国家级经济技术开发区范围内的基础设施项目。这些区域具备一些共性特点。

一是推进基础设施建设任务重、标准高。党中央印发的相关重大战略发展规划纲要或总体方案中，都对基础设施建设提出了高标准要求。比如，《长江经济带发展规划纲要》明确提出，加快交通基础设施互联互通，统筹铁路、公路、航空、管道建设，率先建成网络化、标准化、智能化的综合立体交通走廊。《粤港澳大湾区发展规划纲要》提出，加强基础设施建设，畅通对外联系通道，提升内部联通水平，推动形成布局合理、功能完善、衔接顺畅、运作高效的基础设施网络，为粤港澳大湾区经济社会发展提供有力支撑。

二是具备开展 REITs 等金融创新的政策支持。比如，《国务院关于推进国家级经济技术开发区创新提升打造改革开放新高地的意见》要求，支持在有条件的国家级经济技术开发区开展不动产投资信托基金等试点，加快金融改革创新。《中共中央　国务院关于支持河北雄安新区全面深化改革和扩大开放的指导意见》明确，支持发行 REITs 等金融创新产品，探索与之相适应的税收政策。中共中央、国务院印发的《海南自由贸易港建设总体方案》提出，支持发展 REITs，稳步拓宽多种形式的产业融资渠道。此外，在长江经济带、长三角地区、京津冀等重点区域，也都有相关的金融创新政策支持。

三是基础设施资产质量较好。京津冀、长三角、粤港澳大湾区、长江经济带等区域，经济发展基础、自然禀赋条件、劳动人口素质、对外开放程度等都比较好，基础设施存量资产的质量较好，投资收益增长的潜力也大。各地的国家级新区、国家级经济技术开发区中也有一批不错的园区基础设施资产。

（二）明确聚焦重点领域

一是交通市政和生态环保等基础设施领域。包括收费公路、铁路、机场、仓储物流等交通项目，城镇供水、供电、供气、供热等市政项目，污水垃圾处理及资源化利用、固废危废医废处理、大宗固体废弃物综合利用等生态环保项目。一方面，经过多年的投资建设，这些领域积累了大量成熟稳定、收益率较好的存量资产，可以为推行基础设施 REITs 试点提供较为理想的资产储备；另一方面，这些领域也普遍存在着发展不平衡不充分的短板问题，难以满足人民日益增长的美好生活需要，需要不断改进结构、提升质量、完善布局。在这些领域推行基础设施 REITs，有助于创新投融资机制，盘活存量资产，加快补齐短板。

二是新型基础设施领域。包括数据中心、人工智能、智能计算中心项目，5G、通信铁塔、物联网、工业互联网、宽带网络、有线电视网络项目，智能交通、智慧能源、智慧城市项目。《中共中央关于制定国民经济和社会发展第十四个五年规划和二〇三五年远景目标的建议》中提出，要"系统布局新型基础设施，加快第五代移动通信、工业互联网、大数据中心等建设"。加决新型基础设施建设，是实施创新驱动发展战略，建设科技强国、网络强国、数字中国，推进产业基础高级化、产业链现代化的重要基础。与传统基础设施相比，新型基础设施的市场化程度更高，未来发展空间更大，投资回报也可能更为理想。

三是产业园区基础设施领域。包括国家战略性新兴产业集群、高科技产业园、特色产业园等。改革开放以来，各地如雨后春笋般涌现出许多产业园区，在聚集创新资源、培育新兴产业、吸引外商投资、引进先进技术、促进区域发展、改善营商环境等方面发挥了重要作用。著名的有苏州工业园区、张江高科技园区、深圳蛇口工业区、中关村科技园区、北京经济技术开发区等。这些园区中的工业厂房、产业发展孵化平台等基础设施资产质量优良，以这些基础设施为底层资产发行 REITs，既有利于促进园区高质量发展，也有利于 REITs 试点顺利进行。

（三）明确项目合规条件

一是权属清晰。基础设施项目应权利归属清晰、资产范围明确，发起人（原始权益人）依法合规拥有项目所有权、特许经营权或运营收费权，相关股东已协商一致同意转让。这是发行 REITs 的基本前提。权属不清晰的项目，或者难以实现底层资产从原始权益人向基金管理人的转移，或者可能存在较大的法律瑕疵和风险隐患。

二是手续合规。（1）完成项目审批、核准或备案手续。根据《政府投资条例》和《企业投资项目核准和备案管理条例》，政府投资项目要履行审批手续，企业投资项目要履行核准或备案手续，这是项目取得"合法身份"的基础。（2）履行规划、用地、环境影响评估、施工许可手续。相关法律法规中，对于这些手续的适用范围和履行程序都有明确规定；如果一个项目应履行而未履行，或者未按规定的程序和标准履行，则存在着较大的合规性问题。（3）取得竣工验收报告。竣工验收是全面考核项目建设工作、检查是否符合设计要求和工程质量的重要环节，是施工全过程的最后一道程序。没有取得竣工验收报告的项目，严格意义上只能算一个"半成品"，不具备发行 REITs 的基础。（4）依据相关法律法规必须办理的其他重要许可手续。例如，为提高能源利用效率、加强能源消费总量管理，我国对投资项目实行节能审查制度，未按规定进行节能审查或节能审查未通过的项目，不得开工建设。

三是运营成熟。项目运营成熟是持续获取良好回报的前提，也是未来增长潜力的保障。试点《通知》明确提出，项目应具有成熟的经营模式及市场化运营能力，并具有持续经营能力，就是出于筛选运营成熟项目的考虑。

四是回报良好。能够获得较为理想的投资回报，是投资人愿意购买 REITs 产品的前提，而其基础则依赖于项目自身的经营收益。因此，《通知》明确，试点项目应已产生持续、稳定的收益及现金流，投资回报良好，并具有较好的增长潜力。

五是主体信用良好。要保证基础设施 REITs 能够顺利发起、良性运转，不仅要关注底层资产的质量，也要关注发起人（原始权益人）及运营企业的信用和能力。如果它们信用不佳或能力欠缺，很可能会影响 REITs 的设立和运行。所以，《通知》明确要求，发起人（原始权益人）及基础设施运营管理企业信用稳健、内部控制制度健全，具有持续运营能力，最近 3 年无重大违法违规行为，基础设施运营企业还应当具有丰富的运营管理能力。

六是 PPP 模式规范。改革开放以来，我国形成了一大批 PPP 存量项目，其中有些资产质量较好、发行 REITs 意愿较强。《通知》对 PPP 项目参与 REITs 试点提出了三项原则性要求：（1）PPP 项目应依法依规履行政府和社会资本合作管理相关规定。具体操作中将依据"法不溯及既往"原则，主要根据项目投资建设时的特许经营、政府和社会资本合作等政策进行判断。（2）收入来源以使用者付费为主。以使用者付费为主的 PPP 项目，盈利模式成熟，收益较为稳定，还可能有一定增长潜力。如果收入来源中政府补贴占比较高，则项目收益受预算管理、财政收入、绩效考核等因素影响较大，收益稳定性不易保证。（3）未出现重大问题和合同纠纷。一旦出现重大问题和合同纠纷，轻则会影响项目的正常运营和稳定收益，重则可能导致特许经营权被政府收回，此外也表明社会资本方的运营能力或敬业态度可能存在疑问。

三、坚持权益型和公开性原则

在各国实践中，基本上均以权益型 REITs 为主，投资者通过持有基金份额或者公司股权，以 REITs 所获利润的分红作为主要的收益来源。根据专业机构的统计，美国 REITs 市场中权益型 REITs 占比高达 94%。当前我国资本市场的融资结构不尽合理，债权融资比重过高，基础设施项目的资本金筹措困难。坚持 REITs 的权益型融资属性，既有利于解决基础设施投融资的难点问题，也有利于改进资本市场的融资结构。特别是，只有坚持权益型融资属性，才能真正达到降低实体经济杠杆、防范债务风险的目的。所以，《通知》明确，基础设施 REITs 试点应遵循市场原则，坚持权益导向，按照市场化原则推进，依托基础设施项目持续、稳定的收益，通过 REITs 实现权益份额公开上市交易。

与权益型原则相对应的，是公开性原则。公开上市发行是基础设施 REITs 试点工作的重大突破之一。如果采取私募方式发行，由于投资人的数量受到限制，而且银行、保险等机构资金风险偏好程度较低，往往只有在原始权益人兜底或回购承诺时才会大量投资 REITs，因而难以实现权益型融资的目的。采取公开发行方式，能够充分提高 REITs 二级市场流动性，广泛吸引各类资金参与投资，既有利于保障基础设施资产的合理估值，降低 REITs 的发行成本，也有助于解决必须由原始权益人担保或回购才能卖出 REITs 产品的困境，真正实现降杠杆的成效。

四、明确了"公募基金+资产证券化"的模式

在中国现有的法律法规和金融市场体系之下，开展基础设施 REITs 试点，有三种 REITs 模式可供考虑。一是公募基金直接投资项目公司股权，二是资产支持证券的公开发行，三是公司型 REITs 模式，三种模式各有利弊。而《通知》最终确定了"公募基金+ABS"模式，是综合考虑之下的最优选择。

从"公募基金+ABS"模式的结构设计看，相当于借助公募基金这一公开发行的产品，帮助基础设施资产上市，是在现行制度框架下成本最低、突破难度最小的现实选择。一方面，按照金融监管有关要求，公募基金不得购买非上

市公司股权，因此公募基金需要先购买基础设施项目资产支持证券产品，然后通过资产支持证券实现其对基础设施项目资产的控制；另一方面，按照《证券法》等有关法律法规要求，资产支持证券产品只能私募发行，因此，基础设施项目资产支持证券产品需要将其全部份额卖给公募基金，再由公募基金在资本市场上公开发行，进而间接实现其公募目的。

最初设计的"公募基金+ABS"的结构可以分为四个层级：一是设立基础设施私募基金，收购基础设施项目股权；二是将基础设施私募基金份额证券化，形成单一基础设施资产支持证券；三是设立公募基础设施 REITs 基金，购买基础设施资产支持证券；四是包括原始权益人在内的各类投资者购买公募基础设施 REITs 基金，实现对基础设施项目的投资。后来为了精简架构，去除了私募基金这一层级。

"公募基金+ABS"是基础设施 REITs 试点政策制定过程中一个很好的创新，虽然这一模式不是最完美的，但它是当前制度框架下尽快推出 REITs 产品的最优选择。未来，随着基础设施 REITs 有关法律法规的建立健全，中国版 REITs 可能采取更为成熟、效率更高的新模式，但"公募基金+ABS"模式助推了中国 REITs 的诞生，将永远镌刻在中国 REITs 发展的史册上。

五、体现了积极稳妥、循序渐进的原则

《通知》明确，要借鉴成熟国际经验，在现行法律法规框架下，在重点领域以个案方式先行开展基础设施 REITs 试点，稳妥起步，及时总结试点经验，优化工作流程，适时稳步推广。《通知》还强调，两部门要密切沟通协作，协调解决试点过程中存在的问题与困难，不断优化流程、提高效率，推动试点工作顺利开展。由此可见，试点充分体现了积极稳妥、循序渐进的原则。这一原则，是在充分考虑我国经济管理体制、基础设施资产状况、资本市场发展阶段的基础上形成的。

首先，我国的基础设施项目在发行 REITs 时，要将项目的完全所有权或经营权利转让给基础设施基金，这一过程中，可能会遇到土地使用权、国有资产交易监管、税收缴纳、特许经营权等多方面问题。这些问题如何解决，均无先

例可循，只能在试点过程中逐步探索。其次，我国基础设施资产的类型多，范围广，在投资主体、合规要求、运营管理、经营收益等方面，都有着较大差异。如何从中选择满足发行 REITs 要求的项目，需要深入细致的筛选和甄别。再次，我国还没有发行过真正意义上的 REITs 产品，REITs 的产品架构、设立流程、监管框架以及其他配套规则都有待建立健全。最后，REITs 在中国是一个全新的金融产品，采用的是"公募基金＋ABS"的特殊模式，从原始权益人、基金管理人到投资人，乃至相关监管机构和沪深证券交易所，都缺乏经验，都是"摸着石头过河"。

没有创新的精神和担当的勇气，就推不出基础设施 REITs 试点；没有严谨的态度和务实的作风，就推行不好基础设施 REITs 试点。因此，基础设施 REITs 必须试点先行、稳妥起步，在试点基础上总结经验、改进工作、健全政策、完善制度，才能逐步推广。

六、强调形成投资良性循环

《通知》明确规定，发起人（原始权益人）通过转让基础设施取得资金的用途应符合国家产业政策，鼓励将回收资金用于新的基础设施和公用事业建设，重点支持补短板项目，形成投资良性循环。这是此次基础设施 REITs 试点工作最为重要的意义之一。

一方面，盘活基础设施存量资产、形成投资良性循环，可有力支撑新的基础设施项目建设。近年来，我国财政收入增速不断下降，从 2010 年增长 21.3%降至 2019 年的 3.8%，2020 年受新冠肺炎疫情影响更是同比下滑约 5.3%，对基础设施建设的支持能力受到较大影响；同时，许多以基础设施项目为主要投资方向的企业，普遍面临着资产负债率较高、再融资空间有限、再投资能力受到制约等问题。在此背景下，我国约 160 万亿元的基础设施存量资产，便成为未来筹措投资建设资金的一个重要来源。通过发行 REITs 盘活基础设施存量资产，以 160 万亿元为基数，即使按照 1%的证券化率计算，也可募集约 1.6 万亿元的资金；如果证券化率超过 10%，则募集资金规模将约 16 万亿元。由于坚持权益型融资导向，募集资金可以用作新建项目的资本金，带动更多的债务资金投入新项目，为项目建设提供有力的资金支持。

另一方面，将盘活存量资产募集的资金用于新的项目建设，有利于完善储蓄投资转化机制，调动和引导社保基金、养老年金、保险资金、理财资金、居民储蓄等各类资金支持基础设施建设，防止和减少资金"脱实向虚"，更好发挥资本市场服务实体经济的功能，提升资本市场支持实体经济的质效。

第二节　试点项目的申报推荐

2020 年 7 月 31 日，国家发展改革委办公厅发布《关于做好基础设施领域不动产投资信托基金（REITs）试点项目申报工作的通知》（发改办投资〔2020〕586 号，以下简称《申报通知》），明确了试点项目申报和评估政策要求。此后，针对项目评估过程中发现的问题，又印发补充通知，进一步完善工作要求。

一、《申报通知》的核心要点

（一）试点区域和资产类型

1. 区域范围

《申报通知》明确，优先支持国家重大战略区域范围内的基础设施项目，支持位于国家级新区、国家级经济技术开发区范围内的基础设施项目开展试点。国家重大战略区域，指京津冀协同发展、长江经济带发展、粤港澳大湾区建设、长三角一体化发展、海南全面深化改革开放等规划纲要等文件中明确的区域范围。国家级新区，是由国务院批准设立、承担国家重大发展和改革开放战略任务的综合功能区，1992 年以来先后批复了上海浦东、天津滨海、重庆两江、广东南沙、陕西西咸、贵州贵安、四川天府、南京江北、河北雄安等19 个国家级新区。国家级经济技术开发区是由国务院批准成立的经济技术开发区，目前有 219 家，包括苏州工业园区、北京经济技术开发区等。

2. 行业范围

《申报通知》明确，优先支持基础设施补短板项目，鼓励新型基础设施项目开展试点，具体细分为 7 类项目。其中，包括仓储物流项目；收费公路、铁路、机场、港口等交通项目；城镇污水垃圾处理及资源化利用、固废危废医废处理、大宗固体废弃物综合利用等生态环保项目；城镇供水、供电、供气、供热等市政项目；以数据中心、人工智能、智能计算中心为代表的新技术和算力基础设施；以 5G、通信铁塔、物联网、工业互联网、宽带网络、有线电视网络为代表的通信网络基础设施；以及以智能交通、智慧能源、智慧城市为代表的支撑传统基础设施转型升级的融合基础设施。

3. 产业园区项目

产业园区项目外延复杂，如何准确定义资产范围，是开展基础设施 REITs 试点工作的难点之一。《申报通知》从园区范围（列入《中国开发区审核公告目录》，或国家发展改革委确定的战略性新兴产业集群）、资产业态（研发、创新设计及中试平台，工业厂房，创业孵化器和产业加速器，产业发展服务平台等）、用地性质（非商业、非住宅用地）等 3 个方面提出了具体要求，紧扣在基础设施领域开展试点的基本定位，避免申报商业化地产项目，切实保障服务实体经济发展。

自 1984 年设立首批国家级经济技术开发区以来，我国各类开发区发展迅速，成为推动我国工业化、城镇化快速发展和对外开放的重要平台。2018 年，为客观反映开发区发展实际情况，形成新的集聚效应和增长动力，经国务院同意，国家发展改革委等六部门会同各地区，对《中国开发区审核公告目录》进行了修订。修订后，符合条件的开发区 2543 家，其中国家级开发区 552 家、省级开发区 1991 家。

为落实党中央、国务院决策部署，提升产业竞争力、培育经济发展新动能，2019 年 9 月，国家发展改革委印发《关于加快推进战略性新兴产业集群建设有关工作的通知》，将上海浦东新区集成电路、北京海淀区人工智能、深圳智能制造装备等 66 个产业集群纳入第一批战略性新兴产业集群发展工程。产业集群名单不是一成不变的，将来会适时调整。

（二）项目需满足的基本条件

1. 项目权属清晰、明确、可转让，是确保基础设施基金取得基础设施项

目完全所有权或经营权利的基本前提

所谓"清晰"，是指发起人（原始权益人）依法合规拥有项目所有权、特许经营权或运营收费权，与其他自然人或法人单位无权属纠纷。所谓"明确"，是指发起人（原始权益人）拥有的项目资产范围明确、权利归属明确。所谓"可转让"，一是指行政法规、政策文件或与政府签署的合同协议中关于项目权属转让没有限定条件，或这些限定条件可以满足、解除；二是指项目资产没有因负债而产生的抵质押等权利限定，或这些限定可以解除；三是指相关股东已协商一致同意转让。

我国基础设施项目权属比较复杂，发起人（原始权益人）不一定都拥有资产所有权，可能仅拥有特许经营权或运营收费权。《申报通知》充分考虑这一实际，将特许经营权、运营收费权也列入权属范围。其中，特许经营权指政府采用竞争方式依法授权境内外法人或其他组织，通过协议明确权利义务和风险分担，约定其在一定期限和范围内投资建设运营基础设施并获得收益，提供公共产品或服务。运营收费权指虽然没有履行特许经营程序，但基于历史原因实际拥有特定基础设施运营并收取费用的权利，在燃气、供水、高速公路等领域较为常见，主要由一些地方国有企业拥有。

2. 项目进入稳定运营阶段，是准确选择优质基础设施项目的基本要求

《申报通知》规定，项目运营时间原则上不低于 3 年。一方面，判断工程建设质量是否可靠、相关设施运行是否稳定、项目运营管理是否达标，客观上需要一定的时间；另一方面，许多基础设施项目需要一段时间的市场培育才能产生稳定的现金流，才能更好地判断项目收益情况和预测发展趋势。因比，关于 3 年运营期的要求，是防范风险和维护投资人利益的重要保障。

我国基础设施项目种类众多，不同类型项目进入稳定运营状态的时间可能会有较大差异，应根据实际情况具体判断。例如，目前仓储物流和数据中心等行业发展迅速、需求旺盛，有些项目投入运营后不久就实现了较高的签约率，并且租期较长，相对较短的运营年限并不影响其运营收益的稳定性。

3. 投资回报良好、现金流稳定且合理分散，是市场化方式发行 REITs 产品的重要前提

　　基础设施 REITs 作为一种权益型金融产品，要想获得投资者认可，必须有良好、稳定的投资回报预期。如果投资回报过低，难以实现市场化发行，也不利于 REITs 市场的长期可持续发展。

　　《申报通知》明确，预计未来 3 年的净现金流分派率原则上不低于 4%。这一要求可以发挥引导作用，尽可能排除一些收益率较低、不具备市场化发行条件的项目，鼓励优质基础设施项目参与试点。但应充分尊重市场机制作用，不宜把 4% 作为一个必须达到的硬性标准，如果项目具有非常好的成长性，投资者能获得较好的综合回报，也可以适当降低收益率要求，项目最终收益水平由市场确定。

　　现金流来源分散是防范投资风险的重要保障。如果收入来源过于集中，一旦主要客户出现问题，将会直接影响项目经营收益，产生较大的投资风险。同时，由于基础设施项目类型众多，运营模式和收益来源不尽相同。《申报通知》强调现金流"合理分散"，就是在实践中不能"一刀切"，应充分考虑项目实际情况，合理判断现金流来源的分散性及相应风险。

　　（三）合规性审查的主要内容

　　一是符合国家重大战略、宏观调控政策、产业政策等相关要求。国家重大战略是党中央、国务院确定的最高层次战略部署，是推动经济社会全面、协调、可持续发展的重大决策，关系国家发展全局。与开展基础设施 REITs 试点密切相关的国家重大战略文件包括《京津冀协同发展规划纲要》《河北雄安新区规划纲要》《长江经济带发展规划纲要》《粤港澳大湾区发展规划纲要》《长江三角洲区域一体化发展规划纲要》《海南自由贸易港建设总体方案》等。宏观调控政策是国家为实现经济社会发展目标而采取的总量和结构性调控政策，对投资活动和项目建设具有很强的指导性和约束力。试点项目应符合国家宏观调控政策要求，这既是其必须履行的义务和职责，也可以最大限度减少潜在的政策和市场风险。产业政策的表现形式较为多样化，既包括《产业结构调整指导目录》《西部地区鼓励类产业目录》《市场准入负面清单》等，也包括各种行业发展规划。产业政策是统筹考虑产业发展状况和国家指导精神而制定的，项目符合产业政策要求，才能实现长期稳定健康运营。

二是依法依规取得固定资产投资管理相关手续。《申报通知》明确试点项目应取得项目审批、核准或备案手续，规划、用地、环评、施工许可、竣工验收手续，以及依据相关法律法规必须办理的其他重要许可手续。基础设施项目在投资建设过程中需要办理多项手续，《申报通知》按照"放管服"改革要求，抓住主要矛盾，对基础设施项目依法必须办理且与发行 REITs 密切相关的重要手续作出了明确规定，既有利于避免基础设施资产存在重大合规风险，又有利于减轻项目申报负担。

三是鼓励将回收资金用于基础设施补短板建设，这是促进形成投资良性循环的内在要求。对募集资金用途进行限定和明确，是我国发展资本市场过程中一直坚持的一项重要原则。即使在推行企业 IPO 注册制的今天，企业也需对其募集资金用途进行说明。基础设施 REITs 作为与实体经济关联十分密切的一种新型金融产品，更应对其募集资金用途进行明确和限定。一是回收资金的使用应符合产业政策，明确具体用途和相应金额，这是了解募集资金使用情况、择优推荐项目的前提。二是鼓励将回收资金用于国家重大战略区域范围内的重大战略项目，以及新的基础设施和公用事业项目建设，这是推动国家重大战略实施、服务实体经济的需要。三是鼓励将回收资金用于项目前期工作成熟的基础设施补短板项目和新型基础设施项目建设，这是尽早发挥募集资金效益、尽快形成实物工作量的必然要求。

二、项目依法合规转让的要求

根据《基础设施 REITs 指引》要求，基础设施基金通过资产支持证券和项目公司等载体取得基础设施项目完全所有权或经营权利。因此，原始权益人要将项目公司 100% 股权或经营权利转出，其中可能涉及土地使用、转让限制、税收等一系列问题。

（一）非 PPP（含特许经营）项目

1. 关于项目用地

基础设施项目取得土地使用权，有招拍挂、划拨、协议出让等多种方式。依照行政划拨方式取得的土地使用权，一般不得进行转让，但经过市、县人民政府自然资源行政主管部门的批准并符合相关条件者，可进行转让。2019年9月，自然资源部作出《自然资源部关于京沪高速铁路股份有限公司上市涉及土地资产处置的复函》，同意将585宗京沪高铁已使用的国有划拨土地，按原用途作价投入京沪高铁公司，由国铁集团代表国家行使出资人权利，相关土地权利类型转变为作价出资土地使用权，即是依法合规务实处理划拨用地土地使用权的一个例证。采取协议出让方式取得土地使用权的项目，在协议出让方案中会对土地用途、土地使用条件等进行明确规定，如要变更用途等土地使用条件，须经出让方同意，并按规定补缴土地出让金。因此，采用划拨或协议出让方式取得土地使用权的项目，在发行基础设施REITs时应就土地使用权问题向有关自然资源管理部门咨询，并以适当方式征得同意。

2. 关于转让限制条件

在法律法规、政策文件、土地出让、项目合同等相关规定或协议中，有时会对基础设施项目的相关权利转让或资产处置有限定要求，设置转让限制条件。为依法合规解除限制，实践中对发起人（原始权益人）提出了3个方面的要求：一是对于各种相关规定或协议中有明确转让限定条件或特殊规定、约定的，须按规定或协议取得有权机构同意，确保已依法依规解除相关转让限定条件。二是选择符合条件的律师事务所为其转让行为合法性出具法律意见。法律意见中应列明项目的所有限定条件或特殊规定约定、有权机构同意情况、采取的处理措施及转让合法性判断，承诺不存在任何缺失、遗漏或虚假陈述。法律意见应在REITs发行申购日之前向社会公开披露。三是原始权益人作出承诺，承诺已如实办理所有相关事项，不存在任何缺失、遗漏或虚假陈述，且该承诺须在REITs发行申购日之前向社会公开披露。

3. 关于税收缴纳

基础设施REITs发起设立过程中可能涉及多种税收的缴纳问题，为了确保发起人（原始权益人）依法缴纳相关税收，项目须履行3个方面的程序：一是制订完整的拟纳税方案，详细描述发行基础设施REITs过程中各纳税主体需缴纳的所有税种、税额区间以及测算过程，并就拟纳税方案向主管税务机关进行咨询，以主管税务机关意见为准。二是聘请专业权威的税务师事务所或会计师事务所就拟纳税方案出具第三方意见。三是将上述向主管税务机关的咨询情况、第三方意见等，以及关于基础设施 REITs 发行或存续期间如需补充缴纳相关税费、发起人（原始权益人）将按要求缴纳并承担所有相关经济和法律责任的承诺，在 REITs 发行申购日之前向社会公开披露。

（二）PPP（含特许经营）项目

1. 关于项目用地

PPP（含特许经营）项目发行 REITs 过程中通常不涉及土地权属转移问题。有些项目的土地使用权未登记在项目公司名下，转让项目公司股权时自然不涉及土地权属问题。有些项目的土地使用权虽然登记在项目公司名下，但资产估值时不包含土地价值，项目运营期满后须按 PPP 合同或特许经营协议的约定将项目资产划转给地方政府，因此也不涉及土地权属问题。

2. 关于转让限制条件

在法律法规、政策文件、投资管理手续、PPP 合同或特许经营协议等相关规定或协议中，对转让项目公司股权、转让特许经营权有明确限定条件的项目，发起人（原始权益人）应获得有权主管部门或协议签署机构的同意，由律师事务所出具法律意见书，原始权益人作出已如实办理所有栢关事项的承诺。

3. 关于特许经营责任

由于基础设施 REITs 是一项新生事物，一些地方政府出于审慎原则，要求发起人（原始权益人）对拟持有基金份额、持有基金份额的期限与转让条件、继续承担特许经营责任或承担连带担保责任等情况进行详细说明，必要时作出承诺，并须在 REITs 发行申购日之前向社会公开披露。在基础设施 REITs 的初始阶段，采取如此处理方式，有利于获得地方政府对特许经营项目发行 REITs 的认可和支持，也有利于试点平稳开展。

三、PPP 项目申报条件

《申报通知》充分考虑我国 PPP 模式的发展历史和现实情况，以伖法合规、客观务实为原则，有针对性地提出了 PPP 项目参与 REITs 试点应满足的基本条件。

一是合理界定 PPP 项目与特许经营项目。按照国际上公认的划分标准，特许经营是 PPP 的一种具体操作模式，特许经营项目属于 PPP 项目。但由于一些特定原因，2015 年以后我国客观形成了 PPP 和特许经营两种模式并存的一种独特局面，两者在政策依据、运作模式、监督管理等方面，既有相同之处，又有不少差异。《申报通知》尊重这一客观事实，分别针对这两类项目提出了不同的规范要求。

二是明确 PPP 项目和特许经营项目需满足的特定要求。对 2015 年以来批复实施的 PPP 项目，《申报通知》提出了依法履行"审核备"手续、批复 PPP 实施方案、通过竞争方式确定社会资本方、规范签订 PPP 合同等四点具体要求。这四点要求既是 PPP 项目必须完成的关键核心环节，又能覆盖和包含其他相关手续，可以大大减轻项目申报负担。对于特许经营项目，《申报通知》充分考虑我国特许经营政策的历史演变过程，以 2015 年国家发展改革委等六部委印发的《基础设施和公用事业特许经营管理办法》为节点，要求 2015 年以后批复实施的特许经营项目应符合该文件规定，此前的项目应符合当时固定资产投资、特许经营管理有关规定。

三是收入来源以使用者付费为主，避免过分依赖政府补贴。《申报通知》要求项目收入来源以使用者付费为主，收入来源含地方政府补贴的，须在依法依规签订的 PPP 合同或特许经营协议中有明确约定。同时，也充分考虑污水垃圾处理等实行"收支两条线"管理、政府向使用者收费后再专款支付的特定情况，明确使用者付费包括按照穿透原则实质为使用者支付的费用。

四是政府和社会资本合作顺利，运营情况良好。《申报通知》要求 PPP 项目运营稳健、正常，未出现暂停运营等重大问题或重大合同纠纷，主要目的是防止和减少发行 REITs 后可能出现的运营风险。同时，考虑到大多数 PPP 项目合同中均明确约定社会资本转让股权须经政府方同意，《申报通知》明确要求 PPP 项目的股权转让，应获得合作政府方的同意。

四、保障项目持续健康运营的要求

基础设施项目往往涉及公共产品和公共服务提供，关系国计民生。发行 REITs 后，保持项目的持续健康平稳运营，是保障公共利益、维护投资人权益、促进 REITs 市场长期健康发展的关键因素。各国 REITs 均注重借助专业运营机构，提升资产运营管理效率和收益水平。基础设施项目对运营管理专业性要求较高，更要强调运营管理主体的经验和能力。因此，《申报通知》把有利于基础设施资产稳定运营作为一项重要原则，提出了明确要求。

从运营管理主体看，要求基础设施运营管理机构具备丰富的同类项目运营管理经验，配备充足的运营管理人员，公司治理与财务状况良好，具有持续经营能力，近 3 年无重大违法违规记录，项目运营期间未出现安全、质量、环保等方面的重大问题。

从运营管理机制看，鼓励基金管理人与运营管理机构之间建立合理的激励和约束机制，明确奖惩标准，调动运营管理机构的积极性，共同促进运营效率提高。为此，在基金合同、运营管理服务协议等相关法律文件中，应合理界定运营管理各方的权责利关系和奖惩机制，明确约定解聘、更换外部管理机构的条件和程序。对于符合运营要求、未出现约定解聘情形的，不应随意更换运营管理机构，以保持项目运营的稳定性。

2021 年 6 月 29 日，国家发展改革委印发了《关于进一步做好基础设施领域不动产投资信托基金（REITs）试点工作的通知》（发改投资〔2021〕958 号），文件精神与《申报通知》基本一致，并对有关要求作了细化完善。文件印发后，基础设施 REITs 试点项目申报推荐等有关工作依照该文件执行。

第三节　基础设施基金指引

2020 年 8 月 6 日，中国证监会出台的《基础设施 REITs 指引》是基础设施 REITs 试点的一项重要规则文件，是规范公开募集基础设施证券投资基金注册、发售和投资运作等活动的基础性规则。

一、专业运营能力

REITs 吸引公众投资者参与的核心价值之一是专业化管理。REITs 通过对底层不动产的投资、运营和退出等主动管理，实现 REITs 价值提升，带来稳定的收益和分红，从而提升 REITs 的投资价值，推动 REITs 持续发展。因此，专业运营能力是 REITs 持续发展的核心动力。

《基础设施 REITs 指引》从人员要求、职责范围、委托管理等三个方面，对基础设施基金专业运营能力作出了明确规定。

一是《基础设施 REITs 指引》第五条规定，拟任基金管理人应当设置独立的基础设施基金投资管理部门，配备不少于 3 名具有 5 年以上基础设施项目运营或基础设施项目投资管理经验的主要负责人员，其中至少 2 名具备 5 年以上基础设施项目运营经验。同时，基金管理人须具备健全有效的基础设施基金投资管理、项目运营、内部控制与风险管理制度和流程。这是从人员配置、制度建设等方面对专业运营能力提出了要求。

二是《基础设施 REITs 指引》第三十八条规定，基金管理人负责基础设施项目日常运营管理，主要职责包括及时办理基础设施项目交割，有效归集和管理项目现金流，妥善管理各种印章，购买项目保险，办理租赁管理、协议签署、追收欠款、日常运营服务，聘请专业机构对基础设施项目进行评估、审计等。这是从职责范围方面对专业运营能力提出了要求。

三是《基础设施 REITs 指引》第三十九条规定，基金管理人可以设立专门子公司或者委托外部管理机构负责部分基础设施日常运营管理职责。《基础设施 REITs 指引》第四十条明确，被委托的外部管理机构应当具有符合国家规定的不动产运营管理资质（如有），且具备丰富的基础设施项目运营管理经验，配备充足的具有基础设施项目运营经验的专业人员，其中具有 5 年以上基础设施项目运营经验的专业人员不少于 2 名。这是从委托管理方面对专业运营能力提出了要求。

境外 REITs 市场在专业运营能力方面的要求与 REITs 的管理模式、载体有一定关系，一般由具有丰富产业运营经验的企业担任或设立 REITs 管理人。例如，REITs 最早起步的美国大多采用公司制，以内部管理模式为主，即直接由内部董事会对 REITs 进行管理，包括出租管理、投资建议、资产并购、开支预算、企业融资等。新加坡、中国香港的 REITs 采用信托结构，主要以外部顾问或外部管理人模式为主，均对管理人设置了更为具体的要求。

我国基础设施基金的制度安排是引入外部管理机构，充分发挥专业运营机构作用，以实现专业化运营。现阶段，基础设施 REITs 试点的资产类型主要为仓储物流、产业园、高速公路、数据中心、污水处理等，其资产运营专业性要求较高，不同基础设施行业的技术标准、规范和操作规程等差异较大，基金管理人往往会选择委托外部管理机构负责基础设施资产的日常运营。基金管理人、外部管理机构应加强协同，建立适当的费用收取及考核机制，提升基础设施的运营管理绩效。

需要特别注意的是，《基础设施 REITs 指引》要求，委托外部管理机构协助管理的，基金管理人仍须承担自行派员负责基础设施项目公司财务管理等职责。基金管理人作为基础设施项目运营最终责任主体，须持续加强对外部管理机构履职情况的监督、评估。同时，基金管理人须加强专业运营团队的组建，提升基础设施运营管理能力。

二、杠杆安排

REITs 的杠杆率（通常使用资产负债率）是反映资本结构的重要指标。杠杆比例和结构安排对 REITs 收益有重要影响。对于 REITs 而言，合理的资本结构具有降低资金成本、避免破产风险、降低代理成本、促进扩张等多种潜在益处，可以帮助 REITs 实现投资者利益最大化等经营目标。在杠杆成本低于资产回报（即"正杠杆"）的前提下，合理的杠杆率可提高 REITs 资产的回报率，从而提升投资者收益。当然，过度、不合理的杠杆也会带来财务风险、经营风险，从而影响 REITs 的持续运作。

《基础设施 REITs 指引》第二十八条对基础设施基金的借款比例、用途等方面提出了明确要求。一是对总的杠杆比例进行规定。基础设施基金直接或间接对外借入款项，应当遵循基金份额持有人利益优先原则，不得依赖外部增信，借款用途限于基础设施项目日常运营、维修改造、项目收购等，且基金总资产不得超过基金净资产的 140%（换算成资产负债率约为不超过 28.57%）。二是对用于收购的杠杆比例进行规定。用于基础设施项目收购的借款，应当符合借款金额不得超过基金净资产的 20%（换算成资产负债率约为不超过 16.67%）、基础设施基金已持有基础设施和拟收购基础设施相关资产变现能力较强且可以分拆转让以满足偿还借款要求、可支配现金流足以支付已借款和拟借款本息支出等条件。

境外 REITs 对资本结构的限制和杠杆要求不尽相同。以美国、日本等为代表的国家或地区，对 REITs 资本结构中的债务比例并未规定上限，但当债务过高时会对债务的税盾作用进行一定的限制。新加坡、中国香港等为代表的国家或地区规定 REITs 的杠杆率上限，要求 REITs 总债务不得超过总资产（或不动产价值）的规定比率，一般杠杆率不超过 60%。根据北京大学光华管理学院的研究①，各主要市场的 REITs 平均杠杆率水平位于 25%—45% 之间，低于美国的杠杆率水平（50%—60%），日本、新加坡、中国香港 REITs 的平均杠杆率分别为 44.2%、35.6%、26.2%。

我国基础设施基金在进行对外借款时需要综合考虑多方面的因素，包括借款方式、资金用途、还款安排等。首先，重点考虑采取何种方式借款，借款主体多为项目公司的情况下，如何满足银行贷款、发行债券等相关要求。其次，确保借款资金用途须符合《基础设施 REITs 指引》及借款金融机构的相关规定，合理设置还款安排，动态监测杠杆率，保障基础设施基金平稳运行。最后，基础设施基金应当制订完善的融资安排和风险应对预案，保障基金分红稳定性。

三、信息披露

信息披露是 REITs 市场的基石，对 REITs 健康发展具有重要意义。公开透明的信息披露机制有助于投资者深入了解基础设施 REITs 的运作模式和整体风

---

① 北京大学光华管理学院：《中国公募 REITs 试点的杠杆率问题研究》，2020 年 7 月。

险，为我国基础设施 REITs 稳步发展保驾护航。

《基础设施 REITs 指引》除要求基础设施基金进行常规基金信息披露外，还需要重点披露基础设施项目及原始权益人等信息。

一是份额发售环节。《基础设施 REITs 指引》第十五条规定，基金招募说明书应重点披露基础设施基金整体架构及拟持有特殊目的载体情况，项目基本情况、财务状况、经营业绩分析、现金流测算分析、运营未来展望、原始权益人情况等，并载明基础设施项目最近 3 年及一期的财务报告及审计报告（如无法提供应说明理由并提供基础设施项目财务状况和运营情况）、基金可供分配金额测算报告、尽职调查报告、评估报告等。第十八条规定，在基金合同、招募说明书等文件中披露战略投资者选择标准、向战略投资者配售的基金份额总量、占本次基金份额发售比例及持有期限等。

二是重大事项临时披露。《基础设施 REITs 指引》第三十五条规定，发生基础设施项目公司对外借入款项、金额超过基金资产 10% 以上的交易或损失、项目购入或者出售、基础设施基金扩募、项目现金流或产生现金流能力发生重大变化等重大事项时，应当及时进行临时信息披露。

三是定期披露。《基础设施 REITs 指引》第三十六条规定，年度报告等基金定期报告披露基础设施项目运营情况、财务情况、现金流情况等，对外借款及使用情况，相关主体履职及费用收取情况，报告期内项目购入或者出售情况等。

美国、新加坡、中国香港等国家或地区的 REITs 信息披露基本参照公开发行证券的基本规则，同时增加对 REITs 信息披露更为严格的要求。在发行上市阶段，境外 REITs 的主要做法是通过制订募集或销售文件相关指引来规范和引导 REITs 产品向投资人进行全面的信息披露。例如，中国香港的《房地产投资信托基金守则》要求获认可的计划如向公众发售单位，必须发出一份符合现况的销售文件，其中所载的资料，应足以使投资人士可以在掌握充分数据的情况下，就建议的投资作出决定。在上市运营阶段，境外 REITs 市场通常对定期披露和临时披露有较为明确的规定。例如，新加坡的《集合投资计划守则》规定了年报和半年报的信息披露要求，并对 REITs 的年度报告披露要求作了针对性规定。

证监会的《基础设施 REITs 指引》对基础设施 REITs 的信息披露作了详细和有针对性的规定，证券交易所、基金业协会等也在配套规则中对于各参与主体的信息披露要求作出了细化的规定。国家发展改革委在向证监会推荐试点项目时，对于一些重要事项、敏感问题、前置条件等也会提出信息披露的建议。基础设施基金的申报、发行和存续期间，基金管理人、基金托管人、资产支持证券管理人等业务参与机构应当按照相关法律、行政法规及业务规则等相关要求，履行信息披露义务，确保基础设施基金运作公开透明。

四、主要参与方职责

规范、清晰的权责边界是 REITs 持续发展的基础。围绕产品特征明晰管理人、托管人及各参与机构职责，力争各机构职责分工明确、相互协调与制约，构建高效、有序的产品体系，可以为基础设施 REITs 的持续发展奠定良好基础。

《基础设施 REITs 指引》对基金管理人、基金托管人、资产支持证券管理人、财务顾问等主要参与机构的职责进行了明确界定。

一是基金管理人。基金管理人应当符合《基础设施 REITs 指引》第五条规定的条件，并履行《基础设施 REITs 指引》要求的各项职责，包括设立基础设施基金、对拟持有的基础设施项目进行独立尽职调查，并在基金设立后运营管理基础设施项目。

二是基金托管人。基金托管人应当满足《基础设施 REITs 指引》第六条规定的条件，与资产支持证券托管人为同一人。第四十四条规定，基金托管人负责基金财产安全保管、产品账户现金流监控以及监督、复核基金信息披露文件等职责。

三是资产支持证券管理人。《基础设施 REITs 指引》第七条、第十条和第二十五条明确资产支持证券管理人与基金管理人的协同衔接、尽职调查等事宜，资产支持证券管理人与基金管理人应当存在实际控制关系或者受同一控制人控制。

四是财务顾问。《基础设施 REITs 指引》第十条规定，基金管理人必要时可以聘请取得保荐业务资格的证券公司担任财务顾问对项目进行尽调。如基金管理人或其关联方与原始权益人存在关联关系，或享有基础设施项目权益时，基金管理人应当聘请第三方财务顾问独立开展尽职调查。

此外，《基础设施 REITs 指引》第三十九条、第四十条和第四十二条明确了外部管理机构的职责、条件、勤勉尽责要求等。《基础设施 REITs 指引》第四十三条规定，基础设施基金原始权益人不得侵占、损害基础设施基金所持有的基础设施项目，并应当按照要求履行相关义务。《基础设施 REITs 指引》第十一条和第十三条规定，基金管理人应当聘请评估机构对基础设施项目进行评估，聘请律师事务所对基础设施项目转让行为合规性等出具专业法律意见，聘请会计师事务所对基础设施项目财务情况进行审计。

一般而言，境外市场 REITs 产品的主要参与方包括发起人（即原始权益人）、管理人和外部管理机构（如有），并根据产品结构模式存在差异。例如，新加坡和中国香港 REITs 主要参与方一般包括发起人、受托人、REITs 管理人和资产管理人。具体而言，REITs 管理人通常由发起人设立，负责 REITs 的日常运营管理及履行信息披露职责；受托人独立于发起人，代表 REITs 投资人持有基础资产，监督 REITs 管理人的投资运营；资产管理人接受 REITs 管理人的委聘，负责不动产的具体运营管理。

我国基础设施基金各参与方应加强协同，严格履行相关职责，在不同层面共同强化 REITs 的运作管理。一是公募基金层面，基金管理人负责基础设施基金日常事务，重大事项应提交基金份额持有人大会审议。二是资产支持证券层面，公募基金作为基础设施资产支持证券的持有人依照规定及约定行使权利，资产支持证券日常运营事项由资产支持证券管理人根据相关法律文件组织实施。三是项目公司层面，项目公司根据公募基金层面持有人大会或管理人所作出的有效决策组织实施。四是运营管理机构层面，运营管理机构根据与基金管理人、项目公司等签署的委托运营协议，与投资人利益相关的重大事项经公募基金层面相应决策后实施，日常运营事项根据其自身的治理机制决策实施。

五、新购入基础设施项目

基础设施 REITs 试点安排明确了新购入基础设施项目的程序和要求，可满足未来产品持续运作需要，兼顾了灵活性、便利性和规范性，有利于扩大 REITs 产品规模，提升 REITs 管理水平，形成规模经济效应和专业化分工，从而提高投资者收益。

《基础设施 REITs 指引》第三十二条规定，发生金额低于或达到基金净资产 50% 的基础设施基金扩募的，应当分别经参加大会的基金份额持有人所持表决权的二分之一或三分之二以上表决通过。基础设施基金就扩募等重大事项召开基金份额持有人大会的，应披露相关重大事项的详细方案及法律意见书等文件。

《基础设施 REITs 指引》第三十三条规定，基础设施基金存续期间拟购入基础设施项目的，应当履行变更注册程序，相关标准和要求、战略配售安排、尽职调查要求、信息披露等应当与基础设施基金首次发售要求一致。

从境外 REITs 市场来看，REITs 涉及新购入资产的相关规定基本上与上市公司扩募增发、资产交易相一致。在美国、新加坡、中国香港等市场，REITs 新资产购入的相关行为与上市公司遵从同一套规则。

我国基础设施基金存续期间新购入基础设施项目，应当重点关注和逐步完善相关程序、信息披露要求、价格确定方式等安排。特别地，对于基础设施基金扩募价格的形成方式，应借鉴境外 REITs 市场实践、结合境内股票市场经验，逐步探索和形成适合于我国市场发展阶段的最佳实践。

六、投资比例

设置投资比例是 REITs 产品特征的内在要求。我国 REITs 发展初期设置适当的投资比例规定，有利于契合 REITs 产品本质特征，保障投资者分红的稳定性、持续性和增长性，满足 REITs 市场长期发展的要求。

《基础设施 REITs 指引》第二十五条规定，基础设施基金成立后，基金管理人应当将 80% 以上基金资产投资于与其存在实际控制关系或受同一控制人控制的管理人设立发行的基础设施资产支持证券全部份额，并通过特殊目的载体获得基础设施项目全部所有权或经营权利，拥有特殊目的载体及基础设施项目完全的控制权和处置权。第二十六条规定，基础设施基金除投资基础设施资产支持证券外，其余基金资产应当依法投资于利率债，AAA 级信用债，或货币市场工具。

在 REITs 投资于不动产比例方面，境外 REITs 大多要求其资产总值至少75%投资于能产生定期租金收入的不动产项目，在符合规定的情况下，其余资产可投资于金融工具，包括地产基金、政府债券等。此外，在收入来源于不动产的比例方面，境外 REITs 市场也有相关规定。例如，中国香港规定 REITs 收入主要应来自不动产的租金收益，持有不能产生收益的不动产资产原则上不能超过 REITs 资产总额的 10%。

按照《基础设施 REITs 指引》要求，我国基础设施基金拟投资的基础设施项目原则上运营 3 年以上，已产生持续、稳定的现金流，投资回报良好，并具有持续经营能力、较好增长潜力。基础设施 REITs 试点初期，考虑到投资回报水平、发售定价便利性等因素，预计基础设施资产 100%投资于基础设施项目是较为常见的安排。

七、投资者保护

保护 REITs 投资者合法权益意义重大，需要各参与主体共同努力。试点相关工作安排通过完善制度、健全机制，引导规范基金管理人等参与主体开展投资者教育与保护工作，汇聚形成合力，推动基础设施 REITs 市场稳步发展。

一是投资者适当性管理方面。《基础设施 REITs 指引》第二十一条规定，基金管理人应当严格落实投资者适当性管理制度，会同基金销售机构认真做好产品风险评价、投资者风险承受能力与投资目标识别、适当性匹配等投资者适当性管理工作，将适当的产品销售给适合的投资者。

二是风险揭示方面。《基础设施 REITs 指引》第二十二条规定，基金管理人应当制作基础设施基金产品资料概要，简明清晰说明基金产品结构及风险收益特征，在基金合同、招募说明书及产品资料概要显著位置，充分揭示基础设施基金投资运作、交易等环节的主要风险。

三是投资者教育方面。《基础设施 REITs 指引》第二十三条规定，基金管理人及基金销售机构应当加强投资者教育，引导投资者充分认识基础设施基金风险特征，要求普通投资者在首次购买环节以纸质或电子形式确认其了解基础设施基金产品特征及主要风险。

从境外 REITs 市场来看，投资者保护是 REITs 制度的重要内容。以美国为例，在 REITs 治理模式、投资者持股限制、投资者维权诉讼等方面建立了投资者保护制度。美国 REITs 引入了独立董事制度，审查、监督外部管理顾问所做出的决策或建议，确保内部决策的中立性。美国市场要求前 5 大股东的持股比例合计不超过 50%，以限制集中持股和保护中小投资人。此外，美国允许集体诉讼，减轻了投资者的举证压力，有利于促进 REITs 的规范运作。

我国基础设施基金的基金管理人、基金销售机构等应当做好投资者适当性管理，充分揭示风险。在 REITs 治理机制方面，基金管理人应从原始权益人战略配售认购和锁定安排、细化投资者持有人大会决策机制、加强信息披露要求等方面强化对于投资者利益的保护。此外，应进一步加大对于参与主体违规行为的发现和处罚力度，增加违法成本，有效震慑破坏市场秩序的主体，增加投资者信心。

八、尽职调查

尽职调查是 REITs 持续发展的前提。尽职调查作为发行设立基础设施基金的基础性工作，在把控项目质量、了解项目风险情况、为投资者提供决策依据等方面发挥着重要的作用，有利于完善基础制度，推动 REITs 市场长期、持续发展。

《基础设施 REITs 指引》第七条和第十条规定，基金管理人应当对拟持有的基础设施项目进行全面的尽职调查，聘请符合规定的专业机构提供评估、法律、审计等专业服务。基金管理人可以与资产支持证券管理人联合开展尽职调查，必要时还可以聘请财务顾问开展尽职调查，但基金管理人与资产支持证券管理人依法应当承担的责任不因聘请财务顾问而免除。第九条规定，基金管理人应当制定完善的尽职调查内部管理制度，建立健全业务流程。

境外 REITs 市场在法规中对于尽职调查要求通常都会进行明确规定。例如，美国 REITs 根据《证券法》进行公开发行，并须履行美国《证券交易法》规定的持续信息披露义务和其他义务。美国证监会为 REITs 制定了专门的募集说明书格式（S—11），并针对 REITs 特征设计了相应的特定信息披露规则，REITs 发行过程中的尽职调查须满足上述披露标准。中国香港《房地产投资信托基金守则》对尽职调查工作内容、资产信息披露等进行了明确规定。

我国基础设施基金的基金管理人、资产支持证券管理人和财务顾问等机构，应当根据证监会《基础设施 REITs 指引》、交易所规则、基金业协会《公开募集基础设施证券投资基金尽职调查工作指引（试行）》等规则开展尽职调查活动，主要调查内容为基础设施项目和各业务参与主体。基础设施项目方面，着重对项目公司的基本情况、项目运营及财务情况、资产现金流情况进行调查；业务参与人方面，着重对原始权益人、基础设施运营管理机构等进行调查。

第四节　交易所的审核规则

《基础设施 REITs 指引》明确，拟在证券交易所上市的基础设施基金，基金管理人应当向上海证券交易所、深圳证券交易所提交上市申请。沪深交易所根据《基础设施 REITs 指引》分别制定并发布了"1 个办法+2 个指引"，即公开募集基础设施证券投资基金业务办法（以下简称《业务办法》）、公开募集基础设施证券投资基金规则指引第 1 号审核关注事项和第 2 号发售业务（以下分别简称《审核关注事项》和《发售业务指引》），就基础设施基金份额发售、上市、交易、收购、信息披露、退市等业务规则进行了规范。沪深交易所相关规则大体相同，本节以上海证券交易所相关规则为基础进行介绍。

一、交易所的审核流程和要点

（一）审核流程

基础设施基金从申报材料到上市一般需要经过受理、审核、反馈、决定、期后事项等主要程序，具体如下：

1. 受理程序

管理人向交易所提交基础设施基金上市申请文件后 5 日内，由交易所对申请文件是否齐备和符合形式要求进行核对，并决定是否受理或告知补正。

2. 审核程序

在申请材料受理后，交易所审核人员对申请材料进行审核，并在受理后 30 个工作日内出具首次书面反馈意见；管理人在收到书面反馈意见后应当在 30 个工作日内回复，收到管理人回复后交易所将对回复文件进行审核，对不符合要求的回复，交易所可再次出具反馈意见。

3. 决定程序

基金管理人提交反馈回复后，交易所将组织人员进行评议，根据评议结果出具无异议函或者作出终止审核的决定。

4. 期后事项

在取得无异议函后到基础设施基金上市前，发生可能对基础设施基金投资价值及投资决策判断有重大影响的事项的，相关业务参与机构将该事项告知交易所，必要时聘请中介机构对该事项进行核查并补充披露。

（二）审核要点

通常情况下，交易所在审核基础设施基金上市时主要关注如下几点：

1. 业务参与机构

即审查业务参与机构是否符合《审核关注事项》的准入要求，业务参与机构之间是否存在关联关系、潜在利益冲突。

2. 基础设施项目

即审查基础设施项目、项目公司是否符合《审核关注事项》的准入要求，具体包括项目合规性、现金流来源及关联交易的合理性、必要性及潜在风险。

3. 项目评估与现金流测算

即项目评估应当以收益法作为主要估价方法，现金流测算应充分考虑经济发展、项目业态及用途、运营情况等因素影响。

4. 交易结构及运作管理安排

即交易结构及运作管理安排是否符合《审核关注事项》的要求，包括对外借款安排、项目退出安排、基金份额持有人与资产支持证券持有人行权安排等。

二、《业务办法》解读

《业务办法》是交易所基础设施基金业务的基本规则，涵盖了全流程的重要节点和关键环节，包括上市审核、发售、交易、收购及信息披露、退市和自律管理等各项要求。

（一）审查要求

1. 审查条件

基础设施基金申请在交易所上市的，以及资产支持证券申请在交易所挂牌的，参与机构应当评估是否满足《基础设施 REITs 指引》以及交易所相关规定项下的要求。

2. 审查文件

参与机构应当按照《业务办法》提交基础设施基金上市申请文件，以及根据交易所规定提交资产支持证券挂牌申请文件。

此外，《业务办法》还列明了基础设施资产支持证券挂牌及基金上市审查程序，主要程序参照本节第一部分。

（二）发售和上市交易安排

1. 基金份额发售

基础设施基金首次发售的，基金管理人等一般通过向网下投资者询价的方式确定认购价格。认购价格确定后，网下投资者通过交易所提供的电子平台参与网下认购，公众投资者可以通过场内证券经营机构或者基金管理人及其委托的场外销售机构参与认购。战略投资者参与认购的，不得接受他人委托或者委托他人参与认购，但依法设立并符合特定投资目的的证券投资基金、公募理财产品和其他资产管理产品，以及全国社会保障基金、基本养老保险基金、年金基金等除外，且认购比例和限售要求应当符合相关规定。

2. 基金上市交易

为提高基础设施基金流动，交易所在基础设施基金交易的便利性方面作了很多创新：除可以采用证券投资基金竞价交易、大宗交易的方式外，投资者还可采取报价、询价、指定对手方和协议交易等方式交易。同时，基础设施基金也可以作为质押券，参与债券质押式协议回购、质押式三方回购等业务。交易所将询价和大宗交易的门槛降低至 1000 份，便于个人投资者参与基础设施基金交易。同时要求选定不少于 1 家流动性服务商提供报价服务，提高基础设施基金的流动性。基础设施基金上市首日涨跌幅限制比例为 30%，其后交易日的限制比例为 10%。

3. 投资者保护

普通投资者首次认购或买入基础设施基金份额前，应当签署风险揭示书，确认其了解基础设施基金产品特征及主要风险。

4. 资产支持证券挂牌

参与机构可以根据交易所相关规定办理基础设施资产支持证券的挂牌。

（三）管理人工作协同

由于基础设施基金涉及公募基金、资产支持证券等多层产品，为加强项目运营管理，参与机构可以在尽职调查、运营管理及信息披露等三个方面加强工作协同。

1. 尽职调查协同

基金管理人与资产支持证券管理人可以聘请同一专业机构对拟持有的基础设施项目进行全面尽职调查。

2. 运营管理协同

基金管理人根据规定或约定解聘运营管理机构的，且该运营管理机构为资产支持证券管理人聘请的资产服务机构，资产支持证券管理人应当同步解除与该机构的资产服务协议。

3. 信息披露协同

基金管理人应当按照相关规定履行基础设施基金的信息披露义务。资产支持证券管理人可以通过向基金管理人定向披露的方式履行信息披露义务。

（四）基金存续期管理

在基础设施基金存续期间，参与机构应当从运营管理、信息披露和暂缓信息披露等三个方面履行基金存续期管理义务。

1. 存续期运营管理

基金管理人、基金托管人等业务参与机构应当按照《基础设施 REITs 指引》等有关规定，以及相关合同的约定履行职责或者义务。

2. 存续期信息披露

基金管理人应按照《基础设施 REITs 指引》和交易所有关规定披露基础设施基金定期报告和临时报告，并要求相关业务参与机构应当按照规定及约定及时向基金管理人等提供相关材料。相关知情人应当履行信息保密义务。

3. 暂缓信息披露要求

符合《业务办法》规定的情形，基金管理人等信息披露义务人按照内部管理制度和审核程序，可以暂缓披露相关信息。

（五）新购入基础设施项目

1. 新购入基础设施项目的工作程序

拟新购入基础设施项目的，基金管理人、资产支持证券管理人按照要求向交易所提交基金产品变更申请和资产支持证券相关申请，由交易所按照基础设施基金首次发售的相关程序进行审核评议。涉及扩募份额上市和资产支持证券挂牌的，交易所安排新增基金份额上市，以及资产支持证券挂牌。

2. 新购入基础设施项目的临时公告

基金管理人应当在基础设施项目交易中制定切实可行的保密措施，严格履行保密义务，作出拟购入基础设施项目决定的，应当及时编制发布临时公告，披露拟购入基础设施项目相关情况及安排，此后应当定期公告进展情况。

（六）基金收购及份额权益变动

当发生基金收购及份额权益变动时，参与机构可以参照中国证监会《上市公司收购管理办法》和交易所《股票上市规则》，以及其他关于上市公司收购及股份权益变动的规定履行相应的程序或者义务。

基础设施基金与股票的信息披露标准存在一定差异，通过交易所交易或者交易所认可的其他方式，投资者及其一致行动人拥有权益的基金份额达到一只基础设施基金份额的10%时应当予以公告，此后每增减5%的基金份额应当按照规定另行履行通知、公告等义务；达到或者超过该基础设施基金份额的10%但未达到30%的，应当编制简式权益变动报告书；达到或者超过该基础设施基金份额的30%但未达到50%的，应当编制详式权益变动报告书；达到基础设施基金份额的50%时，继续增持基金份额的，应当按照规定采用要约收购的方式。

（七）基金终止上市等安排

当发生基础设施基金停复牌和终止上市情形时，参与机构应当按照交易所《证券投资基金上市规则》的相关规定办理。

除了证券投资基金法规定的情形及常规证券投资基金终止的情形，基础设施项目无法维持正常、持续运营，难以再产生持续稳定现金流等特殊情形也是基金合同终止事项之一。基金合同终止或者基金清算涉及基础设施项目处置的，资产支持证券管理人应当配合基金管理人按照有关规定和约定进行资产处置，并尽快完成剩余财产分配。

（八）自律监管

《业务办法》列明了监管对象范围，主要监管对象包括业务参与机构及其相关人员、信息披露义务人、专业机构及其相关人员、投资者及其相关人员等。监管机构主要根据《业务办法》、其他相关业务规定、上市（挂牌）协议及其所作出的承诺等实施自律管理。主要的监管措施包括日常监管措施，并视情节轻重对其采取自律监管措施或纪律处分。

三、《审核关注事项》解读

（一）业务参与机构的准入要求

1. 原始权益人准入要求

持有基础设施项目的原始权益人应当满足《基础设施 REITs 指引》和国家发展改革委试点项目推荐标准。

2. 业务参与机构准入要求

基金管理人、托管人、资产支持证券管理人、外部管理机构等业务参与主体应当符合《基础设施 REITs 指引》等规定的条件。

3. 业务参与机构关联交易要求

基金管理人和资产支持证券管理人应就业务参与机构之间的关联关系、关联交易、潜在利益冲突等情况进行核查和披露，并设置合理充分的风险防控措施。

（二）基础设施项目的准入条件

1. 项目准入要求

合规方面，基础设施项目应当符合《基础设施 REITs 指引》、国家发展改革委项目筛选的合规标准并符合交易所资产证券化业务的有关规定，即权属清晰、手续齐备、经营资质健全、不存在抵押、质押等权利限制等。现金流方面，项目现金流应由市场化运营产生，持续、稳定且来源应合理分散，直接或穿透后来源于多个现金流提供方；因商业模式或者经营业态等原因，现金流提供方较少的，重要现金流提供方资质优良，财务情况稳健。运营方面，项目运营时间原则上不低于 3 年、运营模式成熟稳定、运营收入有较好增长潜力，并进一步补充细化对不同资产类型的要求。

2. 基础设施项目的关联交易要求

为确保基础设施项目的市场化运营，项目涉及的关联交易应当满足如下要求：（1）符合法律法规的规定和公司内部管理控制要求；（2）定价公允，定价依据充分，与市场交易价格或独立第三方价格不存在较大差异；（3）基础设施项目现金流来源于关联方的比例合理，不影响基础设施项目的市场化运营。同时，基金管理人和资产支持证券管理人应当对基础设施项目最近 3 年及一期关联交易情况进行重点核查和披露，分析关联交易的合理性、必要性及潜在风险，并设置合理充分的风险防控措施。

（三）项目评估、交易结构和运作管理等安排

1. 项目评估

评估机构对基础设施项目的评估，应当考虑以收益法作为主要估价方法。

2. 现金流测算

现金流预测机构对可供分配金额测算时，应充分考虑宏观及区域经济发展、项目业态及用途、运营情况及未来调整安排等因素影响。基金管理人和资产支持证券管理人应当对基础设施项目历史现金流进行核查，并充分披露，同时明确资产支持证券基础资产现金流归集与分配。

3. 交易结构

实践中，很多基础设施项目存在对外借款。针对基础设施项目既有负债，基金管理人和资产支持证券管理人应当核查并披露借款类型、金额、用途、增信方式、涉及的抵质押等权利限制情况，并明确偿还安排及风险应对措施等。

4. 退出安排

基础设施基金终止可能会涉及基础设施项目处置的，基金管理人和资产支持证券管理人应当明确并披露项目处置的触发情形、决策程序、处置方式和流程以及相关信息披露安排等。

5. 基金运作管理安排

维护持有人利益，是基金运作管理安排的核心要素，基金管理人应当设置相关安排维护持有人权利，包括明确基金持有人大会的会议规则，以及基础设施资产支持证券持有人行使权利的有关安排、履行基础设施项目运营管理职责的安排。基础设施项目运营管理委托外部管理机构的，应当明确外部管理机构的解聘、更换条件和流程、履职情况评估、激励机制等安排。

四、《发售业务指引》解读

《发售业务指引》是交易所基础设施基金发售业务的基本规则，主要明确了基础设施基金询价定价、网下投资者认购及配售、公众投资者认购、战略配售、份额登记等发售流程。

（一）网下询价与定价

1. 网下询价方式

网下投资者可以通过交易所询价平台进行询价报价和认购申报，基金管理人通过询价平台进行询价参数录入、份额配售、配售对象确认等。

2. 认购价格确定方式

基础设施基金的认购价格主要是根据报价的中位数和加权平均数，并参照公募产品、社保基金、养老金、企业年金基金、保险资金、合格境外机构投资者资金的报价情况进行确定的。

3. 定价过高处理安排

如果基础设施基金的认购价格高于所有网下投资者报价中位数和加权平均数的孰低值的，基金管理人、财务顾问应当披露原因，并发布投资风险特别公告，提请投资者特别关注。

（二）战略配售认购安排

基础设施项目原始权益人或其同一控制下的关联方应当根据《基础设施REITs 指引》参与基础设施基金的战略配售，基金管理人也可以合理引导法定的战略投资者以外的其他适格机构参与战略配售。战略配售投资者也是根据询价确定的价格，认购其承诺认购的基金份额。同时，已经参与战略配售的投资者不得参与基础设施基金份额网下询价、认购，但符合规定的产品除外。

（三）网下投资者和公众投资者的认购安排

网下投资者和公众投资者参与基础设施基金认购，要符合一定条件：（1）网下投资者和公众投资者只能在募集期内提出认购申请，募集期原则上不得超过 5 个交易日；（2）如果投资者已经在询价阶段提供了有效报价，可以直接通过交易所询价平台提交认购申请；（3）公众投资者参与基础设施基金认购，其认购方式与 LOF 基金的认购一致，可通过场内证券经营机构或基金管理人及其委托的场外基金销售机构认购基金份额；（4）如果公众投资者认购份额不足的，基金管理人和财务顾问可以将公众投资者部分向网下发售部分进行回拨；符合规定条件的，网下发售部分可以向公众投资者回拨。

（四）份额配售和转托管问题

关于份额配售，网下投资者和公众投资者适用不同的配售方式。针对网下投资者，基金管理人、财务顾问应当按照事先确定的配售原则选择配售对象及配售份额；公众投资者则直接按照相同比例或交易所认可的方式进行配售。如果存在包销安排的，当基金份额总额未达到募集规模的，当事方可根据事先确定并披露的方式处理。如果投资人使用场外基金账户认购基金份额，拟参与交易所场内交易的，可以转托管至场内证券经营机构。

（五）扩募发售的相关要求

在基础设施基金存续期间，基金拟进行扩募的，扩募对象可以是原基础设施基金持有人，也可以是特定或不特定对象。基金扩募发售前，应当先向交易所提交中国证监会同意变更注册的批准或备案文件复印件、扩募发售方案、扩募发售公告等文件，并取得交易所无异议函。

（六）自律监管的情形及措施

监管机构针对网下投资者进行自律监管，如网下投资者存在规定的禁止情形的，可能会被中国证券业协会列入网下投资者黑名单等自律管理措施。同时，如果基金管理人、财务顾问、基金销售机构、基金服务机构、投资者及其相关人员在询价、配售活动中存在合谋报价或者谋取其他不当利益等情形的，交易所可能采取相关自律监管措施或纪律处分。

第五章　投资管理政策

　　基础设施资产是基础设施 REITs 的底层资产，基础设施资产的形成，来自固定资产投资项目。发行基础设施 REITs，必须符合投资管理合规性、资产可转让性等要求。改革开放 40 多年来，中国的投融资管理体制经历了三个阶段的重大改革，基础设施项目的建设必然受当时的国家投融资管理体制的影响。因此，深入理解中国固定资产投融资管理体制的演进，对于判断 REITs 发行的可行性，满足 REITs 发行的合规性，实现 REITs 试点和现行体制的顺利衔接具有重要的意义。

第一节　投融资管理体制

　　我国的基础设施资产都是从固定资产投资项目演变而来的。改革开放以来，伴随着社会主义市场经济体制的逐步建立，我国的投融资管理体制不断改革，发生了全面、系统且深刻的变化。全面了解固定资产投融资管理体制的演变，对于客观认识和准确把握基础设施项目在发行 REITs 过程中遇到的合规性、可转让性等问题，将大有裨益。

一、投融资管理体制改革的三个阶段

　　投融资管理体制是投融资活动管理制度和运行机制的统称，是我国社会主义市场经济体制的重要组成部分。改革开放 40 多年来，我国的投融资管理体制经历了三个阶段的重大改革：一是在有计划商品经济时期，为推动投资主体多元化、资金来源多渠道、投资方式多样化、建设实施市场化而进行的一系列

改革，这一阶段的代表性文件为1988年出台的《国务院关于印发投资管理体制近期改革方案的通知》；二是在开始建立社会主义市场经济体制后，为充分发挥市场配置资源的基础性作用、解决企业投资决策自主权等问题而进行的一系列改革，其代表性文件为2004年出台的《国务院关于投资体制改革的决定》；三是在进入中国特色社会主义新时代前后，为深化投资领域"放管服"改革、解决投资项目融资难题、加强投资法治建设而采取的一系列改革措施，标志性文件有2016年7月5日印发的《中共中央 国务院关于深化投融资体制改革的意见》、2017年2月1日起施行的《企业投资项目核准和备案管理条例》和2019年7月1日起施行的《政府投资条例》。

1949年中华人民共和国成立以后至1978年改革开放之前，我国实行高度集中的计划经济体制。投资管理也一直实行高度集中的统一管理模式，地方政府和国有企业基本没有投资决策自主权，民间投资和外商投资更是难觅踪影。

党的十一届三中全会决定把全党工作重点转到经济建设上来，实行改革开放政策，投资体制改革也随之启动，开始尝试从传统的计划指令管理向适当采用经济办法管理转变。在投资主体方面，给予国有企业一定投资决策权，并开始鼓励外商投资、允许民间投资；在投资资金方面，中央财政投资资金先后实行拨改贷制度和基本建设基金制，实行企业利润留成制度，允许银行发放基本建设贷款；在项目决策方面，改变中央统一审批模式，将小型和限额以下项目交由地方政府审批；在建设实施活动中推行基本建设合同制、建筑工程安装招标制、经济责任制等。这些改革，打破了计划经济体制的禁锢，激发了各方面的投资积极性，为建立适应社会主义市场经济要求的投资体制作了必要铺垫。

1992年年初邓小平视察南方谈话，深刻解答了关于改革开放的一系列重大理论和实践问题，将改革开放和现代化建设推进到新阶段。党的十四大确立了建立社会主义市场经济体制的改革目标，投资体制改革的市场化取向也更加明确。党的十四届三中全会通过的《关于建立社会主义市场经济体制若干问题的决定》，提出将投资项目分为公益性、基础性和竞争性三类，分别采用政府投资建设、政府投资为主、企业投资建设的方式，确立了企业为基本的投资主体地位。1996年先后建立了项目法人责任制与固定资产投资项目资本金制度，开始强化"谁投资、谁决策、谁承担风险"的原则。2000 年随着《招标投标法》及其配套制度的实施，投资建设领域开始通过法制形式加强市场化竞争环境建设。

2004 年 7 月，《国务院关于投资体制改革的决定》颁布实施。这次改革的主要指导思想和目标是，确立企业在投资活动中的主体地位，落实企业投资自主权，营造有利于各类投资主体公平、有序竞争的市场环境。这次改革最主要的成果是，彻底改革了不分投资主体、资金来源、项目性质，一律按照投资规模大小由各级政府分级审批的投资项目审批制，对企业投资项目区别不同情况实行核准制和备案制。这一制度设计一直沿用至今。

党的十八大以来，以习近平新时代中国特色社会主义思想为指导，按照《中共中央关于全面深化改革若干重大问题的决定》等一系列重要文件的要求，投融资体制改革持续深入推进，取得了一系列重大突破和进展。大力推进投资建设领域的放管服改革，打通投资项目开工前"最后一公里"，营造良好投资环境；努力解决"弹簧门""玻璃门""旋转门"问题，积极推进政府和社会合作（PPP）模式，充分发挥社会资本特别是民间资本的积极作用；不断创新投融资机制，拓宽投资项目的融资渠道，促使更多储蓄转化为有效投资，努力解决项目融资难题；加强投资领域法制建设，彻底解决了长期以来投资管理无法可依的问题。

二、现行投融资管理体制的主要特点

2004 年以来的一系列投融资体制改革措施，构建了我国现行投融资管理的主体框架，对于如何推进基础设施 REITs 试点也有重要影响。

（一）投资项目"审核备"制度逐步建立和完善

我国投资项目的审批、核准和备案制度起源于 2004 年。当年 7 月发布的《国务院关于投资体制改革的决定》明确：对于企业不使用政府投资建设的项目，一律不再实行审批制，政府仅对重大项目和限制类项目从维护社会公共利益角度进行核准，具体范围以《政府核准的投资项目目录》方式予以确定，该目录以外的企业投资项目无论规模大小均改为备案制；政府投资项目继续实行审批制。

2016 年 7 月出台的《中共中央　国务院关于深化投融资体制改革的意见》沿用了审批制、核准制和备案制的总体框架，提出要坚持企业投资核准范围最小化、最大限度缩减核准事项，并首次提出试行企业投资项目承诺制，探索创新以政策性条件引导、企业信用承诺、监管有效约束为核心的管理模式。

2017 年 2 月开始实施的《企业投资项目核准和备案管理条例》，用行政法规的形式对核准制和备案制进行了明确与规范，特别是将备案制改为完全的告知性备案。2019 年 7 月开始实施的《政府投资条例》，则对政府投资项目的审批制进行了明确和规范。

（二）政府职能重心从前期审批转向事中事后监管

为进一步推动政府转变职能、简政放权与创新服务管理，确立企业投资主体地位，2013 年、2014 年和 2016 年，国务院连续三次修订了《政府核准的投资项目目录》，大幅缩减核准范围、下放核准权限，扩大企业和地方的投资决策自主权。与修订之前相比，中央层面核准的企业投资项目数量累计减少了90％。大力精简投资项目准入阶段的相关手续，将 32 项审批核准前置条件减少到 2 项（选址意见书、用地预审意见），将投资项目的串联审批改为并联办理，并探索建立多评合一、统一评审的新模式，极大提高了办理效率。为打通投资项目开工前"最后一公里"，大力简化、整合投资项目报建审批事项，从65 项清理规范整合为 42 项，对保留的报建审批事项精简申报材料、缩短办理时限。一些地方主动创新，先后推出"最多跑一次""一次不用跑"等改革措施，努力为投资项目提供更多便利。

在大力简化前期审批的同时，不断强化政府事中事后监管和优化服务的能力，更加注重事前政策引导、事中事后监管约束和全过程服务。对于政府投资项目，要求加强投资项目审计监督，完善竣工验收制度，建立后评价制度，健全政府投资责任追究制度；对于企业投资项目，推动纵横联动的协同监管，探索实行先建后验的管理模式，对于未依法办理相关手续擅自开工建设以及建设过程中违法违规的项目，相关部门应依法予以处罚。

（三）投资管理法治化水平大幅提升

改革开放以来，我国"依法治国"基本方略取得了巨大成就，形成了以宪法为核心的中国特色社会主义法律体系，但投资领域却长期处于"无法可依"的空白状态，主要依靠政策文件和部门规章进行管理。2014年发布的《中共中央关于全面推进依法治国若干重大问题的决定》明确提出，"加强市场法律制度建设，编纂民法典，制定和完善发展规划、投资管理、土地管理、能源和矿产资源、农业、财政税收、金融等方面法律法规"，对加强投资管理立法提出了硬性要求，大大促进了投资领域的立法进程。在有关方面的不懈努力下，《企业投资项目核准和备案管理条例》和《政府投资条例》两部行政法规先后颁布实施，将政府投资活动管理以及企业投资项目核准制和备案制全面纳入法治化轨道，彻底改变了投资领域长期无法可依的局面，确立了我国投资项目依法管理的四梁八柱，有效推进了我国投融资体制的深化改革。

此外，根据我国《城乡规划法》《土地管理法》《环境影响评价法》《建筑法》《建设项目环境保护管理条例》《土地管理法实施条例》《建设工程质量管理条例》等法律法规，有关项目规划、用地、环保、开工和竣工验收等环节的审查批复意见，已成为固定资产投资项目前期和建设过程的法定要求。

（四）规范有序推进政府和社会资本合作（PPP）

2014年发布的《国务院关于加强地方政府性债务管理的意见》，要求剥离融资平台公司的政府融资职能，提出"推广使用政府与社会资本合作模式"。此后，国家层面有关PPP的政策文件层出不穷，特别是《国务院关于创新重点领域投融资机制鼓励社会投资的指导意见》和《国务院办公厅转发财政部发展改革委人民银行关于在公共服务领域推广政府和社会资本合作模式指导意见的通知》等文件发布以后，PPP模式快速发展。

2016年《中共中央　国务院关于深化投融资体制改革的意见》明确"鼓励政府和社会资本合作"，各地区各部门可以通过特许经营、政府购买服务等方式，在交通、环保、医疗、养老等领域扩大公共产品和服务供给，同时要求未纳入三年滚动政府投资计划和政府投资项目库的PPP项目原则上不予安排政府投资。

2017 年《国务院办公厅关于进一步激发民间有效投资活力促进经济持续健康发展的指导意见》提出，通过积极采取多种 PPP 方式盘活存量资产、建立 PPP 项目合理回报机制、推动 PPP 项目资产证券化等措施，鼓励民间资本参与 PPP 项目。

（五）"投资"和"融资"密切结合

从 2004 年国务院"投资体制改革决定"，到 2014 年的"创新重点领域投融资机制"指导意见，再到 2016 年中共中央、国务院关于"投融资体制改革"的意见，从"投资"到"投融资"，虽仅一字之差，但凸显了我国投融资体制改革的一项重大转变。党的十八大以后的投融资体制改革，更加注重将"投资"和"融资"相结合，多渠道拓宽投资项目的资金来源。这是我国资本市场不断发展、对实体经济影响日益增强，与投资活动日趋多元、投资领域市场化程度极大提升共同作用的结果。

在权益（股权）融资方面，大力发展多种形式的产业投资基金、股权投资基金、创业投资基金和股权投资计划，鼓励社保资金、保险资金、社会资金参与，支持重点领域建设和企业投资活动。在债券融资方面，支持重点领域建设项目采用企业债券、项目收益债券、公司债券、中期票据等方式筹措投资资金；推动企业应收账款证券化，支持有真实经济活动支撑的资产证券化，盘活存量资产。在信贷融资方面，支持开展用排污权、收费权、特许经营权等质押贷款的担保创新类贷款业务，鼓励政策性、开发性金融机构为重大工程提供长期稳定、低成本的资金支持。在政府融资方面，严格制止地方政府违法违规融资行为，加快建立规范的地方政府举债融资机制，支持省级政府依法依规发行政府债券支持公共领域重点项目建设。财政部自 2017 年起鼓励各地积极发展项目收益专项债，支持公共领域的投资建设，2020 年地方专项债发行规模约 3.6 万亿元。

在投资调控方面，也开始尝试更多将一些传统的管理手段与金融市场的新变化相结合。例如，2019 年《国务院关于加强固定资产投资项目资本金管理的通知》（国发〔2019〕26 号）提出，对基础设施领域和国家鼓励发展的行业，鼓励通过发行权益型、股权类金融工具，多渠道规范筹措投资项目资本金，但存在本息回购承诺、兜底保障等收益附加条件的资金和有其他一些不合规情形的资金，不被认定为投资项目资本金。

（六）利用信息网络技术改进投资管理

近年来，信息网络技术以空前的影响力和渗透力，改变着我们的生活和工作方式，特别是"互联网＋"作为一种以互联网为基础设施和创新要素的经济社会发展新形态，正不断颠覆传统经济管理理念。推进"互联网＋政务服务"，对加快转变政府职能，提高政府服务效率和透明度，便利群众办事创业，进一步激发市场活力和社会创造力具有重要意义。2017 年 2 月 1 日全国投资项目在线审批监管平台正式运行，同年 5 月 25 日国家发展改革委等 18 个部委共同制定发布了《全国投资项目在线审批监管平台运行管理暂行办法》。随后国家发展改革委还会同相关部门建立健全了投资项目代码制度，依法实现'一个项目一个代码"，通过项目代码统一汇集审批、建设、监管等信息，并利用在线平台实现信息共享。

通过在线审批监管平台，不仅实现了项目网上申报、并联审批、信息公开、协同监管，不断优化办事流程、提高服务水平，也极大推动了政府投资信息公开，提高了投资管理透明度，促进了新闻媒体、公民、法人和其他组织对投资审批服务活动的监督。

第二节　投资管理合规性

发行基础设施 REITs 的项目，必须符合投资管理合规性的要求。所谓投资管理合规性，不仅指要依法依规履行由投资主管部门负责的审批、核准或备案手续，还应符合城乡规划、土地管理、环境保护、建筑施工等方面的要求，依据相关法律法规办理特定的行政许可手续。

一、投资项目的审批、核准和备案

2004 年 7 月《国务院关于投资体制改革的决定》颁布之前，我国对所有固定资产投资项目一律实行审批制，依据项目建设规模或投资金额划分审批权限，大中型和限额以上项目主要由原国家计划委员会（现国家发展改革委）审批，小型和限额以下项目由行业管理部门、地方政府或获得授权的大型企业审批。2004年的改革决定，彻底改革了这一管理制度，分别实行审批制、核准制和备案制。

（一）政府投资项目审批制

所谓政府投资，是指在中国境内使用预算安排的资金进行固定资产投资建设活动，包括新建、扩建、改建、技术改造等。所谓政府投资项目，是指政府采取直接投资方式、资本金注入方式投资的项目。

政府投资项目实行审批制。项目单位应当编制项目建议书、可行性研究报告、初步设计，按照管理权限和规定程序，报投资主管部门或者其他有关部门审批。项目建议书主要论证项目建设的必要性，可行性研究报告主要分析项目的技术可行性、社会效益以及项目资金等主要建设条件的落实情况。对相关规划中已经明确的项目，部分扩建、改建项目，建设内容单一、投资规模较小、技术方案简单的项目，以及为应对重大突发事件需要紧急建设的项目，可以适当简化审批程序。

初步设计要依据可行性研究报告批复以及国家有关标准和规范编制，初步设计提出的投资概算超过经批准的可行性研究报告投资估算10%的，项目单位应当向投资主管部门或者其他有关部门报告，以确定是否需要重新报送可行性研究报告。

政府投资项目总体上实行分级审批管理。中央项目由国务院投资主管部门或者其他有关部门审批，地方项目由地方政府明确审批部门和审批权限。核电站、新建运输机场、特大型主题公园等有特殊规定的项目，须由国务院审批。

（二）企业投资项目核准制

核准制的适用范围，主要是关系国家安全、涉及全国重大生产力布局、战略性资源开发和重大公共利益的企业投资项目。具体项目范围以及核准机关、核准权限等，依照《政府核准的投资项目目录》执行；国务院另有规定的，依照其规定。未经国务院批准，各地区、各部门不得擅自增减核准目录规定的范围。《政府核准的投资项目目录》由国务院颁布，先后经历了 2004 年版、2013 年版、2014 年版，现行有效的是 2016 年版。

企业办理项目核准手续，应当向核准机关提交项目申请书（2004 年 7 月—2017 年 1 月为项目申请报告）。项目核准机关主要从是否危害经济安全、社会安全、生态安全等国家安全，是否符合相关发展建设规划、技术标准和产业政策，是否合理开发并有效利用资源，是否对重大公共利益产生不利影响等角度进行审查。

核准机关对项目予以核准的，应当向企业出具核准文件。企业拟变更已核准项目的建设地点，或者拟对建设规模、建设内容等作较大变更的，应当向核准机关提出变更申请。项目核准后未在规定时间开工建设需要延期的，应当向核准机关提出申请。

（三）企业投资项目备案制

不在核准范围内的企业投资项目，无论规模大小，一律实行"备案制"，按照属地原则备案，备案机关及其权限由省、自治区、直辖市和计划单列市人民政府规定。目前 95% 以上的企业投资项目实行备案管理。

在 2017 年 2 月《企业投资项目核准和备案管理条例》实施之前，各地基本上都把备案环节前置，要求首先办理备案手续，并且对不符合法律法规、产业政策禁止发展、需报政府审批或核准的项目，不予备案。项目办理备案手续后才能申请办理规划、用地、环评等手续。

《企业投资项目核准和备案管理条例》规定，企业在开工建设前通过项目在线平台将全部备案信息告知备案机关，即为备案。备案机关发现已备案项目属于产业政策禁止投资建设或者实行核准管理的，应当及时告知企业予以纠正或者依法办理核准手续。这一调整，将对备案条件的事前核查变为事后监管，是备案制的一次重大改进。

实行告知性备案后，更要对备案项目加强事后监管。国家发展改革委 2018 年第 14 号令《企业投资项目事中事后监管办法》明确了对备案项目的监管要求，不依法如实备案的项目，将承担相应责任。

二、投资项目规划和用地手续

（一）规划手续

我国法律对规划选址、建设用地规划许可和建设工程规划许可等三项规划手续的办理有明确规定。2019 年修正的《城乡规划法》则进一步明确了相关办理要求。其中，规划选址意见书是政府投资项目审批和企业投资项目核准之前必备条件，建设用地规划许可和建设工程规划许可，则是所有投资项目开工建设的必要条件。

关于规划选址，根据 2019 年修正的《城乡规划法》，建设单位在报送有关部门批准或者核准前，应当向城乡规划主管部门申请核发选址意见书。适用备案的建设项目或以出让方式提供国有土地使用权的，无需取得选址意见书。

建设用地规划许可需要根据划拨和出让两种不同土地提供方式进行办理。根据 2019 年修正的《城乡规划法》，以划拨方式提供的，在履行项目批准、核准、备案后，建设单位应当向城市、县人民政府城乡规划主管部门申请核发建设用地规划许可证。以出让方式取得国有土地使用权的，在签订国有土地使用权出让合同后，建设单位应当持建设项目的批准、核准、备案文件和国有土地使用权出让合同，向城市、县人民政府城乡规划主管部门领取建设用地规划许可证。

关于建设工程规划许可，由建设单位或者个人向城市、县人民政府城乡规划主管部门或者省、自治区、直辖市人民政府确定的镇人民政府申请办理建设工程规划许可证。

（二）用地手续

用地手续主要包括用地预审、建设用地批准书、土地出让合同或划拨决定书，以及建设项目土地使用权证（或不动产权证）。用地手续办理随着我国国有土地提供方式的改革而不断演进变化。

1990 年 5 月颁布的《城镇国有建设用地使用权出让和转让暂行条例》，明确了划拨和出让两种土地提供方式。划拨供地的范围，由 1998 年颁布的《土地管理法》规定，2001 年的《划拨用地目录》（国土资源部令第 9 号）予以细化。关于出让方式，1990 年国务院发布的《城镇国有土地使用权出让和转让暂行条例》规定了协议、招标、拍卖等三种方式。2001 年，《国务院关于加强国家土地资产管理的通知》，首次提出商业性房地产开发用地必须以招标、拍卖方式出让。2002 年，《招标拍卖挂牌出让国有土地使用权规定》（国土资源部令第 11 号）规定商业、旅游、娱乐、商品住宅等经营性用地，以及同一宗土地有两个以上意向用地者的，都必须实行招标拍卖挂牌等方式公开出让。2006 年，《国务院关于加强土地调控有关问题的通知》进一步强调，工业用地必须实行招标拍卖挂牌等方式公开出让。2007 年颁布的《物权法》，将工业、商业、旅游、娱乐和商品住宅等经营性用地公开出让纳入法律。

建设项目用地预审制度始于 1998 年的《土地管理法》，2004 年印发实施的《国务院关于深化改革严格土地管理的决定》明确了加强建设项目用地预审管理的政策规定。2016 年国土资源部修订印发了《建设项目用地预审管理办法》，进一步明确了用地预审的具体办理要求。需审批的建设项目，在可行性研究阶段由建设用地单位提出预审申请；需核准的建设项目，在项目申请报告核准前由建设单位提出用地预审申请；需备案的建设项目，在办理备案手续后由建设单位提出用地预审申请。

关于建设用地批准书，2016 年国土资源部修正的《建设用地审查报批管理办法》明确了具体办理要求。以有偿使用方式提供国有土地使用权的，国土资源主管部门签订土地有偿使用合同，并向建设单位颁发《建设用地批准书》；以划拨方式提供国有土地使用权的，由国土资源主管部门向建设单位颁发《国有土地划拨决定书》和《建设用地批准书》，依照规定办理土地登记。

关于土地登记，2016 年，国土资源部发布《不动产登记条例》及实施细则，作了相应规定，2019 年进行了修订。土地登记属于依申请行为，由土地权利人或不动产权利人向不动产登记机关申请。2014 年 5 月，国土资源部成立不动产登记局，承担指导监督不动产登记工作。不动产登记局成立之前，没有统一的不动产权证，只有土地使用权证等；不动产登记局成立之后，制发统一的不动产权证书。原有的权证继续有效，新申请的用地，须申请办理不动产权证。

（三）规划和用地手续办理主体和形式的变化

2018 年，中共中央印发《深化党和国家机构改革方案》，明确住房城乡建设部的城乡规划管理职责改由新组建的自然资源部承担。2019 年 9 月 17 日，自然资源部印发《关于以"多规合一"为基础推进规划用地"多审合一、多证合一"改革的通知》，规定合并规划选址和用地预审，统一核发建设项目用地预审与选址意见书，不再单独核发建设项目用地预审意见。使用已经依法批准的建设用地进行建设的项目，不再办理用地预审；需要办理规划选址的，由地方自然资源主管部门对规划选址情况进行审查，核发建设项目用地预审与选址意见书。同时，明确将建设用地规划许可证、建设用地批准书合并，由自然资源主管部门统一核发新的建设用地规划许可证，不再单独核发建设用地批准书。

三、投资项目环境影响评价

环境影响评价是指对建设项目实施后可能造成的环境影响进行分析、预测和评估，提出预防或者减轻不良环境影响的对策和措施，并进行跟踪监测的方法与制度。建设项目的环境影响评价文件未依法经审批部门审查或审查后未予批准的，建设单位不得开工建设。

环境影响评价按照建设项目对环境的影响程度实行分类管理，分别实施环境影响报告书、环境影响报告表和环境影响登记表制度。根据《环境影响评价法》（2018 年修正）和《建设项目环境保护管理条例》（2017 修订）等规定，建设项目对环境可能造成重大环境影响的，应当编制环境影响报告书，对产生的环境影响进行全面评价；对环境可能造成轻度影响的，应当编制环境影响报告表，对产生的环境影响进行分析或者专项评价；对环境影响很小、不需要进行环境影响评价的，应当填报环境影响登记表。《建设项目环境影响评价分类管理名录》具体明确了纳入环评管理的项目范围。该名录于 1999 年首次发布实施，前后修订 7 次，现行有效的为 2021 年版本。

环境影响报告书、环境影响报告表实行分级审批管理。《生态环境部审批环境影响评价文件的建设项目目录（2019 年本）》明确了国家层面审批环评的项目，目录外的均由地方生态环境部门审批。目前约 99% 的项目环评由市（县）级审批。国务院生态环境主管部门主要负责审批核设施、绝密工程等特殊性质的建设项目，跨省、自治区、直辖市行政区域的建设项目，以及由国务院审批的或者由国务院授权有关部门审批的建设项目的环境影响评价文件。环境影响登记表实行备案管理，由县级环境保护主管部门负责。建设项目的建设地点涉及多个县级行政区域的，建设单位应当分别向各所在地的县级环境保护主管部门备案。

海洋工程建设项目的海洋环境影响报告书的审批，依照《海洋环境保护法》的规定办理。

除环境影响评价外，1998 年颁布的《建设项目环境保护管理条例》还规定了建设项目"三同时"管理要求，即建设项目配套建设的环境保护设施，必须与主体工程同时设计、同时施工、同时投产使用，并明确了环境保护设施竣工验收要求。2017 年修订的《建设项目环境保护管理条例》，取消了环境保护部门对建设项目环境保护设施竣工验收的审批，改为建设单位依照规定自主验收。2017 年 11 月环境保护部发布的《建设项目竣工环境保护验收暂行办法》规定，建设项目竣工后，建设单位应当如实查验、监测、记载建设项目环境保护设施的建设和调试情况，编制验收监测（调查）报告。

四、投资项目的施工许可和竣工验收

（一）施工许可

建设工程施工许可证是建筑施工单位符合各种施工条件、允许开工的批准文件，是建设单位进行工程施工的法律凭证。1989 年颁布的《建筑法》规定，建筑工程开工前，除国务院建设行政主管部门确定的限额以下的小型工程，以及按照国务院规定的权限和程序批准开工报告的建筑工程外，建设单位应取得施工许可证。《建筑法》分别于 2011 年和 2019 年进行了修正。

根据《建筑法》（2019 修正）、《建筑工程施工许可管理办法》，除工程投资额在 30 万元以下或者建筑面积在 300 平方米以下的建筑工程，以及按照国务院规定的权限和程序批准开工报告的建筑工程外，从事各类房屋建筑及其附

属设施的建造、装修装饰和与其配套的线路、管道、设备的安装，以及城镇市政基础设施工程的施工，建设单位在开工前应当向工程所在地的县级以上地方人民政府住房城乡建设主管部门申请领取施工许可证。

2019 年 3 月《国务院办公厅关于全面开展工程建设项目审批制度改革的实施意见》提出，简化社会投资的中小型工程建设项目审批，对于带方案出让土地的项目，不再对设计方案进行审核，将工程建设许可（包括设计方案审查和建设工程规划许可证核发）和施工许可合并为一个阶段。试点地区也可以在其他工程建设项目中探索将工程建设许可和施工许可合并为一个阶段。

（二）工程竣工验收手续

1990 年，国家计划委员会印发了《建设项目（工程）竣工验收办法》，规定了组织竣工验收的权限和程序等。2000 年，国务院出台了《建设工程质量管理条例》，并于 2017 年和 2019 年进行了两次修订，该条例对竣工验收进行了明确和规范。

工程竣工验收分为工程综合验收和专项验收。根据《建设工程质量管理条例》（2019 年修订），建筑工程综合验收是指建设单位收到建设工程竣工报告后，组织设计、施工、工程监理等有关单位进行的竣工验收。同时，建设单位应当严格按照国家有关档案管理的规定，及时收集、整理建设项目各环节的文件资料，建立、健全建设项目档案，并在建设工程竣工验收后，及时向建设行政主管部门或者其他有关部门移交建设项目档案。专项验收是指除建筑工程综合验收外，基础设施项目所涉及的规划验收、消防验收、节能验收、城建档案验收等单项验收。其中，规划验收应在建设工程竣工后、竣工验收前组织；根据《消防法》《建设工程消防设计审查验收管理暂行规定》等，特殊建设工程竣工验收后，建设单位应当向住房和城乡建设主管部门申请消防验收。

此外，2019 年 3 月《国务院办公厅关于全面开展工程建设项目审批制度改革的实施意见》明确要求规划、土地、消防、人防、档案等事项限时联合验收，统一竣工验收图纸和验收标准，统一出具验收意见。

（三）外商投资项目管理

我国基础设施 REITs 试点项目属于外商投资的，还需要符合外商投资管理法律法规的规定，特别是要履行外商投资项目核准和备案管理程序，并守合外商投资项目安全审查相关要求。

2004 年以前，外商投资项目管理实行的是审批和备案制，由原发展计划部门和外经贸部门分别管理。2002 年国务院令《指导外商投资方向规定》明确，外商投资项目按照项目性质分别由发展计划部门和外经贸部门审批、备案；外商投资企业的合同、章程由外经贸部门审批、备案。2004 年《国务院关于投资体制改革的决定》明确，外商投资项目一律改为核准制。其口，投资主管部门负责项目核准，商务主管部门负责外商投资企业的设立、变更、合同、章程的核准。

2013 年 12 月，国务院颁布《政府核准的投资项目目录（2013 年本）》，外商投资管理体制发生历史性变革，外商投资项目由全面核准改为普遍备案、有限核准相结合的管理方式，大大提高了外商投资便利度。2014 年 5 月，国家发展改革委出台《外商投资项目核准和备案管理办法》，明确了核准、备案的具体办理要求。此后，外商投资项目核准权限持续下放，在 2014 年底将限制类外商投资项目省级政府核准权限提高至 1 亿美元基础上，2017 年进一步提高至 3 亿美元。2016 年起，商务部门将不涉及国家规定实施准入特别管理措施的外商投资企业的设立及变更改为备案制，并颁布了《外商投资企业设立及变更备案管理暂行办法》。

顺应推动高水平对外开放的要求，国家稳步推进外商投资管理制度改革。2017 年 6 月，经党中央、国务院同意，国家发展改革委、商务部出台了 2017 年版《外商投资产业指导目录》，首次提出了全国范围内实施的外商投资准入负面清单。负面清单之外的领域，外商投资原则上实行备案管理。2019 年出台的《外商投资法》及其实施条例，在法律法规层面正式确立准入前国民待遇加负面清单管理制度。随着外商投资准入负面清单的不断缩减，外商投资项目核准范围持续缩小，备案范围越来越大，目前 99% 以上的外商投资项目已实行属地化在线备案管理。根据《外商投资法》，市场监督管理部门负责外商投资企业的设立登记，商务部门不再负责外商投资企业的审批、备案，仅负责信息报送监督管理。

（四）外商投资安全审查制度

外商投资安全审查是国际通行的外资管理制度，2019年出台的《外商投资法》及其实施条例对外商投资安全审查制度作出了规定，明确国家建立外商投资安全审查制度，对影响或者可能影响国家安全的外商投资进行安全审查。国家发展改革委、商务部在总结2011年以来我国外商投资安全审查实践基础上，报请国务院批准，于2020年12月19日发布《外商投资安全审查办法》，明确了外商投资安全审查的范围和基本程序。

外商投资安全审查实行申报机制。外国投资者或者境内相关当事人应在实施投资前主动申报属于审查范围的投资。对于应报未报的外商投资，外商投资安全审查工作机制办公室有权要求限期申报。有关机关、企业、社会团体、社会公众等也可向工作机制办公室提出审查建议。国家建立外商投资安全审查工作机制，办公室设在国家发展改革委，由国家发展改革委、商务部牵头，承担外商投资安全审查的日常工作。

值得注意的是，外国投资者通过证券交易所或者国务院批准的其他证券交易场所购买境内企业股票，影响或者可能影响国家安全的，也需要进行安全审查，具体办法由国务院证券监管机构会同外商投资安全审查工作机制办公室另行制定。

五、特定行业和领域的必要手续

某些特定行业、特殊性质的基础设施项目，项目开工前还需要依法依规办理节能评估、海域使用、取水许可、排污许可等重要手续。

（一）高能耗行业节能审查

节能审查是指根据节能法律法规、政策标准等，对项目节能情况进行审查并形成审查意见的行为。未按规定取得节能审查或节能审查未通过的项目，建设单位不得开工建设，已经建成的不得投入生产、使用。

根据《节约能源法》《国务院关于加强节能工作的决定》，2010年9月国家发展改革委发布《固定资产投资项目节能评估和审查暂行办法》，首次将投资项目节能评估和审查作为相对独立的专项工作纳入项目建设程序。投资项目须编制节能评估文件或填写节能登记表，节能审查机关对节能评估文件进行审查并形成审查意见，或对节能登记表进行备案。投资项目节能评估按照项目建成投产后年能源消费量实行分类管理，其中，年综合能源消费量 3000 吨标准煤以上（含），或年电力消费量 500 万千瓦时以上，或年石油消费量 1000 吨以上，或年天然气消费量 100 万立方米以上的投资项目，应单独编制节能评估报告书；年综合能源消费量 1000 至 3000 吨标准煤，或年电力消费量 200 万至 500 万千瓦时，或年石油消费量 500 至 1000 吨，或年天然气消费量 50 万至 100 万立方米的投资项目，应单独编制节能评估报告表；上述情况以外的项目应填写节能登记表。

2016 年，国家发展改革委修订出台了《固定资产投资项目节能审查办法》，明确提出能耗总量和强度"双控"管理要求，提高了开展节能审查的门槛，缩小了开展节能审查的项目范围，进一步明确了投资项目节能审查基本程序和内容。

新修订的办法对项目能耗情况实行分级审查管理。年综合能源消费量 5000 吨标准煤以上（电力折算系数按当量值）的投资项目，其节能审查由省级节能审查机关负责；其他投资项目，其节能审查管理权限由省级节能审查机关依据实际情况自行决定；年综合能源消费量不满 1000 吨标准煤，且年电力消费量不满 500 万千瓦时的投资项目，以及用能工艺简单、节能潜力小的行业的固定资产投资项目应按照相关节能标准、规范建设，不再单独进行节能审查。

（二）海域使用权证

为了加强海域使用管理，维护国家海域所有权和海域使用权人的合法权益，任何单位和个人使用内水、领海的水面、水体、海床和底土等海域，根据 2001 年颁布的《海域使用管理法》规定，必须依法取得海域使用权。

海域使用权根据项目用海的性质实行分级审批。对于填海五十公顷以上的项目、围海一百公顷以上的项目、不改变海域自然属性的用海七百公顷以上的项目、国家重大建设项目，以及国务院规定的其他项目，应当报国务院审批；其他项目用海的审批权限，由国务院授权省、自治区、直辖市人民政府规定。

海域使用申请经依法批准后，国务院批准用海的，由国务院海洋行政主管部门登记造册，向海域使用申请人颁发海域使用权证书；地方人民政府批准用海的，由地方人民政府登记造册，向海域使用申请人颁发海域使用权证书。

（三）取水许可证

为加强水资源管理和保护，促进水资源的节约与合理开发利用，利用取水工程或设施直接从江河、湖泊或者地下取用水资源，根据《水法》《取水许可和水资源费征收管理条例》《取水许可管理办法》，除农村集体经济组织及其成员使用本集体经济组织的水塘、水库中的水，家庭生活和零星散养、圈养畜禽饮用等少量取水，为保障矿井等地下工程施工安全和生产安全必须进行临时应急取（排）水，为消除对公共安全或者公共利益的危害临时应急取水，以及为农业抗旱和维护生态与环境必须临时应急取水等情形外，都应当申请领取取水许可证，并缴纳水资源费。

县级以上人民政府水行政主管部门按照分级管理权限，负责取水许可制度的组织实施和监督管理。国务院水行政主管部门在国家确定的重要江河、湖泊设立的流域管理机构，负责所管辖范围内取水许可制度的组织实施和监督管理。县级以上人民政府水行政主管部门、财政部门和价格主管部门，负责水资源费的征收、管理和监督。

（四）排污许可证

为规范企事业单位的排污行为，国务院办公厅于 2016 年发布了《控制污染物排放许可制实施方案》，明确环境保护部门实施排污许可制，对企事业单位发放排污许可证并依证监管。环境保护部于 2016 年印发了《排污许可证管理暂行规定》（环水体〔2016〕186 号），并于 2018 年出台了《排污许可管理办法（试行）》。2021 年 1 月，国务院发布了《排污许可管理条例》（国务院令第 736 号）。

根据《排污许可管理条例》《固定污染源排污许可分类管理名录（2019年版）》等规定，对排放污染物的企业事业单位和其他生产经营者按照污染物产生量、排放量、对环境的影响程度等因素，实行排污许可重点管理、简化管理和登记管理。实行登记管理的排污单位，不需要申请取得排污许可证，应当在全国排污许可证管理信息平台填报排污登记表，登记相关信息。

排污单位生产经营场所所在地设区的市级环境保护主管部门负责排污许可证核发。地方性法规对核发权限另有规定的，从其规定。

（五）电信业务经营许可

根据《电信条例》和《电信业务经营管理办法》（2017 年修订）规定，经营电信业务的，应当依法取得电信管理机构颁发的经营许可证。

经营许可证可分为基础电信业务经营许可证和增值电信业务经营许可证，增值电信业务经营许可证分为跨地区增值电信业务经营许可证和省、自治区、直辖市范围内的增值电信业务经营许可证。

基础电信业务经营许可证和跨地区增值电信业务经营许可证由工业和信息化部审批。省、自治区、直辖市范围内的增值电信业务经营许可证由省、自治区、直辖市通信管理局审批。外商投资电信企业的经营许可证，由工业和信息化部根据《外商投资电信企业管理规定》审批。

第三节　政府和社会资本合作

一、政府和社会资本合作模式简要回顾

政府和社会资本合作（PPP）模式是指政府与社会资本方订立协议，明确各自的权利和义务，由社会资本方负责基础设施项目的投资、建设、运营，获得合理收益的一种基础设施投融资模式。根据国际惯例，PPP 模式可大致分为两种类型，一类是以使用者付费为主的特许经营模式，另一类是以政府付费为主的私人主动融资（PFI）模式。

20 世纪 80 年代初，中国就开始尝试通过 BOT 等特许经营模式引进境外资金投资基础设施，1988 年投入使用的深圳沙角 B 电厂被认为是中国最早的 BOT 项目。这一时期的特许经营项目主要集中在电厂、高速公路等领域，社会资本方主要为外商投资企业。

2001 年中国加入世界贸易组织（WTO）后，改革开放力度进一步加大，

建设部在市政领域积极推广特许经营模式，吸引外商投资、民间投资等各类社会资本参与市政基础设施建设，合肥王小郢污水处理厂、北京地铁四号线成为这一时期特许经营项目的典型代表。

2008 年国际金融危机以后，地方政府融资平台模式开始在基础设施建设中占据重要地位，一定程度上加大了地方政府隐性债务风险。2014 年 9 月，国务院发布《关于加强地方政府性债务管理的意见》，融资平台模式受到严格限制，PPP 模式应运而生，开始快速推广。

2014 年以来，国家发展改革委、财政部等部门颁布了一系列规范和鼓励 PPP 模式发展的政策文件，加之中央严厉打击地方政府违规变相举债，投资者对 PPP 模式的热情高涨，PPP 项目数量迅速增长，一大批建筑施工类国企转型为社会资本方。自 2017 年末开始，中央强化了对 PPP 项目的规范管理，一批 PPP 项目被要求整改，一些承揽 PPP 项目数量过多的社会资本方也因负债率较高、项目融资困难、现金流紧张等原因而压减 PPP 业务。2019 年后，PPP 模式进入一个相对平稳的发展阶段。

二、现行政府和社会资本合作政策的基本特点

2014 年以来，我国 PPP 政策的基本特点为：

一是 PPP 模式的政策体系基本形成。截至 2020 年年底，国务院有关部门印发的涉及 PPP 模式的部门规章和规范性文件近百份，以"PPP"为关键词检索出的地方政策文件达 600 多份，PPP 模式的适用范围、操作程序、审核条件、监管要求等规则基本成形。二是 PPP 模式的适用领域大大拓宽。2014 年以前，中国的特许经营项目主要集中在高速公路、污水垃圾处理、城市供水、火力发电、轨道交通等领域。2014 年以后，由于引入了"政府付费""可行性缺口补助"等支持性规则，拓展了 PPP 模式的适用领域，市政工程、医疗养老、体育文化、园区综合开发等行业的 PPP 项目日益增多。除了 BOT、BOO、TOT 等传统模式外，DBFOT、"PPP+资源补偿"、"PPP+TOD"等创新模式不断涌现。

回顾 2014 年以来的 PPP 政策，在规范和促进 PPP 模式发展的同时，也存在如下问题与不足。

（一）政策文件效力层级有待提高

2014 年 11 月发布的《国务院关于创新重点领域投融资机制鼓励社会投资的指导意见》，对如何建立健全 PPP 模式提出了原则性要求，这也是目前唯一一份对 PPP 模式作出较为详细规定的国务院文件；2015 年 5 月，国务院办公厅转发了财政部、国家发展改革委、人民银行《关于在公共服务领域推广政府和社会资本合作模式的指导意见》；2015 年 4 月，报经国务院同意后，国家发展改革委联合财政部、住房城乡建设部等，发布了《基础设施和公用事业特许经营管理办法》。这是迄今为止层级最高的三份政策文件，其余大多为部门或地方规范性文件，效力层级较低，约束力和强制力有限。

（二）政策的连续性和稳定性有待提升

关于 PPP 模式的政策文件数量众多，且出自不同的部门和地方，相互之间必然存在一些衔接问题。由于各部门的职责不同，各行业的具体情况不同，各地方推行 PPP 的方式不同，PPP 模式在不同发展阶段遇到的问题不同等原因，使得一些政策文件之间衔接协调不够，部分政策规定的连续性和稳定性较差，导致一些 PPP 项目的合规判断标准不够明确，不利于 PPP 项目发行 REITs。

（三）投资者保障力度有待加强

从国际经验看，PPP 模式的可持续发展是以立法保障投资者利益为前提的。例如，联合国贸易法委员会制订的《私人融资基础设施项目指南》，就建议了财政担保、股本参与、政府贷款和收入保证、资源补偿、税收优惠等多种政府支持方式和保障措施。

现行 PPP 政策对 PPP 各参与方尤其是投资者的权益保障较为不足。例如，一直备受关注的政府信用与政府履约能力的制度性约束付之阙如，对 PPP 项目的跨年度财政支出缺乏坚实的制度保障，还有符合行政协议特征的 PPP 协议纠纷不允许仲裁解决等。

三、不利于 PPP 项目发行 REITs 的主要政策因素

（一）PPP 项目的股权转让受到限制

一是对社会资本方在锁定期内转让项目公司股权有限制。根据财政部

2014 年年底发布的《PPP 项目合同指南（试行）》，PPP 项目合同中可以约定社会资本方股权转让的锁定期，锁定期内，未经政府批准，社会资本不得转让其所直接或间接持有的项目公司股权。实践中很多 PPP 项目合同都设置了锁定期，如此一来，除非经法定程序修改合同，否则在该期限内无法发行 REITs。

二是要求社会资本方的股权转让需经政府同意。不少特许经营协议或 PPP 项目合同中明确约定，社会资本方全部或部分转让其在项目公司中的股权，需经地方政府或其授权机构批准同意。这一约定经常是没有期限限制的。现实中不少地方政府出于项目安全运营、责任承担等考虑，并不愿意社会资本方转让股权，这无疑加大了 PPP 项目发行 REITs 的难度。

三是资产支持专项计划可能不符合 PPP 项目股权受让人的规定要求。许多地方性规定中，往往对 PPP 项目股权受让者的资质有具体要求，包括主体资格、运营能力、投标条件等方面。在主体资格方面，绝大多数规定要求受让人为企业法人，但资产支持专项计划并不具备法人资格。在运营能力方面，要求具备运营项目的"人员、技术、资金、设备"能力，严格说资产支持专项计划并不具备相应能力。在投标条件方面，多针对投标人的施工、运营能力设置门槛，资产支持专项计划更不具备。根据相关规定，如果社会资本方将 PPP 项目公司的股权转让给不符合法定条件者，政府有权收回项目经营权，这也加大了 PPP 项目发行 REITs 的难度和风险。

另外，2015 年以来实施的绝大多数 PPP 项目中，地方政府均持有项目公司的少量股权。地方政府对这部分股权转让顾虑较多，十分慎重，程序也较为繁琐。

（二）部分 PPP 项目资产确权困难

在发行 REITs 过程中，底层资产的确权至关重要，不动产权证往往成为项目资产权属的重要象征。但在 PPP 项目中，通常并不存在一个类似不动产权证的权利证明文件，基础设施项目的确权须结合有关项目立项、权利获取、环评、竣工、运营等众多审批环节和因素综合确定，任何一个环节的手续瑕疵均可能影响基础设施项目的稳定运营。例如，立项、环评手续欠缺可能导致项目被有关部门责令停工，竣工验收手续瑕疵可能引发项目质量问题，运营手续瑕疵可能影响项目稳定运行。

另一问题是特许经营权的取得。国家发展改革委规定，2015 年 6 月以后批复实施的特许经营项目须符合《基础设施和公用事业特许经营管理办法》（国家发展改革委等 6 部委 2015 年第 25 号令，以下简称《特许经营管理办法》）。根据《特许经营管理办法》，通过竞争性程序选择特许经营者、签订特许经营协议是取得特许经营权的两个必要条件；结合地方规定，由相应层级的政府部门审批特许经营协议也是必要条件之一，河北等地还规定需取得特许经营权证。然而，有关规章文件并未明确规定取得特许经营权的充要条件，实践中有些规定也未得到严格执行。例如，不少地方忽视特许经营协议审批程序，特许经营权证制度更未得到有效落实。特许经营权的合法取得是基础设施项目发行 REITs 的重要基础。法规层面关于特许经营权成立条件的不够明确，实际操作中的把关不严，可能对一些 PPP 项目发行 REITs 造成一定困扰。

（三）部分 PPP 政策规定缺乏衔接

例如，在项目实施方案的审批权上，经国务院同意的《特许经营管理办法》规定本级政府授权部门享有审批权，而《关于印发政府和社会资本合作模式操作指南（试行）的通知》（以下简称《操作指南》）则要求实施方案通过物有所值和财政承受能力验证后报本级政府审核。

再如，在投资人资格上，《特许经营管理办法》规定"法人或者其他组织"都可以作为投资人，但《操作指南》明确要求为"企业法人"，此外还限制本级国有企业与地方政府融资平台作为投资人。在财政补贴上，《特许经营管理办法》规定需政府提供财政补贴的由国务院财政部门另行制订具体办法，但事实上相关规定并未出台，而针对 PPP 项目的"二评一案一入库"规则又被广泛认为并不直接适用于特许经营项目，因此有财政补贴的特许经营项目的合规判断标准不够明确。

还有，在项目具体操作上，有关部门通过诸多规范性文件提出限制政府性基金使用、限制财务投资进入路径、明确绩效考核方法等，地方政府又发布规范性文件提出了更多具体要求，这些具体要求之间也有一些相互矛盾之处。不同文件具体要求之间的矛盾，可能会导致一些 PPP 项目在合规性方面顾此失彼，被认定为存在合规瑕疵，影响其获得财政补贴，进而影响 REITs 的发行。

（四）一些合规要求影响 PPP 项目的收益稳定性

2015 年以来实施的 PPP 项目中，很多为完全的政府付费项目，或者政府补贴在项目收益中占比很高。根据相关文件，只有合法合规的 PPP 项目才能获得政府付费或补贴。由于涉及 PPP 模式的政策文件很多，一个 PPP 项目不小心"踩雷"被认定为违法违规项目的风险较大，进而影响其获得政府付费或补贴。例如，如果被认定为违规变相举债，则涉嫌违反《预算法》，不排除影响 PPP 合同效力的可能。此等不确定性很可能降低 REITs 投资人对 PPP 项目的信心。

目前，绩效考核已成为 PPP 项目能否按约定获得政府付费或补贴的关键性判断标准。现行的绩效考核维度众多，仅建设期项目公司的通用考核指标就包括三大类九个二级科目，一些考核指标难以量化、主观性较强，考核也较为频繁。绩效考核结果的主观性与不确定性较强，不利于 PPP 项目获得稳定现金流，进而影响其发行 REITs。

四、创建有利于 PPP 项目发行 REITs 的政策环境

一是推动 PPP 立法，努力建立稳定协调的法规政策体系。制定《政府和社会资本合作条例》，提升 PPP 管理制度的法律效力，加强投资者权益保障，确保政策持续稳定，对于 PPP 模式的规范有序发展和 PPP 项目发行 REITs 都十分关键。在规则体系方面，应解决当前数量众多的规范性文件之间的矛盾冲突，真正确立中国式 PPP 的权威制度体系。在投资者权益保障方面，应着力强化地方政府信用建设、落实财政支出责任，鼓励通过经营性资源匹配等方式保障 PPP 项目的合理收益。

二是合理设定股权转让限制。设置 PPP 项目股权转让锁定期时，应注意与 REITs 政策中有关运营年限的规定相衔接，避免锁定期过长。关于股权转让须地方政府同意的问题，可以强化 REITs 项目的信息披露，打消地方政府对股权全部转让后无法掌握项目公司信息的顾虑。关于对股权受让方资质的限定，

可以明确规定为再融资而发行资产支持证券的不受原受让方的资质条件限制，只要有能力保证 PPP 项目稳定有效运行即可。

三是避免 PPP 政策文件之间的矛盾冲突。明确基础设施项目的确权规则，特别是特许经营权的取得要件、用地方式等，避免因规定的模糊或矛盾冲突引起项目权属不明或权属争议。明确 PPP 项目的合规要件，解决目前合规判断标准过于含糊的问题，避免因合规要件不明确导致项目被认定为违法违规，影响项目稳定现金流的获取。

四是建立 PPP 项目稳定收益保障机制。建立客观公正可量化的 PPP 项目绩效考核体系，避免过于主观而频繁的绩效考核；建立保障 PPP 项目合法合规获得跨年度财政支出的财政预决算制度。

第六章　金融、国资、税收政策

对于中国资本市场来说，基础设施 REITs 是一种新型金融产品。基于试点采取的交易结构和业务模式，一方面，REITs 市场建设需要考虑与现行的金融、国资和税收政策的协调性，另一方面，为顺利推出 REITs 并助力 REITs 的长期健康发展，也需要在相关金融、国资和税收政策上实现一定程度的创新。

第一节　金融监管

基础设施 REITs 作为一类衔接实体企业与资本市场、面向机构投资者和个人投资者公开发行的新型金融产品，在筹备、发行、存续等阶段涉及一系列金融监管政策，需要对这些政策进行认真研究，严格遵守。

一、REITs 筹备阶段有关金融监管政策

REITs 筹备主要包括尽职调查、项目重组、产品设立、资产收购等内容。其中，尽职调查阶段需详细了解资产负债情况，项目重组阶段需妥善处理项目公司存量债务，产品设立阶段需发行公募基金和资产支持证券，资产收购阶段可以借助杠杆资金进行收购。这些操作均须遵守相关金融监管政策。

（一）项目公司存量债务处理

实践操作中，基础设施 REITs 将收购仅持有目标基础设施资产的项目公司，如何妥善处理与之相关的存量债务，是不可回避的重要问题。

根据《固定资产贷款管理暂行办法》（中国银监会令 2009 年第 2 号），固定资产贷款是指贷款人向企（事）业法人或国家规定可以作为借款人的其他

组织发放的，用于借款人固定资产投资的本外币贷款。实践中，许多基础设施项目在开发建设阶段借入固定资产贷款。根据国家固定资产投资项目资本金制度、《固定资产贷款管理暂行办法》等规定与项目实际情况，固定资产贷款额度通常不超过项目总投资额的 70%，期限不超过 20 年，通常带有抵质押等担保措施。

推进具有存量贷款的基础设施项目开展 REITs 操作，须高度重视存量贷款的处理，特别要关注以下两个问题：

一是他项权利限制。《基础设施 REITs 指引》第八条规定："原始权益人享有完全所有权或经营权利，不存在重大经济或法律纠纷，且不存在他项权利设定，基础设施基金成立后能够解除他项权利的除外。"基础设施项目不得附带他项权利限制，或不得在基础设施 REITs 成立后仍存在设立前已有的他项权利限制。因此，原始权益人应考虑与债权人协商解除已有他项权利，具体有以下两种方式：第一，发行前以企业自有资金归还存量贷款或以新的无抵质押信用贷款替换存量贷款，解除他项权利限制；第二，事先征得债权人同意，在REITs 发行后，以募集资金归还贷款，解除他项权利限制。

二是杠杆率上限。《基础设施 REITs 指引》第二十八条对杠杆率上限作出明确规定，若项目公司存量贷款规模超过该限制，则企业应考虑在发行前或发行后一定期限内清偿部分存量贷款以满足杠杆率上限要求。在计算应偿还存量贷款额度时，也应考虑项目公司运营过程中产生的应付薪酬、应交税费、应付账款、递延所得税负债等无息负债科目对借款额度占用的影响。

根据以上分析，企业发行基础设施 REITs，项目公司可在发行时保留存量贷款，但应提前确定存量贷款他项权利解除方案和杠杆率上限满足方案，以达到《基础设施 REITs 指引》对他项权利限制与杠杆率上限的要求。

（二）资产支持证券设立发行

根据《基础设施 REITs 指引》规定，基础设施 REITs 结构中，基础设施基金通过基础设施资产支持证券持有基础设施项目公司全部股权。因此，REITs 结构中的资产支持证券既应符合《基础设施 REITs 指引》规定，也应符合《证券公司及基金管理公司子公司资产证券化业务管理规定》及配套规定

（证监会公告〔2014〕49 号）、《资产支持专项计划备案管理办法》及配套规则（中基协函〔2014〕459 号）、《上海证券交易所资产证券化业务指引》《深圳证券交易所资产证券化业务指引》等相关规定。具体应重点关注以下三方面内容：

第一，基础资产适当性。在产品结构搭设过程中，可由资产支持专项计划直接持有项目公司股权及借款债权，资产支持专项计划基础资产为项目公司股权及借款债权。上述基础资产应符合《证券公司及基金管理公司子公司资产证券化业务管理规定》对基础资产的要求："符合法律法规规定，权属明确，可以产生独立、可预测的现金流且可特定化的财产权利或者财产"，且不应属于《资产证券化业务基础资产负面清单指引》中规定的资产。

第二，基础资产可转让性。根据《证券公司及基金管理公司子公司资产证券化业务管理规定》，基础资产应由原始权益人转让予资产支持专项计划，资产支持专项计划资产应独立于原始权益人固有资产。因此，基础资产应能够合法有效交割予专项计划，包括基础资产不存在法定或约定不得转让的情形、原始权益人已取得关于基础资产转让合法有效的授权、资产支持专项计划文件对基础资产转让的约定合法有效等，从而保证资产支持专项计划受让基础资产不存在法律障碍，进而实现基础资产与原始权益人资产的风险隔离。

第三，REITs 对资产支持专项计划的特殊要求。REITs 结构中资产支持专项计划应符合 REITs 相关法规和政策规定。就参与主体而言，资产支持证券管理人应当与基金管理人存在实际控制关系或受同一控制人控制；就认购资金来源而言，资产支持证券投资人是唯一的，即基础设施基金，认购资金来源为基础设施基金 80% 以上的基金资产；就项目发行而言，项目参与主体应确保资产支持证券设立发行工作与基础设施基金的注册、询价、份额发售、投资运作有效衔接。

根据以上分析，资产支持证券是基础设施 REITs 项目结构搭建的必要组成部分，既要符合资产支持证券监管的"老"规定，也要符合基础设施 REITs 的新要求。

（三）REITs 收购资产贷款运作

根据《基础设施 REITs 指引》规定，基础设施基金可以直接或间接对外借入款项，借款用途可用于项目收购。

《商业银行并购贷款风险管理指引》（银监发〔2015〕5 号）第四条规定："并购贷款是指商业银行向并购方或其子公司发放的，用于支付并购交易价款和费用的贷款。"第二十一条规定："并购交易价款中并购贷款所占比例不应高于 60%。"第二十二条规定："并购贷款期限一般不超过七年。"

REITs 收购基础设施项目时可考虑引入并购贷款进行杠杆交易，关于并购贷款规模和期限的规定，将影响 REITs 交易中贷款方案配套安排。在结构搭设环节，资产支持专项计划设立 SPV 公司，并购贷款银行可向 SPV 公司发放并购贷款收购项目公司。当并购贷款利率低于基础设施资产收益率时，引入较低成本的并购贷款将提高 REITs 投资回报率。

在借入并购贷款的操作中，需要重点关注以下事项：一是贷款期限要求。并购贷款存在 7 年期限的硬性要求，基础设施项目可分配现金流在前 7 年内既要足以覆盖贷款本息支出，又要兼顾考虑 REITs 派息分红的稳定性。即便考虑了到期前续贷的方案，每年还本付息的现金流出仍然可能对 REITs 派息分红形成一定压力。二是杠杆率上限要求。REITs 规则对并购贷款的杠杆率上限作出了具体限制，企业应在杠杆率上限约束内进行贷款操作。

针对并购贷款还款要求对 REITs 现金流的影响，可考虑采取以下方式予以解决：

一是调整资产筛选要求。《申报通知》规定："预计未来 3 年净现金流分派率（预计年度可分配现金流/目标不动产评估净值）原则上不低于 4%。"鉴于并购贷款还本付息安排并不会影响基础资产收益情况，仅会影响 REITs 产品收益，因此可考虑将对产品收益率的要求调整为对基础设施资产收益率的要求，这样既能够保证基础设施资产的质量，又能给予并购贷款安排一定灵活性。

二是合理调整投资人预期。在 REITs 产品销售过程中应做好信息披露和投资人教育工作，使其认识到 REITs 产品的权益属性与杠杆价值，引导其接受发行初期由于并购贷款还本付息压力 REITs 收益率相对较低的情况，用战略配置的长远眼光对待 REITs 产品。

三是合理激发银行创新积极性。企业可就并购贷款 7 年期限与银行沟通，以更好地平滑还款计划，减轻集中还款压力，例如适度调整还本付息节奏、适当延长贷款期限、适时允许安排贷款替换事宜等。

二、REITs 发行阶段有关金融监管政策

REITs 发行涉及的金融监管政策主要有两类：一类是证监会、交易所、证券业协会、基金业协会等证券监管部门及行业协会对 REITs 销售发行业务的规定；另一类是银行保险等监管部门对金融机构参与此类新产品投资的规定。证券监管部门及行业协会已针对 REITs 产品发行制定了明确的政策文件，本节重点对第二类政策进行分析。

关于基础设施 REITs 投资者，《基础设施 REITs 指引》第十七条指出："网下投资者为证券公司、基金管理公司、信托公司、财务公司、保险公司、合格境外机构投资者、商业银行及其理财子公司、符合规定的私募基金管理人以及其他中国证监会认可的专业机构投资者。全国社会保障基金、基本养老保险基金、年金基金等可根据有关规定参与基础设施基金网下询价。"

我国金融监管政策对于投资者参与 REITs 限制不多，各类持牌金融机构均可参与认购。但相关监管部门尚未根据 REITs 产品属性明确产品归类，可能导致部分投资者内部制度搭建缺乏参考依据。

（一）银行表内资金

银行表内资金投资需要遵循《商业银行资本管理办法》（中国银监会令 2012 年第 1 号）。根据该办法第四十六条"商业银行可以采用权重法或内部评级法计量信用风险加权资产"、第六十三条"商业银行对一般企业债权的风险权重为 100%"、第六十八条"商业银行对工商企业其他股权投资的风险权重占比为 1250%"的规定，若 REITs 被认定为股权投资类资产，将适用 1250% 的风险权重，必然大幅增加银行表内资本消耗，进而降低银行表内资金投资 REITs 的积极性。

银行表内资金规模大、期限容忍度高，若因风险权重过高降低银行表内资金投资 REITs 产品的积极性，无疑将不利于 REITs 产品的销售发行。近年来我国资产证券化市场快速发展，重要原因之一便来自于银行表内资金支持。《商业银行资本管理办法》附件 9 规定，银行表内资金认购长期评级在 AA - 以上的资产证券化产品，风险权重仅占用 20%，资本节约激发了表内资金认购需求。REITs 作为一种全新的金融产品，其产品属性尚待监管机构确认。可根据 REITs 产品收益相对稳定、风险相对较低的独有特性，将 REITs 设定为独立类别产品，并根据产品属性设定风险权重占比，鼓励银行表内资金参与。

（二）银行理财资金

人民银行发布的《关于规范金融机构资产管理业务的指导意见》（银发〔2018〕106 号，以下简称"资管新规"）是指导我国资管业务开展的顶层制度框架。银保监会发布的《商业银行理财业务监督管理办法》（中国银保监会令 2018 年第 6 号，以下简称"银行理财新规"）是指导我国银行开展理财业务的配套细则，银保监会发布的《商业银行理财子公司管理办法》（中国银保监会令 2018 年第 7 号）对商业银行理财子公司投资业务开展作出了明确规定。

银行理财新规对产品集中度有明确要求：（1）每只公募理财产品持有单只证券或单只公募证券投资基金的市值不得超过该理财产品净资产的 10%；（2）商业银行全部公募理财产品持有单只证券或单只公募证券投资基金的市值，不得超过该证券市值或该公募证券投资基金市值的 30%；（3）商业银行全部理财产品持有单一上市公司发行的股票，不得超过该上市公司可流通股票的 30%。

资管新规要求金融机构对资产管理产品实行净值化管理，并明确金融资产坚持公允价值计量原则，鼓励使用市值计量。因此，REITs 上市后的估值稳定性尤为重要。从估值稳定性角度出发，一方面可采用第三方独立估值体系，既考虑底层资产估值，也在剔除特定小份额成交价格的基础上考虑市场成交价格，综合核算 REITs 估值，进而稳定市值；另一方面可借鉴 LOF 基金，有场内交易价格，也可转托管到场外——若 REITs 投资者倾向长期持有，可以转到场外，不承担当期价格波动风险；若愿意承受短期价差波动，则可以放在场内，净值随交易价格波动而波动。

（三）保险资金

根据《保险资金运用管理办法》（保监会令〔2018〕1号，以下简称"《管理办法》"）第六条，"保险资金可以买卖债券、股票、证券投资基金份额等有价证券"。据了解，银保监会对于保险资金投资范围实施"白名单"制管理，监管部门应进一步明确保险资金投资 REITs 的相关要求，鼓励保险公司和保险资产管理公司参与 REITs 投资。

根据《中国保监会关于加强和改进保险资金运用比例监管的通知》（保监发〔2014〕13号）及《中国保监会关于进一步加强保险资金股票投资监管有关事项的通知》（保监发〔2017〕9号），保险公司投资资产（不含独立账户资产）划分为流动性资产、固定收益类资产、权益类资产、不动产类资产和其他金融资产等五大类资产。在投资比例方面：投资权益类资产的账面余额，合计不高于本公司上季末总资产的 30%，且重大股权投资的账面余额不高于本公司上季末净资产，账面余额不包括保险公司以自有资金投资的保险类企业股权。同时，投资单一固定收益类资产、权益类资产、不动产类资产、其他金融资产的账面余额，均不高于本公司上季末总资产的 5%。监管部门应确认 REITs 资产属性，便于保险公司根据自身资产规模相应确定 REITs 资产配置额度。

保险资金投资 REITs 还需明确其风险因子。保险资金的权益类投资在风险比例方面要求较高，如主板上市普通股票的风险因子高达 0.31，而固定收益类产品风险因子为 0.06。REITs 具有回报相对稳健的特征，需合理制定其风险因子设置。

（四）保险资产管理产品

《保险资产管理产品管理暂行办法》（中国银保监会令 2020 年第 5 号）第三十条规定："保险资管产品可以投资于国债、地方政府债券、中央银行票据、政府机构债券、金融债券、银行存款、大额存单、同业存单、公司信用类债券，在银行间债券市场或者证券交易所市场等经国务院同意设立的交易市场发行的证券化产品，公募证券投资基金、其他债权类资产、权益类资产和银保监会认可的其他资产。保险资金投资的保险资管产品，其投资范围应当符合保险资金运用的有关监管规定。"故而，非保险资金投资的保险资管产品可投资于基础设施 REITs，但保险资金投资的保险资管产品则须参照保险资金运用有关监管规定执行。

（五）全国社会保障基金

《全国社会保障基金条例》（国务院令第 667 号）规定："全国社会保障基金理事会投资运营全国社会保障基金，应当坚持安全性、收益性和长期性原则，在国务院批准的固定收益类、股票类和未上市股权类等资产种类及其比例幅度内合理配置资产。"《全国社会保障基金投资管理暂行办法》（财政部劳动和社会保障部第 12 号，以下简称《暂行办法》）第二十五条规定："社保基金的投资范围限于银行存款、买卖国债和其他具有良好流动性的金融工具，包括上市流通的证券投资基金、股票、信用等级在投资级以上的企业债、金融债等有价证券。"故而，社保基金参与 REITs 投资具备可行性。

《暂行办法》第二十八条规定："划入社保基金的货币资产的投资，按成本计算，银行存款和国债投资的比例不得低于 50%，其中，银行存款的比例不得低于 10%。企业债、金融债投资的比例不得高于 10%。证券投资基金、股票投资的比例不得高于 40%。"考虑到社保基金规模体量大，因此《暂行办法》对其 REITs 投资的比例限制影响有限，预计社保基金将是 REITs 重要投资人之一。

（六）基本养老保险基金

根据《基本养老保险基金投资管理办法》（国发〔2015〕48 号）第三十四条规定："养老基金限于境内投资。投资范围包括：银行存款，中央银行票据，同业存单；国债，政策性、开发性银行债券，信用等级在投资级以上的金融债、企业（公司）债、地方政府债券、可转换债（含分离交易可转换债）、短期融资券、中期票据、资产支持证券，债券回购；养老金产品，上市流通的证券投资基金，股票，股权，股指期货，国债期货"。故而，基础设施 REITs 是养老基金的可配置标的。但根据《基本养老保险基金投资管理办法》第三十七条，养老基金投资债券基金、股票基金、混合基金的比例要求存在差异，基础设施 REITs 作为一类新型公募基金应该适用何等投资比例，尚需有关部门明确。

（七）企业年金基金

根据《企业年金基金管理办法》（人社部第 11 号令）和《关于扩大企业年金基金投资范围的通知》（人社部发〔2013〕23 号），企业年金基金财产限于境内投资，投资范围包括银行存款、国债、中央银行票据、债券回购、万能保险产品、投资连结保险产品、证券投资基金、股票，以及信用等级在投资级以上的金融债、企业（公司）债、可转换债（含分离交易可转换债）、短期融资券和中期票据、商业银行理财产品、信托产品、基础设施债权投资计划、特定资产管理计划、股指期货等金融产品。故而，企业年金基金可投资基础设施 REITs 产品。但企业年金基金投资债券基金、股票基金、混合基金的比例要求存在差异，基础设施 REITs 作为一类新型公募基金应该适用何等投资比例，尚需有关部门明确。

（八）证券公司

证券公司参与 REITs 投资不存在制度障碍，但目前监管部门尚未明确认定 REITs 为权益类资产还是债权类资产，根据证监会发布的《证券公司风险控制指标计算标准规定》（中国证券监督管理委员会公告〔2020〕10 号）要求，不同类别资产属性对证券公司净资本、风险资本准备、流动性覆盖率等风险控制指标计算影响不同，最终将直接影响证券公司单笔 REITs 投资比例。

根据《证券公司风险控制指标计算标准规定》中附件 6《证券公司风险控制指标计算表》要求，若 REITs 被认定为权益类资产，持有单一权益类证券市值不得超过其总市值的 4%；若认定为非权益类资产，持有单一非权益类证券市值不得超过其总市值的 16%。因此，REITs 资产属性认定的差异，将导致证券公司的可投资比例有较大不同。

三、REITs 存续阶段有关金融监管政策

REITs 存续阶段的金融监管政策主要分为两部分：一是 REITs 产品交易相关政策，上海证券交易所、深圳证券交易所已出台《业务办法》等政策予以

规定，详见本书第四章；二是 REITs 存续期运营涉及的有关金融监管改策，如运营期间贷款政策等。

根据《流动资金贷款管理暂行办法》（中国银监会令 2010 年第 1 号）的规定，流动资金贷款是指贷款人向借款人发放的用于借款人日常生产经营周转的本外币贷款。该办法附件规定："流动资金贷款需求量应基于借款人日常生产经营所需营运资金与现有流动资金的差额（即流动资金缺口）确定。"

REITs 设立后，项目公司在日常运营过程中，可视需要借入流动资金贷款，来支持项目公司的经营周转，具体借款额度应根据流动资金缺口测算确定，并遵守 REITs 规则对整体杠杆率的约束。同时，流动资金贷款期限一般较短，须合理平衡贷款规模与 REITs 分红派息水平之间的关系，约定合理的还款计划，并控制可能产生的再融资风险。

总体而言，基础设施 REITs 在筹备、发行、存续等阶段涉及多项金融监管政策。部分金融监管政策与 REITs 项目自身特征适用度较高，如资产支持专项计划相关规定等；部分金融监管政策对 REITs 项目设置了特定限制或存在潜在影响，如银行业贷款政策、各类投资者投资政策等；部分金融监管政策仍有待监管部门进一步明确，如 REITs 属性认定等。在有关金融监管政策有待明确和改进的 REITs 试点阶段，REITs 项目应当在遵守金融监管规定的基础上，合理创新，适当探索，寻求合规与发展之间的平衡。

第二节　国资转让

长期以来，我国基础设施的投资建设以政府和国有企业为主，民间投资所占比例不高。按照中国证监会发布的《基础设施 REITs 指引》，基础设施 REITs 成立后，要获得基础设施项目完全所有权或经营权利。因此，国有企业发行基础设施 REITs 的过程中，必然会涉及国有资产交易问题。

一、现行法律法规关于企业国有资产交易的主要监管要求

目前，我国的企业国有资产监管制度是以自 2009 年 5 月 1 日起实施的

《企业国有资产法》为上位法，以国务院和国务院国资委所发布的行政法规、部门规章及规范性文件为具体操作规范的法律体系。其中，关于企业国有资产交易的主要部门规章是国务院国资委、财政部于 2016 年 6 月 24 日发布实施的《企业国有资产交易监督管理办法》（以下简称"32 号令"）。

"32 号令"将企业国有资产转让分为国有产权（股权）转让、其他类型国有资产（如生产设备、房产、在建工程以及土地使用权、债权、知识产权等国有资产）转让这两大类型，并规定了对应的评估、备案/批准、进场交易等监管要求。

就国有产权（股权）的转让而言，"32 号令"第十三条规定产权转让原则上通过产权市场公开进行，也就是通常所说的"进场交易"，转让方要通过产权交易机构网站对外披露产权转让信息，公开征集受让方。"32 号令"第三十一条规定了经批准可采取非公开协议转让方式的两种例外情形：一是涉及主业处于关系国家安全、国民经济命脉的重要行业和关键领域企业的重组整合且对受让方有特殊要求而在国有及国有控股企业之间转让的；二是同一国家出资企业及其各级控股企业或实际控制企业之间因实施内部重组整合进行产权转让的。

就其他类型国有资产的转让而言，根据"32 号令"第四十八条、第四十九条的规定，由国家出资企业负责制定本企业不同类型资产转让行为的内部管理制度，对其中应当在产权交易机构公开转让的资产种类、金额标准等作出具体规定，若构成重大资产转让的，原则上也需进场交易，具体以国家出资企业内部制定的国有资产管理制度为准。

二、发行 REITs 时所涉及的国有资产交易及监管要求的适用问题

根据基础设施 REITs 试点政策的有关要求，REITs 试点项目将采用"公募基金+资产支持证券"的基本架构。即基金管理人通过公开募资设立基础设施基金（公募基金），由公募基金投资于基础设施资产支持证券，并获得基础设施项目的完全所有权或经营权，拥有基础设施项目完全的控制权和处置权。在 REITs 试点过程中，因为受限于资产转让限制、政府审批手续、受让方资质等

要求，较少采用直接转让项目所有权或特许经营权的方式，一般会选择以基础设施项目的项目公司股权作为底层转让标的。

基于以上情况，基础设施项目的项目公司股权交易完成后，全体投资人持有公募基金100%份额，公募基金持有资产支持证券100%份额，资产支持证券直接持有项目公司100%股权，项目公司对目标基础设施资产享有完全控制权和处置权。

在这一交易过程中，如果项目公司股权属于国有资产（产权），则在将项目公司股权转让给资产支持证券这一环节，将涉及国有资产交易问题。按照"32号令"第十三条的规定，项目公司股权转让原则上需要采用进场交易方式。

"32号令"第三十一条规定了可以采取非公开协议转让方式转让国有产权的两种情形，但前面所描述的基础设施项目发行REITs过程中的股权转让情况并不属于"同一国家出资企业及其各级控股企业或实际控制企业之间因实施内部重组整合进行产权转让"的情形，也很难认定为属于"涉及主业处于关系国家安全、国民经济命脉的重要行业和关键领域企业的重组整合，对受让方有特殊要求，企业产权需要在国有及国有控股企业之间转让"的情形。因此，若直接简单套用"32号令"的相关规定，基础设施项目发行REITs过程中，很难采取非公开协议转让方式进行国有产权转让，除非取得了国资监管机构的明确认可。

在基础设施REITs试点过程中，曾有国有企业考虑通过较大比例持有基础设施基金份额（如51%）的方式实现底层的基础设施项目资产不出资产负债表，以此来免予国有产权进场交易。但是，按照"32号令"的有关规定，会计上是否"出表"并非是可以免予进场交易的判断标准，"32号令"所规定的两种非公开协议转让情形并不包含"表内融资"的情形，即只要作为转让标的的基础设施项目公司股权属于受"32号令"管辖的国有资产，无论会计上是否"出表"，从法律形式上看，在发行REITs过程中必然会发生国有产权的转让行为，就须按照"32号令"的有关规定执行。

根据"32号令"第八条，"国家出资企业应当制定其子企业产权转让管理制度，确定审批管理权限。其中，对主业处于关系国家安全、国民经济命脉的重要行业和关键领域，主要承担重大专项任务子企业的产权转让，须由国家出资企业报同级国资监管机构批准"。根据这一规定，以及一些地方政府关于国有企业产权转让的相关要求，一些国有企业设想，"三级以下国有企业产权的协议转让是否可以直接由国家出资企业进行审批，从而避免进场交易？"对此，我们理解，关于国有产权转让的审批管理，实际上包含了转让行为、转让方式两项内容。无论转让行为是谁来审批，均须按照"32号令"第十三条、第三十一条等有关规定来确定相应的产权转让方式，国有企业不能突破"32号令"的规定擅自决策，不能因企业产权下属层级的不同而对进场交易原则等要求作区分适用。

三、REITs 试点项目中的国有产权转让采取进场交易方式，可能面临的操作难点

第一，进场交易可能导致 REITs 发行失败。若在 REITs 试点项目中严格按照"32号令"等现行国有资产监管要求，采用进场交易方式进行国有产权转让，则存在国有产权被资产支持证券以外的第三方摘牌的可能性，这将直接导致 REITs 对基础设施项目的投资失败，从而导致整个 REITs 发行计划被迫终止，并可能产生多方面的不利影响。

对原始权益人而言，其将拟发行 REITs 的基础设施项目的项目公司股权进场交易，是有明确目标导向的，绝非单纯出于资产转让的目的。若由资产支持证券之外的任何第三方摘牌取得，将直接导致其发行 REITs 的计划失败，既违背其初衷与意愿，也可能影响其已规划好的投资经营活动。对投资者而言，一旦因投资失败而提前终止产品时，则后续终止清算相关处理的涉及面广、影响大、不确定性因素大。此外，若基础设施项目的项目公司股权被另有所图的第三方取得，也可能影响基础设施项目的正常运营管理。

第二，进场交易会大大拉长项目操作周期、可能错过最佳发行窗口期。根据"32号令"的规定，除需事先履行相应的批准、评估、审计、备案程序以外，国有产权在进场交易后，还需履行信息预披露和正式披露程序。其中，信

息预披露应不少于 20 个工作日、正式披露信息也应不少于 20 个工作日。因此，若资产支持证券需要通过产权市场公开摘牌取得相应的项目公司国有股权，将大大拉长项目的操作周期，存在错过最佳发行窗口期的风险。

第三，产权进场交易、REITs 公开发行的两次定价过程存在衔接难题。虽然 REITs 的公开询价发行、国有产权进场交易都是对底层基础设施项目的公开定价过程，但二者在交易流程、定价结果等方面未必能够良好、有序地衔接。一方面，若 REITs 的公开询价结果不足以支付进场交易摘牌价格，将导致 REITs 因无法摘牌而投资失败，或即便摘牌也因无法支付全部摘牌价格而引发违约风险；另一方面，若 REITs 的公开询价结果高于进场交易摘牌价格，但由于进场交易摘牌价格已确定而难以将 REITs 的发行溢价支付给转让方，从而无法实现 REITs 询价发行对底层基础设施项目穿透定价之目的，最终也不利于国有资产价值的保护。

四、发行 REITs 过程中，国有产权转让问题的解决方案探讨

要稳妥解决国有企业发行基础设施 REITs 过程中所面临的国有资产交易监管问题，需要在遵守国有资产监管制度与监管精神实质的前提下，在充分认识和理解 REITs 的本质要义的基础上，解放思想，与时俱进，寻找一条可行的途径。

一方面，区别于一般的国有产权转让交易，基础设施 REITs 发行过程中的项目公司国有产权转让行为是以发行 REITs 为明确目标导向，具有定向性。发起人不是以单纯地出售资产为目的，其核心交易目的是在证券交易所设立发行基础设施 REITs，资产转让只是为了满足将基础设施项目的完全所有权或经营权装入基础设施基金之要求而进行的资产重组环节，其转让价格须与基础设施 REITs 份额发行价格相匹配，并根据基础设施 REITs 份额最终发行价格来最终确定资产转让价格。因此，须从 REITs 的整体交易目的、交易架构和公开发行的角度理解所涉国有产权转让的特殊性。

另一方面，基础设施 REITs 项目系通过基础设施 REITs 份额在证券交易所的公开发行定价，并穿透实现基础设施项目资产和项目公司股权的公开定价。

就资产支持证券、公募基金而言，它们都是为了发行基础设施 REITs 这一金融产品而搭建的中间法律结构，资产支持证券、公募基金的资产和利益都分别由资产支持证券投资者（即公募基金）、基础设施 REITs 份额持有人享有。穿透来看，发起人将基础设施资产装入基础设施 REITs，实质定价环节只有一次，就是基础设施 REITs 份额首次公开发行定价。

在证券交易所公开发行 REITs，又被称为资产的上市。国有基础设施项目发行 REITs 时，REITs 份额在证券交易所公开挂牌发行，采用公开询价定价机制，类似于企业 IPO 的定价程序，具有实质的合理性。一是符合《企业国有资产法》第五十四条"国有资产转让应当遵循等价有偿和公开、公平、公正的原则"的规定；二是与该条"除按照国家规定可以直接协议转让的以外，国有资产转让应当在依法设立的产权交易所公开进行"的规定，以及"32 号令"第十三条所要求的"产权转让原则上通过产权市场公开进行"的精神实质完全吻合；三是通过公开询价确定的基础设施 REITs 份额发行价格能够反映公开市场对底层基础设施资产的估值水平及认可度，基础设施资产转让价格将最终根据基础设施 REITs 份额发行价格确定，穿透来看，可以实质上达到对底层国有资产的公开、公平、公正定价效果，最大程度上实现国有资产交易价格的公允和合理，从而避免国有资产流失的风险，实质上完成国有资产的公开定价和交易。

正是基于这一认识，在基础设施 REITs 试点推进过程中，湖北、广州、深圳等地的国有资产监管部门，对有关国有企业参与 REITs 试点给予了极大支持，先后出具证明文件，同意免予再进产权交易所进行产权转让。国务院国资委也原则同意招商局集团以招商蛇口产业园资产参与基础设施 REITs 试点。这都促进了基础设施 REITs 试点的顺利开展。

第三节　税收缴纳

一、基础设施 REITs 试点税收政策概述

基础设施 REITs 生命周期包括设立、运营、退出三个环节，各环节都存在

纳税问题，因而产生相应的税收成本。对参与 REITs 的相关利益主体而言，税收成本是影响融资成本和投资回报的重要因素，甚至会直接影响到是否发行 REITs 的决策。

（一）基础设施 REITs 设立环节涉及的税收政策

发起设立基础设施 REITs 时，原始权益人要将目标资产的完全所有权或特许经营权注入项目公司（以下称"目标资产入池"），然后再将项目公司股权转让至单一基础设施资产支持证券；如果目标资产已在独立的项目公司名下，则原始权益人只需转让项目公司股权即可。

1. 目标资产入池

原始权益人通过资产交易方式将资产注入项目公司，涉及企业所得税、增值税、土地增值税和契税等多个税种。目标资产入池时，如果能够按照现行税收政策规定的条件安排好具体操作方案，则可以合理控制成本。

（1）增值税。现行的支持资产重组增值税政策（《国家税务总局关于纳税人资产重组有关增值税问题的公告》（国家税务总局公告 2011 年第 13 号）、《国家税务总局关于调整增值税纳税申报有关事项的公告》（国家税务总局公告 2013 年第 66 号）、《财政部　国家税务总局关于全面推开营业税改征增值税试点的通知》（财税〔2016〕36 号）附件 2）规定，企业在资产重组过程中，通过合并、分立、出售、置换等方式，将全部或者部分实物资产以及与其相关联的债权、负债和劳动力一并转让给其他单位和个人，涉及的货物、不动产、土地使用权转让行为，不征收增值税。

原始权益人适用上述税收优惠政策时，需要特别注意两点：一是必须要将资产、负债以及劳动力一并转让。比如转让一处污水处理厂，需要将污水处理厂的资产、负债、员工一并转让才能享受上述政策，三者缺一不可。二是与入池的目标资产对应的负债数额如何确定，是根据入池资产占企业总资产的比重计算分摊，还是按照目标资产的专属负债确定，需要与主管税务机关沟通后以其意见为准。

如果不能适用上述税收优惠政策，目标资产入池时原始权益人就需要缴纳增值税。动产适用 13% 的税率，不动产适用 9% 的税率，对于 2016 年 4 月 30

日前取得的不动产可以选择适用简易计税方法，按照5%的征收率计算应纳税额。除增值税外，原始权益人还需要以实际缴纳增值税的税额为税基，计算缴纳城市维护建设税、教育费附加、地方教育附加。

（2）土地增值税。《关于继续实施企业改制重组有关土地增值税政策的公告》（财政部税务总局公告2021年第21号）规定，除房地产开发企业外，企业在合并、分立、投资等改制重组中涉及到的房地产交易，暂不征土地增值税。如果原始权益人具有房地产开发资质，可能会影响其享受上述税收优惠政策。

如果不能适用上述税收优惠政策，原始权益人在目标资产入池时就需要缴纳土地增值税，根据增值率在30%、40%、50%、60%四档税率中确定具体适用税率，按照增值额和适用税率计算缴纳土地增值税。

（3）企业所得税。目标资产入池时，原始权益人尚未取得现金收益，如果需要缴纳企业所得税的话，会给原始权益人带来很大的资金压力。按照《财政部 国家税务总局关于企业重组业务企业所得税处理若干问题的通知》（财税〔2009〕59号）的有关规定，现行资产重组企业所得税支持政策主要是特殊性税务重组。如果能适用特殊性税务重组，则可以暂缓缴纳企业所得税，从而有效缓解原始权益人的资金压力。

通过股权收购、资产收购、企业合并或分立等方式实现目标资产入池时，如能适用特殊性税务重组政策，可以选择按照以下规定处理，暂不缴纳企业所得税：

1）股权收购中的被收购企业的股东取得收购企业股权的计税基础，以被收购股权的原有计税基础确定；收购企业取得被收购企业股权的计税基础，以被收购股权的原有计税基础确定；股权收购企业、被收购企业的原有各项资产和负债的计税基础和其他相关所得税事项保持不变。

2）资产收购中的转让企业取得受让企业股权的计税基础，以被转让资产的原有计税基础确定；受让企业取得转让企业资产的计税基础，以被转让资产的原有计税基础确定。

3）企业合并中合并企业接受被合并企业资产和负债的计税基础，以被合并企业的原有计税基础确定；被合并企业股东取得合并企业股权的计税基础，以其原持有的被合并企业股权的计税基础确定。

4）企业分立中企业接受被分立企业资产和负债的计税基础，以被分立企业的原有计税基础确定；被分立企业的股东取得分立企业的股权（以下简称"新股"），如需部分或全部放弃原持有的被分立企业的股权（以下简称"旧股"），"新股"的计税基础应以放弃"旧股"的计税基础确定。如不需放弃"旧股"，则其取得"新股"的计税基础可从以下两种方法中选择确定：直接将"新股"的计税基础确定为零；或者以被分立企业分立出去的净资产占被分立企业全部净资产的比例先调减原持有的"旧股"的计税基础，再将调减的计税基础平均分配到"新股"上。

如果不能符合特殊性税务重组的条件，企业的股权收购、资产收购、合并分立等重组行为，需要按照以下一般性税务重组进行企业所得税处理：

1）企业股权收购、资产收购重组交易，被收购方应确认股权、资产转让所得或损失；收购方取得股权或资产的计税基础应以公允价值为基础确定。

2）企业合并中，合并企业应按公允价值确定接受被合并企业各项资产和负债的计税基础；被合并企业及其股东都应按清算进行所得税处理。

3）企业分立中，被分立企业对分立出去资产应按公允价值确认资产转让所得或损失；分立企业应按公允价值确认接受资产的计税基础；被分立企业继续存在时，其股东取得的对价应视同被分立企业分配进行处理；被分立企业不再继续存在时，被分立企业及其股东都应按清算进行所得税处理。

企业要享受特殊性税务重组政策，必须同时满足很多条件，例如：具有合理的商业目的，且不以减少、免除或者推迟缴纳税款为主要目的；被收购、合并或分立部分的资产或股权不低于被收购企业全部资产或股权的50%；企业重组后的连续12个月内不改变重组资产原来的实质性经营活动；重组交易对价中涉及股权支付金额不低于其交易支付总额的85%；企业重组中取得股权支付的原主要股东在重组后连续12个月内不得转让所取得的股权。

其中需要特别关注的一个条件就是12个月的锁定期限。特殊税务重组要求原始权益人不可以在短于12个月内的期间，把新设的SPV的股权进行再次转让。然而，在基础设施 REITs 搭建的过程中，企业将资产放入项目公司和将项目公司股权再次转让以进行证券化的间隔可能会很短，导致实践中企业难以适用特殊性税务处理的优惠政策。

另外需要说明的是，企业采用特殊性税务重组在企业所得税上起到的只是递延纳税的效果。因为在一般税务重组时，虽然资产转让方要按照资产的公允价值计算缴纳企业所得税，但资产接受方获得资产后的计税基础也是其公允价值，这些资产在计入成本费用时也是按照公允价值扣除；而适用特殊性税务重组后，资产转让方和资产接收方均按照相关资产的账面价值作为计税基础，转让方无须缴纳企业所得税，但是这些资产在接收方计入成本费用时也是按照原账面价值扣除。所以，特殊性税务重组起到的是递延纳税的作用，而不是税收减免。

（4）印花税。在基础设施 REITs 的设立过程中，不管是资产交易还是股权交易，都涉及到印花税。如果转让的资产是土地使用权、不动产、股权，买卖双方均按照合同金额的万分之五缴纳；如果转让的是其他不需要登记的动产，买卖双方均按照合同金额的万分之三缴纳。

（5）契税。《财政部 税务总局关于继续执行企业 事业单位改制重组有关契税政策的公告》（财政部税务总局公告 2021 年第 17 号）规定，企业改制中原投资主体存续并在改制后的公司中所持股权超过 75% 且改制后公司承继原企业权利义务的，对改制后公司承受原企业土地房屋权属免征契税；在股权转让中承受公司股权，公司土地、房屋权属不发生转移，不征收契税；公司合并、公司分立、同一投资主体内部所属企业之间土地房屋权属的划转、债转股涉及的土地房屋权属变更，免征契税。如果项目公司的股东与目标资产原来所属的公司股东相同，不管持股比例是否相同，项目公司合并目标资产原来所属的公司、获得目标资产涉及到的房屋土地权属转移行为，无须缴纳契税。但是，如果股东不同，则不能享受这一政策。目标资产入池时，如果属于上述情况之一的，则可以免征或不征收契税。

如果目标资产入池不属于可以适用免征、不征契税的情况，入池时需要由买方（项目公司）缴纳契税。契税的适用税率在 3%—5% 之间，由各省、自治区、直辖市人民政府确定，税率为3%的有北京、天津、广东、福建等，税率为4%的有河北、山西、辽宁等，税率为5%的有吉林、黑龙江等。

2. 原始权益人转让项目公司股权

原始权益人转让项目公司股权时，无须缴纳增值税、增值税附加税和契税，需要缴纳印花税，也可能涉及土地增值税和企业所得税。

（1）土地增值税。国家税务总局曾于2000年、2009年、2011年三次以个案批复的形式答复有关省级税务机关，如果公司的主要资产是房地产，转让100%公司股权应当视同转让房地产，计算缴纳土地增值税。但上述批复均未抄送其他省级税务机关，是否能普遍适用，尚须进一步研究论证，各方意见不尽相同。据了解，在目前的税收执法实践中，对于股权转让是否应视同转让房地产计算缴纳土地增值税也存在不同理解。

在基础设施REITs试点过程中，企业须就此类情况咨询主管税务机关，依据主管税务机关的答复制订拟纳税方案，聘请专业权威的税务师事务所或会计师事务所就拟纳税方案出具第三方意见。原始权益人还须公开承诺，如果按照拟纳税方案执行时发生相关税收问题，由原始权益人承担所有相关经济和法律责任。

（2）企业所得税。特殊性税务重组政策的目的是为了促进企业的连续经营，为防止企业利用这一政策延迟纳税，政策规定适用特殊性税务重组后的连续12个月内，企业不得改变重组资产原来的实质性经营活动，重组中取得股权支付的原主要股东不得转让所取得的股权。如果违反上述规定，企业将不得适用特殊性税务重组，要按照一般性税务重组计算缴纳企业所得税。

（二）基础设施REITs资产运营环节涉及的税收政策

基础设施REITs发行成功、进入运营阶段后，会涉及到增值税、增值税附加税、房产税、城镇土地使用税、印花税、企业所得税、个人所得税等税收问题。

1. 项目公司

现行税收政策对于REITs结构中的项目公司没有专门的税收优惠，项目公司须按照现行税收政策缴纳各项税费，符合普适性税收优惠政策的也可享受相关优惠。项目公司向资产支持证券分配利润时需要先缴纳企业所得税，从税后利润中分配给资产支持证券。需要注意的是,按照《财政部 国家税务总局关于企业关联方利息支出税前扣除标准有关税收政策问题的通知》(财税〔2008〕121号)的规定,如果项目公司接受关联方债权性投资与其权益性投资比例不超过2∶1,且利率在金融企业同期同类贷款利率以内,则按此计算并且实际支付的利息部分,可以在企业所得税前扣除,超过部分不得在企业所得税前扣除。在基础设施REITs试点过程中,许多基金按此来搭建资产支持证券与项目公司之间的股债结构。需要注意的是,对于债权性投资取得的利息收入需要考虑缴纳增值税的影响,且进项税额不得从销项税额中抵扣。

2. 资产支持证券和基础设施REITs

(1)增值税。按照现行增值税政策规定,资产支持证券和基础设施REITs属于资管产品,适用资管产品增值税征税规定。由于资产支持证券的收入是项目公司的分红,不属于增值税征税范围,无需缴纳增值税。基础设施REITs的收入是资产支持证券的分红,由于资产支持证券不能向投资人承诺保本,因此基础设施REITs的收入也不属于增值税征税范围,无需缴纳增值税。资产支持证券和基础设施REITs的管理人在REITs运营过程中收取的管理费,属于直接收费金融服务,应按6%税率计算缴纳增值税。

(2)企业所得税。资产支持证券和基础设施REITs从项目公司取得股息时,项目公司应当从企业所得税的税后利润中列支,资产支持证券和基础设施REITs无需纳税。资产支持证券和基础设施REITs将股息分配给投资者时,是否需要纳税取决于投资者的身份。

基金管理人、基金托管人、基金代销机构从事基础设施REITs管理活动取得的收入,需要缴纳企业所得税。

3. 原始权益人

按照证监会《基础设施REITs指引》的有关规定,原始权益人应回购不低于20%的REITs基金份额,并且持有时间不得少于60个月,有些原始权益人出于增强自身对基金影响力等考虑,实际回购的基金份额还会大于20%。根据《财政部 国家税务总局关于企业所得税若干优惠政策的通知》(财税〔2008〕1号)的规定,投资者从证券投资基金分配取得的收入暂不征收企业所得税，原始权益人购买基础设施 REITs 取得的分红收入是否可以参照这一规定仍存在不确定性。

4. 社会投资者

原始权益人之外的其他企业投资者购买 REITs 基金份额取得分红，是否可以参照财税〔2008〕1 号文的规定视为从证券投资基金分配取得的收入暂不征收企业所得税仍存在不确定性；根据《财政部　国家税务总局关于证券投资基金税收问题的通知》（财税字〔1998〕55 号）的规定，基金向个人投资者分配股息、红利、利息时，基金不需代扣代缴个人所得税，个人投资者从基础设施 REITs 取得分红收入，是否需要对个人按照 20%征税，以及在哪个环节征收和扣缴并不明确。

（三）基础设施 REITs 退出环节涉及的税收政策

基础设施 REITs 到期清算退出时，主要涉及企业所得税、个人所得税。

1. 企业所得税

企业投资者通过转让、赎回基础设施 REITs 份额退出，取得的投资价差收益需要按照转让所得缴纳相应的企业所得税。

2. 个人所得税

个人投资者通过转让、赎回基础设施 REITs 份额退出，参考《财政部　国家税务总局关于开放式证券投资基金有关税收问题的通知》（财税〔2002〕128 号），对个人投资者申购和赎回基金单位取得的差价收入，在对个人买卖股票的差价收入未恢复征收个人所得税以前，暂不征收个人所得税。

二、基础设施 REITs 试点税收问题分析

（一）增值税

纳税人将资产和负债、劳动力打包转让，涉及的货物、不动产、土地使用权均不需要缴纳增值税，但是，《国家税务总局关于纳税人资产重组有关增值税问题的公告》（国家税务总局公告 2011 年第 13 号）、《国家税务总局关于调整增值税纳税申报有关事项的公告》（国家税务总局公告 2013 年第 66 号）、《财政部　国家税务总局关于全面推开营业税改征增值税试点的通知》（财税

〔2016〕36 号）附件 2，均未将除土地使用权之外的其他无形资产纳入其中。

目标资产入池时，项目公司会产生大额进项税，因短时期内无法抵扣完从而形成留抵税额。按照有关税收政策，项目公司的纳税信用等级是 A 级或 B 级时，才能享受新增留抵退税政策。但项目公司成立当年纳税信用等级是 M 级，只有等到成立满一年重新评定纳税信用等级时才有可能为 A 级或者 B 级，这就导致目标资产入池时产生的大额进项税，至少要在项目公司成立后一年多之后才能享受退税，这无疑会加大项目公司的资金压力。

（二）企业所得税

基础设施 REITs 需要取得基础设施项目完全所有权或特许经营权。同时，原始权益人需要持有基础设施 REITs 至少 20% 的份额，且持有期限不少于 5 年。原始权益人在将底层资产项目公司 100% 股权转移至 REITs 时，需要就 100% 股权转让的增值部分缴纳所得税，但其中自持部分的收益尚未实际实现，从而会造成原始权益人的资金占用，导致融资成本增加。如果原始权益人一直持有一定数量的 REITs 基金份额，相当于这部分资产并未真正转让，其收益并未实际实现，就会存在企业所得税的提前缴纳问题。

（三）土地增值税

《关于继续实施企业改制重组有关土地增值税政策的公告》（财政部税务总局公告 2021 年第 21 号）规定，具有房地产开发资质的企业作为发起人的 REITs 项目重组，不能享受暂免土地增值税的政策。由于纳税人身份不同而导致相同的行为不能适用相同的税收政策，会影响具有房地产开发资质的企业发起 REITs 的积极性。此类情况主要集中出现于产业园区项目，因为许多产业园区的开发建设公司往往具有房地产开发资质。

三、基础设施 REITs 试点税收问题的解决思路

从 REITs 的历史看，它的发展与税收政策密不可分。REITs 发行规模较大的国家或地区都有配套的税收中性或税收优惠政策。可以说，税收中性、税收优惠是 REITs 发展的主要驱动力之一。

在中国当前的税收法规体系和政策框架下，解决基础设施 REITs 试点税收

问题较为可行的思路是：符合税收原理，不额外增加税收负担，保证税收政策执行的统一公平，以有利于试点的顺利实施。

按照这一解决思路，可以采取分类解决办法：一是宏观层面，国家出台支持基础设施 REITs 试点的税收政策；二是微观层面，在现行税收政策体系下，通过设计交易路径、构建交易模型等方法，在符合基础设施 REITs 规定的前提下达到用好用足现行政策、合理控制成本的目的。

如果国家出台专门的基础设施 REITs 税收支持政策，建议可以考虑从以下几个方面入手：

第一，底层资产入池时，原资产所有者将资产和负债、劳动力打包转让，可将免增值税的范围扩展到无形资产；允许底层资产入池时项目公司退还取得的增值税进项税额。

第二，原始权益人在将底层资产 100% 产权转移至 REITs 后，允许其中回购自持部分（按规定至少不低于 20%）递延纳税，以减少纳税人的资金占用。

第三，将资产重组暂免土地增值税的政策扩大到具有房地产开发资质的原始权益人发起的 REITs 项目重组。根据基础设施 REITs 试点有关政策，拟发行 REITs 的项目用地性质须为非商业、非住宅用地，已经与房地产开发项目作了严格切割。因此，可以按照看重资产属性、淡化主体资质的思路来处理这一问题。

第四，对个人购买 REITs 基金份额取得的分红，可参照适用个人购买上市公司股票取得股息的个人所得税相关政策。

第五，对原始权益人为发行 REITs 而设立的项目公司，可继续适用原来适用的增值税、企业所得税、环境保护税、房产税、土地使用税等税收优惠政策。

第六，进一步明确企业投资人购买基础设施 REITs 取得的分红收入参照财税〔2008〕1 号的规定，暂不征收企业所得税。

行　业　篇

第七章　交通、物流及产业园

交通物流与产业园基础设施资产主要包括收费公路、铁路、城市轨道交通、机场、码头、仓储物流、产业园区等。我国幅员辽阔，交通物流设施作为国之动脉，对社会、经济发展起到了至关重要的作用。以高铁、高速公路等为主的交通设施，无论是里程规模，还是技术质量，都在全球取得了领先地位，并以其体量巨大，市场化程度较高，运营管理日趋完善，而有机会成为我国发行基础设施 REITs 的主力。

第一节　高速公路

公路是我国传统基础设施建设的重要领域，2019 年占基础设施投资比重达 12%，占交通类投资的 67%。公路投资不仅带来很强的正外部性，而且其中大量的收费公路自身也具有较好的经济效益，成为我国基础设施 REITs 试点的主力资产。在收费公路中，按里程计高速公路占比高达 84%，同时预计今后新建收费公路将只有高速公路，因此本节将重点阐述高速公路行业。

一、我国高速公路的市场概况与行业特点

（一）高速公路行业规模全球领先，但资产效益不一

我国的高速公路建设始于 1984 年的沈大高速，第一条建成通车的为 1988 年的沪嘉高速。经过 30 多年的快速发展，我国建成高速公路总里程在 2019 年年末达 14.96 万千米，在全球排首位。

高速公路的资产效益不一。首先是存在地区差异：东部地区因人口密集、

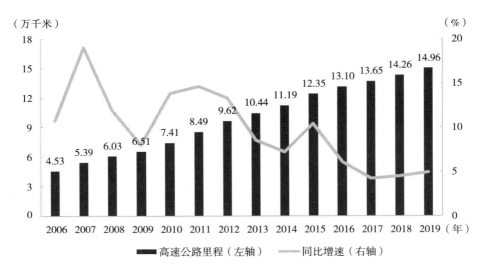

图 7.1　2006—2019 年我国高速公路总里程及增长情况

资料来源：交通运输部、中金公司研究部。

经济活跃、人均汽车保有量高、路网完善，因此高速公路经营效益更好。如江浙沪、珠三角等高速公路的车流量远高于全国平均水平，2019 年全国高速公路平均日均车流量为 2.79 万辆，部分珠三角公路日均车流量则超过 20 万辆。其次是新建公路投资回报率普遍低于早期公路：这一方面是由于早期建设的高速公路区位较好，且经历了培育期，车流量更多；另一方面，早期公路的土地、人工等成本及建设标准均较低。因此，大量区位较好、建设成本较低的高速公路已在收益率上具备 REITs 发行条件。

（二）收费政策对行业影响大

收费公路占全国公路里程（约 501 万千米）的比例为 3.4%，并不显著。而收费公路与高速公路的范畴高度重合，高速公路近年来收费比例维持在 95% 以上，收费政策对其发展影响较大。《收费公路管理条例》是行业主要法规，以构建"非收费公路为主、收费公路为辅"的两个公路体系及"用路者付费、差异化负担"为基本原则。2004 年 9 月出台后，对于规范公路收费行为、维护收费公路权益起到了促进作用。2015 年和 2018 年分别进行了修订，进一步完善政府收费公路"统借统还"制度、建立养护管理收费制度、明确收费公路偿债期限等。经营性公路项目的经营期限，按照收回投资并有合理回报的原则确定，一般不得超过 30 年，期满后通常无偿移交给政府。收费标准应当根据社会资本投资规模、合理回报、养护运营管理成本、当地物价水平、经营期限以及交通流量等因素综合计算确定。

（三）投资主体多元化，行业集中度不高，区域性强

高速公路的建设从各个地方开始。沈大、沪嘉高速之后，20 世纪 90 年代高速公路大发展，初期以地方政府为投资主体，后来各地方纷纷成立交通投资集团或高速集团，并从地方融资平台发展成为经营性企业。外资在 20 世纪 90 年代发展初期起到了很重要的作用，中央企业亦是高速公路主要投资方，如招商公路，以及中交建、中铁建等建筑施工企业近年加大投资路产。民营企业则早在各地呈现，2002 年即有民营企业收购上海路桥，投资沪杭高速。高速公路投资主体多元化的特点明显。

以里程计，各省属交通投资集团是高速公路的重要主体。根据中信证券统计，广东省交通投资集团以 7100 千米高速公路里程排名最前，占全国里程比重为 5%，其他里程排名靠前的省属交通集团来自江西、湖南、福建、安徽、内蒙古、辽宁等，里程均在 4000 千米以上。行业具有一定的分散度，体现各省级区域特点，省属交通集团可能将成为 REITs 发行的主力。

二、高速公路投融资与盈利模式

经营性高速公路虽也有公众利益属性和外部性特征，但在收费政策和需求等方面已具有较好的市场化基础，投资逻辑与盈利模式较为成熟。

第一，高速公路具备较强市场化投资逻辑。高速公路投资的外部性明显，成为地方政府的重要投资领域，但内部收益率（IRR）则需视具体项目情况。但如前文所述，区位较好、投资成本较低、路网成熟的高速公路项目往往具有较好的内部收益率，加上其现金流稳定、易于债务融资等特点，成为市场投资主体的偏爱。随着我国经济发展和高速路网成熟，具备市场化投资逻辑的项目占据了越来越大的比重，尤其是一线城市周边及经济发达省份。

第二，高速公路盈利模式清晰，现金流相对稳定。高速公路的收入主要来

自于车流产生的通行费收入，并取决于费率和车流量。收费标准由国家统一制定，存在各类情况下的优惠减免情况。车流量则受路产区位、路面质量、路网完善度等因素综合影响。高速公路行业受经济周期的影响相对较小，还带有一定的区域垄断性，具有相对稳定的现金流流入。

高速公路的付现成本费用主要是养护、人工、税费、财务费用等。非付现成本主要是特许经营权的摊销，通常是以投资成本为基础，以车流量法进行摊销。付现成本占比较低，因此公路行业经营性现金流占收入的比重高。高速公路现金流相对稳定的特点，可匹配 REITs 的分红要求。

第三，高速公路以债务融资为主，权益类融资工具缺乏。经营性公路累计建设投资总额中，累计资本金投入 15870.8 亿元，资本金比例 32.7%；累计债务性资金投入 32675.4 亿元，债务性资金比例 67.3%，债务融资占据主要地位。银行贷款是主要债务品类，债券是辅助融资工具。近年亦有高速公路行业发行资产证券化产品，如类 REITs，包括四川隆纳高速、徽杭高速、中交清西大桥等。

高速公路特许经营权年限，使得企业的可持续经营受到影响，高速公路企业上市 IPO 难度较大。截至 2020 年年末，在沪深两交易所上市的高速公路公司仅 21 家，共计拥有控股路产约 1.1 万千米，占收费公路总里程约 6.5%。基础设施 REITs 的推出为高速公路以资产方式上市进行权益性融资提供了可能。

三、高速公路基础设施 REITs

高速公路资产是基础设施 REITs 的合适标的，一方面不少路产具有较好内部收益率和稳定现金流；另一方面行业内不少企业的债务比率偏高，具有权益型融资的迫切需求。

（一）境外高速公路 REITs 案例可供借鉴

由于境外多数发达国家的高速公路很少收费，因此从全球范围内看，以收费公路作为底层资产的 REITs 数量较为有限，可供借鉴的案例包括澳大利亚两家 REITs——Transurban Group 和 Atlas Arteria，以及印度高速公路基础设施基金 IRB。

以 Transurban Group 为例，该公司是澳大利亚最大的高速公路投资公司，目前持有和运营 20 条已通车的高速公路，分别位于澳大利亚和北美地区，总里程 326.5 千米，市值近 390 亿美元。公司持有路产的特许经营权平均剩余年限 29 年。不断收购、开发新项目是公司在特许经营权期限下保持"持续经营能力"的有效措施，公司从 1995 年以墨尔本的单一公路项目开始，1996 年在澳大利亚上市，其后在悉尼、布里斯班收购公路项目，并扩张至北美地区。1999—2019 年公司的公路里程复合增长率达 14.11%。

印度高速公路基础设施基金 IRB 于 2018 年 6 月发行了公募基础设施基金，以印度国内 6 处公路资产组合上市，但由于公路资产的经营表现较大程度不如预期，尤其是车流量少于预测，因而基金份额的市价下跌严重。

（二）我国高速公路发行 REITs 的主要关注事项

1. 特许经营权期限

我国经营性高速公路为特许经营，有到期期限。路产的剩余期限对估值的影响很大，期限较短的资产，无论从法规还是从估值的角度，均不太适宜发行 REITs。另外，路产在成熟稳定后，估值往往会随着特许经营权年限的减少呈现逐年递减的趋势，到期时须无条件移交给政府，使得高速公路 REITs 需要解决持续经营能力和资本增值的问题。Transurban Group 提供了资产扩张的案例，值得借鉴。因此，发起人在首次设立 REITs 时是否有丰富的储备项目（Pipeline），持续注入 REITs 的预期是否明晰，以及有无优先收购权的安排，就变得十分重要。基础设施 REITs 作为买方将促进建设活跃的路产大宗交易市场，也让人期待。

2. 宏观经济及交通网络规划的影响

宏观经济周期性波动，会影响客流和货物运输总量及结构，导致公路市场需求的变化，影响 REITs 项目的经营收入；行业政策和交通网络发展规划会因社会和经济发展的不同阶段而进行调整，对项目具有较大影响，需要加强分析未来政策、规划和路网衔接情况，以及可能出现的替代品对车流量的分流作用，等等。

3. 估值与收入波动

发行高速公路 REITs 时须使用现金流折现（Discounted Cash Folw，简称

DCF）估值模型进行估值，重要假设条件包括未来车流量、收费价格和变化，以及折现率等。车流量的影响因素较为复杂，风险变量较多，如经济社会发展水平、人口结构、空间布局、交通规划、突发事件等，因此具有一定的不确定性，预测难以做到精准。印度高速公路企业 IRB 在发行 REITs 后，实际车流量不如预期，基金的市价走势不佳，对我国有借鉴价值。原始权益人和车流量预测专业机构要尽量审慎、客观地作出相关预测，充分考虑未来收入和收益率的确定性。

4. 权属与转让

基础设施 REITs 的交易流程中，须由基金从原始权益人手中收购持有路产的项目公司 100% 股权，这涉及权属转移。除了股东同意，更重要的是需要取得特许经营权授予部门关于项目公司股权转让的同意函。对于需要资产重组、组建新的项目公司的，更是需要先由交通管理部门将特许经营权转授给新设项目公司。另外还要留意土地使用权的情况。许多高速公路项目可能存在土地使用权权属上的一些瑕疵，如未办理权证等，也需要补办相关手续或由国土部门出具允许项目公司使用土地的函件。

5. 特许经营责任与治理

特许经营责任是项目公司不可丝毫松懈的核心义务和责任。原始权益人并表管理的情况下，应积极承担项目特许经营责任。若不并表管理，亦应作出相应承诺或安排。在治理机制上，项目公司不开展实际业务的同时，基金管理人、原始权益人及运营机构应联合制订合理的责任承担机制，使得特许经营责任不落空，运营质量不下降。

最后，高速公路的改扩建也是发行 REITs 要关注的重点。改扩建往往要求新投入，也伴随着收费期限的延长，对于 REITs 投资人可能带来隐性的投资价值。发行 REITs 时需要对改扩建可能性进行判断，并建立好改扩建的投资机制，包括决策流程、资金来源、收益归属等。

（三）高速公路 REITs 展望

高速公路资产与 REITs 匹配度高，其规模值得期待，效果令人关注。除了降低杠杆率、促进有效投资等作用之外，REITs 能否利用其资本市场的公开流

动性和透明度，发挥出定价之锚的价值，并传导至高速公路资产的收费标准与
期限等的优化，形成合理的投资回报率，促进收费政策体现"用路者付费、
差异化负担"的原则，则显得更为重要，这将有利于提高路产的外部性收益，
降低社会总体成本。

与此同时，随着高速公路服务区、广告牌、沿路农林等路衍经济发展，高
速公路项目未来收益增长潜力可观，这也将成为 REITs 运营者发挥专业优势、
提升项目收入的切入点，以及吸引 REITs 投资人的关键点。

第二节　铁　路

轨道交通项目根据运行速度和范围等，分为普铁、高铁、城际、市域铁路
和地铁等不同类型。本节先将普铁、高铁和城际作为铁路行业进行综合介绍。

一、我国铁路的市场概况与行业特点

（一）铁路行业累计投资大，高铁建设全球领先

自第一条营业铁路上海吴淞铁路于 1876 年通车至今，铁路在我国已有
100 多年的发展历程。中华人民共和国成立以来，铁路建设更是基础设施投资
重点领域，历年投资额大，自 2014 年至今国家铁路集团有限公司（以下简称
"国铁集团"）每年的投资完成额都基本保持在 8000 亿元以上，达到一个高位
企稳的状态，如图 7.2 所示。铁道统计公报显示，截至 2020 年年底，全国铁
路营业里程达到 14.5 万千米，其中高速铁路营业里程达到 3.8 万千米，在全
球领先。

（二）铁路规划着力长远，体制改革不断深入，网运分开方向明确

2016 年 7 月，国家发展改革委、交通运输部、中国铁路总公司联合印发
《中长期铁路网规划》，规划期为 2016—2025 年，远期展望到 2030 年，高铁将
规划形成"八纵八横"的网络，促进我国经济与社会发展。

我国铁路体制改革不断深入，政企分开已实现突破。2013 年 3 月，我国
撤销铁道部，组建国家铁路局，承担铁道部拟定铁路发展规划和政策制定等工

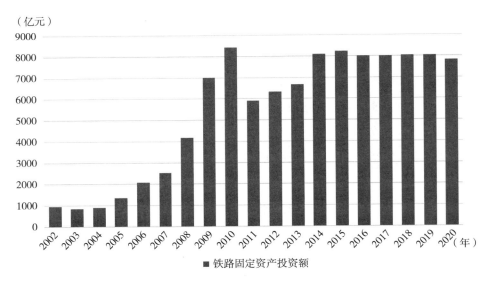

（亿元）

图 7.2　2002—2020 年我国铁路固定资产投资总额情况

资料来源：万得资讯、中金公司研究部。

作，隶属于交通运输部；同时组建中国铁路总公司，承担铁道部的企业职责。2019 年 6 月，铁路总公司改制成立国铁集团。

"网运分开"成为经营模式改革的一个重要方向。2015 年 8 月，国务院发布《关于深化国有企业改革的指导意见》，提出"对自然垄断行业，实行政企分开、政资分开、特许经营、政府监管为主要内容的改革，根据不同行业特点实行网运分开、放开竞争性业务，促进公共资源配置市场化"。2019 年 3 月，全国人大十三届二次会议提出要"深化电力、油气、铁路等领域改革，自然垄断行业要根据不同行业特点实行网运分开，将竞争性业务全面推向市场"。

（三）国铁集团占行业主导，地方铁投公司和社会资本参与度不断提升

由于历史原因，国铁集团占据行业的主导地位，也是自然垄断性的一种表现。但近年来地方铁路投资公司和社会资本加大参与力度，尤其在高铁和城际铁路的投资建设上，出现不少国铁集团不控股的项目。社会资本较为突出的案例是京沪高铁，平安资管和社保基金为第二、三大股东，占股比分别为13.91%和8.7%。民营企业则更多参与投资铁路专线，如复星控股投资杭绍台

高铁 PPP 项目。

二、铁路的投融资与盈利模式

(一) 铁路行业投资重，管制性强

铁路属于重资产投资类型，建设规模大，周期长。以世界银行支持的 6 条中国铁路为例，其单位建设成本在每千米 0.89 亿元至 1.23 亿元之间，造价高。国铁集团资产重，截至 2019 年年末资产总额 8.31 万亿元。

铁路运输的定价受到一定限制，收入有限，运营与维护成本较高，盈利不易。客运收入主要是票价收入，也有广告、商业等其他服务收入，货运则主要是运输服务收入。定价通常会受政府管制。货运价格实行政府指导价和市场调节价，其中煤、石油、粮食、化肥等品类整车货物实行政府指导价，上限管理，下浮不限，其他均实行市场调节价。客运方面，普通旅客列车硬座、硬卧票价实行政府指导价；高铁动车组列车票价、普通旅客列车的软席票价由铁路运输企业依法自主制定，亦沿用了普通铁路的成本定价法。与发达国家相比，我国的客运票价偏低，加上运营和养护成本较大，铁路投资通常盈利性不强，需要较长的投资回收期。

(二) 网运分开模式有利于引入市场化竞争机制

铁路行业具有自然和人为的垄断性，政府从投资、融资及运营定价上均有较强管制，一方面确保了规划统筹、安全生产和运营，但另一方面缺乏市场竞争机制，"网运分开"模式是体现市场化改革方向的重要举措之一。

铁路的"网运分开"模式是指把具有垄断性的铁路网基础设施与具有市场竞争性的铁路客货运输分离，组建铁路路网公司和若干个客运公司、货运公司，实行分类管理。京沪高铁即是"网运分开"模式的实际应用，且初具效果。京沪高铁的固定资产主要包括线路、房屋建筑物、信号与电气化供电设备等，公司并不持有列车和其他动产，其担当的列车均为向各铁路局租赁而来。

"网运分开"模式下，作为不动产的基础设施线路成为铁路项目发行 REITs 的良好底层资产，线路使用费等收入的稳定性，为铁路企业参与 REITs 打下了较好基础。

（三）以政府投入和债务资金为主，权益融资工具较少

铁路投资主体主要是国铁集团及地方铁路投资企业。国铁集团的融资主要以银行借款和发债为主。与地方政府合作的项目，出资比例由国铁集团和各地政府商定。铁路项目通常会引入较大比例的银行融资，国家开发银行等在铁路建设中发挥了较大作用。铁路建设债券也是重要融资工具。

铁路建设以较高的负债进行融资，导致企业负债率较高。截至 2019 年 12 月 31 日，国铁集团经审计的资产总计为 8.31 万亿元，权益为 2.83 万亿元，资产负债率约 66%。铁路的权益类金融工具较少，截至 2020 年年底，国铁集团旗下有 4 家公司在境内外上市。基础设施 REITs 有望成为国铁集团以资产方式上市的重要选择。

三、铁路基础设施 REITs

（一）基础设施 REITs 对我国铁路发展具有现实意义

铁路存量资产庞大，优质资产不少，且铁路线路不属于带期限的特许经营权类别，具备一定的成长性和资本增值空间，是合适的发行基础设施 REITs 的资产。

根据我国铁路规划，至 2035 年要基本建成交通强国，完善"八纵八横"高速铁路网，需要建设的重大项目很多。国铁集团当前资产负债率已达到较高水平，债务融资持续性不强，基础设施 REITs 作为权益型融资工具，非常适合国铁集团的投融资需求。因此，基础设施 REITs 对于实施我国铁路规划、改善国铁集团及地方铁路投资企业的资本结构具有现实意义。

（二）境外铁路资本市场可供借鉴

从全球范围看，境外并没有铁路的 REITs 案例可供比较。日本是铁路投资和运行最有效率的国家，按地域划分了 6 家客运铁路公司，各有发展特色，市场化程度高。其中 3 家上市公司均有稳定分红的策略，股息率高于国债收益率，这是其长期以来的股价表现跑赢大盘的主要因素之一，为我国铁路行业发行 REITs 提供了借鉴。

以中日本铁路公司为例，其主要资产为东海道新干线，长度 552.6 千米，是日本最早建成、最繁忙、最核心的新干线，连接着东京、京都、大阪三大经济圈，也是日本效益最好的铁路资产。一方面，新干线运营水平较高，使得客运周转量保持稳定增长，近十年来的复合增速为 2.0%；另一方面，公司通过多种方式增加经营收入，主要是开展商业和广告业务，其规模不断扩大，收入占比达到 29%，使得公司业绩表现出色。

中日本铁路公司的稳定分红策略受到投资者的欢迎。我国铁路资产以 REITs 方式上市，在铁路运营提升、资源经营拓展的基础上，可望实现稳定且带有增长的分红，给投资者带来良好回报。

（三）我国铁路发行基础设施 REITs 的主要关注事项

1. "网运分开"模式有助于基础设施 REITs 发行

"网运分开"模式除了有利于培育市场化竞争、提高国铁运营服务质量和企业管理水平之外，还有助于增加 REITs 收益的稳定性，以及扩大资产范围。在网运分开后，具有基础设施不动产属性的线路资产将作为发行 REITs 的底层资产，REITs 并不持有车辆等动产，而是收取各运输机构在线路上行驶列车的各项费用。这使得 REITs 的收入更为稳定。此外，可以对整体效益不足的资产进行切分，将符合收益率标准的线路资产上市，从而扩大可发行资产的范围。

网运分开之后的各类收费定价和列车开行对数是影响收入的核心因素。铁路运营多年，内部有较为系统的清算规则，如京沪高铁披露了较为成熟的收费定价模式，线路使用费、接触网使用费、上水服务费和站点服务费等均有依据和实践。列车开行对数是效益增长的重要来源，需考虑运量需求及与运能之间的平衡，通常由铁路运营机构统筹安排。

2. 选择优质项目，避免项目之间竞争与冲突，且稳定与成长并重

国铁集团及其他省市铁路投资主体已持有一些合适的资产，宜先考虑优质资产发行 REITs，总结经验后，再普及推广。

首先是资产类别，部分优质高铁无论从竞争力还是效益上均优于普铁，主要煤运通道的货运路线表现稳定等，属于较好的资产；其次是区位，连接一线城市或强二线城市的线路更好，如"四纵四横"干线高铁线路，较好的城际线路等；再次，试点阶段资产的规模要适中，后续再实施扩募；最后，是要避

免试点资产与其他线路的明显竞争关系，尤其要关注规划中邻近线路可能对其产生的分流影响。

铁路网络在不断形成、完善和改良，并网、跨线、改线、撤线等均可能对某一个线路的运量产生重大影响，在选择项目时需要科学预测，审慎评估。选择优质项目时，可重点考虑当下成熟、未来运能运量提升空间大的项目。

3. 强化运营，增加透明度

铁路运营是核心义务和责任，一般由国铁集团及各地方局集团专营。在发行 REITs 时，基金管理人、项目公司与运营机构之间的委托运营协议是重要文件，运营机构通常是国铁集团内部机构，要明确勤勉尽责要求，基金管理人则要配置专业人员做好运营监管和考核。

委托运营构成关联交易，各项收费的定价、开行列车对数、重大资本性支出等重要方面要做到合理合规，具备市场公允性，同时做好信息披露，确保信息真实、准确和充分，增加透明度。同时原始权益人要关注同业竞争事项，采取有效措施防范利益冲突。

4. 房屋与土地权属

铁路项目往往存在房屋建筑与土地等不动产权属上的一些瑕疵，如未办理权证等，需要采取相应措施予以补正。京沪高铁上市时，已取得权属证书的划拨土地，经自然资源部批复同意以作价出资方式进行有偿处置，相关土地权利类型转变为作价出资土地使用权；未取得权属证书的土地，由中国铁投和国铁集团作出相关承诺，自然资源部出具函件，以解决相关问题。

最后，国铁集团资产较多，在发行基础设施 REITs 时要留意互相之间的同业竞争和利益冲突。一方面尽量减少发行 REITs 的基金个数，多形成同一基金内的资产组合；另一方面不同 REITs 之间应具有明显差异，如分别以货运铁路线或客运路线为主要底层资产等。

四、铁路基础设施 REITs 展望

REITs 是一种资产上市的方式，与公司上市 IPO 之间有许多不同之处，尤其是资本市场在估值定价上会有一些区别。目前铁路行业的上市公司是以成熟

的线路为主要资产，市盈率并不高，若同样优质的线路以 REITs 方式发行可以有更好的估值，体现强制分红的特性，则国铁集团开拓一条更有效的权益融资路径值得期待。

目前铁路体制改革不断深入。若能通过发行基础设施 REITs 带来铁路行业网运分开模式的广泛实施，则有机会在国铁集团内部培育和完善运营与服务的竞争机制，促进铁路体制改革的进一步突破。从这个角度看，铁路优质资产的基础设施 REITs 探索更具有深远意义。

第三节　轨道交通

城市轨道交通是城市发展的重要一环，可缓解城市拥堵，改善城市环境，促进低碳经济发展，成为有条件的城市地方政府的重要投资领域。城市轨道线路包括地铁、轻轨、单轨、市域快轨、有轨电车、磁悬浮、APM（Automated People Mover system，即自动旅客捷运系统）等七种制式，其中地铁占据主导，是本节的重点。与铁路主要集中在国铁集团不同，城轨则分散至各市级企业，其投资、融资与运营均与城市规划和经济发展相关。

一、我国城市轨道交通的市场概况与行业特点

（一）全国布局，多个城市仍处于快速发展阶段

截至 2020 年年底，中国大陆已有 45 座城市开通城市轨道交通，运营线路总长度 7978 千米。其中地铁运营总里程达到 6303 千米，占比 79%，是最重要的轨道交通工具，多年来增速在两位数以上。如图 7.3 所示。

截至 2019 年，全国城市轨道交通累计投资总额达到 3.36 万亿元。2020 年有成都、杭州、深圳、青岛、重庆、宁波等 25 座城市的 54 条轨道交通线路新增开通运营，总里程达 1152.60 千米，车站 745 座，总投资额达 7528.17 亿元。

多个城市的轨道交通仍处于快速发展中。截至 2019 年年底，56 个城市在建的轨道交通线路总规模 6902.5 千米，同比增长 8.3%，其中地铁线路长度

图 7.3　2010—2020 年全国城市轨道交通运营线路长度及同比增速
资料来源：万得资讯、中金公司研究部。

5942.7 千米，占比 86.1%。共有 24 个城市在建线路超过 100 千米，其中成都、广州两市超过 400 千米，位居前列。杭州、北京、青岛、天津、郑州等 5 市建设规模超过 300 千米。

（二）政策主要体现在规划与投资审批等方面

2003 年国务院办公厅发布《关于加强城市快速轨道交通建设管理的通知》（81 号文），对地铁等轨道建设进行管理，2018 年《关于进一步加强城市轨道交通规划建设管理的意见》（52 号文）对此作了进一步的规范，城市投资地铁的门槛有所提高，如一般公共预算收入由原来的 100 亿元调整为 300 亿元，GDP 方面由 1000 亿元调整为 3000 亿元。新政策推动了中小运量的城轨制式如轻轨等的发展，也加快了重点城市地铁网络的形成。

（三）大城市存量占比高，客流大，城市群轨道网络逐渐成形

全国轨道交通运营中的线路长度，上海、北京、广州、成都、南京、武汉、重庆、深圳等 8 个城市排在前列，在 300 千米以上，这些城市的客运量也较大，2019 年北京、上海、广州全年累计完成客运量排在前三，分别有 39.6 亿人次、38.8 亿人次和 33.1 亿人次。从单线来看，线路客运强度最高的主要

在广州和北京，北、上、广、深四地客运强度超过 1.5 万人次/千米日的线路分别有 9 条、9 条、6 条和 5 条。

以长三角、京津冀、粤港澳大湾区为主的人口密集区域轨道交通成网络发展，城市群、都市圈、同城化建设力度大。长三角 11 城开通运营轨道线路 54 条，总长度 1920 千米，占全国的 29%，线网最密集。市区城轨尤其是地铁、市域快轨与城际铁路呈三网融合发展趋势，且与高铁相连的交通枢纽增多。

在当前的市场格局下，已有一些地铁线路开始盈利，加上资源经营得当，发行 REITs 的资产基础初步具备。

二、城轨的投融资与盈利模式

第一，以市属企业投资为主，具有区域垄断性。与铁路资产主要集中于国铁集团不同，城市轨道资产分散在各个城市市属企业，地铁则主要在各市地铁集团公司。各市地铁集团均承担了地铁的投资、融资、建设和运营职能，并大多垄断了本市项目。因此，重大城市的市属地铁集团资产量大，运营成熟线路多，资源经营不断提升，均有可能成为当下发行 REITs 的主体。

第二，行业有较强公益性，收益不高，资源经营是重要补充。轨道交通是城市交通的主要方式，公共事业属性强，票价低，多数城市的线路票价收入通常不能覆盖运营成本，存在一定亏损。资源经营成为城市轨道主体的重要盈利手段，包括广告、通信及商业领域，尤其是带有经营性的物业开发。2019 年运营收入大于支出的城市有杭州、深圳、北京、青岛 4 市，均是资源经营收入较高的城市。

第三，债务融资占据主导，探索 PPP 等创新模式。轨道建设的融资主要由地方政府负担一定量的资本金，其余通过银行贷款等来完成。由于投资规模大，轨道建设债务融资极易造成地方政府债务增加，因此 2018 年 52 号文重点要求限制债务融资，如"项目总投资中财政资金投入不得低于 40%，严禁以各类债务资金作为项目资本金"，"严格防范城市政府因城市轨道交通建设新增地方政府债务风险，严禁通过融资平台公司或以 PPP 等名义违规变相举债"，"对企业负债率过高的应采取有效措施降低债务，并暂停开工建设新项目"等。

轨道交通领域探索了 PPP 融资创新模式。北京地铁 4 号线是我国城市轨道交通领域的首个 PPP 项目,北京京港地铁有限公司作为项目公司负责车辆、信号等设备部分(B 标段)的投资建设和运营。深圳地铁 4 号线亦与香港地铁有限公司合作,引进 BOT 融资模式,减轻了政府的财政压力,香港地铁有限公司在深圳成立项目公司以"地铁+沿线物业综合发展经营"模式投资。

在城市轨道交通对负债的严格控制下,投资主体对发行 REITs 的需求明显。

三、地铁基础设施 REITs

(一)基础设施 REITs 有助于我国地铁的建设和发展

地铁是我国主要城市地方政府的重要投资方向,具有很强的正外部性。地铁项目的投资额大,筹集资本金是城市地方政府及轨道交通企业的重要任务。在地方政府债务问题较为突出、财政压力较大的情况下,REITs 作为权益型融资工具,将成为地铁企业的重要选择,并有助于地铁企业形成良性循环,加快投资,促进城市轨道交通网络建设和效益提升。

目前我国地铁的存量资产总体规模可观,未来地铁车辆密度将持续提升,更多的城市纳入城轨建设体系,增量仍将持续加大。部分城市的地铁线路效益较好,初步具备发行 REITs 条件。除了 PPP 类的特许经营项目外,地铁项目一般没有运营期限限制,可以永续经营和产生资本增值,更易获得 REITs 投资人的认可。

(二)我国地铁发行基础设施 REITs 的主要关注事项

1. "网运分开"模式适用于地铁 REITs 的发行

如上节铁路行业所述,"网运分开"模式下发行 REITs 可选择的资产更广泛,收益更稳定,也同样适用于地铁的 REITs 发行。地铁资产进行网运分开时,会与铁路有所区别。一是资产范围不同。地铁的基础设施不动产更可能是仅包括车站、线路和区间,而不包括电力系统、信号设备等。二是运输主体不同。铁路同一路线上可能有多个运输主体,尽管大都属于国铁集团,担当车与非担当车、本线与跨线、货运与客运等具体运输主体却有很大不同，反映了客户的分散。而地铁线路一般只有一个运输主体，构成较为突出的关联交易。三是收费定价基础不同。铁路具备成熟的清算系统，因而线路使用费等定价有合理的依据，不同等级、不同繁忙程度的线路定价有高低之分。但地铁并没有该类清算系统，线路使用费、车站旅客服务费等定价模式仍是空白，需要权威机构合理制定。地铁的公益性强，票价低，很多线路效益不足，若采取"网运分开"模式使得 REITs 符合基本收益率要求，可能会造成该线路运营业务的亏损，需重点关注。

2. 选择重点城市优质项目

在"网运分开"模式下可选择的资产范围增大，但由于较强的关联交易，项目的收入来源较大程度依赖于原始权益人主体。因此，一线城市和人口净流入的二线城市、支付能力强的主体是重要考虑因素。按 2019 年统计数据，人口净流入的二线城市中排名较前的包括杭州、宁波、佛山、成都、重庆、郑州、西安等。另外，项目本身效益要好，自身的现金流足以覆盖 REITs 收益和线路运营支出。最后，路网规划对项目的未来客流要有利，收入存在提升空间。

3. 推动补贴政策调整和市场化定价机制的逐步建立

地铁因其公益属性，存在较为普遍的补贴政策。地铁补贴通常由财政支付给运营企业。若能根据市民经济状况和出行需求，设计精细化补贴方案，并直接补贴给用户，将有助于 REITs 发行，也有利于地铁的持续投资建设。

地铁票价较低，票务收入难以覆盖运营成本，企业通常会以资源经营收入来弥补，比如上盖物业开发。有条件的城市若能在未来建立更为市场化的票价定价机制，如以"准许运营成本"为基础制定票价，或按不同时段、不同客群差别化定价等，也会促进行业发展，减轻财政负担。

4. 完善土地使用权属办理，增加资源性收入

地铁项目在不动产权属上亦普遍存在未办理权属证书的情况，区间洞体的不动产权属还存在较为特别的情形。需要国土部门采取相应措施，解决不动产权属问题，确保资产上市的合规基础。

在完善土地权属和性质的基础上，开发资源性收入，可有效提高地铁整体收益，有利于 REITs 的发行和上市后的持续增长。资源性收入包括物业经营收入、广告收入、通信收入等多种经营收入。以 TOD 模式开发地铁的，多种经营收入较好，在发行 REITs 时更有利于综合平衡。

（三）地铁 REITs 展望

地铁建设探索 PPP 模式创新，引入社会资本投资于车辆与设备资产，但基础设施不动产属性强的线路资产仍由政府为主投资。REITs 若能解决投资金额更大的不动产部分的退出问题，以及提供定价的机制，则可能带来地铁投资模式的进一步改革和创新，更为全面地引入社会资本。

第四节　仓储物流

仓储物流指根据客户需求，在合适的地点建设并专业化运营管理的仓储物流设施，属基础设施范畴。随着居民消费升级和零售电商的快速发展，传统仓储服务得到不断提升，物流产品、服务模式、技术水平等发展推动着仓储物流的现代化，高标准仓库（简称"高标仓"）等在我国已初具规模。本节将主要介绍高标仓的市场情况及在 REITs 上的应用。

一、我国仓储物流的市场概况与行业特点

（一）仓储物流存量资产规模大，高标准仓库总体供不应求

截至 2020 年年底，我国仓储物流设施总库存约 9.6 亿平方米，总量大，全球范围看仅次于美国（12.5 亿平方米），高于其他国家。但人均水平仅为 0.77 平方米/人，显著低于美国（5.4 平方米/人）和日本（4 平方米/人）。仓储总量中高标仓的占比低，仅为 7%，低于一般发达国家水平。

我国现代仓储物流设施起步较晚，高标仓从 2003 年才开始发展，2007 年之前为起步阶段，以普洛斯进入中国为代表；2008—2013 年为迅速发展阶段，仍以外资为主，包括安博、嘉民等国际物流企业；2014 年开始随着万科、平安等内资布局仓储物流资产，行业进入平衡发展阶段。至 2020 年二季度，高

标仓存量面积约 6400 万平方米。受制于区位优质的土地资源较少、仓储投资带来的就业税收不明显等因素，高标仓供应总体上仍存在缺口，尤其在长三角和珠三角地区供不应求更为明显。高标仓近年发展如图 7.4 所示。

（万平方米）

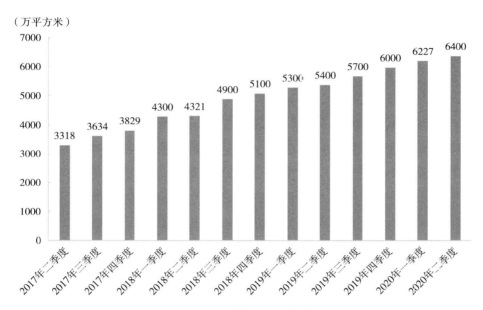

图 7.4　我国高标仓库存量近年增长情况

资料来源：戴德梁行、中金公司研究部。

（二）物流受到政策鼓励，但行业发展效率不充分，区域不平衡

物流是国家政策鼓励发展的行业。2012 年 12 月商务部出台《关于促进仓储业转型升级的指导意见》，鼓励传统仓储向现代仓储升级；2014 年 10 月国务院出台《物流业发展中长期规划（2014—2020 年）》，促进仓储物流业发展；2018 年 12 月国家发展改革委、交通运输部出台《国家物流枢纽布局和建设规划》，提出整合存量物流基础设施资源，到 2025 年布局建设 150 个左右国家物流枢纽，提高物流整体运行效率和现代化水平。

目前物流行业效率发挥并不充分，高标仓总体占比低，传统仓仍占据大量市场。传统仓存在功能延展性不强、结构不合理、存储品类有限、土地性质有瑕疵等缺陷，大大增加了物流过程中的运营成本以及安全隐患。

高标仓还存在区域发展不平衡情况。华南区域供不应求，而西部和东北区域则供给短期过剩。根据物联云仓的数据，截至 2020 年一季度，广东、福建等地的空置率较低，不到 10%，而吉林、宁夏、重庆等地的空置率很高，超过 30%。

（三）机构投资为主，外资参与度高，国际化与专业化水平高

高标仓的市场呈现"一超多强"格局，普洛斯占有较大市场份额，机构投资为主。截至 2020 年二季度末，普洛斯市场份额约 30%，万纬、宝湾和宇培等企业位列第 2—4 位，市场占有率分别为 7.4%、5.5% 和 5.5%。前十名占据市场份额近 70%，市场具备一定集中度。

普洛斯于 2003 年进入中国后快速占领市场，并带来物流领域高标准的设施和专业化运营，在 2010 年时，其市场份额即已成为其后 2—8 家的总和。紧随其后的外资企业主要有安博、嘉民、丰树等，对推动我国高标仓发展起到了重要作用。

（四）电商与物流自建资产比重逐步加大

随着电商兴起，以京东、阿里菜鸟、苏宁等为代表的电商自建高标仓也在近年快速扩张。截至 2020 年年底，京东、阿里菜鸟和苏宁已建成的仓储面积均接近或超过了 300 万平方米。除了电商企业，专业第三方物流企业如顺丰等，也在进行较大规模的自建仓投资。自建仓会分流市场需求，但在高标仓总量供不应求的情况下对市场总体冲击有限，而专业仓储企业更需关注其运营能力。

电商与物流企业自建的仓储设施，往往采取内部租赁的方式，并参照市场租金标准和其他要求，这为企业发行仓储 REITs 提供了商业基础。该类企业可通过发行 REITs，在保持物流核心战略的同时，解决轻重资产平衡发展的难题。

二、仓储物流的投融资与盈利模式

（一）具备需求带动的增长型投资逻辑

仓储物流的持续发展，其根本原因是中国消费需求及消费方式的深刻变化。21 世纪以来，中国中产阶级日益壮大，消费品零售市场蓬勃发展，线上消费方式普及，这些都推动了现代物流仓储和配送需求的高速增长。

2010—2019 年，中国社会消费品零售总额年均复合增长率 11.2%，同一时期，国内高标仓实际租用面积则以 18.4% 的年均速度增长，从 1100 万平方米跃升至 4800 万平方米，高标仓总体量翻了两番。未来庞大的消费市场，以及持续增长的零售电商业务，将催生更多的仓储物流新需求，使得仓储物流的投资具备增长的逻辑。

（二）盈利模式清晰，收益率较好

高标仓的收入主要来自于租赁收入，其客户通常涉及第三方物流行业、电商零售行业、制造行业和其他消费零售业等，具有租金收入合理、出租率高、租期较长、现金流充足且稳定等特点，是理想的 REITs 发行标的。根据戴德梁行数据，截至 2020 年二季度，北京、深圳等一线城市，以及东莞、廊坊、昆山、惠州等一线卫星城市的高标仓净有效租金平均为 41 元/平方米/月，平均出租率高达 96%。租金的稳定增长，可为投资者带来较好的资本增值回报。

高标仓的资本化率较好。与办公楼、购物中心等商业物业比较，已成熟物流资产的资本化率较高，一线城市的高标仓资产大致在 5%—6% 之间，二、三线城市则可能更高，符合发行 REITs 的收益率要求。

（三）金融资本盛行，资产证券化成为退出重要考虑

国内物流地产项目资金来源以自筹资金为主，项目银行贷款占比较小，海内外私募基金成为重要融资方式。

全球范围看，私募基金不断成为仓储物流的重要投资方。不动产基金投向仓储物流的资金比例从 2015 年的不到 10%，增长到目前的 17%。普洛斯在中国的仓储物流投资资金来源主要为海内外设立的基金，截至 2020 年年底，普洛斯在中国境内外募集并运行 7 只专门投资于中国的私募基金，这些基金资产管理规模超过 1300 多亿元。外资以基金化运作的还有嘉民中国物流基金、安博中国物流基金、乐歌中国物流基金、领盛物流基金、黑石基金等。国内物流企业也在近年开展基金轻资产运作，如京东分别于 2019 年、2020 年与新加坡政府投资公司（GIC）成立两期核心基金，涉及资产规模超 150 亿元。阿里菜鸟则早在 2016 年就与中国人寿设立了 85 亿元仓储物流核心基金。

资产证券化产品是仓储物流资产成熟时的退出考虑。内资物流企业大多在类 REITs 产品上尝试物流地产资产证券化，截至 2020 年年底，共发行 5 只类 REITs 和 3 只 CMBS 的资产证券化产品。尽管国内类 REITs 是以偏债类为主，但物流资产类型则多有进行市场化的权益级出售，也反映了原始权益人的真实退出和出表等诉求。

三、仓储物流基础设施 REITs

仓储物流项目尤其是高标仓因其选址区位好、权属清晰、土地性质明确、收益较好、现金流稳定等，成为 REITs 的良好标的。我国高标仓行业重资产、基金化融资的模式，使企业有很强的发行 REITs 需求，仓储物流资产有机会成为我国基础设施 REITs 初期阶段的明星类别。

（一）境外仓储物流 REITs 是重要品类

美国上市的仓储物流 REITs 主要包括工业 REITs 和自助仓储 REITs，其中工业 REITs 共发行 13 只，主要专注于仓储资产和少部分产业园区，截至 2020 年 9 月，工业类 REITs 总市值为 1252 亿美元，市值占比为 10.7%；自助仓储 REITs 共发行 6 只，总市值 690 亿美元，市值占比为 5.8%。两者合计在美国 REITs 的比重达 16.5%，属于重要品类。最大的仓储物流 REITs 是安博（Prologis），市值超过 700 亿美元。

日本是亚洲发行仓储物流 REITs 数量最多的国家，共发行了 10 只，在日本 REITs 发行规模中居于第二位。2020 年上半年，日本 63 只公募 REITs 中仅 6 只表现为股价净上涨，全部为仓储物流 REITs，在疫情中较其他板块体现了更强的抗跌性。

与日本相比，新加坡的 REITs 市场更为国际化。新加坡证券交易所上市的 9 只工业类 REITs 中，有 3 只仓储物流 REITs，即丰树物流信托、星狮物流信托和凯诗物流信托。丰树物流信托资产组合丰富，截至 2021 年 3 月底管理资产规模近 108 亿新元，可出租面积超过 646.3 万平方米，主要位于新加坡（24.0%）和中国香港（24.6%），还包括中国内地、日本、韩国、澳大利亚、越南等地，总体运营良好，出租率达到 98%。

丰树物流信托在中国内地持有资产比例约 16.6%，约 30 处资产面积合计 200.8 万平方米，主要位于上海、北京、广州、西安、长沙、成都、郑州、沈阳等城市。内地仓储物流资产在新加坡以 REITs 方式上市，为我国仓储物流 REITs 发展提供了实践经验。

（二）我国仓储物流发行基础设施 REITs 的主要关注事项

1. 选择优质项目

原始权益人在众多符合基本条件的项目中应选择更为优质的项目，以取得监管部门和投资者的更高认可度，这将有利于 REITs 的运营表现和持续扩张。首先是资产的区位好，最好位于一线城市或周边二线城市；其次是运营品质高，包括租金符合市场预期且有增长，租户优质稳定，出租率高，租期合理，设备设施良好，保持租户或用户的分散化也很重要；再次，资产有适当组合，规模适中，且有明确的后续扩募资产；最后，原始权益人合理考虑估值定价，充分反映风险，就更有机会在此赛道抢先。

2. 土地性质及相关税收

首先是关注土地用途，在规划用途及报建手续上要有仓储功能。另外，土地增值税是重点事项。成熟的高标仓项目往往存在资产的增值，尽管 REITs 是以项目公司股权转让的方式来完成发行，但是否适用土地增值税，需要原始权益人审慎判断，加强与税务部门沟通，作出相关承诺。

3. 基金的转换和资金用途

如前所述，私募基金是仓储物流项目建设的主要资金来源，与公募 REITs 对接可形成一个良性资本循环模式，但须留意资金用途，尽量避免较大比例地用于归还原基金投资人，使得募集资金不能用于新增有效投资。仍在存续中的类 REITs 项目，募集资金需要归还类 REITs 投资人的，亦须有相应的解决措施。

4. 关联交易及整体租赁

电商及物流企业以自建仓发行 REITs，尽管在股权结构、运营模式、租赁合同等方面具备条件，但仍须重点关注关联交易事项。首先，是定价及其他各方面安排的公允性，要做全面检视。其次，是项目的普适性，若出现不能承租的情况时，资产仍可以通过市场化运作避免损失。最后，要持续关注运营能力的培育与提升，避免因内部交易缺乏市场动力，使得运营团队动力不足、能力下降。

整体租赁也是重要事项，在非关联交易中亦会存在。原始权益人可在最终用户中形成分散、或组成不同项目的资产组合，尽量减少整体租赁带来的集中度风险。

（三）仓储物流基础设施 REITs 展望

仓储物流的双基金发展模式值得期待。国内高标仓的发展过程有私募基金的深度参与，而公募 REITs 可发挥公开市场的流动性和透明度等优势，对接私募基金的退出，成为核心型资产的长久持有平台，为企业打造双基金模式，这将有利于资源的更合理配置。

仓储物流资产因与消费升级和零售电商发展关系紧密而具有跨周期、稳定增长的特征，投资者认可度高，有机会成为基础设施 REITs 市场建设的排头兵和压舱石，发挥出独特价值。

第五节 产业园区

产业园区一般是指政府为了促进区域经济发展、打造产业集群而创立的特殊区位环境。可发行基础设施 REITs 的产业园区基础设施，主要包括研发、创新设计及中试平台、工业厂房、创业孵化器和产业加速器、产业发展服务平台等。

一、我国产业园区的市场概况及行业特点

（一）产业园区类型较为丰富，为经济发展作出重要贡献

根据国家发展改革委等发布的《中国开发区审核公告目录》（2018 年版），国务院批准设立的开发区有 552 家，其中经济技术开发区 219 家、高新技术产业开发区 156 家、海关特殊监管区域 135 家、边境/跨境经济合作区 19 家、其他类型开发区 23 家；省（自治区、直辖市）人民政府批准设立的开发

区共 1991 家。此外，还有数量众多的市县级地方政府批准设立的各类产业园区，如大学生创业园、特色产业园等。

产业园区是推动产业集聚和产业升级，培育新的经济增长点的重要载体。以国家高新区为例，根据科学技术部发布的《国家高新区创新能力评价报告（2019）》，2018 年国家高新区 GDP 总额相当于全国的 12%，工业增加值占全国的 16%。国家高新区在国家科技发展中起到了重要的作用，高新区企业 R&D 人员占全国的 40.4%，企业 R&D 经费支出占全国的 48.9%，国家高新区已经成为科技创新的重要区域。

（二）产业园区政策优惠走向规范化

我国各级政府对相关产业园区都出台了一些优惠政策，包括税收优惠、资金扶持、用地保障、设施保障、支持人才引入等。产业园区的优惠政策，也经历了从野蛮生长到清理整顿，再到规范发展的过程。

同时，产业园区发展从纯粹的经济发展指标导向，转变为经济、社会、生态多元导向，成为城市空间有机成长的重要组成部分。产业园区也从工业园区为主，逐渐走向高新科技产业、创意产业和现代服务业等。

（三）产业园区基础设施走向现代化

经过多年开发和推广，我国产业园区的建设和运营日趋完善，园区基础设施基本实现现代化。在明确的管辖边界之内，园区的开发运营主体有能力提供完善的、有针对性的基础设施，这些设施有规范化的开发建设流程。从内容上看，产业园区包括两类基础设施：

一是一般性的基础设施，如产业园区的"九通一平"，即通雨水管线、通污水管线、通电信电缆管道、通热力管线、通电力管线、通自来水管线、通天然气管线、通有线电视光缆、通道路和土地平整。

二是专门的基础设施，包括化工产业园区配备的专业工业废水处置系统，环保监测系统，物流园区配备的专业物流信息平台等。现代化的基础设施，既是产业园区增量建设的主要资金投向，也是产业园区存量资产的关键运营现金流来源。

（四）我国产业园区运营日趋成熟、专业

产业园区除了良好的基础设施，也需要优质、专业的运营。产业园区的开发运营方往往会向入驻企业提供一系列的服务，包括保安保洁、政府办事窗口、金融、餐饮、住宿、信息服务等，以满足入驻企业的日常运营，另外还会根据不同产业园的产业定位设立更有针对性的服务类型。

目前，市场已经涌现出一批从开发切入，擅长运营服务的专业园区运营商。除了开发运营商，万科物业、招商积余、绿城服务等物业管理企业也积累了丰富的产业园区综合服务的经验，专门针对产业园区提供轻资产服务。这类服务不止物业管理服务，也包括产业孵化、招商引资等相关服务内容。

二、产业园区的投融资盈利模式

产业园区建设的前期投入大、建设周期长，投融资问题长期制约着园区企业的发展。

（一）产业园区的盈利方式

产业园区开发的成本主要包括三个方面：一是土地开发支出，一般包括土地使用费、征地费、拆迁补偿费、安置费和基础设施建设费等；二是相关基础设施和楼宇的开发建设成本；三是当园区开发达到基本的企业入驻条件后，继而会产生大量的招商引资成本和配套服务成本。

产业园区的收入来源主要涵盖土地开发收入、园区内的地产开发销售和出租收入、园区市政收入、招商收入、综合服务收入、投资收入和财政补贴收入等。土地开发收入是园区开发过程中园区企业重要收入来源，但有不稳定、周期波动的特点，且和土地市场起落相关。此外，园区开发经营主体常常获得配套房地产项目的开发权，进而形成房地产开发收入。

由于我国房地产市场处于繁荣期，房地产开发收入成为园区开发和运营主体的重要回款来源，但长期来看园区的房地产开发相关收入贡献可能趋于下降。园区持续性收入主要包括供水供电等公用事业的收入、招商等各类服务活动的收入、园区持有物业的租金收入等。由于缺乏资产证券化的通路，产业园区普遍呈现资产沉淀多、可持续收入少的特征。大多数园区的持续性收入往往不到园区收入的三分之一。

产业孵化和投资收入也是产业园区运营中常见的收入来源。产业园区的产业发展重心逐渐从传统制造业转向科技创新产业，产业园区的职能也逐渐从开发建设空间、服务企业扩展到产业投资和孵化，产业园区的收入来源也就得以扩展。例如，张江高科作为张江科学城的开发建设主体，提出作为产业客户的"空间服务商+时间合伙人"理念，将产业园区开发建设和产业孵化投资结合起来。

（二）产业园区的投融资模式

在我国产业园区发展之初，通常会以园区管理委员会为派出机构，加挂园区公司牌子，并利用政府注入资金加杠杆开发建设。我国现有的园区运营企业，也有不少源于园区管理委员会本身。随着产业园区逐渐发展，社会资本开始以 PPP 等模式参与。

到 2019 年，不少园区开发运营平台已经高度市场化、专业化。不过，园区开发主体仍然受到加杠杆空间有限、过度依赖间接融资、盘活存量资产不易、权益融资机会少等问题的困扰。具体来说，由于主要经营回款来源（房地产开发和土地出让）顺周期波动，园区企业不得不将战略重心经常放在投融资上，既阻碍了园区企业稳步提高园区运营服务的水平，也降低了成功的产业园区异地复制经验的可能性。

在此背景下，基础设施 REITs 作为盘活存量资产的重要渠道，同时具有权益型、降杠杆等功能，可望成为园区企业未来最重要的融资工具之一。

三、产业园区基础设施 REITs

从境外 REITs 市场发展看，产业园区是成熟市场 REITs 的重要底层资产。从国内产业园区发展看，资产特点十分符合基础设施 REITs 条件。

（一）境外产业园区 REITs 发展成熟，收益率良好

与我国产业园区属地化的特点不同，境外的产业园区由于有 REITs 这一盘活存量的通路，逐渐走上了跨区域品牌运营的道路。一些产业园区 REITs 不仅横跨一个国家的不同区域，也会走出国境成为国际化的产业园区运营品

牌。以 STAG 工业有限公司（STAG Industrial，Inc. ）为例，其致力于在美国范围内收购和运营单租户工业物业。针对此类房地产，STAG 工业有限公司开发了一系列投资策略，可帮助投资者找到收入与增长之间的平衡。公司于2011 年首发上市，当时管理物业仅 93 处，面积仅 1420 万平方英尺。截至2020 年中，公司管理组合已经扩张至 457 个物业，约有 9180 万平方英尺的可出租面积。

　　由于工业用地和物流用地在区位上通常没有差异，在价值上也相对接近，因此境外产业园区和物流仓储通常是混合经营的。以 Rexford 工业不动产为例，其专注于加州南部工业地产的 REITs。2013 年上市之初，公司管理组合中有 61 个物业，约有 670 万平方英尺的可出租面积。到 2020 年中，公司的管理组合已经扩张到 229 个物业，约有 2760 万平方英尺的可出租面积。公司服务的企业行业中，占比较高的包括批发贸易（23%）、仓储（17%）、制造业（17%）、零售贸易（9%）、交通（7%）、科技（5%）等。公司除了获取租金稳定物业外，还通过改建改造来进一步提升回报。我国土地管理法规和境外有所区别，目前来看产业园区并不会和物流仓储设施混合经营。

　　美国将产业园区（含物流园区）REITs 归入工业类 REITs，如表 7.1 所示。从收益率看，美国市场工业类 REITs 的长期年均复合收益率能达到 10.9%（含资产增值收益）。REITs 运营方不断提升基础资产的经营水平，为基金持有人创造丰厚回报。目前，在境外市场，工业/物流板块 REITs 已经形成一些极有影响力的品牌。REITs 随着上市后的持续运营也在不断壮大，进一步优化资源配置，为市场提供更为优质的服务产品。

表 7.1　美国工业/物流板块公司基本情况

公司名称	公司主营业务	资产概况	负债率（%）
Americold Realty Trust	冷链仓储	176 个冷链仓库，10 亿立方英尺库容	23.9
Duke Realty Corp	物流仓储	在美国 20 个城市，拥有 1.55 亿平方英尺物业	20.8

续表

公司名称	公司主营业务	资产概况	负债率（％）
Eastgroup Properties	物流仓储	佛罗里达州、得克萨斯州、亚利桑那州、加利福尼亚州和北卡罗来纳州约 4500 万平方英尺物业	23.7
First Industrial Properties	物流/工业	聚焦散装和区域配送中心，轻工业和其他工业设施类型，有约 6400 万平方英尺的物业	28.0
Industrial Logistics Properties Trust	物流/工业	聚焦物流和工业物业，有 301 处物业，总面积 4380 万平方英尺	54.4
Innovative Industrial Properties	温室建筑	医用大麻种植温室供应商，拥有数个医用大麻种植基地	9.5
Lexington Realty Trust	物流/工业/办公	在美国 29 个州拥有 137 处物业，持有面积约 5650 万平方英尺	37.0
Monmouth REIT	物流/工业	在美国 31 个州拥有 118 处物业，持有面积约为 2330 万平方英尺	42.0
Plymouth Industrial REIT	物流/工业	在美国 11 个州拥有 125 处物业，持有面积约为 2000 万平方英尺	75.8
Prologis（安博）	物流仓储	全球最大的物流地产运营商，在全球运营 4655 处建筑物，持有面积约为 9.63 亿平方英尺	21.0
PS Business Parks	工业地产	在美国 6 个州拥有 2750 万平方英尺工业地产以及产业园区	0.0
Rexford Industrial Realty	物流/工业	在美国拥有 229 处物业，持有面积约为 2769 万平方英尺	16.0
STAG Industrial	物流/工业	在美国 38 个州持有 457 处物业，持有面积约为 9180 万平方英尺	35.0
Terreno Realty	物流/工业	在美国六个沿海城市拥有 219 处建筑，持有面积为 1310 万平方英尺	11.7

资料来源：Nareit \ 各公司官网。数据截至 2020 年 6 月 30 日。

（二）产业园区发行基础设施 REITs 的关注要点

由于产业园区资产的资源禀赋、运营能力各不相同，在发行基础设施 REITs 时需要额外关注以下几点。

一是园区产业定位。一些产业园区可能会由于产业结构单一、产业转型升级而导致园区竞争力不断下降，产业园区经营性现金流不断萎缩。即使园区能够推动运营管理方转型升级，探索新的产业发展方向，但也会在短期影响产业园区的生产运营，并产生更新改造的成本。此外，一些产业园区可能存在生态问题、安全生产问题等，运营面临风险。

二是园区用户结构及主力用户的竞争力。一些园区在打造产业集群的过程中，会引入一些主力用户或旗舰企业。一旦旗舰企业的技术趋于落后，生产经营发生巨大困难，也可能拖累产业园区进入困境。例如，北京亦庄的原诺基亚园区，由于智能手机时代的来临，诺基亚市场份额的大幅下降面临被迫转型。专门为诺基亚兴建的研发大楼、生产车间、生产管理楼等都要重新改造利用。经过 2 年多时间，相关园区土地得以收回再利用，产业园区才得以盘活。

三是园区服务水平。我国的产业园区运营服务水平参差不齐，尽管有一批优秀的园区运营品牌，但也有一些产业园区运营服务能力较差。这类园区在发展之初可能凭借良好的区位，或者政策的扶持，出现了产业欣欣向荣的局面。一旦产业园区竞争加剧，园区服务水平不高的风险就暴露了出来。

四是土地权属及转让限制。我国的园区发展过程中，往往因为招商引资的需要，在土地供给、税收、配套设施等方面提供优惠或支持，同时会对园区开发企业在土地权属与规划要点、项目转让等方面存在诸多限制性要求。在以该类资产发行 REITs 时，需要原始权益人取得相关部门对转让限制的同意批复。

（三）产业园区基础设施 REITs 展望

我国产业园区类资产规模十分庞大、种类多元，其中有不少适合发行基础设施 REITs。成熟园区现金流稳定，新园区资金缺口大，契合 REITs 初衷。园区开发企业以优质成熟园区作为底层资产发行 REITs，一方面有利于回收资金，推动新型园区建设；另一方面，REITs 的持续扩张和重视运营的特点，也有利于企业培育运营能力，打造优质运营品牌，形成园区开发、运营和资本共同发展的良性循环。

第八章　能源与新基建

能源与新基建基础设施，包括水力发电、光伏发电、风力发电、生物质发电、核电等清洁能源，油气管道、输配电设施，以及数据中心、5G 等新型基础设施。在碳达峰和碳中和的宏伟目标下，清洁能源将在我国能源供应中占据重要地位，而新基建亦将以数字化的方式取代传统的基础设施建设，为我国的经济发展带来新动能。能源与新基建领域通过基础设施 REITs 盘活存量、扩大新增有效投资，实现经济发展模式的转换，将令人期待。

第一节　清洁能源

清洁能源指不排放污染物的能源，主要包括水力、光伏、风力、生物能、核能等等。在全球减排以及中国 2030 年碳达峰、2060 年碳中和目标的大背景下，越来越多的企业加大清洁能源的投资力度，基础设施 REITs 有很大的发展空间。本节将重点介绍和分析水力、光伏、风力等发电行业和基础设施 REITs 相关事项。

一、我国清洁能源的市场概况与行业特点

（一）水力发电

1. 水电是我国清洁能源主力，市场规模大

中国内地第一座水电站是早在 1910 年云南省建设的石龙坝水电站，中华人民共和国成立后自行设计、自制设备、自主建设的第一座水电站是 1957 年开工的新安江水电站。改革开放以来，在西部大开发和西电东送政策支持下，

西部地区水电发展迅速。截至 2020 年年底，我国水电装机总容量达 3.7 亿千瓦，占全国发电总容量 22 亿千瓦的 17%。2019 年水电的发电量 13019 亿千瓦时，是我国仅次于火电的第二大电力供应类别，如图 8.1 所示。

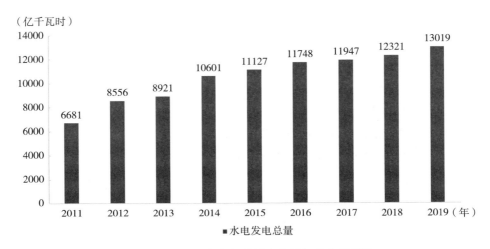

（亿千瓦时）

图 8.1　2011—2019 年我国水电历年发电量情况

资料来源：智研咨询。

2. 行业集中度较高，以中央企业为主

水电尤其是大型电站的投资壁垒高，导致行业集中度较高。目前行业前七大企业均为大型中央企业，三峡集团、华电集团、大唐集团、华能集团、国家电投集团、国电集团和国投集团已投产水电装机量占全国比重约达六成，后续仍有可能进一步提升。民营企业主要参与众多中小电站开发，也有个别属于大型电站基地，如汉能公司开发了金沙江金安桥电站。

目前我国水电站区域分布上呈现十三大水电基地的格局，且开发较为稳定。包括金沙江水电基地，在上、中、下游不同段分别由华电集团、汉能集团、华能集团、大唐集团、长江电力等企业开发；澜沧江、雅砻江、长江上游、大渡河、黄河上游、乌江等亦分别由大型中央企业开发。

3. 水力发电西电东送，本地消纳有限

由于当地的消纳有限，水电总体呈现全国范围内的西电东送格局，并形成北、中、南三大输电通道。外送电广东地区竞争激烈，就地消纳云南省压力最大。送广东地区的电站包括了长江电力、华能水电、华电集团以及国投电力等多家企业的水电站，竞争较为激烈。从当地消纳格局看，云南、四川两省发、售电量差值呈现扩大态势，水能利用率相对低，本地市场消纳的压力大。

（二）光伏发电

1. 我国光伏电站资产存量大，且在快速增长中

我国光伏产业近年发展较快，目前技术、生产与装机量等在全球全面领先，产业中的多晶硅、硅片、电池、组件、电站等环节均取得巨大成就，成为新能源领域亮点。

我国光伏装机量不断增加，目前电站存量资产大，且将在相当一段时间内持续保持两位数的增长。2020 年新装机量 48.2 吉瓦，年增长率高达 60%，至 2020 年年末，光伏累计装机容量达 253 吉瓦，占全球份额的 37%，居于首位。年发电量 2605 亿千瓦时，在总发电量中占比 3.5%。历年光伏发电量及占比如图 8.2 所示。

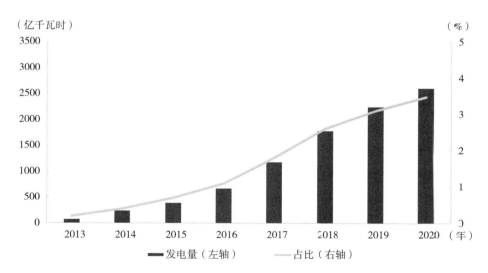

图 8.2　2013—2020 年我国光伏发电量情况

资料来源：中国电力企业联合会。

2. 光伏产业政策鼓励，补贴政策促进了行业发展

我国政策鼓励光伏产业发展。1995—2004 年间，政策导向表现为政府主

导建设若干光伏项目，如 2001 年提出"光明工程计划"，鼓励在边远山区发展光伏电力。2005 年出台《可再生能源法》后，政策导向表现为政府扶持和培育光伏市场，包括投资补贴、统一收购、优惠利率、优惠税收等。2009 年后，中央及地方陆续出台光伏产业发展规划和实施细则，将鼓励政策落到实处。2013 年发布的《国务院关于促进光伏产业健康发展的若干意见》，明确光伏电力补贴，补贴来源于可再生能源附加费，对光伏电站投资产生深刻影响。2015 年国家实行"领跑者"计划，进一步促进光伏先进技术应用和产业升级。其后国家相关的补贴政策、平价上网政策等，对行业发展持续产生较大影响。

3. 光伏产业技术进步快，产业链规模发展，成本不断下移

近十余年来，我国光伏的成本竞争力不断提升，主要原因是技术进步，以及整个产业链实现了规模性经济生产。

技术进步包括效率更高的单晶硅组件在取代多晶硅组件；电池架构越来越先进，如 PERC（钝化发射极后电池）电池技术的转换效率已突破 23%；大硅片（158 毫米及以上）和 N 型硅片组件的应用等等。

全球光伏产业链的规模化发展卓有成效，装机成本在很多地区已进入经济可行的平价时代，进一步促使全球的光伏电站增长。技术进步、成本下降及产业发展，带来了光伏发电的电价下移，2020 年全球最低中标光伏电价下降幅度为 19.7%。青海海南州以 0.2427 元/千瓦时成为国内 2020 年光伏竞价项目最低电价。

4. 市场参与主体多，竞争较为激烈，资产并购频繁

光伏电站的参与方国有企业、民营企业均有，并且随分布式的发展，参与方在增多，竞争也较为激烈。近年来集中式电站中的中央企业项目占比提升体现较为明显，尤其是 2018 年 5 月印发的《国家发展改革委 财政部 国家能源局关于 2018 年光伏发电有关事项的通知》（俗称"531 新政"）之后，补贴降低，近年民企多选择出售电站周转。同时，中央企业自建光伏项目力度加大，2020 年第一期竞价项目中中央企业占比达 77%，其中前三家包括国家电投集团、大唐集团和华能集团，合计占比为 30%。

光伏电站存量市场的交易逐渐活跃。2020 年全年交易规模为 4.2 吉瓦，

交易金额为 140 亿元，同比分别上升了 90% 和 40%。

（三）风力发电

1. 我国风能储量大，分布面广，近年装机增速快

我国风能储量大，分布面广，仅陆地上的风能储量就有约 2.53 亿千瓦。风电是由陆上到近海，再到深远海的发展，目前海上风电还在快速发展阶段。

我国风电经历了飞速发展的 10 年，成为国内继火电、水电之后的第三大电源。1986 年，我国首个风力发电场山东省荣成市马兰风力发电场建成运营。截至 2020 年年底，全国风电累计装机 280.9 吉瓦，如图 8.3 所示，风电装机占全部发电装机的 12.8%。2020 年风电发电量 4665 亿千瓦时，占全部发电量的 6.1%。

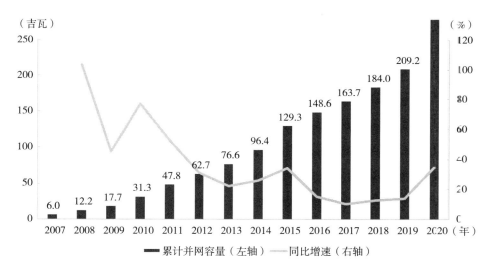

图 8.3 2007—2020 年国内累计风电装机量及同比增速

资料来源：CWEA、招商证券，中国电力企业联合会。

2. 风电产业政策鼓励，产业链规模发展，成本不断下移

我国鼓励风电产业发展，并制定了一系列的产业支持政策。1996 年，原国家计划委员会推出"乘风计划""双加工程""国债风电项目"，使我国风电事业正式进入规模发展阶段。从 2003 年风电特许权招标开始，我国政府将风电发展作为能源革命、能源结构调整的重要组成部分，加以大力支持。措施主要包括电价补贴与税收减免等。

风力发电规模化发展和技术进步，整个产业链持续降价，成为驱动我国风力发电成本不断下移的重要动力。风电产业链主要包括零部件、整机和电站三大环节。风电零部件和整机的市场竞争日趋激烈，风机设备不断降价，客观上使得电站投资和运营成本下降。

风电技术也在不断取得进步，如1.2万千瓦海上风电等领域取得突破，也为海上风电资源开发打下基础。

3. 风电呈现资源区域性，以中央企业为主投资，集中度不断提升

根据风资源分布等情况，风电主要分为陆上风电和海上风电两类。截至2019年年底的风电累计装机量中，陆上风电累计装机204吉瓦，占比为97%，海上风电累计装机5.93吉瓦，占比为3%。海上风电目前规模虽小，但未来潜力较大，待开发风资源多。

电站投资是重资产行业，具有资金优势的中央企业目前在国内新增装机和累计装机量较大，中国能投、华能集团、大唐集团、国家电投集团、华电集团、中广核等市场份额居前，市场集中度在逐步提升。

二、清洁能源的投融资与盈利模式

（一）水电站投资较大，电价受到一定管制，收入稳定

水电站属于重资产型投资，尤其是大型电站。投资成本主要为工程费用、机电设备费用、水库淹没处理补偿费、财务费用等。从上市公司水电站的数据看，单位投资成本基本在0.7万—1.3万元/千瓦区间内。

水电企业的营业收入主要由发电量和上网电价决定。发电量取决于装机容量和利用小时，利用小时数主要取决于来水量，受降雨影响大，有丰水期和枯水期的分别。上网电价主要由政府价格主管部门制定。早期是采取成本加合理收益制定上网定价，后来部分省份新投产的水电机组采取标杆上网电价。随着电力市场化改革的不断推进，部分水电站上网电量陆续开始参与到各地市场化竞争中，由市场供需关系形成电价。电站运营成本则主要表现为固定资产折旧、营运费用和财务费用。

整体来说水电企业收入稳定，现金流充沛，龙头上市公司股息率较高，约为 3.5%—4%。

（二）光伏电站投资成本不断下降，收益稳定，前期项目补贴较重

如前所述，随着光伏技术进步和产业链完善，组件与系统的价格逐年下降，2020 年系统平均价格降低至 3.99 元/瓦，光伏电站的建设成本不断下降。

光伏电价受政府管制。依据全国各地的太阳能资源条件和建设成本，分为不同的太阳能资源区域类别，制定不同的光伏上网电价。光伏上网电价高出当地燃煤发电基准价的部分予以补贴，补贴期限不超过 20 年，到 2019 年的新建平价项目才逐步免除补贴，并于 2021 年全面进入平价时代。补贴金额存在缺口，产生较为明显的补贴拖延情况。近年国家关于补贴欠补发放的事项逐步明确，合规项目均可进入可再生能源电价附加补助目录，目前已发布七批，后续将直接列入电网补贴清单。

（三）风力发电投资较重，逐步进入平价时代

风电投资包括基础设施、设备等，属于重资产类型，回收期较长。

风电的电价制定与光伏类似，受政府管制，上网电价由火电标杆上网电价与补贴构成，补贴则存在拖欠现象。部分地区风电项目可实现风火同价，但整体发展依赖于政府的支持。在资源优良、建设成本低、投资和市场条件好的地区，陆上风电已基本具备平价条件。2020 年是欧洲海风平价元年，预计国内海风电价也将逐步实现平价。

（四）发电企业的权益融资工具不多，债务较重

水电、光伏和风电行业投资重，融资需求较大，水电尤其需要匹配长期资金。举债融资是主要方式，电力企业负债率较高。从五大中央企业电力集团所属的主要发电上市公司 2020 年中资产负债情况看，多家上市公司资产负债率高于 60%，部分公司资产负债率超过 80%。如华电集团控股的华电能源资产负债率最高，为 92.1%；大唐集团所属华银电力次之，为 84.7%；大唐新能源、吉电股份、上海电力资产负债率在 70% 以上；大唐发电、华能国际、国电电力、龙源电力等资产负债率在 60% 以上。银行贷款等债务性融资是主要资金来源，其他债务性资金包括企业发债、设备融资租赁、应收账款保理等。

权益型资金来源主要来自于资本市场，IPO 上市是主流，主要发行地在境内市场和香港市场。

三、境外电力 REITs 实践

境外国家和地区中，中国香港、新加坡、日本等地推出了电力 REITs 类似产品，有很好的借鉴意义。

（一）香港电力商业信托

香港电力市场主要由中华电力有限公司和香港电灯有限公司（以下简称"港灯公司"）两家公司投资运营，中华电力有限公司负责九龙、新界地区的电力供应，港灯公司负责港岛、鸭脷洲和南丫岛的电力供应。为鼓励电力公司提高供电能力，促进经济发展，政府分别在 1964 年和 1978 年与两家公司签订《管制计划协议》，每十年期满后续签，并沿用至今。

港灯公司成立于 1889 年，于 1890 年开展经营活动，业务包括发电、输电、配电和供电服务。公司于 2014 年以商业信托（business trust）方式在香港证券交易所上市。商业信托与 REITs 极为相似，以稳定现金流的资产为基础，强调分红，在香港和新加坡受到投资者的欢迎。港灯公司的主要发电设施为香港南丫岛发电站。该发电站使用的发电燃料包括天然气、燃煤、风能和太阳能，2019 年度发电容量为 3237 兆瓦，拥有客户数量 581000 户，售电量 1051900 万度，供电可靠度达 99.99%。港灯公司投资了全港最大型的太阳能发电系统之一，又兴建了一个具商业规模的大型风力发电站。港灯公司与香港特别行政区政府签有利润管制协议，按准许利润率进行定价。

（二）新加坡电力商业信托

新加坡以电力基础设施发行产品的案例主要有吉宝基础设施信托。吉宝基础设施信托是新加坡领先的基础设施商业信托之一，其资产范围包括燃气与管网、发电、水处理三大领域，分布在新加坡和澳大利亚两地，是一个综合的基础设施商业信托。其发电资产包括两座垃圾焚化发电厂 Senoko WTE Plant 和 Tuas WTE Plant，日处理能力分别为 2300 吨级和 800 吨级，以及天然气发电厂 Keppel Merlimau Cogen，发电容量 1300 兆瓦。公司与新加坡电力公司签订长期供电合同，达成指标后按合同获得稳定收入。

（三）日本电力基础设施基金

日本 REITs 在亚洲占有主导地位。为了鼓励基础设施投资，东京证券交易所在 2015 年建立"基础设施基金市场"，采取类似于 REITs 的结构，投资可再生能源基础设施，包括对太阳能电站的投资。

2017 年 10 月，阿特斯集团发行的基础设施基金（Canadian Solar Infrasructure Fund，Inc.，CSIF）在日本东京证券交易所基础设施基金市场正式挂牌交易，是东京证券交易所第四个挂牌上市的基础设施基金项目，投资于光伏项目。CSIF 的原始投资组合包括阿特斯 13 个光伏发电项目，总装机容量 72.7 兆瓦，基金总发行量 17.78 万份，每份价格 10 万日元（约合人民币 5825 元）。截至 2020 年 6 月底，CSIF 管理资产总额约 500 亿日元（约合人民币 29 亿元），共管理电站 23 座，规模 123 兆瓦，市值 302 亿日元，是东京证券交易所基础设施基金市场上最大的上市基金之一。

四、清洁能源基础设施 REITs 的主要关注事项

我国清洁能源电力发展快，积累了大量优质资产，存量规模巨大。同时，随着技术进步，光伏风力已进入平价时代，摆脱补贴依赖，市场化基础已基本具备。因此，在水电、光伏和风电等领域开展基础设施 REITs 试点已具备条件。需关注的主要事项如下。

（一）电站的产权与建设手续

水电站需具备前期工作中的征地、移民、环保和水保等手续和立项报批程序，因历史原因小水电站较可能存在征地等手续并不完善的情况，须重点关注。

风电项目用地面积大、占地性质复杂，需要对土地进行点征，土地产权是需要重点关注的问题。风电用地会涉及林地、牧草地等不同土地性质以及国有、集体两种不同的权属情况，用地建设层面有风电机组用地、永久设施用地（管理区及升压站），还涉及送电线路用地及进场道路用地，用地问题主要集中在集体土地租赁、国有土地租赁出让划拨、林地占用、草地占用、农用地与

用等方面，需要具体分析。

光伏电站因项目不同，用地要求重点也有区别。如大型光伏地面电站，渔光互补、农光互补、林光互补光伏项目等，需要考虑土地的性质、用途、规划、权属等情况。集中式地面电站需要大量土地，许多项目是租赁而来，并不持有产权，须对所租赁土地的权属和用途、批准流程、租赁是否纠纷等进行充分核查，确保符合合规要求。光伏电站还存在超建情况，需要妥善处理。

（二）期限与估值

目前我国的水电资源开发通常按50—100年寿命进行设计，而建筑物与设备按不同年限折旧。对项目进行估值时，年限选取很重要。同时，是否具有期末价值值得综合考虑。据长江电力公司于2014年公开披露的资料，其葛洲坝水电站于1988年建成发电的水轮机组已快折旧完毕，但经专业勘测机构勘测结果为尚可使用50年。又如1925年建成的四川省洞窝水电站，至今仍在正常运行。保养完好的水电设备设施并不需要在到期时更换，估值时作出合理假设就很重要。

光伏电站的土地租赁期限通常为20年，并有续期5年的权利。租约到期后，会存在不能续租或租金等租赁条件发生变化的风险。发行REITs时需要重点关注、妥善安排。

（三）补贴处理与现金流改善

风电光伏存量资产有较大量的补贴，且存在欠发放情况。截至2019年年底，国家电网、南方电网、蒙西电网经营区纳入可再生能源电价附加补助目录的新能源存量项目拖欠金额为1464.79亿元（不含税，下同），未纳入补助目录的存量项目拖欠金额为1808.30亿元，合计拖欠金额3273.09亿元。

补贴已列入国家补助目录或电网补贴清单的，在某种意义上可视为一种应收款产品，且与地方政府补贴有差别，若支付金额与时点明确，发行REITs时可结合项目具体情况做分析。亦可进行适当的金融化处理，将其从项目中进行分离，改善项目现金流质量，反映平价市场化水平，为发行REITs创造条件。

（四）电价与市场消纳

电价是政府管制范围，降低电价属于国家促进工商业发展的重要措施，尽管目前风电光伏存量的补贴受到保护，新项目已平价上网，但燃煤标杆电价仍有可能被逐步下调，与电价相关的政策风险需要关注。

电量的市场消纳情况是影响收入的重要因素。电网企业是电量上网的单一客户，基本小时数是否得到保障，超额小时电量可否上网，本地消纳空间是否较大，均需要发行 REITs 时做出准确分析和判断。尤其是在电力资源充沛、本地消纳有限、地方政府对电量上网有较大干预的地区，更需关注市场消纳的风险。对于弃水弃光弃风率高且较难解决的区域，要审慎考虑。

随着成本不断下降，风电、光伏发电逐步实现平价上网，新能源装机规模将不断扩大，新能源消纳压力将持续存在，项目发行 REITs 时也要有长远谋划。

（五）其他事项

对于清洁能源来说，气候影响是客观因素。如水电站设计选用的水文数据虽相对可靠，但随着气候变化及周期性气候影响，存在天然来水波动甚至减少的风险，进而直接影响公司收入。风能太阳能的季候变化、风电尤其是海上风电的风数据安全性等，均是需要考虑的因素。清洁能源还存在税收等方面的优惠政策，如增值税、所得税的减免返还，以及光伏的耕地使用税是否需要缴纳等，其落实情况均需予以留意。

另外，光伏具有融合发展潜力，可考虑结合发行 REITs 综合利用。相关部委出台了光伏融合发展政策，比如交通运输部鼓励在服务区、边坡等公路沿线合理布局光伏发电设施、制定高速公路路侧光伏工程技术规范等，为发行高速公路加光伏混合型 REITs 提供了可能。住房城乡建设部、工业和信息化部鼓励园区建筑利用可再生能源，想象空间大。

总体来说，当下适合发行 REITs 的优质项目应包括土地与手续规范、补贴情况不突出或可得到处理、区位较好且市场消纳空间较大、价格稳定、硬件设施优质等特点。中大型水电项目（及抽水蓄能项目）、光伏领跑者项目和光伏风电平价上网示范项目均可作为选择的重点。

（六）电力基础设施 REITs 展望

随着风电和光伏发电技术进步，"十四五"规划初期风电、光伏发电将逐步全面实现平价。到 2030 年碳达峰，风电、太阳能发电总装机容量将达到 12 亿千瓦以上，相当于目前国内总装机容量的一半以上，市场空间广阔，REITs 规模也将令人期待，REITs 作为权益型金融工具也将极大地促进清洁能源的高质量发展。国家针对风光发电的政策重点将突出推进平价上网和加大力度实施需国家补贴项目竞争配置的两大方向，同时强化风电、光伏发电项目的电力送出和消纳保障机制，提高市场竞争力，推动产业进入高质量发展的新阶段。这将为产业发展保驾护航。

我国光伏发电多项指标和技术水平在全球领先，分布式光伏还可与增量配电网（或微电网）、储能、5G 等结合发行 REITs，并进一步影响配电网市场格局，促进电力市场化改革，其意义十分重大。

第二节　输配电设施

输配电设施是指在输电、变电、配电三个环节中所形成的电网、变电设备设施等资产，其中，输电将发电厂和负荷中心联系起来，对高电压等级的电力进行远距离输送，构成主干网；变电是指利用一定的设备将电压由高能级转变为低能级（或反之）的过程；配电则是在消费电能地区内将电力分配至用户的网络，为用户服务，构成配电网。

一、我国输配电市场概况与行业特点

（一）我国输配电存量资产庞大

我国输配电存量资产估计达数万亿级别，市场庞大。伴随我国经济的快速发展，用电需求持续提升，拉动电网建设不断加速与升级。自 2009 年国家电网开启坚强智能网建设以来，电网行业积累了体量巨大的输配电资产。截至 2019 年年末，全国 35 千伏及以上输电线路回路长度达到 194 万千米，变电设备容量达到 75.18 亿千伏安；220 千伏及以上输电线路回路长度为 75.5 万千米，变电设备容量为 42.6 亿千伏安。近年来特高压（指交流 1000 千伏、直流±800 千伏以上输电线路）投资较大，国家电网目前运营中 24 条、在建 4 条

特高压输电线路。

我国大电网结构以国家电网、南方电网两大电网公司为主要支撑，辅之以一些地方电网公司，其中两大电网企业的资产合计超过 5 万亿元。用户侧配电资产主要以开发区或产业园区的配电资产、大型工程项目的配套配电资产、商业综合体配电资产等形式存在，单个规模较小，但数量多，总计资产规模大。

（二）输配电行业的政策性强

输配电关系国计民生，属于政策性强的行业，政府对于市场准入和价格等进行适度监管。

2002 年我国实施电力体制改革，破除了独家办电的体制束缚，从根本上改变了指令性计划体制和政企不分、厂网不分等问题，初步形成了电力市场主体多元化竞争格局。2015 年 3 月发布《中共中央　国务院关于进一步深化电力体制改革的若干意见》，电力行业市场化体制改革进一步深入。改革按照"管住中间、放开两头"的思路，有序放开输配以外的竞争性环节电价，向社会资本开放配售电业务。

在输配电的市场准入方面，电网侧主要由两大电网公司和传统电网企业投资运营。用户侧的市场化程度较高，以地方政府投资平台、开发区、产业园及大型工业用户等为主体，自行投资运营了配电网资产。2015 年以来，国家推进增量配电网改革，有望逐步打破存量电网的垄断，释放改革活力。

在价格管制方面，国家要求电网企业按照政府核定的输配电价收取过网费，不再以上网电价和销售电价价差作为主要收入来源。政府要求按照"准许成本加合理收益"原则，核定电网企业准许总收入和各电压等级输配电价，改变对电网企业的监管方式。

（三）输电行业集中度高，增量配电网处于发展中

输配电行业以国家电网、南方电网为主，行业集中度高。其他地方电网公司包括蒙西电网、陕西地电、北疆电网、吉林省地方水电公司等，占据较少的市场份额。国家电网经营区域覆盖我国 26 个省、自治区、直辖市，截至 2019 年年底，国家电网总资产 41436 亿元，输电线路长度 109.34 万千米。南方电网负责服务广东、广西、云南、贵州、海南五省区和港澳地区，截至 2019 年

年底，南方电网总资产 9337 亿元，输电线路总长度 23.2 万千米。

用户侧的配电资产较多，部分大工业用户，尤其是产业园区等，会投资配电网设施，总体来看用户侧配电网较为分散。配电网行业近年推行增量配电网改革，引入社会资本，截至 2020 年 8 月国家共批准了五批 459 家试点项目，但进度较慢。

二、输配电的投融资与盈利模式

（一）投资大，定价管制程度高，盈利模式有改善空间

电网属于重资产投资。2018 年核准的 9 条特高压项目合计估算投资额达 1750 亿元，平均每条近 200 亿元，最高投资额为雅中—江西项目的 317 亿元。

电网企业的传统运营模式是统购统销、调度交易一体化，即发电企业统一上网，由电网企业统一配售。该模式下电网收益受制于电价和电量的波动。2015 年以后国家改革和规范电网企业运营模式，电网企业不再以上网电价和销售电价价差作为收入来源，而以电网资产为基础对输电收入、成本和价格进行全方位的监管，按照"准许成本加合理收益"原则，可以较好地体现资产的合理收益率。

用户侧配网的商业模式情况较为多样，投资主体多元化，最终的用户有自用户、有被转供户，定价模式也有差别。无论是电网侧还是用户侧，均存在较大的盈利模式改善空间。

（二）电网企业以传统融资为主，负债率较稳健

我国电网属于安全性要求高的领域，主要由两大电网和一些地方电网企业传统融资为主。以国家电网为例，2019 年末资产负债率约为 56%，处于较为稳健的水平。其负债结构主要为银行贷款和债券。

电网企业输配电资产目前均没有上市，两大电网公司旗下的上市公司均为非主业资产和业务，市值占集团资产比重较小。其输配电资产以 REITs 方式上市属于企业的融资创新。

三、境外输配电网 REITs 实践

境外市场上，美国、澳大利亚、印度等国家推出了电力电网 REITs 或类似

产品，均通过资本市场促进了输配电行业的发展，但不同国家和地区的输配电行业和 REITs 都有不同的特点。

（一）美国输配电 REITs

美国在 1996 年推进电力市场化改革，无歧视开放输电网络，鼓励构建 RTO（区域电网运行中心）或 ISO（独立系统运行中心）来管理整个输电系统运行。此后，美国形成了联邦政府、州政府两级监管体系框架。但大部分州至今仍实行发输配售一体、政府严格监管价格的方式。REITs 案例有 InfraREIT。

InfraREIT 于 2015 年完成资产重组和 IPO 上市，成为美国首家建设、拥有和租赁电力基础设施资产的不动产投资信托，主要持有包括 1520 英里的输电线路、变电站等电力资产，底层资产 5 项均位于得克萨斯州。其盈利模式是将其所有输变电资产出租给电力公司 Sharyland，获得租金收益，REITs 的分红较为稳定。后因资产优良，于 2019 年 5 月被输配电企业 Oncor 收购并私有化退市。

（二）澳大利亚输配电 REITs

澳大利亚经过一系列改革，垂直一体化管理体制改变为发、输、配、售电全面分开，发电采用竞价上网，售电端通过市场竞争售电，输配电网络实行政府定价、公司运营的监管体制。这为输配电企业发行 REITs 创造了条件。

澳大利亚的上市基础设施基金案例主要包括 AusNet Services Limited 和 Spark Infrastructure Group。AusNet Services Limited 的资产包括价值 110 亿美元的电力及天然气输送网络，包括 6500 千米高压输电路、49816 千米配电网络以及 10478 千米天然气管道。在 2020 财经年度，公司收入同比增长 6.2% 至 19.77 亿澳元，年度分红为 0.102 澳元/股，同比增长 4.9%，分派收益率在 5% 左右。

（三）印度输配电 REITs

印度在 2003 年电力法中规定开放输电和配电网络，认可电力交易是一项独特的活动。因此，私营资本可以较高效率地投资进入输配电网络，形成印度电力输配送资产的新增力量，也是发行 REITs 的排头兵。

IndiGrid 是印度电力行业发行的第一只 InvITs，由私营企业 Sterlite Power Transmission Limited 于 2017 年 6 月发起上市。发行总规模为 265 亿卢比，底层资产为价值 374 亿卢比的 2 个电力传输项目。上市后迅速扩张，截至 2020 年 7 月，IndiGrid 共拥有价值 1210 亿卢比的 9 个电力传输项目，覆盖印度 13 个邦，包括 20 条输电线路和 4 个变电站，总线路长度合计超 5800 千米，变电设备容量为 7735 兆伏安。

从境外的经验来看，经营模式的不同，导致对接资本的方式不同。在澳大利亚和印度，输配电作为独立资产的商业模式下，出现了优质的 REITs 产品。

四、我国输变电基础设施 REITs

（一）输配电资产发行基础设施 REITs 具备基础

输配电行业存量资产规模大，其中不乏优质资产。在政策要求下，电网的输配电价模式使得电网资产的收益不受电价波动的影响，未来现金流具有更好的稳定性，准许收益也考虑了风险因素下的债务成本和权益成本。REITs 有利于电网企业实现融资创新，推进市场化改革，价值突出。

（二）输配电基础设施 REITs 主要关注事项

1. 输配电价定价与优质资产选取

《省级电网输配电价定价办法》要求，依据不同电压等级和用户的用电特性和成本结构，分别制定分电压等级、分用户类别的输配电价。在选择优质项目时，应优先考虑电压等级高、用户基础好的线路。

特高压、充电桩、数据中心等领域成为电网企业拓展新业态的重点。尤其是特高压的资产独立性好，输送距离远、容量大、损耗低、占地少，具有网络规模效应。目前特高压存量资产较多，是输配电领域发行 REITs 的优质资产。

2. 有效资产界定与权属转让

核定准许收入的重要基础是界定和核算输配电有效资产，即与输配电用途相关的资产。输配电资产往往涉及占用大量土地，即线路走廊，要规范土地使用性质，优先考虑选择节省土地资源的较高电压线路。电网公司对于资产权属清晰、拟发行 REITs 的资产应可在项目公司股权层面进行转让。

3. 关联交易和集中度风险

在收取过网费的模式下，输配电资产将独立设置项目公司，对入网的电量收取费用。目前电网公司进行购销电的比例较高，发行 REITs 后的关联交易比重可能较大，电网公司亦可能是 REITs 项目的单一或占比高的大客户，存在较大的集中度风险。

另外，在电网统筹运营调度的情况下，对于发行 REITs 的线路资产需要强化运营的效率，以确保资产的维护和保养处于更优质水平，避免同业竞争的不利影响。

4. 结合清洁能源的发展，挖掘成长空间

清洁能源包括水电、光伏、风电等，其上网与消纳受政策鼓励。可考虑将清洁能源与输配电结合，发行 REITs。光伏具有分布式特点，还可与配电网或微电网可进行有效结合。

另外，我国电网资产的投资与运营受到政府较强的监管，包括输配电量、电能质量、输配电价等的确定和环境保护等方面，政策的变化可能会对 REITs 的业务和运营造成一定影响，需要重点关注。

（三）输配电基础设施 REITs 展望

我国电网企业可根据国家政策和市场情况，研究 REITs 对其发展战略的价值，在局部资产上探索、尝试发行 REITs 的可行性，如特高压资产。输配电价改革有利于资产收益的稳定，为发行 REITs 打下了基础，而 REITs 反过来通过更规范的信息披露和分红机制，促进电网投资与运营的精细化，引导行业朝市场化方向更进一步。

以增量配电网为主的用户侧配电资产，亦可以争取试点的机会。用户侧资产虽较为分散，但投资主体的资金紧张、转供电改革的压力大、市场整合的机会多，因此有着更为急切的需求通过 REITs 实现退出，以实现投资理性化、运营专业化和收费规范化。

第三节　油气存储和输送管道

油气存储和管道输送设施（以下简称"油气管道"），主要包括天然气管道、原油管道、成品油管道、天然气储气库、原油储备库、天然气加工厂、液化天然气（LNG）接收站等在石油天然气领域中用于加工、储运等用途的基础设施。

一、我国油气管道市场概况与行业特点

（一）我国油气管道发展历史久，存量资产规模大

1959 年中国修建第一条油气长输管道新疆克拉玛油田到独山子炼油厂的 147.2 千米原油管道，至今已有 60 年，历经四次建设高峰，形成了"北油南运""西油东进""西气东输""海气登陆"的油气输送格局，发展速度与技术水平已达世界前列。截至 2019 年年底，我国油气长输管道总里程累计达到 13.9 万千米，原油、成品油和天然气管道里程分别为 2.9 万千米、2.9 万千米和 8.1 万千米，存量资产市场规模大。

根据国家发展改革委、国家能源局印发的《中长期油气管网规划》，到 2025 年，全国油气管网规模达到 24 万千米，其中天然气管网是建设重点，里程要达到 16.3 万千米，较 2020 年年底将增长 42%，未来增长空间巨大。

（二）体制改革取得突破

一直以来我国的油气管道资源主要集中在中石油、中石化、中海油三大石油公司。2017 年 5 月，中共中央、国务院印发《关于深化石油天然气体制改革的若干指导意见》，提出"管网独立，管输与销售分开"。2019 年发布《石油天然气管网运营机制改革实施意见》，进一步推动改革实施。在此背景下，国家油气管网公司于 2019 年 12 月挂牌成立，注册资本 5000 亿元，2020 年 7 月收购中石油、中石化、中海油的天然气管道、原油管道、成品油管道、LNG 接收站等资产。

国家油气管网公司的成立，将有助于形成"X + 1 + X"的油气能源格局，

对油气管网设施进行统一规划，消除当前某些地区的无序竞争和基础设施重复建设的现象，实现"全国一张网"的供应格局；也有助于既确保油气资源全国范围内的统一灵活调配，保障全国供应安全，又促进上游资源和下游销售环节形成充分竞争，提升市场效率，降低行业垄断。

（三）行业集中度高，天然气呈融合发展，战略储备与社会化调节相结合

国家油气管网公司将统筹国内油气长输管道，该行业的集中度高。除比之外，各省天然气管道以省属企业为主，截至 2020 年 6 月，全国 32 个省级行政区中已经有 25 个省（区、市）组建了 35 家省级天然气管网公司。2020 年浙江省级管网改革和广东省级管网以市场化方式融入国家管网，未来会有更多地方跟进。

国家石油储备库是由国家投资建设、用于长期储存原油的大型油库，具有储量大、储存稳定等特点，目前已建成国家石油储备基地 9 个，以应对石油战略资源的稀缺性，确保国家能源供应安全。社会化存储设施主要由社会资本参与，形成一种有效补充。如 LNG 接收站，具有较高的经济价值，已有不少民营企业进入该领域，如新奥集团的舟山 LNG 接收站、广汇集团的南通 LNG 接收站等，均已经建成投产。

二、油气管道的投融资与盈利模式

（一）投资大，盈利模式清晰

油气长输管道属于重资产投资，造价不低。根据智研咨询估计，天然气管道、成品油管道、原油管道投资额分别约为 1500 万元/千米、600 万元/千米、800 万元/千米。如新粤浙天然气管道工程全长 8972 千米，计划投资总额为 1322 亿元，单千米投资额为 1473 万元；锦州—郑州成品油管道工程干线全长 1296.5 千米，计划投资总额为 80 亿元，单千米投资额为 617 万元；日照—濮阳—洛阳原油管道工程全长 782 千米，计划投资总额约为 60 亿元，单千米投资额约为 767 万元。

国家油气管网公司持有管网资产，将向三大石油企业或原有客户提供管网

服务，按量收取费用，运营成本主要是折旧和维护保养费用，其业务模式清晰，合约年限长，收益稳定。

（二）天然气定价管制加强

国家政策要求天然气输配价格按照"准许成本+合理收益"原则核定，准许收益率按不超过7%确定，地方可结合实际适当降低。目前，我国天然气输配价格仍然较高，解决天然气输配环节的矛盾是理顺天然气价格的较好选择。

（三）油气长输管道引入战略投资

国家管网集团以股权与现金相结合的方式收购三大石油公司及其下属油气管网相关资产。同时，国家管网集团与中国诚通、中国国新、社保基金会、中保投基金、中投国际、丝路基金共6家投资机构签署现金增资协议，上述投资者以现金增资方式认购国家管网集团股权，战略入股。

三、境外油气管道 REITs 借鉴

境外市场上，以美国为主的国家推出了油气管道 REITs 或类似产品，且形成了很大的资产类别，影响和促进了油气管道行业乃至能源产业的发展。

（一）美国油气管道 REITs 与 MLPs

美国作为全球 REITs 资产的发源地，在油气存储和输送管道设施领域的发展具有一定的领先性，主要是基于其上、中、下游均市场化的油气能源体制。

在能源领域的 REITs 资产代表是 CorEnergy Infrastructure Trust。该 REITs 专注于收购美国中上游能源基建资产，同时与能源公司签署长期的租赁合同。CorEnergy Infastructure Trust 的主要资产包括油气管道、存储槽罐、传输线以及收集系统等，2019 年营业收入约 8600 万美元，总资产 6.5 亿美元，近年每单位分红稳定在 3 美元。

除 REITs 产品之外，美国在基础设施领域还有另外一种较为典型的产业投资基金 MLPs（Master Limited Partnerships），与 REITs 在融资模式、资产特点、分红政策、税收驱动等方面具有较高的相似性。美国基础设施 MLPs 已具备很好的规模，截至 2017 年年底约有 150 只，约 85% 的 MLPs 是投资于能源基础设施的中游行业，如油气输送管道业务等，合计拥有大约 40 万英里（约

64.37 万千米）的油气管道网络。

美国油气资产领域 MLPs 典型的代表是 ONEOK 公司，该公司是一家天然气收集及公用事业运营商，是美国最大的能源中游服务提供商之一，公司主要资产包括在美国中部大陆、威利斯顿、落基山地区的天然气液体（NGL）和天然气管道、加工厂、储存和运输设施的综合网络。该公司在俄克拉荷马州、堪萨斯州和德克萨斯州进行天然气分销，并作为公用事业的调节部门为批发或零售客户提供相关服务，公司 2019 年营业收入 101.6 亿美元，净利润 12.8 亿美元。

（二）澳大利亚油气管道 REITs

澳大利亚以油气管道资产为基础的上市基础设施基金主要有 APA Group。本书前面在输配电部分提到的澳大利亚上市基金 AusNet Services Limited，除了输配电设施外，也持有 10478 千米天然气管道。

APA Group 前身为 Australian Pipeline Trust，是当前澳大利亚最大的天然气管道投资商，于 2000 年 6 月上市，共投资了澳大利亚 15000 千米天然气管道，包括澳大利亚东岸建有的 7500 千米联网管道、西澳州营运的约 3500 千米天然气输送管道以及昆士兰省的电站等，占据了澳大利亚天然气运输管道的 56%。2018 年 6 月，李嘉诚家族的长和集团以 130 亿澳元（折合人民币 651.79 亿元）的价格投标收购 APA Group，后因不符合国家利益而未获得政府批准。

美国等发达经济体能源领域相关 REITs 的发展，为我国未来油气存储和管道输送设施 REITs 发展提供一定的经验借鉴。

四、我国油气管道基础设施 REITs

REITs 有助于促进油气领域基础设施的建设。一方面，我国油气基础设施，尤其是天然气管网仍有大量需要建设的空间，需要采用 REITs 等方式吸引社会资本进入支持行业发展；另一方面，REITs 将促使管网行业的商业模式更加完善，管网运营也将得到更精细化、专业化的提升。

（一）油气管网运营较为稳定，收益率基本符合基础设施 REITs 要求

油气存储和管道运输设施的长期工作量较为稳定，多数油气设施通过签订

长期协议的形式提供长期稳定的服务，如我国用作进口天然气运输的长输管道网络，其对应的进口天然气长期合约年限长达 20—30 年。同时，管道运输设施资产收益率较为稳定，具有明确的租金收取规则，如近几年我国天然气管网改革推动下，国家天然气长输管网合理收益率确定为 8%，部分省市地区收益率在 7%—8% 之间。相关资产的明确定价为行业未来长期资产收益率提供了稳定预期的指引，符合 REITs 对资产长期回报率较为稳定的要求。其他资产类别中，天然气储气库、原油储备库、天然气加工厂、LNG 接收站各自收费标准目前还存在差异，但也具有收益较为稳定的特征，也符合 REITs 对资产长期回报率较为稳定的要求。

（二）油气管道基础设施 REITs 主要关注事项

1. 关注化石能源的需求变化

在新能源发展受到国家重视、环境保护日益重要的情况下，化石能源供需受到影响。管网资产的收益，很大程度取决于运输量。当石油天然气等标的市场出现重大波动，需求量明显减少时，会严重影响管网收益。2020 年上半年由于国际油价大幅下跌，导致境外油气领域 REITs 资产收益率出现较大幅度波动。

2. 提升运营管理，挖掘成长空间

国家近年明确规范油气管网设施运营企业的剩余能力测算工作，以提升油气管网设施公平开放服务水平，并就包括油气管道、LNG 接收站、储气库等在内的油气管网设施剩余能力测算原则和程序作出具体规范。管网企业在发行 REITs 时，亦须考虑充分发挥资产的价值，利用其剩余能力，在确保安全运营的前提下，可以向用户提供尚未被预订的油气输送、储存、气化、装卸、注采等服务能力，挖掘成长空间。

3. 强调安全性，做好资产维护

油气类物质属于危险品，易燃易爆，而且管网存在管道腐蚀和泄漏的风险。早期建设的管道存在较为普遍的老化情况，资产的维护与改造就更为重要。管网企业在发行 REITs 的情况下，应提高技术水平和管理水平，预留足够的资产维护与改造开支，使得投资者获得稳定安全持续的收益。

（三）油气管道基础设施 REITs 展望

我国在油气能源行业的"X+1+X"格局下，中游管网已成功跨出实质性的一步，可展望不久的将来，国家油气管网公司或会将 REITs 作为一个重要融资工具来考虑。已布局油气中游的社会资本则可以期待在 REITs 上的率先突破。

国家油气管网公司刚刚成立，面临众多新任务、新挑战。虽然油气管网资产大都建好并运营多时，但公司达至成熟稳定状态需要一定时间。国家油气管网公司有融资需求时，上市、发债、REITs 等均是可考虑的融资方式，因此，有必要进行战略研究，综合考虑。

社会资本可探索尝试 REITs 试点，如全国布局、资产规模较大的天然气企业，运营成熟稳定，可考虑选择个别区域的优质资产组合，发行 REITs 融资，用于开拓投资新的基础设施建设。

第四节　数据中心

本节所指数据中心特指互联网数据中心（Internet Digital Center，IDC），即通过互联网为收集、存储、处理和发送数据的设备提供运行维护的设施及相关服务体系。作为新基建行业，数据中心是发行基础设施 REITs 的重要资产类别。

一、我国数据中心市场概况与行业特点

（一）数据中心属新型基础设施行业，保持快速增长

在互联网、云计算、大数据、5G 等技术和多方需求的拉动下，我国数据中心近年发展成为新型基建领域的重要行业，快速成长，其市场业务规模（含传统业务收入和云服务收入等）增长至 2020 年的 2238.7 亿元，近年增速在 25% 以上，如图 8.4 所示。在新基建推动下，未来几年数据中心仍将保持较快速增长。

数据中心的存量资产已初具规模，据工业和信息化部《全国数据中心应

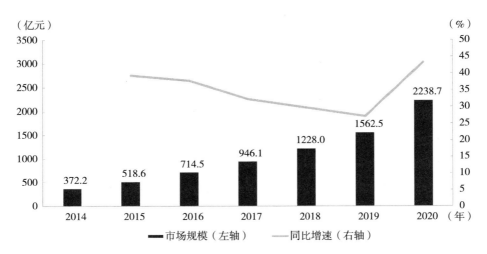

图 8.4　2014—2020 年国内 IDC 市场增长情况

资料来源：科智咨询。

用发展指引（2019）》数据，截至 2018 年年底，我国在用的数据中心机架总体数量约 226 万架，若按年增速 20% 计，2020 年年底机架数量超过 300 万架，以资产存量价值计，当下即已成为近万亿级市场。

（二）政策鼓励行业发展，并从资格许可和能耗等方面进行规范管理

数据中心被作为数字经济发展的新型基础设施，受到政策的鼓励。2020 年 4 月，国家发展改革委有关负责人在阐述新基建范围时，将数据中心归类为其中的算力基础设施。

数据中心提供的是增值电信服务，应依《电信业务经营许可管理办法》等规定取得电信管理机构颁发的经营许可证，对提供 IaaS、PaaS 服务的云服务商还要求持有互联网数据中心牌照。此外，在投资、建设数据中心时，还须经历节能审查、电网公司供电批复等环节，也体现政策监管。

数据中心属于高能耗行业，2020 年耗电量为 2962 亿千瓦时，占全国用电量近 4%。一线城市、东部地区因电力紧张，地方政策通常引导数据中心降能耗，促进数据中心绿色发展，通常措施包括额度控制、PUE（能源使用效率）能耗指标要求等，使得一线城市数据中心发展受限、一线周边则发展迅速。西部地区鼓励行业进入，尤其是气候、电力、土地等条件优越的地区和城市更是成为产业集聚地。

（三）行业竞争格局较分散，集中度在逐步提升

我国 IDC 行业同欧美发达国家相比起步较晚，行业竞争格局目前仍较分散。服务商主要分为互联网企业（如腾讯、阿里、华为等以自用为主）、运营商（包括中国电信、中国移动和中国联通等电信运营商）和第三方服务商（如万国数据、秦淮数据、世纪互联、光环新网等）。三大运营商合计市场份额呈下降趋势，但目前占比仍较高，以机柜数量计约占 48%。

第三方 IDC 服务商有众多中小企业，呈现"长尾"特征，TOP10 以外的市场份额约 38%，并购机会多，有利于资本与运营能力强的第三方头部企业，集中度有望进一步提升。三大运营商具备骨干网优势，但业务以宽带租赁和服务器托管服务为主，增值服务较少，预计市场份额仍将降低。提供独立、专业服务的第三方头部企业占据市场主导地位值得期待，REITs 的推出将有助于头部企业的轻重资产平衡发展，提升服务和专业水平，领先市场。

出于数据隐私性及安全性等诸多因素考虑，发展云计算的互联网巨头自建 IDC 成为新的趋势。若能结合 REITs 重构商业模式，形成市场化发展，则互联网企业亦可能在 IDC 第三方市场中形成影响。

二、数据中心投融资与盈利模式

（一）数据中心兼具科技与基建的投资属性、重资产类项目不断增加

传统数据中心业务主要是服务器托管或称机柜租赁业务，其资产则包括不动产（土地及建筑物）、建筑设施与设备、制冷设备、供电设备、网络设备和机柜等，而不包括服务器。广义的数据中心业务还包括 DNS 服务和云计算业务等，数据中心不只是信息存储的物理空间，其融合云计算、区块链、人工智能等新技术于一体，是集数据、算力、算法三大要素于一身的数字基础设施，具备科技与基建双重属性，体现出较高的投资价值。

从 IDC 服务商是否持有不动产产权，数据中心可分为轻、重资产两种模

式。轻资产模式下服务商向业主租赁物业后改造为数据中心，租约通常较长（往往为15—20年），以保障未来稳定经营。轻资产模式有利于行业初期的快速发展。近年来重资产项目不断增加，服务商购买土地或房产进行投资建设。重资产模式下不动产的期限永续、叠加了较大的不动产价值，其发行REITs机会更大。

不同类型项目对数据中心选址的着眼点不同，可分为区位导向和资源导向两类。区位导向主要围绕一线城市展开，其市场需求大，零售客户聚集，服务响应要求高使得区位显得重要。但一线城市能耗要求严、土地等资源稀缺，目前环一线地区逐渐成为一线替代，尤其成为时延要求低的客户的更优选择。气候适宜、能源充足、土地价格低的内蒙古、贵州、宁夏等区域成为新建数据中心的热门选址，属于资源导向，具有成本优势和相关产业的扶持政策，成为大型互联网公司自用或定制型数据中心的集中区域。

（二）客户稳定、盈利较好、收入稳定并有成长性

数据中心的客户有零售和批发两类，零售以中小型客户需求为主，基于单个或多个标准机柜，提供相对标准化的服务器托管及互联网接入服务；批发客户主要为大型互联网企业，基于模块单元或整体项目进行定制。两类客户均表现稳定，服务期内较少提前退租，到期后也通常会续约。

与商业物业不同的是，除了提供适用营业的物理空间，数据中心还提供主机托管以外的其他服务，因此与客户所签合同往往为电信服务合同。数据中心的托管业务价格多以机柜为单位设定，也有少量批发型数据中心以租赁面积或机柜功率定价，无论何种定价方式，其基础收费均收入稳定，而增值服务则带来收入增加。数据中心的运营成本中，电费是重要组成部分，通常占到40%—60%，与项目的电单价、PUE、机柜上架率等有关系。

一般来说，上架率高的数据中心盈利状况较好，且现金流稳定，为REITs发行打下良好基础。

（三）融资以上市为主，基金是上市前的重要融资模式

数据中心的第三方服务商是近年资本市场的热门标的，上市融资成为众多企业的选择。头部企业大都已上市，在境外上市的包括万国数据、世纪互联、

秦淮数据等，在国内上市的如光环新网、数据港、宝信软件等。具备较强资本市场再融资能力的上市公司通过收并购迅速发展壮大。建设 IDC 的资金中亦有负债类别，银行贷款较为常见，基于设备的融资租赁是另一较为适用的融资工具。

上市前，基金是数据中心的重要融资模式，尤其是外资基金。根据现行外资准入政策，目前仅允许符合《内地与港澳关于建立更紧密经贸关系的安排》（CEPA）条件的港澳投资者在中国大陆设立合资企业取得 IDC 牌照，且在合资企业中的持股比例不应超过 50%，所以境外投资者通常依靠 VIE 结构，并采取"轻重分离"模式投资，即建筑房产等重资产由外资直接进行投资。内资基金近年在市场活跃度不断增加。

三、数据中心基础设施 REITs

（一）境外 REITs 助力 IDC 行业发展

截至 2020 年年底，全球共有 6 只纯数据中心 REITs，主要在美国及新加坡。在美国上市的两大数据中心巨头 Equinix 和 Digital Realty（DLR），市值遥遥领先，分别为约 600 亿美元和 380 亿美元，在全球排名前两位。2015 年 12 月富时 Nareit 美国房地产指数系列开始纳入数据中心 REITs，表现耀眼。根据 Nareit 统计，除了 2018 年外，其余年份数据中心 REITs 回报超过 19%，平均回报高达 15.35%，高于其他大部分 REITs 类型。

REITs 促进了数据中心头部企业全球化发展。以 Equinix 为例，其成立于 1998 年，于 2003 年在纳斯达克上市。公司在 2012 年宣布向 REITs 转变，并在 2015 年 1 月 1 日起正式成为 REITs 企业。公司成为 REITs 后有效税率由原来的 30%—35% 降低至 10%—15%。REITs 模式还给企业带来运营专业化、融资便利化、收购常态化的效果，使企业迅速发展，在全球 IDC 占据市场份额 13%，位列第一，业务已扩展至全球 26 个国家的 55 个主要大都会区，共有 2.0 个数据中心，机柜数量达 30 万个。自上市以来，Equinix 的股价表现强劲，上升近 8 倍，远远超出同期标准普尔指数涨幅。

（二）数据中心基础设施 REITs 的主要关注事项

IDC 企业引入 REITs，有望将 IDC 行业的重资产模式转换为轻重资产平衡发展模式，进而减缓 IDC 企业的资金流动性压力，盘活存量资产，实现资金闭环，是提高 IDC 企业融资能力的理想模式。同时，IDC 行业的重资产和相对稳定现金流属性与 REITs 发行条件相契合，为 IDC 企业发行 REITs 提供了可能，须重点关注的事项如下：

1. 产权与转让限制

目前国内 IDC 企业有轻重模式之分，租赁物业或租赁土地进行建设的，其不动产的产权不归属于项目公司，存在租赁期间权属变化、租约到期后不能续期、租金等租赁条件发生重大不利变化的风险，发行 REITs 需要谨慎。

重资产类型的项目，无论是获得土地进行建设还是购买房产，在手续完备、产权清晰的情况下，不动产资产稳定，项目估值更好，更适合参与我国 REITs 试点。该类项目须留意项目转让是否受到限制，在发行时须取得相关部门的同意。

2. 客户结构与分散度

第三方服务商的零售型项目，其客户组合往往较好，分散度高，以金融客户与大中型互联网企业为主力，租金承受能力较强。而批发型 IDC 项目客户为互联网巨头，提供定制化的建设、运营、管理等服务，客户单一，须重点关注集中度风险，关注服务合同中期限、续期、客户提前终止的权力等重要条款。

互联网企业亦是 IDC 的投资方，往往会自建自持自用，以确保数据隐私和更高的安全性。这类项目亦可以考虑发行 REITs，有利的方面是互联网企业是具备较强实力的大型企业，服务的需求稳定。但是要在发行前构建类似第三方服务的商业模式，成立专业运营公司进行运营。发行时，须重点关注关联交易和单一用户的风险，项目要有较强的通用性及较大的市场化潜力。

3. 成长性

IDC 之所以受到投资者的喜欢，是因其稳定中有较强增长。增长来源一方面是上架率的不断提升、租金的逐年增长、增值服务的强劲表现，以及成本控制尤其是电力与宽带支出的持续优化，这要求 IDC 企业有强大的运营能力作支撑；另一方面则是有序的规模扩张，体现外延增长。这就要求原始权益人有较多的储备项目，可以明确 REITs 未来的扩募投资目标。

4. 政策与能耗要求

政策的要求尤其是对于能耗、环保的政策要求，是发行 REITs 相关的主要政策风险之一。一线城市已相继发布存量和新建数据中心 PUE 的限制政策，大都要求在 1.35 以下。为避免政策限制对于项目经营造成的风险，同时减少未来可能产生的改造成本，原始权益人在项目选择上须关注其绿色节能情况。

最后，数据中心的运营过程中需投入大量的设备更新或置换的成本，未来资本性支出情况也是其需要重点考虑的因素。

综合而言，优质项目的选取对于首次发行十分重要，一线城市较好区位、品质高（T3 及 A 级以上）、优质零售客户并构成较好分散度、PUE 数值低、产权权属清晰的 IDC 项目可重点考虑。互联网企业可考虑以区位好的自持优质 IDC 项目发行。

（三）数据中心基础设施 REITs 展望

境外数据中心 REITs 的成功经验，对我国 IDC 服务商具有很好的启示。REITs 强制分红的特点，适合注入成熟的资产，有可能给予更好的估值。我国 IDC 服务商上市公司较多，若能在上市公司体系内进行项目的开发、建设和培育，在成熟之后注入 REITs，则有可能在安全合理的财务结构下，实现轻重资产的均衡快速发展，打造双上市平台，更好地体现科技与资产两部分的估值。

数据中心在新基建政策的推动下，行业有望保持较快增长，企业融资压力大，尤其是重资产项目逐渐增多，REITs 作为一种权益型的融资工具，将有效地促进 IDC 行业的发展，为实现新基建"十四五"目标赋予新动能。

第五节　通信基础设施

通信基础设施是指与通信相关的网络、站点及附属设施，主要包括光纤网络、基站、通信机房等。本节主要围绕以 5G 基站和铁塔为主的通信基础设施进行介绍和分析。

一、我国 5G 基站市场概况与行业特点

5G 基站是指提供无线网络覆盖，实现无线信号传输的通信设备设施，形成网络之后，具有较强的基础设施特点。

（一）我国 5G 基站建设处于初步阶段，受产业政策鼓励，成长空间大

目前基站正处于 4G 向 5G 演进的过程中，5G 基站建设在起步阶段。2020年新建 5G 基站数量超过 60 万个，全部已开通 5G 基站超过 71.8 万个，占全球比重近 7 成。

基站的建设受政策鼓励。2013 年，工业和信息化部、国家发展改革委与科技部成立 IMT—2020 推进组，主要职责是推动我国第五代移动通信技术研究和开展国际交流与合作。2015 年至 2018 年期间，国家政策密集出台，主要从技术标准、网络建设及产业应用三方面强化我国 5G 布局。2019 年 6 月，工业和信息化部向中国移动、中国联通、中国电信及中国广电发放了 5G 牌照，我国正式进入 5G 商用阶段。2020 年 3 月，工业和信息化部《关于推动 5G 加快发展的通知》提出加快 5G 网络建设进度。纳入新基建范畴后，进一步推动了我国 5G 快速的发展。

5G 基站成长空间大。根据招商证券预计，参考工业和信息化部和三大运营商公布数据，5G 网络实现全国覆盖需要约 500 万个基站，并在 2025 年前后完成建设，未来整个 5G 基站投资规模将近 7000 亿元。

（二）我国 5G 网络建设由四大运营商开展，较为集中

在我国，具有资格建设和拥有 5G 基站资源的企业主要为中国电信、中国移动、中国联通和中国广电。目前，中国广电已和中国移动签署 5G 共建共享合作框架协议，共同打造"网络+内容"生态，中国电信和中国联通也已达成共建共享协议，四大运营商至此形成"2+2"的竞争局面，市场壁垒较高，具有一定的集中度。

（三）5G 基站投资大，盈利模式有拓展空间

5G 基站是重资产投资。就宏基站而言，5G 基站的投资构成主要由主设备、动力配套设备设施以及基础施工项目组成，2019 年和 2020 年 5G 基站的采购价格分别约为 20 万元和 16 万元。另外，相较于 4G 而言，5G 具有频率高但覆盖范围小，室内高价值应用场景多的特点，导致需要建设更多的基站来实现 5G 网络无缝覆盖。基站数量增多，基站建设成本相应增高，因此，5G 网络建设需要更高的资金投入。

电信运营商通过建设基站搭建通信网络，向客户提供通信及互联网接入服务，传统收入来源为所收取的通信服务费。通信为刚性需求，基站作为信息通信网络的支柱，具有长期可持续的变现能力，能够产生持续稳定的现金流。在通信服务业务上，5G 将催生全新的服务产品、业务场景、商业模式和收益机会，通信运营商可依托 5G 为政企用户提供多元化服务来拓展收入来源。

（四）5G 基站投资较重，运营商融资较为便利

我国对基础电信业务的管理较为严格，加上 5G 基站重资产、高投入、回收周期长等特点，我国电信运营商均为国有企业，运营商融资较为便利。除了 IPO 募资以及定向增发之外，电信运营商通常还会通过债务融资方式补充流动资金，其中包括超短期融资券、短期融资券、中期票据等。以中国电信为例，2020 年共发行 19 期超短期融资券，发行规模共计 605 亿元。

二、我国铁塔市场概况与行业特点

通信铁塔业务由服务提供商基于铁塔站址资源，向通信运营商提供站址空间（包括站址中的铁塔、机房或机柜与配套设备）、维护服务与电力服务。铁塔和机房是铁塔服务提供商的核心资产，分别用于安装通信运营商的天线和置放运营商的设备，是典型的不动产。铁塔与 5G 基站是上下游业务，5G 基站的天线和设备可在铁塔中置放，构成租赁业务。

（一）我国铁塔建设快，存量资产规模大，体制改革有成效

通信铁塔是通信网络建设的重要基础设施。随着我国 4G、5G 网络的发展，铁塔站址资源需求持续提升，投资建设持续增加。截至 2020 年 6 月底，

我国通信铁塔数量突破 200 万个，其中中国铁塔股份有限公司（以下简称"中国铁塔"）塔类站址数达到 201.5 万个，在全球铁塔数量中位列首位，公司固定资产账面净值达 2337 亿元，以铁塔站址资产为主，存量规模大。

国家政策积极引导通信铁塔建设，加快推进通信铁塔共建共享，其中剥离各电信运营商的铁塔资源是体制改革的重点。2014 年 7 月，三大运营商与中国国新控股有限责任公司共同出资设立中国铁塔，负责统筹建设通信铁塔设施。2015 年 10 月 31 日，中国铁塔以现金和增资方式与三家电信企业进行存量铁塔相关资产注入交易，注入存量铁塔 140 余万座，有效地实现了电信基础设施的共建共享。

（二）铁塔行业高度集中，中国铁塔一枝独秀

全球大部分铁塔集中在中国、美国和印度等国家的铁塔公司，呈现"一超多强"的格局，"一超"指中国铁塔，"多强"指十几家铁塔规模超过 2 万座的铁塔公司。中国铁塔是全球规模最大的通信铁塔服务商，站址数和租户数遥遥领先于其他可比公司。截至 2020 年 6 月底，中国铁塔站址占全球铁塔总数的四成以上，是铁塔数量排名第二的美国铁塔公司的 10 多倍。中国铁塔在国内的市场份额超过 97%，市场集中度极高。

（三）铁塔属重资产投资，盈利模式清晰，现金流稳定

通信铁塔的行业具备重资产、高投入、规模化的特性，建设和运营站址所需的前期资本开支较高。因政策引导及企业发展等原因，中国铁塔已占据全国绝大部分市场份额，基本形成了全国一张网格局，市场进入壁垒较高。

中国铁塔的塔类业务盈利模式清晰，收入主要包括租金收入以及服务收入，成本费用主要是折旧和维护运营费用。铁塔租户以电信运营商为主，租户的租金支付能力强，租约期限较长，一般是 5—15 年，且续约率很高，租金收入与现金流具有较强的稳定性。

（四）中国铁塔整体上市进行权益融资，财务状况较稳健

铁塔行业是典型的资本密集型行业，维持、拓展和丰富融资渠道对铁塔公司十分重要。中国铁塔成立不久即借助上市进行资本运作，解决发展的资金问题。公司于 2018 年 8 月在香港联交所上市，募集资金净额 578.69 亿港币（折合人民币503.57亿元），上市募集资金约60%用于支付资本开支。中国铁塔债务资金主要来自银行和其他金融机构的借款，以发行债券等途径作为补充。2020年6月底的资产负债率45.5%，债务压力不高，财务状况较稳健。

三、5G基站与铁塔基础设施REITs

（一）境外铁塔REITs实践案例较多

在美国的REITs中，铁塔是基础设施类别的主要构成部分，分别有美国铁塔公司（American Tower，AMT）、冠城国际公司（Crown Castle，CCI）、SBA通信公司（SBA Communications）三家主要的铁塔REITs。三家REITs拥有国内大部分的铁塔资源，分别占美国境内市场份额比例为33%、33%、16%，合计近82%。

AMT是美国最大的铁塔公司，且全球化布局发展。AMT创立于1995年，总部位于美国马萨诸塞州波士顿。2005年，AMT与Spectra Site Communications合并后，成为北美地区最大的铁塔公司之一。2011年AMT对外宣布成为REITs结构，享有相关税收待遇，并于2012年成功转型开始向股东支付定期股息。截至2019年12月31日，AMT在全世界拥有179520个通信站点，且分布在全球主要地区。

AMT体现了较好的成长性。自从2012年转型REITs之后，通过资本实力对外投资和收购，规模不断壮大，使得股价增长很快，从2011年年初的52美元，上涨至2020年年底的220美元左右，投资者的综合回报较高。

（二）我国5G基站与铁塔发行基础设施REITs关注事项

1.5G基站属于自用，需构建商业模式，并关注单一租户和关联交易

5G基站由四大运营商以"2+2"的方式投资建设和持有，属于自建自持自用的模式，其基站资产主要为通信设备设施。若发行REITs，需构建新的商业模式，将基站资产进行剥离后注入项目公司，项目公司再向运营商出租基站。因此，发行时须重点关注单一租户和关联交易的情况。

5G基站成为规模化的网络更具备商业价值，因而需要在个别城市或区域培育至网络成形后，才适合探索REITs的发行。

2. 铁塔资产是发行 REITs 的合适标的

通信铁塔通常有明晰的产权，盈利模式清晰、租户优良、租金收入稳定且有一定的增长，是发行 REITs 的合适标的。中国铁塔在上市的同时，可探索旗下部分资产进行 REITs 试点，寻求更多元的权益融资工具。在选取试点资产的时候，宜以某个区域或城市的整体资产为组合，以避免同业竞争问题，且该等区域宜为经济发达、移动通信用户密集的地区。

3. 铁塔资产与 5G 基站融合发展

在铁塔 REITs 试点时，还可考虑 5G 基站的布局与增长。铁塔资产的增长，在于提高共享率，降低运营成本。5G 新一轮组网将带动宏基站密度提升、微站室分补盲补热需求增长，对于铁塔资产加大共享力度有很大推动。因此，发行 REITs 时不仅要从铁塔自身的增长性上进行挖潜，还可从 5G 融合发展的角度，充分发挥其成长性，为投资者带来想象空间。

4. 香港监管部门批准和资本市场反响

中国铁塔 2018 年在中国香港上市，若以体系内的资产在国内发行 REITs，将适用香港监管部门关于分拆上市的规定（PN15），需要获得香港联交所的同意批复。另外，香港资本市场对于中国铁塔分拆上市的反响，也将影响到其在国内发行 REITs 的持续性。

另外，铁塔资产还需关注土地情况。通常铁塔站址所占用的土地面积不大，但应产权清晰，土地性质与规划用途均符合电信业的要求。若土地转让或其他方面存在限制的，在转让项目公司股权给 REITs 的事项上，亦须取得相关部门的同意。

（三）5G 基站与铁塔基础设施 REITs 展望

目前我国 5G 网络和铁塔等基础设施建设在全球处于领先，且未来持续投资压力大，对于电信运营商以及铁塔公司而言，开拓新的权益融资工具十分重要。发行 REITs 有利于增强企业的资本实力，开拓新的融资渠道，而且强制分红和收益率定价等特有的机制，可能会在资本市场上更好地实现资产的价值，从而助力企业发展。对于中国铁塔而言，若参与 REITs 试点能带来上市公司估值的提升，则其发展前景将更为广阔。

第九章　市政与社会服务设施

市政与社会服务基础设施包括水电气热等市政基础设施，以及为社会公众提供的养老、医疗、文旅、租赁住房等服务设施。该类资产广泛体现人民群众的美好生活需要，是幸福感、获得感的重要来源。通过基础设施REITs构建更有效的商业模式，将可能实现社会服务领域基础设施的公益性与商业性的平衡，补短板、惠民生，推进各行业的市场化改革。

第一节　市政供气供热

水电气热等市政基础设施属于优先支持发行基础设施REITs的补短板领域，对接国计民生的基本需求，本节市政类资产主要介绍城市供气与供热行业，并分析其发行基础设施REITs的主要关注事项。

一、我国供气行业的市场概况与行业特点

（一）我国城市供气行业发展成熟，资产存量大

城市供气行业是天然气产业链的下游，属于城市配气环节。作为保障国计民生的基础行业，城市供气整体发展已较为成熟，根据国家统计局数据，截至2019年年底，城市燃气普及率已高达97.29%。

我国城市供气消费量逐年增长。根据金联创数据，2020年中国天然气表观消费量3259.3亿立方米，同比增长7.5%。作为城市供气的管网存储基础设施已具备相当大的存量资产规模。

参考《能源发展"十三五"规划》以及近年来行业消费量增速推算，到

2030 年，燃气年消费需求或仍将增长 100%—150%，将来需持续增加投资、补齐短板。

（二）产业政策扶持天然气发展

由于天然气清洁、高效、低碳的特性，我国将天然气树立为主体能源，并规划在中长期尺度下持续扶持。到 2030 年，我国目标是将天然气在一次能源中的占比提升到 15%，相比 2020 年近 9% 的占比大幅提升。

以 2004 年建设部颁布的《市政公用事业特许经营管理办法》为标志，我国在城市供气、城市供热等领域试行特许经营，期限通常为 30 年。迄今为止，特许经营制度成为供气、供热行业加快基础设施建设力度、提供公共产品和服务，满足群众不断增长需求的重要制度保障。

（三）部分城市燃气公司全国性发展，本地城市燃气公司主导区域市场

在供气行业，经过多年的投资扩张及并购整合，业内形成了包括华润燃气、新奥能源、香港中华煤气、中国燃气、昆仑燃气、北京燃气在内的主要全国性龙头公司，前 6 大公司按零售气量计算的行业集中度已达到 60%，且仍在逐年提升。除此之外，各城市的市属燃气公司亦是各地方的主要投资主体，通常在当地占有较大的市场份额。

二、我国供热行业的市场概况与行业特点

（一）我国供热发展时间久，市场存量具有一定规模

我国供热事业最早开始于 20 世纪 50 年代，长春、吉林和北京等城市建立了我国第一批热电站。改革开放以后，供热的覆盖面不断延伸，为北方地区冬季的生产生活起到了重要保障作用。进入 21 世纪以来，供热行业向着清洁高效的方向不断演化，集中供暖取代散煤供暖，高效自动化调节的供热输配系统不断得到应用，清洁燃气供暖、新能源供暖、地热供暖等不断增加。

截至 2019 年，我国城市供热面积 92.5 亿平方米，城市蒸汽供应能力 10.1 万吨/小时，热水供应能力 550.5 吉瓦。近年来我国城市集中供热投资额每年数百亿元，2019 年城市集中供热固定资产投资完成额 333 亿元，已形成一定

的存量资产规模，如图 9.1 所示。

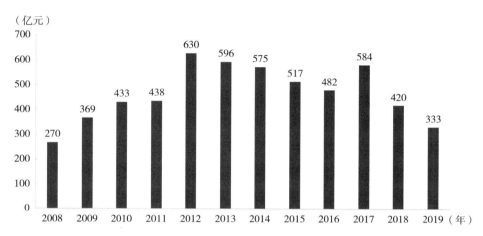

图 9.1　2008—2019 年城市集中供热固定资产投资完成额

资料来源：住房城乡建设部。

（二）政策专项规划指导性强

供热受国家政策规划指导。2017 年 12 月，国家发展改革委、国家能源局等多个部委联合发布《北方地区冬季清洁取暖规划（2017—2021 年)》，这是供热领域第一个跨多年度的顶层规划，对供热行业在"十三五"中后期以及"十四五"前期的发展格局进行了定调。该规划提出，以保障北方地区广大群众温暖过冬、减少大气污染为立足点，尽可能利用清洁能源，加快提高清洁供暖比重，构建绿色、节约、高效、协调、适用的北方地区清洁供暖体系。

（三）行业呈现区域性特征

供热行业的格局相对其他市政领域更分散，呈现典型的区域性特征。目前我国城市集中供热主要分布于"三北"（东北、华北、西北）十三个省、自治区、直辖市，以及山东、河南两省。以五大发电公司为代表的发电集团可通过自有热电联产机组以及供热管道直接对接用户开展集中供暖。此外，各地也存在大量的中小供热公司、热力站等，通过自有热电联产机组或向大型电力公司趸购热力，并向终端用户供热。

热力在管输过程中的损耗意味着单体供热项目的覆盖半径有限，供热资产的内生区域扩张难度因而高于其他市政领域，存量优质资产体量普遍较大，也推升了并购的难度。

三、供气供热的投融资与盈利模式

（一）城市供气供热项目投资大

城市供气供热项目一般需要集中投资管网设施等，属于重资产类型，投资额较大。以国内市场份额排名较前的华润燃气为例，2019 年报显示共有 251 个城市燃气项目，天然气管网长度达 17.9 万千米，公司总资产规模超过 810 亿港元。

为缓解供气项目的前期投资压力，早期城燃企业会在用户开户报装时收取一次性的接驳费/初装费，以回收现金。

（二）销售气热构成主要收入，定价受到管制

供气供热销售是城市燃气公司和供热企业的主要收入，绝大多数情况下为使用者直接付费，包括居民和工商户等，回款基础较好，现金流支付充足。

供气供热的价格受到管制。政府制定了一系列价格监管和成本监审政策，实施准许成本加合理收益的定价原则，气热出厂价格、管网输送价格原则上均按照准许成本加合理收益的办法核定。在核定收益的做法下，上游燃料、原料的成本变动原则上应不再由运营企业承担，市政类企业的收益率稳定性有望逐步提升。

（三）供气供热行业融资方式较为多样

由于供气项目收益率相对稳定，现金流回款情况好，城市燃气企业和供热企业的融资较便利，包括传统银行借款、发行债券以及以收费权发行资产支持证券等多种形式均已得到资本市场的广泛认可。主要的城市燃气企业的财务状况较为稳健，以华润燃气为例，其 2020 年中报的资本负债比率为 26.7%，负债不高。

四、供气供热基础设施 REITs

供气供热项目直接面对用户，属于使用者付费，市场化程度高，大多盈利

模式成熟，收益率稳定，适合作为发行基础设施 REITs 的底层资产。供气资产定价机制已经基本完成市场化改革，且当前收益率相对较高，对于 REITs 投资者而言是更安全的底层资产。目前占据市场份额较高的全国性供气上市公司，可以选择优质资产进行 REITs 的发行研究与探索。

（一）境外供气设施 REITs 案例可供借鉴

在境外成熟市场，市政供气供热行业由于收费机制稳定、回报合理、现金流突出，亦存在发行 REITs 产品的案例，如新加坡上市的吉宝基础设施信托。吉宝基础设施信托的基础资产较为综合，包括垃圾发电厂、输配电设施、海水淡化厂、物流园区、数据中心等，还包括新加坡唯一的民用天然气供气基础设施。该供气项目为新加坡 86 万居民及商用客户提供燃气服务。

（二）供气供热基础设施 REITs 的主要关注事项

1. 商业模式构造

目前我国城市供气供热的基础设施建设与业务运营是统一的，通常供气企业与供热企业既是管网等基础设施的投资建设方，也是供气供热的运营服务商，且收费模式均体现在终端气费或热费。若将资产与业务同时组合发行 RE-ITs，则需要重点考虑气热等成本的波动和调峰能力，尤其冬季北方地区的用气紧张情况。发行 REITs 时，需要原始权益人对成本端进行平滑处理，或与价格端形成联动，确保 REITs 收益的稳定性。

亦可考虑将不动产资产与气热营运业务进行分离，以项目公司承接管网等不动产资产，再以此为基础发行 REITs；此时需构造新的盈利模式，确定管网设施的收费价格，以及支付主体。支付主体可能是运营商，即供气企业或其子公司，此时会构成关联交易和单一用户的问题。

2. 价格管制与传导

供气项目的有效资产加准许收益率的价格市场化改革已具备一定成效，且全国有较多项目已初步建立了在冬季上游气价上涨期间的非居民终端用户价格顺价机制，帮助城燃企业传导价格风险，但若上游气价出现异常大幅上涨时，传导机制的执行存在较大不确定性。对于未完成配气价格监审，以及未完成顺价机制改革的项目而言，需要关注其赚取配气价差的稳定性。

供热项目正进行基于合理成本加准许收益原则的价格市场化改革。然而，出于国计民生行业支持实体经济的考虑，行业的行政化价格让利仍多有发生。由此，需要对细分地区的供热定价机制进行具体分析，尤其需要观察当地是否允许热价与成本端燃料价格联动、是否允许按热值征收等。

3. 特许经营到期安排

许多城市供气项目属于特许经营，通常经营期限 30 年。该类特许经营的安排约从 2000 年前后开始，10 年内就存在到期情况。在较多的特许经营协议中，并未明确到期后续约的安排，可能存在无法续约且由地方政府收回资产的风险，需要重点关注。

4. 转让限制与地方政府支持

供气供热行业是对接国计民生的关键领域，发行 REITs 时会涉及资产重组、股权转让等事项，可能需要取得相关部门的同意，尤其是特许经营协议存在相关约定时。原始权益人需要与地方政府沟通发行 REITs 的政策与价值，取得地方政府的支持。

（三）供气供热基础设施 REITs 展望

发行供气供热 REITs 有助于行业持续健康发展。REITs 的收益率定价机制，可通过资本市场形成定价的锚，进而传导至基础资产的定价，从而促进基于有效资产和准许收益率的价格市场化改革，助力城市供气供热企业实现转型。供气供热企业可通过 REITs 实现权益型融资的同时，打造轻重资产的均衡发展商业模式，一方面将重资产上市融资，另一方面实现运营的精细化和专业化发展，在市场上加速扩张步伐，提高核心竞争力。

第二节　水务行业

水务行业是指由原水、供水、节水、排水、污水处理及水资源回收利用等构成的产业链，水务行业是所有国家和地区最重要的城市基本服务行业之一。水务行业中，供水和污水处理是最适合发行 REITs 的两大领域，因此，本节选取供水和污水处理作为代表，阐述水务领域 REITs 有关情况。

一、我国水务行业的市场概况与行业特点

经过多年发展，我国水务行业整体已经非常成熟，且行业规模仍在稳步增长，后续仍有一定发展空间。

（一）供水领域

整体上看，供水行业发展成熟，普及率较高。近年来，我国工业、居民合计年用水量已突破 2000 亿立方米，水的生产与供应业的利润总额每年已超过 300 亿元，且行业规模仍在稳步增长。截至 2019 年年底，我国城市用水设施普及率已高达 98.78%，覆盖较为充分。

尽管我国供水设施整体覆盖率已经较高，但存量设施存在持续的更新维护投资需求。此外，县城及以下级别的行政区域用水普及率仍相对偏低，未来供水投资或仍有一定增量空间，如表 9.1 所示。预计供水行业的年固定资产投资完成额在未来仍将稳定在 500 亿—600 亿元区间。与此同时，伴随经济与人口增长，供水规模将稳定、持续上升，预计 2030 年用水年消费需求较 2019 年水平将增长 30%—40%。

表 9.1　我国不同行政区域 2018 年用水普及率情况

行政级别	用水普及率（%）
城市	98.36
县城	93.80
镇乡级特殊区域	94.76
建制镇	88.10
乡	79.23
村庄	77.69

资料来源：住房城乡建设部。

从供水领域企业格局看，北控水务、首创股份、中国水务等龙头公司已经在全国范围内开展了一定规模的项目整合，但其供水量相比兴蓉环境、瀚蓝环境、重庆水务等第二梯队的优质地方型供水公司而言，并没有拉开数量级的差距，如表 9.2 所示。因此，供水领域潜在的 REITs 原始权益人较多。

表 9.2　大型供水公司 2019 年经营指标对比

	营业收入（亿元）	归母净利润（亿元）	资产总额（亿元）	供水产能（万吨/日）	供水量（亿吨/年）
北控水务	282	49	1512	787	16
首创股份	149	10	799	1417	12
中国水务	87	16	419	876	未披露
兴蓉环境	48	11	253	330	9
瀚蓝环境	62	9	211	125	6
重庆水务	56	17	217	266	5

资料来源：各公司公告、各公司官网，北控水务、中国水务货币单位为港元。

（二）污水处理领域

我国城市及县城污水排放量及处理量增速均有所放缓，污水处理率已达到较高水平，村镇污水处理市场空间巨大。根据《中国城乡建设统计年鉴》，2016—2019 年我国城市生活污水排放量由 480 亿立方米提高至 555 亿立方米，污水处理量由 449 亿立方米提高至 526 亿立方米，污水处理率由 93.44%提高至 96.81%；2016—2019 年我国县城生活污水排放量由 93 亿立方米提高至 102 亿立方米，污水处理量由 81 亿立方米提高至 95 亿立方米，污水处理率由 87.38%提高至 93.55%。与此同时，我国村镇污水处理发展滞后，未来发展空间较大。根据住房城乡建设部《2019 城乡建设统计年鉴》，2019 年，我国建制镇污水处理率为 54.43%，乡村污水处理率只有 18.21%。

乡村污水处理发展将带来大量的投资需求。根据国家统计局数据，2019 年我国乡村人口数量达 5.52 亿人，未来我国污水处理若达到《全国农村环境综合整治"十三五"规划》60%污水处理率的目标，则处理规模将达到 0.22 亿立方米/天，按照 1.5 元/立方米的处置价格计算，每年农村生活污水处理运营收入约 121 亿元，如表 9.3 所示。综合以上结果，预计未来农村污水市场空间有望超过千亿元。

表 9.3　农村污水市场空间测算

项目	传统活性污泥法	MBR 法
农村人口数量（亿）	5.52	5.52
人均污水排放量（升/天）	67.5	67.5
目标处理率（%）	60	60
预计污水处理规模（亿立方米/天）	0.22	0.22
单位处理量投资（元/立方米）	3900	4700
预计投资总额（亿元）	858	1034
处置均价（元/立方米）	1.5	1.5
年运营收入（亿元）	121	122

资料来源：《农村生活污水处理项目建设与投资指南》《全国农村环境综合整治"十三五"规划》。

从污水处理领域企业格局看，由于污水处理行业由政府特许经营，地方企业凭借 20—30 年的特许经营权形成区域市场的准入壁垒，市场呈现参与企业众多、规模化不足、区域分散的特征，行业集中度与发达国家相比仍有较大差距。未来随着市场竞争强度不断提高，行业整合并购、洗牌重组趋势加剧，头部企业有较强的融资需求来扩大市场份额。因此，污水处理领域 REITs 原始权益人将主要由苏伊士环境等大型跨国水务公司、首创股份等大型国有上市公司，以及一些大型民营企业构成。

二、供水行业的投融资与盈利模式

（一）供水领域

1. 商业模式

新项目前期投资高，接驳、初装收费缓解前期投资压力。供水类项目在建设前期通常涉及较大的管网资本开支，为缓解前期资金压力，通行做法是在用户开户报装时收取一次性的接驳费/初装费。接驳费有助于供水企业实现项目初始投资的前置回收，从而在减轻项目建设期融资压力的同时，降低项目运营期收益率的不确定性。

运营期利润率与现金流稳定。在项目运营期，市政类企业的盈利模式主要是赚取终端售价与供水成本之间的价差。终端售价一般由地方政府核定，供水成本主要包括折旧以及制水相关的运营成本，波动相对有限。因此供水项目普遍拥有较为稳定的收益率，这也是供水项目发行 REITs 的核心吸引力所在。供水行业水费回收及时，账期一般可控制在 15—60 天以内。

2. 投融资模式

融资手段以债权为主。供水类项目的融资主要包括银行贷款、返租式租赁融资、资产支持票据、债券、委托贷款、私募债、股权质押等多种方式，其中银行贷款是最主要的方式，委托贷款受政策限制已基本消失，私募债、股权质押因成本较高运用相对较少。

融资成本相对较低。由于供水类项目收益率相对稳定，现金流回款情况极好，市场认可度整体较高，各种融资形式均有较好接受度，且融资成本整体可控。

（二）污水处理领域

1. 商业模式

污水处理项目的盈利主要来自按照处理量收取的污水处理费。目前，我国污水处理费主要涵盖在各城市收取的水费中，由市政部门收取。从收费标准来看，我国污水处理费按照"污染付费、公平负担、补偿成本、合理盈利"的原则，由县级以上地方价格、财政和排水主管部门提出意见，报同级人民政府批准后执行。污水处理费一般每三年核定一次，调价机制使得项目合理回报得到保障。

2. 投融资模式

污水处理项目投资具有投资额大、项目回收期长的显著特点。一般情况下，一座日处理能力 5 万吨的污水处理厂投资额近亿元，投资回收期超过 10 年。为解决项目拓展所需资金，污水处理企业往往依赖外部融资，资产负债率水平普遍较高。根据申银万国行业分类，2019 年水务板块资产负债率达到 55.61%。

PPP 模式逐渐成为我国污水处理项目运营模式的主流，在该模式下污水处理项目大多采用"使用者付费+可行性缺口补助"方式，项目收入主要来自居民企业支付的污水处理费，运营收入与成本之间的缺口由中央或地方财政负责。污水处理项目已经建立相对完善的污染者付费机制，收入来源稳定，能够提供稳定的回报及现金流。

现阶段污水处理企业融资方式仍以银行贷款为主，其优势在于贷款期限长、融资成本低、流程相对简单，缺点在于审批周期长、易受信用环境影响等。其他的融资方式还包括债券、定向增发、资产证券化、售后回租等。但总体而言，行业内缺乏与产业发展相适应的成本较低、长期、稳定的金融配套工具来满足企业的资金需求，特别是需要 REITs 这种权益型投融资工具。

三、水务基础设施 REITs

（一）国际水务基础设施 REITs 经验

吉宝基础设施信托是新加坡成交额最大的商业信托，其属下资产包括独立运营板块（天然气生产销售、水处理化学品、电力互联）、能源板块（电力生产）、水务及固废板块（供水和垃圾焚烧）。将吉宝基础设施信托中的水务及固废板块与其他板块相比，能明显看出水务 REITs 的特点，这对我国水务领域 REITs 具有较大参考价值。

2016 年以来，受公司战略和运营等影响，吉宝基础设施信托净利润和利润率出现较大波动，2016—2019 年净利润分别为 4119 万新元、4761 万新元、3202 万新元、3858 万新元；利润率分别为 7.09%、7.53%、5.02%、2.46%。对比之下，即使公司整体盈利出现较大波动，但水务及固废板块业务营业收入和利润相对稳定，经营性现金流也更加充足。2016—2019 年，吉宝基础设施信托税前利润分别为 2380 万新元、2095 万新元、2261 万新元、2159 万新元；营运现金分别为 7748 万新元、7576 万新元、7865 万新元、7929 万新元，整体十分稳定。这体现出水务领域项目现金流和盈利能力具有较大的持续性和稳定性，是发行 REITs 的优良资产。

（二）国内水务领域基础设施 REITs 重点关注事项

水务领域项目发行 REITs 需要关注的重点有以下三个方面：

1. 区域选择

首先关注所在区域的经济发达程度与人口流入前景。对于水务项目而言，需求的前景主要取决于所在区域的经济发展与人口流入。此外，就区域级别而言，县城供水项目发行 REITs 的潜力值得关注，因为县城地区水务设施覆盖率普遍低于城市项目，而人口与经济又具备一定体量，项目投运后往往能实现可观的收益率；同时，县城项目在建设运营前期恰恰面临相对更大的资金压力，对于发行 REITs 的兴趣可能更为浓厚。

2. 水价及污水处理价格的调整机制

出于国计民生行业支持实体经济的考虑，不同区域的水务项目利润率差异较大。在部分地区，供水价格的行政化让利仍多有发生。对于 REITs 的潜在投资人而言，相关项目所在区域的定价机制应得到重点研究。另外，污水处理费价格调整灵活度有所欠缺，许多项目运营收入难以覆盖运营成本，对政府财政的依赖度较高。在政策准动下更加市场化的污水处理费调价机制有望逐步建立，这将有助于减轻政府财政压力，完善使用者付费制度，保障污水处理项目的收入来源及合理回报水平。

3. 地方政府的支持

水务类资产对接国计民生的关键领域，即使由市场化的中央企业、民营企业负责运营，也普遍与地方政府背景的国资存在深厚的股权纽带关系以及运营协同关系，资产转让也会受到限制。在此情况下，发行水务类的 REITs 时，需要积极沟通，获得地方政府对于发行 REITs 的支持。

4. 强调运营，落实责任主体

污水处理与居民生活息息相关，若出水水质与污染物排放等不达标，会对地表水环境及地下水水质造成影响，危害居民健康。因此，污水处理项目发行 REITs 时，需要合理做好治理结构的安排，既体现基金管理人的主动管理，又体现污水处理专业化运营，以及有效落实环境治理设施达标排放责任主体。

（三）水务基础设施 REITs 展望

整体上看，水务行业项目运营稳定，需求波动小且可跟随经济、人口增长而自然增长，动态调价机制保障稳定盈利，抗周期性强，现金流充足，比较契合 REITs 对底层资产要求，是 REITs 市场的重要底层资产来源。未来，随着水务行业市场化程度不断提高，水务投资和经营企业稳步发展壮大，融资需求也持续增加，对 REITs 具有较大需求，水务领域 REITs 发展具有较好前景。

第三节　垃圾焚烧发电

现代化的生活垃圾处理方式中，生活垃圾焚烧发电的有效性和重要性已经得到行业共识。经过多年发展，我国垃圾焚烧发电行业已经形成了较为成熟的产业链条和运营模式，项目盈利能力和现金流稳定性均具有较高水平，是发行基础设施 REITs 的优质资产。

一、我国垃圾焚烧发电市场概况与行业特点

（一）我国生活垃圾焚烧发电处理进入发展高峰期

随着我国经济的发展、城镇化进程的加速，城镇规模和人口数量急剧膨胀，城市垃圾产生量激增。近年来，在中央政策和资金的支持下，地方政府加大了对垃圾处理的投入，生活垃圾处理行业取得了快速发展，生活垃圾焚烧发电技术、装备不断成熟，市场发展进入高峰期。2019 年当年建成并投入运行的生活垃圾焚烧处理能力约为 8 万吨/日，为历年最高。以炉排炉为代表的生活垃圾焚烧发电技术与工艺在引进、消化吸收的基础上，结合我国生活垃圾特性，进行了大量创新，已经形成具有较强竞争力的产业，与发达国家相比，我国生活垃圾焚烧发电厂建设周期缩短了二分之一，建设投资减少到三分之一。

在未来几年垃圾焚烧发电在建及筹建项目投产后，垃圾焚烧处理产能释放速度预计将有所放缓。但国内城镇人口、人均垃圾清运量仍处于上升周期，有望进一步提升垃圾焚烧发电市场总量。

（二）垃圾焚烧市场集中度较高，行业竞争格局基本成型

从市场集中度看，截至 2019 年年末，前五大垃圾发电公司在手订单规模合计 38.9 万吨，占前 20 大企业订单规模的 44%，集中度已经处于较高水平。此外，前 20 大垃圾发电企业中，绝大多数公司已上市并打通外部融资通道，

中小型企业难以实现快速弯道超车。

同时，焚烧发电市场竞争关系正在向理性回归，新进入者减少，落后产能逐步淘汰，企业通过低价竞标去获取项目的意愿明显下降，垃圾发电市场参与者正在向理性竞争回归。2017 年以来新项目的垃圾处理费已经普遍回升到50—80 元/吨的合理水平。

（三）垃圾焚烧发电具有较高的行业壁垒

一是特许经营壁垒。受资源及环境等因素的影响，地方政府一般根据当地垃圾产生量规划适当规模的焚烧处理厂，并授予经营者特许经营权。特许经营权具有排他性。二是资金壁垒。垃圾焚烧发电行业属于典型的资金密集型行业，垃圾焚烧发电项目前期投资金额大，每吨投资金额约为 30 万—70 万元。同时，垃圾焚烧发电项目的投资回收周期较长，一般约为 10—15 年。三是技术壁垒。垃圾焚烧发电生产工艺及流程较为复杂，垃圾焚烧处理具有高度的社会敏感性，环保要求较高，再加上发电厂安全、环保、稳定运行需要强大的技术研发支持，整体技术壁垒高。四是运营管理壁垒。先进的运营管理理念和水平对垃圾焚烧发电项目的风险管控至关重要。通过对生产工艺流程的标准化设计和科学管理，可以有效提高项目运行质量和效率，降低运行成本，从而形成核心竞争优势。

二、垃圾焚烧发电的投融资与盈利模式

（一）盈利模式

垃圾焚烧发电项目的收入主要包括垃圾处置费收入和供电（供热）收入。垃圾处置费收入由垃圾处理量及处理单价决定，其中处理单价一般由政府核准确定，并在经营期限内实行动态调整。我国生活垃圾清运量近年来持续增长，同时焚烧在无害化处置中的占比仍有提升空间，焚烧项目的生活垃圾供应量有保障。供电收入取决于上网电价、上网电量等因素。上网电价方面，全国统一垃圾发电标杆电价每千瓦时 0.65 元（含税，吨发电量 280 度内）。

综合来看，垃圾焚烧发电收费机制成熟，回报稳定。由于国内电价水平与单位垃圾处理价格稳定，叠加垃圾发电运营的区域垄断性以及区域市场垃圾清运

量的确定性，项目能够提供长期稳定的回报及现金流，适合发行 REITs。

（二）投融资方式

垃圾焚烧发电行业属于重资产行业，依赖外部融资。国内垃圾焚烧发电项目期初投资规模较大，例如一座处理规模 1000 吨/日的垃圾焚烧处理厂总投资约 6 亿元，在产能利用率 80% 情况下，年运营收入占总投资的比重约 12.4%，期初投入大、投资回收周期长的性质致使企业依赖外部融资来进行发展。

垃圾焚烧发电企业融资方式有银行借款、债券、定向增发等，其中以银行借款为主导。以瀚蓝环境、上海环境、绿色动力、旺能环境、伟明环保、中国天楹等 6 家重点垃圾焚烧发电公司为例，上市以来借款融资占比均在 60% 以上。从资产负债率看，截至 2019 年年末，重点公司平均资产负债率达 61.3%，仅伟明环保负债率低于 50%，整体债务融资拓展空间有限，因此有动力通过发行 REITs 降低资产负债率。

三、垃圾焚烧发电基础设施 REITs

（一）垃圾焚烧发电项目发行基础设施 REITs 的关注要点

1. 补贴政策

垃圾发电项目存在政策补贴，其国补资金按合理利用小时数核定，垃圾焚烧发电项目全生命周期合理利用小时数为 82500 小时。目前垃圾发电项目年利用小时普遍在 5000—5500 小时，补贴占据收入一定比重。需关注补贴占比及支付保障情况。

2. 优质项目选取

垃圾发电项目首先可考虑发达地区，其垃圾处理费用水平与垃圾热值更高，项目回报水平更能达到 REITs 要求。已建立垃圾处理收费制度的地区，政府付费转向使用者付费，能够减轻政府财政压力，提升项目现金流稳定性。建设手续完备、设备与技术先进、管理规范的项目，可作为基础设施 REITs 试点期间的重点选择。

3. 确保运营安全、高效

垃圾焚烧发电属于高度专业化领域，对于运营主体的技术、管理经验、集成能力等均有较高要求，发行 REITs 后，要确保资产运营管理的安全、高效。这一方面要体现专业的人做专业的事，基金管理人要对运营机构有充分授权，另一方面也要权责利清晰。

最后，垃圾焚烧发电项目多为 BOT 项目，发行 REITs 转让资产时需要经过地方政府的同意，因此项目方要与所在地的地方政府进行充分沟通，获得支持。

（二）垃圾焚烧发电基础设施 REITs 展望

从盈利能力看，垃圾焚烧发电行业 ROE 近年来呈现稳步扩张，已从 2014 年的 8.4% 提高至 2019 年的 11.3%。考虑到行业运营提效的中长期趋势，同时业内公司普遍有大量项目正在从在建工程向运营阶段转化，预计国内垃圾焚烧发电行业 ROE 未来能够获得持续提升，再加上行业内多数企业存在优化资产负债情况等需求，未来 REITs 空间和规模相对可期。

第四节　文化与旅游

文化与旅游基础设施涵盖范围较广，具体可分为两大类：一是偏公益性质、由政府或者社会力量举办、向公众开放用于开展文化活动的公益性场所，如博物馆、文化馆、公共图书馆、文化艺术中心、体育馆、公园等；二是为满足居民文化娱乐需求而建设的各项设施，包括自然资源景区、主题乐园、文旅小镇、旅游度假区、剧院、电影院等。从稳定收益这一角度考虑，本节主要介绍具备产生收益能力的第二类资产，重点是自然资源景区、主题乐园等资产。

一、我国文旅基础设施市场概况与行业特点

（一）文旅产业政策鼓励，市场需求强

近年来国家政策密集出台，鼓励文化旅游基础设施建设和相关服务配套的发展。如在 2017 年政府工作报告中，明确提出要"完善旅游设施和服务，大力发展乡村、休闲、全域旅游"。2019 年全国文化与旅游会议，进一步提出"提升公共服务覆盖面和时效性，推动基本公共文化服务标准化、均等化，推

进转型升级，加强基础建设，为推动产业高质量发展、培育经济增长新动能提供支撑"。

　　文旅行业蓬勃发展。2019 年全国规模以上文化及相关产业企业营业收入86624 亿元，比 2018 年增长 7.0%。全年国内游客 60.1 亿人次，比 2018 年增长 8.4%；国内旅游收入 57251 亿元，增长 11.7%。自 2015 年以来旅游增长情况如图 9.2 所示，增长态势明显。

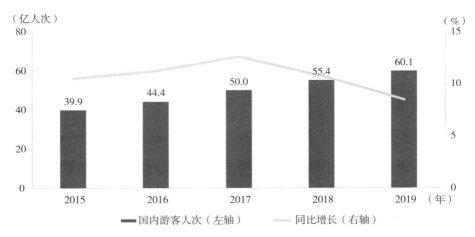

图 9.2　2015—2019 年我国国内游客人次及同比增长

资料来源：国家旅游局。

（二）文旅融合推动产业投资

　　旅游资产存量和固定资产投资保持增长趋势，与文化和旅游融合相关的投资并购不断涌现。以美团大众点评为代表的互联网公司，在服务本地居民的衣食住行和休闲娱乐的同时，开始战略性进入旅游业。在"文化+""旅游+"的融合发展过程中，大数据、云计算、人工智能等商业技术将更多城乡居民休闲资源转化成群众喜爱的文化和旅游产品。

　　旅游业已成为社会投资热点和综合性开发的引擎性产业。中国旅游投资项目库数据显示，2017 年统计在列的旅游项目数量为 14512 个，实际完成投资1.5 万亿元，较 2016 年增长 15.41%。2019 年全国文旅项目总投资达 1.6 万亿元。全国旅游投资规模不断扩大，投资结构逐步改善，投资热点加速形成。

（三）投资主体多样，大型文旅集团快速发展

文旅设施的投资建设偏重资产，政府引导性强，参与的企业主体较多，且出现大型文旅集团，发展较快，已在全球占有重要地位。

文旅投资项目按照其在产业链上所处的阶段，可分为上游重资产资源类、中游分销渠道类、下游产业服务类。机构投资较多的是产业服务类项目，其次是重资产资源类，最后是分销渠道类项目。总体来看，重资产资源类项目的投资方主要是开发商、大型文旅集团及国有产业基金等；而其他轻资产类型的投资方则更为多样。

就重资产的投资而言，开发商以销售去化为主，持有资产为辅，注重综合效益，在发展过程中出现大型文旅集团，如华侨城、方特集团、长隆集团、万达文旅（后大多项目转为融创）、宋城演艺等，各家企业发展模式有所不同，但均重视持有资产的运营、品牌 IP 和稳定现金流，形成了各具特色的主题公园发展。华侨城、方特集团和长隆集团等企业已在全球主题乐园领域占据前列位置。

二、文旅行业的投融资与盈利模式

（一）商业模式因资产类型不同而有较大区别

主要的文旅设施资产大致可分为两大类：一是偏人工性的主题乐园，二是偏资源性的自然景区。相比而言，自然景区以观光为主，门票是主要收入；主题乐园的商业模式更为多元化，除门票外，餐饮住宿服务、地产开发、IP 产品、商业活动与演出等，亦构成重要的收入来源。

国内主题乐园往往通过经营增长、品牌延伸和客源延伸等模式实现增长。经营增长主要是依托游乐项目的不断更新和提升，从传统门票收入到更为人性化、个性化的服务收入，提升游客旅游品质，最终实现主题乐园盈利。品牌延伸是主题乐园长期盈利的较佳模式，从品牌 IP 塑造入手，转化为商品提供重要收入来源。客源延伸是联合餐厅、商铺及其他景点和娱乐场所，将食、住、行、游、购、娱六大要素开发形成完整体系，实现客源的共享。

（二）文旅基础设施融资需求强烈，可用融资工具有限

文旅重资产项目通常需要大量的资金投入，回收周期往往较长，收益不确定性较大，具有强烈的融资需求，但相关的融资工具却并不多。除以上市 IPO 作为权益融资外，企业往往通过发行债券、资产证券化、融资租赁等方式融资，或者采取 PPP 等模式发展。

资产证券化是文旅基础设施的创新融资模式。自 2012 年以来，已有华侨城、携程、海昌海洋公园、八达岭、巴拉格宗、曼听公园、镜泊湖、华山、平遥古城、普者黑景区、西双版纳傣文化风情园、山东地下大峡谷等企业和文旅项目成功发行资产支持证券融资产品。旅游类资产证券化基础资产大多集中于景区门票、酒店收入、交通票、演出收入及其他项目费用。

三、文旅基础设施 REITs

（一）境外文旅基础设施 REITs 可供借鉴

在境外市场上，美国的专业 REITs（Specialty REITs）中有文旅 REITs 产品。这类 REITs 的底层资产主要包括电影院、餐饮娱乐综合体、休闲度假场所、收费景点、广告牌等，现金流持续稳定，投资回报良好，运营管理水平较高。受相关规定限制，一般而言，这类 REITs 并不直接参与设施的运营，收入来源主要是收取的租金。

EPR Properties（NYSE：EPR）是美国一家文旅 REITs，于 1997 年成立并在纽约证券交易所上市。EPR 自成立起即专注于体验类项目投资，投资组合分为体验和教育两大类，其中，体验类包括剧院、餐饮娱乐场所、景点（水上公园、游乐园、室内跳伞设施）、滑雪场、体验式住宿、游戏厅、文化财产（博物馆）、健身场所。截至 2020 年 5 月 31 日共持有 371 项资产，覆盖美国和加拿大共 44 个州。

EPR 主要从事对以上设施的收购、改造和出租，租赁合同一般为"三净"（triple net）模式，即 EPR 只收取租金，承租人需要自行负责税款、保险的缴纳以及场地设施的维修。2019 年 EPR 收取租赁收入达 5.93 亿美元，其中 45% 来自于剧院，其次是餐饮娱乐设施，占 25%。作为最早专注于剧院的 REITs，

EPR 在过去 20 年进行了超过 20 亿美元的剧院投资。EPR 租金稳定，收益率也保持稳定，过去 5 年平均分派收益率 6.43%。

（二）文旅资产具备发行基础设施 REITs 基本条件

我国文旅资产已具较大规模。以华侨城集团为例，截至 2020 年年底已在全国运营和管理景区近 80 家，欢乐谷系列成为知名品牌。

文旅资产由于经营模式不同，盈利情况差异较大。代表性上市公司中，宋城演艺的"主题公园+文化演艺"模式资产较轻，收益率较高，2015—2019 年 ROE 保持在 13%—16% 的区间。传统重资产主题公园如迪士尼成本控制能力强，2015—2019 年 ROE 保持在 15% 以上。自然景区类资产盈利水平较为稳定，代表性上市公司丽江股份、黄山旅游、峨眉山 A 2010—2019 年 ROE 维持在 10% 左右。

主题乐园内存在大量租赁型物业，用于商业配套，相当部分的资产可以转化成租赁模式，具备发行 REITs 的可能。

（三）文旅基础设施 REITs 主要关注事项

1. 重构经营模式，减轻收入波动，强调关联交易公允性

以门票等作为主要收入来源的资产，可能存在未来收入波动较大的问题，需进行经营模式的重构，以符合 REITs 追求稳定收益的特性。例如，将资产出租给具有履约实力的运营商，由其支付租金，形成可预期的稳定收入。由于租赁往往是关联交易，须确保公允性。在重构经营模式后，运营方也即包租方的实力和能力对于发行 REITs 是否成功就显得尤为重要。园区内的商业配套资产，则既可以出租给园区运营商，也可以出租给外部品牌餐饮、酒店机构，使得业务经营模式符合 REITs 的特点。

2. 明确资产权属与土地性质

REITs 基础资产需要所有权清晰并可转让，但对于景区尤其是国家级风景名胜区、文物性质资产等，用地为公园绿地，发行 REITs 时需考虑排除土地因素。其他类资产具备转让条件的，须核查产权明晰情况，一些文旅项目的占地面积很大，只有部分土地有证，且多为点征地，产权问题较为突出。

文旅资产的用地性质，可能是文化设施用地（A2），娱乐康体设施用地

（B3），也可能是商业服务业用地（B1、B2）。在实践中，许多景区、主题公园的用地为综合开发，用地性质较为复杂，存在大量土地属于商业服务业用地的情况，须重点关注。

3. 提升浮动收益，拓展增值收入

采取租赁模式时，租金可考虑固定加浮动的模式，适当体现运营激励和收入增长，让 REITs 投资者也能分享园区运营优异的好处。主题公园 IP 的应用具有很强的延伸性，可增加多元化收入，可在发行 REITs 时适当考虑。

（四）文旅基础设施 REITs 展望

文旅基础设施发行 REITs 具备一定的可行性，在确保合规与经营稳定后，通过发行 REITs 可提高资本效率，降低负债，优化财务报表，同时更有效地加强营运管理，提升资产效益。对于投资运营企业而言，可以借助 REITs 创新金融工具和重资产退出渠道，构筑"开发+培育+金融化持有+运营"的有效轻重资产均衡发展模式，一方面加快开发周期，扩张规模；另一方面围绕成熟资产形成资产管理和运营体系，在行业内形成领先优势。

第五节 医疗养老

医疗养老基础设施是指各类综合与专科医院、体检中心、医疗与社会卫生服务中心、康复中心、养老院等场所的建筑物和重要设备设施等。

一、我国医疗基础设施市场概况与行业特点

我国医疗基础设施主要包括医院、体检中心及医疗服务中心等，行业主要特点如下。

（一）医院数量多且不断增加，诊疗人次亦不断增长

全国医院数量近年持续增长，2017 年突破 3 万个，截至 2019 年年底，全国医院数量增至 34354 个，较 2018 年同期增加 1345 个，如图 9.3 所示。

近十年来，我国居民人均医疗卫生费用年均增速超过 14%；卫生费用支出占 GDP 的比重逐年提高，2019 年已达 6.6%，但是与发达国家（占比 10%

（个）

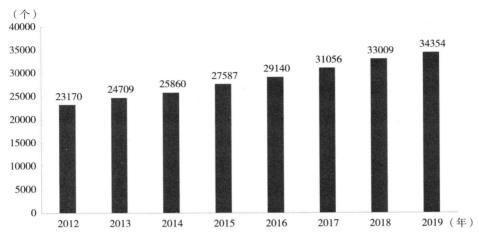

图 9.3　2012—2019 年中国医院数量情况

资料来源：万得资讯。

以上）相比仍有差距。2019 年全国总诊疗人次 87.2 亿人次，同比增长 4.9%；医院诊疗人次 38.4 亿人次，同比增长 4.9%。我国医疗服务需求一直不断增长，需求增长主要来自于人口老龄化、人口患病率的上升、保健意识提高以及医保覆盖率的提升。

（二）鼓励社会办医，民营医院数量持续增加

2013 年民营医院仅 11313 个，比公立医院少 2083 个。2015 年民营医院数量反超公立医院，此后民营医院规模不断壮大。截至 2019 年年底，民营医院共有 22424 个，占比 65%。

我国非公立医院数量已远超过公立医院，但诊疗服务量相比于公立医院尚有差距。社会办医的新课题就是要由量变到质变，实现高质量的发展，满足不同群体快速增长的多层次、多元化健康需求。

（三）公立医院、三级医院是供给主力，专科医疗机构形成补充

按照 2019 年统计公报，公立医院数量占比 35%，而床位数占比高达 72%；三级医院数量占比仅 8%，而床位数占比高达 40%。我国医疗服务供给端，呈现出以公立医院、三级医院为主的格局。目前，我国医院总体病床使用率达 84%，其中承担最主要医疗任务的三级医院病床使用率更高达 97.5%，医生人

均每天负担诊疗人次 7.1 次，基本属于满负荷甚至超负荷运转的状态。

各类专科医疗机构纷纷涌现，形成有力的补充。如专业体检行业增速达 30%，健康体检中心的布局快速增长。

（四）公立医院依赖财政投入，民营医院融资方式多样

公立医院主要由国家和地方财政出资建设，国家严禁公立医院举债建设、严禁县级公立医院自行举债建设和举债购置大型医用设备。近年有 PPP 投资公立医院的案例，如广州广和医院、北京门头沟区医院、汕头潮南民生医院等。民营医院融资方式较为多样，银行贷款、融资租赁、保理等，均为重点融资工具。

二、养老基础设施的市场概况与行业特点

（一）养老需求放量，市场增速快

我国人口老龄化加上老年患病率高，使得养老需求旺盛。我国人口老龄化趋势显著，中国 60 岁以上人口占比超 16%。根据预测，到 2030 年，这一人口占比将达到 25% 左右。老年人患病比例超 60%，包含医疗服务在内的"养老+"需求巨大。

据第三方调研机构调查，60 岁以上的老年人的平均余寿中，约有 1/2—2/3 的时间处于各种慢性病的状态，患各种疾病的老年人比例高达 60%—80%。因此，医疗护理、家庭病床、送医送药上门服务，以及临终关怀服务等"养老+"服务都会具有很大市场。

（二）养老机构多，但市场分散，集中度低

根据市场调研，2017 年年底全国各类养老服务机构和设施 15.5 万个，比 2016 年增长 10.6%，其中注册登记的养老服务机构 2.9 万个，社区养老机构和设施 4.3 万个，社区互助型养老设施 8.3 万个。2019 年各类养老服务机构和设施数量为 20.4 万个。2017 年各类养老床位合计 744.8 万张，其中社区留宿和日间照料床位 338.5 万张，每千名老年人拥有养老床位 30.9 张。

养老市场较为分散，缺乏全国性的大型养老机构，集中度低。

（三）缺乏有效的快速发展的商业模式

社会资本参与养老投资，其商业模式多样，但未能形成主流的可持续发展模式。投资主体通常有地产开发商、保险公司、专业投资与运营方。

开发商更多是土地综合开发利用，在综合土地上，以快速去化的住宅、商业等为回报主体，养老这一部分则可成为资产持有、运营专业化的业务。但该类项目获取不易。保险资金介入养老社区项目表现为重资产方式，最典型的代表企业有泰康保险、太平人寿、君康人寿等，通常将保险产品与养老服务结合，盈利模式较为特别。专业投资运营方则主要聚焦城市社区，以销售使用权、销售会籍、出租床位等为盈利模式，投资者希望快速回流资金。同时市场出现不少专业的养老运营机构，整体租赁物业后，以二房东方式轻资产运作。

三、境外医疗养老 REITs 借鉴

美国是全球最大的医疗养老 REITs 市场，形成了养老与医院双轮驱动的格局，新加坡也有极具特色的医疗 REITs 个案。

（一）美国医疗养老 REITs

美国医疗养老 REITs（含养老、康复、保健等，下统称"医疗 REITs"）市场规模大，数量多。从万得资讯查到，截至 2020 年 8 月，美国共有 169 只上市 REITs，其中医疗类 REITs 共 16 只，总市值 974 亿美元，数量占比约 9.0%，市值占比约 9.5%。美国医疗 REITs 近年表现非常好，近 10 年涨幅达 140%。

美国医疗 REITs 多数持有养老院、养老公寓和医院，部分持有医疗办公楼、研发中心、保健/护理机构等。其中保健/护理机构构成相对复杂，主要包括专业疗养机构、辅助疗养机构和独立生活设施三类。美国医疗 REITs 的经营模式则主要分为净出租模式和委托经营模式。净出租模式下，医疗 REITs 本身不参与具体项目运营，只向项目运营商收取相对固定的租金，是美国医疗 REITs 的主流经营模式。委托经营模式下，运营商收取固定的管理费，项目运营的超额收益或损失归属 REITs。

从具体 REITs 情况来看，16 只医疗 REITs 中市值规模最大的三只是 Welltower、Healthpeak Properties（HCP）、VENTAS，市值均超过 100 亿美元。其中

Welltower 市值高达 236 亿美元，底层资产数量最多，其主要资产为养老院、老年公寓和医院，物业数量高达 1578 处，资产净值为 311 亿美元，2019 年净收益为 13 亿美元，三项指标全部位居全美医疗 REITs 第一名。

HCP 是市值位居第二的美国医疗 REITs，成立于 1985 年，截至 2020 年年底，市值约为 160 亿美元。HCP 专注于投资和运营医疗保健相关领域不动产，包括医院、老年公寓、医疗办公楼、养老院等。根据公司 2019 年年报，HCP 在美国共有 617 处物业。

稳定的分红率确保 REITs 投资能在经济萧条的背景下跨越周期。1990 年以来，HCP 年分红回报率在 3.9%—13.9% 之间波动，截至 2020 年年底维持在 5% 左右的水平，为投资提供较强的安全边际。

（二）新加坡医疗 REITs

亚洲医疗 REITs 主要在新加坡、日本市场，主要是医院类的 REITs。其中，新加坡第一只医疗 REITs 先锋医疗产业信托（First REIT，以下简称"先锋医疗"）具有较强代表性。

先锋医疗产业信托在 2006 年 12 月于新加坡证券交易所上市，主要投资于亚洲范围内医疗保健相关物业资产，拥有资产合计 20 处，分布在新加坡（3 处养老院）、韩国（1 处医院）、印度尼西亚（16 处医院、酒店、商场）。公司通过与印度尼西亚力宝集团合作实现专业化经营，资产实现稳健升值，项目净收益和现金流保持稳健。

根据 2019 年年报，公司持有物业总资产约合 979 亿美元，总面积 35 万平方米，可供出租/出售床位/房间数 5092 间，所有资产均 100% 控股。公司持有资产均有较长的租约，确保收入稳定，加权平均期限为 12.2 年。

境外医疗养老 REITs 一定程度上为我国提供了借鉴。但其设立、发展与运营与所在国的医疗体制相关，需要综合比较。

四、医疗养老基础设施 REITs

（一）民营医疗养老基础设施有较大的权益融资需求

国内禁止公立医院举债新建医院，或举债新购置大型医用设备，除新建外，存量公立医院自身的融资需求其实较为有限。

民营医院和医疗机构、养老地产的投资分为轻资产和重资产两种方式，轻资产亦需在租赁物业的基础上进行设备、装修等投入，存在一定的融资需求，而重资产则需求明显。尤其是连锁型的医疗机构和养老地产，在重资产的拓展模式上，急需权益型融资，并形成投融管退的闭环和全新的商业模式，促进企业壮大和行业发展。

（二）医疗养老基础设施 REITs 主要关注事项

1. 医疗机构的定位

我国将医疗机构分为非营利性和营利性两类，非营利性医疗机构不以盈利为目的，收支盈余不能用于分红，只能用于医院的再发展，因此难以发行 REITs。营利性医疗机构则以盈利为目的，多采取公司制形式，利润可以进行分配，具备发行 REITs 的基础。

2. 土地性质

对于医疗养老行业，若属于公益性的，土地性质是社会福利设施用地（A6）和医疗卫生用地（A5），该类用地由于要求非营利性，其收益往往不能达到发行 REITs 的要求。

对于非公益性的医疗养老用地，其性质往往属于服务设施用地（R12、R22 等）、商业服务业用地，或住宅、公寓用地。服务设施用地可整体转让、出租，不能分割转让，在用地性质上要具体分析。

3. 资产与业务的重构

医疗与养老机构持有的不动产通常不能分割转让，以各种方式"去化"成了资产价值体现的无奈之举，不利于资产的长期维护与增值。剥离资产上市发行 REITs 或是一个重要的解决方案。首先要是进行业务模式的重构，保持资产的完整性，使其所有权、收益权保持完整；其次是构造租赁或委托运营的模式，建立公允的租赁与委托交易；最后是将重资产部分用于发行 REITs，募集资金用于新项目投资。

4. 加强运营，提高效益

从境外成熟市场的经验可以看出，运营与资产有机结合是发行 REITs 的关键。在具体的运营模式上，无论是资产租赁模式，还是委托经营模式，较多资产均设计了与运营业绩相关的安排，使得运营好的资产租金和价值得到双重体现。

（三）医疗养老基础设施 REITs 展望

从医疗机构上看，营利性医疗机构有发行 REITs 的需求和匹配度，部分品牌类民营医院和其他医疗机构（如专科和体检机构）以其持有的资产，或者对其运营的资产进行收购后发行 REITs，是值得期待的。从养老项目上看，重资产的主体均有意愿参与 REITs 试点。如保险资金可考虑将保险产品的价值与资产的价值进行重构、隔离，设计新的商业模式，结合 REITs 形成独特优势。

第六节　租赁住房

在公募 REITs 市场发展较早的国家和地区，住房租赁资产由于其受市场和经济周期波动影响较小，现金流相对稳定，一直以来是公募 REITs 较为重要的一个投资品种。近年来我国的住房租赁市场资产规模发展迅速，前景广阔，且潜在需求仍在不断增长，是较为适合发行公募 REITs 的资产类别。

一、我国租赁住房的市场概况与行业特点

（一）我国租赁住房市场发展空间巨大

改革开放以来，由于人口结构调整、部分城市购房价格较高、住房租赁市场政策支持力度不断加大等因素的影响，我国的住房租赁市场发展迅速，并呈现出租户平均年龄低、租房需求大、租赁周期长的特点。据统计，截至 2019 年，我国的住房租赁人口已达 2.2 亿人，占总流动人口的比重达 92%。伴随着我国城镇化进程的继续，人口净流入城市的购房压力依然巨大，我国住房租赁市场未来的增量空间仍然巨大。据测算，2022 年我国住房租赁人口规模将达 2.4 亿人，如图 9.4 所示。

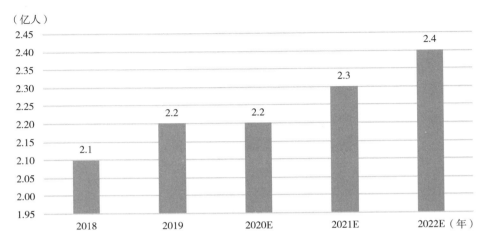

（亿人）

图 9.4　2018—2022 年以来我国住房租赁人口增长及预测

资料来源：艾媒数据中心。

（二）各级政府政策大力支持租赁住房发展

目前我国房地产制度的核心政策是多主体供应、多渠道保障、租购并举的住房供应体系，其中大力发展住房租赁市场是这一核心政策的重要组成部分。自 2015 年中央首次提出"以建立购租并举的住房制度为主要方向"以来，鼓励发展住房租赁市场的政策导向在此后历年中央经济工作会议均被提及。在 2020 年中央经济工作会议上，更是将"解决好大城市住房突出问题"作为单独的一大工作重心提出。

在中央大力支持的政策导向下，各地方政府也相应出台了支持当地住房租赁市场发展的多项操作细则。根据住房城乡建设部等多部门公布的规范性文件，截至 2020 年 7 月我国人口净流入城市已达 29 个，这些城市均已出台了支持租赁住房发展的地方规章或政策文件。

由此可见，从中央到各级地方政府，大力发展租赁住房特别是长期租赁住房的政策已经确定，租购并举是我国房地产制度的核心要点，对建立和完善符合我国国情的房地产市场长效管理调控机制至关重要。

（三）各类租赁住房稳步发展

目前，我国租赁住房大体可以分为三类，分别是政府主导建设的租赁住房、政府支持建设的租赁住房，以及市场化的租赁住房。

一是政府主导建设的租赁住房。比如，重庆市由政府主导建设和拥有长租房，以公共租赁住房为主。长租房建设主体为政府国有投资集团，所有权属于政府或者公共机构，承租者只拥有一定时期的使用权，可保证长租房持续提供公共服务，解决刚毕业大学生、新就业职工、外来务工人员以及城市中低等收入者等夹心层人群住房困难。公共租赁住房的建设用地以划拨方式供应，市政府通过减免土地出让金及相关税费等政策给予支持。截至 2020 年，全市已建长租房建筑面积将近 4500 万平方米，其中住宅约 3500 万平方米、配建商业用房约 390 万平方米；长租房总投资约 1400 余亿元，其中中央补助资金 180 余亿元。

二是政府支持建设的租赁住房。比如，深圳市人才住房由政府提供政策支持，限定套型面积、租售价格和处分条件等，面向符合条件的各类人才配租配售住房，此类住房可租可售、以租为主，由相关国有企业建设运营。深圳市在安排本级政府投资计划时，专门安排长圳安居工程等保障性住房项目，给予资金支持。再如，杭州市积极探索在住宅用地供地中，结合重点地区产业发展和人才引进的需要，确定一定比例作为人才专项租赁住房用地，开工建设人才专项租赁住房，土地拍卖价格大幅低于周边土地市场价格，建设资金来源均为自筹资金。

三是市场化的租赁住房。近年来，我国市场上涌现了一批市场化租赁住房的建设或运营企业。以是否自行持有租赁住房资产为标准，可以将租赁住房企业区分为重资产型和轻资产型。其中，重资产型是指少数房地产开发商背景的企业，依靠其股东存量资源、房地产开发资源及优势，走重资产模式的长租公寓发展路径，如万科地产旗下的泊寓、龙湖地产旗下的冠寓、旭辉旗下的旭辉瓴寓等。轻资产型租赁住房运营品牌的运营方并不享有租赁住房资产的所有权，与基础设施的不动产属性有较大差别，故无法成为 REITs 投资标的，本书不作为讨论对象。

二、重资产租赁住房的投融资与盈利模式

重资产模式运营的租赁住房，一般以集中式租赁住房为主。其运营模式主

要为付出土地成本取得土地使用权并长期自持，开发建设成为集中式租赁住房；或者付出受让成本取得部分闲置的集中式存量物业所有权，装修改造成为适合居住的租赁住房。新建或者改造完成后，资产持有人长期持有租赁住房，自行或委托第三方运营商进行运营出租。

重资产型租赁住房项目的主要成本为土地成本、建安成本、财务成本及项目运营成本。其中，建安成本主要包括：获取土地成本、开发前期费用、建筑安装工程费用、室外配套工程费用、室内装修工程费用及其他费用；项目运营成本主要包括：人工成本、外包成本、直接销售成本、间接销售成本、物业维修养护、后勤支出等。

重资产型租赁住房项目的主要收入由三部分构成：房屋租金收入、运营服务收入、资产增值收入，其中房屋租金收入及运营服务收入来源均为租户支付的当期收益。而资产增值收入，主要依靠长期专业化和精细化运营，提升资产价值，资产增值的收入通常在物业转让或者物业持有人实现股权退出时得以体现。

资本市场上较为契合租赁住房项目资本金需求特点的资金，主要是长期限的规模性资金，比如住房公积金、长期保险资金等。据测算，租赁住房项目的长期收益率，可以满足这类长期限规模性资金的投资收益率要求。目前，租赁住房项目的资本金仍然普遍存在融资困难的情况。有研究认为，租赁住房项目资本金部分的投资退出渠道较少是一个重要原因。

综合国际经验，项目进入运营稳定期，逐年产生稳定现金流之后，对接REITs是大规模租赁住房项目盘活存量资产、增加新项目供给、形成投资良性循环的主要渠道之一。

三、租赁住房 REITs

（一）境外情况与案例

境外租赁市场较为成熟，其体现之一就是住房租赁市场的机构化率和长期租户渗透率较高，日本、德国、美国、英国的租赁住房机构化率和长期租户渗透率分别为 83%、40%、30%、28% 和 39%、55%、31%、37%。经过多年发展，诸多发达国家的租赁住房市场中都诞生了数家龙头企业，并成为国外

REITs 的重要组成部分。以美国为例，截至 2019 年底，在权益型 REITs 的各物业类型中，住宅型 REITs 市值最大，达 1.85 千亿美元、占比 14.3%。租赁住房 REITs 由于需求刚性，受经济周期的影响相对较小，在较长的时间内表现出稳定的较高收益。根据 Nareit 数据，对比美国各物业类型 REITs 在较长的时间维度内（1994—2019 年）提供的收益回报，住房类 REITs 以平均年化收益率 12.51% 的业绩在各物业类型收益率中位列第二。

美国市场领先的租赁住房型 REITs，Equity Residential（EQR）和 AvalonBay（AVB）均以重资产自持集中型租赁住房为主，但发展模式有所不同。EQR 成立于 1969 年，在 1993 年正式上市，定位于在美国最高增长和最繁华地区收购、开发和管理高品质公寓，是美国第一家上市的出租公寓 REITs。自上市以来，EQR 经历了快速扩张阶段、短暂的多元业务尝试阶段及聚焦核心市场阶段三个阶段的发展。目前 EQR 的核心市场为旧金山、纽约、华盛顿特区、波士顿和迈阿密等城市，拿房模式主要以重资产收购为主。在运营方面，EQR 为租客提供了从租前到租后贯穿"租赁生命周期"的全流程、高品质的便利服务。

美国另一租赁住房蓝筹 REIT 代表 AvalonBay，目前市值约 220 亿美元，其资产集中于海岸核心都市圈。近年来，AVB 的在管公寓单元数量实现稳步增长，截至 2020 年 1 月总在管公寓单元数约 8 万套。AVB 主要通过三大渠道实现增长：一是自主开发是 AVB 多年来坚持的主要策略，每年在建公寓单元数量保持在年初公寓单元总量的 10% 左右；二是 AVB 持续通过处置和收购进行资产循环，每年处置的公寓单元数大约占总期初在管单元数的 3%；三是存量资产的改造/翻新是 AVB 对资产进行主动管理以提高收益率的渠道之一。AVB 在管理能力及品牌价值上具备优势，2013—2019 年其核心 FFO 复合增长率达到 14%，其同店出租率 2012 年至今始终保持在 95.5% 以上。

（二）我国发行租赁住房基础设施 REITs 的主要关注事项

1. 租赁住房属于民生基础设施

《国务院办公厅关于保持基础设施领域补短板力度的指导意见》（国办发〔2018〕101 号）提出，保持基础设施领域补短板力度，要重点开展交通、水利、能源及社会民生等领域重点任务，其中社会民生领域明确要加快推进保障性安居工程等建设。一方面，租赁住房特别是保障性租赁住房直接关系民生福祉，很多建设用地为划拨取得，是重要的民生基础设施。另一方面，我国基础设施 REITs 试点已探索出一条比较成熟的路径。因此，保障性租赁住房可直接纳入基础设施 REITs 试点，在人口净流入的大城市率先探索发行，并与市场化房地产完全切割，以有效盘活租赁住房存量资产。

2. 进一步加强租赁住房用地保障

租赁住房项目成本中，用地占比最大。必须通过多种方式筹措租赁住房用地，降低土地获得价款，有效控制租赁住房总成本，满足发行 REITs 基本条件。因此，可考虑继续扩大划拨土地及其他市场化租赁住房项目用地供应，或在土地出让计划中单列租赁住房用地计划。同时，允许企事业单位利用自有闲置用地建设租赁住房，供应本单位及周边符合条件的保障对象，探索多种方式加强租赁住房用地保障。

3. 严格与商业化地产项目做好切割

为坚持"房子是用来住的，不是用来炒的"定位，落实房地产市场调控长效机制要求，促进房地产市场平稳健康发展，租赁住房在发行 REITs 时，必须严格与商业化地产项目做好切割。对于有商业化地产项目背景的企业，可以将租赁住房资产剥离出来，单独成立具有独立法人资格的企业，从项目建设、日常运营、资金筹措、新项目再投资等方面，独立运作、封闭管理，与住宅等商业化地产项目资产做好隔离，避免引起市场误读，也切实防止回收资金流入商业化地产项目。

4. 进一步强化政策协调

在有关部委统一指导下，地方政府结合当地具体情况，制定了各具特色的租赁住房操作细则。而 REITs 政策作为全国性的政策规范，需要统筹考虑与各地操作细则的协调和对接。比如，部分地方租赁住房项目的转让存在限制，要求受让主体应当为国有企业、实际控制人不应发生变更、转让需有关部门批准等等，可能造成发行 REITs 时存在一定障碍，这就要求项目在发行 REITs 时需获得地方政府的支持。

5. 给予适当税收中性或税收优惠政策

租赁住房在交易、持有和运营等环节均有一定税务负担,增值税、土地增值税、房产税、所得税等各项税务的处理,将直接关系到原始权益人以优质资产发行 REITs 的积极性。出台相关税收中性或税收优惠政策,将使租赁住房项目发行 REITs 变得更有吸引力,有利于提高租赁住房建设运营的积极忹。

(三)租赁住房基础设施 REITs 展望

租赁住房资产的主要作用在于解决住房供应紧张的人口净流入城市居民住房问题,这一特性决定了租赁住房资产的收益特点。在进入运营稳定期后,租赁住房资产即可产生稳定的现金流,其资产收益水平受经济周期和市场波动的影响较小,是非常适合发行 REITs 的基础资产。

租赁住房市场持续发展的难点,在于盘活存量资产、形成投资良性循环的渠道尚不通畅。如能发行 REITs,则租赁住房项目具备了稳定闭环的投融资渠道。因此,租赁住房 REITs 的发行,必将引导更多长期限资金投向租赁住房市场,大规模增加租赁房源,缓解人口净流入城市住房供应紧张状况,促进多主体供应、多渠道保障、租购并举的住房制度的建立和完善。

实　务　篇

第十章　REITs 基础资产选择

基础资产是 REITs 的"根本"所在。本质上，基础设施 REITs 是将基础设施资产进行"证券化"的一种金融产品形态，基础设施 REITs 的投资价值核心来源于基础资产的价值。因此，基础资产的选择对于基础设施 REITs 而言尤为重要。筛选基础资产所需考量的因素有很多，其中基础资产的合法合规性、基础资产的运营情况以及基础设施 REITs 管理人和运营管理机构的运营管理能力最为关键。合法合规性是基础资产的价值基础以及能否长期稳定运营的基石，运营情况是基础资产价值水平的重要体现和判断标准，而基础设施 REITs 管理人和运营管理机构的运营管理能力则是基础资产稳定运营及价值增长的重要保障。

第一节　基础资产的合法合规性

基础设施 REITs 的投资收益来源于基础设施项目的运营收入，为确保作为基础资产的基础设施项目能持续稳定产生运营收入，应特别关注其合法合规性。分析基础资产的合法合规性有多个维度，如固定资产投资管理和建设程序合法合规、资产权属和经营权利合规完整、国有资产转让程序合法合规等。

一、基础资产投资建设应符合固定资产投资管理的相关规定

基础设施项目涉及固定资产投资，需履行固定资产投资相关程序，主要包括立项、环评、节能审查、用地批准、规划、施工、竣工验收等。如未完成相应审批环节或取得相关审批、核准或备案文件，基础设施项目存在被相应行政

主管部门责令限期改正、处以罚款、没收违法所得、停止建设、停止生产或使用，甚至责令关闭的风险。这些因固定资产投资建设流程不合规而引发的风险将导致基础设施项目成本增加，收入降低，项目运营不稳定，甚至可能因拆除、迁址等要求发生基础资产的灭失，给基础设施 REITs 的运作带来极大的不确定性。因此，对于发行基础设施 REITs 的基础设施项目，应循其投资建设的时间流程，逐项核查判断基础设施项目投资建设全过程的合法合规性，从基础资产层面控制基础设施 REITs 的合规风险。

二、拥有完整的资产权属或经营权利

发行基础设施 REITs 的基础设施项目从底层资产属性上可分为两大类：一类是基于资产所有权而取得租金收入、经营收入的项目，典型如产业园、仓储物流、数据中心等。对于这一类因拥有资产所有权而取得收入的基础设施项目，发行基础设施 REITs 时，原始权益人所有的项目公司应对基础设施资产拥有完整的资产权属。另一类是基于特许经营权或经政府部门批准的收费权利而取得经营收入的项目，典型如高速公路、城镇污水垃圾处理项目等。对于这一类基于经营权而取得收入的基础设施项目，应主要关注经营权手续的合法完备性、相关部门给予合法使用土地的证明文件等。

（一）合法拥有资产权属的判断标准

基础设施项目的资产一般包括土地使用权、建筑物、构筑物和项目设施等，如基础设施项目已取得土地使用权证、房屋所有权证书或不动产权证书，可直观判断权证记载的权利主体合法持有基础设施项目占地范围内的国有土地使用权、房屋建筑物和构筑物的所有权。

基础设施项目可能存在未办理土地使用权证、房屋所有权证书或不动产权证书的情形。这种情况下，可结合项目已取得的前期用地文件或用地协议来分析项目用地合法性，如政府部门关于拆迁、土地征用的批复、用地预审意见、规划选址意见、建设用地批准书，以及国有土地使用权出让合同、国有土地划拨决定书等，通过项目批文、土地批文明确的开发建设主体，以及项目建设全流程建设批准文件的申报主体，按照"谁投资，谁建设，谁所有"的原则，判断基础设施项目的权属。但是考虑到土地房屋所有权均是经登记才产生对抗第三人的效力，对于依资产所有权而取得租金收入、经营收入的基础设施项目，取得对应的土地使用权证、房屋所有权证书或不动产权证书，应是发行基础设施 REITs 的必要条件。

（二）拥有合法的特许经营权或收费权利

特许经营是政府依法授权特许经营者，在一定期限和范围内投资建设运营基础设施项目并提供公共产品或者公共服务的基础设施投融资模式。特许经营者基于其依法获得的特许经营权，通过向使用者收费等方式取得收益，政府和特许经营者之间根据特许经营权协议明确权利义务和风险分担。根据特许经营项目所处运作时间不同，在基础设施领域从事特许经营活动应分别适用《市政公用事业特许经营管理办法》《基础设施和公用事业特许经营管理办法》等相关规定。实践中也存在一些未签署特许经营协议或 PPP 协议的基础设施项目，企业根据政府部门依法批准的收费许可运营基础设施项目并向社会公众收取通行费等运营收入。

对于特许经营项目或经许可收费的基础设施项目，因特许经营期满或收费期满后应将项目资产、项目设施移交给地方政府，且不少项目依法使用划拨地，为了降低两次移交可能发生的税负成本，避免划拨用地转让的繁琐流程，一些地方政府本着"不求所有，但求所用"的理念，仅赋予特许经营者或收费主体运营基础设施项目和取得收益的权利，未将土地使用权等项目资产权属登记于特许经营者名下。

对于这一类项目，一般认为只要能确认运营基础设施项目的项目公司合法拥有特许经营权或收费权利，有权运营项目设施并取得经营收费，且相关部门同意出具合法使用土地的证明，即可认定其是适合的、可发行基础设施 REITs 的基础设施项目。但同时，应确认项目公司对基础设施项目资产有独占的使用权，且项目资产上不存在权利负担，不存在已知或潜在的项目资产权属争议。

三、资产转让程序合法合规

发行基础设施 REITs 需将投资和运营基础设施项目的项目公司股权或项目资产产权转让给基础设施 REITs 下设的特殊目的载体，相应导致项目公司股权、特许经营权、资产产权的双利主体发生变更。基础设施项目金额大，周期长，关乎公共利益，且多有存量金融机构贷款，其权利主体发生变动往往受到诸多方面的限制，应取得所有必要的外部批准和同意。对于国有企业持有的基础设施项目，如发生产权变更或资产所有权变更，还应依法依规履行相应的国有资产交易程序。梳理下来，以股权交易或资产交易转让基础设施项目可能受到如下几方面限制。

1. 特许经营权的转让限制

项目相关特许经营授权文件可能规定除非取得授权主体的书面同意，否则不得以任何形式转让项目的特许经营权、项目公司股权、资产所有权，且对受让方的主体资质条件会有一定的限制。

2. 收费权益转让限制

以收费公路项目为例，根据《收费公路管理条例》第十九条①的规定，转让收费公路权益的，应当向社会公布，采用招标投标的方式选择经营管理者并订立转让协议。

3. 债权人对项目转让的限制

项目公司就基础设施项目进行融资签署的相关贷款合同、抵押质押文件可能约定未经贷款行等债权人的事先书面同意，项目公司不得放弃其在有关项目合同项下的任何权利，不得向第三方转让或处分其在项目合同项下的任何权利。

4. 划拨土地转让限制

根据《中华人民共和国城镇国有土地使用权出让和转让暂行条例》第四十五条②，划拨土地使厅权在满足如下条件且经过市、县人民政府土地管理部

---

① 《收费公路管理条例》第十九条："依照本条例的规定转让收费公路权益的，应当向社会公布，采用招标投标的方式，公平、公正、公开地选择经营管理者，并依法订立转让协议。"
② 《中华人民共和国城镇国有土地使用权出让和转让暂行条例》第四十五条："符合下列条件的，经市、县人民政府土地管理部门和房产管理部门批准，其划拨土地使用权和地上建筑物、其他附着物所有权可以转让、出租、抵押：
（一）土地使用者为公司、企业、其他经济组织和个人；
（二）领有国有土地使用证；
（三）具有地上建筑物、其他附着物合法的产权证明；
（四）依照本条例第二章的规定："签订土地使用权出让合同，向当地市、县人民政府补交土地使用权出让金或者以转让、出租、抵押所获收益抵交土地使用权出让金……""

门和房产管理部门批准后，方可转让："……（二）领有国有土地使用证……"如果基础设施项目转让涉及划拨土地使用权的权属变更，还应满足前述条件。

5. 产业导入方面的限制

产业园区类基础设施资产是推动地方产业升级和发展的基础设施项目，一般而言，地方政府倾向于锁定有产业导入能力的运营方长期稳定经营，实现地方政府的产业积聚、产业升级目标。对于这一类项目，企业与地方政府签署的投资协议或土地使用权出让文件中可能会涉及项目公司实际控制人变更或权益转让的限制性条件。判断项目是否适于发行基础设施 REITs，应考察该等限制对项目运作可能的影响。

6. 国有产权转让相关的限制

国有企业发行基础设施 REITs 涉及国有产权交易，应遵循国有资产管理相关法律法规，取得国有资产管理部门就转让行为、转让方式的批准。以公开进场交易方式完成国有产权转让可能会出现资产旁落、周期拉长、定价不衔接等情况，导致 REITs 发行失败。同时，发行基础设施 REITs 涉及的国有产权转让又很难直接简单套用《企业国有资产交易监督管理办法》（国务院国资委　财政部令第 32 号）有关非公开协议转让方式的适用条件。项目推进中，建议结合基础设施项目转让的目的、REITs 的产品结构和交易架构、询价发行实质是对底层资产的穿透定价等，取得有权部门关于支持非公开协议转让的批准，或合理处理进场交易相关安排，在符合国资监管要求的前提下，实现基础资产稳妥有序转移至 REITs 名下。

第二节　基础资产的运营状况

对于基础设施 REITs 而言，核心目标是追求稳定性高、成长性好的投资回报，不论是资产本身价值的提升抑或是资产持有期间的回报，其核心决定因素均由基础设施资产的经营收益所决定。因此，基础资产的经营状态对于基础设施 REITs 至关重要，既决定了发行时基础资产的收益状况、价值表现及对投资者的吸引力，也更进一步影响未来基础设施 REITs 的市场表现。

基础设施涵盖范围较为广泛，各类基础设施资产所属行业、经营模式、收益来源等都不尽相同，同类基础设施资产也会因为所处区位、经济发展、市场环境等不同而存在差异。站在市场的角度，如何对基础资产的经营状态进行判断和考量，在不同的基础资产间作出选择和取舍，是所有参与者需要思考的问题。

一、从基础资产类别角度分析

分析基础设施资产的运营情况首先需要站在市场的角度，从基础设施 REITs 回报的稳定和增长两大特性出发，落脚于基础设施大类资产本身的特性，以及对收益影响因素进行的分析和阐述。但因基础设施涵盖的资产范围较为广泛，细分到不同的行业领域，评价和判断基础设施运营状态的标准存在一定差异，需要结合基础设施所处行业的特性具体分析。本书行业篇已对各个行业从发行 REITs 的角度进行了叙述，以下就三类资产运营的情况做重点分析。

（一）交通、物流及产业园项目

交通类项目包括经营性的收费公路、铁路、城市轨道交通等，是基础设施资产中重要的一类资产。我国幅员辽阔，交通设施又是经济发展的基石，在各级政府的引导下，交通类资产已经形成了庞大的体量。

交通类项目从发行 REITs 的基础资产的角度，具有一定的相似性。公路主要是路产，铁路与城市轨道在"网运分离"的模式下，也可视线路资产为基础资产。路产的经营方式较为简明，公路和铁路经过多年的发展，已经形成较为成熟的运营机制。公路以收取通行费为主要收入来源，并辅以服务区设施的经营租赁等。铁路的路产主要包括线路和车站，以收取线路使用费、与线路相关的服务费（如触网费、上水费等）、车站服务费等收入为主，相关服务的定价与清算较为成熟。

交通类项目具有公共服务性质，经营收费需要取得相关部门的审批授权，因此资产载体通常体现为特许经营权、收费权等。同时，交通类项目具有明显的政府指导型特征，从线路规划、建设标准、运营管理、收费标准等各个维度，都受到政府部门的指导。

分析交通类项目的运营，首先，应关注总体的社会经济发展和相关区域的发展情况。交通需求受宏观经济发展影响大，人口、经济增长率、区域经济发展水平等均是重点分析因素。交通类项目的收入增长，通常会与 GDP 呈现较强的正相关性。

其次，交通运输现状与规划会对运营绩效有重大影响。路网规划的不断变化、完善，会影响人流出行需求和交通量的变化，影响到具体的某一个项目时，就会呈现复杂性。运营方通常要关注各类交通运输基础设施的规划，航空、高铁、公路、城市轨道等均会产生互相影响。以高速公路为例，其不仅要关注未来公路竞品分流的影响，也要关注高铁规划的影响，做好科学预测、提早谋划应对。

最后，项目运营的重点，是保障安全、提高效率和开源节流。交通安全是运营的基本要求，资产的日常养护、维修、更换等，是必不可少的工作，各行业部门也有相应的规范要求；提高运营管理效率，可增加使用者的便利度，促进交通出行的畅通，这包括科学调度、精细化管理等多个方面，智能化应用也是重要的手段；开源节流反映运营的绩效，除了宏观因素的影响外，运营方可通过主动专业化管理，在多个方面增加收入，比如铁路车站的商业租赁、高速公路服务区的综合服务、地铁的资源开发等等，均大有可为。节省运营开支亦是运营的重点，在保障安全的前提下，通过强化管理、技术应用等手段，节省各类开支，提高项目的收益。

仓储物流和产业园区项目的运营具有显著的市场化特征。首先，是地段的重要性。项目位置的选取主要基于物流和产业体系的需求，并且受到交通设施和政府产业规划政策的制约，故核心区位仓储物流和产业园区项目的独特性和稀缺性不断增强，在经济发达地区尤为明显，项目本身的经营稳定性也较为突出。其次，是客户结构与用户黏性。仓储物流项目存在自用和第三方两种类型，自用类通常构成关联交易，需关注企业整体的风险、关联交易的公允性及项目资产的普适性，而第三方则需要重点分析客户构成、用户黏性等。最后，运营方的专业化水平是重要因素。仓储物流项目的建设标准、客户基础、招商能力、现场管理、智能化应用等，需具有较高的专业要求，构成项目选择的重要考虑因素。

（二）能源与新基建类项目

在全球减排以及中国 2030 年碳达峰、2060 年碳中和目标的大背景下，清洁能源成为能源企业布局的核心领域，也为 REITs 提供了更广阔发展空间。清洁能源中，水电资产发展历史最久，水力资源得到较大程度的开发。光伏、风电等则处于快速发展阶段。清洁能源资产的价值，首先，是与资源属性关系很大。如水电与水力资源有关，风电则无论是陆风还是海风，需考虑风能资源因素，光伏亦因国内的太阳能资源分为三个不同的资源区域。其次，需要关注市场消纳情况。我国电力需求主要在经济活跃地区，选择这些地区的清洁能源项目，会更易上网和消纳。最后，运营上还需关注政策动向、技术进步、运维效率等。政策动向主要有电价走势、市场化改革、补贴支付机制等，技术进步则包括新技术的应用、设备升级等，这点在光伏与风电上反应明显。运维效率则是电站的价值和成长性的重要因素，可提高发电小时数，降低运营成本费用，提升项目收益。

新型基础设施包括数据中心、5G 基站、通信铁塔等资产类型。以数据中心为例，该类资产与仓储物流项目有类似特点，地段、客户、运维等均是重要的价值判断因素。但数据中心能耗大的特点，又使得该资产在运营上具有不一样的表现。由于政策对能耗的要求和限制，使得数据中心在一线城市呈现出市场需求大、项目供应少的特点，成为稀缺资产。对不少项目来说，电费占据了项目收入的一半甚至以上，如何通过运维降低能源成本，成了数据中心运营的关键。

（三）市政与社会服务设施类项目

市政类项目与人民生活息息相关，水电气热是其中典型的代表。随着经济水平的提升、城镇化的发展以及人口的不断增长，我国市政基础设施规模也在不断增加。市政类项目高度贴近人民生活，因此经营管理和价格体系受到政府严格的指导和管控，并且具有一定程度的垄断行业的属性特性。市政类项目的下游需求直接来源于城镇居民，区域人口数量决定了需求总量，并且往往是刚性需求，因此市政类项目在供需端有保障的前提下往往能够快速达到成熟稳定运营状态。项目收益也是直接向城镇居民收取，具备高度分散性和抵御风险的能力，稳定性极佳。但受限于资产本身的承载量上限，在价格体系受到严格管控的情况下，市政类项目的收益增长空间有限。运营的主要价值，体现在保障安全和降本增效方面。优质的项目，往往亦是运营高效、综合开发收入高、成本费用控制到位的项目。

对于社会服务类项目而言，文旅、医疗、养老等各个领域的运营模式不同，大部分资产的收益情况很大程度上取决于运营的效果，以文旅、养老最为突出。判断资产价值时，在重点分析宏观经济之外，要更多关注项目本身的资源特点和运营优势。

二、从资产定性角度分析

纵观全球市场，REITs产品的收益主要包括两大部分：期间派息收益和资产增值收益。这两部分收益核心都来源于底层基础设施资产所带来的现金流回报，而基础设施资产现金流的稳定性和成长性是基础设施资产经营状态的直接反映，与其经营模式成熟度、收益来源稳定性、未来收益增长性及经营期限长度等基础设施运营管理因素息息相关。

虽然不同类型的基础设施资产在行业特性、市场需求和产业政策等方面有较大差异，但整体也可从定性判断角度论证基础设施的真实运营情况，逐过评估其经营模式、收入来源以及未来增长潜力的情况，筛选出运营成熟稳定的高质量基础设施项目作为基础设施REITs合格的底层资产。

（一）是否具有成熟的经营模式

成熟的经营模式是基础设施资产能够产生现金回报的前提。所谓经营模式，是指企业根据其经营宗旨，为实现企业确认的价值定位所采取某一类方式方法的总称。经营模式成熟意味着在整个产业链体系中拥有准确的价值定位和清晰的盈利模式，若只考虑短期内的经济效益但忽略掉长期经营模式下的可持续性和可盈利性问题，则此基础设施资产可能无法保持长期稳定的运营状态。换言之，经营模式决定了基础设施资产产生现金流的可能性。

基础设施资产往往与国计民生高度相关。经过多年的发展，其在整个产业链体系中的价值定位往往能够准确定义，盈利模式往往也比较清晰，对于绝大多数基础设施而言，都已经具备成熟的经营模式。但对于一些随着经济发展和技术创新而出现的新型基础设施项目，可能刚刚处于行业起步发展阶段，尚未形成稳定的产业链集群及上下游关系，盈利模式也较为模糊，甚至在一段时间内都无法产生收益，这类资产在当前阶段不一定适合作为基础设施 REITs 的基础资产。

某些行业的经营模式在进行一定程度的调整或优化后，对于发行 REITs 更有帮助。比如铁路、地铁等，以网运分开的模式进行改造后，盈利模式更为简单、清晰，现金流更稳定，更能匹配 REITs 的特点。输配电资产发行 REITs 时，可以考虑以过网费替代购售电差价。从某种意义上说，REITs 反过来又促进了一些行业的模式变革和市场化的改革深入。

（二）是否具有稳定的收益来源

稳定的收益来源是基础设施资产能够产生稳定回报的保障。如果说经营模式决定了基础设施资产产生现金流的可行性，那么收益来源就决定了基础资产产生现金流的可能性。仅有稳定的经营模式没有收益来源，基础设施项目也无法产生现金回报；如果收益来源不稳定，基础设施项目的收益也将随之波动，进而影响其投资价值。

影响基础设施项目收益来源稳定性的核心因素是供需关系，具体而言包括区域行业发展水平、下游用户需求、用户分散程度、资产比较优势及用户资信实力与黏性等。

第一是区域行业发展水平。基础设施项目所处行业在其所在区域内的发展水平，直接反映了区域市场的供给情况，能够很好反映此行业在其区域内未来发展的空间与天花板。对于重点发展某一行业的城市或者区域而言，往往会形成该行业的产业集群，供需两旺，可为底层资产带来稳定的现金流。

第二是下游用户需求。供给充足并不意味着"产能过剩"，还需要结合下游用户的需求来看，毕竟下游用户才是基础设施项目最直接的"收益来源"。需综合考虑基础设施项目对应的下游用户类型以及其所处的产业链区域市场容量是否足够大、下游用户需求是否饱和，综合考虑市场情况明确基础资产在市场中的差异化定位，从而使得基础设施项目获取稳定的收益来源。

第三是用户分散程度。用户分散程度在一定程度上影响了基础设施项目收益的稳定程度和抗风险能力。有观点认为，对同一资产类型的项目，其用户分散程度越高，收益的稳定程度越高，个别用户的变动对其整体影响较小，抵御波动风险的能力较强。但从另一方面来说，较为分散的底层用户结构在面临如疫情等极端事件时，可能导致短期内大批用户的使用需求和支付能力受到影响，因此导致短期内基础设施资产的现金流相对应的减少。相比之下，底层用户为单一或少数几个自身实力强劲、抗风险能力较高主体的基础设施资产反而会体现出其独特的优势，在面临类似极端事件时仍可以其主体信用加持来保障基础资产有持续稳定的现金流收入。

为了保障基础设施的收入能力不受租户退租的波动影响，除上述两种不同租户结构下传统的运营管理模式外，市场上还存在另外一种运营管理模式：由实力雄厚且资信情况较好的运营方作为中间租户，以整租并整体运营的模式为终端租户提供服务并收取相应租金和服务费用，再由终端租户面向底层用户开展实际的经营性业务活动。

此类运营模式将底层消费者用户的高分散度与资产运营方的主体信用加持相结合，把集中租赁和分散租赁的优劣势形成互补，以此为基础设施资产的稳定运营提供双重保障。但该模式可能形成关联交易，需要予以关注。此运营模式在工业厂房、产业园区以及仓储物流等资产类型下比较常见，对于基础设施底层运营也具有比较重要的参考意义。

第四是资产比较优势。在市场竞争、需求容量一定的情况下，资产比较优势对于基础设施项目收益来源的稳定性至关重要。在同质性较高且市场竞争较为激烈的行业内，建设品质高、管理服务好、能够满足差异化需求的基础设施项目更易受到下游用户的青睐。

第五是用户资信实力与黏性。对于某些基础设施行业，如产业园区，其用户的资信实力较为重要。如在美国的产业园 REITs 项目中，通常会在年报中披露用户的评级等情况，以反映用户的承租能力和续租持续性，确保 REITs 项目业绩的稳定。同样在面对市场竞争的情况下，基础设施项目如果能够形成较强的用户黏性，与用户牢牢绑定，则其收益来源就有了基础和保障。在某些资产类型中，用户黏性往往会在其与基础设施项目所有方的合作期限上直观反映出来。

（三）是否具有良好的增长潜力

良好的增长潜力是基础设施资产能够产生回报提升的关键。除成熟的经营模式和稳定的收益来源外，增长性也是 REITs 产品的重要特性之一。前面提到 REITs 的收益主要包括两大部分：期间派息收益和资产增值收益，而资产增值收益更多来源于基础资产收益回报的增长。历史经验表明，REITs 产品可以抵御通货膨胀。在美国市场，权益型 REITs 的回报率多年来持续跑赢股市大盘。

基础设施 REITs 收益增长直接来源于底层基础资产的收益增长，因此收益的增长性也是判断基础资产经营状态好坏的重要标准。与收益稳定性相同，收益增长性同样受到多种因素影响。

第一是区域行业发展趋势。受区域经济发展趋势、行业政策变化等宏观因素的影响，城市或区域内的某一基础设施资产类型发展趋势可能发生变化，区域经济向好、产业政策扶持的基础设施行业领域会迎来大发展，反之，区域经济发展低迷、产业政策风向变化也可能导致某些基础设施行业发展止步不前。

第二是下游需求增长情况。同样，供给市场的变化需要结合需求市场的变化情况综合来看。例如，在区域行业大发展带动产业集群形成，引导和带动下游用户需求向区域集中的情况下，供给和需求相辅相成，行业发展迎来螺旋式上升，基础设施资产也受益于此，收益不断提升。反之，也有可能因为供给过剩而市场需求总量未变而导致收益增长遇到瓶颈甚至下降的情况出现。

第三是资产自身承载量。收益增长来源于两大方面：单价提升或需求提升。对于基础设施资产来说，其往往与国计民生高度相关，因此在价格方面往往受到较为严格的管控，只有像仓储物流、产业园区、数据中心等类型的资产可实现相对充分的市场化价格水平。但价格水平往往受限于政策管控或市场环境等客观情况影响，而需求提升除受到市场变化影响外，还受到资产自身承载量的限制。例如，对于污水垃圾处理等类型的基础设施资产而言，随着区域经济发展水平的提升，区域人口增加会带动相关行业的需求增加，但这类资产往往在设计建设之初就有最大承载量的上限，在实际需求超过项目最大承载量后，即使需求再进一步增加也无法带动收益的提升。因此，基础设施资产自身承载量也是判断收益增长性的重要指标之一。

第四是运营提升空间。对于产业园区、仓储物流等类型的基础设施资产而言，主动管理行为能够为资产赋能，通过良好的运营管理，能够提升资产经营效率，带动资产经营品质的提升，并进一步带动资产收益的增加，良好的运营提升所带来的收益增长效果十分明显。数据中心属于能耗高、支出大的资产类型，若能通过运营不断优化成本支出，则可以有效提升收益。光伏、风电等随着技术的不断进步，在投资成本、维护更新支出等方面均有很大的价值提升空间。对于地铁行业，资源性开发则显得十分重要，广告、通信、零售商铺等多种经营收入是重要盈利点，也是体现运营水平的重要领域。

三、从资产定量角度分析

基于我国基础设施涵盖的资产范围广泛、资产类型丰富、管理运营模式差异明显等特性，需要就不同类型的运营模式以及底层资产类型选用不同的分析逻辑以及经济指标。一般来说，基础设施资产可以从基础运营参数及核心经济指标两个维度来对资产的真实运营状态进行量化分析。

（一）基础资产的基础运营参数

1. 资产运营期限

较长的剩余期限是基础设施资产能够产生投资价值的基础。不同于传统商业、办公类不动产，我国一些类别的基础设施项目的使用权、经营权、收费权等权利有法定的到期时限，资产在运营时限结束后将会以仅被允许收取运营成本甚至免费的方式运行，或直接被要求将产权移交政府。在这种情况下，资产的价值将会大幅度减少，甚至出现价值归零的情况。同时，不可避免的，部分资产类型的基础设施项目需要一定的时间运营培育才能达到成熟运营的状态。因此，准确判断在有限的运营期限内，基础设施资产是否可以在较短时间内培育成熟，并在未来可预见的运营周期内为投资人提供足够的投资回报是至关重要的。

基础设施 REITs 的投资目标和投资需求，是希望通过持有基础设施项目取得经营收益的同时获取一定的价值提升想象空间并在适当的时机将价值变现，因此基础设施资产的剩余经营期限不能过短。

此外，从基础设施的运营成熟度的角度来说，一般情况下项目的运营成熟度和其运营时间为正比关系，因此会要求底层基础设施资产有较长的运营时间，以保障其满足底层资产运营稳定性的前提条件。

在实践中存在基础设施资产的运营时间较短或竣工投入运营后立刻达到稳定运营的状态。例如产业园区、物流仓储、数据中心等领域，因入驻租户的租赁需求明确且需要长期稳定的运营环境，定制化租赁、整体租赁和长期租赁的情况较为常见；如污水处理、垃圾焚烧等环保及市政类项目，一般是在社会经济需求非常确定后再投入建设的项目，建成达产立刻满负荷运转、政府全额购买服务也是常见现象；在交通设施领域，很多是接通"断头路"和"最后一公里"的重要节点性项目，受益于周边存量项目流量，开通就能达到一般项目多年的成熟运营水平。

上述这些情况，基础设施资产在投入使用或运营短期内就能够进入成熟稳定的运营状态，项目具体运营时间的长短对资产成熟度没有实质影响，资产剩余年限越长反而越安全。因此不能以绝对的运营时间长短作为单一的判断标准，还需要结合其他具体的参数和指标来综合评估基础设施资产的运营成熟度。

2. 资产出租率（或利用率）

出租率（或利用率）是判断资产运营成熟度的重要参数，是直接反映不动产经营状况的最直观的量化体现，在选择基础设施 REITs 底层资产时起到决定性的作用。一般来说，资产出租率（或利用率）越高，代表其资产的使用效率就越高，资产经营情况也就越好；反之，资产出租率（或利用率）低，说明其闲置部分面积较多，资产经营情况较差。

在基础设施资产具有相对成熟的经营模式且其底层收益来源相对稳定的情况下，若其出租率（或利用率）常年保持在市场平均水平之下，则说明此资产受市场认可程度较低，这代表此基础设施资产在建设质量、运营管理、所处区域市场以及未来发展前景等某一方面存在潜在问题。

基于基础设施资产类型的不同，其所在的市场行业平均出租率（或利用率）水平也会有不同的标准。如产业园区、仓储物流和数据中心等领域的基础设施资产，由于其经营业态及运营管理模式相对统一，参考国内市场平均的出租率水平在80%左右，核心区域如北京、长三角区域和粤港澳大湾区的优质资产出租率可达到90%以上；而交通类和环保类项目如高速公路、污水处理和垃圾焚烧等类型的基础设施资产，因存在区域性的供给需求差异问题以及使用高峰和低峰期的差异，则其参数标准相应地会基于其所在区域市场的平均水平调整。

但无论是基于全国性的市场标准还是区域性的标准，出租率（或利用率）水平都直接代表了底层市场用户对于基础设施资产或其提供服务标准的认可程度，是从量化的角度去判断资产运营情况的核心参数。

（二）基础资产的核心经济指标

基础设施类资产在满足相关法律法规要求的基础上，其资产价值判断核心在于能够为投资人带来多少回报，不光需要从基础资产的运营年限和出租率参数两方面来评估基础资产的经营情况，还需要从现金流、资产估值以及投资回收周期等多个方面对资产进行全面有效的判断。整体可参考以下核心经济指标进行分析：

1. Cap Rate 指标分析

定义：资本化率（capitalization rate，Cap Rate）是将纯收益资本化（或转化）为价格的比率，用于衡量不动产投资的收益率。

计算公式：资本化率$(Cap\ Rate) = \dfrac{年度净营业收入}{不动产价值(或成本)}$

经济意义：在不动产投资中，通常根据用作投资标准的预计资本化率进行估值，资本成本（资产价格）= 净营业收入/资本化率。资本化率也是一项投资收回成本的间接度量，投资人所投资的不动产若全部资本化所需要的时间为"100%/资本化率"，即投资回收期。

影响因素：资金的机会成本、租金的增长和投资风险。在市场经济下，投资者面临多种投资机会，不动产的资本化率必须高于资金的机会成本（或无风险利率），否则投资者将投资于其他资产。不动产的类型、所处区位、租户类型、租约结构等因素会影响资产的价值，根据不同资产的情况，投资者所面临的投资风险也不同，良好的租金增长预期会促使投资人愿意支付更高的价格。同时，资本化率的确定需要考虑通货膨胀率等风险因素。

优劣势分析：资本化率作为不动产投资领域的重要参数被广泛使用，其容易理解，有较好的市场化水平。投资人在确定资本化率时通常能够找到属性相似的不动产进行对比。资本化率的局限性在于无法体现租金和不动产价值的长期趋势，也未考虑投资人的资金结构，如借贷等。

适用资产类型：仓储物流项目、园区类项目、数据中心等。

2. IRR 指标分析

定义：内部收益率（internal rate of return，IRR）为使得项目流入资金的现值总额等于流出资金的现值总额的利率，即当项目净现值（NPV）等于零时的折现率。

计算公式：$\sum_{t=0}^{N} \dfrac{C_t}{(1+IRR)^t} = 0$

C_t 为第 t 期净现金流量，IRR 为内部收益率，N 为期数。

经济意义：内部收益率描述的是项目可实际达到的最高收益率，而且投资期中的再投资收益率也为内部收益率。内部收益率不受市场利率的影响，完全取决于项目本身带来的现金流，反映项目的固有属性。当内部收益率高于投资者所要求的收益率，该项目则被接受。

优劣势分析：内部收益率的优点是能够将项目投资期内的收益和投资总额联系起来，得到项目收益率便于和同行业基准投资收益率对比，作出投资决策。特别是针对有固定运营期限的基础设施资产时，Cap Rate 的数值无法反映资产价值，IRR 则成为了判断投资价值的核心因素。内部收益率的局限在于其表现的是比率，而无法体现投资收益的绝对值，对投资规模较大的项目来说，净现值的绝对值更重要。当现金流出现非常规数值时（例如，在投资期间追加投资等），内部收益率会出现多个取值，进而影响对资产的持续价值判断。

适用资产类型：交通项目、环保类项目等。

3. 投资回收期指标分析

定义：投资回收期（payback period）指使得项目累计净收益等于项目总投入所需的时间，衡量收回初始投资的速度的快慢。

计算公式：$\sum\limits_{t=1}^{N} \dfrac{C_t}{C_0} = -1$

C_t 为第 t 期净现金流量，n 为投资回收期，C_0 为初始投资额，现金流为负。

经济意义：投资回收期关注的是收回项目投资所需的时间，当投资回收期短于投资人要求时，投资人可选择该项目。投资回收期越长，投资风险越高；反之，投资风险越小。

优缺点：投资回收期指标的优点是计算简单、易于理解，在一定程度上考虑了项目的风险，可作为项目的初期判断。但其缺点在于未考虑资金的时间价值，只考虑项目回收期前的收益而忽略回收期后现金流入的贡献，并且投资回收期的标准确定具有很大的主观性。因此，投资回收期只能作为辅助评价指标。

适用资产类型：适用于所有类型的基础资产，但指导意义劣于 Cap Rate 及 IRR 指标。

在进行基础资产选择时，根据不同的资产类型，可采用上述指标对资产进行评价。需要注意的是，不同评价指标所得出的投资决策未必相同，这时需要根据指标的特点相机决策。

第三节　管理人的运管能力

基础设施项目能够为投资人带来长期稳定的投资回报，一方面，基础设施项目本身具有社会发展刚需的核心竞争力，优质的基础设施项目能够产生稳定且保持持续增长的现金流收入；另一方面，基础设施项目的管理运营方和核心资产管理和项目运营能力也是保证基础设施项目长期稳定发展的基石，两者相辅相成，缺一不可。一般来说，可以从基础设施管理运营方的管理体系、历史管理业绩、团队稳定性以及合法合规性等多个方面来综合考量管理人的运营管理能力。

除了上述基础设施运营管理方的运营管理能力外，在目前国内基础设施REITs试点框架内，以持有公募基金牌照的金融机构作为基础设施 REITs 产品端的管理人，其对顶层金融产品及底层基础资产的运营管理能力，包括资产管理、资本运作、运营稳定及尽职履责等，也尤为重要。

一、原始权益人的资产运营管理能力

（一）管理人的管理体系及未来成长性

对于基础设施 REITs 而言，其全部收益都来自于底层基础设施资产所产生的经营性净现金流。因此，发行 REITs 工作的关键是要从巨大的存量基础设施资产中遴选出最优质的资产，同时选择出与其相匹配的基础设施资产运营管理人，以保障底层基础设施资产能够长期保持良好的运营状态，从而为基础设施REITs 项目投资人带来长期稳定的回报，从根源上最大限度地降低底层资产的经营风险。

为达到上述运营管理效果，为投资人把控底层资产端的经营风险，管理人须拥有成熟完善的运营管理体系以保证其自身的管理能力能够匹配底层物业资产运营的稳定诉求，且未来能够持续提升其运营管理能力，为底层资产的稳定增值赋能。一般来说，可以从资产管理规模和资产管理规模增速两方面来量化。资产管理规模一般是指衡量投资或运营管理机构资产管理业务规模，是反映管理人资产管理能力受市场认可程度的重要数据指标，资产管理规模越大说明其管理能力以及市场认可程度越高，反之亦然。此外，资产管理规模的变化趋势也可以反映出管理人自身的运营管理能力以及其相关领域内的市场情况变动，优质管理人的资产管理规模一般会保持每年稳定增长的态势。

由于原始权益人或其关联方往往是发行 REITs 后的运营管理方。因此，考察原始权益人是否拥有足够的同类型资产规模以及在过去年度内资产规模的变动趋势是判断其资产运营管理体系以及未来成长性的关键标准。

（二）同类型资产规模经营管理历史业绩

基础设施类项目的资产运营管理方一般为其资产持有人或其关联方，属于重资产的运营模式。但也存在部分基础设施领域内项目管理经验丰富、技术和人才储备完善的市场头部企业，会单独成立轻资产运营的资产管理运营公司，为其持有的项目提供运营管理服务，同时也会对外部资产进行运营管理能力的输出，实现其运营管理能力的变现。

此部分运营管理的对外输出是其运营管理体系完备受市场认可的重要体现。因此，其对外管理输出项目的相关历史业绩是其运营管理能力直观的数据指标，根据基础设施项目类型的不同，需要重点关注的数据指标也不尽相同。如环保类的固废及污水处理等项目重要的考核指标为成本率，而仓储物流类项目需要重点关注其运营管理对租金及管理费收入增长的提升，通过对比其参与管理前后的数据指标来直观地了解其运营管理能力的真实情况。

此外，也须借鉴参考资产运营管理机构同类型资产的历史管理经验，主要为其历史管理年限以及管理期间内物业资产运营情况的稳定性以及历史收益增长率等考核指标以综合衡量其运营管理能力的稳定性。

（三）核心运营管理团队成员稳定性

运营管理能力的核心是通过完善的运营管理架构及内部制度，建立起标准化的运营管理体系，通过核心的专业人员完成具体运营管理工作的监督与执行，其中包括基础设施专项技术部门、负责项目日常运营的财务部门以及负责项目资本管理的投资部门等。各个主要部门的核心成员依靠其丰富的管理经验以及坚实的技术能力负责监督维持各个部门的正常运作，从而保障整体运营管理团队的稳定运营。

（四）运营管理项目的合法合规性

职业道德规范是从业人员处理职业活动中各种关系、矛盾行为的准则，是从业人员在职业活动中必须遵守的道德规范。运营管理团队人员及公司三体拥有相关管理及运营资质，依照法律法规去开展项目的相关运营管理，并在最近年度内没有因重大违法行为受到监管机构的相关处罚，是任何能力衡量标准的最基本前提条件。

REITs:中国道路

具体来说，应开展对于原始权益人行政处罚和司法处罚以及其核心团队成员的失信人名单和黑名单等公开记录的查询检验，通过对主体及团队资质和合法合规性的筛查，排除后续对项目运营管理所造成的项目潜在合规性及道德风险。

二、金融机构的产品运营管理能力

（一）产品层面的资产管理经验

不同于原始权益人作为资产运营机构针对底层物业资产开展的日常招商和维护等运营管理工作，金融机构在产品层面的资产管理能力是指基础设施REITs管理人依托其在金融、财会、法律等方面的专业背景和技术优势，在REITs产品层面代表投资人对底层资产的经营策略和日常经营活动进行把控和监管的能力。

具体而言，基础设施REITs管理人在资产管理端严格把控章证照的管理工作，有助于防止由于道德及合规风险等影响底层基础资产经营的情况出现；通过对财务数据以及银行账户的跟踪管理，有效地保护产品体系内的资金安全并且保障底层物业资产拥有其所需的必要运营资金；通过在合同签署、法律纠纷及日常经营层面提供必要的法律支持，以规避潜在的法律风险，保护投资人的利益。

（二）资本运作管理能力

金融机构的资本运作及管理能力本质上是指合理利用市场的法规与各种金融工具，实现价值增值、效益增长的经营方式，主要体现为集中高效的资金管理模式、合理多样的资金使用结构以及严谨的资金审查制度。

基础设施REITs管理人需要站在长期战略发展角度开展对底层物业的经营管理活动，准确把握底层资产长期稳定运营发展与短期经济利益之间的尺度和边界。在资本市场上拥有丰富的经验以及良好合作资源的基础设施REITs管理人，能够为基础设施REITs寻求合适的杠杆资金，并凭借对资本市场敏锐的洞察力及时调整杠杆策略，为其稳定运营以及后续资产收并购扩张规模打下坚实基础。此外，REITs管理人在开展资产收购及处置时也可合理利用其丰富的资

296

本运作经验设计最优的并购重组路径，以减少交易成本从而实现投资收益的最大化。

（三）跨周期的运营稳定性

REITs 产品的特点是能够产生跨周期性的稳定派息及增值收益，需要 REITs 管理人能够持续稳定地为 REITs 产品提供运营管理服务。因此，**REITs 管理人自身的财务稳定性、管理团队稳定性以及激励机制的合理性等均会影响产品端的收益稳定性。**

具体而言，REITs 管理人自身稳定的财务状况及管理团队稳定性代表其自身的经营模式具有可持续性，不会因为自身财务状况或核心管理成员的变动而影响 REITs 产品的稳定运营。而激励机制则与财务及团队稳定性密切相关。例如，过低的管理费安排会导致 REITs 管理人的收入无法覆盖必要的成本支出而难以保持长期稳定的经营状态，从而影响产品的稳定收益；而过高的管理费安排则可能会使 REITs 管理人的行为短视而损害投资人的收益。

因此，合理的激励机制有助于金融机构 REITs 管理人保持健康可持续的财务状况以及稳定的管理团队，从而满足 REITs 产品长期稳定的运营管理需求。

（四）尽职履责能力

尽职履责能力指 REITs 管理人代表投资人利益履行职责的意愿和主动性，以及其自身的合法合规性和内控制度的完善度。

同资产运营管理机构一样，REITs 管理人的内控制度及其合法合规性会直接影响 REITs 产品的正常存续和稳定收益，金融机构作为 REITs 管理人需确保管理团队人员及公司主体拥有符合监管部门要求的资质，并且具有完善的内控管理体系。规范有效的内控管理体系是客观上促使管理人尽职履责的制度保障，也是规范管理人团队行为的基本准则。

因此，REITs 管理人在合法合规底线要求的基础上，最大化的完善自身内控体系，积极主动尽职履责，可最大限度维护及保障 REITs 产品的稳定运营。

第十一章　REITs 产品方案

《基础设施 REITs 指引》规定，"80% 以上基金资产投资于基础设施资产支持证券，并持有其全部份额；基金通过基础设施资产支持证券持有基础设施项目公司全部股权"，就此确定了基础设施 REITs 的主体结构，如图 11.1 所示。这样的产品结构相较于境外市场既有传承，也有创新，既可以保留资产上市的特点，也通过创新的"公募基金+ABS"的产品结构，在目前的法律环境中为基础设施项目通过公募 REITs 上市交易铺平了道路。

本章将对基础设施 REITs 的基本法律结构、方案设计、会计处理、税务处理、资产估值等问题进行分析和梳理。总体而言，基础设施 REITs 产品的方案设计，既要对投资人的利益进行充分保护，同时也要兼顾基础设施企业盘活存量资产的动力，促进市场的平稳健康发展。

第一节　基本法律结构

作为一类公开发行的金融产品，在筹划基础设施 REITs 的产品方案，设计产品结构和确定发行条件时，基本前提是应满足法律法规关于基础设施 REITs 的各项法定要求。基础设施 REITs 采取"公募基金+ABS"结构，因此，基础设施 REITs 产品方案适用的法律法规依其产品体系依次包括《证券法》《证券投资基金法》《公开募集证券投资基金运作管理办法》等规范公募基金投资运作的法律法规和规范性文件，《证券公司及基金管理公司子公司资产证券化业务管理规定》等关于资产支持证券设立发行的部门规章和规范性文件，以及

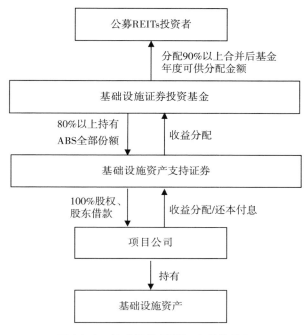

图 11.1　基础设施 REITs 产品结构图

《中国证监会　国家发展改革委关于推进基础设施领域不动产投资信托基金（REITs）试点相关工作的通知》《公开募集基础设施证券投资基金指引（试行)》《国家发展改革委办公厅关于做好基础设施领域不动产投资信托基金（REITs）试点项目申报工作的通知》等针对基础设施 REITs 特别制定的部门规章和规范性文件。

综合制度成本、市场条件、投资人保护要求等多方面的考虑，基础设施REITs 试点采用"公募基金+ABS"的结构，设立公募基金并通过基础设施资产支持证券、项目公司等载体，取得基础设施项目的完全所有权或经营权利。《基础设施 REITs 指引》明确规定基础设施基金是指基金通过特殊目的载体持有基础设施项目的整体架构，这意味着在具体项目上无论采用几层特殊目的载体，均应将包含公募基金、资产支持证券、项目公司和底层基础设施项目整体作为一个完整的基础设施 REITs，而非仅将某一层孤立的结构视作基础设施REITs。基于这一基本产品结构，在基础设施项目符合条件的前提下，设计基础设施 REITs 产品方案时须考虑以下基本问题。

一、主体适格

基础设施 REITs 的参与主体众多，核心包括以产品结构为主线的产品载体各层级的管理人和托管人，发起人（原始权益人）以及运营管理机构。基金管理人和资产支持证券管理人具备法定资格条件、资信状况良好，这是基础设施 REITs 参与主体的应有之义。为了降低多层级结构的管理成本，降低管理错位、缺位可能导致的风险，《基础设施 REITs 指引》同时要求基金管理人与资产支持证券管理人还应存在实际控制关系或受同一控制人控制，提升产品运作的协同性。

二、穿透持有基础设施资产的全部权益

基础设施 REITs 透过资产支持证券、项目公司等载体穿透取得基础设施项目的完全所有权或经营权利，这要求在产品方案设计时梳理资产、理顺产权，依法合规完成基础设施项目自原始权益人到公募基金的转让交易，并完善资产转让相关的产权登记和其他必要的内外部手续。对于基础设施 REITs 结构中的资产支持证券，因规则要求公募基金不少于 80% 的资产应投资并持有资产支持证券全部份额，所以在资产支持证券层面不会有结构化安排，资产支持证券采用平层结构。

三、产品期限匹配基础设施项目的运作期限

公募基金为封闭式基金，产品存续期限内不设可退出的开放期，投资人通过二级市场的公开交易实现退出。基础设施 REITs 的产品期限应匹配基础设施项目的收费期限、大修维护周期、产权期限等，并可通过续期、提前终止等机制保留调节产品期限的灵活性。在产品存续期限内，为了实现组合投资，发挥基础设施 REITs 主动管理的优势，可能需要进行扩募运作，即增发基金份额，募集资金投资于新增基础设施项目。

四、适当的杠杆设置

基础设施 REITs 可对外借款用于规定的用途，但不得依赖外部增信，且基金总资产不得超过基金净资产的 140%。如基础设施项目存在对外借款的，对外借款的规模、用途等也应符合《基础设施 REITs 指引》的要求，在设计产品方案时明确偿还安排及风险应对措施等。

五、专业化运营管理

基金管理人应当主动履行基础设施项目运营管理职责，可设立专门子公司承担该等运营管理职责，但是为了最大限度发挥专业化管理的优势，也可以委托外部管理机构负责部分运营管理职责。产品方案设计除应关注基金管理人与资产支持证券管理人就基础设施项目运营、现金流归集、文件账户管理、评估审计、风险防范、资产处置等事项的工作协同，还应特别关注外部管理机构的解聘、更换条件和流程、履职情况评估、激励机制等安排，避免同业竞争对基础设施 REITs 的不利影响，通过适当的激励机制实现运营管理机构利益与基础设施 REITs 利益的适度绑定，为基础设施 REITs 创造更大的价值。

除了上述方面外，就基础设施 REITs 的存续期管理，还应遵守各个层面法律规范中与信息披露、投资交易、产品估值、会计税收相关的规则，这些支术细节层面的规范一定程度上也会影响产品的方案设计。

第二节　产品方案设计

基础设施 REITs 在国内现行法律法规框架下，产品采取"公募基金+ABS"的结构，较传统的股权、债权融资和境外成熟市场的 REITs 产品都要复杂。同时，基础设施 REITs 更加强调其权益属性，相关法律框架参照股票产品搭建，对信息披露、合法合规、收益及风险、产品治理等提出了更高的要求，产品方案也更加复杂精细。

基础设施 REITs 的运作流程可以划分为产品设立阶段、定价发行阶段、产品运营及退出阶段。从产品方案设计的角度，比较重要的内容包括：资产重组和杠杆安排（产品设立阶段）、定价及发行（定价发行阶段）以及资产交易（产品持有运营及退出阶段）等。

一、基础设施 REITs 资产重组

基础设施 REITs 的运作本质上是与企业股权 IPO 发行上市类似的资产上市行为。但与企业 IPO 不同的是，其发行上市的载体（REITs 产品）并不现成存在，往往需要通过一系列复杂的资产重组交易，将原来分属不同主体持有的基础资产装入 REITs 产品，完成"公募基金+ABS+项目公司+基础资产"的结构搭建，并尽可能地降低重组环节的税费负担，减少交易摩擦。

（一）资产重组操作逻辑

一般而言，在发行基础设施 REITs 前，需要针对标的资产进行资产重组，使其由独立的项目公司单独持有。进行资产重组主要有三个目的：一是确保标的资产与原始权益人之间权属关系清晰，资产独立完整，并与原始权益人的过往法律风险、财务风险以及税务风险等隔离。二是通过资产重组，每个项目公司持有一个单独资产，简单清晰的股权结构有助于投资人对底层资产的识别和判断，同时后续通过交易项目公司股权的方式合理优化契税、土地增值税、增值税及附加等交易成本。三是通过资产重组完成持有标的资产的项目公司的股债结构搭建，成熟的股债结构后续可在 REITs 运营周期合法合规前提下实现合理税收筹划效果，保障投资人收益。

（二）资产重组常用方式及对比情况

就实际操作来看，资产重组通常包括正向剥离和反向剥离两种方式。正向剥离是指基础设施资产持有人通过派生分立方式以标的资产分立形成新项目公司，或者原持有主体设立子公司，将标的资产以出资或者划拨方式注入该子公司。反向剥离是指将持有基础设施及其他资产的项目公司中与基础设施资产无关的资产和业务剥离到其他主体后，项目公司仅持有与基础设施资产相关的资产及业务。

正向剥离方式将基础设施资产置入新成立的项目公司，基础设施项目与项

目公司之间的法律关系更为清晰明了。反向剥离方式下，基础设施资产由原资产持有人持有，承担原资产持有人过往经营过程中产生的法律风险、财务风险以及税务风险等。但正向剥离方式操作过程更为复杂，涉及成立新项目公司、基础设施资产剥离等操作步骤，耗时更长，交易成本更高。

一般而言，若原资产持有人所持与基础设施资产无关的资产较少，宜采用操作过程更为便捷、涉及税种更少的反向剥离方式进行资产重组。同时，反向剥离需针对原资产持有人进行深入尽职调查，必要时设置一定的缓释方式，降低法律风险和财务风险。若原资产持有人除了持有拟入池的基础设施资产之外，还持有其他重大经营性资产，宜采用正向剥离方式进行资产重组。

二、基础设施 REITs 杠杆安排

杠杆安排是基础设施 REITs 产品结构搭建中较为重要的部分。从境外市场实践情况看，如何安排杠杆、如何控制杠杆风险在 REITs 市场的发展中也一直备受关注。合理的杠杆水平，可以使 REITs 的运作、投资的资金安排更加灵活，同时也有助于在控制风险的前提下，提高权益投资人的收益。

（一）境内基础设施 REITs 杠杆机制

合理的杠杆率，有助于在投资者要求回报率和原始权益人对资产估值期望间达成一致。同时，基础设施项目一般都存在不同水平的存量债务，基础设施 REITs 产品保留适度杠杆水平，也更有利于吸引优质基础设施项目发行 REITs 产品，推动市场良性发展。

基础设施 REITs 杠杆要求方面，目前基础设施 REITs 处于市场建设初期阶段，投资人成熟度较低，监管部门对于外部杠杆的适用要求较为严格，总杠杆规模及用于项目收购的杠杆规模设置上限，偿付安排及借款用途明确，不得依赖外部增信、不得存在抵质押等他项权利，均是基于对投资人利益保护为出发点，降低杠杆可能带来的偿付风险。

基础设施 REITs 杠杆安排途径方面，目前相关政策规定基础设施 REITs 可以直接或间接对外借入款项，但根据行业实践，可以看出基础设施 REITs 增加杠杆的途径较为有限。银行等金融机构仍然偏向为具备法人主体性质的公司提

供债务融资服务，而对资产支持证券层面、公募基金层面的借贷具有较大难度。目前情况下，可行度比较高的做法仍然是以项目公司作为独立法人主体进行借款后用于存量债务置换。

（二）基础设施 REITs 杠杆安排分析及发展展望

与境外 REITs 市场相比，我国当前对杠杆的要求较为严格，杠杆率上限控制在较低水平，添加杠杆的渠道较为单一。从杠杆率来看，我国基础设施 REITs 总体资产负债率不得超过 28.57%，美国 REITs 产品资产负债率稳定于 50%—60% 区间；新加坡基础设施相关 REITs 产品资产负债率多处于 30%—45%，未突破 50% 的法律红线；日本对 REITs 负债比率没有限制，但其总体平均负债率处在 44% 左右水平；亚洲其他区域及欧洲部分国家 REITs 资产负债率也普遍处于 50%—70%。由此可见，在各 REITs 市场中我国的杠杆率基本处于最低水平。从杠杆添加方式来看，美国、新加坡、印度、日本、中国香港等 REITs 市场在项目公司层面、在 REITs 层面均可便利进行举债经营，可由 REITs 发债进行运营性资金补充或符合规定要求的投资、收购等行为。而我国基础设施 REITs 根据法规要求及市场实际情况来看，加杠杆的渠道可能只有通过项目公司进行贷款，现阶段基础设施 REITs 不能通过灵活多样的债务融资手段充分利用资本市场的低成本债权性资金。

尽管如此，目前的杠杆尺度在基础设施 REITs 市场发展初期是可接受的，且具有一定现实意义，允许运营和收购资产的安排也为后续杠杆使用的灵活性及政策的进一步优化留足了空间。

后续市场进程可以根据市场发展情况及投资人接受度在以下三个方面进行杠杆安排的优化：

（1）杠杆比例需保持适度水平。兼顾 REITs 产品的平稳运营、投资人利益的保护以及投资人收益的优化等方面，随着未来 REITs 市场配套制度及参与者成熟度不断提升，杠杆率的控制仍有优化空间。

（2）借鉴境外市场杠杆方式，丰富 REITs 杠杆融资模式。待市场进一步发展、REITs 产品投资人对产品的了解进一步增强后，可尝试允许适度的调整，从而丰富 REITs 的融资模式，建设相关的配套负债金融工具，并允许更为多元化的资金用途，增强 REITs 运营的灵活性。

（3）通过调整杠杆水平进行动态调控。随着市场日渐成熟，REITs 除了作为连结不动产和资本市场的金融工具，还应通过杠杆率、举债方式及募集资金用途等相关要素限制的调整，充分发挥其宏观经济转型与政策工具功能，遇到诸如新冠肺炎疫情等不可抗力时，通过设定灵活、机动的 REITs 政策，助力市场的稳定、复苏。

三、基础设施 REITs 定价与发行

基础设施 REITs 发行模式，在保留公募基金发行流程的前提下，较大程度借鉴了境内 IPO 及境外成熟市场 REITs 发行制度，其定价逻辑与公募基金明显不同。基础设施 REITs 的定价方式为市场化的询价方式，更匹配于基础设施 REITs 的产品特点。

（一）境内公募基金及 IPO 定价发行机制

1. 境内股票及公募基金发行模式

（1）公募基金发行模式。基础设施 REITs 发行载体为公募基金。基金管理人在设立一只传统公募基金时，由销售机构负责基金推广后按照每份额一元的价格进行募集，募集期满后结束募集。基金设立后由基金管理人根据基金合同约定，进行合规投资。

（2）证券发行模式。根据《证券法》要求，首次公开发行股票，可以通过向网下投资者询价的方式确定股票发行价格，也可以通过发行人与主承销商自主协商直接定价等其他合法可行的方式确定发行价格。发行人和主承销商应当在招股意向书（或招股说明书，下同）和发行公告中披露本次发行股票的定价方式。首次公开发行股票数量在 2000 万股（含）以下且无老股转让计划的，可以通过直接定价的方式确定发行价格。采用直接定价方式的，全部向网上投资者发行，不进行网下询价和配售。

实操中通常由发行人与具有承销商资质的主承销商签订协议，明确权利和义务。在发行申请经核准、依法刊登招股意向书后，发行人可与承销商通过路演推介，组织发行工作。承销商通过询价确定合理价格区间，在发行时对网下

投资者的报价进行簿记建档，记录网下投资者的申购价格和申购数量，并根据最终簿记建档结果确定发行价格或发行区间。

2. 境内 IPO 发行对控股股东自持比例及锁定期要求

根据《证券法》、上海证券交易所和深圳证券交易所上市规则，股票上市要求公开发售的股份不得低于股份总数的 25%，如公司股本总额超过人民币 4 亿元，则公开发行股份比例应在 10% 以上。因此，原股东持股比例上市后不会超过 75%，如股本总额超过人民币 4 亿元则不会超过 90%。同时，IPO 前股东持有股份一般锁定 1 年，控股股东或实际控制人股份锁定 36 个月。

（二）境外 REITs 定价发行机制

1. 定价方式

境外市场 REITs 首次公开发行的定价机制主要为累计投票询价机制和固定价格机制。目前 REITs 的首次公开发行中，除中国台湾采用固定价格发行外，美国、日本、新加坡和中国香港均主要采用累计投标询价机制。

（1）累计投标询价机制。从累计投标的询价区间宽度和最终定价实践上看，尽管美国、日本、新加坡采取同样的定价方法，但询价定价各有特色。

在美国，REITs 的首次公开发行与普通股相同，均采取注册制，在向 SEC 递交初步注册声明后，会进一步向 SEC 递交初步招股说明书（S—11），其中会注明本次公开发行拟发行的股数，以及拟发行的价格区间。

在日本，REITs 首次公开发行均须经过累计投标询价过程，累计投标询价上限价格是下限价格的 1.01—1.14 倍，不同年份中询价区间的宽度较为稳定。

在新加坡，绝大多数 REITs 首次公开发行均须经过累计投标询价过程，采用定价发行的如 Cambridge REIT 和 Frasers Commercial REIT 等，数量较少。

（2）固定价格机制。目前，中国台湾地区 REITs 发行均采用固定价格发售（统一为新台币 10 元），每张 REITs 收益凭证为 1000 个受益权单位，面额为新台币 1 万元。

在台湾地区，REITs 的发行均须经相关主管机关核准后，与主管机关核准函送达受托机构之日起三个月内开始募集，并于开始募集起 30 日内募足净发行总额。受托机构可于上述募集期届满前十日，向主管机关申请延长三个月募集期限一次。

一般认为，通过询价来最终确定 REITs 产品的发行价格是相对主流的定价模式。通过面向市场投资者的充分路演过程，确定投资者所能接受的发行价格（相应影响投资者的派息水平），最终以一级资本市场所认可的价格完成交易。这种定价发行模式相比于平价发行过程更为复杂，也需要市场投资者对 REITs 产品以及底层物业资产价值的理解与判断能力，但从长期而言，有利于充分发挥资本市场的定价功能，提高原始权益人与投资人双方参与 REITs 交易的积极性。

2. 发行人（原始权益人）自留比例及锁定期

境外 REITs 市场中相关法规通常不会明确要求 REITs 产品上市后原始权益人自持比例及锁定期，REITs 的上述要求统一参照股票上市要求。

（1）香港证券交易所。香港证券交易所对上市公开发售份额比例要求与中国大陆相似。同样要求公开发售比例不低于 25%，如上市公司市值超过 100 亿港元，则该条款可放宽至 15%—25% 区间。

禁售期一般要求为控股股东的禁售期是在公司上市后 6 个月内，控股股东不得出售任何公司股票（也不得发行公司新股）；再之后 6 个月内控股股东有权出售公司股票，但不能失去控股股东的地位。

（2）新加坡证券交易所。参照新加坡证券交易所要求，上市股票通常持有人数量不低于 500 人，同时根据市值的大小，对公众持股数量有一定限制。市值越大，要求越低。对原股东并无上市后禁售限制。新加坡证券交易所仅在创业板要求自持不少于 6 个月，如表 11.1 所示。

表 11.1　新加坡交易所相关规定

市值 M（百万新币）	公众持股量限制（%）	股东数量（人）	总发行规模 O（百万新币）
M<300	25	500	O<75
300≤M<400	20	500	75≤O<120
400≤M<1000	15	500	O≥120

市值 M（百万新币）	公众持股量限制（%）	股东数量（人）	总发行规模 O（百万新币）
M ≥ 1000	12	500	—

资料来源：新加坡证券交易所。

（三）我国基础设施 REITs 定价发行机制

基础设施 REITs 在发行方面充分借鉴了境外 REITs 市场和境内 IPO 定价发行的模式。基础设施 REITs 经中国证监会注册后，采取网下询价的方式确定认购价格，基金管理人或其聘请的财务顾问受委托办理询价、定价、配售及发售等相关事宜。基础设施 REITs 的发行以专业机构投资者为主要对象进行市场化询价确定价格，并通过向战略投资者定向配售、向符合条件的网下投资者询价发售及向公众投资者公开发售相结合的方式进行发售。

此外，基础设施 REITs 的资金清算、份额登记等事宜可参照 LOF（上市开放式基金）业务相关规定。

1. 定价方式

基础设施基金份额的认购价格以向符合条件的网下投资者询价的方式进行确定，具体而言可以分为以下四个阶段：

（1）明确资产及确定估值。参考专业评估机构评估报告结果，发起人（原始权益人）和基金管理人协商确定产品的发行份数、总规模。

（2）确定询价条件和询价区间。基金管理人和/或财务顾问有权确定网下询价条件和询价区间，并提前在询价公告中进行披露。询价条件主要包括网下投资者的要求、有效报价的认定标准、产品配售的原则和方式等，符合询价条件的投资者的报价才能视为有效报价。此外，基础设施基金确定询价区间的，基础管理人和财务顾问应当根据专业评估机构评估报告评估情况和市场情况，合理确定基金的询价区间。

（3）市场化询价。网下询价原则上为 1 个交易日，网下投资者及其管理的配售对象的报价应当包含每份价格和该价格对应的拟认购数量，填报的拟认购数量不得超过网下初始发售总量且不得超过基金管理人设定的单个配售对象可认购的上限。询价结束后，基金管理人或财务顾问可以从网下发行电子平台获取询价报价情况。

（4）认购价格确定。网下询价报价截止后，基金管理人或财务顾问应当根据事先确定并公告的询价条件，剔除不符合条件的报价及其对应的拟认购数量。剔除不符合条件的报价后，基金管理人、财务顾问应当根据所有网下投资者报价的中位数和加权平均数，并结合配售对象的报价情况，审慎合理确定认购价格。认购价格确定后，战略投资者、提供有效报价的网下投资者和公众投资者以此价格，按照合规的认购方式参与认购基金份额。

2. 战略配售安排

为充分保护投资者的利益，原始权益人或其同一控制下的关联方必须参与基础设施基金的战略配售，比例合计不得低于基金份额发售数量的 20%，出于保持市场具有一定流动性的考虑，配售比例也不宜过高，保持在一定比例（如 75%）以下为宜。持有期方面，基金份额发售总量的 20% 持有期自上市之日起不少于 60 个月，超过 20% 部分持有期自上市之日不少于 36 个月。

其他专业机构投资者可以选择申请参与战略配售，配售比例由基金管理人和财务顾问合理确定，持有期限自上市之日不少于 12 个月。

3. 网下及公众投资者认购安排

基金份额认购价格通过网下询价确定后，作为基金管理人应当在基金份额认购首日的 3 个交易日之前，披露基金份额的发售公告。基金份额的网下投资者认购和公众投资者认购同时进行，募集期限原则上不超过 5 个交易日，网下发售比例不低于公开发售数量扣除向战略投资者配售部分后的 70%。

募集期内，公众投资者可通过场内证券经营机构及交易所系统认购基金份额，或通过场外基金销售机构认购基金份额。公众投资者认购总量超过公众发售总量的，基金管理人可进行比例配售。

（四）基础设施 REITs 定价发行分析

就境外市场的发行模式来看，大多市场采用了主流的累计询价模式来对发行的 REITs 份额进行定价，目前我国基础设施 REITs 采取与股票市场类似的网下询价制度是中国基础设施 REITs 定价发行的理想途径，其原因主要在于基础设施 REITs 产品是"先确定资产后确定价格"的权益型投资产品，其发行逻辑与公募基金"先发行后投资"的方式有较大差异，而与 IPO 股票的发行模式拥有更高相似度，故基础设施 REITs 发行工作应在遵守公募基金销售相关法规要求下，参考 IPO 的发行方式进行。

境外市场对 REITs 的发行人持股比例和禁售期通常参照主板市场上市公司要求。就境内实际情况来看，基础设施 REITs 发行设置原始权益人或其同一控制下关联方的战略配售和禁售期具有较强的合理性。其原因是 REITs 作为一个创新金融市场，对境内投资人及监管机构来说仍显陌生，一定比例的流通份额有助于提高市场流动性，降低份额持有过于集中的风险；通过锁定期的设置，可以实现一定期限内投资人与原始权益人利益的捆绑，增强市场信心。

四、基础设施 REITs 资产交易

REITs 的上市及后续的资产投资、处置等行为本质上是基础设施资产的投资交易活动。基于市场的公平性原则及对投资人利益的保护等方面考虑，资产交易中需特别注意资产交易价格的公允，让真正优质的资产在公平的市场交易中体现出真实合理的价值。

（一）境外 REITs 资产交易规定

就境外 REITs 市场而言，本节总结了美国、新加坡以及印度基础设施 REITs 关于 REITs 上市、资产并购及处置的相关要求。整体来看，美国对 REITs 资产交易要求最为宽松，仅对 REITs 资产类型进行了约束；新加坡和印度对评估定价、关联交易、交易时间、交易范围等均进行了较为细致的约束，对于我国市场建设，更有参考意义。

1. 美国资产交易规定

美国对资产交易环节没有明确约定禁止或允许的行为，仅对符合 REITs 要求的可投资产进行定义。其要求：（1）每年 95% 以上的总收入来源于股利、利息、不动产租金以及出售或以其他方式处置股票、证券和不动产；（2）每年总收入的 75% 源自不动产租金、已抵押不动产或不动产权益为担保的债务

利息、出售不动产所得，满足要求的其他不动产投资信托的可转让股份的股利或其他分配所得，以及出售或以其他方式处置该等可转让股份所得以及其他合格收入；（3）资产中不动产资产、现金和现金科目以及政府证券占资产总值的75%以上。

2. 新加坡资产交易规定

新加坡REITs市场对于资产的筛选标准较境内REITs市场更为宽松，不限制对资产的共同投资，也允许小范围的在建资产或开发资产的投资，资产范围可投资于新加坡境内或境外。同时，新加坡市场对关联交易的把控尺度较严，对资产交易的信息披露、成交价格、评估方式等均进行了严格限制，注意投资人利益的保护，与我国REITs市场较为相似，超过一定规模的关联交易均须由持有人大会投票决定。

3. 印度资产交易规定

印度InvITs市场，同样对InvITs的投资和处置进行了要求，包括资产购入的类型、资产交易的价格、资产交易涉及的信息披露等。印度市场对于投资标的的要求更为宽松，不仅允许对项目进行共同投资，同时允许对少量尚未产生现金流的资产进行投资。其对资产交易的要求主要体现在交易价格方面，即如购入资产价格高于评估值一定程度或处置资产价格低于评估值一定程度，均须提交持有人大会表决。

（二）境内基础设施REITs资产交易要求

目前相关政策中对REITs运作的资产要求、资产估值、扩募及资产处置的安排、关联交易的风险规避等均提出了具体要求。对于资产的选取，与境外REITs较为相似，要求投资于有稳定现金流的优质资产，契合REITs的产品本质；对于资产的交易以及关联交易的要求，则有利于推动市场的公平及投资人的保护。

1. 基础设施REITs是针对优质不动产的投资

REITs的本质是让公众投资人分享优质且成熟不动产的投资收益，资产的筛选标准也是保障REITs市场长期稳定健康运营的基础。现行法规中明确提出了基础设施REITs应投资于有稳定现金流的基础设施项目，且应获得所投资项目的完全所有权。

后续的资产筛选标准中，也进一步强调了资产原则上应持续运营 3 年以上，投资回报良好，具备较好的增长潜力，以及现金流来源合理分散且市场化，不依赖补贴收入的要求。

上述要求与境外市场的资产筛选要求已经较为类似，甚至更为具象化。比如对于项目完全所有权的要求，严格的限制了项目控制权的分散，有利于在产品运行期间最大化保护投资人利益；而对资产持续运营及现金流来源合理分散的要求，也秉持了在市场化原则的基础上避免风险的过度集中。

2. 资产交易应有合理的市场评估值作为参考

《基础设施 REITs 指引》也约定了对资产初次上市及后续扩募中应由独立的评估机构对资产的市场公允价值进行评估，且正常情况下应对基础设施 REITs 持有资产每年跟踪评估至少一次。此举将有助于投资人对 REITs 投资价值的判断，以资产的评估值作为投资的参照，保障资产交易的有效性。

3. 资产扩募、收购和处置相关交易应重视投资人利益的保护

基础设施 REITs 的资产交易也受到严格约定，金额超过基金净资产 20% 且低于基金净资产 50% 的基础设施项目购入或出售、金额低于基金净资产 50% 的基础设施基金扩募、成立后发生的金额超过基金净资产 5% 且低于基金净资产 20% 的关联交易应进行投资人持有大会表决，并经参加大会的持有人所持表决权的二分之一以上表决通过。此外，对于基础设施基金的投资目标、投资策略作出重大调整、金额占基金净资产 50% 及以上的基础设施项目购入或出售、金额占基金净资产 50% 及以上的扩募、成立后发生的金额占基金净资产 20% 及以上的关联交易均须获得持有人大会参会持有人持有表决权的三分之二以上表决通过。

此外，针对任何项目的购入或出售，以及基金的扩募，均应通过临时公告进行信息披露；基金定期报告中也应披露购入或出售项目情况，以及关联关系、关联交易及相关风险防范措施。充分的信息披露、重大资产交易及关联交易的表决制度，可有效避免代理人风险。

（三）基础设施 REITs 资产交易分析

就境外成熟 REITs 市场来看，REITs 在进行资产交易时（含首次发行及后续购入），监管机构多秉持尊重市场有效性的逻辑，不会进行过多干涉，仅在可能出现影响市场有效性时进行约束。

我国基础设施 REITs 在对资产交易的要求中充分借鉴了新加坡、印度等市场经验，对于资产交易应做到及时的信息披露，保障对投资人信息的透明性；同时对重大资产交易的表决权应提交至持有人大会决定，降低代理人风险；对关联交易进行严格限制，以降低可能存在的相关风险对投资人利益的影响。

此外，就资产交易标的的筛选，我国的要求相较境外 REITs 市场更为严格。我国的 REITs 市场目前处于起步的阶段，严把资产准入关有利于市场平稳健康发展，后续随着市场进一步成熟，对于投资标的的要求也可考虑适度放宽，如可在保障 REITs 对资产控制权的情况下参与项目的共同投资，可扩大有效投资范围，在提升投资人收益的同时，提高企业进行 REITs 运作的积极性。

第三节　会计处理

现行基础设施 REITs 的架构是公募基金作为投资人投资载体持有资产支持证券，再由资产支持证券持有包含基础设施项目核心资产的项目公司。基于上述架构，基础设施 REITs 会计处理的关注重点包括项目公司层面基础设施项目核心资产的核算科目及计量模式确认、基础设施基金层面的合并报表内容及方式确认，以及发行基础设施 REITs 后原始权益人的会计处理重点等。

一、基础设施项目核心资产的常见会计处理方式

根据基础设施 REITs 相关法规，基础设施包括仓储物流、收费公路、机场港口等交通设施、水电气热等市政设施，产业园区等其他基础设施，不含住宅和商业地产。这些基础设施项目通常拥有较大金额的长期资产，即为通常所说

的"重资产"项目。这些基础设施项目所持有的核心资产的质量至关重要，因此这些核心资产的财务信息往往是投资者非常关注的。

一般的基础设施项目，其核心资产可能包括所持有的房屋、仓库、土地使用权、生产及运营设备等，持有这些资产的项目公司应根据企业会计准则的相关规定，结合管理层的意图，确定这些资产的核算科目，包括固定资产、无形资产、投资性房地产及金融资产（通常为长期应收款）等。

实务中，按照不同基础设施项目的经济特征以及企业会计准则的相关规定，部分基础设施项目的常见会计处理方式如表 11.2 所示。

表 11.2 基础设施基金常见会计处理方式

基础设施类别	基础设施核心资产	经济特征	会计核算科目	后续计量模式
仓储物流	各类仓库	持有目的为自用	固定资产	成本
		持有目的为用于出租	投资性房地产	成本或公允价值
产业园区	产业园区房屋及配套设备	持有目的为自用	固定资产	成本
		持有目的为用于出租	投资性房地产	成本或公允价值
市政设施	污水处理厂、垃圾处理厂、河道处理等行业所持有的资产	不在《企业会计准则解释第 2 号》（以下简称"会计解释 2 号"）规定范围内的资产	固定资产	成本
		采用会计解释 2 号中所述 BOT 方式，合同规定项目公司在有关基础设施建成后，从事经营的一定期间内有权利向获取服务的对象收取费用，但收费金额不确定的，该权利不构成一项无条件收取现金的权利	无形资产	成本
		采用会计解释 2 号中所述 BOT 方式，合同规定基础设施建成后的一定期间内，项目公司可以无条件地自合同授予方收取确定金额的货币资金或其他金融资产的权利	长期应收款	摊余成本

注：上表仅根据相关行业内常见的会计处理方式进行归纳汇总，并不能涵盖所有的会计处理方式。
　　具体基础设施项目的会计处理方式，须结合基础设施项目的经济特征（经营模式、经济利益流入方式及持有目的等）及企业会计准则的相关规定进行确定。

二、基础设施基金合并基础设施项目的会计处理

（一）公募基金合并资产负债表中需关注的核心科目

基础设施基金成立后，需通过特殊目的载体获得基础设施项目全部所有权或经营权利，拥有特殊目的载体及基础设施项目完全的控制权和处置权。基于实质重于形式原则下编制的公募基金合并报表综合反映了公募基金资产投资与资产运营能力，如表 11.3 所示。

在底层资产科目设置上，仓储物流、产业园区等产权类项目与基础设施等特许经营权项目存在一定差异。会计准则要求，产权类项目对外出租的物业应确认为投资性房地产；而特许经营权项目中在经营期内无条件向获取服务方收取不确定现金的权利应确认为无形资产，若收费对象为 BOT 合同授予方且金额确定则应确认为长期应收款。

表 11.3　基础设施基金合并资产负债表样表

资　　　产	期末余额	年初余额	负债和所有者权益（或股东权益）	期末余额	年初余额
流动资产：			流动负债：		
货币资金			短期借款		
交易性金融资产			交易性金融负债		
应收票据			应付票据		
应收账款			应付账款		
应收款项融资			预收款项		
预付款项			合同负债		
其他应收款			应付职工薪酬		
其中：应收利息			应交税费		
应收股利			其他应付款		
存货			其中：应付利息		
合同资产			应付股利		
持有待售资产			持有待售负债		
一年内到期的非流动资产			一年内到期的非流动负债		
其他流动资产			其他流动负债		

资 产	期末余额	年初余额	负债和所有者权益（或股东权益）	期末余额	年初余额
流动资产合计			流动负债合计		
非流动资产：			非流动负债：		
债权投资			长期借款		
其他债权投资			应付债券		
长期应收款			长期应付款		
长期股权投资			预计负债		
其他权益工具投资			递延收益		
其他非流动金融资产			递延所得税负债		
投资性房地产			其他非流动负债		
固定资产			非流动负债合计		
在建工程			负债合计		
无形资产			所有者权益：		
开发支出			实收资本		
商誉（*）			资本公积		
长期待摊费用			其他综合收益		
递延所得税资产			专项储备		
其他非流动资产			盈余公积		
非流动资产合计			未分配利润		
			所有者权益合计		
资产合计			负债和所有者权益总计		

注：形成商誉的情形：
（1）若公募基金取得的基础设施项目构成会计意义上的业务，且归属于非同一控制下的企业合并，则基金管理人在编制基础设施基金合并财务报表时，应将公募基金支付的购买成本大于基础设施项目可辨认净资产公允价值份额的差额确认为商誉。
（2）项目公司被公募基金合并前在账面确认的商誉（若有）。

（二）公募基金合并基础设施项目的会计处理

基金管理人在编制基础设施基金合并资产负债表时，首先需要按照企业会计准则①的相关要求，审慎判断取得的基础设施项目是否构成会计意义上的业

---

① 依据的企业会计准则主要是指《企业会计准则解释第 13 号》及《企业会计准则第 20 号——企业合并》。

务；如不构成会计意义上的业务，基金管理人应将基础设施项目作为取得一组资产或负债（如有）进行确认和计量；构成业务的，基金管理人应该区分同一控制下企业合并和非同一控制下企业合并两种情况，分别进行相应的会计处理。

1. 业务的定义及判断条件

（1）业务的定义。根据企业会计准则的相关规定，业务是指企业内部某些生产经营活动或资产的组合，该组合一般具有投入、加工处理过程和产出能力，能够独立计算其成本费用或所产生的收入，其中：①投入是指原材料、人工、必要的生产技术等无形资产以及构成产出能力的机器设备等其他长期资产的投入；②加工处理过程是指具有一定的管理能力、运营过程，能够组织投入形成产出能力的系统、标准、协议、惯例或规则；③产出包括为客户提供的产品或服务、为投资者或债权人提供的股利或利息等投资收益，以及企业日常活动产生的其他的收益。

（2）业务的判断条件。构成业务的判断条件是，合并方（即基础设施基金）在合并中取得的组合（包括基础设施项目）应当至少同时具有一项投入和一项实质性加工处理过程，且二者相结合对生产能力有显著贡献，该组合才构成业务。合并方（即基础设施基金）在合并中取得的组合（包括基础设施项目）是否有实际产出并不是判断其是否构成业务的必要条件。

（3）业务的判断方式。如基础设施基金收购基础设施项目，判断应作为非同一控制下企业合并进行会计处理，相关准则规定引入了集中度测试的简化判断方式，即进行集中度测试时，如果合并方（即基础设施基金）取得的总资产的公允价值几乎相当于其中某一单独可辨认资产或一组类似可辨认资产的公允价值的，则该组合（包括基础设施项目）不构成业务。也就是说，如果满足该集中度测试，则合并方（即基础设施基金）无须进行进一步评估，可以直接判断被收购标的（基础设施项目）不构成业务，基金管理人应将基础设施项目作为取得一组资产或负债（如有）进行确认和计量。

值得注意的是，没有通过集中度测试的交易并不会自动被判断为业务合并，合并方（即基础设施基金）仍需要根据上述业务的判断条件进行进一步的具体评估。

根据相关的准则规定，采用集中度测试以及评估加工处理过程是否具有实质性的判断流程图如图 11.2 所示：

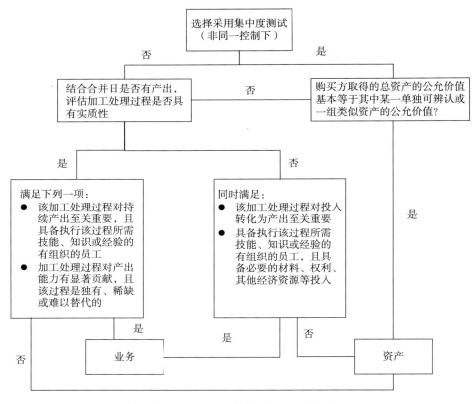

图 11.2 基础设施基金业务或资产判断流程图

此外，根据相关准则规定进行集中度测试时，在判断该项交易中所购入的资产是否可合并作为一项单独可辨认资产时，基金管理人应当谨慎考虑具体的事实和情况，来分析各个资产的性质及其与管理产出相关的风险等是否存在显著差异。通常情况下，下列情形不能作为一组类似资产：（1）有形资产和无形资产；（2）不同类别的有形资产，例如存货和机器设备；（3）不同类别的可辨认无形资产，例如商标权和特许权；（4）金融资产和非金融资产等。

2. 业务的定义及判断条件

（1）作为资产收购的会计处理。根据上述判断流程，如基础设施基金从原始权益人收购 100% 项目公司股权属于会计意义上的资产收购，基金管理人在编制基础设施基金合并资产负债表时，应作为取得一组资产或负债（如有）进行确认和计量。在基础设施基金合并财务报表中，基础设施基金应将购买项目公司股权所支付的对价作为购买成本，并以购买日所取得各项可辩认资产、负债的相对公允价值作为基础进行分配，确认购买日各项可辩认资产、负责的入账价值，无需按照企业合并准则进行处理。

（2）作为业务收购的会计处理。根据上述判断流程，如基础设施基金收购项目公司股权属于会计意义上的业务收购，企业应根据企业合并准则的相关规定，进一步判断是属于同一控制下的企业合并或非同一控制下企业合并，企业合并的类型不同，所遵循的会计处理原则也不同。

同一控制下的企业合并，是指参与合并的企业在合并前后均受同一方或相同的多方最终控制，且该控制不是暂时性的。非同一控制下的企业合并，是指参与合并各方在合并前后不受同一方或相同的多方最终控制的合并交易，即同一控制下企业合并以外的其他企业合并。

实务中，原始权益人在基础设施基金设立发行后，（1）如基础设施基金或其持有的资产支持证券、项目公司须纳入原始权益人或其最终控制方的合并报表范围内，基础设施基金与收购的业务在合并前后均受原始权益人或其最终控制方的最终控制，且该控制一般并非暂时性的，因此应作为同一控制下企业合并进行会计处理；（2）如基础设施基金且其持有的资产支持证券、项目公司均无须纳入原始权益人及其最终控制方的合并报表范围内，则基础设施基金持有的业务也不再继续纳入原始权益人及其最终控制方的合并范围，即业务的原控制方已无法继续实施控制，因此不符合同一控制下企业合并的定义，应作为非同一控制下企业合并进行会计处理。

对于同一控制下的企业合并，从最终控制方的角度看，其在合并前后实际控制的经济资源并没有发生变化，因此有关交易事项不应视为购买。基金管理人在编制基础设施基金合并财务报表时，应以被收购业务的资产、负债（包括最终控制方原先收购该业务而形成的商誉）在最终控制方财务报表中的账面价值为基础进行确认和计量。该种情况下，基础设施基金合并财务报表中资产、负债的账面价值，与其在基础设施基金申报发行时的公允价值可能存在差异。

对于非同一控制下的企业合并，企业会计准则规定的会计处理方法为购买法。基金管理人在编制基础设施基金合并财务报表时，应对基础设施项目各项可辨认资产、负债按照购买日确定的公允价值进行初始计量，其中确定购买日的基本原则是控制权转移的时点。根据企业合并准则的相关规定，同时满足以下条件时，一般可认为实现了基础设施项目控制权的转移，包括：①企业合并的合同或协议已获原始权益人决策机构的批准；②需要经过国家有关主管部门审批的事项，已获得相关部门的批准；③基础设施基金的申报发行已获得监管机构的批准；④参与各方已办理了必要的财产权交接手续；⑤基础设施基金已支付了购买价款的大部分（一般应超过 50%），并且有能力、有计划支付剩余款项；⑥基础设施基金已经控制了基础设施项目的财务和经营政策，享有相应的收益并承担相应的风险。

基金管理人在编制基础设施基金合并财务报表时，基础设施基金支付的购买成本大于基础设施项目可辨认净资产公允价值份额的差额，应确认为商誉；基础设施基金支付的购买成本小于基础设施项目可辨认净资产公允价值份额的，应当先对基础设施项目各项可辨认资产、负债的公允价值以及购买成本的计量进行复核，经复核后购买成本仍小于基础设施项目可辨认净资产公允价值份额的，其差额应当计入当期损益。

三、公募基金发行后原始权益人的会计处理

（1）原始权益人合并公募基金情况下的会计处理。在原始权益人合并基础设施基金及其持有的资产支持证券、基础设施项目公司的情形下，除原始权益人外的其他基金份额持有人的份额确认方式将对原始权益人的资产负债结构及损益情况产生一定影响，也是会计处理需要关注的重点。

基础设施基金申报发行后，假设原始权益人将合并基础设施基金及其持有

的资产支持证券、基础设施项目公司，在原始权益人合并财务报表中，应主要考虑将原始权益人外的基金份额确认为少数股东权益。一方面，在当前实践中，可以看到各试点项目均设定了基金期限，但这是由于《证券投资基金法》中明确规定了封闭式基金需约定基金合同期限。实际上，对于基础设施 REITs 这种"资产上市平台"，市场普遍认为基金产品期限应当与底层资产的生命周期相匹配，未来实际运作中随着底层资产权属延期、或以增发扩募方式装入新的资产，REITs 基金期限理应在履行持有人大会程序后相应延长。无论是原始权益人、监管部门还是投资人，对于基础设施 REITs 的这种"永续"发展模式具备较为明确的共识。另一方面，我国基础设施 REITs 具备完全的权益属性，原始权益人及其关联主体对 REITs 基金或其外部基金份额持有人不承担任何增信担保义务，基金投资人所享有的基金分配金额与基础设施项目的实际经营情况直接挂钩。因此，在原始权益人合并公募基金情况下，将外部基金份额纳入原始权益人合并财务报表的少数股东权益，符合实质重于形式的基本原则。

（2）在不合并公募基金的情形下，原始权益人应持有不少于 20% 的基金份额发售数量，其中基金份额发售总量的 20% 持有期自上市之日起不少于 60 个月，超过 20% 部分持有期自上市之日起不少于 36 个月，故原始权益人持有的基础设施基金份额应确认为长期股权投资。

第四节　税务处理

我国目前尚未针对基础设施 REITs 发布专门的配套税收政策，这就要求在实务中要遵循现行税收法规来处理基础设施 REITs 产品的涉税事项。在现行税收法规下，基础设施 REITs 产品在设立发行，持续运营以及未来退出阶段均可能涉及多个税种。在实务中，需要充分利用现有税收政策，尽可能减少产品的税收负担。

一、产品设立阶段的税收政策考虑

在基础设施 REITs 产品设立的过程中，通常会涉及将项目公司股权 100%

转让给基础设施 REITs 产品的项目公司股权交割。

在股权交割阶段，原始权益人将持有基础设施资产的项目公司股权100%转让给 REITs 产品，原始权益人需就股权增值部分缴纳企业所得税，双方需就股权转让协议各自缴纳印花税。

由于基础设施 REITs 试点中要求原始权益人需要自持相当一部分比例的基金份额，且锁定期较长。而原始权益人需要在产品设立的股权交割阶段就对项目公司100%股权的增值部分纳企业所得税。这对于原始权益人而言，增加了其税收负担。建议从实质重于形式的角度允许原始权益人将项目股权交割阶段自持部分对应的收益的企业所得税，递延到日后减持 REITs 份额时，再行缴纳。

二、产品运营阶段的税务考虑

由于基础设施 REITs 试点中要求产品通过项目公司100%股权的方式控制基础设施资产，基础设施资产运营产生的收益将作为项目公司的收入，需要在项目公司层面缴纳相应税收，之后形成项目公司税后净利润的部分，可以用分红方式向投资者分配。同时，由于部分基础设施资产需要计提折旧等原因，基础设施资产运营产生的现金流并不能充分向投资者分配。

为解决上述问题，可以考虑给予基础设施 REITs 的项目公司在分配环节一项特殊的企业所得税政策，允许项目公司将通过资产支持专项计划和封闭式基金向投资者分配的金额作为项目公司层面计算企业所得税应纳税所得额的特殊扣除项目，以提高产品的现金分配能力，充分体现基础设施 REITs 产品能够产生较高比例分红产品特性。

现行封闭式证券投资基金的税收政策下，要求上市公司或者债券发行人在向公募基金支付股息或利息时，须代扣代缴个人所得税。基础设施 REITs 试点的产品结构中，在资产支持专项计划向公募基金分配收益这一环节，是否需要比照上述规定由资产支持证券管理人对分配的收益代扣代缴税款，尚未明确。若要求代扣税款，须注意区分收益分配中返还本金的部分和实际收益部分，以免造成对本金扣缴税款的失误。

三、产品退出阶段的税务处理

未来基础设施 REITs 到期退出的方式，大体可以分为：（1）项目公司处置基础设施资产后清算分配；（2）资产支持专项计划处置项目公司股权后清算分配；（3）公募基金处置资产支持证券等不同的路径。

仅从税收角度考虑，上述第一种路径由于涉及基础设施资产权属的转移，会面临较高的税收负担，具体可参考前述产品设立阶段涉及基础设施资产转移的税负分析。在设计基础设施 REITs 产品的退出方案时，应尽可能选择处置基础设施资产以外的方式来实现。

第五节 资产估值

一、基础设施资产估值的作用与意义

总结境外 REITs 市场及以往境内不动产资产证券化产品实际操作经验，资产合理估值是防范 REITs 市场风险的重要手段，其估值结果对投资人的投资决策、管理人的经营决策有非常重要的影响，资产估值应贯穿于 REITs 产品运营的始末：在产品发行阶段为产品定价提供参考，满足交易所对资产情况的披露要求；在产品存续环节，每年需至少评估一次，定期披露资产信息；在产品退出、市场形势发生重大变化或其他必要之时，也需对物业处置价值或市值进行评估：

（1）REITs 兼具金融产品与基础设施资产的双重属性，基础设施资产所展现出的使用价值与市场交易价值最终将传导至 REITs 产品在金融市场中分红派息表现及二级市场份额交易价格。REITs 具有的资产属性就决定了需要通过价值评估的方式客观反映基础设施所具有的收益能力、市场稀缺性等特征。

（2）基础设施项目具有不可移动、各不相同、价值较大等特点，此类资产投资的参与方往往为大型投资、金融机构，在市场经济活动中定价规则及信息具有不对称性。作为公开募集的金融产品，基础设施 REITs 需要依赖于评估专业人员对资产价值提供参考意见，并通过定期评估方式披露资产价值变动。

（3）对基础设施项目进行评估是国有企业资产管理的需要。根据《企业国有资产监督管理暂行条例》（国务院令第378号）、《企业国有资产评估管理暂行办法》（国务院国资委令第12号）、《金融企业国有资产评估监督管理暂行办法》（财政部令第47号）等规定，对于国有资产需进行评估的经济行为作出明确规定。基础设施REITs需要基金通过资产支持证券和项目公司等载体穿透取得项目完全所有权或特许经营权，这意味着原始权益人为国有企业时将引起上述国有资产评估管理文件所规定的资产评估行为，这类行为属于法定评估业务范畴。

（4）基础设施资产估值对收益能力与市场价值的判断将影响REITs产品定价。作为权益性投资产品，金融市场会通过营运现金流贴现法（fund from operation，FFO）、净资产价值法等方法对基金份额进行估值，成熟市场中不同类型REITs的P/FFO倍数、P/B倍数等财务指标在适用条件下将对后续发行的同类REITs产品定价提供参考依据。其中，基金持有的资产价值主要取决于基础设施资产价值且基金的收益能力也主要来自于资产运营收入，因此对基础设施资产的价值评估可为REITs产品定价提供参考。

二、国际REITs准则的借鉴

新加坡、中国香港REITs相关准则从尽职调查工作内容、评估机构选聘、资产信息披露等角度对不动产尽职调查作出了详细规定，研究两地REITs准则中评估相关内容对国内基础设施REITs尽职调查有着较强的参考意义。

针对不动产尽职调查工作内容，中国香港相关准则就要求评估机构及其他专业机构从市场调研、不动产估值、物业工程三个角度对资产进行详细的尽职调查工作。新加坡《集体投资计划守则》中虽未对尽职调查工作内容作出要求，但在产品实际操作中一般也包含以上三个方面。其中，市场调研及工程尽职调查可对不动产价值评估提供支撑依据：市场调研报告作为投资人了解基础资产市场行情和展示资产市场竞争力的重要参考依据，发行文件往往会将其作为单独文件完整披露且包含众多对资产估值水平形成支持的市场数据；工程尽职调查报告往往由具有建筑学、建筑结构、建筑设备、物业管理等方面资格或者相应胜任能力的专业人员从性能状况、完损状况、新旧程度等角度对基础资产进行评价，进而对资产建筑物部分未来运营及修理费用进行合理分析与预测。

在不动产评估方法选取方面，通过梳理已发行 REITs 的招股书不难发现，新加坡、中国香港 REITs 在发行环节均完全采用收益法项下的报酬资本化法（DCF）与直接资本化法，部分产品同时采集同类资产的大宗交易市场价格作为辅助验证，如表 11.4 所示。

表 11.4　新加坡、中国香港部分 REITs 发行环节不动产评估方法

所在市场	产品名称	收益法		市场比较法	成本法
		报酬资本化法（DCF）	直接资本化法		
中国香港	招商局商业房托	√	√	仅作验证	—
	越秀房地产投资信托	√	√	—	—
新加坡	运通网城房地产信托	√	√	—	—
	丰树物流信托	√	√	—	—
	易商红木信托	√	√	—	—
	凯诗物流信托	√	√	—	—
	星狮物流工业信托	√	√	—	—

资料来源：根据公开资料整理。

此外，新加坡、中国香港 REITs 准则内容非常重视对资产相关信息的披露，并对评估报告及发行材料内容作出细致规定，充分的信息披露原则为两地 REITs 市场健康发展打下重要基础。以新加坡为例，根据新加坡测量师与评估师协会于 2018 年 6 月发布的《房地产投资信托基金、上市公司及首次公开发行股票估值报告实务指南》（*SISV PRACTICE GUIDE FOR VALUATION REPORTING for REITs，Listed Companies and Initial Public Offerings（IPOs）including inclusion in Prospectus and Circulars*）要求，估价师需要为 REITs 发行准备估值概要与估值证书、完整评估报告、尽职调查资料要求清单共三份文件，需要披露的与不动产相关信息包括但不限于：

（1）物业情况介绍；

（2）土地信息；

（3）建筑物信息；

（4）租赁情况，如租户到期日、空置率、租金/收入水平、整租及支持性收入情况等；

（5）市场情况；

（6）评估方法合理性解释；

（7）评估主要参数，如每年租金收入、其他收入、成本支出、预测期租金增长率、成本增长率、预测期每年出租率、资本化率及折现率取值。

他山之石，可以攻玉，境外 REITs 市场实操环节中对尽职调查内容、评估方法、信息披露等方面的要求值得国内基础设施 REITs 借鉴：

（1）在产品发行环节，对 REITs 基础资产进行市场调研、不动产估值两个方面的尽职调查工作，并分别出具报告；

（2）基础设施 REITs 资产估值宜选择收益法作为主要的评估方法。收益法可更为客观反映收益型资产市场价值，且投资人更易通过检查其所披露之估价参数验证资产估值的合理性；

（3）健全的信息披露制度可促进市场规范化运行，推动基础设施 REITs 行业积极健康发展。国内 REITs 市场应加大对基础资产信息的披露力度，并对评估报告内容进行详细要求。

三、基础设施资产估值方法及评估要点分析

根据《关于推进基础设施领域不动产投资信托基金（REITs）试点相关工作的通知》中对基础设施资产的界定，首次试点的中国基础设施 REITs 资产主要包括仓储物流，收费公路等交通设施，水电气热等市政工程，城镇污水垃圾处理、固废危废处理等污染治理项目，以及信息网络等新型基础设施、高科技产业园区、特色产业园区等。从资产估值角度，根据基础设施资产的收入获取来源不同，可分为两大类：以租金（或运营外包服务）为主要收入来源的基础设施，如仓储物流、产业园、数据中心等；以收费为主要收入来源的基础设施，如水电气热市政工程、高速公路等。针对上述资产类别，估价师可参考的评估准则主要包含《资产评估基本准则》《资产评估执业准则——资产评估方法》《资产评估执业准则——不动产》《资产评估执业准则——无形资产》《房地产估价规范》

（GB/T 50291-2015）等。对于以租金为主要收入来源的基础设施，估价师还可参考中国房地产估价师与房地产经纪人学会于 2015 年 9 月发布的《房地产投资信托基金物业评估指引（试行）》开展尽职调查工作。

　　符合试点行业要求的中国基础设施 REITs 资产虽在收入来源上有所区分，但适用的评估方法均包括市场法（比较法）、收益法和成本法三种基本方法及其衍生方法，每种方法有其应用的前提条件。评估人员在选择评估方法时，应当充分考虑影响评估方法选择的因素，主要包括评估目的和价值类型、评估对象、评估方法的适用条件、评估方法应用所依据数据的质量和数量等。当基础资产仅适用一种估价方法进行估价时，可只选用一种估价方法进行估价；当基础资产适用两种或两种以上估价方法进行估价时，宜同时选用两种或两种以上估价方法进行估价，不得随意取舍，并就各种估价方法的测算结果进行校核和比较分析后，合理确定价值。

　　（一）比较法

　　比较法也称市场法、市场比较法，是指通过将评估对象与可比参照物进行比较，以可比参照物的市场价格为基础确定评估对象价值的评估方法。市场法应用的前提条件：（1）评估对象的可比参照物具有公开的市场，以及活跃的交易；（2）有关交易的必要信息可以获得。

　　在符合市场法应用前提下，可采用市场法对 REITs 底层基础设施资产进行评估。目前来看，对于收费公路、水电气热、城镇污水处理、固废危废处理等基础设施资产而言，公开交易市场供选择的可比交易案例数量较少，相关具体交易信息较难获得，加之此类资产同质性较弱，故而在实际操作中较少采用市场法进行评估；仓储物流、数据中心、产业园等以租金为主要收入的基础设施在选用比较法时也需注意资产所处市场是否具有充足的同类型资产真实交易案例。以仓储物流项目为例，近年来全国不动产大宗交易市场上仓储物流项目多以资产包形式交易，较难获取单个资产的交易价格，因而限制了比较法的使用。

　　（二）成本法

　　成本法是指按照重建或者重置被评估对象的思路，将重建或者重置成本作为确定评估对象价值的基础，扣除相关贬值，以此确定评估对象价值的评估方法。其本质是以资产的重新开发建设成本为导向来求取资产价值，应用的前提条件为：（1）评估对象能正常使用或者在用；（2）评估对象能够通过重置途径获得；（3）评估对象的重置成本以及相关贬值能够合理估算。

对于以特许经营模式运营的基础设施资产而言，成本法评估结果较难体现资产对应的特许经营权合同的价值。对于自有产权的基础设施资产来说，则适宜采用成本法进行评估，使产权持有人和其他市场参与者可以从重建或重置的角度了解评估对象价值。但资产的价值通常不是基于重新购建该等资产所花费的成本进行判断，而是更多地基于市场参与者对未来收益的预期来进行最终判断，故而针对发行基础设施 REITs 这一评估目的，成本法一般不宜作为唯一定价的方法。

采用成本法估价时须注意所选取土地使用权出让价格的合理性。以物流仓储为例，一些城市因疏解城市功能、高效利用土地等原因而对仓储用地土地的出让存在一定限制，造成同类土地出让的价格信息较少、时效性较差或可比性较弱，故在实际操作中须结合资产的实际情况对成本法进行选取。

（三）收益法

收益法是指通过将评估对象的预期收益资本化或者折现，来确定其价值的各种评估方法的总称。收益法包括多种具体方法，例如，不动产价值评估中的报酬资本化法（又称现金流折现法，DCF）；企业价值评估中的现金流量折现法、股利折现法等；无形资产评估中的增量收益法、超额收益法、节省许可费法、收益分成法等。收益法应用的前提条件为：（1）评估对象的未来收益可以合理预期并用货币计量；（2）预期收益所对应的风险能够度量；（3）收益期限能够确定或者合理预期。

收费公路、水电气热、城镇污水处理、固废危废处理等基础设施，企业通过行政许可、特许经营等方式投资建设并取得该类资产的产权和经营权，或取得一定年限的经营权。该类资产的生产规模、生产能力以及提供产品或者服务的价格较为明晰，可以以此为基础对未来收益进行合理预测。从方法适用性角度来看，收益法评估结果能够合理体现市场参与者对项目未来收益预期的价值，较为合理的体现资产价值，所以该类基础设施资产适宜采用收益法进行评估；仓储物流、数据中心及产业园项目均以租赁或外包服务方式进行运营，其运营层面的过往实际发生收入、成本及费用科目清晰，已发生金额均可求取，且对资产未来产生的收益可进行合理预测，在估价实际操作中收益法通常作为最主要的评估方法。

目前中国证券投资基金业协会发布的《公开募集基础设施证券投资基金运营操作指引（试行）》、交易所发布的《上海证券交易所公开募集基础设施证券投资基金（REITs）规则适用指引第 1 号——审核关注事项（试行）》《深圳证券交易所公开募集基础设施投资基金业务指引第 1 号——审核关注事项（试行）》均已明确要求以收益法作为基础设施项目评估的主要估价方法。在此，以仓储物流、数据中心、产业园为例，具体介绍采用收益法中的报酬资本化法评估基础设施时的要点。

在使用报酬资本化法时，资产未来收益情况及折现率取值对估值结果将产生直接影响，估价师应以客观、审慎态度预测资产未来各年的净收益并选取合理的折现率进行估价。以租金为主要收入来源的基础设施可能产生的各项收入及成本，如表 11.5 所示。

表 11.5 以租金为主要收入来源的基础设施收益法分析

项目	仓储物流、产业园	数据中心
年运营收入	租金收入	机柜托管服务收入
	管理费收入	电费收入
	其他收入（如停车费等）	其他收入（如宽带收入等）
年运营成本	项目运营管理费用（如人员成本）	项目运营管理费用（如人员成本）
	物业管理费	物业管理费
	租赁代理费用	电费、水费
	项目维护资本性支出	宽带使用费
	保险费用	设备运维费用及更换资本性支出
	税费： 房产税 增值税及附加 城镇土地使用税 印花税	保险费用
		税费： 房产税 增值税及附加 城镇土地使用税 印花税

在对资产未来收益进行预测时，可以从以下几个方面入手：

1. 宏观层面

（1）基础资产所在地区经济总体状况调研。对基础资产所在城市经济社会发展的主要因素及其变化趋势进行调查和分析，特别是城市经济发展状况及未来规划、产业结构、产业布局和规划，基础设施状况（包括基础设施现状和建设规划），与行业相关的财政货币政策、金融税收政策等来判断未来发展趋势。

（2）基础资产所在城市或地区市场总体状况及过往发展趋势。通过对市场新增供应量、存量市场的成交量、存量资产的租金及其他收入水平等数据做出调查，结合当地城市土地、不动产的相关产业政策及过往 3—5 年的历史信息，对基础资产所在市场未来的发展趋势做出合理的判断。

（3）基础资产所在区域同类项目市场状况调研。通过对基础设施所在行政区或产业聚集区同类项目现有存量、新增供应量、租金及其他收入水平、租户结构等进行调查，分析供给和需求影响因素，对未来区域内的供给、需求、租金、空置率等变化趋势进行判断。

2. 微观层面

（1）竞争性项目调研与分析。对基础设施所在区域或城市内竞争性资产的市场定位、承租人构成、租金（或者经营收入）、出租率、运营管理服务机构及过往 3—5 年收入增长趋势进行调查，与基础资产进行对比分析。

（2）核查基础资产过往 3—5 年的实际收入、成本发生额及经营情况。可查阅过往签订租赁或服务合同，就租赁事项（如约定租期、租金水平、押金、递增方式、续租事项等）约定及实际履约情况进行调研，判断基础资产获取收益的稳定性及未来是否具有可提升的潜力；调查现有租户结构、详细了解主力租户所在行业及背景，判断其黏性；成本方面通过获取基础资产在运营中实际发生费用科目及金额，结合企业未来经营策略及成本控制措施，对比其他类似资产发生的运营成本，对基础资产未来收入及成本进行预测。

在使用收益法测算资产估值时，折现率须反映资金的时间价值，还应当体现与收益类型和评估对象未来经营相关的风险，与所选择的收益类型与口径相匹配。在实际操作中，仓储物流、数据中心及产业园等以租金为主要收入来源的基础设施资产一般可采用市场提取法、累加法及投资报酬率排序倒插法。根据不同的评估价值目标，用于资产评估的收益额有不同的口径，比如利润总额（税前）、净利润（税后）、息税前收益（EBIT）（税前）和息前税后收益（税后）、自由现金流等。折现率作为价值比率，折现率的口径需要与收益额保持一致。

四、估值体系建设助力 REITs 市场健康发展

除了履行评估准则及基础设施 REITs 相关指引所要求的工作职责之外，评估机构作为专业第三方，估值结果的合理性也应经得起市场检验。在不动产交易市场中，资产定价的逻辑具有一定规律，资本化率、折现率等指标可为基础设施提供定价合理性的检验标准，参考相关研究成果建立 REITs 资产定价的指数与评判体系能有效推进 REITs 行业健康发展。

针对以租金为主要收入来源的基础设施，资本化率可作为客观衡量估值水平的"锚"。资本化率（Cap Rate）可以真实地体现物业运营收入与价值之间的关系，该指标对基础设施 REITs 价值判断具有重要意义。中国 REITs 论坛联合北京大学光华管理学院中国 REITs 研究中心、中联基金、戴德梁行连续发布多期《中国 REITs 指数之不动产资本化率调研报告》，以问卷的形式邀请不动产投资领域的领头机构与专家参与调研，通过分析受访者对于不同城市各类业态物业在大宗交易市场中的专业意见，为中国 REITs 基础资产定价体系建设提供合理的基准指数。2021 年发布的第二期调研报告结论显示，国内一线城市及周边的物流仓储、数据中心资本化率分别位于 4.9%—5.6%、8.0%—8.3% 的区间，其他城市分别为 5.5%—6.0%、9.5%—10.0%，如图 11.3 所示。

受交易案例数量限制，针对收费公路、水电气热、城镇污水处理等以收费为主要收入来源的基础设施，我国尚没有行业公认的用于验证其评估结果合理性的体系和特定参数。由于此类资产收益情况一般相对稳定或呈一定趋势或周期变化，其估值合理性验证可从资产未来收益预测、折现率两个方面进行。未来收益预测是否合理可参考历史年度收益情况和趋势，结合所服务地区经济、

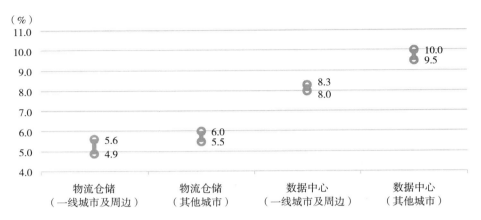

图 11.3　物流仓储及数据中心资本化率

资料来源：第二期《中国 REITs 指数之不动产资本化率调研报告》。该数据基于 2020 年不动产市场
　　　　情况调研所得，当市场发生变动时数据将随之变化。

人口等可能对资产收入产生影响的因素发展变动趋势进行判断。折现率是否合理则可以根据所选用的不同现金流模型，参考公开市场同类基础设施资产交易定价过程中参数的选取情况，同行业上市公司资产收益率、净资产收益率，国家相关部门定期公布的建设项目财务基准收益率等参数间的相互印证情况进行判断。

第十二章　REITs 治理结构

治理结构又称法人治理结构，是一种对公司或金融产品进行管理和控制的体系。它不仅规定了各方参与者的责任和权利分布，而且确定了决策时所遵循的准则和程序。关于治理结构，张维迎提出，"公司治理的安排决定公司的目标，谁在什么状态下实施控制，如何控制，风险和收益如何在不同企业成员间分配等一系列问题"①。对于 REITs 产品而言，治理结构也是产品长期持续稳定运营的重要保障。治理结构作为 REITs 产品的顶层设计，通过对原始权益人、基金投资人、基金管理人、运营管理机构等利益相关方进行合理的制度安排，决定了 REITs 产品架构中资产的所有权、控制权、经营管理权等权力的分配。

第一节　治理结构设计

一、保障 REITs 产品稳定存续

REITs 作为公开发行的产品，与治理结构相关的参与主体包括原始权益人、基金管理人、投资人、运营管理机构等。合理的治理结构是捋顺不同利益方的重要基础，也是保障投资者权益的基本条件。

建立科学的治理结构，一方面可以理顺治理结构各方功能及权利、义务关系，使得 REITs 产品的各项经营管理及决策能够有章可循、有据可依，符合具

---

① 张维迎：《所有制、治理结构及委托—代理关系——兼评崔之元和周其仁的一些观点》，《经济研究》1996 年第 9 期。

体的法律法规及公司章程所约定的程序，保障 REITs 产品能够在既定战略方向发展；另一方面也可以优化 REITs 产品资源配置及现金流分配，从而增强 REITs 产品本身的核心竞争力，提高经营业绩。

二、降低 REITs 产品的委托代理成本

20 世纪 30 年代，美国经济学家伯利和米恩斯针对企业所有者兼具经营者的做法存在的弊端，开创性地提出了委托—代理理论①（principal-agent theory），通过所有权与经营权分离，提升企业运营管理的专业化程度。但伴随委托—代理模式同时出现的，就是委托代理成本问题。

REITs 产品底层资产日常运营复杂，尤其是基础设施类项目，涉及专业化的运营分工。更加擅长金融工作的基金管理人或投资者在 REITs 产品中较难渗透入底层资产的日常运营，一般需要依赖于专业的运营公司及人才。

科学的治理结构能够从制度上建立有效的委托—代理机制。在 REITs 产品结构中，通过治理结构的设计减少委托—代理的层次，简化委托—代理关系，对底层资产的委托运营建立市场化的竞争机制，从而完善和强化对资产运营者的激励和约束机制，降低委托代理成本。

三、实现 REITs 产品稳定分红派息的目标

分红派息率是考核 REITs 产品的核心指标之一。如何保障和提升 REITs 底层资产的经营水平，从而持续优化产品的分红派息能力，是该类产品治理结构设计的关键。

治理结构设计对于 REITs 产品分红派息目标的促进作用，主要体现在两个方面：一是为不同的参与角色设定科学有效的激励与约束机制，促进各参与角色之间的有机协调，增强 REITs 产品的整体活力；二是促进 REITs 产品形成明确、均衡、可持续的财务目标，通过治理结构有的设计实现资产本身的良性循环，避免因过度追求短期股东利益最大化而牺牲底层资产的持续运营能力和可

---

① ［美］伯利、［美］米恩斯：《现代公司与私有财产》，甘华鸣等译，商务印书馆 2005 年版。

持续发展潜力。

四、保证 REITs 产品内部控制的有效运行

内部控制的主要目标是减少虚假会计信息，保护资产的安全和完整，其基本目标仍是保证企业目标的实现，而治理结构的设计能够保障内部控制和公司目标之间的统一。

对于 REITs 产品而言，内部控制通过正向约束运营管理主体的信息处理和传递环节，可以提高信息披露的质量、强化信息披露的时效性。同时，借助治理结构的科学设计，能够进一步促进内部控制在 REITs 产品中发挥更大的价值：一方面，通过缓释 REITs 产品运行的信息不对称现象，可有效增强投资者对于 REITs 产品底层运营的信心，促进产品持续稳定运营和后续增发扩募等公开市场操作；另一方面，科学的治理结构设计有利于促进内部控制体系中各项约束机制的有效发挥，保障 REITs 所持资产的安全性，避免出现会计信息欺诈和流程错误。

因此，科学的治理结构设计是 REITs 内部控制有效运行的保证。只有在完善的 REITs 治理结构中，一个良好的内部控制系统才能真正发挥它的作用，提高 REITs 产品的经营效率，加强信息披露的真实性、准确性、及时性和完整性，真正做到为投资者的利益负责。

第二节　境外市场经验

一、外部管理模式和内部管理模式

从境外市场的治理结构模式来分类，REITs 的管理模式分为外部管理模式和内部管理模式两种。

外部管理模式是指 REITs 聘请外部顾问对其资产进行管理。一方面，由于外部顾问具有专业程度高、管理体量大等行业优势，可以降低总体的资产管理成本；另一方面，外部顾问通常以资产总值或净值为基准收取管理费，只要

REITs 的资产量持续增大，管理费就可以相应提高。这种委托—代理问题的存在，要求 REITs 必须采取必要的措施消除可能的利益冲突。

内部管理模式中，负责 REITs 基金管理和资产管理的主体即为 REITs 的内设部门，发起人对 REITs 经营管理的影响力得到最大发挥。同时，内部管理模式在管理费收取、运营方案制订等方面可以采取更加灵活的方式。

按法律形式来分类，REITs 可分为公司型 REITs 和契约型 REITs。公司型 REITs 以公司作为 REITs 的产品载体，REITs 份额是发行在外的股票。契约型 REITs 以信托计划或契约式基金作为 REITs 的产品载体，REITs 份额是信托受益凭证或基金单位。美国市场的 REITs 大多为公司型 REITs，并采取内部管理模式，亚洲市场主要是契约型 REITs（例如新加坡、中国香港），多采取外部管理模式。除美国市场及大部分亚洲市场外，日本及澳大利亚在治理结构上具有各自的特色：日本目前的 REITs 产品主要采用公司型，但对于运营管理团队仍委聘外部机构负责；澳大利亚的 REITs 虽采用契约型产品并委聘外部运营管理机构，但市场主流做法是将运营管理机构的股票与 REITs 基金份额"打包上市"，发行一种"合订证券"，因此从投资者的视角来看，实质也属于内部管理模式，如表 12.1 所示。

表 12.1 代表性 REITs 市场管理模式

	公司型 REITs	契约型 REITs
内部管理模式	美国	澳大利亚（合订证券）
外部管理模式	日本	新加坡、中国香港、印度

事实上，无论是内部管理模式还是外部管理模式，从全球来看，两者之中的任何一个都不能说是全球市场的主流。在美国 REITs 发展初期，法令要求 REITs 必须通过第三方管理其资产，直至 1986 年税法改革，允许 REITs 直接经营和管理其资产。目前，美国的大部分 REITs 都是以内部管理为主要模式，采用外部管理模式的 26 只 REITs 仅占美国 REITs 行业市值的 3%。在亚洲市场和部分欧洲市场，无论从数量还是市值规模的角度，外部管理模式是 REITs 市

场的主流。

二、以美国 REITs 为代表的内部管理模式

美国 REITs 产品早期曾采用"信托结构+外部管理"模式，后在 1976 年《REITs 简化修正案》、1986 年《税收改革方案》的基础上，逐步从信托结构向公司型转变，从外部管理向内部管理转变。今天的美国 REITs 作为全球第一大 REITs 市场，其主流的治理结构采用的已经是"公司型+内部管理"模式，如图 12.1 所示。

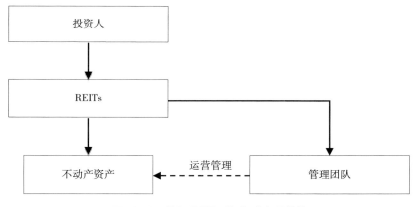

图 12.1　美国 REITs 的典型治理结构

美国 REITs 市场今天所形成的上述治理结构，主要具备以下特征：

第一，众多 REITs 由原本的不动产公司转化而来，投资人直接持有该不动产公司的股票。美国 REITs 市场作为典型的"税收驱动"代表，目前大部分由完全一体化的不动产公司转化而来，自身具备相对完整的物业管理、开发、租赁和运营管理能力。这类公司通过对自身资产负债结构、业务安排、管理制度、分红政策等比照 REITs 相关法规进行调整后，即可完成向 REITs 产品的转化。相应地，REITs 的投资人以该等调整后的上市公司股票作为直接投资标的。

第二，REITs 的管理团队处于不动产公司内部，而非从外部聘任独立的运营管理公司。作为直接由原不动产公司转化而来的 REITs 产品，相应的投资管

理团队通常由该公司原本富有经验的管理团队继续担任。在这种安排下，委托—代理关系的基本链条为"投资人→REITs→管理团队"，相比于外部管理模式下的"投资人→REITs→管理人（机构）→管理团队"更加简洁，理论上由于利益冲突和信息不对称引发的道德风险可能更低。

第三，管理团队在日常管理与收费模式方面具备更强的灵活性，但同时依靠董事会来建立必要的制衡关系。基于更加简洁的管理链条，内部管理模式在日常经营决策与收费模式方面也具有更强的灵活性。但在保持管理团队足够的自主决策空间的同时，与其他上市公司一样，内部管理模式下的 REITs 也需要通过董事会以及各专业委员会来建立必要的制衡关系。REITs 董事会下设的专业委员会通常包括薪酬委员会、审计委员会和执行委员会。其中，除 REITs 章程、内部条例或相关法规明确规定必须由全体董事共同决策的事务外，执行委员会基本可以代行董事会的其他权利。

三、外部管理模式的核心特点

以新加坡、印度、中国香港等亚洲地区 REITs 市场为代表的外部管理模式，通常由受托人（信托公司或银行）根据交易所上市规则以及信托契约等规则发行份额，以募集资金购买相关资产。同时，受托人代表 REITs 产品委聘管理人并对其运营管理行为履行监督职责，REITs 财产的各项日常管理与经营工作则由管理人主要负责，管理人通常是发起人的关联方。外部管理模式下的典型 REITs 产品结构如图 12.2 所示。

上述架构下，REITs 管理人作为 REITs 委聘的外部管理机构，内部架构通常由董事会、首席执行官、首席财务官及若干负责不同领域的部门组成，典型内部组织结构如图 12.3 所示。

与以美国 REITs 市场为代表的内部管理模式相比，外部管理模式主要具备以下特点：

第一，受托人与管理人对立统一。外部管理模式下，通常受托人被设置为一个独立而被动的角色，管理人则被设置为一个关联而主动的角色，二者在上述 REITs 结构下是对立统一的概念：既以受托人对信托财产的持有和对信托管

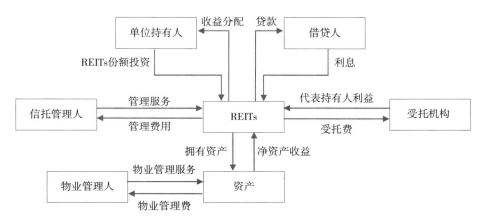

图 12.2　外部管理模式下的典型 REITs 产品结构

图 12.3　信托管理人的内部组织结构

理的监督，制衡了管理人因其为发起人关联方角色产生的利益冲突；又充分发挥了管理人对底层资产的管理经验优势，达到了保护投资者利益和维护发起人积极性的平衡。

第二，通过董事会对各方权责利辅助平衡。管理人在整个项目中，具有关联性和主动性的特点，而仅通过一个独立和被动的受托人，可能还不足以完全制衡管理人并解决利益冲突问题。由此，外部管理模式的 REITs 实践中，往往会将管理人的董事会，作为平衡各方权责利的缓冲地带。

以新加坡为例，在董事会的设置安排方面，除了对董事的数量、专业经验、各专业委员会的职能提出明确要求外，还对独立董事的占比进行了明确规定：在基金持有人有权任命董事的情形下，独立董事至少占董事会人数的三分之一；在基金持有人无权任命董事的情形下，独立董事至少占董事会人数的二分之一。实践中，这些董事会的设置安排，对管理人的主动管理角色起到了平衡作用。

第三，管理人（及运营机构）一般属于发起人体系。除了 REITs 管理人外，还会设立单独的运营机构为项目的日常一般经营管理提供服务。在开展日常一般经营管理的过程中，运营机构需要与 REITs 管理人进行紧密合作，而在上述 REITs 市场中，管理人和产业管理人一般同属于发起人体系，作为发起人的关联公司，在上述分工配合中相对默契。

上述 REITs 结构下的治理思路，是一种动态博弈中的"平衡"。实际操作层面上，既赋予发起人最大的权责利，激发发起人的积极性，为 REITs 提供更多的产业动力；同时，也在各项治理机制中，通过受托人监督和独立董事外部监督等方式，让发起人可能产生的利益冲突尽可能地化解到最低。

第三节　产品治理内在逻辑

对 REITs 产品治理结构的原理与内在逻辑进行分析的原点，在于明确产品的根本属性与基本定位。结合境外成熟市场经验、规则体系、交易结构等各方面因素来看，REITs 的治理结构与上市公司类似，遵从的是"资产上市"逻辑。对于上市平台而言，治理结构的核心在于发起人（原始权益人）与其他主体之间的协调与制衡关系。具体到 REITs 产品的交易结构，发起人（原始权益人）、管理人、中小投资者这三者之间的关系共同构成了 REITs 产品治理结构的核心。

一、资产上市逻辑

从新加坡、中国香港的立法体系中可以看出，REITs 与上市公司同样处于《上市规则》的管辖范围内。在新加坡市场，由新加坡金融管理局颁布的《集体投资计划守则》（CIS Code）将 REITs 囊括在内，相应的上市运作行为须遵照新加坡证券交易所《新加坡证券交易所有限公司证券上市规则》的相关规定。在中国香港市场，REITs 产品直接对应的监管规则是《房地产投资信托基金守则》（REITs Code），该守则将 REITs 产品界定为"以信托方式组成而主要投资于房地产项目的集体投资计划"①，并明确约定与上市运作相关的行为遵照《香港联合交易有限公司证券上市规则》执行。相应地，《上市规则》第二十章专门对包括 REITs 在内的集体投资计划上市行为进行了相关约定。

在境外监管实践中，一般认为类似上市公司等"上市主体"应具备如下特征：

第一，发起人（原始权益人）在上市主体中持有一定比例的权益份额，或以其他方式继续对上市主体的经营运作施加影响；

第二，上市主体并非完全封闭的结构，具备持续扩容的成长空间；

第三，具有相对完整的治理结构，持有人大会、股东大会等类似权力机构具有最高决策权。

可以看出，REITs 的产品特征与上述理念高度匹配：一是发起人（原始权益人）通常长期持有一定比例的 REITs 基金份额（我国基础设施 REITs 明确要求首次公开发行时发起人（原始权益人）及其关联主体持有至少 20% 的基金份额，且该部分份额锁定期为 5 年），并且通过担任运营管理机构、作为 REITs 重要的资产储备来源等方式支持 REITs 持续稳定发展；二是 REITs 可通过增发扩募的方式注入资产，实现基金的长期存续和持续成长；三是 REITs 以持有人大会作为最高权力机构，对于基金运作管理各项事宜具有最终决策权。

基于 REITs "资产上市"的核心理念、产品定位及结构安排，在治理结构方面涉及三个重要问题：发起人（原始权益人）在投资运营管理方面的作用、发起人（原始权益人）与受托人之间的制衡关系、保护中小投资者利益的有效手段。

二、发起人（原始权益人）在投资运营管理方面的作用

在境外常见的 REITs 架构中，发起人（原始权益人）及其关联主体的作用主要体现在三个方面：一是作为 REITs 管理人，统筹负责基金各项投资管理

---

① 香港证监会证券及期货事务监察委员会：《房地产投资信托基金守则》第 3 章 3.1 条，第 8 页。

工作；二是担任运营管理机构，执行有关底层资产的日常运营维护；三是从助力 REITs 成长和发展的角度，一定程度上作为 REITs 后续置入资产的重要来源之一。

第一，REITs 管理人作为"持牌金融机构"，以"产融结合"的方式统筹负责基金各项投资管理工作。

在境外实践中，REITs 管理人通常由发起人（原始权益人）设立，在组织架构、管理制度、人员配置等方面满足监管部门要求的情形下，专门申请开展 REITs 业务所需资格的金融牌照（如香港 REITs 市场由证监会发牌科授予"9 号牌"后，方具备担任 REITs 管理人的资格）。因此，境外市场中 REITs 管理人具备较强的"产融结合"特点，在长期深耕产业投资运营的基础上，根据金融监管部门的要求构建与之匹配的基金管理及资本运作能力，从而统筹负责基金的各项投资管理工作。

第二，发起人（原始权益人）相关主体担任运营管理机构，在 REITs 管理人统筹监督下，实现底层资产良好稳定运营。

从落地执行的角度而言，除了由 REITs 管理人统筹负责基金各项投资运作管理事务外，还需要对应到各底层资产的运营管理机构，具体执行包括招租运营、维修改造、购置保险、物业管理、财务核算、纳税申报等各项事宜。因此，运营管理机构基于自身专业水平以及对底层资产的深入了解，在适当的考核激励机制下，可以有效实现底层资产的良好稳定运营。

第三，发起人（原始权益人）作为 REITs 后续资产来源的重要提供方之一，有效助力 REITs 平台的持续成长。

基于 REITs 产品的"资产上市"逻辑，发起人（原始权益人）通常属于 REITs 产品后续资产来源的重要提供方之一。一方面，发起人（原始权益人）的资产储备优势是能够向 REITs 持续注入资产的基础条件；另一方面，REITs 作为一个稳定存续、可预期性较强的资产盘活通道，为发起人（原始权益人）提供了很好的战略资本运作工具。同时，基于发起人（原始权益人）与 REITs 平台的利益绑定关系，发起人（原始权益人）亦有较强意愿以自身资源优势助力 REITs 平台持续成长和发展。

三、REITs 管理人与受托人/董事会之间的制衡关系

在新加坡、中国香港为代表的外部管理模式下，REITs 受托人代表基金投资人的利益持有基础资产。对于发起人（原始权益人）设立的 REITs 管理人与基金投资人之间可能存在的代理成本及利益冲突问题，除通过发起人（原始权益人）内部的治理结构安排（如独立董事制度）进行缓释，基于第三方独立受托人与 REITs 管理人之间的制衡关系，也可进一步有效防范可能出现的道德风险问题。

一方面，受托人不干预 REITs 管理人的正常运营管理活动。受托人一般由银行或信托机构担任，与 REITs 管理人的行业背景存在较大差异。因此，虽然受托人名义上代表基金投资人持有基础资产，并有权代表基金投资人签署相关文件，但一般情形下不干预 REITs 管理人的运营管理活动，也不对 REITs 管理人的决策行为进行商业层面的价值判断。

另一方面，受托人对 REITs 管理人运营管理行为的合规性进行严格监督。受托人的主要职责在于，确保 REITs 管理人的行为及流程符合信托契约（或称基金合同）的约定。当 REITs 管理人出现违反信托契约约定的行为时，受托人有权代表基金投资人对 REITs 管理人的行为予以制止，并履行替换管理人等相关权利。

对于美国 REITs 这种以内部管理模式为主的产品结构而言，类似上述管理人与受托人之间的制衡机制同样存在，只是在表现形式上内化为 REITs 公司内部的管理层与董事会之间的制衡关系。

四、保护中小投资者利益的有效手段

在类似"上市公司"的治理逻辑下，保护中小投资者利益是永恒的重要命题。基于 REITs 产品自身特点，保护中小投资者利益的有效手段主要包括如下三个方面：

第一，强化信息披露。REITs 的业务构成及经营模式相比于上市公司较为简单透明，在强化信息披露的基础上，市场投资人更易发挥自主价值判断能

力，实现自身投资利益最大化。因此，REITs 产品按照真实、充分、准确、及时的信息披露原则，通过定期和临时的信息披露完整反映 REITs 的实际经营情况，以及市场变化可能对资产价值及投资者利益带来的影响，可以有效缓释信息不对称对中小投资者造成的不利影响。

第二，增强发起人（原始权益人）与中小投资者利益一致性。在按照市场化水平对 REITs 管理人及运营管理机构进行考核与激励的同时，结合发起人（原始权益人）参与"战略配售"、强制份额锁定期、参照资产经营水平浮动收取管理费等机制安排，可有效强化发起人（原始权益人）与中小投资者之间的利益一致性、提升发起人（原始权益人）促进 REITs 平台健康发展的主观能动性。

第三，建立关联交易的识别程序及风险缓释措施。对于资产注入、存续期运营管理、处置退出等各个环节可能存在的发起人（原始权益人）关联交易情形，在准确识别和界定关联交易事项的基础上，通过受托人监管、独立董事审查、独立财务顾问意见、发起人（原始权益人）回避表决、持有人大会特别决议等程序，可进一步缓释发起人（原始权益人）与 REITs 之间可能涉及的利益冲突风险。

第四节　参与主体功能定位

根据《基础设施 REITs 指引》相关规定，基础设施 REITs 通过完全持有基础设施资产支持计划并 100% 持有下设各特殊目的载体（SPV）以实现穿透后持有基础设施项目完全的所有权或者特许经营权。根据《基础设施 REITs 指引》规定，我国基础设施 REITs 采取"公募基金+ABS"模式，交易结构主要涉及三个层面的主体，分别是公募基金层面、资产支持证券层面和项目公司层面。具体架构如图 12.4 所示

如图 12.4 所示，基础设施 REITs 产品框架下除投资人（包括战略投资者、网下投资者、公众投资者）外，主要参与主体包括公募基金管理人、资产支持证券管理人、运营管理机构及项目公司。各主体的功能定位各有不同：

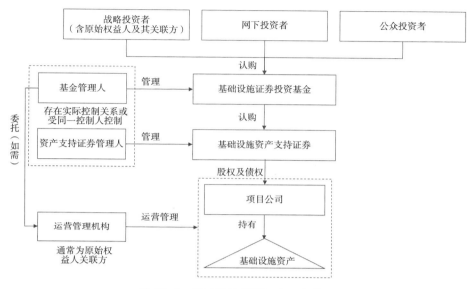

图 12.4　基础设施 REITs 产品架构图

一、基金管理人功能定位

基金管理人负责基础设施基金的投资管理工作，应当恪尽职守，履行诚实信用、谨慎勤勉的义务，遵守持有人利益优先的基本原则，积极防范利益冲突，实现专业化管理。基金管理人功能定位于服务基金投资人，通过投资管理运营底层基础资产项目，为基金持有人获取投资回报。在整体架构中，基金管理人的主要职责包括：

第一，妥善保管基金财产。自基金合同生效之日起，基金管理人应以诚实信用、谨慎勤勉的原则管理和运用基金财产。基金管理人应建立良好的内部控制制度，保证所管理的基金财产和自有财产相互独立，对所管理的不同基金应分别建账，单独管理。当基金财产受到侵犯时，代表基金份额持有人利益行使诉讼权利或实施其他法律行为。

第二，主动履行底层资产的运营管理职责。基金管理人应根据《基础设施 REITs 指引》要求，对涉及基础设施项目运营管理的各主要方面履行主动管理职责，包括项目公司的证章照及银行账户管理、制定并落实基础设施项目的运营策略、执行项目日常运营及维修改造、为基础设施项目购买保险、财务管理及档案管理等。

第三，履行信息披露义务或投资人决策程序。基金管理人应严格按照相关法律规定及基金合同的约定，履行相应的信息披露及报告义务，包括各类定期报告及特定情形下的临时报告。同时，对于涉及持有人大会表决的各类事项，基金管理人应按照相关法律规定及基金合同的约定，组织召开持有人大会，保障基金投资人决策权力。

第四，按时向投资人分派收益。基金管理人应按基金合同的约定确定基金收益分配方案，及时向基金份额持有人分配基金收益，每年将不低于可供分配金额 90% 的部分向投资人予以分配。

二、资产支持证券管理人功能定位

在基础设施 REITs 的架构中，资产支持证券管理人是为资产支持证券持有人之利益，对资产支持证券进行管理及履行其他法定及约定职责的证券公司、基金管理公司子公司。根据《基础设施 REITs 指引》要求，基础设施基金成立后，基金管理人应当将 80% 以上基金资产投资于与其存在实际控制关系或受同一控制人控制的管理人设立发行的基础设施资产支持证券全部份额，即资产支持证券管理人与基金管理人应存在实际控制关系或受同一控制人控制。在基础设施 REITs 架构中，资产支持证券管理人仍应遵守《证券公司及基金管理公司子公司资产证券化业务管理规定》（以下简称"资产证券化管理规定"）及交易所、基金业协会等对资产支持证券相关规定，履行相关职责：

第一，与基金管理人联合开展尽职调查。资产支持证券管理人应根据《证券公司及基金管理公司子公司资产证券化业务尽职调查工作指引》要求，对相关交易主体和基础资产进行全面的尽职调查。同时，根据目前基础设施 REITs 指引及相关配套规则要求，在具体尽职调查方式上，资产支持证券管理人可以与基金管理人联合开展工作。

第二，协助履行项目运营管理职责。在资产支持证券存续期间，资产支持证券管理人可与基金管理人以一体化方式联合开展项目运营管理工作，在保障项目整体运营管理效率的前提下，在管理人体系内部进行合理必要分工。

第三，及时履行信息披露义务并按时向投资人分配收益。资产支持证券管理人应根据监管规则及产品文件约定，履行各项信息披露义务及投资人收益分配职责。

三、运营管理机构功能定位

为保障基础设施 REITs 底层资产的运营稳定性，基础设施 REITs 发行后，一般会沿用原基础资产运营管理团队为基础设施项目提供运营管理服务（日常经营管理、物业管理等）。基金管理人、项目公司和第三方运营管理机构通过签署运营管理协议的方式，对委托服务范围、各方权利义务、考核付费及解聘等事项进行约定。第三方运营管理机构的主要职责涵盖以下方面：

第一，协助拟定项目公司运营计划和预算。运营管理机构应协助项目公司拟定运营计划、资本性支出计划和运营预算，并报基金管理人审批。同时，对相应计划和预算的执行情况进行持续监控。

第二，协助基础设施项目的日常运营。运营管理机构应根据基金管理人批准的年度运营计划，代表项目公司执行基础设施项目的日常运营管理活动，包括但不限于租赁咨询服务工作、招商工作、租务管理、物业管理、保险购买、租赁纠纷处理等。

第三，向基金管理人汇报基础设施项目运营情况。运营管理机构应定期制作基础设施项目运营管理报告，向基金管理人汇报基础设施项目运营管理情况以及年度计划完成情况等。

四、项目公司功能定位

项目公司作为基础设施 REITs 结构中直接持有基础设施项目的主体，在实践中可能存在两种类型：一种是仅持有基础设施项目及相关资产负债的特殊目的载体（SPV），另一种则同时包含了基础设施项目以及一部分所需的运营管理团队。无论何种类型，项目公司的基本定位功能涵盖以下两方面：

第一，直接持有基础设施项目，获取经营收益，承担经营成本。项目公司作为基础设施项目的"业主方",直接持有基础设施项目的产权或特许经营权。相应地,基础设施项目产生的经营收益直接归属于项目公司所有,项目各项经营成本税费也由项目公司所承担。

第二,作为业主方,对外签署有关基础设施项目经营管理的各类书面文件。无论是与基础设施项目经营收入有关的文件(如租赁合同),还是与支付经营税费成本有关的文件(如运营管理协议、维修养护协议、物业管理合同等),项目公司均须作为业主方参与相应文件的签署。

除上述功能定位外,若项目公司内部还配备了一定的运营管理团队,则根据项目公司、基金管理人与运营管理机构的整体管理安排,也会由自身的运营管理团队实际承担一部分项目运营管理职责。

第五节　治理结构要点分析

一、原始权益人与基金管理人的关系

在我国当前《基础设施 REITs 指引》下,REITs 基金管理人由基金管理公司或者经国务院证券监督管理机构按照规定核准的其他机构担任,对基金投资运作各项事宜履行实质管理责任。在此架构下,原始权益人与基金管理人之间的关系总体呈现如下特点:

第一,基金管理人同时具备"投资运作管理"与"受托人"职责。

一方面,基金管理人在传统公募基金的投资运作经验基础上,在内部组织架构、制度流程安排、基础设施专业人员等方面结合 REITs 产品的需要进行配置后,可基本形成相对独立完整的"产融结合"能力体系,从而参照境外REITs 管理人的职责定位,对基金投资运作各项事务履行实质管理责任。

另一方面,基金管理人作为受到严格金融监管、具备较完善风控体系和较强独立性的持牌金融机构,将严格遵照监管规则及基金合同约定,履行类似境外"受托人"角色的各项职责。

第二,原始权益人通过运营管理机构角色对基础设施项目日常运营管理提

供专业服务。

在基金管理人自身具备必要的对基础设施行业的了解基础上，原始权益人出于在基础设施行业的深厚积累以及对入池基础设施项目的深入了解，能够在基础设施项目投资运作方面给予基金管理人更好的专业支持，通过担任运营管理机构，有效保障特定资产的稳定经营。在我国当前基础设施 REITs 治理结构下，上述机制安排在确保基金管理人实质管理责任明确落实的前提下，可有效发挥原始权益人的基础设施专业优势。

二、原始权益人作为战略投资者，与其他投资者的关系

在当前《基础设施 REITs 指引》下，原始权益人及其关联主体在首次发行环节，须以参与战略配售方式认购公募基金不低于 20% 的基金份额，且该部分份额的锁定期为 5 年。在此方式下，原始权益人与其他投资者的关系，一定程度上类似于上市公司大股东与其他投资者之间的关系。为了促进基础设施 REITs 平台的长期良性发展，在处理上述投资者关系方面应关注两方面问题：

第一，强化原始权益人与其他投资者的利益一致性，有效保护中小投资者权益。

如本章前文所述，为了有效管控原始权益人所担任的运营管理机构角色存在委托代理成本，避免原始权益人与其他投资者严重利益不一致情形的出现，加强信息披露、合理安排考核激励机制、识别和防范不当关联交易等措施均为有效手段。在我国基础设施 REITs 市场建设初期，投资人对此类产品以及基础设施行业的认知程度尚待培育、市场环境与境外存在差异，因此，除了在上述防范措施更加审慎安排外，持续、广泛和深入的投资者教育工作具有更加重要的长期作用。

第二，鼓励和合理维护原始权益人对助力基础设施 REITs 平台持续健康发展的主动性与积极性，适当突出 REITs 平台的"发起人品牌特色"。

我们在防止原始权益人对其他投资者利益造成不利影响的同时，鉴于原始权益人在助力基础设施 REITs 平台长期健康发展方面的重要作用，也要鼓励和合理维护原始权益人在 REITs 平台中的"发起人"地位，适当突出 REITs 平

台的"发起人品牌特色"。REITs 对于发起人主体地位的保护，主要通过两方面实现：

（1）定价方面。无论是在对运营管理机构的考核付费方面，还是在 REITs 基金的长期股价表现方面，投资人都会给予原始权益人市场化的正向激励。特别是在股价表现方面，在基础设施项目运营水平良好、REITs 平台持续置入优质资产的情形下，随着股价稳步提升，投资人所相应要求的派息率可以长期维持在市场相对较低的水平。如此，进一步增强了原始权益人将优质资产持续向 REITs 平台注入的动力，逐步形成在原始权益人与 REITs 平台之间的良性互动关系。

（2）机制方面。对于上市公司实践中存在的"门口野蛮人"现象，REITs 同样可参照上市公司既有的处理经验，通过强化外部投资者持股比例的信息披露、一定条件触发强制要约收购等手段，来避免基础设施 REITs 平台的主导权轻易发生改变，从而对产品既有的管理模式、投资策略等造成重大影响。

三、各层级管理人的内部关系

我国基础设施 REITs 架构中主要涉及基金管理人、资产支持证券管理人两层管理人结构。相对于境外市场，我国 REITs 在这种略显复杂的多层产品架构下，管理人之间的内部关系呈现两方面特点：

第一，降低管理人之间的沟通成本，提高产品运作效率。当前《基础设施 REITs 指引》中明确规定："基金管理人应当将 80%以上基金资产投资于与其存在实际控制关系或受同一控制人控制的管理人设立发行的基础设施资产支持证券全部份额。"同时，对类似尽职调查等事项亦明确要求各层管理人可联合开展工作。在这种模式下，两层管理人之间可成立联合工作小组或内部共同管理决策组织，最大限度降低了发行及存续期管理过程中的沟通成本，有效提高了 REITs 产品的整体运作效率。

第二，发挥不同层级管理人自身优势，灵活安排内部分工。在提高两层管理人沟通运作效率的同时，基于不同管理人过往经验积累、充分发挥各自优势，可以进一步提升管理人体系的管理运营水平。基金管理人对于涉及传统公募基金运作管理的各项事务最为熟悉擅长；资产支持证券管理人对于过往类REITs 产品框架下，产品运作管理相关方面的经验较为丰富。对于跟进监督运营管理机构的各项工作，两层管理人通过建立扁平高效的联合工作小组，能够充分提高与运营管理机构对接的效率。

四、项目公司与运营管理机构及基金管理人的关系

项目公司内部是否包含实际的运营管理团队，基金管理人、运营管理机构如何对该团队进行合理有效管控，是项目公司层面治理结构的核心问题。从境外实践经验来看，一般要求项目公司作为特殊目的工具（SPV），如香港房托基金守则明确提出"该层工具纯粹是为了替该计划直接持有房地产项目，或为该计划安排融资而设立的"，以持有财产为目的，通常不包含运营管理团队。但在包含运营管理团队的情形下，需要重点关注以下问题：

第一，项目公司运营管理团队的人员安排。一方面，公募基金作为项目公司 100%股权的实质持有方，对于项目公司的各项经营活动拥有决策权，其中也包括项目公司内部运营管理团队的人员安排。但在实践中，项目公司运营管理团队可能与原始权益人存在紧密联系，从管理效率与效果来看，项目公司运营管理团队的日常管理工作由原始权益人担任的运营管理机构负责或许更为合适。

第二，项目公司与运营管理机构的职责界面划分。在项目公司保留部分运营管理团队的情形下，其自身职责定位与运营管理机构如何划分，对于厘清基金管理人、运营管理机构与项目公司三者之间的管理界面，更准确地把握与衡量运营管理机构的功能价值，具有较为重要的作用。总体而言，项目公司与运营管理机构的职责界面至少可以在三个层面上区分：一是项目公司运营管理团队主要承担监督、协调运营管理机构的日常运营；二是对于项目公司运营管理团队具体参与日常运营的某一项或几项职责，例如财务管理、日常事项等；三是项目公司运营管理团队全面负责运营事项。

第三，项目公司运营管理团队人力成本对 REITs 的影响，在项目公司包含部分运营管理人员的情形下，相应的人力成本须由 REITs 产品直接承担，现金

流预测模型中对此也应予以列示体现。同时，基于运营管理机构提供的服务，REITs产品将另行向运营管理机构支付服务费用。在项目公司不具备运营管理人员的情形下，与基础设施项目相关的各项运营管理职责均由运营管理机构承担，相当于项目公司原本运营管理团队的人力成本也转移至运营管理机构。在这种情形下，REITs向运营管理机构支付的服务费用，逻辑上应当与前述情形下"人力成本+运营服务费用"大体等价。

在我国基础设施REITs当前发展阶段，对于项目公司内部是否保留运营管理团队这一问题，一方面体现项目公司作为SPV的基本定位，关注上述可能给REITs产品带来的影响并作出妥善安排；另一方面，也需要充分考虑到国有企业人员安置问题、行业监管部门对特许经营授权主体的运营能力要求等客观因素，在基础设施行业发展现状与REITs的管理运作方面实现有机平衡。

第六节　治理结构未来展望

基于上述分析，我们可以看出国内基础设施REITs的治理结构与境外市场相比，主要区别在于两点：一是REITs管理人由基金管理公司或具有公募基金管理人资格的券商等金融机构担任，而并非由原始权益人相关主体担任；二是管理人体系涉及层次相对较多。一方面，这种安排在我国当前试点阶段具有较强的合理性与可行性，在现有法律框架下可以较好地调动各方资源、发挥相关参与方的既有经验积累与专业优势；另一方面，对标国际成熟市场实践，从长期发展的角度来看，我国基础设施REITs治理结构的未来发展路径存在以下两个重要方向：

一、证券品种创新，简化产品层级

首先，试点阶段产品架构与我国当前法律框架及发展阶段具有良好适配性。我国基础设施REITs试点阶段采用的"公募基金+ABS"结构，符合我国《基金法》等法律法规要求，是现行法律框架下具有高度可行性的产品架构。此外，基础设施REITs的当前架构在借助公募基金载体，充分体现公开募集、权益属性、"资产上市平台"等产品特性的同时，可有效结合与借鉴国内前期在"类 REITs"领域的实践积累。基于原始权益人、监管部门、投资人对 REITs 产品已有的认知与理解基础上，有助于推动基础设施 REITs 试点顺利落地。

其次，简化产品层级是我国基础设施 REITs 的未来发展趋势。从长期来看，通过修改相关的法律法规、实现证券品种的创新，有望对产品层级进一步简化，从而在产品结构上逐步与国际市场对标。具体实现路径方面可能有两种方式：一是创设新的证券品种或对现有的公募基金法规进行相应调整，允许该产品载体直接投资于非上市公司股权；二是资产支持证券公募化，直接将持有项目公司股权的基础设施资产支持证券产品性质转变为公募产品。

最后，证券品种与结构的创新过程应注重相关配套政策的同步完善。上述证券品种与结构的创新过程，应当从时间节奏与推进路径两方面同步考虑相关配套政策的完善程度。REITs 产品从设立环节到存续期运营管理，涉及金融监管、行业监管、财税、国资、国土房管、市场监管等众多相关部门的共同支持。证券品种与结构的创新过程，不仅对金融监管层面的法律法规及相关政策产生影响，同样需要其他相关部门配套政策的统筹协同。因此，在证券品种与结构创新过程中，既要从时间层面考虑相关配套政策的成熟度，也要考虑不同的推进路径和结构选择可能对配套政策产生的影响。

二、管理人"产融结合"程度不断提高，单独颁发 REITs 专项业务牌照

首先，REITs 管理人应具备的完整能力体系。结合 REITs 产品特性，管理人应具备的完整能力主要体现在两个层面：

第一个层面是基础能力，包括履职尽责能力和团队稳定性。一方面，基础设施 REITs 管理人能否履职尽责直接关系到 REITs 产品是否可以正常稳定地运行，这是对管理人最基本的能力要求，避免因低级的失误和管理工作中的失职而造成产品风险；另一方面，团队的稳定性也是一个优秀的基础设施 REITs 管理人应具备的素质，稳定的核心团队可以保持管理风格和策略的连贯性，避免

频繁更换不同管理团队对产品带来的负面影响。

第二个层面是专业能力，包括金融资本管理能力、资产管理能力和产业化的能力。金融资本管理是对产品中金融资产的管理运作。在基础设施 REITs 产品里既有金融资产也有实体资产，因此基础设施 REITs 管理人本身对金融的理解程度和资本市场的运作能力，直接关系到 REITs 产品的市值。能够合理地利用资本市场工具，如定向增发、回购等，不断地优化资产组合，以实现资产价值的有效释放，为投资人提供更丰厚的收益，是基础设施 REITs 管理人在金融资本管理能力上最典型的体现。

资产管理能力更强调对实体资产的管理运营。对于实体资产管理的核心是在管控成本的基础上实现资产价值的提升，要求基础设施 REITs 管理人在全面了解实体资产的自身状况和特点后，寻求更优化的改造提升方案、成本管控策略、运营模式等，提升资产整体价值，为投资人带来更高的回报。

产业化的能力是对金融资产和实体资产的有机结合。传统的债券类、股票类产品对于金融和实体资产都有一定的边界，而基础设施 REITs 是真正意义上的产融结合产品，管理人一方面需要提升资产价值，另一方面还需要进行金融和资本的管理运作。因此，基础设施 REITs 管理人在某个产业的专业化管理能力就显得至关重要，专业 REITs 管理人应当对所管理的基础资产所处的产业具有深刻的理解，掌握不同业务模式的核心诉求，从而能够根据产业周期选取适当的管理方式，实现资产收益和投资人收益的最大化。

其次，单独颁发 REITs 业务牌照有助于促进管理人不断提升运营管理专业水平。基础设施 REITs 市场建设初期，无论是基金管理人还是原始权益人，对于 REITs 产品整体投资运作管理的理解与实践积累都仍需要持续加强。REITs 作为一种典型的"产融结合"工具，天然地需要将基础设施行业的专业能力与金融产品的资本运作能力进行有机结合。因此，从长期来看，随着 REITs 市场的逐步培育发展，对于真正能够在该领域获得市场认可、为投资人创造持续价值的专业机构而言，单纯依靠对金融资本的运作能力或者基础设施行业的专业能力都是远远不够的，而是需要基于对产业端与金融端能力的有机整合，打通 REITs 运作过程的各个关键脉络环节。在此基础上，就技术层面而言，原本的金融端管理人或是产业端运营商，才完全具备了担任国际通常意义上"REITs管理人"的核心能力体系。

从未来REITs管理人的背景或"基因"来看，可能存在三种类型：一是传统的公募基金管理公司（包括其子公司）或具有公募基金管理人资格的券商等金融机构，单独组建更加完善和专业的REITs管理团队后开展REITs业务；二是原始权益人在既有的产业优势基础上，融合了金融端的运营管理能力，成立专业的REITs管理公司；三是专注于REITs的市场第三方专业机构，在有效整合产业端资源、构建完善的公募业务管理体系的基础上，设立专项开展REITs业务的管理公司。

第三，现阶段尝试引入"投资管理顾问"，可考虑作为REITs专业管理人的过渡性优化方案。在我国REITs管理人达到较高的产融结合状态前，为了更好地发挥专业机构在基础设施领域的行业优势，根据不同项目的具体情况及监管部门要求，也可以考虑聘请投资管理顾问，为REITs基金与项目投资运作相关的事宜提供专业咨询及建议，主要职责包括：就基础设施项目日常运营过程中所涉及的、需基金管理人决策审批的事项（如年度运营预算审批、重大合同签署审批等），向基金管理人提供决策意见和建议；就需基础设施REITs基金持有人大会表决、与基础设施项目投资运作相关的事项（如基础设施项目的收购或处置，基础设施基金的融资等），向基金管理人提供审议意见和建议；对基础设施基金的投资目标或投资策略提出优化调整建议。

第十三章 REITs 运营管理

基础设施 REITs 的本质，是集合投资者资金，由专业管理人投资于基础设施并进行长期运营管理，使投资人获取长期稳定收益。REITs 的成功发行上市，只是第一步，后续的长期运营管理才是 REITs 价值的核心所在。

基础设施 REITs 是权益性产品，投资人更关注基础设施可持续的内生经营性收益和长期的价值提升。所以 REITs 的价值，与经营管理息息相关。从宏观如战略发展规划，到微观如日常物业的维护，方方面面无不反映管理人的经营管理水平。相对于其他不动产类别，基础设施经营管理的专业性更强，要求更高。做好基础设施 REITs 运营管理工作，对具体 REITs 产品价值的稳定增长和 REITs 市场的长期可持续发展意义重大。

第一节 战略发展管理

一、战略发展规划

REITs 管理人负责制订 REITs 战略发展规划，并根据战略规划，提出具体执行事项的建议供持有人大会或相关决策机构审议。为确保战略发展规划的实现，REITs 管理人应制订严格的工作流程，开展审慎的研究并勤勉地执行。

以新加坡凯德商用中国信托为例，其增长战略是：实现可持续的投资组合增长，提高资产价值，并为投资人带来可持续的收入增长。主要包括有机增长、创新价值提升、纪律严明的投资组合优化调整、审慎的资本和风险管理等措施。所有这些元素都有凯德集团强大的运营实力和良好的管理记录来支持。

具体的重要事项包括：

1. 纪律严明的投资组合优化调整

凯德商用中国信托积极进行投资组合优化，主要是及时的战略性收购，资产提升和资产处置。REITs 管理人寻找具有高增长潜力的零售资产，特别是位于凯德集团已建立业务的中国核心城市群的物业，这使得 REITs 能够充分利用自身在零售业的优势地位和对当地的深入了解来管理和提升这些收益型的零售资产，为 REITs 投资人创造最大价值。在物业资产生命周期的最佳阶段，REITs 管理人通过适时处置成熟物业来循环资本，并将所得再投资于新的增长机会。凯德商用中国信托通过向投资组合中注入新的收益增值型资产这一价值创造策略来保持产品价值的持续增长。

2. 审慎资本与风险管理

凯德商用中国 REITs 通过纪律严明的资本管理、健全的公司治理和审慎的风险管理，来管理流动性风险、信用风险和外汇风险等关键风险，并通过严格遵循既定的管理政策和程序来监控风险。REITs 管理人会定期检讨这些风险管理政策，并仔细权衡其效益，以确保在管理这些风险的风险和成本之间取得优化的平衡。管理人通过分散资金来源、改善债务状况和优化资本结构来降低资本风险。凯德商用中国信托利用凯德集团强大的市场信誉，为自身的经营业务和扩张计划获取具有竞争力的资金成本。

3. 借助凯德集团成熟的零售物业综合平台

通过跟发起人凯德集团密切合作产生的协同效应，凯德商用中国 REITs 的长期增长潜力得到加强。利用凯德集团的零售物业综合平台，凯德商用中国信托可以获得最好的物业管理和资本管理能力。同时，凯德商用中国信托受益于凯德集团及其私募基金提供的优先购买权，可以持续收购优质物业。

二、资产配置管理

首先是收益与风险管理。在投资政策规定范围内，REITs 持有、经营和管理收益性不动产，主要获取持续的租金收益。REITs 管理人应当对 REITs 持有物业的生命周期给予持续足够的关注，以达到收益和风险的均衡，为 REITs 投资人创造良好的经风险调整的收益水平。

收益的考量主要是当前收入水平和收入进一步增长的空间。对应的风险主要来源于三个方面：第一，对于比较新的基础资产或者比较新的区域，项目是否能够顺利达到稳定运营状态，有较大的不确定性；第二，对于比较旧的基础资产，需要做成本—收益分析来判断继续持有是否创造边际价值，是否有良好的资产增值计划可以改观基础资产的价值；第三，外部因素的影响，包括宏观经济的整体风险，基础资产所对应行业和地区的宏观风险，以及其他竞争性项目的潜在威胁。

以上的收益和风险的考量不是一成不变的，而是时时处于动态调整中。这就要求 REITs 管理人不但要及时监控资产宏观和微观因素的变化，还要因应变化，对 REITs 产品的资产配置策略作出动态调整，以保持整个资产组合的活力。

其次是分散优化管理。一方面是在基础资产层面上的分散化，以防范单个基础资产的个体风险对整个资产组合的过大冲击；另一方面是在资产组合的层面上对于特定风险因素的分散化。REITs 研究和实践中常见的是对于基础资产类型和地理区域的分散化考量。

卓等（Cheok，et al.，2011）[1] 用 Hirschman-Herfindahl 指数根据 63 家样本亚洲 REITs 在 2002 年至 2007 年期间拥有的 2281 个物业，测试分散化策略对亚洲 REITs 现金流、费用、风险及回报的影响，以衡量按物业类型和地理区域划分的分散化效果。研究发现不同物业类型的分散化对亚洲 REITs 的现金流、费用和风险溢价没有显著影响。而基础资产地理区域的分散化程度对 REITs 的费用和风险溢价等产生显著影响。资产分布在不同区域的 REITs 产生了更高的总费用、利息费用、总务和行政费用以及资本支出。在地区性分散化方面程度高的 REITs 有更高的风险溢价。而冯等（Feng，et al.，2019）[2] 以

---

[1] S. Cheok，et al.，"Diversification as a Value-Adding Strategy for Asian REITs: A Myth or Reality?" *International Real Estate Review*，Vol. 14，No. 2（2011），pp. 184–207.

[2] Z. Feng，et al.，"Geographic Diversification in Real Estate Investment Trusts"，*Real Estate Economics*，Vol. 49，No. 1（2021），pp. 267–286.

2010—2016 年的 REITs 为样本，发现地域分散化与公司价值之间存在非线性关系。具体地说，对于更透明的 REITs（拥有较高的机构持股或投资于核心房地产类型），基础资产越分散，REITs 市值越大。而对于不太透明的 REITs（拥有较低的机构持股水平或投资于非核心资产类型），基础资产地理位置越集中，REITs 市值越大。

在国际 REITs 的实践中，较少的 REITs 产品在基础资产类型方面采取分散化和多元化的策略，而在地理区域方面选择分散化和多元化是普遍存在的。

我国基础设施 REITs 当前在监管规则层面，主要关注基础设施资产的现金流来源是否具备合理的分散度，对于项目数量、地理区域分布等方面并未设置硬性监管要求。就现金流提供方的集中度风险而言，需结合基础设施资产涉及的地区概况、区域经济、行业政策、供需变化等因素进行综合分析。特别的情况，若基础设施资产的单一现金流提供方及其关联方合计提供的现金流超过基础设施资产同一时期现金流总额的 10%，应当视为重要现金流提供方。针对重要现金流提供方，管理人应就其是否与原始权益人存在关联关系、对基础设施的市场化运营产生的影响、自身履约能力、是否存在违法失信行为等事项进行详细尽调，并披露重要现金流提供方的经营情况及财务状况。

REITs 的分散化效果是一个值得继续研究的课题，除了对现金流来源的分散度提出监管要求外，基础资产类型、地理区域分布等因素可能对投资人收益构成的影响，需要通过市场实践的方式持续探索，逐步优化我国基础设施 REITs 的资产组合模型。

三、关联交易的管理

第一是关联交易管理的框架。在 REITs 的存续期管理过程中涉及各项交易，发起人或管理人可能会利用其对交易决策的影响力，和关联方进行损害 REITs 投资人利益的交易。但同时，发起人的后续资产注入是 REITs 持续发展的重要而稳定的资产收购来源，如果关联方交易的管理处理得当，有望形成 REITs 和发起人双赢的战略格局。

关于关联交易的管理，总结起来主要是以下三个方面：（1）良好的监督体系；（2）合理的流程管理；（3）严格的审批和披露要求。

第二是关联交易管理的实务。成熟的外部管理模式 REITs 市场中，良好的监督体系通常主要是两个方面：

首先，应当具有严格独立的受托人或者类似的角色，其职责是依照基金合同、信托契约，及相关法规并代表 REITs 投资人的利益持有房地产投资信托的财产。受托人对于管理人独立监督，其中关联方交易是重要的内容。

其次，REITs 管理人本身也应当受到有关市场监管部门的直接监管。也就是说，关联交易等事项受到双重监管，在 REITs 作为上市体受到交易所的监管之余，管理人还要另外受到有关市场监管部门的直接监管。

在流程管理等方面，也有种种设置来促使关联交易能够在公平合理的交易价格和条件下进行。例如，在新加坡市场的物业估值需要两名估值师来独立评估，其中一名需要由受托人来委任。而审批和披露要求方面，如果某一特定交易被认定为关联方交易，而且交易价值按同一关联人本财经年度累计到一定的比例，即触发披露的要求，如果这一比例进一步提高，还需要获得 REITs 投资人大会批准。这两个触发门槛，通常情况下都低于单纯按照交易重要性比例来计算所对应的披露和提交 REITs 投资人大会批准的门槛。而且，如果是关联交易，在 REITs 管理人董事会审批时，只有独立董事可以投票，而在 REITs 投资人大会审批时，关联方也需要回避表决。

我国基础设施 REITs 市场的关联交易监督体系与外部成熟市场总体相似，同时结合国内实际情况进行了相应的创新安排：

首先，我国基础设施 REITs 市场也引入独立第三方对基金管理人的独立性进行监督。基础设施 REITs 在设立阶段，当基金管理人或其关联方与原始权益人存在关联关系，或享有基础设施项目权益时，应当聘请第三方财务顾问独立开展尽职调查，并出具财务顾问报告。基础设施 REITs 基金存续期由基金托管人托管，基金托管人与基金管理人不得为同一机构，不得相互出资或持有股份；基金托管人按照相关法规及合同约定安全保管基金财产，发现基金管理人的投资指令违反法律、行政法规和其他有关规定，或者违反基金合同约定的，可拒绝执行，并及时向国务院证券监督管理机构报告；基金管理人运用基金财产进行重大关联交易的，必须事先得到基金托管人的同意。

同时，监管部门也要求基金管理人针对关联交易设立内部控制流程，在产品存续期针对关联交易履行信息披露义务和相应审核机制。

在内部控制流程方面，相应监管规则明确基金管理人运用基金财产从事重大关联交易的，应当遵循持有人利益优先原则，建立健全内部审批机制和评估机制，按照市场公平合理价格执行；重大关联交易应提交基金管理人董事会审议，并经过三分之二以上的独立董事表决通过，基金管理人董事会应至少每半年对关联交易事项进行审查。

在信息披露方面，基金管理人应当在定期报告中披露关联关系、报告期内发生的关联交易及相关利益冲突防范措施，并说明关联方持有基础设施基金份额及变化情况；当基础设施基金发生重大关联交易，原始权益人或其同一控制下的关联方卖出战略配售取得的基金份额时，基金管理人还应进行临时信披。

在审核机制方面，当交易价值超过一定的比例，基金管理人须将相应交易事项提交基础设施 REITs 持有人大会审批：金额超过基金净资产 5% 且低于基金净资产 20% 的关联交易，应当在关联方回避表决的前提下，经参加大会的基金份额持有人所持表决权的二分之一以上表决通过；金额占基金净资产 20% 及以上的关联交易，应当在关联方回避表决的前提下，经参加大会的基金份额持有人所持表决权的三分之二以上表决通过。

国内外市场对关联交易的监督和管理，无论是引入独立第三方对基金管理人进行监督，要求管理人建立完善的内部审批和评估机制，还是严格履行信息披露义务，核心均是促使基金管理人切实履行诚实信用、谨慎勤勉的运营管理职责，全面审慎评估重大关联交易所涉交易标的、交易形式、定价机制等核心因素的公允性和合理性，分析潜在利益冲突并采取有效措施防范利益输送，保障份额持有人利益。

四、管理费的优化设置

外部管理模式下代理成本的一个潜在问题是管理人和 REITs 投资人利益一致性的问题，集中反映在管理费的设置上。有不少观点认为代理成本的问题之一是管理人过度投资，其实如果仔细分析，还需要做进一步的厘清。如果 REITs 管理规模的提升同时带来 REITs 投资人的利益增长，管理人和 REITs 投资人的利益仍然是一致的。如果管理费用的计算是简单基于 REITs 的资产规模，那么管理人就有可能过度投资于非优质资产而影响 REITs 投资人的利益。

成熟市场上 REITs 管理人的收费通常包括基本管理费和业绩管理费（REITs 管理人通常还会对于资产收购和处置收取一次性管理费）。基础管理费传统上通常是按照 REITs 物业资产规模最新估值的百分比计算的。作为一项经常性收入，可以维持 REITs 管理人的日常开支和合理的利润。业绩管理费是为了激励 REITs 管理人作为良好的表现为 REITs 投资人创造新的价值，具体的设置包括是否有准入门槛的设置，在不同 REITs 之间有所不同。基本管理费能够保证维持 REITs 管理人正常运作，但难以激励管理人承担一定风险而进行资产增值和资产组合优化等增值活动。片面地强调业绩管理费，又有可能导致管理人主动承担不必要的风险。

实践中的管理费设置一直处于变革中，但是在成熟 REITs 市场上总体的趋势是从物业资产规模估值的百分比向可分配收益的提成过渡，业界共同的努力是寻求 REITs 管理人和 REITs 投资人利益之间更紧密的协调，强调管理人收入与 REITs 投资人收入的关联性。

第二节　资本运作管理

资本运作管理包括资产管理、负债管理、权益管理和现金流管理等内容，是 REITs 发行上市后需重视的一项工作，本节结合境外经验对资本运作管理进行介绍。

一、资产管理

第一是资产收购。REITs 在上市之后，通常都有扩大资产规模的动机。对于 REITs 投资人而言，通常更大的规模带来更多的流动性，降低平均的管理成本，提升 REITs 的价值。对于 REITs 管理人而言，通常带来更高的管理费收入。

收购是 REITs 扩大资产规模的主要方式，REITs 可以收购发起人的资产，也可以收购第三方的资产。REITs 最重要的可收购资产来源就是发起人给予的优先收购权，通常属于关联交易，而且其交易规模大多数情况下需要 REITs 投资人大会的批准且关联方回避表决。在这样的情况下，收购不但要符合 REITs 战略发展的需要，还要在操作上合规，更需要获得非关联的 REITs 投资人的认可，体现了市场化的公平合理性。

收购最重要的原则就是要提高 REITs 投资人的回报，很多 REITs 直接以收益增长型收购来阐述其收购策略。也就是收购资产之后，REITs 投资人的分红收益有所提升，这往往是获得 REITs 投资人认可的最重要因素之一。当然，REITs 投资人对于收购提议的认可，还来源于资产和运营的基本面因素。成熟市场 REITs 收购的因素，主要集中于三个方面：一是财务因素，是否是收益增长型收购；二是物业本身，包括资产的稀缺性和地点的优越性，以及其他特定因素带来的附加价值；三是运营因素，包括用户的知名度、优质用户的增量，还包括是否降低了资产组合层面的用户集中度风险等。

第二是资产增值。资产增值也是 REITs 管理人经常使用的一种扩大资产规模的策略。资产增值的策略，旨在挖掘资产的潜力，增强资产的功能和美观度，为 REITs 创造更多的价值。

以物业型基础资产为例，首先表现为对于物业的改造，包括业态与功能的变化（如商场改造为写字楼等）、策略与定位的变化（如主力租户的改变等），除此之外，资产增值还可以体现为改善其他因素：（1）增加物业的净可出租经营面积，通常是最大化容积率的使用，或者在现有条件下，提高物业的利用率以增加净可出租经营面积；（2）通过优化物业结构，或者优化动线等方式，提升用户的体验感，以提升楼面的价值；（3）通过设计的与时俱进，增加建筑的美感，提升物业的科技含量，以提升楼面的价值。

第三是开发管理。REITs 以持有成熟的收益型物业获取持续租金收入为主，因此开发并不是 REITs 最主要的关注事项。但部分市场允许 REITs 开展小比例的开发业务，使得 REITs 能获得比直接收购成熟物业更好更优惠的获得成本。但是对于开发管理的过度关注，会带来对于 REITs 偏离主业的风险。对于监管部门而言，是一个需要平衡的问题。目前全球大多数的 REITs 市场都允许 REITs 开发业务，但严格限制比例。

第四是资产运营管理。REITs 管理人是运营管理的核心，进行目标化的运营管理，而物业层面的日常运营管理，通常由 REITs 管理人委任的运营管理人或者物业管理人来进行。REITs 管理人既要负责管理绩效目标的制定和实现，还要承担管理层面的具体工作，包括运营分析、运营风险管理、运营和财务报告、信息披露、关联交易管理及合规性管理等。

运营的目标化管理的最重要的环节之一是对于收入的管理，大致可以分为三个部分：

（1）对租约的管理，通常情况下的目标是提高出租率和延长租约期限。另外，需要对于租约对应的租户的运营情况和商用风险进行分析，同时管理租约的集中度风险。一方面是对于单个租户集中度的管理，另一方面是对于行业集中度或者国家/区域集中度的管理。这样，不但尽量减少了外部风险因素对于信托整体租户群业务的冲击，而且减少了单个大租户意外退租对于信托的影响。

（2）对租户的管理，通常情况下的目标是提高到期租约的续租率和长期租户的留存率。

（3）对租金的管理，通常情况下的目标是获得持续稳定的租金提升。这取决于各种因素的综合影响，既包括物业运营管理水平的提升，也受到外部宏观因素的影响，还与物业类型和底层收入的特性相关。

第五是资产处置。当适当的市场机会出现，REITs 管理人发现 REITs 旗下资产未来的提升空间有限而在现有市场上可以获得不错的售价，可以考虑处置资产回收资金，以投资于更有发展前景的项目，如此就改善了整个投资组合，以动态地实现其最佳的市场潜力和价值。

二、负债管理

第一是债务融资工具的种类。境外 REITs 可以使用的债务融资工具与上市公司类似，部分 REITs 由于持有商业房地产的关系，有时也会用到商业抵押贷款支持证券（CMBS）。当前中国基础设施 REITs 试点中，在市场起步阶段对于债务融资的安排较为审慎，或许今后可以进一步探讨研究。事实上，一些境外成熟 REITs 市场也经历过债务上限由低到高逐步调整的过程。

下面简单介绍境外成熟 REITs 市场的几种常见的债务融资工具。

1. 银行贷款

银行贷款是向银行的借贷，是 REITs 最常见的债务融资方式。REITs 已常常用到以下几种具体的贷款类型。

俱乐部贷款（club loan）是由几家银行共同发放贷款，由一家或者几家银行来协调。而银团贷款（syndicated loan）的银团成员之间有更严格的法律关系，通常有明确的一家或多家牵头银行作为承销商，即授权的牵头安排人。

循环贷款工具（revolving loan facility）为借款人提供了支取或提取、偿还和再次提取的能力。循环贷款是一种灵活的融资工具，因为它具有偿还和再借款的便利。相比定期贷款为借款人提供资金，并遵循固定的付款时间表，循环贷款在一段时间内，贷款工具允许借款人偿还贷款或再次借出。

2. 债券

债券是 REITs 直接向资本市场投资者发行，承诺按一定利率支付利息并按约定条件偿还本金的债权债务凭证。

3. 商业抵押贷款支持证券（CMBS）

CMBS 是一种由商业抵押贷款支持的抵押贷款支持证券，结构通常体现为多个信贷分档。CMBS 往往比住宅抵押贷款支持证券更复杂，波动性更大。

4. 中期票据（MTN）

中期票据是一种经监管当局一次注册批准后、期限内连续发行的公募形式的债务证券，它的最大特点在于发行人和投资者可以自由协商确定有关发行条款，期限通常为 5—10 年。通常会透过承办经理安排一种灵活的发行机制，透过单一发行计划，多次发行期限可以不同的票据。这样灵活的安排更丰富了 REITs 的融资需求，降低了财务风险。

第二是负债管理的实证分析。在实践中，REITs 负债管理的工作一方面是优化资本结构和债务融资来源，另一方面是管理债务融资风险。

新加坡的凯德商用中国信托对于自身的资本管理的目标描述具有一定的代表性："通过组合可用资本来源（包括债务和股权工具）来优化 REITs 投资人的价值，同时遵守法定的资本和分派要求，将总杠杆率和利息覆盖率保持在批准的限额内。作为整体策略的重要一环，管理人董事会定期检讨资本结构管理及融资政策，以优化融资结构。董事会亦会密切遵守明确制定的管理政策及程序，监察对各种风险因素的风险敞口。同时需遵守法定的总杠杆限额。"

REITs 在实践中，往往运用多元化的债务融资安排，在优化债务融资成本的同时，分散化债务融资风险。当然，债务的管理还包括常规的对于利率和汇率等风险的对冲。

三、权益管理

第一是权益融资的种类。REITs 的权益融资通常是由于收购扩募的需要。REITs 的权益融资与上市公司类似，通常有两种主要模式：配股和定向增发。

配股涉及按比例向现有股东提供新股和/或可转换证券，比例取决于现有股东在公司当前的持股比例。每个现有股东将有权参与配股，但没有义务认购自己的权利。

与配股不同的是，定向增发允许公司选择投资者，而投资者也不必是现有的 REITs 投资人。REITs 进行定向增发时需要关注关联方交易的问题，如果向关联方增发，在 REITs 投资人大会审批时，关联方需要回避表决。

在选择配股或者定向增发时，考虑因素包括时间范围和募资数额。通常定向增发需要的文件较少，沟通也比较简单，交易可能在较短的时间内完成。公司在股份分配方面也被赋予了更大的灵活性和控制权。所以如果时间是主要考量因素，定向增发更为可取。

此外，定向增发有可能引入特定的投资者，建立战略关系，确保投资者在目标和利益上的可预见性，可能有利于后续运营和资本市场操作。同时，定向增发有可能涉及披露的信息较少，有利于信息保护。

第二是权益融资的实证分析。收购新资产是 REITs 常见的操作，需要大量的资金。而同时，REITs 须将绝大部分可分配收入向投资人分配，这也意味着 REITs 内部现金资源通常有限，收购新资产时可能需要进行权益融资。不过，从实践情况来看，REITs 通常仍然会尽量使用内部资金以及债务融资。

当 REITs 进行权益融资时，会以折扣价发行，不过实力较强的 REITs 往往不会在现有价格的基础上大幅折价。但是，在配股的情况下，提供对现有股价的较大折价也是促使更多现有 REITs 投资人参与的策略。

四、现金流管理

相比大多数的上市公司，REITs 的运营比较稳定，因此现金流管理的目标相对比较直接，主要是确保其有足够的现金，以满足合理的期间内分红，预期运营资金占用，并履行短期偿付义务。

REITs 需要积极监控其现金流状况，并监控宏观外部因素可能带来的预期现金流风险。如果预期到潜在风险事件，可以合理增加留存或者预备短期债务融资工具以应对。对于超额的现金，在大多数的 REITs 市场都允许投资于安全和具有高度流动性的投资工具以获取合理的收益。

第三节　投资者关系管理

投资者关系管理是指与投资者群体、研究分析师以及媒体的沟通和联系。REITs 管理人需要遵守相关的法律法规，确保全面及时准确地披露公司相关信息，确保向投资者群体提供适当的资讯，让投资者在知情的情况下作出投资决定。

做好投资者关系管理工作应注重三大原则：首先是均衡。REITs 管理人需要保证提供资料的全面、公平和客观，而且与所有利益相关者沟通，使他们能够在充分知情下作出相关决定。其次是清晰。一方面是沟通渠道的清晰，另一方面是表达方式的清晰，最大限度地使所有利益相关者能理解。最后是效率。既要及时传递重要信息给所有利益相关者，又要合理控制沟通的成本。

REITs 管理人通常在交易所指定网站上和管理人自身网站上发布信息，同时采用各种直接沟通渠道，与投资者群体、分析师和媒体进行有效接触。具体形式通常包括季度年度业绩公告、现场参观项目资产、非交易路演等，达到双向沟通和交流的目的。

关于网站披露。依照监管条例，相关的公告、新闻稿、财务报表、出版物等都需要在规定时间内在交易所指定网站发布。REITs 管理人自身的网站，需要包括上述的所有内容，以及其他有利于投资者群体作出正确判断的更多更全面的信息。同时，很多 REITs 管理人也会在网站上显示 REITs 单位的价格和交易的信息。投资者关系团队的联系方式也需要在网站上清晰可见。

关于季度业绩报告和年度 REITs 投资人大会。REITs 管理人会为其每个季度的业绩公告举行分析师简报会。而每个财经年度结束之后的年度 REITs 投资人大会是向 REITs 投资人展示其过去一年的运营和财务业绩的场合，REITs 管理人会直接面对 REITs 投资人并接受他们的询问。REITs 投资人有权出席年度大会并就相关事项投票。如果有特别事项时间不允许等到年度大会，可以依照程序召开 REITs 投资人特别大会来进行投票表决。

关于分析师会议和投资者会议。REITs 管理人应当积极通过各种会议平台与分析师和投资者群体接触，以便更深入地介绍和推广 REITs 基本面，同时也收到分析师和投资者群体的反馈，了解他们的观感和所关注的问题。会议所使用的讲稿和其他有用的信息建议在 REITs 管理人网站上公布，以使更广泛的利益相关方受益。

第四节　REITs 产品管理

一、收益分配管理

（一）与现有公募基金分配的区别

基础设施 REITs 的收益来源主要为基础设施资产稳定的经营所得，而传统将股票和债券作为主要投资标的的公募基金，收益来源除了一定的股息和利息外，基金管理人在调整投资组合时产生的资本利得在收益中的占比更加显著。

两者在收益来源上的区别使得相关政策对于两者的收益分配有着不同的要求，主要体现在分配频率和分配比例上。

《基础设施 REITs 指引》要求采取封闭式运作，收益分配在每年不得少于一次，且年度收益分配的比例不得低于基金年度可供分配金额的 90%；而传统的公募基金分为封闭式和开放式基金两类，对于封闭式基金，收益分配相关政策与基础设施 REITs 一致，而开放式基金合同的收益分配，政策并无详细规定由基金合同约定。

（二）收益分配计算注意事项

根据中国证券投资基金业协会发布的《公开募集基础设施证券投资基金运营操作指引（试行）》要求，基金管理人在计算年度可供分配金额过程中，应当先将合并净利润调整为 EBITDA，再综合考虑项目公司的运营和发展情况，确定可供分配金额的调整项，加回到 EBITDA 中，据以得出可供分配金额。

在计算可供分配金额的调整项前，应充分了解项目公司的会计科目设置。由于不同类型的基础设施资产在会计核算方式上可能有所区别，而不同的经营活动亦会有核算方法的差异，因此基金管理人对于每一只公募 REITs 产品体系内的所有项目公司，都应当分析其历史财务数据，并对需要调整的会计科目进行整理归纳，按照操作指引的要求进行调整。

除了需要考虑会计科目的设置外，在计算可供分配金额时，还应当充分考虑项目公司未来可能发生的事项。对于分配后较短的时间段内可能发生的事项，应考虑分配金额对于流动性的影响，以避免分配后无法清偿到期债务的流动性风险；对于分配后较长的时间段内可能发生的事项，除了可能需要为长期债务的清偿预留资金外，基金管理人还应当结合基础设施资产未来发展的必要，为将来可能发生的大修理或重大资本性支出预留资金，并按照操作指引的要求进行披露。

（三）收益分配的路径安排

项目产生的收益，将从项目公司向上分配到投资者手中，中间会经过资产支持专项计划、公募基金等。如前所述，可供分配金额以 EBITDA 为基础，通常该金额会大于项目公司的可分配利润，导致常规的利润分配路径并不通畅。较为特殊的情形主要存在于对资产以公允价值计量的项目公司，例如持有型物业，其可以通过评估增值的方式增加利润，使得常规分配的路径较为畅通。

因此，除了项目公司以利润分配的常规方式向上分配之外，构建合理的现金流分配路径是十分重要的。目前市场上采取的项目公司股债结构，除了在项目公司构成税盾之外，另外一个很大的好处在于可以形成向上分配的现金流。其中一种主要形式是股东借款的利息，由项目公司支付给资产支持专项计划，再向上分配。若仍存在不足时，则可考虑以归还股东借款的本金的方式，向上分配现金流。

构建分配的路径安排，需要结合各项因素，在财务模型中进行详细测算。

（四）收益分配的时间线安排

根据《基础设施 REITs 指引》的要求，基础设施 REITs 应当将 90% 以上合并后基金年度可供分配金额以现金形式进行分配，且收益分配在每年不得少于一次，因此，年度分配金额应基于已披露的年度审计报告计算得出。按照相关规定基金管理人须在每年结束之日起 90 日内披露基金年度报告，年度审计报告出具日也应不晚于这一时间。实务中，由审计师有义务在基金年度报告出具前对其内容进行浏览并核对有无异常，基金年度报告披露日与审计报告出具日通常为同一天。对于一年分配一次的基础设施 REITs 产品，其分配日不宜早于此日。

除了需要考虑年度报告披露时点外，收益分配的时间安排还应当顾及项目公司的流动性，并提前规划好资金依照项目公司、资产支持专项计划、公募基金的顺序进行划拨的时间表，以保证分配时点基金层面的资金充足。

二、信息披露管理

针对现行的《基础设施 REITs 指引》中对于定期报告的披露内容要求，有以下事项值得后续的基础设施 REITs 产品在信息披露中特别注意：

1. 季度报告、中期报告、年度报告的披露内容范围有所区别

季度报告的披露范围相对简化，中期报告和年度报告的披露范围基本一

致，年度报告仅比中期报告多了年度审计报告和评估报告两项内容。基金管理人在编制定期报告时，需特别关注每类报告的细节要求，避免遗漏披露事项。

2. 基础设施基金较常规公募基金的披露内容更为复杂，需合理安排报告准备时间

公募基金现行的报告披露时间为"在季度结束之日起十五个工作日内，编制完成基金季度报告；在上半年结束之日起两个月内，编制完成基金中期报告；在每年结束之日起三个月内，编制完成基金年度报告"。《基础设施 REITs 指引》未对基础设施基金的定期报告披露时间制定另行标准，因此基础设施基金的定期报告也适用上述披露期限。相较常规公募基金的披露内容，基础设施基金的披露复杂性主要体现在：

（1）定期报告涉及底层项目的运营情况，与项目公司的业务情况密切相关，而项目公司作为持续经营的实体，业务完整，基于不同底层资产的特点，运营情况的统计分析难度也有所区别；

（2）中期报告和年度报告均须披露基金合并及单独财务报表及报表附注，季度报告虽无须披露财务报表，但须披露财务指标，特别是本期可供分配金额，而可供分配金额的计算起点为基础设施基金合并净利润。因此，定期报告的编制前提均包括编制基础设施基金合并财务报表。

由于基础设施基金定期报告的复杂性，基金管理人须根据披露期限合理安排相关工作，尤其是季度报告仅有十五个工作日的时间，需给各信息提供方规划相应时间，如项目公司的财务报表出具期限、运营管理机构的运营数据统计期限等。

3. 在披露基础设施项目底层资产现金流时，须关注来自于占比较高的单一客户收入的公允性和稳定性

目前《基础设施 REITs 指引》中明确要求披露基础设施项目现金流归集、管理、使用及变化情况，但未给出单一客户占比较高的具体百分比标准，取决于基金管理人根据各项目的业务模式及历史运营情况而自行作出的判断。

对于产业园项目和 IDC 项目，更容易出现客户集中度较高的情况，因为这两种项目实质上都是资产的租赁业务，当客户数量较少的时候，某一个大客

户的引入、解约或者租金单价的大幅变动都会影响整个基础设施项目的现金流稳定性。对于其收入的公允性，基金管理人还须关注其合同的定价策略，以及与其他同类客户价格的横向比较，判断其合理性。

现行《基础设施 REITs 指引》中对于临时公告的要求中，有以下事项值得后续的基础设施 REITs 产品在信息披露中特别注意：

（1）金额占基金净资产 10% 及以上的交易和损失均需要进行临时公告。但针对基础设施 REITs 项目中底层资产为特许经营权类的产品，在 REITs 存续期会因特许经营权资产的不断摊销造成基金净资产极大概率每年下降。管理人可结合当期的基金净资产的余额对上述披露事项进行价值判断。

（2）指引要求基础设施项目的运营情况、现金流或产生现金流能力发生重大变化时需要进行临时公告。因此，需要基金管理人对于项目的运营情况做到充分了解，对底层资产的运营现金流做到定期监控。

（3）对于更换基础设施 REITs 的评估机构、律师事务所、会计师事务所等专业机构事项，指引要求基金管理人应当发布临时公告。应注意此处对参与机构发生变更的披露要求与"资产支持证券临时报告信息披露指引"不同。

第五节　REITs 资产管理

根据《基础设施 REITs 指引》的要求，基金管理人应当按照相关法规的规定和基金合同约定主动履行基础设施项目运营管理职责，因为项目公司的运营成果将直接影响 REITs 投资人的收益。

一、资产管理的管控维度

第一，基金管理人对项目公司和基础设施资产的运营管控一般可分为三个维度：项目公司的运营策略管理、基础设施资产的日常经营管理、项目公司的财务和印鉴管理。

（1）基金管理人通常基于基础设施资产的特征及定位从以下几方面进行项目公司运营策略管理：基础设施项目整体运营策略、基础设施项目整体招商推广战略、项目公司年度经营计划、与投资发展规划相匹配的基础设施项目的融资和杠杆安排等。

（2）从基础设施资产日常经营管理的角度，基金管理人的职责一般包括：为基础设施项目购买足够的财产保险和公众责任保险；签署并执行基础设施项目运营的相关协议；执行日常运营服务，如安保、消防、通信及紧急事故管理；实施基础设施项目维修、改造；聘请评估机构定期对基础设施资产进行评估等。

（3）从项目公司财务资金、印鉴和权属证书管理的角度，基金管理人履行的职责通常包括：委派专人负责基础设施项目公司的财务管理；审批项目公司的年度财务和资金预算，管控预算执行情况；建立项目公司的账户和现金流管理机制，有效管理基础设施项目租赁、运营等产生的现金流，防范现金流流失和被挪用风险；收取基础设施项目租赁、运营等产生的收益，并追收欠缴款项；聘请审计机构对项目公司进行审计等。在成为项目公司的股东后，及时办理基础设施项目、印章证照、账册合同、账户管理权限等事项的交割；建立印鉴管理、使用机制，妥善管理基础设施项目各种印鉴，防范因印鉴不当使用而给项目公司带来的风险；委托和协助托管人对基础设施资产权属证书及相关文件的管理；基础设施项目档案归集管理等。

以上仅仅是常规的项目公司管控事项，对于不同的基础设施类型、不同的资产分布区域，相应的管控事项也会更加细化和具体。总的来说，基础设施项目由于其本身的复杂性及特殊性，项目公司运营管控事项不仅涉及面广泛，同时又具有较强的专业性和技术性。在日常管控中，既要从资产运营的角度考虑基础设施资产的特点和运营专业性，也要从 REITs 金融产品的角度考虑对 REITs 投资人的保护。

为了实现最优管控效果，在公募 REITs 体系下，对于项目公司运营管理有如下三种模式可供参考：基金管理人的相应部门或基金管理人设立专门的子公司直接负责项目公司的运营；项目公司本身具有全套运营团队，在 REITs 发行前就已经负责了项目公司的实际运营管理，对基础资产运营熟悉且专业；项目公司只持有基础设施资产，轻重资产相分离，基金管理人委托外部运营管理机构来负责项目公司的运营管理。

这三种运营管理模式并不是相互独立或者排斥的关系，相反，在公募REITs体系下，更多的将会是二者或三者互相结合、层层监督的关系。举例而言，涉及项目公司重大决策和重大风险防范的事项，是基金管理人不能进行权力下放或者委托的，如年度预算和年度经营计划的审批，收取基础设施资产现金流的账户管理权限等。但对于专业性较强或侧重于项目现场工作的，如项目维修改造、日常维护等事项，是可以交由项目公司自行运营或对外委托的，基金管理人主要通过事前审批、事中监督、事后评估等多种手段来监督和把控运营方的执行情况。

第二，应考虑具有公益性特征的基础设施项目公司运营管理权的保障机制设计。根据基础设施资产的特性，部分类型的基础设施资产如污水处理、垃圾处理、高速公路等基础设施项目均带有一定的公益性特征，在项目公司运营管理方面可能存在一些特殊考虑。

此类项目在初期建设时多由政府部门主导且后期经营模式主要为BOT模式，相关政府部门虽不参与实际运营，但一般仍会要求对后续重大运营事项有决策权。所以，通常情况下发起人（原始权益人）对于发行后的管理诉求主要是源自于获取资产特许经营权时对政府相关要求的承诺。确切而言，对于具有公益性特征的基础设施项目，资产所在行业的监管部门通常会要求发起人（原始权益人）在基础设施REITs发行后，项目仍能保证资产的运营水平和质量要符合当地政府及相应监管部门的要求。

通常来说，相关行业监管部门在考量持有公益性基础资产的公司拟发行基础设施REITs项目时，关注的核心问题是已经确定的运营方及项目持有者，不会因资本市场的REITs项目发行而产生变化，否则资产运营的专业性将无法得到保证；在基础设施REITs项目发行后，行业监管部门关注后续监管动作及其管理要求在项目公司层面仍能得到落实，所以项目的管理模式或者管理架构需要得到行业监管部门的认可，因为相应基础设施的运营可能关乎国计民生，项目的运营通常不能用纯粹的市场化或者利益最大化的角度去考量。

基于上述原因，具有公益性特征的基础设施REITs在管理模式上建议考虑设计一些保障机制，以满足政府对发起人（原始权益人）要求的承担实际管理责任的初始约定。例如，发起人（原始权益人）可能需要继续委派自身经验丰富的管理人员担任基础资产项目主要运营管理执行者如总经理等，以保障项目公司仍具有专业的管理人员和管理能力。同时，基础设施 REITs 的管理协议中需要明确资产的实际管理标准指标须符合初始特许经营权的相关约定。比如部分高速公路项目的特许经营权协议中明确约定了具体的运营养护目标、服务质量目标如公路养护质量指数、路面养护质量指数、路基养护状况指数、桥涵构造物养护状况指数等一系列细节指标，以及要求高速公路公司在运营期间服从相关政府部门提出的符合国家政策的更新养护运营标准。

再以污水处理基础设施项目为例，通常污水处理项目公司从政府部门获取特定地域的污水处理权限后，对于污水处理技术标准、设备设施质量标准等，当地政府会根据当地企业和居民情况等一些宏观因素进行调整。必要时，相关部门会要求污水处理项目公司对其设备资产增加投入进行改造升级以符合提升后的质量标准要求，相关要求通常也会在特许经营权协议中明确。因此，发行基础设施 REITs 后，此类项目的存续期的预算和资金投入可能无法完全由公募基金投资人及基金管理人进行判断决策，而是需要满足当地政府的运营管理质量标准后，再对产品体系内的预算投入及资金支出进行整体规划。

二、运营管理

为保证基础设施 REITs 资产发行后的稳定运营，从而保障 REITs 投资人的收益稳定，基金管理人需要深入了解不同类型基础资产具体的经营管理模式，并根据其不同特点制定差异化的 REITs 存续期管理方案，可能包括招商推广、资产更新改造、日常维护保养等运营管理工作。

一是招商推广。通常情况下，高速公路、铁路、污水处理、垃圾焚烧等基础设施资产不涉及招商推广，产业园、仓储物流、IDC 机房等通过底层资产出租方式取得收益的资产通常需要进行招商推广工作。

基金管理人可以要求运营管理机构每年提交招商推广计划，经基金管理人审批后执行。招商推广计划通常包含以下内容：本年度的整体招商策略、招商安排；招商推广目标，例如租户行业、招租数量、招租面积等；各租赁区域的目标租金水平、最低租金水平、招商优惠政策等；招商相关的成本及人员安排；潜在租户的储备情况及谈判进展等。

在每年的实际运营过程中，建议基金管理人定期跟踪上述招商推广计划的完成情况，运营管理机构定期提供的资产服务报告中也可考虑披露相关业务数据的达成情况。

二是资产更新改造。不同类型的基础设施资产根据其资产特性，需要定期或不定期的进行资产更新改造。具体来说，高速公路、铁路、污水处理等基础设施资产会根据国家或行业的统一规定进行一些资本性改造升级，例如2019年高速公路撤销省界收费站的工程、部分省市污水处理厂的提标改造工程等；产业园、仓储物流、IDC机房等资产则可能需要每隔若干年进行一次设施设备的更新改造工作。

运营管理机构可定期向基金管理人提交资本性改造计划，经基金管理人审批后执行。资本性改造计划通常包含以下内容：整体改造方案、可行性分析；设计方案；改造的预算安排；工程服务、物资的采购/招标安排等。基金管理人在批复并监督资本性改造计划的执行时，通常需要重点关注本次改造的必要性、改造预算的合理性、供应商的招投标工作等。

三是日常维护保养。不同类型资产的维护保养模式往往不同，例如产业园通常聘请专业的物业公司来负责日常维护保养工作，高速公路一般由养护管理部与养护施工单位负责道路的养护巡查工作。基金管理人可以通过定期与不定期的现场巡查、检查服务、维保记录等形式，监督运营管理机构关于日常维护保养工作的执行情况。一旦发现问题，基金管理人应督促运营管理机构及时提供整改方案并按期完成整改。

三、财务管理

根据《基础设施REITs指引》，在基础设施REITs运营管理中的财务管理作为产品重要事项须由基金管理人负责并承担相应的管理责任。《基础设施REITs指引》也明确指出基金管理人委托外部管理机构协助管理的，应当自行派员负责基础设施项目公司财务管理。本部分将介绍基金管理人对于以项目公司形式为载体的基础设施资产财务管理的几个主要方面内容。

首先是预算管理。项目公司年度预算可以由基金管理人或者其委托的外部管理机构进行编制，但应考虑经过基金管理人内部的审批。基金管理人应考虑设置完备的预算审批机制，下一年度的年度运营预算编制工作建议于每年结束前启动，并于编制完成后经基金管理人内部审批后方可执行。年度运营预算经审批后，如拟对年度运营预算进行调整的，也建议再次通过基金管理人审批。

单个自然年度的年度预算可考虑按照拨付预算的频率细化至季度或月度，并单独编制资本性支出计划。资本性支出计划包括但不限于翻新改造提升、中大型维修事项、大型设备采购等。当年累计对外支付的运营支出超过了经审批的年度运营预算时，如需继续对外支付的，基金管理人应根据实际付款需求及相关的付款证明材料进行判断，并经内部审批后方可执行。

基金管理人应当定期跟踪年度预算的实际执行情况，包括年度预算中的预计发生数、实际发生数，如二者存在差异，建议及时对差异进行分析，并判断是否需对年度运营预算进行调整。

其次是资金管理。基金管理人应当建立完善的账户和现金流管理机制，有效管理基础设施项目租赁、运营等产生的现金流，防止现金流流失、挪用等。项目公司收入，由项目公司收取或间接收取因基础设施项目的运营、管理和处置而取得的全部收入组成。基础设施项目运营、管理和处置收入应当全部进入产品体系内的托监管账户。项目公司支出，由项目公司承担并列支为维持基础设施项目的必要运营而支出的基础设施项目运营和管理支出及费用等组成。项目公司支出以预算制为主要支付方式。项目公司可以以其开立的基本户或其他一般账户用作接收项目公司监管户划拨预算的银行账户，并应由公募基金指定人员掌控网银转账的支付权限。

最后是财务制度规范性管理。基金管理人应当按照法律法规、企业会计准则及中国证监会相关规定编制各期合并及单体财务报表，采用合理的评估方式及参数，准确核算基金各期收入、净利润、经营活动产生的现金流、可供分配金额以及其他财务报表各科目。定期财务报表应当经基金管理人内部的适当审批。

公募基金的会计账簿及记录应当完整保存并及时归档，包括但不限于各种凭证、报表、收据、发票，及所有其他收取账款（如有）、支出和其他重要数据的记录。基金管理人可委聘审计师对基础设施项目的财务管理进行定期审核，并有权委托第三方专业机构定期或者在基金管理人认为有必要时对项目公司的财务核算情况进行审阅或审计。

四、印鉴管理

各类基础设施资产的印鉴管理模式一般并无太大区别。基础设施 REITs 的项目公司通常需具备完善的用章管理制度，并且相关制度应得到基金管理人审批认可，基金管理人可派人才项目公司所在地协助管理，也可由基金管理人直接管理。

项目公司日常用章事项主要为涉及合同类的用章，包括租赁业务相关合同、工程施工及改造相关合同、物业管理委托合同及其他费用类合同等；其他非合同相关的用章事项一般包括运营层面收入催缴、账单发送以及工商行政、财务核算、人力资源等方面的事项。印章管理人员与印章需求部门通常应做好风险隔离。项目公司印鉴及证照的使用均须严格按照项目公司内部规章制度的要求执行。

投　资　篇

第十四章　REITs 的投资价值

对于中国投资者来说，基础设施 REITs 是一种新型金融产品。那么，为什么说 REITs 具有投资价值？体现在哪些方面？基础设施 REITs 投资有何特点？本章我们首先介绍 REITs 作为一种金融产品的投资特点，然后分析境外市场 REITs 的历史业绩回报，最后讨论境内基础设施 REITs 的投资价值。

第一节　REITs 的产品特点

相比于传统金融产品，REITs 在投资门槛、风险收益、流动性、透明度、分红比例等方面具有显著特点，这些特点能够满足投资人在金融产品投资过程中的诉求，也使 REITs 成为一类受到成熟市场投资人广泛认可的金融产品。

一、标准化、小份额

REITs 是以能够产生稳定现金流的持有型不动产为基础资产的金融产品，标准化、小份额是其主要特征，REITs 的诞生解决了众多中小投资人"能不能"参与持有型不动产投资的问题。

持有型不动产投资最显著的特征就是体量大，投资门槛高，投资人进行大宗不动产投资必须要跨过较高投资门槛。例如，位于中国东部沿海二线城市的 2 万平方米的小型社区商业体估值至少为 2 亿—3 亿元，公众并不具备如此高额的资金体量，很难通过投资享有此类资产的运营收益和资产增值。而 REITs 通过金融技术，将大宗不动产转化为标准化小份额，大幅降低了投资门槛，持有型不动产交易市场不再局限于大宗交易市场，而是扩展到能够支持份额交易的资本市场。这样，就将一个只能由少数大体量资金投资人参与的市场拓展到一个参与者数量更多、背景更多元的投资市场，畅通了持有型不动产的投资渠道，为公众享受优质不动产在经济发展过程中的增值红利提供了渠道。

二、风险收益特性

REITs 是与不动产资产密切相关的重要金融产品，REITs 制度的各项要求保障其具备良好的风险收益特性，具有良好的资产配置价值。一方面，REITs 直接投资于租金收入稳定的不动产项目，租金合同往往根据通胀情况进行调整，强制分红制度保障了投资者收益的稳定性，而底层资产的价格也具有抗通胀属性；另一方面，REITs 又可以通过良好资产运营水平提高基础资产的收益水平。因此，REITs 兼具债券的稳定性和股票的增长性两大特征。REITs 较低的波动性同时受短期固定的租赁合同和长期房地产周期影响，回报和风险介于债券与股票之间。

根据现代投资组合理论，在一定预期回报率水平下降低投资组合的风险，需要找到相关性低的大类资产，这样才能起到分散风险作用。从风险分散角度看，REITs 和其他资产的相关系数较低，从而使其具有了资产配置价值。根据境外成熟市场研究表明，在投资组合中合理配置 REITs 产品，可以有效降低投资组合的风险。全球资产配置之父布林森（Brinson）曾在 1991 年指出，资产配置对于投资组合收益率变动的影响超过 90%。杜斯维克（Doeswijk）等在 2014 年的研究表明，在全球市场的投资组合中，不动产这一类资产市值占比达 5%。过去 30 年，Nareit 的权益 REITs 指数和标普 500 指数的相关系数为 0.55，与纳斯达克成分指数的相关系数为 0.36，与美国投资级债券的相关系数更低，仅为 0.19。与大类资产相对较低的相关性，使得 REITs 成为能够分散风险、提升总体回报率、优化投资组合的有效资产。因此，对投资者来说，REITs 是现金、股票、债券之外的第四类资产。

三、高流动性

REITs 是一类具有高流动性的金融产品。高流动性既为 REITs 投资人提供了合理退出渠道，又能够促进 REITs 的价值发现。REITs 的基础资产持有型不动产，无论是商业地产还是基础设施，由于其体量大的特征，流动性往往较差，投资人投资此类大体量资产时往往对其退出方式有所顾虑。而 REITs 具有产品份额小、参与门槛低、投资人众多的特点，使得较大规模的投资主体赋予了产品流动性，产品流动性又为投资人退出提供了合理途径，进而吸引更多投资人参与 REITs 投资，形成了良性循环。

金融产品不能以合理价格即时变现的流动性风险需要通过流动性溢价补偿。流动性越高，产品退出风险越小，流动性溢价越低；而流动性越低，产品退出风险越大，流动性溢价越高。在流动性较弱的情况下，产品交易具有偶然性、随机性，二级市场交易价格波动大，随机性强，甚至呈散点形式；而在流动性较高的市场，连续交易可以形成众多价格，价格波动相对小，随机性小，呈连续状态，这样更容易发现产品内在价值。

四、高透明度

REITs 是一类在公开市场交易的金融产品，高透明度是其区别于其他私募不动产金融产品的显著特征。公开上市交易意味着更严格的信息披露、更密切的社会关注，同时也给投资人了解资产的详细情况提供了可靠途径。

信息不对称是投资交易过程中买卖双方面临的一个重要问题，资产出售方天然具有对拟出售资产的信息优势，而投资方进行投资决策必须要减少信息不对称。REITs 作为一个高透明度的产品，采取了多种方法应对信息不对称，通常表现在：

第一，制定严格的信息披露法律法规。境外 REITs 市场通常通过法律法规形式明确规定了 REITs 产品的信息披露要求，例如美国 REITs 公司制的模式，其上市须同其他类型股票一样遵守交易所的上市规则进行信息披露；又如新加坡在《集体投资计划守则》房托基金部分对信息披露进行了明确规定。在具有明确信息披露法律要求的市场上，发行人（资产出售方）须披露资产物理状况、运营状况、财务状况等多维度信息，这样有利于缩小发行人与投资人的信息鸿沟，助力投资人投资决策。

第二，进行全面完善的尽职调查。在私募产品投资过程中，投资人往往需要自行聘请各类专业机构对资产进行详尽的尽职调查；而对 REITs 产品而言，产品发行之初专业机构即对资产情况进行了严格尽职调查，并按要求向所有投资人进行了披露尽职调查结果，这样能够在不增加单个投资人前期投资成本的基础上，降低信息不对称风险，为投资人形成对投资标的客观、全面、准确的判断提供基础。

五、高分红

高分红是 REITs 不同于股票、其他类型的房地产信托产品的主要特征之一。境外主要 REITs 市场通常规定了产品必须将可供分配现金流的一定比例向投资人进行分配，此分配不是建议分配，而是强制分配，例如美国要求此比例不得低于 90%。根据美国的数据，过去 46 年中，美国权益型 REITs 平均派息收益率为 7.56%，平均资本利得收益率为 5.44%，即 REITs 收益大概六成来自分红，四成来自资产增值。REITs 资本利得在不同年份呈现出较大的波动性，但分红收益始终保持相对稳定，稳定的分红收益使得 REITs 成为美国市场优秀的投资标的。从 1972—2019 年美国 REITs 收益结构来看：第一，资本利得各年有所不同，个别年份有较大亏损；第二，分红收益各年较为稳定，成为收益稳定性的保障。由此可见只要底层资产没有极端风险，派息收益率将是长期稳定的，这是名副其实的"现金牛"，如图 14.1 所示。

REITs 基础资产是包括商业地产、基础设施在内的和实体经济紧密相连的持有型不动产，不动产的抗通胀特性被学术界讨论较多。早在 1977 年，法玛等在《资产回报与通货膨胀》一文中指出，在美国市场，不动产是最重要的抗通胀工具，能对冲预期与非预期通货膨胀的影响。实际上，基础设施资产也具有类似的出色的抗通胀特征。2015 年，伍斯特鲍尔等基于 1977 年法玛的研究框架，在《基础设施与房地产的通胀对冲与保护特征》的研究中指出，基础设施资产在资产组合中展现出最好的抗通胀特征。REITs 的抗通胀属性与高分红特征密切相关，由于持有型不动产净收入随资产运营情况变化，而基础资产净收入通常消化了通货膨胀因素——若通货膨胀加剧，基础资产净收入增

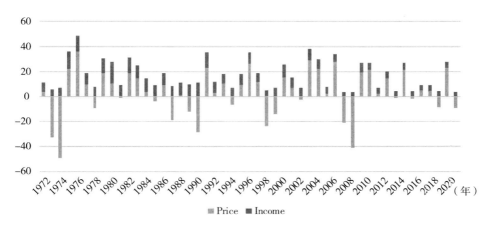

图 14. 1　1972—2020 年美国 REITs 分红收益和资本利得情况

资料来源：Nareit，FACTSET。

加，资产估值增加，分红增加，份额价值增加；若通货膨胀减弱，基础资产净收入相对减少，资产估值降低，分红减少，份额价值降低——故而连接实体经济与金融市场的 REITs 产品也是能够有效抵御通货膨胀风险的金融工具。

目前，全球已有 40 多个国家和地区推出 REITs 产品，投资人对主要市场 REITs 产品表现出较高认可程度。本节针对境外 REITs 产品总体情况，以及基础设施 REITs 的历史回报情况，进行了分析和讨论。

我们观察世界各国的 REITs 市场历史表现，REITs 产品均有着较高的投资回报率。从 1999—2019 年 20 年年均回报率来看，REITs 的收益显著高于美国各大股指与债券的配置收益，其中 REITs 指数年均回报率高达 6. 35%，而包括道琼斯工业平均指数、标准普尔 500 指数、罗素 2000 指数、纳斯达克综合指数在内的主要指数均低于此水平，如图 14. 2 所示。

境外基础设施 REITs 是境外 REITs 市场中一个重要类别，不同行业划分标准对基础设施 REITs 的划分存在差异，按照我们对基础设施的定义，境外基础设施 REITs 应包括通信铁塔 REITs、物流仓储 REITs、数据中心 REITs、自用仓储 REITs 等多个类别。由于境外基础设施 REITs 无合适的指数衡量其表现，我们选取了各基础设施领域市值较大的几只 REITs 进行列举说明，总的来看，这些基础设施 REITs 整体投资回报情况良好，其表现不弱于大盘。

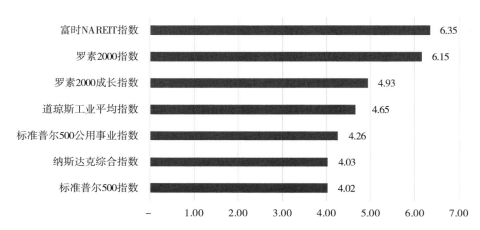

图 14.2　REITs 指数与其他指数年化收益率对比（1999.12—2019.12）

资料来源：Bloomberg。

　　我们选取了 2006 年以来美国市场中代表性较强的基础设施 REITs 与同时期美国 REITs 指数、标准普尔 500 指数的波动走势进行比较。我们观察的基础设施 REITs 样本公司包括通信铁塔行业中的美国铁塔（AMT）、冠城国际（CCI），物流行业的安博（PLD），数据中心行业的数据中心公司（DLR），自用仓储行业的公共存储公司（PSA）。数据显示，美国铁塔、冠城国际与数据中心等典型基础设施 REITs 的表现明显强于同期标准普尔 500 指数与美国 REITs 指数，安博的表现也与同期指数表现基本一致，这反映了具有产业背景的基础设施 REITs 表现不弱于大盘，如表 14.1 所示。

　　基础设施 REITs 与包括商业、办公、公寓、酒店等其他类型 REITs 相比，与第二产业联系更为紧密，与经济发展水平密切相关，风险承受能力相对更强。我们将选取的主要基础设施 REITs 与有代表性的零售行业 REITs 西蒙地产、酒店度假行业 REITs 酒店度假村进行价格走势比较。数据显示，基础设施 REITs 表现显著优于其他行业 REITs，特别是 2020 年新冠肺炎疫情以来，商业零售行业、酒店度假行业受到巨大冲击，价格出现断崖式下跌，至 2020 年 9 月跌幅近半，且暂无恢复迹象，这表明在突发事件的冲击下，基础设施 REITs 较商业酒店类 REITs 具有更强的抗风险能力。

表 14.1　2005 年年末至 2019 年年末部分基础设施 REITs 回报倍数（分红再投资）

指数	回报倍数
标准普尔 500 指数	2.59
美国 REITs 指数	2.79
美国铁塔（AMT）	8.48
安博（PLD）	1.81
冠城国际（CCI）	5.28
数据中心公司（DLR）	5.29
公共存储公司（PSA）	3.14
西蒙地产（SPG）	2.17
酒店度假村（HST）	1.00
公寓物业信托（EQR）	2.07
艾芙隆海湾公司（AVB）	2.43
波士顿地产（BXP）	1.86
亚历山大地产（ARE）	2.01
杜克地产（DRE）	1.04

资料来源：Bloomberg。

第二节　基础设施 REITs 的投资价值

结合中国基础设施 REITs 试点的资产范围，我们认为，中国基础设施 REITs 的投资价值体现在：提供参与国民经济重大项目建设的机会，产品具有稳定收益、较低风险且具有良好升值空间，等等。

一、参与重大基建项目建设

基础设施行业是稳投资、促增长的一个重要领域，既能够保障基础民生，又能够带动经济增长。改革开放 40 多年来，经过长期投资建设，我国已在交通、能源、环保、市政等基础设施领域形成了大量优质资产，但由于基础设施行业投资退出存在堵点，并未实现基础设施资产投融资良性循环，也造成社会资本缺乏投资基础设施资产的通畅渠道。

要衡量一项资产的投资价值，首先要解决这项资产"能不能投"的问题，基础设施 REITs 恰恰为以往想参与投资但又缺乏投资途径的投资人提供了投资基础设施资产，特别是重大基础设施项目的简单、可行的方式。基础设施 REITs 是在成熟交易场所公开交易的标准化小份额权益型金融产品。一方面，由于其标准化程度高，部分原先仅聚焦于债性标准化产品的机构投资者可以部分资金通过标准化 REITs 产品配置到基础设施资产上；另一方面，由于其投资门槛较低，面向的投资者除了符合条件的企业、机构投资者外，也为公众投资者打开了投资渠道。

基础设施 REITs 的推出能够畅通基础设施行业投融资机制，能够将更多社会资本引入基础设施行业以促进投融资良性循环，真正实现金融助力实体经济的重要目标。

二、稳定收益、较低风险

金融市场目前面临着"资产荒"的困境，资产荒是指在投资人认可的风险收益匹配的优质资产相对稀缺的现象。这种现象在经济下行压力较大、货币环境相对宽松的叠加影响下很难避免——一方面，经济下行，金融产品投资标的风险增高，金融机构在严控风险的要求下，投资范围缩小；另一方面，货币环境相对宽松，市场流动性充裕，资金往往涌向安全边际更高的投资标的上，进而造成资金供过于求，收益率下降。

在保持市场流动性稳定的基础上，解决资产荒最好的方式就是提供更多优质金融产品。基础设施 REITs 锚定于稳定发展、体量巨大的基础设施行业，兼具标准化、高流动、高公开、高分红等多种特征，能够为金融市场在"资产荒"大背景下提供一类新的配置标的。

基础设施 REITs 收益稳定主要源于两个方面：一是项目层面现金流的稳定，二是产品分配现金流的稳定。从项目层面看，不同类型资产商业模式存在差异，但总的来看，现金流情况相对稳定。如仓储物流项目，投入运营之初通常根据项目辐射范围与一家或多家租户签订了相对长期或有明确增幅的租赁合同，合同期内按约定支付租金，合同到期后可进行续签或换签操作，现金流稳定性较高；又如交通基础设施项目，其收入多基于通行费收入，在经济正常运转、交通流量稳定的情况下，现金流相对稳定；再如水电气热等市政基础设施项目，通常具有区域垄断性质，价格、供应量均具有刚性，现金流波动较小。另外，包括大数据中心在内的其他基础设施运营模式集中在租赁模式和收费模式两种，基于稳定合同和刚性需求，现金流状况较为稳定。同时，相关政策文件也要求，参与基础设施 REITs 的项目应运营优质、现金流稳定可持续，这就将运营不够稳定的基础设施排除在基础设施 REITs 基础资产的范围之外。基于基础设施资产商业模式形成的稳定现金流与监管部门根据相关政策文件对资产的把关，基础设施 REITs 的基础设施资产产生稳定现金流的能力较强，风险较低。

从产品层面看，一方面，基础设施 REITs 具有清晰的产品结构、明确的收费标准、严格的现金流监管要求，基础资产产生的现金流扣除相关费用可以全部用于收益分配，不存在其他损耗；另一方面，基础设施 REITs 需要按照强制分红比例进行运作，即《基础设施 REITs 指引》中规定的"收益分配比例不低于合并后基金年度可供分配金额的 90%"。在项目层面收益稳定的基础上，辅以产品层面严格的现金流监管与收益分配要求，投资人可以通过投资基础设施 REITs 享有稳定可靠的投资收益。

三、较大的升值空间

基础设施 REITs 按照基础资产权属类别一般可分为两类：一类是拥有特许经营权或运营收费权的基础设施 REITs，另一类是拥有项目所有权的基础设施 REITs。前者在相关权属有效期内可以回收涵盖投资本金和期间收益的现金流，而后者在进行期间分配的基础上还拥有较大的资产增值空间。

拥有项目所有权的基础设施项目的价值往往同国家经济发展阶段、区域经济发展水平、资产运营管理水平等方面密切相关。

从国家经济发展阶段看，党的十九大对实现第二个百年奋斗目标作出分两个阶段推进的战略安排，即到二〇三五年基本实现社会主义现代化，到本世纪中叶把我国建成富强民主文明和谐美丽的社会主义现代化强国。2020 年，突如其来的新冠肺炎疫情给我国经济造成了一定冲击，但通过这次疫情防控中各方面的表现，也能看出中国经济具有强大的韧性，中国是 2020 年全球主要经济体中唯一能够实现 GDP 正增长的国家。"十四五"时期我国将进入新发展阶段，基础设施具有战略性、基础性、先导性作用，对服务全面建设社会主义现代化国家开好局、起好步，夯实中长期高质量发展基础、保障经济行稳致远具有重大意义。在国民经济稳步发展的背景下，对经济建设意义重大的基础设施行业也将稳步发展，支撑基础设施行业发展的基础设施资产的重要价值更是不言而喻。

从区域经济发展水平看，国家发展改革委强调要"聚焦重点区域，优先支持位于《京津冀协同发展规划纲要》《河北雄安新区规划纲要》《长江经济带发展规划纲要》《粤港澳大湾区发展规划纲要》《长江三角洲区域一体化发展规划纲要》《海南自由贸易港建设总体方案》等国家重大战略区域范围内的基础设施项目。支持位于国务院批准设立的国家级新区、国家级经济技术开发区范围内的基础设施项目"。可以看到，国家发展改革委支持的项目区域都属于国家重大战略区域，拥有良好的经济基础，具有广阔的发展前景。这些区域的优质基础设施项目作为区域标杆基础设施项目，未来也将发挥重要作用。

从资产运营管理水平看，对包括仓储物流、产业园区和数据中心项目在内拥有项目所有权的基础设施 REITs 项目而言，其间收益通常由租金收入、管理费收入、使用费收入等扣除相应管理成本、税费成本后得到的净现金流偿付，本金投入则由资产价值予以覆盖。就资产价值而言，一方面，运营年限越长，运营越成熟，资产价值越高；另一方面，基础设施项目进行 REITs 操作后将接受各方面监督，促使运营管理机构不断提高运营管理能力，实现运营能力、收益水平、投资价值的循环提升。

从以上三个层次看，具有所有权的基础设施项目发展前景广阔，价值提升潜力较大，而投资此类基础设施 REITs 产品则是投资人共享此类优质资产价值增幅的最佳方式。

综上所述，REITs 具有标准化小份额、风险收益属性特殊、高流动性、高公开性、高分红、合理借款等特点，能够吸引风险偏好适中的机构投资者与有意愿参与持有型不动产投资的公众投资者。从境外市场历史表现看，REITs 表现不弱于大盘，是境外投资者的一类良好配置标的，基础设施 REITs 由于其具有的坚实产业背景，与其他行业 REITs 相比在市场波动下更显示出其韧性。境内基础设施 REITs 对投资人而言是一类新产品，能解决宏观经济领域、金融市场领域与基础设施行业领域的诸多问题，也恰恰在这三方面体现出其独特的投资价值。我们相信，随着基础设施 REITs 试点推进和基础设施 REITs 市场建设，基础设施 REITs 价值将日益凸显，将得到更多投资人的关注、研究和认可。

第十五章　REITs 的投资主体

REITs 是一类重要的大类资产配置标的，国际市场中哪些投资人参与了 REITs 投资，他们配置 REITs 的主要考虑是什么？在中国有哪些市场主体能够参与 REITs 投资？他们投资 REITs 是否存在障碍？本章将对这些问题进行解答。

第一节　境外 REITs 的投资主体

一、投资者结构

2020 年，我国正式推出基础设施 REITs 试点政策，涵盖交通能源、生态环保、城市建设、仓储物流等基础设施领域；投资者类型、收益率要求等要素成为基础设施 REITs 成功发行的必要条件。从境外实践来看，REITs 已成熟应用于交通、能源、仓储物流、数据中心、商业地产等领域，是投资者资产配置的有效工具。通过对境外 REITs 投资主体情况的分析研究，可以为我国基础设施 REITs 的投资者提供资产配置经验，大力提升国内投资者投资 REITs 的积极性，极大促进国内基础设施 REITs 的投资活跃度，有效确保国内基础设施 REITs 的市场流动性。

REITs 的出现为投资者提供了更丰富的配置工具，使投资者优化投资组合具有了更多的选择空间。REITs 的投资主体涵盖了资本市场的各类投资者，总体可以分为机构投资者和个人投资者两大类。从全球市场来看，机构投资者是 REITs 市场的主要参与者，个人投资者也是重要参与方。

　　机构投资者主要包括投资基金、养老金、保险公司、银行、捐赠基金和主权财富基金等专业投资机构；个人投资者可分为零售客户和高净值客户。其中，机构投资者是连接个人投资者和资本市场的桥梁，在提升资本市场效率方面发挥着重要作用，在全球资本市场占据重要地位。

　　投资基金即公募基金，在美国，根据监管机构的不同，投资基金包括投资公司、共同信托基金、集合投资基金、商品基金等法律形式。根据投资标的不同，投资基金主要分为权益型基金、债券型基金、混合型基金、不动产基金、货币基金等。

　　保险公司主要包括人寿保险公司、财产保险公司两类；其中在讨论机构投资者或长期投资者时，多数情况下是指人寿保险公司。保险公司具有成本覆盖性、当期收益性和适度流动性的特征，其投资以资产负债匹配为核心原则，以实现长期稳健收益为投资目的。资产配置上以固定收益类投资为主，权益类为辅。

　　养老金可以划分为国家养老储备基金、公共养老基金和私营养老基金。不同国家养老金构成差异较大。按照运作模式，养老金可分为政府集中管理模式和私营养老模式；前者包括挪威政府养老金和美国联邦社保基金、中国的全国社保基金等；后者包括美国 DB 和 DC 计划、美国 401K、中国的企业年金等。部分国家出于安全性考虑，规定公共养老基金须全部投资于政府债券；私营养老基金则将股票和债券作为最主要的资产类别。多数国家的养老金，将固定收益产品、不动产、私募基金等作为配置对象，且逐渐提高另类投资的配置比例。

　　主权财富基金、中央银行和其他由国家或政府控制的金融机构都属于官方投资机构主体。国际货币基金组织认为，主权财富基金是由政府所有或控制的为达到一定目的而设立的公共投资基金。主权财富基金作为机构投资者，通过战略资产配置来实现投资目标：投资范围包括股票、债券、私募股权、基础设施、房地产、对冲基金等。主权财富基金特别注重国际化投资，以避免国内金融市场的单一影响。主权财富基金作为长期资金，对权益类资产和另类资产的配置比例较高。

捐赠基金属于非营利性机构（大学等）的长期基金，支出计划由接受捐赠的机构决定。大学捐赠基金的投资一般有两个目标，保持资产的购买力和为教育机构提供日常运营的稳定流动资金。大学捐赠基金的资产配置主要有以下特点：配置多样化，为了分散风险，将资金配置到包括绝对收益基金、私募股权、实物资产、国内股票、固定收益、国外股票和现金等大类资产中；越来越重视另类投资，实物资产和私募股权等另类投资在资产配置占比中越来越高。

截至 2020 年 10 月末，全球机构投资者持有的 REITs 市场规模约 1.4 万亿美元。投资者类型中，投资顾问①投资规模为 1.03 万亿美元，占比超过七成。全球市场中投资顾问主要为专业投资机构，其中先锋领航集团（Vanguard Group）投资全球 REITs 规模为 1771 亿美元，贝莱德集团（Blackrock）投资全球 REITs 规模为 1357 亿美元，美国道富银行（State Street Corp）投资全球 REITs 规模为 676 亿美元，美国资本集团（Capital Group Companies Inc.）投资全球 REITs 规模为 355 亿美元，科恩－斯蒂尔斯金融公司（Cohen & Steers Inc.）投资全球 REITs 规模为 352 亿美元。该前五大投资顾问占投资顾问投资 REITs 规模占比超过四成。

此外，银行投资全球 REITs 规模为 798.14 亿美元，占比 5.68%；主权财富基金投资全球 REITs 规模为 430.38 亿美元，占比 3.07%；对冲基金投资全球 REITs 规模为 416.1 亿美元，占比 2.96%；保险公司投资全球 REITs 规模为 401.98 亿美元，占比 2.86%；养老金投资全球 REITs 规模为 360.28 亿美元，占比 2.57%；控股公司投资全球 REITs 规模为 489.64 亿美元，占比 3.49%；经纪商投资全球 REITs 规模为 292.52 亿美元，占比 2.08%；政府机构投资全球 REITs 规模为 274.05 亿美元，占比 1.95%；私募股权基金投资全球 REITs 规模为 69.06 亿美元，占比 0.49%；家族信托投资全球 REITs 规模为 16.68 亿美元，占比 0.12%。

（一）美国 REITs 市场的投资者结构

截至 2020 年 10 月末，机构投资者持有的美国 REITs 市场规模约有 1.11

---

① 此分类为 Bloomberg 分类方式，具体包括基金公司等专业投资机构，比如先锋领航集团（Vanguard Group）、贝莱德集团（Blackrock）等。

万亿美元。投资者类型中，投资顾问投资美国 REITs 规模为 8813 亿美元，占比 79.34%。其中，先锋领航集团投资美国 REITs 规模为 1585 亿美元，贝莱德集团投资美国 REITs 规模为 1099 亿美元，美国道富银行投资美国 REITs 规模为 578 亿美元，美国资本集团投资美国 REITs 规模为 338 亿美元，科恩-斯蒂尔斯金融公司投资美国 REITs 规模为 332 亿美元。该前五大投资顾问占投资顾问投资美国 REITs 规模的 44.61%。

此外，对冲基金投资美国 REITs 规模为 445.57 亿美元，占比 4.01%；银行投资美国 REITs 规模为 425.08 亿美元，占比 3.83%；养老金投资美国 REITs 规模为 303.94 亿美元，占比 2.74%；保险公司投资美国 REITs 规模为 253.60 亿美元，占比 2.28%；主权财富基金投资美国 REITs 规模为 247.1 亿美元，占比 2.22%；经纪商投资美国 REITs 规模为 211.49 亿美元，占比 1.90%；政府机构投资美国 REITs 规模为 171.55 亿美元，占比 1.54%；控股公司投资美国 REITs 规模为 102.02 亿美元，占比 0.92%；私募股权基金投资美国 REITs 规模为 55.52 亿美元，占比 0.50%；家族信托投资美国 REITs 规模为 9.92 亿美元，占比 0.09%；信托、捐赠基金、风险投资等其他类型规模较小，约合 70.94 亿美元，占比 0.64%，如图 15.1 所示。

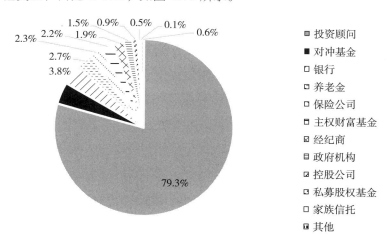

图 15.1 美国 REITs 市场的投资者结构

资料来源：Bloomberg。

（二）英国 REITs 市场的投资者结构

截至 2020 年 10 月末，机构投资者持有的英国 REITs 市场规模约有 667.69 亿美元。投资者类型中，投资顾问投资英国 REITs 规模为 429.04 亿美元，占比 64.26%。其中，贝莱德集团投资英国 REITs 规模为 48.69 亿美元，先锋领航集团投资英国 REITs 规模为 30.35 亿美元，荷兰 APG 资产管理公司投资英国 REITs 规模为 19.44 亿美元，英国法通保险公司投资英国 REITs 规模为 17.36 亿美元，英国天达集团投资英国 REITs 规模为 9.59 亿美元。该前五大投资顾问占投资顾问投资 REITs 规模的 29.24%。

此外，养老金投资英国 REITs 规模为 44.22 亿美元，占比 6.62%；保险公司投资英国 REITs 规模为 37.23 亿美元，占比 5.58%；银行投资英国 REITs 规模为 36.04 亿美元，占比 5.40%；主权财富基金投资英国 REITs 规模为 31.77 亿美元，占比 4.76%；控股公司投资英国 REITs 规模为 19.99 亿美元，占比 2.99%；政府机构投资英国 REITs 规模为 13.97 亿美元，占比 2.09%；经纪商投资英国 REITs 规模为 8.94 亿美元，占比 1.34%；信托投资英国 REITs 规模为 6.25 亿美元，占比 0.94%；私募股权投资英国 REITs 规模为 5.08 亿美元，占比 0.76%；对冲基金投资英国 REITs 规模为 3.18 亿美元，占比 0.48%；持

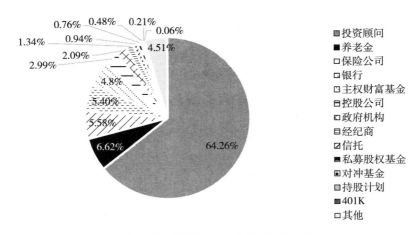

图 15.2　英国 REITs 市场投资者结构

资料来源：Bloomberg。

股计划投资英国 REITs 规模为 1.42 亿美元，占比 0.21%；401K 投资英国 REITs 规模为 0.45 亿美元，占比 0.06%；其他类型规模较小，约合 30.11 亿美元，占比 4.51%，如图 15.2 所示。

（三）新加坡 REITs 市场的投资者结构

截至 2020 年 10 月末，机构投资者持有的新加坡 REITs 市场规模约有 329.13 亿美元。投资者类型中，投资顾问投资新加坡 REITs 规模为 129.55 亿美元，占比 39.36%。其中，贝莱德集团投资新加坡 REITs 规模为 19.08 亿美元，先锋领航集团投资新加坡 REITs 规模为 15.45 亿美元，施罗德基金公司投资新加坡 REITs 规模为 12.7 亿美元，美国道富银行投资新加坡 REITs 规模为 7.87 亿美元，三维基金顾问公司投资新加坡 REITs 规模为 7.8 亿美元。该前五大投资顾问占投资顾问投资 REITs 规模的 48.55%。

此外，控股公司投资新加坡 REITs 规模为 89.01 亿美元，占比 27.04%；主权财富基金投资新加坡 REITs 规模为 67.81 亿美元，占比 20.60%；银行投资新加坡 REITs 规模为 22.83 亿美元，占比 6.94%；保险公司投资新加坡 REITs 规模为 3.97 亿美元，占比 1.21%；私募股权基金投资新加坡 REITs 规模为 3.06 亿美元，占比 0.93%；经纪商投资新加坡 REITs 规模为 2.84 亿美

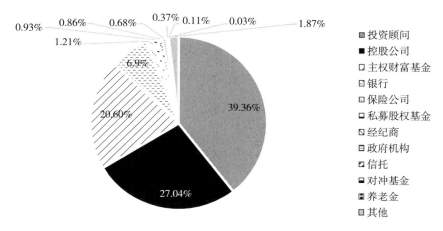

图 15.3　新加坡 REITs 市场投资者结构

资料来源：Bloomberg。

元，占比 0.86%；政府机构投资新加坡 REITs 规模为 2.22 亿美元，占比 0.68%；信托投资新加坡 REITs 规模为 1.22 亿美元，占比 0.37%；对冲基金投资新加坡 REITs 规模为 0.35 亿美元，占比 0.11%；养老金投资新加坡 REITs 规模为 0.1 亿美元，占比 0.03%；其他类型规模较小，约合 6.17 亿美元，占比 1.87%，如图 15.3 所示。

二、各类主体的投资目的

以机构投资者为主要代表的 REITs 投资主体具有以下共同特点：（1）管理资金规模庞大。据《安永：2019 年全球资产管理行业报告》统计，全球机构资产管理总规模达到 95.3 万亿美元。（2）资金投资期限长。理论上开放式基金是永续的，封闭式基金期限在 20 年以上，养老金和保险资金的期限更长。（3）专业化投资管理。以研究来驱动投资管理，更追求长期回报和回报质量。（4）以养老金、保险为代表的负债驱动资金对当期稳定的分红收益要求较高，因此对投资管理有着更高的要求。

在资产配置领域中，股票、债券和现金是三种主要的传统资产，REITs、私募股权基金、风险投资基金、FOF、商品、黄金等均属于另类资产。近年来，随着全球经济增速放缓，传统资产投资回报率下降，相关性增加。另类资产具备可增强投资回报、抵御通货膨胀、分散投资风险、优化有效边界等重要作用，开始受到投资者的重视，能够在资产配置的收益端和风险端有效弥补传统资产的短板。REITs 作为一类重要的另类资产，自诞生至今，在市场规模、当期分红、长期回报等方面，均契合机构投资者的资产配置特点，受到全球机构投资者青睐。

对传统金融资产而言，通货膨胀会降低投资组合实际购买力；而实物资产有别于传统金融资产，能够有效对冲通货膨胀风险。在多数情况下，实物资产价格变动将传导至下游消费品价格，从而造成通货膨胀指数变动。而 REITs 既与不动产关联密切，又与其他实物类资产存在差异：一方面，与传统金融资产相比，REITs 收入来源于底层资产的租金收入，而租金收入往往与通货膨胀预期挂钩，高通货膨胀或温和通货膨胀将促进 REITs 收益提升；另一方面，和实物资产相比，REITs 具有流动性好、治理透明度高、交易门槛低、投资属性强等特性，进一步增强投资者进行 REITs 资产配置的动力。

（一）满足资产配置的规模要求

经过近 60 年的发展，全球 REITs 市场在资产规模、资产类型等方面已经可以满足大类资产的配置要求。截至 2020 年 12 月底，全球 REITs 总市值约 2 万亿美元。其中，美国 REITs 市场规模达到 1.25 万亿美元，亚太发达国家及地区的 REITs 市场规模达到 3503 亿美元，西欧国家 REITs 市场规模达到 1995 亿美元。

过去 20 年中，REITs 的底层资产类型层出不穷，办公、零售、酒店等传统资产类型 REITs 占比从 80% 降低至 50%；而基础设施、数据中心、自用仓储、林场等创新型 REITs 占比从不到 20% 上升至 50%。目前，REITs 底层资产类型丰富且分散，包括写字楼、工业厂房、购物中心、公寓、仓储物流、数据中心、医疗中心等。

（二）获取稳定的当期现金收益

全球金融资产配置在上市不动产证券上的比例不断增加。对投资基金、保险公司、养老金、捐赠基金和主权财富基金而言，REITs 投资于成熟物业，以长期稳定的租赁运营现金流作为投资回报，派息收益率显著高于其他金融资产。较高的股息收益率能够帮助投资者实现长期总收益与当期分红收益之间的平衡。对于"负债经营型"的保险机构而言，REITs 可以满足其资产负债匹配管理目标；对于需兼顾资产保值和当期支出的养老金、捐赠基金，REITs 满足了其当期现金支出的要求。较高分红收益使 REITs 能够满足保险类机构投资者对投资期内稳定现金流的需求。

（三）获取较高的长期回报

资产回报是投资者趋利避害的选择动机之一。作为长期资金，保险公司、养老金、捐赠基金和主权财富基金等机构投资者以实现长期稳健收益为投资目标，通过配置权益型 REITs 能够使长期投资者获得更高长期投资回报率。权益型 REITs 过去 20 年的年化总收益率超过了各主要投资工具。根据对一项有关美国 DB 计划持有资产的研究结果，其配置 REITs 21 年期的净收益率运到

8.64%,略低于私募基金净收益率 8.76%,并超过其他资产收益率,如图 15.4 所示。另类投资的长期高收益率满足了长期资金提高收益率的资产配置诉求。

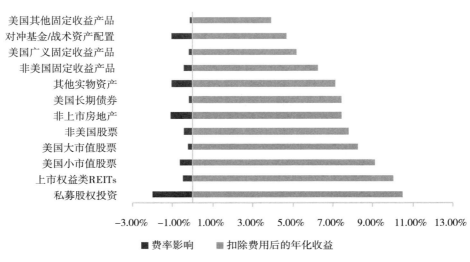

图 15.4　1998—2018 年美国 DB 计划所持有资产的平均收益

资料来源:CEM Benchmarking Inc. 。

引自:Asset Allocation and Fund Performance of Defined Benefit Pension Funds in the US,1998—2018。

(四)降低组合波动,提高收益质量

对于投资人的投资组合而言,REITs 与股票、债券市场的相关性较弱,可发挥很好的分散化作用。投资者基于金融资产的风险、收益、流动性等因素进行投资决策。弱相关性使 REITs 成为机构投资者资产配置中的重要选项,能够推动以股票、债券和现金为主的投资组合进一步扩展有效边界。有效边界向左上方移动意味着可以在承担同等风险的前提下获取更高回报。

第二节　中国 REITs 的投资者

通过对境外 REITs 投资主体的研究发现,机构投资者、个人投资者对 REITs 均有一定的配置偏好,其配置理念、配置方法均为我国基础设施 REITs 投资人培育提供了借鉴意义。

我国基础设施 REITs 是一种新兴投资产品,根据国内资本市场和不动产投资市场经验看，基础设施 REITs 的投资者包括以资产配置为诉求的专业机构投资者和以家庭为单位的个人投资者。在市场发展初期，机构投资者为主，个人投资者为辅；在市场发展中期，个人投资者参与积极性将有一定幅度提高，参与 REITs 市场的比重随之增加。长期来看，REITs 市场的投资者将更为成熟，以家庭为单位的个人投资者资产配置需求也趋于多元化，个人投资者将倾向于通过基金、FOF 产品等金融工具参与到 REITs 市场中，直接持有 REITs 份额的个人投资者占比将呈现下降趋势。

基础设施 REITs 的推出，降低了个人投资者参与不动产投资的门槛，为居民财产性收入提供了大类资产配置途径。在 REITs 投资价值得到更多个人投资者认可后，个人投资者配置比例将逐渐提高。

一、机构投资者

我国机构投资者主要包括公募基金、私募基金、银行理财、证券机构、保险资产、信托计划、社保基金、养老基金、企业年金等。目前，机构投资者在不动产领域的配置比例普遍偏低。基础设施 REITs 的推出，将扩大我国机构投资者配置不动产的途径，提高其不动产配置比例。参考境外 REITs 市场主要机构投资者情况，中国 REITs 机构投资者主要为包括保险资产、社保基金、养老基金、企业年金在内的长期投资者。

截至 2020 年 9 月，中国国内机构投资者总规模超过 127 万亿元，其中存量规模最大的为银行非保本理财，规模达 23.40 万亿元，占比 18.3%。保险资产、信托计划、公募基金、私募基金规模分别为 22.44 万亿元、20.86 万亿元、17.80 万亿元、15.82 万亿元，分别占比 17.6%、16.3%、13.9% 和 12.4%。券商资管、社保基金、企业年金等规模占比相对较小，均不足 10%，如图 15.5 所示。参照国际机构投资者的配置比例，对于国内机构投资者，假设配置比例可以达到 2%，对应的机构投资规模超过 2.5 万亿元。

（一）保险资产

截至 2020 年年末，保险行业总资产达 23.30 万亿元，同比增长 13.29%；保险资金运用余额为 21.68 万亿元，同比增长 17.02%。保险行业资产主要包

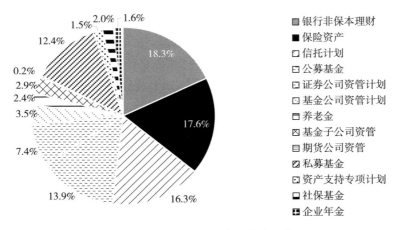

图 15.5 境内机构投资者规模占比情况

资料来源：人力资源和社会保障部、银保监会、银行业协会、银行业理财登记托管中心、基金业协会等。

括保险资金和保险资产管理产品管理的资金，其中保险资金是保险资产管理产品的主要资金来源。保险资金与有保险资金参与的保险资管产品投资都需要遵守银保监会对保险资金运用的相关规定，其投资主要包括流动性资产、固定收益类资产、权益类资产、不动产类资产和其他金融资产等五大类资产。2020年年末，保险资金运用余额中，银行存款 2.60 万亿元，占比 11.98%；债券 7.93 万亿元，占比 36.59%；股票和证券投资基金 2.98 万亿元，占比 13.76%。

保险资金是企业长期资金的重要供给方，整体投资期限较长。2019 年，5年期以上产品占比高达 92%，10 年期以上占比达 46%。保险公司采用"收入在前，成本在后"的经营模式，是特殊"负债经营型"金融机构。保险资金属于负债型资金，其投资管理中强调资产负债管理。

保险资金的特性主要是由保险产品的负债特点决定的。保险产品的负债主要有以下几个特点：（1）保险资金可投资期限较长；（2）保险资金通常具有最低收益要求；（3）保险资金具有较强利率敏感性。基于上述负债特性，保险投资对成本覆盖性、适度流动性和当期收益性的协调统一有较高要求。由于具有最低保底收益，保险公司投资目标以追求绝对回报为主。保险投资的最低

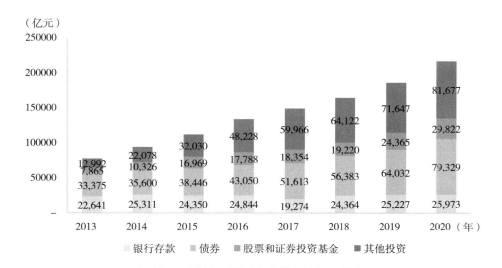

图 15.6　2013—2020 年保险资金配置趋势

资料来源：中国银行保险监督管理委员会。

收益要求和资产负债的利率敏感性决定了保险公司资产管理必须做好资产负债匹配管理，以中长期固定收益类资产为主。

保险公司的资产负债匹配管理目标一般是利率风险管理，重点研究如何确定合理的资产配置结构，消除利率波动对盈余的不利影响，保证足够偿债能力。因此，保险公司应该建立一种平衡的投资原则，在投资中兼顾短期收益和长期收益，平衡绝对收益和相对收益。具体而言，保险公司根据投资范围要求设定不同投资组合来进行标的选择和择时操作。第一，保险投资标的中固定收益产品占据半壁江山，做好固定收益投资是获得绝对收益的关键。第二，股票组合是保险投资超额收益的主要来源，为了提升投资收益并有效控制流动性，构建包含多种策略和投资范围的权益组合。第三，稳定现金流类权益资产的风险收益特性更接近固定收益类资产，投资目的是获取稳定的现金流，投资对象主要有稳定回报的优先股、夹层产品、房地产及基础设施股权、REITs 等。第四，私募股权投资具有投资周期长、投资门槛高、回报率高以及流动性低等特点，保险公司私募股权投资中必须平滑 "J 曲线" 效应的影响。综上，保险公司强调资产负债管理，在投资中兼顾短期收益和长期收益，平衡绝对收益和相对收益，是我国 REITs 投资长期资金的主要来源。

（二）社会保障体系

我国社会保障体系资金主要包括全国社会保障基金、基本养老保险基金、企业年金三部分，这些资金与社会保障息息相关，对安全性要求极高，通常遵循长期稳健的投资风格进行资产配置。

1. 全国社会保障基金

全国社会保障基金（以下简称"全国社保基金"）是国家社会保障储备基金，用于人口老龄化高峰时期的养老保险等社会保障支出的补充、调剂。资金来源主要为中央财政预算拨款、国有资本划转、基金投资收益和以国务院批准的其他方式筹集的资金。全国社保基金可投资于国务院批准的固定收益类、股票类和未上市股权类资产。据全国社会保障基金理事会统计，截至 2019 年年末，全国社保基金资产总额 26285.66 亿元，同比增长 17.59%。

从资产结构看，全国社保基金持仓以长期资产为主，2019 年年末长期资产占比达 52.17%，其中持有至到期投资规模 9365.91 亿元，占比 35.63%；可供出售金融资产 2530.53 亿元，占比 9.63%；长期股权投资 1816.28 亿元，占比 6.91%。短期资产中，交易类金融资产规模为 11594.92 亿元，占总资产比重达 44.11%。

在投资风格上，全国社保基金基于长期投资和价值投资的思想进行资产配置，根据市场在某一阶段的价值中枢，在市场大幅度偏离价值中枢时进行增减仓。此外，全国社保基金采用母基金的方式配置资产，可以规避单一投资风险，进行多元化专业配置，选择投资更多的子基金，培育出更专业的机构并与其一起成长。

2. 基本养老保险基金

基本养老保险基金是各省（自治区、直辖市）人民政府委托社保基金会管理的基本养老保险部分结余基金及其投资收益。根据《基本养老保险基金投资管理办法》和社保基金会与各委托省（自治区、直辖市）人民政府签署的委托投资管理合同，社保基金会对受托管理的基本养老保险基金实行单独管理、集中运营、独立核算。

基本养老保险基金限于境内投资，投资范围广泛，包括：银行存款、中央银行票据、同业存单；国债，政策性、开发性银行债券，信用等级在投资级以上的金融债、企业（公司）债、地方政府债券、可转换债（含分离交易可转换债）、短期融资券、中期票据、资产支持证券，债券回购；养老金产品。上市流通的证券投资基金、股票、股权、股指期货、国债期货。

根据《2019 年全国社会保障基金理事会基本养老保险基金受托运营年度报告》，截至 2019 年年末，基本养老保险基金资产总额 10767.80 亿元。其中，直接投资资产 4054.01 亿元，占基本养老保险基金资产总额的 37.65%；委托投资资产 6713.79 亿元，占基本养老保险基金资产总额的 62.35%。社保基金会坚持长期投资、价值投资和责任投资的理念，按照审慎投资、安全至上、控制风险、提高收益的方针进行投资运营管理，确保基金安全，实现保值增值。

根据基金业协会《资产管理业务统计数据（2020 年三季度）》，基金公司管理的养老金规模已达到 30223.65 亿元。

3. 企业年金基金

企业年金基金，是指根据依法制定的企业年金计划筹集的资金及其投资运营收益形成的企业补充养老保险基金，是基本养老保险的重要补充。

企业年金基金财产限于境内投资，投资范围包括银行存款、国债、中央银行票据、债券回购、万能保险产品、投资连结保险产品、证券投资基金、股票，以及信用等级在投资级以上的金融债、企业（公司）债、可转换债（含分离交易可转换债）、短期融资券和中期票据、商业银行理财产品、信托产品、基础设施债权投资计划、特定资产管理计划、股指期货等金融产品。

根据人力资源社会保障部发布的《全国企业年金基金业务数据摘要（2019 年度）》，2019 年，全国企业年金积累基金总规模为 17985.33 亿元，比 2018 年年末的 14770.38 亿元增加近 3215 亿元，同比增长率约为 22%。企业年金基金通过建立单一计划进行投资。企业年金基金单一计划期末资产为 15297.60 亿元，占比 90.69%；集合计划期末资产为 1551.47 亿元，占比 9.20%。企业年金基金主要投向含权益类资产，全部资产中，含权益类产品为 13777.56 亿元，占比 81.68%；固定收益类产品为 3091.01 亿元，占比

18.32%。根据人力资源社会保障部 2020 年 12 月发布的数据显示，截至 2020 年三季度末，全国企业年金积累基金总规模突破 2 万亿元至 2.09 万亿元。

企业年金基金投资管理是中国养老金中市场化运作程度最高、竞争最为充分的领域。企业年金是退休生活保障金，属于低风险资产，兼顾安全性与稳定性，要求长期收益战胜通胀水平。因此，企业年金基金的投资目标中有较高的绝对收益要求。实践中，作为绝对收益的典型代表，企业年金基金大多采用人力资源社会保障部的业绩基本指引即"同期银行三年期定期存款利率"。总体上看，目前企业年金基金总体投资目标为在绝对收益的基础上实现超额收益。企业年金基金投资组合委托人对短期业绩波动敏感度很高，风险偏好较为保守，通常会在投资合同中提出如下核心要求：每个会计年度本金不能发生亏损，净值波动不能太大。

综上，全国社保基金、基本养老保险基金和企业年金基金偏好低风险资产，投资策略兼顾安全性与稳定性，追求长期收益战胜通货膨胀水平。REITs 具有长期稳定收益，每年分配现金流，能够满足社会保障体系资金的长期配置需求。

（三）银行理财

银行理财是指商业银行和理财子公司接受投资者委托，按照与投资者事先约定的投资策略、风险承担和收益分配方式，对受托的投资者财产进行投资和管理的金融服务。

境内银行理财业务自 2003 年起至今，已经历探索萌芽期（2003—2008 年）、快速发展期（2009—2017 年）和转折规范期（2017 年至今）三个阶段。第一阶段，银行理财业务在中国经济快速发展、居民投资需求日益上升的背景下应运而生；第二阶段，银行理财业务在市场流动性相对充裕的大背景下，凭借"资金池+刚性兑付"的业务逻辑获得投资者高度认可，得到迅猛发展；第三阶段，在"防范化解金融风险"大背景下，监管部门连续出台多项重磅政策，明确提出银行机构须通过控股子公司开展理财业务，理财市场迎来一个机遇与挑战并存的全新发展阶段。根据银行业理财登记托管中心数据，截至 2020 年年末，我国银行理财产品存续 3.9 万只，产品规模 25.86 万亿元，同比增长 6.9%。

从资产配置情况来看，根据《中国银行业理财市场年度报告（2020年）》，银行理财投向债券类、非标准化债权类资产、权益类资产余额分别为 18.53 万亿元、3.15 万亿元、1.37 万亿元，分别占总投资资产的 64.26%、10.89%、4.75%。此外，银行理财持有现金及银行存款 2.61 万亿元。

从产品期限上看，2020 年，新发行封闭式理财产品加权平均期限为 228 天，同比增加约 30 天。长期限产品募集能力逐步增强。1 年期以上封闭式产品累计募集资金 1.44 万亿元，同比增长 37.86%；占全部新发行封闭式理财产品募集资金的 13.12%，占比同比上升 5.7 个百分点。从资金来源上看，个人投资者是理财市场绝对主力。截至 2020 年年底，全市场持有理财产品的投资者数量为 4162.48 万个，其中个人投资者占比 99.65%，机构投资者占比 0.35%。

一方面，受益于我国银行在金融体系中处于主体地位，银行理财业务发展具有天然优势，体量巨大，配置灵活，是我国 REITs 市场的重要投资人；另一方面，银行系统拥有全方位线下渠道优势，与个人投资者接触广泛，在产品销售过程中将促进 REITs 个人投资者教育。

（四）公募基金

根据基金业协会数据，截至 2020 年 9 月末，公募基金规模 17.80 万亿元，同比增长 29.14%。根据我国《基金法》规定，公募基金投资范围包括：上市交易的股票、债券；国务院证券监督管理机构规定的其他证券品种，包括非公开发行股票、国债、企业债券和金融债券、公司债券、货币市场工具、资产支持证券、权证等。截至 2020 年 12 月末，公募基金中开放式基金规模占比较大，其中规模占比最大的为货币型基金，占比为 40.48%，其次为混合型基金、债券型基金，占比分别为 21.92%、13.72%，如表 15.1 所示。

表 15.1　2020 年 12 月公募基金市场数据

类型	数量（只）	份额（亿份）	规模（亿元）	规模占比（%）
封闭式	1143	23967.66	25609.21	12.87

续表

类型	数量（只）	份额（亿份）	规模（亿元）	规模占比（%）
开放式	6770	146378.86	173305.70	87.13
其中：股票型	1362	11930.28	20607.94	10.36
其中：混合型	3195	27857.78	43600.75	21.92
其中：货币型	332	80915.99	80521.47	40.48
其中：债券型	1713	24660.60	27286.59	13.72
其中：QDII	168	1014.21	1288.94	0.65
总计	7913	170346.52	198914.91	100.00

资料来源：基金业协会。

综上，公募基金作为权益市场上最为活跃的机构投资者，依托专业的投研能力可获得较高的投资收益。公募基金可发起设立 FOF 产品投资国内 REITs，增加 REITs 市场投资的活跃度。

（五）券商资管

券商资管通常包括证券公司单一资产管理计划、证券公司集合资产管理计划、证券公司私募子公司私募基金三类产品。其中，证券公司单一资产管理业务又称证券公司定向资产管理业务，投资范围由证券公司与客户通过合同约定，投资范围广泛；证券公司集合资产管理计划目标群体为中高端客户，投资范围相对明确；证券公司私募子公司私募基金业务须遵循证券公司资产管理规定以及私募基金公司私募基金管理相关规定。

证券公司集合资产管理计划投资范围包括：股票、债券、股指期货、商品期货等证券期货交易所交易的投资品种；央行票据、短期融资券、中期票据、利率远期、利率互换等银行间市场交易的投资品种；证券投资基金、证券公司专项资产管理计划、商业银行理财计划、集合资金信托计划等金融监管部门批准或备案发行的金融产品。

根据基金业协会数据统计，截至 2020 年 9 月底，证券公司及其子公司私募资产管理计划规模合计 9.5 万亿元，如表 15.2 所示。截至 2020 年 9 月末，证券公司及其子公司私募资产管理计划中，集合资产管理计划 2 万亿元，单一资产管理计划 6.98 万亿元。

表 15.2　证券公司及其子公司私募资产管理计划数量及规模（截至 2020 年三季度末）

产品类型	产品数量（只）	资产规模（亿元）
单一资产管理计划	11497	69773.3
集合资产管理计划	5187	19979.9
证券公司私募子公司私募基金	974	5232.51
合计	17658	94985.71

资料来源：基金业协会。

综上，券商资管可投资品类繁多，风险偏好与风险承受能力较高，具有对创新产品的投资意愿，考虑到基础设施 REITs 收益稳定持续，预计券商资管存在适度配置基础设施 REITs 资产的可能性。

（六）信托机构

截至 2020 年二季度末，信托资产规模为 21.28 万亿元，其中，纳入资管新规的资金信托规模为 17.66 万亿元。信托公司固有业务项下可以开展存放同业、拆放同业、贷款、租赁、投资等业务。投资业务限定为金融类公司股权投资、金融产品投资和自用固定资产投资。信托公司不得以固有财产进行实业投资，但中国银行保险监督管理委员会另有规定的除外。根据 2020 年集合信托产品信息公示数据，投资领域为房地产的占比最高，占比 55%；其次是基础设施，占比 24.4%；投向金融机构规模占比 12.7%，工商企业为 7.6%，如图15.7 所示。

（七）私募基金

私募基金投资范围广泛，包括买卖股票、股权、债券、期货、期权、基金份额及投资合同约定的其他投资标的。私募基金投资于基金名称（有证券基金、产业基金、风险基金三大类）指定对象的资金不得低于其资本金的80%。

根据基金业协会数据，截至 2020 年 9 月末，私募基金规模 15.82 万亿元。其中，私募股权投资基金规模最大，达 9.42 万亿元，占比达 59.55%；私募证券投资基金、创业投资基金与其他私募投资基金规模分别为 3.67 万亿元、1.54 万亿元和 1.20 万亿元，占比分别为 23.17%、9.71% 和 7.56%，如表 15.3 所示。

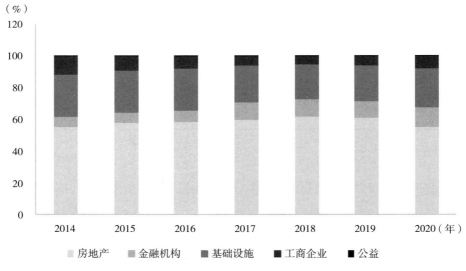

（%）

图 15.7　集合信托投向分布

资料来源：万得资讯。

表 15.3 不同类型私募基金数量及规模（截至 2020 年 9 月末）

基金类型	基金数量（只）	资产规模（亿元）	规模占比（%）
私募证券投资基金	50256	36659.35	23.17
私募股权投资基金	28987	94200.15	59.55
创业投资基金	9541	15364.87	9.71
私募资产配置基金	9	8.76	0.01
其他私募投资基金	3005	11961.40	7.56
合计	91798	158194.53	100.00

资料来源：基金业协会。

综上，私募基金投资范围广泛，部分追求绝对回报的产品存在 REITs 配置需求，但考虑到私募基金对短期回报要求较高，私募基金管理人如何看待基础设施 REITs 这类金融产品尚须实践给出答案。

二、个人投资者

个人投资者是多数金融资产的最终持有人，其投资特征与机构投资者存在较大差异；个人投资者的投资目标同风险承受能力与个人生命周期密切相关。此外，居民资产配置也受到经济发展阶段、金融市场发展程度、社会保障体系及资产回报等多方面因素的影响。

自改革开放以来，我国经济迅速发展，个人投资者积累了较多家庭资产，其配置主要集中于房地产等实物资产与银行存款或银行理财等低风险金融资产上。当前我国居民的资产配置呈现两个特点：

第一，对房地产等实物资产的偏好较高。中国人民银行《2019 年中国城镇居民家庭资产负债情况调查》数据显示，城镇居民家庭户均总资产达 317.9 万元。其中，户均实物资产 253 万元，占总资产比例 79.6%；金融资产 64.9 万元，占比为 20.4%。户均实物资产中，规模最大的住房资产规模为 187.8 万元，占实物资产的 74.2%，占户均总资产的 59.1%，如图 15.8 所示。与美国相比，我国居民家庭住房资产比重盘偏高，高于美国居民家庭 28.5 个百分点。我国经济发展阶段整体落后于美国，居民仍旧处于解决住房需求的阶段，对住房的重视导致住房资产的配置占比较高。此外，我国商品房制度设立以来，房价持续稳定上涨，居民对房价增值的预期也进一步促进了配置住房资产的动力。

第二，对适度风险的金融资产偏好较低。金融资产配置方面，居民整本投资风格偏稳健，银行存款、银行理财产品等低风险金融资产的持有率明显高于股票、基金、信托等风险较高资产的持有率。

一方面，低风险产品的较高投资收益降低居民配置适度风险金融资产的意愿。2010—2019 年，我国十年期国债利率均值为 3.5%，在无风险收益率较高的市场环境下，银行存款、低风险理财产品可以满足居民对投资收益率要求，居民配置适度风险金融资产的意愿较低。另一方面，房地产投资的房贷还款刚性要求降低了居民配置适度风险金融资产的能力。"房住不炒"政策推出前，居民对房价持续上涨的预期始终存在，较适度风险金融产品而言，更愿意配置房地产，而房地产配置后的房贷还款为刚性要求，这将减少居民可支配的投资资金金额，从另一方面减少了居民配置适度风险金融资产的意愿。

随着我国居民人口的结构性变化、我国资本市场的持续繁荣发展，个人投

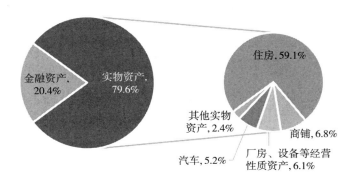

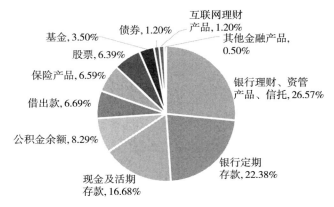

图 15.8　中国城镇居民家庭资产和金融资产构成

资料来源：中国人民银行《2019 年中国城镇居民家庭资产负债情况调查》。

资者开始积极参与到金融资产投资配置中，在股票、公募基金等领域积累了投资经验，并建立了权益投资盈亏自负的理性预期。

居民的资产配置受到生命周期的影响，且伴随生命周期的推进，从基本消费品向耐用消费品过渡；在与生活相关基本需求得到满足后，居民资产配置开始向金融类资产倾斜。故而，可从人均 GDP 及人口年龄结构等方面去推演我国居民资产配置的趋势。2019 年，我国人均 GDP 超过 1 万美元。按照购买力平价调整，我国当前人均 GDP 水平相当于日本 20 世纪 70 年代中期，正值日本居民资产中不动产占比峰值。随后，日本居民资产配置开始出现拐点。2010—2015 年期间，我国 20—55 岁人口数占比出现拐点，目前已经出现占比下行的趋势。从人口结构上来看，美国与日本不动产配置比例与 20—55 岁的劳动人口占比趋势基本一致。日本 20—55 岁人口数占比于 70 年代初达到峰值，随后基本趋势持续下行。美国 20—55 岁人口数占比从 1951 年以来基本围绕中枢变化，美国居民不动产配置比例也相对平稳。综上，我国居民资产配置拐点的驱动因素已经具备：以人均 GDP 和劳动力人口占比为代表的生命周期变迁拐点出现；在"房住不炒"的政策引导下，我国房价普涨的预期正逐渐发生改变；我国资本市场已经初具规模，多层次资本市场改革持续推进，居民金融资产配置的资本市场条件已经具备。

适逢我国居民资产配置拐点的临近，REITs 的推出为我国居民资产配置提供了兼具"股债"特点的金融工具。基础设施 REITs 降低了个人投资者投资基础设施的门槛，其兼顾当期收益与长期回报的特性，将一定程度上吸引个人投资者的配置兴趣。在做好投资者教育的基础上，引导个人投资者积极参与基础设施 REITs 的交易，将为 REITs 二级市场注入活力。

目前城镇居民的金融资产配置中，债券占比为 1.2%，基金占比 3.5%，股票占比为 6.4%，考虑到我国居民对 REITs 产品尚未熟知，需要一定时间完成投资者培育。长期来看，预计 REITs 配置比例将逐步提升至债券投资比例与基金投资比例之间，即长期配置比例为 1.2%—3.5%之间。假设居民 REITs 占金融资产的长期配置比例为 2%，按照 2019 年中国居民家庭总资产 552 万亿元人民币估算，个人投资者的配置规模将达到 2.25 万亿元人民币。

第十六章　REITs 的投资策略

REITs 是一类具有独特投资价值的金融产品，拥有各类背景多元、经验丰富的投资主体。这些投资主体应遵循何种原则、通过何种方式投资基础设施 REITs？这些投资主体在投资过程中应关注哪些重点？应从哪些角度出发选择投资标的？在投资基础设施 REITs 中是否涉及相关风险？如何规避这些风险？本章将结合基础设施 REITs 特征对上述问题进行浅析。

第一节　投资原理和方式

一、投资原理

基础设施 REITs 是一种以基础设施为底层资产，公开募集并参与上市交易的特殊投资品种。我们需要了解其自身的投资特性，又要理解其在整个组合配置中发挥的作用；同时还应关注宏观经济和行业环境对基础设施资产的影响以及不同细分领域的个性化特征。本节内容从价值投资理念出发，分析了基础设施 REITs 在组合中的配置作用，重点介绍了宏观周期对于基础设施资产的影响。

（一）价值投资

价值投资是投资者获得长期稳定收益的重要投资原则，不以追求短期的投机博弈为目标，而是将自有资本与标的资产的价值增长进行绑定，共同获取增值回报。价值投资通常包活估值水平、派息收益率、成长性、偿债能力等多个衡量维度，其中派息收益率最为直观，也最为价值投资者关注。

REITs 的派息收益率为过去一年的派息总额与 REITs 市价的比值，派息部分是 REITs 投资者的重要收益来源。根据美国的数据，过去 46 年中，美国权益型 REITs 平均派息收益率为 7.56%，平均资产利得收益率为 5.44%，即 REITs 收益大概六成来自分红，四成来自资产增值。REITs 的资本利得在不同年份呈现出较大的波动性，但分红收益始终保持相对稳定。而在亚洲市场，2019 年中国香港、新加坡及日本 REITs 的分派收益率为 5.6%、6.2% 和 4.0%，分别较各地区十年期政府债券高出 3.8%、4.5% 与 4.0%。由此来看，我国投资者可以通过持有 REITs 份额，从基础设施运营收入中获得较为丰厚的分红回报，提升整体收益。

标的资产稳健性也是价值投资的重要表现。与一般基金相比，基础设施 REITs 稳健性堪比债券，但是收益更高。我国传统二级市场上的基金往往以股票、债券为投资标的，股票型基金波动大、风险高，而债券型基金虽然稳定，但往往不能给长期投资者提供一个满意的投资回报。基础设施 REITs 通过将有稳健现金流的基础设施和公共服务项目进行资产证券化，能够向投资者提供与长期经济增长相一致的投资回报。与投资传统基金相比，投资者投资 REITs 的收益率较高且波动率较低。

（二）资产配置

资产配置原是指根据投资需求将资金在不同资产类别之间进行分配的原则，这是影响投资组合长期投资业绩的最关键因素。根据马科维兹投资组合理论，组建一个具有有效边界的投资组合指：在收益—风险约束条件下，能够以最小的风险取得最大的收益的各种证券的集合。这需要组合中的资产既具有较高风险收益比，又与其他资产的相关性偏低，进而能够降低组合整体风险水平。

从风险收益匹配角度看，美国市场的 REITs 要显著优于美国各种指数（标准普尔 500 指数、纳斯达克综合指数、罗素 2000 指数）、高收益债券、公司债券的风险和收益分布状态，REITs 在亚洲地区范围内的中国香港、新加坡和日本市场表现同样远超当地十年期的政府债券。尽管 REITs 因为资本利得波动存在较大的年化收益率方差，但将收益与风险结合起来看，REITs 的夏普比率高于其他指数，是较为优质的投资资产。

从投资分散性角度看，REITs 和其他资产的相关系数也较低，从而使其具有组合投资的优势。作为现金、股票、债券之外的第四资产，在过去 30 年，Nareit 的权益 REITs 指数和标准普尔 500 指数的相关系数为 0.55，与纳斯达克成分指数的相关系数为 0.36，与美国投资级债券的相关系数更低，仅为 0.19。与大类资产相对较低的相关性使得 REITs 成为分散风险、优化投资组合的资产。

此外，在传统固定收益资产收益率吸引力有限的背景下，基础设施 REITs 的推出能够为投资者提供新的富有吸引力的资产。对投资者而言，REITs 是参与基础设施资产投资的优质渠道。世界各国 REITs 市场表现均体现了 REITs 产品有着较高的投资回报率。从 Nareit 的 20 年年均回报率来看，REITs 的收益显著高于美国各大股指与债券的配置收益。近年来，我国 REITs 市场已进行了诸如类 REITs、CMBS、CMBN 等多类产品形式的探索，但这些创新产品无法完全替代 REITs 填补市场的空白，特别是 REITs 在流动性、标准化、透明度等方面具有的不可或缺的优势。此外，REITs 是一类权益型产品，和其他债性创新产品天然不同，能够帮助机构投资者享受不动产价值增值带来的丰厚回报，故而公募 REITs 将成为机构投资者投资组合的重要组成部分。

（三）顺应行业周期

对于具有 REITs 购买意愿且愿意长期持有的投资者而言，不动产周期是其投资判断时必须参考的因素，因为不动产周期会对 REITs 的股价和营运资金造成较大影响；短期投资者也需要将行业周期作为参考，从而保证投资组合与不动产周期相适应。国际市场上房地产 REITs 存续时间较长，且穿越了一定周期，故在此以房地产为例，对不动产周期进行分析。不动产周期主要包括四个阶段：

1. 繁荣期

繁荣期持续时间通常较短，具体表现为：租金快速上涨，空置率持续下降，优质不动产满租，供不应求。人们的投资热情旺盛，为不动产市场注入了大量资金。开发建设成为普遍现象，金融机构会向各种类型的申请人发放贷款，甚至包括一些信用不达标的企业。此阶段往往存在过度开发现象，为之后的衰退期埋下伏笔。

2. 衰退期

繁荣期结束后就是衰退期。这一时期市场过度饱和，大量新建不动产使得市场供给过高，租金和出租率开始下降，如果此时正好处于经济衰退阶段，情况会进一步恶化。由于行业的回报不达预期，许多新的开发项目被取消，部分在建项目烂尾。

3. 萧条期

衰退期结束后，行业进入了持续时间较长的萧条期。此时空置率很高，租金较低，租户有较强的议价能力，往往能通过协商减免租金。此时只有很少的新开发项目。市场需求缓慢恢复，波动开始平稳。

4. 复苏期

此时的市场开始逐渐有所好转，出租率和租金缓慢但稳定地上升。投资者情绪由悲观转为乐观，不动产投资转而旺盛。出租人与租户的议价能力达到均衡。此时新开工的建筑仍然不多，但是开发商开始为新的项目进行授权及融资的准备。至此，一个周期结束，开始进入下一个周期的第一个阶段。

值得注意的是，疲软的市场往往能提供非比寻常的增长机会。财务稳健且拥有良好管理能力的 REITs 往往能在市场疲软时以极低价格购入有良好前景的不动产，而且还能通过翻新不动产来进一步获取更高的回报。当然，REITs 也必须在预期现金流的下滑与收购翻新不动产需要的支出之间作出一定的权衡。另外，投资者需要警惕在经济周期繁荣期估值过高的 REITs，随着市场反弹，许多高估值的 REITs 往往会因为营运现金流增长不达预期而遭受严重的股价调整。

只有极少数人才能通过自上而下分析从而达到长期穿越周期的目的，通常穿越周期都是通过自下而上的个股估值判断达成的。能够穿越周期的 REITs 主要有两类：一类是能持续成长的 REITs，另一类是周期性很弱的 REITs。当一只 REIT 的财务报表稳健，管理团队实力强劲，所处的行业发展前景较好时，它就具备了长期持续成长的前提条件，即便周期处于下行阶段也不会对它的股价造成太大的影响。另外，如果一只 REITs 的周期性较弱，那么它也会具备穿越周期的潜力，比如物流仓储类 REITs 的周期性就较弱，因为物流仓库的租期较长，现金流稳定；又如水电气热等市政设施类 REITs，由于每年需求变化较小，因此周期性也较弱。

（四）把握不同业态 REITs 的特征

1. 工业类 REITs

工业类 REITs 所持有的不动产主要包括物流中心、仓库、厂房、研究与发展设施及轻型制造设施等。随着电子商务领域的高速发展，中国的工业及物流行业也正处于爆发增长期。2019 年中国电子商务交易额达 34.81 万亿元，其中网上零售额 10.63 万亿元，同比增长 16.5%。随着电子商务的快速发展，中国境内的工业和物流仓储设施的需求也在不断提高，因此，中国以物流仓储设施为底层资产的基础设施 REITs 会有不错的发展前景。

工业类 REITs 的抗跌能力较强。相对于商业不动产，工业不动产的租金波动趋势较小而且在大多数年份里都保持增长。另外，工业不动产往往不会出现过度建设现象。这是因为工业不动产的建筑物搭建起来较快，所以在需求没有确定之前没有必要提前建造。大多数的不动产都是按照使用者的实际需求来建造的，这意味着这个行业不太可能出现过度建设现象。此外，工业地产的维护费用比较低，租期较长，通常为 7—10 年，而且合约到期后的续约率也很高，因此工业类 REITs 的现金流是比较稳定且容易预测的。

以 Monmouth（MNR）为例，Monmouth 成立于 1968 年，是一只主要持有物流仓库的工业类 REIT。Monmouth 自上市以来股价较为稳定，即便是 2007 年的经济危机也没有给它的股价带来太大的影响，这体现了 Monmouth 较强的抗跌能力。另外，得益于近年来电子商务的高速发展，Monmouth 的股价实现了快速增长。

2. 数据中心类 REITs

信息时代，企业需要以稳定、安全的方式储存信息，大多数企业选择将这些信息存储在服务器里。企业规模越大，需要存储的信息量就越多，对服务器运载能力要求就越高。这些服务器在 24 小时不间断的运行中，需要稳定的电力供应、低温的工作环境、防火防盗的安全保障，还需要与外界通畅且稳定的联络渠道。对于大多数企业来说，打造这样一个环境成本过高，因此专业的数据中心应运而生。随着 5G、集成电路、云计算等信息产业的高速发展，企业对数据的储存需求日益增长，数据中心产业的发展前景十分广阔。

数据中心 REITs 具有周期性偏弱、回报率相对较高的特征。数据中心的租约较长，大多在 5—10 年，长期租约提供了较为稳定的现金流。此外，数据中心的客户较为稳定，很少会出现退租的现象，当然前提是数据中心能满足租户在硬件和运营上的要求。回报率方面，数据中心类 REITs 是近几年才推出的新型 REITs，起步较晚，但发展很快；根据 Nareit 的数据，2015—2019 年，美国数据中心类 REITs 的累计收益率为 86.5%，高于所有 REITs 的平均收益率 48.8%。

Equinix 是美国数据中心类 REITs 的龙头，主要提供主机托管、网间结算、基础设施管理等服务。Equinix 于 2012 年申请转变为 REITs，并于 2015 年完成了向 REITs 架构的转变。自 2015 年以来，Equinix 不断通过收并购以扩大公司规模，同时，得益于 REIT 架构所带来的税收优惠及流动性改善，其股价也实现了快速增长。Equinix 2015—2019 年的年复合收益率为 24.4%，高于全部权益类 REITs 同时期的年复合收益率 8.5%。另外，Equinix 的抗跌能力较强，2020 年年初的新冠肺炎疫情对它的股价并没有造成较大负面影响，Equinix 的股价由 2020 年年初的 577 美元涨到同年 6 月底的 700 美元，累计涨幅达 21%。

3. 公寓类 REITs

公寓是住宅类不动产最主要的类型。公寓类 REITs 的现金流较为稳定，发展前景受住房市场、工资水平、就业率等因素的影响。和其他类型的 REITs 不同，利率上行对公寓持有人的影响较为温和，这是因为利率上升会减弱人们购房的需求，因此人们会更倾向于租房，从而提高对公寓的需求。

一些有利的因素鼓励潜在的投资者考虑公寓市场。公寓的租户较多，通常一栋公寓就有上百租户甚至上千租户，因此现金流往往比较稳定且可预测。当一两户租客不选择续约时，对经营活动影响较小。此外，公寓的维修和保养成本较酒店或写字楼更低。最后，与其他类型不动产相比，公寓市场比较好预测，因为用于预测供需的数据，比如人口统计、就业率和经济增长率等数据较容易获取。

4. 零售类 REITs

零售类 REITs 持有的不动产主要包括大型购物广场、邻里中心等。购物广场在零售类不动产中占据了较大的份额，租金也较高；邻里中心主要包括超市以及便利店，面临的竞争压力较大。零售类 REITs 与其他类型 REITs 的一个很重要的区别在于，REITs 与租户的利益是一致的。这种利益一致的关系通常会体现在合同上。零售类 REITs 与租户签订的合同中通常会包含"销售分成"的条款，当租户的销售额超过指定的数值时，REITs 可以按照比例获取一部分收入。作为回报，REITs 也会组织安排一些促销活动来吸引顾客。

零售类不动产的表现受宏观经济的影响较大。经济下行时，人们的收入水平和消费意愿会下降，进而影响到零售类不动产的销售收入。此外，零售类不动产的租金通常较高，经济下行时较多租户负担不起租金，也会使得零售类不动产的空置率提高，影响租金收入。当然，当行业周期处于繁荣期时，零售类 REITs 因为"销售分成"能持续获得高额的收入，这是其他 REITs 无法做到的。

5. 酒店类 REITs

酒店类 REITs 持有的主要不动产是各种类型的酒店，包括奢侈型酒店、商务型酒店、经济型酒店等。

不同类型酒店的季节周期性存在差异。以旅游度假为主的酒店的运营收入主要取决于到酒店所在地旅游的人数，而旅游有淡旺季之分，因此，此类酒店的收入也呈现季节性变化。而面向商务出行的酒店和经济型酒店，主要取决于所在地人口流动情况，受季节因素影响较小，季节周期性相对较弱。

酒店行业对经济形势非常敏感，不同类型的酒店均受到经济周期影响。当经济衰退时，人们往往会减少自己在旅游方面的开支，也会减少商务出行频率，并且酒店并非长期租约，不具备长期稳定的现金流，这些因素都将导致酒店收入大幅缩水。当然，当市场状况良好时，酒店类 REITs 能通过及时提升客房单价来实现快速发展。

综上，工业类、数据中心类、公寓类 REITs 的业绩受不动产周期的影响较小，而零售类和酒店类 REITs 受不动产周期的影响较大。其中，工业类、数据中心类、公寓类的不动产都有着租期较长或续租率高的特点，这意味着它们的经营现金流极为稳定，并且能在经济下行的环境下提供一定现金流保护。此外，这三种 REITs 持有的不动产目前在国内的发展前景较好，有较好的成长性；相对地，零售类、酒店类 REITs 受周期的影响较大。当经济下行时，人们的消费意愿、旅游需求、商务出行意愿会减小，这会对零售类 REITs 与酒店类 REITs 的业绩带来较大的负面影响。当市场良好时，它们也能给投资者带来丰厚的回报。

二、投资方式

从投资方式看，机构投资者和公众投资者参与 REITs 投资分为一级申购和二级交易两种方式。针对上述两种投资方式，并结合《基础设施 REITs 指引》《上海证券交易所公开募集基础设施证券投资基金（REITs）业务办法（试行）》《上海证券交易所公开募集基础设施证券投资基金（REITs）规则适用指引第 2 号——发售业务（试行）》《深圳证券交易所公开募集基础设施证券投资基金业务办法（试行）》《深圳证券交易所公开募集基础设施证券投资基金业务指引第 2 号——发售业务（试行）》，将具体投资细节梳理如下。

（一）一级申购方式投资 REITs

对于机构投资者和公众投资者，均可通过一级申购方式投资于 REITs。

机构投资者指证券公司、基金管理公司、信托公司、财务公司、保险公司及保险资产管理公司、合格境外机构投资者、商业银行及银行理财子公司、政策性银行、符合规定的私募基金管理人以及其他符合中国证监会及交易所适当性规定的专业机构投资者。机构投资者可以通过战略配售和网下认购两种方式参与 REITs 的一级申购。

第一，战略配售。根据《发售业务指引》规定，专业机构投资者可以参与基础设施基金的战略配售，其中要求此类专业机构投资者，应当具备良好的市场声誉和影响力，具有较强资金实力，认可基础设施基金长期投资价值。

在此需注意，参与战略配售的投资者不得参与基础设施基金份额网下询价，但依法设立且未参与本次战略配售的证券投资基金、理财产品和其他资产管理产品除外。同时，战略投资者持有基础设施基金份额期限自上市之日起不少于12个月。

第二，网下认购。专业机构投资者及全国社会保障基金、基本养老保险基金、年金基金等可根据有关规定参与基础设施基金网下询价，网下投资者及其管理的配售对象的询价报价应当包含每份价格和该价格对应的拟认购数量。报价截止后，基金管理人或财务顾问根据事先确定并公告的条件，剔除不符合条件的报价及其对应的拟认购数量。报价剔除后，基金管理人、财务顾问应当根据报价中位数和加权平均数，结合公募证券投资基金、公募理财产品、社保基金、养老金、企业年金基金、保险资金、合格境外机构投资者资金等配售对象的报价情况，审慎合理确定认购价格。

基金份额认购价格确定后，询价阶段提供有效报价的投资者可参与网下认购。（有效报价是指网下投资者提交的不低于基金管理人及财务顾问确定的认购价格，同时符合基金管理人、财务顾问事先确定且公告的其他条件的报价）

网下投资者认购时，应当按照确定的认购价格填报一个认购数量，其填报的认购数量不得低于询价阶段填报的"拟认购数量"，也不得高于基金管理人、财务顾问确定的每个配售对象认购数量上限，且不得高于网下发售份额总数量。

对于公众投资者而言，根据《发售业务指引》，募集期限内，公众投资者可以参照《上海证券交易所上市开放式基金业务指引》《深圳证券交易所证券投资基金交易和申购赎回实施细则》的相关规定，通过场内证券经营机构或者通过场外基金销售机构以询价确定的认购价格参与基础设施基金份额认购。

（二）二级交易方式投资 REITs

《上海证券交易所公开募集基础设施投资基金（REITs）业务办法（试行）》规定，基础设施基金可以采用竞价、大宗、报价、询价、指定对手方和协议交易等交易所认可的交易方式交易。《深圳证券交易所公开募集基础设施证券投资基金业务办法（试行）》规定，基础设施基金可以采用竞价、大宗和询价等交易所认可的交易方式进行交易。对于机构投资者及公众投资者，均可以通过以上交易所认可的方式，参与 REITs 产品的二级交易，以实现 REITs 产品的投资。

根据交易所相关规定，基础设施基金采用竞价交易的，单笔申报的最大数量应当不超过 10 亿份；基础设施基金采用大宗或询价交易的，单笔申报数量应当为 1000 份或其整数倍，具体的委托、报价、成交等事宜按照交易所相关规定执行。

目前基础设施 REITs 最终交易载体为一种特殊的封闭式基金份额，底层资产与投资者之间隔着多层结构，有可能对二级市场交易活跃程度、二级市场价格形成机制、甚至公募 REITs 的长久生命力带来一定的影响。从目前市场现有资产的运行情况看，二级市场的流动性和价格波动主要由公众投资者带来。从目前 REITs 的认购体制看，公众投资者参与量有限，在这种情况下，预计未来公募 REITs 的二级交易量可能相对有限。资产品种都有一定的交易惯性，如果市场培育初期成交量较低，可能导致后续投资 REITs 的投资者以配置性需求为主，交易性投资者可能会越来越少，导致 REITs 品种流动性降低，参与投资者类型逐渐趋向单一。从价格上考虑，公募 REITs 发行初期，公众投资者可能会将 REITs 一级申购类比成 IPO 打新，参与活跃度较高。同时需注意上市时的定价，如果定价过高，公众投资者可能发现资产增值率和换手率与股票有一定差异，不排除后续在二级市场抛售所持有的 REITs 份额，在一定时间内对 REITs 资产价格造成压力。解决上述问题需要监管部门和各市场参与方的共同努力，以期营造一个良好的 REITs 生态环境。

第二节　投资须关注的重点问题

一、产品端

基础设施 REITs 本质是通过证券化的方式将流动性低但具有持续稳定收益的基础设施资产或权益转化为流动性强的标准化金融工具。由于底层资产的特殊性、税务筹划、法律法规限制等多种因素，产品结构较为复杂，本节将从流动性、收益情况、税收安排、基金估值等维度来分析产品端重点关注的问题。

（一）流动性

REITs本质是将流动性较低、单笔交易规模较大的不动产资产，通过证券化手段提升资产的可投资性和投资价值，从而便于中小投资者参与不动产投资的交易机会。虽然公募REITs以机构投资者为主，且主要为配置盘，整体流动性或偏弱，但随着投资者对公募REITs认知度和参与度的提升，加之我国相关办法允许公募REITs引入流动性服务机制，如"基金管理人原则上应当选定不少于1家流动性服务商为基础设施基金提供双边报价等服务"，可以进一步提升二级市场交易的流动性和活跃度，有效避免二级市场出现流动性不足影响基础设施REITs的定价效率的问题，缓解投资者对公募REITs流动性的担忧。

（二）退出安排

由于底层资产的特殊性，基础设施REITs为封闭型产品，封闭期限与底层资产的期限相匹配，投资者募集期认购后，不能通过传统公募基金的赎回方式退出对产品的投资，但由于上市份额可在二级市场交易，因此待基础设施REITs上市后，场内投资者可以直接卖出份额实现产品的退出，场外认购的投资者可以按照规定转托管至场内证券经营机构，转托管后的基金份额即可参与场内卖出交易。基金封闭期届满后，产品将终止运作并进入清算期，进入清算期后，基金管理人牵头成立清算小组对底层资产进行处置清算，并将基金财产按照约定分配至投资者。按照当前规定，正常情况下基金财产清算的期限不超过6个月，但若基金所持资产的流动性受到限制而不能及时变现的，清算期限会相应顺延。

值得注意的是，当前监管机构针对底层资产的原始权益人、或其关联方、战略配售人等特殊投资者设置了锁定期，只有锁定期解除，这些投资者才能实现退出。例如，基础设施项目原始权益人或其同一控制下的关联方参与基础设施基金份额战略配售的比例合计不得低于该次基金份额发售数量的20%，其中基金份额发售总量的20%的持有期自上市之日起不少于60个月，超过20%部分的持有期自上市之日起不少于36个月，基金份额持有期间不允许质押。

（三）征税

从境外的发展经验看，税收优惠是激活 REITs 发展的重要驱动力。在美国，REITs 不因本身的设立运作和结构设计带来新的税收负担，即实现税收中性。其他推行权益型 REITs 的国家，也采取了类似美国的税收支持政策。虽然当前我国暂未出台专门针对 REITs 的税收优惠政策安排，但是由于我国基础设施 REITs 采取"公募基金+ABS"模式，可以沿用现有公募基金的税收优惠政策，实现在公募 REITs 层面的税收优惠，避免双重征税，这也是公募 REITs 较私募类 REITs 明显的优势。例如，公募基金从证券市场中取得的收入，暂不征收企业所得税；投资者层面，对投资者从公募基金分配中取得的收入，暂不征收企业所得税；对于封闭式基金，个人申购、赎回基金份额取得差价收入，暂不征收个人所得税。

需要指出的是，原始权益人或仍面临相关税收问题，在底层资产交易环节，原始权益人或须承担增值税、土地增值税、企业所得税、契税、印花税。而根据当前规定，原始权益人要参与战略配售，至少要持有 20% 基金份额达 5 年以上。所以，对原始权益人来说，向公募 REITs 出售的部分底层资产又以基金份额的形式间接回到其手中，而该部分基金份额仅能在锁定期后才能对外转让，这意味着原始权益人所得税当期应税金额涵盖了自身认购金额，原始权益人提前缴纳了未来出让基金份额应缴的企业所得税。为推动公募 REITs 发展，建议监管部门尽快明确对基础设施 REITs 的税收支持政策，理顺基础设施项目的投融资机制。

（四）估值

基础设施 REITs 估值包括两层含义：基础设施 REITs 所投基础设施资产估值和基础设施 REITs 份额估值。实际上，基础设施 REITs 所投基础资产估值是份额估值的基础，二者是统一的。

投资人对基础设施 REITs 估值的关注点主要集中在以下三方面：

一是评估机构的资质。基础设施 REITs 投资标的是基础设施资产，基础设施资产价值直接影响基础设施 REITs 价值，选择符合条件的评估机构评估基础设施价值是推进基础设施 REITs 工作的重中之重。《基础设施 REITs 指引》第十一条已对基础设施 REITs 规定："申请注册基础设施基金前，基金管理人应当聘请独立的评估机构对拟持有的基础设施项目进行评估，并出具评估报告。评估机构应当按照《证券投资基金法》第九十七条规定经中国证监会备案，并符合国家主管部门相关要求，具备良好资质和稳健的内部控制机制，合规运作、诚信经营、声誉良好，不得存在可能影响其独立性的行为。评估机构为同一只基础设施基金提供评估服务不得连续超过 3 年。"是否符合相关法律法规要求仅仅是投资者评价评估机构的基础，他们更关注的是评估机构在相关领域的资历、经验和声誉。经验丰富、声誉良好的评估机构出具的评估报告更值得投资人信赖，经验欠缺、声誉较差的评估机构将受到投资人更审慎的对待。

二是评估方法的选取。鉴于基础设施 REITs 是一种依靠基础设施运营产生的现金流向投资人进行高比例分红的金融产品，通过现金流判断资产价值符合 REITs 产品逻辑。《基础设施 REITs 指引》第十二条规定："基金管理人和评估机构在确定基础设施项目或其可辨认资产和负债的公允价值时，应当将收益法中现金流量折现法作为主要的评估方法，并选择其他分属于不同估值技术的估值方法进行校验。"故而，基础设施 REITs 将采用收益法中的现金流量折现法作为主要评估方法，并可能选择其他分属于不同技术的估值方法进行校验。基础设施 REITs 是仅采用了现金流量折现法？还是主要采用现金流量折现法、并辅以其他评估方法？若为后者，不同评估方法对基础设施估值的贡献程度分别有多大？如何解释采用其他评估方法对现金流量折现法估值校验的合理性？这些都是投资者在评估方法选择上关注的重要问题。

三是评估参数的确定。评估方法的选择为基础设施评估值的确定指明了方向，但如何证明所选评估参数的合理性是证明评估值合理性的先决条件。《基础设施 REITs 指引》第十二条规定，评估报告包括下列内容："……影响评估结果的重要参数，包括土地使用权或经营权利剩余期限、运营收入、运营成本、运营净收益、资本性支出、未来现金流变动预期、折现率等……"这些评估参数直接决定了评估值的产生。投资人在判断评估值合理性时，一方面会从经验角度出发，结合区域其他同类资产价值、同类资产重置成本等因素判断估值合理性，另一方面则会从评估参数选择的合理性角度出发，判断估值结果的合理性。只有评估机构通过其专业判断将每一个参数解释清楚，其出具的评估报告才能得到投资人认可，经得起市场检验。

二、资产端

REITs 产品的收益来自底层基础设施资产，基础设施资产是基础设施 REITs 产品的基石，因此拟投资基础设施 REITs 产品时，需重点关注资产端，包括权属情况、建设审批手续齐备情况、运营管理安排、基础设施资产估值及现金流预测的合理性、资产所处行业发展阶段与发展前景等多方面因素。

（一）基础设施项目权属情况

基础设施项目权属情况是基础设施 REITs 项目筛选的首要条件，也是发起人有权以其资产发行基础设施 REITs 的前提条件。根据基础设施 REITs 监管规则要求，基础设施项目应当权属清晰、资产范围明确，发起人（原始权益人）依法合规拥有项目所有权、特许经营权或运营收费权。对于数据中心、产业园、仓储物流等不动产类项目，应关注不动产相关的土地使用权的取得方式、有无转让限制、土地使用权剩余期限、房产证或不动产权证情况，关注发起人是否合法有效拥有基础设施项目的所有权，所有权有无抵质押等第三方权利负担等情况；对于高速公路、污水处理、PPP 项目等特许经营权或运营收费权类的项目，应关注特许经营协议、PPP 项目合同等对特许经营权及运营收费权相关的经营年限、收费来源、到期资产归属等重要内容的约定，关注资产本身或对应收费权是否存在抵质押等第三方权利负担等情况。

（二）基础设施项目建设审批手续齐备情况

根据基础设施 REITs 监管规则的要求，拟发行公募 REITs 的基础设施项目必须已依法依规取得固定资产投资管理相关手续，监管机构对于固定资产投资建设相关的手续齐备性将进行严格审查。需要重点关注的建设审批手续包括项目审批、核准或备案手续，规划、用地、环评、施工许可手续，竣工验收报告或"五方验收单"，及其他根据行业相关法律法规要求应办理的建设合规手续，如数据中心的建设须关注节能评估审查手续齐备情况，经营应具备的增值电信业务许可情况等。

（三）基础设施项目的运营管理安排

发行基础设施 REITs 后，基础设施项目的运营管理可采取基金管理人与运营管理机构相结合的管理模式。其中，基础设施项目的财务、印章证照、账册合同、账户、现金流、档案归集管理等将由基金管理人进行管理；对于基础设施项目日常运营相关的事项，包括为基础设施项目购买保险，制订及落实基础设施项目运营策略，协助签署并执行基础设施项目运营的相关协议，协助收取基础设施项目租赁、运营等产生的收益，追收欠缴款项，执行日常运营服务，如安保、消防、通信及紧急事故管理，实施基础设施项目维修、改造等专业化事项，可以由基金管理人专门设立的子公司承担，也可以委托外部管理机构承担。鉴于基础设施项目的运营管理具有较高的专业性，目前多数项目采取的是由发起人或其子公司作为外部管理机构，根据基金管理人的委托，为基础设施项目提供专业化的运营管理服务的模式。作为基础设施项目的运营管理机构，应具备丰富的同类项目运营管理经验，配备充足的运营管理人员，具有持续为基础设施项目提供运营管理服务的持续经营能力。

（四）基础设施资产估值及现金流预测的合理性

基础设施项目的估值及现金流预测对于 REITs 的发行规模及投资人未来的派息收益率具有重要影响。拟发行 REITs 的基础设施项目要求现金流持续稳定且来源合理分散，投资回报良好，近 3 年内总体保持盈利或经营性净现金流为正。基础设施项目的估值原则上应以收益法作为基础设施项目评估的主要估价方法，应结合历史现金流进行估值及未来的现金流预测。对于历史现金流，应特别关注历史现金流的稳定性、现金流构成及回款情况、集中度、关联交易收入占比等情况。对于未来现金流，应特别关注评估报告及现金流预测中关于土地使用权或经营权剩余期限、运营收入、运营成本、运营净收益、资本性支出、折现率等要素或参数的选取。以土地使用权或经营权期限为例，对于具有不动产属性的基础设施项目，须关注土地使用权的剩余年限；对于特许经营权类的项目，则须关注特许经营权的剩余年限。因为以收益法估值，经营年限或特许经营年限直接影响资产的估值，进而影响资产的收益及派息情况。如对于高速公路资产，按照 2004 年公布的《收费公路管理条例》，分为两种情形：

一是政府还贷公路的收费期限，按照用收费偿还贷款、偿还有偿集资款的原则确定，最长不得超过 15 年，国家确定的中西部省、自治区、直辖市的政府还贷公路收费期限，最长不得超过 20 年；二是经营性公路的收费期限，按照收回投资并有合理回报的原则确定，最长不得超过 25 年，国家确定的中西部省、自治区、直辖市的经营性公路收费期限，最长不得超过 30 年。污水处理、垃圾固废处理等均有类似的特许经营年限限制，投资人在投资此类 REITs 时须特别关注剩余的经营年限。

（五）资产所处行业发展阶段与发展前景

公募 REITs 具有期限很长或无固定期限的特征，因此关注基础设施历史现金流的同时，亦须关注基础设施项目所处行业目前的发展阶段及未来的发展前景，以进一步判断未来长期限内公募 REITs 产品的收益稳定性、增长性情况。目前根据公募 REITs 试点相关规则，可发行公募 REITs 的行业聚焦于七类重点行业，未来随着 REITs 业务的大力推进，行业范围也可能进一步扩大，不同类型的投资人所关注的行业类型也各有不同。投资人在选择拟投资的 REITs 项目时，须特别关注基础设施所属行业的政策支持情况、行业发展阶段、市场供求情况、行业竞争情况及进入壁垒情况，了解基础设施项目在所属行业的行业地位、竞争优劣势情况，了解项目所处行业的利润水平及项目公司的利润水平，分析判断项目公司的盈利能力是否与行业平均盈利情况相符，如有偏离立特别关注偏离的具体原因及合理性，以此进一步判断项目公司未来的发展前景、盈利能力及面临的主要风险情况。

第三节　如何选择 REITs 产品

基础设施 REITs 的类型多样，特点不一，标准化程度相对较低，不司 REITs 资产在过往业绩、经营管理、资产前景、扩募潜力等方面各不相同。没资者如何判断一个基础设施 REITs 产品的好坏，怎么选好 REITs 产品，如何在资产组合中配置 REITs 产品，我们认为至少应关注以下五个方面。

一、历史业绩

《国家发展改革委办公厅关于做好基础设施领域不动产投资信托基金（REITs）试点项目申报工作的通知》要求确保试点项目满足的基本条件包括："投资回报良好，近 3 年内总体保持盈利或经营性净现金流为正"，这对项目过往业绩提出了一定的要求。过往业绩是衡量一个 REITs 项目是否具有投资潜力的重要参考，也是评估资产价值以及预测项目未来收益的基础之一。

对过往业绩的考察须结合项目过往的经营环境、市场背景、行业背景、企业运营情况等因素，分析项目经营收入情况、经营成本情况，从而核算过往业绩，同时也可参考市场同类项目的经营情况进行分析。

财务报表是反映过往业绩的最重要参考依据，如项目具有独立项目公司，且无其他资产混同，则财务报表可较为准确地反映项目经营的业绩。如无独立项目公司，与其他资产混同，则须聘请专业会计师对与标的项目相关的财务数据进行拆分，出具备考财务报表，供相关方参考。由于基础设施项目受折旧摊销以及财务成本影响较大，净利润往往无法准确反映项目的经营业绩，因此专业机构通常会更为关注经营性净现金流或者息税折旧及摊销前利润（EBITDA），同时也会考虑资本性支出对项目收益的影响，上文提到美国 REITs 市场的投资者往往采用营运现金流即 FFO 来作为衡量 REITs 现金流及盈利能力的主要指标。在财务报表分析中，须特别关注关联交易对业绩的影响，如果过往业绩中，收入或者利润有较大比例来源于关联方，则须注意发行 REITs 后，该部分收入和利润来源是否具有可持续性。

过往业绩不代表未来表现，衡量一个 REITs 项目是否值得投资需要看资产未来的表现，过往业绩仅仅作为参考。REITs 发行后，从宏观和中观上，项目所处的宏观经济环境、行业情况、市场竞争情况在较长的存续期内可能会发生变化；从微观上，资产的权属、公司治理机制、经营团队等也可能发生变化。因此需在过往业绩的基础上，结合对上述变化的预测，分析项目未来的经营业绩。

二、运营管理团队

一个好的运营管理团队对于 REITs 来说至关重要。当市场疲软时，一个平庸的 REITs 管理团队往往无法作出积极有效的应对，导致不动产的收入持续下滑，现金流压力持续加大，有时甚至需要出售不动产以换取足够的资金来维持基本的运营；反之，一个由优秀管理团队管理的 REITs 会在经济下行时保持较好的收入水平，甚至有足够资金收购此时价格低廉且具有发展潜力的资产。当市场衰退期一过，这些优质资产就能为 REITs 公司带来源源不断的现金流，REITs 价值也会获得提升。

《基础设施 REITs 指引》中规定：基金管理人可以设立专门的子公司承担基础设施项目运营管理职责，也可以委托外部管理机构负责部分运营管理职责。对于传统以二级市场投资为主要业务的公募基金公司来说，基础设施项目的运营管理是个陌生领域，运营管理团队的建设、内部体系的搭建、甚至思维模式的转变都需要一定的时间。同时，不同类型的基础设施资产在运营管理上差异较大，高速公路的运营团队可能对水务类资产完全不熟悉，必须为每一类资产建立对应的运营管理团队。而公募基金公司管理的单个类型的基础设施 REITs 规模有限，为每一类基础资产都配置完整的运营管理团队显然是不经济的，因此公募基金距离独立运营资产仍然任重道远。可以预见，在公募 REITs 推进的初期，以原始权益人为主的外部管理机构将承担主要的运营角色。原始权益人熟悉基础资产的状况、运营管理团队完备、很多原始权益人在发行 REITs 后一般都希望保留资产的运营权，如果能在 REITs 架构中设计合理的机制，充分调动原始权益人运营管理团队的积极性，对于 REITs 的长期稳定发展大有裨益。

在 REITs 架构里，运营管理团队与基金管理人及投资人之间存在相互依存、相互制约的关系，一定条件下与投资人存在利益冲突，如何针对运营管理设计合理的机制是对 REITs 很大的考验。我们认为，一个良好的 REITs 运营管理机制至少应把握以下几点原则：

（一）利益分享、风险共担的机制

公募 REITs 发行后，项目公司实际上成了公众企业，运营管理团队成了职业经理人，受基金管理人的聘请运营管理项目，因此只有设计利益共享、风险共担的机制，才能形成稳定的治理结构，激发经营管理团队的主动性和创造性，在提高基金投资人收益的同时，也让运营管理团队分享业绩成长的红利。例如，通过设计与可分配现金流正向挂钩的提成机制，或者与业绩相关的阶梯式增长的分成机制，都可以使得经营管理团队与投资人形成较为一致的利益。同样，如果项目经营不善，运营管理团队须承担一定的风险，如无法获得相应的奖励报酬。

（二）明确运营管理团队的权责范围

一般情况下，运营管理团队对项目公司及基础设施项目承担相应的日常运营维护与管理、销售、信息披露等运营管理职责，其角色类似于上市公司的管理层，而重大事项的决策由基金管理人或者基金持有人大会进行决策。基金管理人的角色类似于上市公司董事会，持有人大会则类似于股东大会。运营管理团队负责人可自主决定运营团队人员的招聘和解聘、岗位安排、考核、薪酬、业务管理制度等，基金管理人可在相关文件中约定运营管理团队须将上述安排提交基金管理人报备，以便监督运营管理团队的日常经营。

（三）完善的制约机制

监管机构强调压实基金管理人的责任，基金管理人须对项目公司的财务、预算、行政（如印章、档案、账册）、公司治理、资产处置等方面承担相应的主动管理职责，并有权定期或不定期对运营管理机构的履职情况以及基础设施项目的运营管理行使监督、检查、评估、审计等权利，运营管理机构应予以协助和配合。须避免由于基金管理人、投资人对基础设施不够了解、信息不对称、监督不到位，出现运营管理机构实际控制，进而影响投资人利益的情形。

（四）避免同业竞争及利益冲突的措施

运营管理团队可能同时负责公募 REITs 项目以外的其他项目的运营管理，基金管理人应当要求运营管理团队采取充分、适当的措施避免可能出现的利益冲突，防止运营管理团队利用获取的信息从事相关交易活动。原始权益人负责运营管理的，应在发行前作出承诺，避免同业竞争。

三、资产前景

一个 REITs 是否值得投资要看其对应的底层资产未来的发展前景，重点须关注资产所在的行业政策、区域环境、市场竞争态势、运营团队能力等因素。实际上中国证监会和国家发展改革委在《通知》中提出的"聚焦重点区域、聚焦重点行业、聚焦优质项目"三个"聚焦"已经帮助投资人降低了选择的困难。但是基础设施资产范围广泛，业态模式多样，经营模式也差异较大，不同类型资产发展前景仍然面临分化。

仓储物流行业受益于 B2C 电商快速发展叠加零售端渠道变革，需求增长迅速，然而我国仓储供给端发展落后于海外，因此，近几年我国物流市场规模增速较快，投资回报率较高，仓储物流也是基础设施 REITs 最具潜力的细分行业之一。依据持有人所在行业，仓储物流资产应当分为两类不同模式：一是传统仓储物流开发商，如普洛斯、易商、万纬等；另一类是基于电商、快递物流运营业态的仓储企业，如京东、阿里菜鸟、苏宁易购、顺丰等。在关注资产所在的区位、仓库标准等因素以外，还应充分关注两类仓储物流资产在使用特点、业态分布、租户分布、现金流收益等方面的差异。对于电商、快递自用类仓库，还须关注其在发行公募 REITs 以后，租金定价机制、单一租户经营状况对资产的影响。

数据中心作为新基建资产的代表，由于国内需求增长旺盛、经营现金流稳定、重资产属性、经营期限长等特点也受到投资人的关注。数据中心建设作为底层基础设施，在大数据时代处于高景气发展阶段，同时基于国家大力发展新基建，产业巨头纷纷跟进，未来 3 年行业增速将保持高增长，但同时也须关注过度投资的风险。判断数据中心资产的增长潜力，主要看：（1）资产所在区域的稀缺性，由于数据中心能耗较大，一线城市及周边的建设审批较为困难，新增资产难度较大，而中西部能源大省则相对容易；（2）资产扩大经营的潜力，即数据中心是否还有增加机柜、扩大生产的空间，或者出租率是否还有上升的空间，如果已经基本满租且无法扩大规模，则只能依靠租金水平的上升带来资产价值的上升；（3）经营管理团队的水平，虽然数据中心重资产的属性较强，但是优秀的经营管理团队在客户的获取、能耗的管控、风险的控制等方面能够发挥较好的作用，能够提升项目的收益水平。

高速公路盈利高度依赖于区位优势，符合发行基础设施 REITs 条件的高速公路资产基本上都已进入平稳运行期，费用支出固定、折旧摊销均衡，投资人获得收益的多少主要看收入端的变化。高速公路以重资产模式投建，后期运营过程中无须投入更多人力和物力资本，现金流的产生不依赖于持续投入，对主体持续经营能力的依赖性较低，更体现资产属性，而资产本身是现金流产生的关键。因此对高速公路发展前景的判断主要在于其所在区域的经济发展状况、人口增长以及交通总体规划的安排，尤其需要注意的是新建交通线路对标的线路的分流作用。

城市行政级别、区位优势、产业配套、劳动力资源等是判断产业园区类资产的市场前景的重要因素；城市经济发展水平、政府支付能力、人口增长趋势等则是判断以特许经营性质为主的环保类项目市场前景的重要依据。

四、扩募潜力

对 REITs 来说，规模是很重要的护城河。金融危机期间，全美 REITs 发生暴跌，在整个抛售过程中，小型和微型 REITs 的表现严重逊于规模较大的同类产品；这里主要原因是小规模 REITs 的腾挪空间太小，无法利用规模效应在发展和稳定性上取得平衡。因此是否具备扩募潜力对于一只 REITs 来说较为重要，只有产品规模不断扩大，产品的交易量与活跃度才会提高，在市场上才会受到重视，进而有利于扩张。同时，通过扩募使得资产在地域、生命周期阶段、收入来源等方面形成一定分散度，降低 REITs 整体风险。特别是对于单个特许经营类资产，随着时间推移，资产规模会不断缩减，通过扩募可以保持并扩大 REITs 规模，保持基金长期投资运营。

REITs 扩募可以通过向基金的原始权益人购买资产，也可以通过向其他市场主体的并购来得以实现。前者的协调机制相对更为容易，因为多数原始权益人在发行 REITs 后都希望控制资产的运营，并持续将自持的资产注入到

REITs 平台，其资产的性质相对更为趋同，而且其他股东在持有 REITs 份额期间对于原始权益人及其资产也有了更深的了解，在持有人大会上更容易表决通过。对市场其他主体的并购则需要更多的协调，包括其他主体作为新的原始权益人如何参与公募 REITs 份额的持有、资产的定价、未来的运营机制设定等。

五、资产经营期限

根据资产经营年限不同，REITs 的底层资产可分为类永续型和有限期限型。

（一）类永续型

类永续型产品包括跟土地和物业相关的 REITs，如仓储物流、数据中心、产业园区、机场、港口等，以及具有较长经营寿命的资产，如铁路、电力设施、通信铁塔等，虽然这些资产有一定土地使用年限、经营年限或资产使用寿命限制，但是通常时间较长或者到期后可通过续期的方式继续运营。如工业土地使用权年限通常是 50 年，但到期后或可通过补交少量土地出让金，继续保持对资产的运营权；再如水电站，可使用时间长达几十年，国外甚至有水电站运营超过 100 年以上。对于绝大多数投资人，这种类型资产的经营年限可视同为永续，资产评估也通常采用较长时间或者永续现金流折现的方法。

其中仓储物流、数据中心、产业园区、机场、港口等资产与土地挂钩，土地之上的房产、设备等有一定的折旧年限，但土地的价值始终存在，尤其是稀缺地段的土地价值具有较好的保值增值作用，除了资产每年经营的收益以外，投资人还有可能分享资产增值的收益。

仓储物流、产业园区、数据中心类资产市场竞争较为充分，成交案例相对容易寻找，同类资产成交价格可为收益法下测算的 REITs 资产价值提供交叉验证。同时，此类资产的主要收入来自于租金，市场上有足够多的租赁案例，可提供较为充分的参考。当然，不同的资产由于所处区位、资产规模、新旧程度、经营水平等有所不同，其租金水平、资产交易价值也可能有所不同。资产所在位置对于仓储物流资产的价值非常关键，核心物流节点城市资产更具吸引力，而仓库的建设标准、经营水平的高低同样重要。市场化经营程度的高低是影响产业园区资产收益的关键，国内很多产业园区是政府为了招商引资而建设，园区租金水平较低，甚至采用一定期限内免租金的优惠政策吸引企业落户，此类产业园由于期间可分配现金流较少，而难以发行公募 REITs，只有采用市场化租赁方式经营的产业园才可能满足基础设施 REITs 发行的条件。不同于仓储物流和产业园区，数据中心类的资产价值中，土地、房产的价值占比相对较低，而设备价值占比较高；区位和规模也是影响数据中心价值的重要因素，核心数据节点城市的数据中心资产具有较强的稀缺性，通常单个数据中心规模越大，运营成本越低、收益越高。

机场、港口等资产具有较强稀缺性，在一个城市或者一定区域内往往是独一无二且难以复制的，其经营的情况以及投资的价值主要取决于该城市或地区的人口数量、经济发展情况、所在的区域位置、交通行业（包括客运及货运）的竞争状况等。例如机场，在商业模式上本质是"流量经济"，航空主业（收入包括旅客服务费、起降费、安检费、停场费、廊桥费）不断提升流量，而非航业务（租赁、广告、货站、地面运输、客货代理以及其他费用）则将流量转化为收入。航空业务具有一定的公益性，非航业务是盈利的主要来源，其中机场商业又因为其经营规模大、盈利能力强成为非航业务重要的组成部分。港口受所辐射地区的经济发展尤其是工业发展状况影响较大，特别是与钢铁、电力、煤炭、石油炼化等行业紧密相关，同时国家政策对港口的布局规划、功能定位、收费体制等方面也有较大影响。由于这类资产的稀缺性，并且交易案例较为罕见，导致很难在市场中找到可供参考和对比的交易样本，因此评判估值的公允与否存在更大的难度。

铁路、电力设施、通信铁塔等资产使用寿命较长，或者可通过维修、更新等保持在较长的时间内稳定运营，其附着的土地多为划拨用地，难以单独进行交易，资产的价值主要体现在资产运营的现金流。以铁路类资产为例，铁路类资产的经营情况主要受线路所经地区的客货流量影响，例如客运线路与发送旅客人数密切相关。由于铁路"全国一张图"的特点，不同铁路线路之间竞争较少，而跨行业的竞争更为明显，飞机、高速公路等出行方式可能会对铁路运输造成冲击。电力设施中，水电站成本端较为稳定，而收入端则受每年的来水情况影响较大；相反，火电站收入端较为稳定，而成本端随着燃料价格的变化差异较大；部分在国家可再生能源目录里的光伏、风电项目受补贴款的金额以及到位时间影响，使得采用现金流折现的估值方法时不确定性较大，估值的准确性受到一定的影响。

（二）有限期限型

有限期限型产品的资产类型主要包括高速公路、供水、污水处理、垃圾固废处理等具有特许经营性质的资产，此类资产的一个突出特点是具有较为明确的经营权到期时间，到期后经营权须归还政府，随着经营年限的增加，资产价值会呈现逐年下降的趋势。这类资产在财务报表上体现为无形资产，项目所拥有的不动产本身没有交易价值，资产的价值来源于在特定经营期限内的现金流收入，因此对于此类资产的估值采用现金流折现的方法是非常适合的。由于投资人需要在有限的时间内回收投资的本金并获取相应的收益，因此对于 REITs 每年的分红派息的诉求也会较不动产类的 REITs 更高。

特许经营类资产具有一定的垄断性，在一定的市场区域内往往独一无二，没有竞争对手，例如连接两个城市之间的高速公路，如不是趋于饱和状态，通常不会再修建完全重叠的高速；再如某个城市特定区域内的污水处理项目往往只有一个，如处理量上升，通常会在原项目的基础上采用扩建或改造的方式新增处理能力。

特许经营项目从收费模式上有三类：（1）使用者付费模式，收入完全来源于市场化经营；（2）政府付费模式，由政府负责采购服务，纳入政府预算；（3）使用者付费+政府补贴的模式，这类模式通常会设最低经营指标，低于该指标，则由政府提供补贴。第 1 种模式下，项目的收益率差异相对较大，与资产所在的位置、经营效率、收费水平等因素相关。此种模式下，对于政府部门规划的掌握以及对未来现金流的预测至关重要。例如对于使用者付费模式的高速，如有可替代的公路或者铁路修建，对其的分流作用将会较为显著，须提前与交通规划部门做好沟通。后两种模式的收益相对较为稳定，但也难有大幅超出预期的收益率。这类项目收入情况与当地政府的财政实力有着密切关系，一旦政府支付能力下降，出现拖欠应付账款，可能导致受许人的实际现金流减少，从而导致 REITs 价值下跌，投资人遭受损失。

第十七章　REITs 的投资风险

REITs 将不动产以证券化的方式赋予了流动性，实现了实体资产的金融化，因此，REITs 产品可以从底层资产和金融产品两个维度进行分析。本章从资产估值风险、产品风险和市场系统风险这三个维度对 REITs 投资者所面临的投资风险进行全面的分析。

第一节　资产估值风险

REITs 价值本质是底层资产价值的体现，资产价格的变动与 REITs 价格变动存在正相关关系，因此，需要首先关注资产估值波动带来的风险。根据第九章第四节关于资产估值的分析讨论，REITs 底层资产的估值更适合采用收益法。围绕收益法的核心逻辑，我们着重从净运营收入和折现率两个层面分析影响资产估值的因素及风险来源。

一、净运营收入波动的风险

净运营收入是从现金流维度衡量资产经营带来的可分配现金流，我们分别从收入端和成本端分析净运营收入的风险因素。

（一）运营收入波动

收入端主要由量、价两部分构成，根据具体情况，风险事件可能单一地对收入的量或价造成负面影响，也可能形成双重影响。以下内容将从自上而下的维度，分别从宏观、行业、资产三个层面分析宏观经济周期风险、行业衰退风险、行业政策风险以及资产的竞争替代和用户属性风险。

1. 宏观层面

证券市场和不动产市场都是国民经济的晴雨表，对于宏观经济的变化十分敏感。REITs 的底层资产为不动产，又以证券市场为二级平台，因此很可能会受到宏观经济波动的影响。经济的持续稳定是 REITs 底层资产投资与运营稳健向好发展的基石。

上行的宏观经济利好绝大多数行业，宏观经济的发展会提升各个产业对不动产的需求，从而提升 REITs 底层资产的使用率和经营收益，促使资产价值与 REITs 二级市场价格的上升。反之，下行的宏观经济则会限制多数行业发展，市场对于各类资源的需求都会下降，使得 REITs 底层资产产生需求不足的风险，从而对资产估值产生负面影响。但结合政策的对冲效应及不动产避险和抗通胀的特性，相比其他主流资产，不动产会表现得相对"抗跌"。值得关注的是，宏观经济周期中包含很多相互影响的变量，判断逻辑较为复杂，根据具体情况会有不同的结论。

此外，资产估值的波动性受到资产地理位置和资产类型的影响。由于不动产具有不可移动性，底层资产受区域经济的影响较大；同一地区的底层资产经营状况可能因为政策或环境的改变而受到影响；不同类型的底层资产，受宏观政策和经济景气状况的影响程度不同。具体讨论详见本章第三节系统风险。

由于中国基础设施 REITs 试点范围内的基础设施行业是具有抗周期性的资产，满足的是人们日常生产生活的刚性需求，在经济下行时所受的影响相对较小，因此，宏观层面的风险对于基础设施行业波及相对较小。

2. 行业层面

行业层面主要关注行业衰退风险以及行业政策风险。在行业的发展周期中，行业衰退期会对底层资产的收益和估值带来较大风险。供给侧改革背景下，淘汰落后产能的政策持续推进。根据工业和信息化部落后产能有关政策，落后产能的领域主要包括钢铁、水泥、焦炭、印染等行业，这些行业的风险事件相对成熟期行业更为常见。例如，2016 年，收入来自落后产能行业的永利热电资产支持证券和渤钢租赁资产支持证券均经历了债项评级下调。落后产能行业的发展受国家产业政策和经济波动的影响较大，相关政策引导可能会使行业产生趋势性变化，如供给侧改革的推进既可能降低落后产能行业要素的价格，也可能大幅压缩其需求量，因而其收入空间被相应挤压。但中国基础设施 **REITs** 试点的底层资产范围，一方面为朝阳行业，如新基建领域中的互联网数据中心；另一方面为需求非常稳定的行业，包括仓储物流、收费公路等交通设施，水电气热等市政工程，城镇污水垃圾处理、固废危废处理等污染治理行业，行业衰退风险较小。

国家在不同时期可以根据宏观环境的变化而改变行业政策，重要法规出台可能会影响资产的经营，从而给资产估值带来风险，因此行业政策风险需要持续保持关注。例如国家发展改革委联合国家能源局印发的《关于做好 2020 年能源安全保障工作的指导意见》，要求加快推动风电、光伏发电补贴退坡，将会对风电、光伏行业的收入造成一定影响。补贴退坡政策将推动行业整合的加速，其影响具有分化效应——一方面使得具备技术壁垒和产品优势的企业脱颖而出，另一方面竞争力较弱的企业的确会面临较大风险。

3. 资产层面

资产层面关注需求端风险，主要包括竞争替代风险和用户属性风险。波特五力竞争分析模型中的潜在进入者威胁、现有企业竞争威胁、替代品的替代威胁都是引发风险的主要因素。以物流地产行业为例，当前我国物流地产行业供给结构性问题较为突出，大量低端仓库长期闲置与高端仓储供不应求的局面长期存在。伴随近年来电商及高端制造业的发展，国内优质物流设施的需求不断提升，未来高标仓储设施替代低端仓库的空间巨大，将会逐步挤压低端仓库的收入空间，给低端仓库的经营者带来较大风险。

底层资产的用户属性的稳定性决定了底层资产经营现金流的稳定性，用户稳定性变化同样会引发一定的资产估值风险。以底层资产用户主要来源于煤炭行业的国内首单 ABS 违约产品为例，"大成西黄河大桥通行费收入收益权专项资产管理计划"于 2014 年 5 月发行，其资产收入主要来源于下游煤炭行业的运输通行费，但由于煤炭行业景气度下滑，其底层资产收入大幅减少，导致违约风险事件出现。

（二）成本波动风险

净运营收入的成本项主要由三部分组成：运营成本、税费以及资本性支出。本节重点关注运营成本波动风险。从净运营收入的视角，需要重点关注的是收入端非市场化定价而成本端波动风险较大的行业。以水务行业为例，收入端方面，水费是企业的主要营业收入来源，但目前我国水价采取由政府主导的听证会制度，属于非市场化定价。尽管近两年国家开始推动水价市场化，但由于供水业务的公共属性，调价协商进度缓慢，水价的普遍上调仍较为困难。相对而言，水务行业龙头具有更高的议价权且面临的风险较小。成本端方面，化学药剂原料成本约占污水处理企业运营成本的 20%—40%，在重大疫情期间，消毒措施增加会使得相关成本有向上波动的风险。

二、利率风险

基于前文的讨论，折现率的选取通常有市场提取法、风险累加法、资本资产定价模型、加权平均资本成本（WACC）、投资报酬率排序倒插法等方法。但无论选择哪种方法，无风险利率均为折现率的关键影响因素。

理论上无风险利率与折现率变动呈正相关关系，无风险利率的变动影响折现率的取值，从而最终影响资产估值。从历史数据看利率上升还是下降似乎并不会成为 REITs 中长期表现的主要动力，这与理论推导结论不一致，因为上述推导的结论是假定其他因素不变的情况下得出的，而驱动无风险利率波动的原因是多样的。

强劲的经济增长可能会产生更多的信贷需求，而强劲的经济不仅可以提高公司收益，还可以提高利率。如果利率上升反映了当前的经济增长和活跃的通货膨胀，那么 REITs 基本面改善带来的正面影响很可能超过折现率上升所致的负面影响。因此，无风险利率的提升不一定会对 REITs 价格产生负面影响，若要评估无风险利率变化带来的风险，需要挖掘无风险利率上升背后的原因，这其中包含了宏观、行业、区域、资产类别等影响因素，需要综合评判无风险利率波动对 REITs 价格的影响。

第二节　金融产品风险

本节从静态和动态两个维度审视 REITs 作为金融产品的风险。静态维度主要分析 REITs 产品治理结构设计带来的风险，动态维度从运营管理和上市交易分析 REITs 产品的风险。

一、治理结构风险

（一）委托代理风险

REITs 是基于信托关系的资产管理，投资人和管理人的委托代理关系复杂。在 REITs 产品运行过程中，可能由于利益冲突和信息不对称引发道德风险。代理人可能在委托人难以察觉和监督的情况下，为了自身的利益最大化而损害委托人的利益。

REITs 管理人的能力直接影响 REITs 的市场表现，投资人出于自身投资收益最大化考虑，倾向于选择具有良好专业经营水平、经营合法合规的 REITs 管理人，但这些都属于 REITs 管理人的机构信息。在购买 REITs 之前，由于收集管理人的相关信息需要花费一定时间精力，部分管理人对 REITs 管理的时间也较短，导致投资人较难判断 REITs 管理人的专业经营能力和道德水平。这种信息优势使 REITs 管理人有动力更多地考虑自身利益最大化，而不是考虑投资者的利益最大化。如管理人一般根据 REITs 管理规模收取一定比例的管理费，在自身利益驱动下，在收购物业资产时可能没有完全站在投资人角度评判收购价格及交易条件，会倾向于收购更多的物业资产来扩大管理规模。若管理人对市场的运行趋势把握不准确，或对资产判断失误，则新的物业资产加入资产包，不利于后续 REITs 整体运营表现，进而损害投资人的利益。

首先，REITs 投资人在投资前，可从管理人历史管理经营业绩、管理人团队经验及人员配备、管理人信息披露制度、管理人内控管理机制等各个方面主动搜寻相关信息，从而判断管理人的专业水平及经营合法合规性，减少其与管理人之间的信息不对称问题，缓释道德风险带来的投资风险。其次，REITs 投资人须关注 REITs 产品中管理人和投资人的权利义务安排是否合理，是否能充分保障投资人的权利及限制管理人的权利。最后，投资人作为 REITs 份额持有人，在 REITs 存续期间，针对资产买卖的持有人大会上要进行充分、谨慎的思考来作出表决，避免被误导而作出错误的决策，通过 REITs 持有人大会来缓释委托代理风险。

（二）关联交易风险

管理人可能会利用其对交易决策的影响力，和物业持有人进行有损投资人利益的交易。当 REITs 管理人由发起人设立的子公司来担任时，REITs 管理人从发起人处购买物业时，可能会倾向于支付较高价格或承担更多义务；在向发起人出售物业时，可能会倾向于收取较低价格或约定较为宽松的付款条件。高价收购或低价出售，将损害投资人收益，因此投资人在进行 REITs 投资时，须关注该 REITs 中关联交易制度的具体安排，是否能保障投资人的利益。

根据春泉产业信托 2018 年 10 月 4 日发布的要约收购公告，收购春泉产业信托的原因之一为管理人决策及治理令人质疑。2017 年管理人收购位于英国（管理人历史上并未积极参与此市场）的 84 项商业物业，该物业与关联方伊藤忠商社全资公司签订长期租约；加上新基金单位的发售摊薄基金单位持有人权益，对每个基金单位于 2016 年至 2017 年的派息造成负面影响。春泉产业信托上市时主要管理的资产是位于北京 CBD 华贸中心写字楼的 1 号楼和 2 号楼，现在收购的是位于英国的连锁式汽车维修中心，从资产类型和区域了解程度来看，管理人并不具备相应经验，但仍收购存在关联关系的物业，导致春泉产业信托派息受到影响。因此，投资人提出要约收购，以实现能罢免管理人的目的。

（三）管理人及产品相关方尽责履约风险

管理人的职责包括发行前聘请律师、会计等中介机构进行尽职调查、聘请评估机构进行物业估值；制定存续期 REITs 的投资策略及资本运作策略；委托子公司或外部第三方机构运营管理物业资产，并实时监督物业运营；及时归集底层资产现金流向投资人派发收益。管理人需要针对底层资产现金流归集管理、资产租约真实性及合理性审查、资产运营管理、关联交易控制等各个方面制定详细全面的管理制度并尽职履行，才能保障投资人的利益。REITs 的收益依赖于底层物业资产的运营和管理，管理人未勤勉尽责、信息披露不充分、各中介机构尽调不尽责将损害投资人利益。

睿富房地产基金于 2007 年 6 月 22 日上市，2007 年 10 月 18 日，睿富房地产基金发布公告称卖方团队在本次交易中存在欺诈行为，隐瞒了该物业租户真正较低的租金价格，租金差异意味着该物业的实际价值较发售时相比低69663000 港元。此次事件暴露出中介机构和管理人在产品设立过程中对底层资产尽职调查不严谨的问题，产品所有相关的中介机构及评估机构均未发现卖方对底层资产的单位租金进行了虚报，进而导致物业价值被高估。

为更好地识别 REITs 产品风险，建议投资人在进行 REITs 投资时，首先，要判断管理人是否有专业独立的投资管理部门，是否配备具有项目运营管理经验的团队。其次，负责底层资产日常运营管理维护的机构是否有专业的管理团队和管理经验。再次，管理人和资产运营机构是否设置完善的考核激励机制，是否可充分发挥资产运营机构的积极性。最后，对于产品价值的评估和底层资产优劣的判断，不能仅仅依靠中介机构的评估结果作出判断，作为投资者也应当进行充足的投前调研。

二、运营管理风险

（一）资产管理风险

资产管理风险包含资产管理人经验水平不足风险和运营团队难替换风险。资产管理人经验水平不足将影响底层资产的经营收益，进而影响 REITs 产品的投资收益。未来经济走势的不确定性、底层资产运营管理的不确定性将引发底层资产经营收益的波动性，可能对 REITs 的未来收益产生不确定性影响，需要专业的资产管理团队积累专业经验、提供专业化服务来保障投资者利益。但在目前阶段，既熟悉资本市场运作又具有丰富实践操作经验的资产管理人在中国仍是稀缺资源。资产管理人经验水平不足将影响 REITs 投资者收益。

新加坡金融管理局和新加坡证券交易所监管公司 2020 年 4 月 20 日下令美鹰酒店不动产投资信托的信托经理以及它的受托机构，采取步骤保护持有人的权利和利益。美鹰酒店不动产投资信托已经在 3 月 24 日开始停牌，因为美鹰酒店不动产投资信托的 34100 万美元（49570 万新元）银团贷款已违约。贷款违约是因为美鹰酒店不动产投资信托的主要租户 Urban Commons LLC，无法履约缴足全额的保证金以及 2019 年 12 月开始未及时支付租金；以及主要租户拖欠 2020 年 1 月和 2020 年 2 月的租金，直至 3 月 19 日宣布时都未支付，主要租户 1 月份的收入已少过须支付的租金。正是由于资产管理人对租户租约管理不及时导致银团贷款违约，进而受到贷款条例限制，不能派息给信托单位持有人。①

投资者在进行 REITs 投资时，应判断 REITs 管理人是否有相关的运营管理经验，以及资产运营管理团队经验水平、人员架构、管理制度、考核机制的完备性和可行性等。北美证券管理者协会声明规定，每位受托人都必须具备 3 年以上的相关不动产业经验，具备成功收购和管理 REITs 拟投资物业的知识和能力。

运营团队替换难度大的风险在基础设施 REITs 领域较为突出。基础设施资产类型包含高速公路等交通资产、仓储物流园、IDC 等新型基础设施资产、污水处理等环保类资产、供热供电等市政类资产、产业园工业园等园区资产，资产类型多样，各类资产运营模式、管理模式差异较大，且资产由特定管理方长期运营。若该运营团队对资产管理不善，则在市场上较难寻找合适的运营团队进行替换，进而引发 REITs 产品的投资风险。随着 REITs 市场、委托管理机制、资产管理人的逐渐成熟，该风险将得到有效缓释。此外，投资者在进行 REITs 投资时，应关注 REITs 对运营管理机制的具体设置和考核安排。有效的激励机制能充分发挥运营团队的积极性，提升资产运营效率，替换运营团队的概率也随之降低。

（二）杠杆运用风险

中国香港和新加坡 REITs 制度分别要求外部融资比例不得超过总资产的 50%，美国、澳大利亚和日本则没有限制外部融资比例。纵观境外发展情况，

---

① 《美鹰酒店 REITs 信托经理和受托机构被令保护单位持有人收益》，2020 年 4 月 21 日，见 http://www.ccpit.org/Contents/Channel_ 4013/2020/0421/1255146/content_ 1255146. htm。

部分国家（地区）针对外部融资比例虽有限制，但限制比例仍较高。根据国内《基础设施 REITs 指引》，基础设施 REITs 借款金额不得超过基金净资产的 40%，其中用于基础设施项目收购的借款金额不得超过基金净资产的 20%。杠杆运用存在一定风险，若融资环境发生变化、融资成本上升，投资人派息收益率将降低；若出现债务集中到期，或底层租金收入波动和债务到期叠加的影响，将容易触发融资违约，进而影响向投资人收益分配和产品的正常存续。

GGP REITs 破产重组的主要原因为杠杆融资的过度利用。2004 年收购地产公司 The Rouse Company 的 147 亿美元大部分来自债务融资，包括 50 亿美元债券、70 亿美元循环信贷、20 亿美元抵押融资、5 亿美元权证融资。过度的债务融资主要依靠再融资偿还，2009—2011 年大量债务集中到期，恰逢经济危机，再融资受阻，最终导致债务无法偿还，进入破产重组。

（三）现金流管理风险

REITs 产品派息资金主要来源于底层不动产的运营收入。底层资产现金流通常较为分散，现金流归集需要从项目公司账户先归集至产品账户，再层层划款，最后分配给投资人，各个环节均需要提前做好归集安排。同时，产品账户的投资管理、资金划转、资产分配等事项均依赖于管理人和托管人的相互监督和配合，一旦出现协调失误或者管理人、托管人的违约事项，将导致产品账户管理出现风险，进而影响基础设施 REITs 的安全性和稳定性。

第三节　系统风险

金融市场的系统性风险是指影响市场上所有经济主体的因素所导致的风险，这种因素造成的后果带有普遍性，会以同样的方式对所有证券的收益造成不利影响。对 REITs 投资者来说，系统性风险是由外部因素引起的，无法通过投资组合进行有效的分散。宏观经济因素构成主要的系统性风险，例如利率、通货膨胀率、经济形势以及不动产市场变化引起物业市值变动与物业租金变化，从而导致 REITs 在经营、分红及股价等方面的波动。以下内容重点分析两次危机——2008 年次贷危机和 2020 年新冠肺炎疫情冲击下，REITs 与其他主流金融产品的表现及内在逻辑。

一、次贷危机

2007 年以来，由于次级房贷危机对房地产市场的直接冲击，以房地产为底层资产的美国 REITs 相比股票市场下跌形势更加严峻，特别是与次级房贷关联性较高的抵押型 REITs 受到的影响更大，但 REITs 的恢复反弹速度和幅度明显优于股指。

根据 Nareit 统计，截至 2008 年年底，美国公开上市的 REITs 数量从 2006 年的 183 家减少至 136 家，市值规模则由 4300 多亿美元下降至 1900 多亿美元。2008 年 10 月，富时 Nareit 综合 REITs 总回报指数遭受了 30.54% 的最大单月跌幅。同期，道琼斯工业指数、标准普尔 500 指数、罗素 2000 指数仅下跌 14.06%、16.94%、20.90%。

比较而言，抵押型 REITs 比权益型 REITs 受到的影响更大，这是由于危机对抵押型 REITs 的影响更为直接。图 17.1 比较了次贷危机对于不同类型 REITs 的影响，数据以 2005 年 12 月底为基点作了标准化处理。我们能够直观地看出，抵押型 REITs 指数下跌更早、幅度更大。抵押型 REITs 持有的标的资产以房款债权或不动产相关抵押证券为主，利率上升、房市降温导致的次贷违约使得抵押型 REITs 持有的资产价值大幅下降，从而让抵押型 REITs 指数急剧下跌。对权益型 REITs 而言，由于其收入直接来源于房地产物业的租金收入，而危机对于租金收入的间接影响没有马上显现出来，因此权益型 REITs 受到的影响相对滞后。

二、新冠肺炎疫情

在新冠肺炎疫情的影响下，由于防疫政策的实施对 REITs 的几大主要板块——酒店、零售、餐饮以及办公、公寓等行业的实际冲击明显大于整体股票市场，REITs 基本面受到了严重的打击，全球 REITs 的跌幅明显大于全球股票市场。其中美国基础设施 REITs 最为抗跌，在 2020 年 1 月—4 月美国主要股指 10%—20% 左右的跌幅情况下仍保持着正收益（8.8%）。

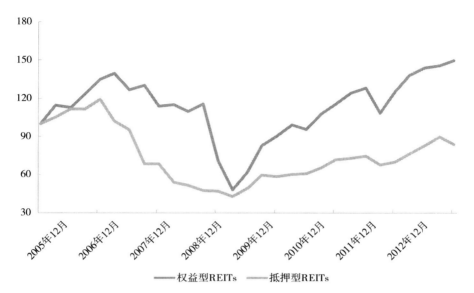

图 17.1　次贷危机对权益型 REITs 和抵押型 REITs 的影响

资料来源：Bloomberg，数据以 2005 年 12 月末底为基点作了标准化处理。

受疫情影响，REITs 表现受到严重打击。具体而言，2020 年 1 月—4 月，富时全球 REITs 总回报指数缩水 23.36%；富时美国权益型 REITs 总回报指数下跌 17.64%。与股票指数相比，全球 REITs 市场表现弱于全球股票市场。全球富时股指仅下跌 12.93%，标准普尔 500 指数、道琼斯工业指数和罗素 2000 指数跌幅分别为 9.85%、14.69% 和 21.45%，如表 17.1 所示。

表 17.1　2020 年 1 月—4 月，REITs 与股指表现对比

	全球		美国			
	全球 REITs	全球 股指	权益型 REITs	标准普尔 500 指数	道琼斯 工业指数	罗素 2000 指数
2019 年 12 月末	100.00	100.00	100.00	100.00	100.00	100.00
2020 年 1 月末	99.66	98.88	101.14	99.84	99.01	96.74
2020 年 2 月末	92.16	90.91	93.86	91.44	89.04	83.49
2020 年 3 月末	71.63	78.67	75.82	80.00	76.80	69.11
2020 年 4 月末	76.64	87.07	82.36	90.15	85.31	73.55

续表

	全球		美国			
	全球 REITs	全球 股指	权益型 REITs	标准普尔 500 指数	道琼斯 工业指数	罗素 2000 指数
4 个月跌幅	−23.36%	−12.93%	−17.64%	−9.85%	−14.69%	−21.45%

资料来源：Nareit，数据以 2005 年 12 月底为基点作了标准化处理。

疫情危机的影响在 REITs 各行业之间差异很大。基础设施行业 REITs 下跌较少，保持正收益，因而表现最优。酒店、零售、写字楼等资产受到估值和业绩的双重冲击，均出现了较大幅度的下跌。具体来看，2020 年 1 月—4 月，美国富时 Nareit 权益型 REITs 指数平均下跌 21.27%，酒店和度假 REITs 年初至今的总回报率为−45.8%，购物中心和零售物业年初至今回报率为−41.2%。而基础设施类 REITs 截至 2020 年 3 月末仅下跌 0.7%，4 月收益涨幅扩大到8.8%，成为表现最好的 REITs 品种，如表 17.2 所示。之所以会有这样的表现，与危机时的不动产行业表现密切相关。首先，在疫情加速经济衰退的预期下，"高端休闲"相关的行业如购物中心和休闲度假区首当其冲；其次，由于物理隔离要求，办公和公寓也受到较大影响；表现较好的是防御性行业如基础设施，由于基础设施属于刚需行业，其租金收回水平明显高于其他类型资产，因此，即便在经济危机中，基础设施 REITs 需求乃至现金流也相对稳定。

表 17.2 2020 年 1 月—4 月，富时 Nareit 分行业收益率 单位:%

分类	1 月	2 月	3 月	4 月	1 月—4 月
数据中心	1.1	−2.7	10.5	8.1	17.7
基础设施	2.5	−1.4	−1.7	9.6	8.8
工业	3.7	−9.0	−5.0	8.0	−3.2
仓储	4.5	−6.6	−5.6	−6.7	−14.1
住宅/公寓	3.7	−7.3	−21.5	8.6	−18.0
办公	0.7	−10.3	−20.4	7.5	−22.6
林地	−4.4	−11.0	−28.6	22.1	−25.8
医疗保健	3.2	−8.0	−33.4	10.0	−30.4

续表

分类	1 月	2 月	3 月	4 月	1 月—4 月
综合	1.8	-12.0	-32.0	13.1	-31.2
零售	-3.4	-7.5	-42.7	14.8	-41.2
酒店/度假村	-10.9	-13.9	-36.6	11.3	-45.8
权益型 REITs	1.3	-7.0	-18.7	8.8	-15.7

资料来源：Nareit。

　　总结而言，不动产市场在两次危机中均受到直接的冲击，REITs 最大回撤均大于股指。次贷危机时，REITs 反弹恢复速度与幅度优于主要股指。分行业看，危机对 REITs 的影响具有明显的行业分化特征。高端非必需消费行业如酒店度假、购物中心 REITs 领跌，住宅和办公类则由于物理隔离要求表现居中，而传统基础设施行业和新基建数据中心即便在经济危机中，需求仍保持旺盛，具有充分的产业支撑，因此表现最好。

案例篇

第十八章 上海证券交易所首批 REITs 项目

2021 年 6 月 21 日，华安张江光大园封闭式基础设施证券投资基金（508000）、浙商证券沪杭甬杭徽高速封闭式基础设施证券投资基金（508001）、富国首创水务封闭式基础设施证券投资基金（508006）、东吴苏州工业园区产业园封闭式基础设施证券投资基金（508027）、中金普洛斯仓储物流封闭式基础设施证券投资基金（508056）等 5 单基础设施 REITs 项目在上海证券交易所成功发行，规模合计 170.32 亿元。

第一节 华安张江光大园项目

一、项目概况

华安张江光大园封闭式基础设施证券投资基金项目（以下简称"华安张江光大园项目"，基金代码508000），原始权益人为上海光全投资中心（有限合伙）（以下简称"光全投资"）和光控安石（北京）投资管理有限公司（以下简称"光控安石"）。上海张江集成电路产业园开发有限公司（以下简称"张江集电"）和光控安石为光全投资的共同控制方，张江集电是上海张江高科技园区开发股份有限公司（以下简称"张江高科"）的全资子公司。基金管理人为华安基金管理有限公司，资产支持证券管理人为上海国泰君安证券资产管理有限公司。该项目于 2021 年 4 月由国家发展改革委推荐至中国证监会，6 月 21 日在上海证券交易所挂牌上市，准予募集份额总额为 5 亿份，发行价格为 2.99 元，实际发售基金总额 14.95 亿元，张江集电、光控安石或同一控制下的关联方通过战略配售合计认购基金金额 2.99 亿元，张江集电实际净回收资金 4.55 亿元。张江集电拟将净回收资金全部以资本金方式投资于张江科学城内的三个新增产业发展服务园区项目。

该项目的底层资产是张江光大园，位于上海市浦东新区盛夏路 500 弄 1—7 号，属于国家级高科技园区张江科学城内上海集成电路设计产业园的核心区域，位置良好，交通便利，区位优势明显。张江光大园紧临中环高架路，距离地铁 2 号线广兰路站仅 800 米，可直达陆家嘴 CBD，规划建设的地铁 21 号线将直通张江科学城中区科创 CBD，距离上海火车站约 17 千米，距离浦东国际机场约 25 千米，对外交通联系便捷。张江光大园占地面积 20914.50 平方米，总建筑面积 50947.31 平方米，由 7 栋研发楼组成，2017 年 5 月投入运营。张江光大园吸引入驻企业 30 余家，重要现金流提供方收入占比约 36.81%，整体收入分散程度较高。张江光大园的现金流主要来源于物业租赁业务，不存在依赖第三方补贴等非经常性收入的情况。2018—2020 年，项目运营收入分别为 8474.30 万元、7183.66 万元和 8344.48 万元，实现运营净收入分别为 6472.23 万元、5618.98 万元和 6946.89 万元，经营收益和现金流总体稳定。

该项目原始权益人控制方张江高科是张江科学城的重要开发主体、张江科学城运营主体中唯一的上市公司，具有丰富的产业资源禀赋，围绕中国芯、创新药、智能造三大硬核产业深耕张江科学城区域，拥有 20 多年的园区开发和运营管理服务经验。张江集电是上海集成电路设计产业园的唯一开发主体，张江高科及张江集电持续助力上海科创中心的建设，在产业集群、产业投资、园区综合运营服务等方面具备较强实力和丰富经验。

二、发行情况

（一）发行流程

该项目于 2020 年 9 月申报至上海市发展改革委，10 月上海市发展改革委申报至国家发展改革委，2021 年 3 月上海市发展改革委正式推荐至国家发展改革委。国家发展改革委于 2021 年 4 月推荐至中国证监会及上海证券交易所。

该项目于 2021 年 4 月 28 日向上海证券交易所提交申报材料，5 月 6 日获正式受理，5 月 14 日获上海证券交易所关于基金上市及资产支持证券挂牌转让无异议的函，并于 5 月 17 日获得中国证监会准予注册的批复。

该项目于 2021 年 5 月 19 日发布询价公告，5 月 24 日开展网下询价工作，5 月 31 日—6 月 1 日开展公众发售工作。截至 6 月 1 日，该项目全部基金份额完成发售。6 月 21 日，该项目在上海证券交易所正式挂牌上市。

（二）产品结构

发行准备阶段，该项目底层资产由原始权益人光全投资、光控安石持有。产品发行阶段，基础设施 REITs 通过资产支持专项计划自原始权益人光全投资、光控安石收购安恬投资 100% 股权，从而持有项目公司中京电子的 100% 股权，并完成安恬投资和中京电子的原有债务清偿，进而实现"公募基金＋ABS"的产品结构搭设。产品存续阶段，基金管理人华安基金管理有限公司和资产支持证券管理人上海国泰君安证券资产管理有限公司委托上海集挚咨询管理有限公司（以下简称"集挚咨询"）作为运营管理机构，为该项目提供运营管理服务。

该项目的财务顾问为国泰君安证券股份有限公司，托管人为招商银行股份有限公司，审计机构为德勤华永会计师事务所，资产评估机构为仲量联行（北京）土地房地产评估顾问有限公司，税务咨询顾问为普华永道咨询（深圳）有限公司上海分公司，法律顾问为北京市汉坤律师事务所。

该项目产品结构如图 18.1 所示。

（三）发行结果

该项目共发行基金份额 5 亿份，初始询价区间为每份 2.78—3.20 元，通过网下询价方式确定发行价格为 2.99 元，发行总规模 14.95 亿元。投资者包括战略投资者、网下投资者和公众投资者三类。其中，战略投资者包括上海张江集成电路产业区开发有限公司、珠海安石宜达企业管理中心（有限合伙）、上海国际集团资产管理有限公司、上海浦东投资控股（集团）有限公司、上海金桥出口加工区开发股份有限公司、浙商证券股份有限公司等 12 家，共认购 8.2718 亿元，占比 55.33%；参与询价的网下投资者共 35 家，最终获配 31 家，认购倍数 8.85 倍，共认购 4.6749 亿元，占比 31.27%；公众投资者基金

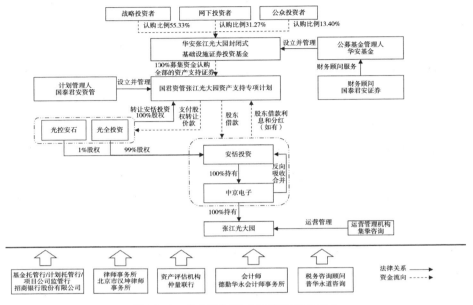

图 18.1　华安张江光大园项目产品结构

认购申请确认比例为 4.26%，共认购 2.0033 亿元，占基金发售总额的 13.40%。

三、项目特色

（一）地处长三角区域，基础设施资产优质

华安张江光大园项目位于张江科学城上海集成电路设计产业园核心位置。长三角区域经济发达、人口密集，是中国经济发展最活跃、开放程度最高、创新能力最强的区域之一，在国家现代化建设大局和全方位开放格局中具有重要地位。张江科学城前身为张江高科技园区，成立于 1992 年 7 月，经过近 20 年的开发，园区已集聚了众多高校、研发机构、高新技术企业和创新创业人才，构筑了生物医药创新链、集成电路产业链和软件产业链的框架。上海集成电路设计产业园是中国集成电路产业链较完善、齐全的区域，2020 年张江集成电路设计业产值达到 580 多亿元，占上海集成电路设计产业的 60.82%。良好完善的产业集聚，为华安张江光大园项目持续稳定运营提供了较好的市场环境。

自张江光大园运营以来，吸引了包括集成电路、先进制造业、在线经济、金融科技及产业服务配套等符合国家重大战略、发展规划、宏观调控及产业政策的优质企业入驻。张江光大园租户结构良好，出租率保持稳定高位，2019年年末出租率为 97.4%，2020 年年末出租率为 99.51%，租金水平较同期张江科学城板块平均水平高出 8%，疫情期间未受重大影响，体现了较强的经营韧性。

市场调查机构调研显示，受疫情等影响，未来三年上海包括张江在内的几大核心产业园区租赁类项目将保持低位供应态势。随着经济逐步复苏，上海稳定的经济增长和产业发展将推动产业园区的需求回升，优质产业园资产的稀缺性将进一步凸显，张江光大园可以保持较强的租赁需求及市场竞争力。

（二）发挥国有企业创新示范引领作用

张江高科作为张江科学城中唯一的上市主体，一直以来积极响应国家战略机遇，在打造上海科创中心、金融中心双联动建设上不断进行创新探索实践，为科创企业打造从孵化加速到研发办公的全产业品线空间载体，通过"直投+基金"的方式引领市场资源助推科创企业发展，推动基础设施 REITs 试点为加快张江科学城发展提供优质金融载体。

在 30 余年的发展中，张江高科积累了大量的基础设施资产。基础设施REITs 试点政策的出台，有利于张江高科盘活优质基础设施资产，从过往"开发—运营"的粗放式发展模式转变为"开发—运营—基础设施 REITs—开发"的精细化闭环运营发展模式。一方面，通过基础设施 REITs 提高资产运营市场化程度，进一步提高资产运营效率；另一方面，吸引多元化社会资本，聚焦张江科学城的新基础设施项目建设，为区域产业建设提供长期、稳定、优质的权益性资金。两者相辅相成，可以形成项目投资和运营的良性循环，为上海乃至全国产业园国有资产运营主体在资本市场服务国家战略和区域发展、国有企业业务创新突破等方面提供生动范例。

（三）资产储备丰富

张江高科作为张江科学城的核心开发主体、市场著名的产业园区开发运营机构，拥有丰富的资产储备，聚焦产业园区产业链价值链协同发展，可以为基础设施 REITs 项目提供优质的资产储备。

截至 2020 年年末，张江高科在上海集成电路设计产业园、张江中区城市副中心、张江西北片城市更新区三个重点区域拥有自持物业面积 160 万平方米，在建、待建总面积 270 万平方米，经营业态涵盖厂房、科研办公、研发楼等形式。其中，储备持有待开发的集电港、欣凯元、中区和张江西北区土地总面积约 35.72 万平方米，规划计容建筑面积约 103.91 万平方米；在建的集电港、中区、西北区项目的用地面积约 25.61 万平方米，在建总建筑面积约为 166.00 万平方米。此外，已投入使用可供出租主要物业和已竣工的项目建筑面积超过 128.84 万平方米，主要包括张江地区的张江技术创新区、张江大厦、夏新电子研发中心、上海八六三信息安全产业基地、张江创新园（北区）、张江科技园区小型智能化孵化楼、张江集电港一期、科技领袖之都（东块）等项目。

发行基础设施 REITs 是张江高科的重要战略布局，未来张江高科将以优质的储备资产为基础，助力基础设施 REITs 进一步发展壮大。

（四）项目运营保障措施较为完善

该项目具备完善的治理机制和管理架构，可以为项目高质量稳定运营提供全方位的保障。首先，基金管理人设置了基础设施 REITs 投资决策委员会，负责基础设施资产相关的制度制定和完善、重大投资事项及运营管理事项的内部决策。其次，为进一步保障基础设施基金的专业化投资管理，基金管理人聘请行业专家组建外部专家咨询委员会，就基础设施基金的产品扩募、项目资产收购、项目资产处置等重大事项提供建议及方案。此外，基金管理人聘请集挚咨询作为华安张江光大园项目的运营管理机构，负责基础设施项目的日常运营管理。集挚咨询是由张江高科牵头设立的独立运营管理公司，其运营管理团队为张江光大园原运营团队，长期扎根于区域市场，在产业招商、运营管理等方面具备丰富的经验，确保运营团队的延续性、专业性和独立性，有利于保障项目的持续稳定运营。

从防范同业竞争来看，张江高科承诺如直接或通过其他任何方式间接持有或运营与华安张江光大园项目同一服务区域的竞争性项目，张江高科将公平对

460

待，并将采取充分、适当的措施（包括但不限于向张江光大园和该等竞争性项目提供平等的招商机会），降低可能出现的同业竞争和利益冲突。同时，运营管理机构承诺未拥有、管理和运营其他与张江光大园存在竞争的产业园项目，并已制定同业竞争、利益冲突相关的公司内部控制制度并采取有效措施，降低与项目公司同业竞争与利益冲突的风险；在基础设施 REITs 存续期间，运营管理机构将严格遵守相关法律法规及公司内部控制制度的规定，控制与中京电子或张江光大园产生同业竞争或利益冲突的潜在风险，并及时披露公司与项目公司或张江光大园产生同业竞争或利益冲突的事项，充分保障投资人利益。

总体来看，华安张江光大园项目是全面贯彻落实习近平总书记在浦东开发开放 30 周年庆祝大会上关于"全力做强创新引擎，打造自主创新新高地"重要讲话精神的集中体现，有利于推进上海金融中心及科创中心联动建设，加速推进长三角区域一体化，打造世界级集成电路产业集群，为资本市场服务实体经济提供了生动范例。

第二节　浙商杭徽高速项目

一、项目概况

浙商证券沪杭甬杭徽高速封闭式基础设施证券投资基金项目（以下简称"浙商杭徽高速项目"，基金代码508001），主要原始权益人为浙江沪杭甬高速公路股份有限公司（以下简称"沪杭甬公司"），基金管理人及资产支持证券管理人为浙江浙商证券资产管理有限公司（以下简称"浙商资管"）。该项目于 2020 年 12 月由国家发展改革委推荐至中国证监会，2021 年 6 月 21 日在上海证券交易所挂牌上市，准予募集份额总额为 5 亿份，发行价格为 8.72 元，实际发售基金总额 43.6 亿元，原始权益人认购基金金额 24.78 亿元，实际净回收资金 18.82 亿元。沪杭甬公司拟将净回收资金全部以资本金方式投资于浙江省内的新建及改扩建高速公路。

该项目的底层资产是杭徽高速公路（浙江段）。杭徽高速公路（浙江段）全长 122.245 千米，总投资约 52.75 亿元，其中昌昱段于 2004 年年底建成投入运营，收费期限为 2004 年 12 月至 2029 年 12 月，汪昌段和留汪段于 2006 年年底建成投入运营，收费期限为 2006 年 12 月至 2031 年 12 月。杭徽高速公路（浙江段）全线采用四车道高速公路技术标准，设收费站 13 处。杭徽高速公路（浙江段）的交通量以客车为主，约占 85% 以上。项目所在地为浙江省杭州市，起自杭州留下枢纽，终点位于浙皖两省交界昱岭关，与安徽省黄山市至昱岭关高速公路相接，沿线经过杭州市余杭区、临安区，连接黄山和杭州两大旅游胜地，对构筑长江三角洲现代化交通网络、助力区域经济一体化发展具有重要意义。项目公司 2018 年、2019 年和 2020 年的营业收入分别为 53609.17 万元、58642.12 万元和 45673.67 万元。受疫情影响，2020 年收入及净利润有所下降。

该项目主要原始权益人沪杭甬公司作为浙江省最早的高速公路运营管理企业，是浙江省为开辟浙江交通与国际资本市场接轨的融资渠道、加快全省高速公路路网建设而设立的公司，于 1997 年 5 月在香港联合交易所挂牌上市。沪杭甬公司业务范围包括高速公路和金融证券两大板块以及部分酒店物业。截至 2020 年年底，沪杭甬公司直接经营管理省内外 16 条高速公路，营运里程 1141 千米，包括沪杭甬高速、上三高速、甬金高速金华段、杭徽高速等，均是浙江省乃至全国高速公路路网中重要的主干线。沪杭甬公司积累 23 年高速公路专业化运营管理经验，管理路段地质条件复杂，结构物众多，道路安全保畅能力及绿色管养水平始终位居全国前列，在标准化、智能化、集约化、品牌化管理方面具有一定优势。

二、发行情况

（一）发行流程

该项目于 2020 年 9 月申报至浙江省发展改革委，10 月浙江省发展改革委推荐至国家发展改革委，12 月浙江省发展改革委正式推荐至国家发展改革委。国家发展改革委于 2020 年 12 月推荐至中国证监会及上海证券交易所。

该项目于 2020 年 12 月 15 日获得浙江省国资委就该项目国有资产转

让的正式批复；2021 年 1 月 29 日获得香港联合交易所关于分拆上市的批准函。

该项目于 2021 年 4 月 20 日正式申报上海证券交易所，4 月 23 日获正式受理，5 月 14 日获上海证券交易所基金上市及资产支持证券挂牌转让无异议的函，并于 5 月 17 日获得中国证监会准予注册的批复。

该项目于 2021 年 5 月 19 日发布询价公告，5 月 24 日开展网下询价工作，5 月 31 日开展公众发售工作。截至 6 月 2 日，该项目全部基金份额完成发售。6 月 21 日，该项目在上海证券交易所正式挂牌上市。

（二）产品结构

发行准备阶段，该项目底层资产由原始权益人沪杭甬公司、杭州交投、临安交投和余杭交通持有。产品发行阶段，基础设施 REITs 通过资产支持专项计划自原始权益人收购项目公司浙江杭徽高速公路有限公司 100% 股权，并受让项目公司原有债务，进而实现"公募基金+ABS"的产品结构搭设。产品存续阶段，基金管理人和资产支持证券管理人浙商资管委托沪杭甬公司作为运营管理机构，为该项目提供运营管理服务。

此外，该项目的财务顾问为中国国际金融股份有限公司，基金托管人为招商银行股份有限公司，专项计划托管人为招商银行股份有限公司杭州分行，审计基金财产及审阅基金可供分配金额测算报告的会计师事务所为天健会计师事务所，基础设施项目评估机构为天源资产评估有限公司，律师事务所为北京市金杜律师事务所，车流量预测机构为施伟拔咨询（深圳）有限公司，中联前源不动产基金管理有限公司为原始权益人提供了咨询服务。

浙江杭徽高速项目产品结构如图 18.2 所示。

（三）发行结果

该项目共发行基金份额 5 亿份，初始询价区间为每份 8.27—9.511 元，通过网下询价方式确定发行价格为 8.72 元，发行总规模 43.6 亿元。投资者包括战略投资者、网下投资者和公众投资者三类。其中，战略投资者包括沪杭甬公司、中国人寿再保险、中国保险投资基金、上海机场、东方资产、招商财富等 13 家，共认购 32.3934 亿元，占比 74.30%；参与询价的网下投资者共 29 家，

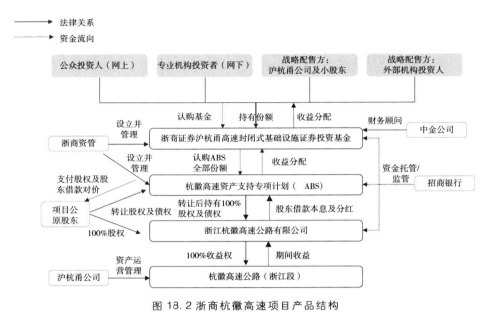

图 13.2 浙商杭徽高速项目产品结构

最终获配 26 家，认购倍数 4.86 倍，共认购 9.5356 亿元，占比 21.87%；公众投资者基金认购申请确认比重为 3.68%，共认购 1.68 亿元，占基金发售总额的 3.85%。

三、项目特色

（一）资产质量较好

杭徽高速公路（浙江段）是 G56 杭瑞高速的重要组成部分，也是浙江省公路网规划"两纵两横十八连三绕三通道"的"一连"。杭徽高速公路（浙江段）贯穿杭州市余杭区西部和临安区，沿线地区经济发展状况良好，旅游资源丰富。

杭徽高速公路（浙江段）的交通量以客车为主，约占 85% 以上。杭徽高速公路（浙江段）客车交通量的增长比较稳定，2015—2019 年客车断面加权平均日交通量增长维持在 9.3%—10.5%，客车交通量复合年均增长率为 8.7%，2020 年受疫情影响仅增长 5.2%。货车交通量 2015—2020 年复合年均增长率为 6.2%。2015—2020 年，项目公路的出入口交通量稳步增长，复合年均增长率为 13.7%。依靠优良的地理位置，杭徽高速公路（浙江段）预计车流量和通行费收入可保持良好增长。

（二）会计处理体现权益属性

基金发行后，沪杭甬公司持有基金的份额为 51%，是否应该将底层资产继续纳入沪杭甬公司合并财务报表（以下简称"并表"），以及并表后对外募集资金应记入哪一科目，是基础设施 REITs 发行后须面对的重要会计处理问题。

关于是否应该并表，主要须关注原始权益人对项目公司的控制力。根据基金合同等相关约定，作为最大份额基金持有人，沪杭甬公司可以通过基金份额持有人大会对基金施加影响，同时沪杭甬公司作为运营管理机构为项目公司提供相关运营服务。沪杭甬公司对基金构成会计上的控制，基金发行后，沪杭甬公司应通过合并公募基金的方式，将项目公司继续保留在合并报表范围内。

关于并表后对外募集资金应计入哪一科目，业内讨论的焦点集中于强制分红与有限期限。从产品本质上看，基础设施 REITs 产品是坚持权益导向产生的一类新型金融产品，原始权益人将基础设施项目公司权益转让与公募 REITs，基金所有份额持有人持有相同的权利、义务、风险及回报，与上市公司股东类似，原始权益人未提供任何增信兜底措施。从强制分红来看，虽然 REITs 基础设施指引及基金合同等约定了基金每年必须强制分派可供分配金额的 90% 以上，但每年分派的现金金额不确定；同时，基金持有人大会可以根据产品主动管理需求，合理调整可分配金额的计算结果，具有主动管理的明显特征。因此，现金分派是建立在"可供分配"的前提下，分派金额是可变的，原始权益人无强制向份额持有人支付义务及差额补足义务。从有限期限来看，目前公募 REITs 具有的期限是依照基金法对封闭式基金的规定而设计的，并不表明公募 REITs 到期后必然终止，实际上，基金份额持有人大会可延长或提前终止基金期限；同时，基金也存在扩募机制，在基金成功扩募后，公募 REITs 可根据扩募资产期限合理延长产品期限，投资者可继续获取稳定的现金回报。因此，公募 REITs 实际上可视作无固定期限。故而，在主要原始权益人沪杭甬公司合并报表层面，通过公募 REITs 募集到市场化的资金可计入少数股东权益。通过公募 REITs 的权益型融资方式，可以有效降低原始权益人的资产负债率。

（三）合理处理关联关系

基金管理人（同时为资产支持证券管理人）浙商资管为主要原始权益人及运营管理机构沪杭甬公司的控股下属公司。基金管理人聘请中国国际金融股份有限公司为独立财务顾问，出具独立财务顾问报告，缓释关联交易风险。此外，为切实保障投资人，尤其是广大中小投资人的合法权益，确保浙商杭徽高速项目运作各环节的交易公允性和运作独立性，浙商资管董事会设立关联交易控制委员会，履行关联交易控制和日常管理的职责。

关联交易控制委员会由 3 名独立董事构成，关联交易控制委员会设委员会主席 1 名，负责主持委员会工作；基金管理人董事会从 3 名独立董事中确定 1 名独立董事担任委员会主席。基金管理人合规总监有权列席委员会会议。基金管理人投资部门合规风控专员担任关联交易控制委员会秘书。关联交易控制委员会有权审议交易金额（连续 12 个月内累计发生金额）占基金净资产 5% 及以下的关联交易；基金拟与关联人发生重大关联交易的，关联交易控制委员会应当同时对该关联交易事项进行审核，形成决议提交基金管理人和基金份额持有人大会。独立董事认为有必要的，可以聘请具有保荐资质的第三方担任独立财务顾问出具报告作为其发表书面意见的依据。关联交易控制委员会实行一人一票制，参加会议的委员每人拥有一票的权利，关联交易控制委员会会议决议必须经过全体委员通过才能形成决议并生效。

基础设施基金成立后，浙商杭徽高速项目与关联人拟发生的关联交易达到以下标准之一的，除应当及时披露外，还应提交关联交易控制委员会或基金份额持有人大会审议。一是交易金额（连续 12 个月内累计发生金额）占基金净资产 5% 及以下的关联交易，由关联交易控制委员会进行审议通过后方可实施；二是交易金额（连续 12 个月内累计发生金额）超过基金净资产 5% 且低于基金净资产 20% 的重大关联交易，由基金份额持有人大会进行审议表决，经参加大会的基金份额持有人所持表决权的 1/2 以上表决通过后方可实施；三是交易金额（连续 12 个月内累计发生金额）占基金净资产 20% 及以上的重大关联交易，由基金份额持有人大会进行审议表决，经参加大会的基金份额持有人所持表决权的 2/3 以上表决通过后方可实施。

（四）实现项目分拆上市

项目的主要原始权益人及原控股股东沪杭甬公司为香港联合证券交易所上市公司，根据《香港联合交易所有限公司证券上市规则》"第 15 项应用指引"的相关规定，沪杭甬公司分拆（spin-off）杭徽公司以及基础设施基金于上海证券交易所发行上市，将构成沪杭甬公司分拆上市。

《香港联合交易所有限公司证券上市规则》明确，母公司上市不足三年不得作分拆上市，并要求分拆上市后母公司保留足够的业务运作及相当价值的资产，以支持分拆上市后仍符合上市基本条件的规定。根据《香港联合交易所有限公司证券上市规则》，分拆上市需要对资产比率、盈利比例、收益比率、代价比率和股本比率进行测试，该项目中五项测试比例均未超过 25%，因此无须沪杭甬公司股东大会批准。

2021 年 1 月 29 日，香港联交所上市委员会向沪杭甬公司发出书面通知，同意沪杭甬公司可根据《香港联合交易所有限公司证券上市规则》"第 15 项应用指引"进行本次分拆上市，附条件豁免严格遵守《香港联合交易所有限公司证券上市规则》"第 15 项应用指引"第 3（f）段中有关本次分拆上市的保证配额的适用规定，并保留撤回和修改该同意和豁免的权利。

总的来看，浙商杭徽高速项目作为原始权益人搭建的资产上市平台，有利于原始权益人探索实现盘活存量、带动增量、释放存量的模式转型，大幅缩短投融资循环周期，提升资金周转效率，降低融资压力，并且对深化投融资体制改革、打通多元化投融资渠道和加快高质量发展具有积极意义。

第三节　富国首创水务项目

一、项目概况

富国首创水务封闭式基础设施证券投资基金项目（以下简称"富国首创

水务项目"，基金代码 508006），原始权益人为北京首创股份有限公司（以下简称"首创股份"），基金管理人为富国基金管理有限公司，资产支持证券管理人为富国资产管理（上海）有限公司。该项目于 2021 年 4 月由国家发展改革委推荐至中国证监会，6 月 21 日在上海证券交易所挂牌上市，准予募集份额总额为 5 亿份，发行价格为 3.7 元，实际发售基金总额 18.5 亿元，首创股份回购基金份额 9.435 亿元，实际净回收资金 9.06 亿元。首创股份拟将净回收资金全部以资本金方式投资于深圳公明水质净化厂二期工程等 9 个新增污水处理厂和生态水环境治理 PPP 项目。

该项目的 2 个底层资产为深圳市福永、松岗、公明水质净化厂 BOT 特许经营项目（以下简称"深圳项目"）和合肥市十五里河污水处理厂 PPP 项目（以下简称"合肥项目"），设计规模分别为 37.5 万吨/天和 30 万吨/天，分别于 2011 年、2009 年逐步投入运营。2018—2020 年，项目整体现金流净额分别为 4976.86 万元、1.19 亿元和 1.80 亿元，实现整体净利润分别为 995.23 万元、2643.85 万元和 3982.58 万元，经营收益和现金流总体稳定。预计 2021 年和 2022 年可供分配金额分别为 1.60 亿元、1.68 亿元，预期现金分派率分别为 8.74% 和 9.15%。

该项目原始权益人首创股份是北京市国资委下属的上市企业，在国内环保行业拥有良好的社会声誉、丰富的运营经验、突出的技术研发能力、雄厚的人才储备。公司已形成了全国性的业务布局，合计拥有超过 3047 万吨/天的水处理能力，位居国内水务行业前列。自 2003 年水务行业举办"水业十大影响力企业"评选活动以来，公司每年均位列十大影响力企业前列。

二、发行情况

（一）发行流程

该项目于 2020 年 8 月申报至北京市发展改革委，10 月由北京市发展改革委申报至国家发展改革委，12 月由北京市发展改革委正式推荐至国家发展改革委。国家发展改革委于 2020 年 12 月推荐至中国证监会及上海证券交易所。

该项目于 2021 年 4 月 28 日正式申报上海证券交易所，5 月 6 日获正式受理，5 月 14 日获上海证券交易所基金上市及资产支持证券挂牌转让无异议的函，并于 5 月 17 日获得中国证监会准予注册的批复。

该项目于 2021 年 5 月 19 日发布询价公告，5 月 24 日开展网下询价工作，5 月 31 日开展网下认购及公众发售工作。截至 6 月 2 日，该项目全部基金份额完成发售。该项目 6 月 7 日正式成立公募基金，6 月 10 日完成股权转让，实现资产支持专项计划对底层资产的持有，6 月 21 日在上海证券交易所正式挂牌上市。

（二）产品结构

发行准备阶段，该项目底层资产由原始权益人首创股份持有，资产重组后由富国资产管理（上海）有限公司代资产支持证券持有。产品发行阶段，基础设施 REITs 通过资产支持专项计划自原始权益人首创股份收购项目公司深圳首创水务有限责任公司（以下简称"深圳首创"）和合肥十五里河首创水务有限责任公司（以下简称"合肥首创"）100% 股权，并完成项目公司原有债务清偿，进而实现"公募基金+ABS"的产品结构搭设。产品存续阶段，基金管理人富国基金管理有限公司和资产支持证券管理人富国资产管理（上海）有限公司委托首创股份作为运营管理机构，为该项目提供运营管理服务。

此外，该项目的总协调人为中联前源不动产基金管理有限公司，财务顾问为光大证券股份有限公司，托管人为招商银行股份有限公司，审计机构为致同会计师事务所，资产评估机构为北京中同华资产评估有限公司，项目法律顾问为北京天达共和律师事务所。

富国首创水务项目产品结构如图 18.3 所示。

（三）发行结果

该项目共发行基金份额 5 亿份，初始询价区间为每份 3.491—4.015 元，通过网下询价方式确定发行价格为 3.700 元，发行总规模 18.50 亿元。投资者包括战略投资者、网下投资者和公众投资者三类。其中，战略投资者包括首创股份（原始权益人自持）及三峡资本、首钢基金等 10 家，共认购 14.06 亿元（其中自持 9.435 亿元，外部 4.625 亿元），占比 76%（其中自持 51%，外部 25%）；参与询价的网下投资者共 29 家（54 个配售对象），最终获配 25 家

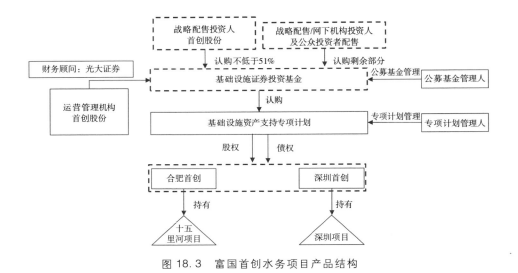

图 18.3　富国首创水务项目产品结构

（50 个配售对象），认购倍数 10.754 倍（配售比例 9.30%），共认购 3.11 亿元，占比 16.8%；公众投资者基金认购申请确认比例为 2.42%（认购倍数 41.451 倍），共认购 1.33 亿元，占基金发售总额的 7.2%。

三、项目特色

（一）资产质量较高

一是项目区位优势明显。深圳项目位于粤港澳大湾区，合肥项目位于长江经济带，均属于基础设施 REITs 试点优先支持的重点区域。深圳市产业集群效应明显，经济发达。2020 年全市生产总值 2.77 万亿元，比 2019 年增加 743.15 亿元，占当年广东省 GDP 总额的 25%。根据 2020 年国内 GDP 排名，深圳市位列第 3 位。合肥市为全国重要的科研教育基地，依托科研和教育优势，大力发展高新技术产业和第三产业，正发展成为经济繁荣、科技发达、布局合理、设施完善、环境优美的现代化城市。根据 2020 年国内 GDP 排名，合肥市位列第 20 位。因此，项目所在的两个城市均为国内区域经济发达的城市。

二是污水处理量稳步提升。深圳项目三个水厂的实际日均结算污水处理量达到设计产能水平，未来预测污水处理量将能够稳定在设计产能水平，收益现金流稳定。深圳项目的提标改造部分已投入正式运营，增加了曝气生物滤池及混凝沉淀池工艺段，在丰水季节，进水水质浓度相对较低，在增加污水处理量的情况下，出水水质通过提标改造有了稳定达标的可靠保障，污水处理量也得到了稳步提升。合肥项目水量预测于距基准日三年后达到设计产能，基准日时点产能利用率 83%，但随着合肥市的较快发展，以及人口和产业经济的持续增长，将进一步形成污水处理需求增量，预测 2024 年达到产能利用率 100%。

三是收益稳定，运营指标高于系统内污水业态平均值。深圳和合肥两个项目收益稳定，均可通过污水处理服务费覆盖建设运营成本及税费，并获得合理盈利。同时，特许经营协议中设置了"基本污水处理量"条款，即针对某一运营年度实际处理达标的水量低于基本水量时，两个项目公司均有权按照该运营年度对应的基本水量收取污水处理服务费。结算量方面，深圳项目和合肥项目的污水处理结算量 2018—2020 年均保持稳定增长，且污水处理量高于 2020 年系统内业态平均污水处理量（取值口径为首创股份系统内104 家污水项目平均值）。污水处理服务费单价方面，随着深圳项目于2019—2020 年陆续完成提标改造工程，污水处理服务费单价实现大幅增长，平均水价高于 2020 年系统内业态平均污水处理单价。合肥项目自 2018 年 11月移交给合肥首创，由于未发生过调整水价的情形，合肥污水处理单价目前保持不变。

表 18.1　首创股份深圳项目和合肥项目 2018—2020 年运营数据

福永水厂	2018 年	2019 年	2020 年	2020 年系统内业态均值（首创股份测算）
污水处理结算量（万吨）	4450.58	4588.54	4698.92	污水处理结算量2332.08 万吨
污水处理服务费含税单价（元/吨）	0.779	0.779	0.779—1.3713	
污水处理服务费回收率（%）	100%	100%	100%	

续表

福永水厂	2018年	2019年	2020年	2020年系统内业态均值（首创股份测算）
松岗水厂	2018年	2019年	2020年	污水处理服务费含税单价1.281元/吨
污水处理结算量（万吨）	5339.40	5448.84	5804.10	
污水处理服务费含税单价（元/吨）	0.791	0.791—1.3267	1.3267	
污水处理服务费回收率（%）	100%	100%	100%	
公明水厂	2018年	2019年	2020年	污水处理服务费回收率100%
污水处理结算量（万吨）	3360.50	3655.30	3854.66	
污水处理服务费含税单价（元/吨）	0.962	0.962—1.5068	1.5068	
污水处理服务费回收率（%）	100%	100%	100%	
合肥项目	2018年	2019年	2020年	
污水处理结算量（万吨）	1091.46	6917.38	7324.43	
污水处理服务费含税单价（元/吨）	1.260	1.260	1.260	
污水处理服务费回收率（%）	100%	100%	100%	

四是历年水费回收率100%。深圳项目和合肥项目2018—2020年污水处理服务费回收率均为100%。从两个项目分别向深圳市水务局和合肥市排水办递交申请，至深圳市财政局和合肥市排水办完成支付，时间长度通常在1—2个月，应收账款的回款周期在合理期限内，不存在延迟支付情形。

（二）特许经营权处理有利于项目运营

深圳项目为采用BOT模式的特许经营项目，合肥项目为采用"TOT+BOT"模式的PPP项目。两个项目分别由首创股份全资设立的深圳首创和合肥首创负责投资建设。深圳项目和合肥项目均通过在特许经营协议中约定处理水量、单价、付费方式、付费周期、调价机制等，由政府根据协议约定向深圳首创和合肥首创支付污水处理服务费，由深圳首创和合肥首创承担污水处理厂的融资建设和运营维护责任。在REITs发行前，首创股份与两地主管部门就项目公司股权转让事宜多次进行沟通，就切实承担特许经营责任的保障措施达成一致，最终顺利取得两地主管部门的无异议函。

一是首创股份持有基金份额比例高，持有期间并表处理。为了保障后续项目的健康稳定持续运营，首创股份拟在该项目发行后作为战略配售投资人认购51%的基金份额，并将深圳项目、合肥项目整体并入首创股份合并报表范围进行管理，使得首创股份与该项目 REITs 产品之间形成了很强的绑定关系，以实际行动向两地主管部门表明首创股份将尽力保障项目持续健康平稳运营。

二是首创股份作为运营管理机构直接对项目公司运营负责。在基金存续期内，首创股份拟作为项目资产的运营管理机构，通过成立分公司和独立的项目运营部门、委派运营管理所需专业人员，由首创股份根据《运营管理协议》要求，为基础设施项目提供运营管理工作，并承担服务内容及范围内的责任和风险。同时，《运营管理协议》设有奖惩机制，主要体现为运营管理服务费与运营绩效考核直接挂钩。若运营考核结果达到或超过年度目标值，运营管理机构将取得公募基金可供分配金额相应比例的服务费；反之，则服务费将相应降低。由此确保首创股份以更高的标准管理和运营入池基础设施项目。

三是首创股份与基金管理人联合向两地主管部门出具承诺函。根据两地政府主管部门要求，首创股份与基金管理人联合向深圳市水务局和合肥市城建局分别出具《基础设施 REITs 项目承诺函》，明确首创股份、基金管理人及项目公司须按照特许经营协议的相关约定行使权利、履行义务，保证污水处理厂正常持续运营，实现基础设施项目的稳定运营。如存在违反特许经营协议或《基础设施 REITs 项目承诺函》的行为，首创股份、基金管理人及项目公司须对此承担连带责任。

（三）收入来源合理分散

根据深圳项目、合肥项目《特许经营协议》，该项目的主要收入来源为深圳市水务局和合肥市财政局支付的污水处理服务费。根据《污水处理费征收使用管理办法》，污水处理费由排水单位和个人按照国家有关规定缴纳，应当纳入地方政府性基金预算管理，专项用于城镇污水处理设施的建设、运行和污泥处理处置，不得挪作他用。

因此，深圳项目和合肥项目的污水处理服务费虽然形式上由当地政府部门予以支付，但穿透来看，实质来自于排水单位和个人使用者缴纳的污水处理费，收入来源分散度较高。同时，当地政府已将污水处理费支出纳入中长期财政规划和跨年度预算，当地财政局将严格按照合同约定统筹安排资金，从而对项目公司污水处理费的获取形成有力保障。

（四）专业的第三方污水处理运营机构

项目原始权益人首创股份是水务行业专业的第三方运营管理机构，在国内拥有近 20 年的水务综合服务运营管理经验。首创股份不断聚焦主业，污水处理、自来水生产销售、水务建设、垃圾处理等环保主业收入占营业总收入的比重，从 2011 年的 60% 提升到 2020 年的将近 100%。

首创股份已形成了全国性的业务布局，水务投资和工程项目分布于 28 个省、自治区、直辖市，覆盖范围超过 100 个城市，产生了明显规模效应，并初步实现了村镇水务业务的纵深化拓展。截至 2020 年年末，首创股份污水处理能力达到 1591.22 万吨/天，污水处理量持续快速增长。2020 年，公司实现新增投产水处理能力约 192 万吨/天，其中供水新增约 64 万吨/天，污水新增约 127 万吨/天。首创股份目前已投入运营的供水规模约为 586 万吨/天，污水处理规模约为 779 万吨/天。

首创股份在沿海发达地区以及境外的优质资产占公司经营总资产规模的一半，良好的区域优势为未来增量发展奠定了基础。同时，公司积极推动管理革新，充分发挥运营大数据的平台优势，持续缩小产销差率，降低吨水药耗、电耗。凭借规范运行的责任担当和良好的成本控制能力，首创股份普遍得到了项目所在地政府的好评，客户的黏性较强，有利于今后的持续发展。

总的来看，富国首创水务项目是首创股份在污水处理领域具有代表性的优质资产，发行 REITs 过程中充分发挥了第三方运营管理机构优势，坚持底层资产市场化运营，并妥善处理特许经营责任，打消地方政府和行业管理部门顾虑，对污水处理等民生基础设施项目参与试点具有较好的示范作用。

第四节　东吴苏州产业园项目

一、项目概况

东吴苏州工业园区产业园封闭式基础设施证券投资基金项目（以下简称"东吴苏州产业园项目"，基金代码508027），发起人为苏州工业园区兆润投资控股集团有限公司（以下简称"兆润控股"），原始权益人为苏州工业园区科技发展有限公司（以下简称"科技公司"）及苏州工业园区建屋产业园开发有限公司（以下简称"建屋产业公司"），基金管理人为东吴基金管理有限公司（以下简称"东吴基金"），资产支持证券管理人为东吴证券股份有限公司。该项目于2021年4月由国家发展改革委推荐至中国证监会，6月21日在上海证券交易所挂牌上市，准予募集份额总额为9亿份，发行价格为3.88元，实际发售基金总额34.92亿元，项目原始权益人及其关联方认购40%的基金份额，共计13.968亿元，实际净回收资金20.952亿元。兆润控股拟将净回收资金全部以资本金方式投资于旗下汇智湾项目、"BT+IT"融合创新中心项目及微软二期项目等10个新增产业园区项目。

该项目底层资产包含2处资产，均为位于苏州工业园区的高新技术产业园，分别是国际科技园五期B区项目、2.5产业园一期及二期项目，建筑面积合计约为56万平方米，于2009—2013年陆续开始运营。两处资产历史运营状态良好，运营收入稳定增长，收入合理分散。2018—2020年，合计经营净现金流分别约为1.31亿元、1.42亿元及0.99亿元。两资产2018年及2019年合计增长率达7.72%。疫情影响减轻后，截至2020年年末，出租率逆势回升，高于2019年年末的出租率水平，增长势头良好。截至2020年年末，国际科技园五期B区项目共有345名租户，主要集中在信息技术、专业服务、人工智能和金融机构等领域，前十大租户租赁面积占项目总可租面积比例为21%；2.5产业园一期及二期共有117名租户，业态集中在信息科技产业、电子电器产业、生物医药产业、物流产业和新材料产业，前十大租户租赁面积占项目总可租面积比例约 25.58%。

该项目原始权益人科技公司和建屋产业公司均为发起人兆润控股的控股子公司。兆润控股为苏州工业园区管委会下属重要的基础设施投融资建设主体，拥有工业、商业、住宅等多元化的综合业务，具有良好的业务收入和品牌效应。截至 2020 年年末，兆润控股总注册资本为 183.61 亿元，总资产逾 1100 亿元，已运营的优质产业园项目超过 220 万平方米，在建和拟建产业园类资产约 190 万平方米，未来可扩募的产业园资产总建筑面积约 400 万平方米。

二、发行情况

（一）发行流程

该项目于 2020 年 8 月申报至江苏省发展改革委，10 月由江苏省发展和改革委申报至国家发展改革委，2021 年 2 月江苏省发展和改革委正式推荐至国家发展改革委。国家发展改革委于 2021 年 4 月推荐至中国证监会及上海证券交易所。

该项目 2021 年 4 月 28 日正式申报上海证券交易所，5 月 6 日获正式受理，5 月 14 日获上海证券交易所基金上市及资产支持证券挂牌转让无异议的函，并于 5 月 17 日获得中国证监会准予注册的批复。

该项目于 5 月 18 日发布询价公告，5 月 24 日开展网下询价工作，5 月 31 日—6 月 1 日开展公众发售工作。截至 6 月 1 日，该项目全部基金份额完成发售。6 月 21 日，该项目在上海证券交易所正式挂牌上市。

（二）产品结构

发行准备阶段，该项目底层资产国际科技园五期 B 区由项目公司苏州工业园区科智商业管理有限公司（以下简称"科智商管"）持有，2.5 产业园一期、二期由项目公司苏州工业园区艾派科项目管理有限公司（以下简称"园区艾派科"）持有。产品发行阶段，基础设施 REITs 将通过资产支持专项计划自原始权益人收购项目公司 100%股权，并完成项目公司原有债务清偿，进而实现"公募基金+ABS"的产品结构搭设。产品存续阶段，基金管理人东吴基金和资产支持证券管理人东吴证券将委托科技公司与建屋产业公司作为运营管理机构，为该项目提供运营管理服务。

此外，该项目的牵头服务机构为中联前源不动产基金管理有限公司及苏州元联投资基金管理有限公司，托管人为招商银行股份有限公司，审计机构及税务咨询机构为普华永道中天会计师事务所，评估机构为深圳市戴德梁行土地房地产评估有限公司，法律顾问为北京市金杜律师事务所。

东吴苏州工业园产业园项目产品结构如图 18.4 所示。

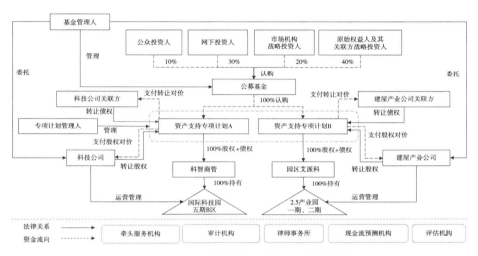

图 18.4　东吴苏州产业园项目产品的结构

（三）发行结果

该项目共发行基金份额 9 亿份，初始询价区间为每份 3.558—4.094 元，通过网下询价方式确定发行价格为 3.880 元，发行总规模 34.92 亿元。投资者包括战略投资者、网下投资者和公众投资者三类。其中，战略投资者包括建屋产业公司、科技公司、苏州工业园区经济发展有限公司等 9 家，共认购 20.952亿元，占比 60%；参与询价的网下投资者共 36 家，46 个配售对象，最终获配 28 家，35 个配售对象，由于该项目网下投资认购数量高于网下最低发售数量且公众投资者初步有效认购倍数超过 2 倍，故启动发售回拨机制，回拨后网下发售最终有效认购倍数为 3.854 倍，共认购 10.476 亿元，占比 30%；公众投资者基金认购申请确认比例为 12.3%，共认购 3.492 亿元，占基金发售总额的 10%。

三、项目特色

（一）产业基础较好，发展势头良好

苏州产业园项目位于江苏省苏州市工业园区。苏州工业园区是中国和新加坡两国政府间的重要合作项目，于 1994 年 2 月经国务院批准设立，行政区划 278 平方千米，其中，中新合作区 80 平方千米，园区是全国开放创新综合试验区域。2020 年，苏州工业园区全年实现地区生产总值约 2900 亿元，同比增长约 6%；进出口总额 920 亿美元，增长 5.6%；实际利用外资 19.7 亿美元，增长 100.6%，创历史新高。

苏州工业园区具有较强的制造业基础，工业体系完备，2020 年 GDP 突破两万亿元，已逐步形成了"2+3"的特色产业体系。其中，国有产业载体是苏州工业园区培育发展生物医药、纳米技术应用、人工智能三大新兴产业的重要基地。2019 年苏州工业园区实施科技创新三年行动计划，2020 年三大新兴产业实现总产值 2494 亿元，增长 22.9%，形成了"引进高层次人才、创办高科技企业、发展高新技术产业"的链式效应。

国际科技园五期 B 区和 2.5 产业园一期、二期作为苏州工业园区人工智能产业、高新技术服务业等产业的核心载体，多年来致力于新兴产业的发展，已经着力培育了一批拥有自主知识产权和知名品牌、主业突出、核心竞争力强、带动作用明显的企业，成为激发区域创新创业活力的重要驱动力。

国际科技园五期 B 区总建筑面积约为 33 万平方米，于 2009—2011 年陆续投入运营。截至 2020 年年末，该产业园已集聚新一代信息技术产业及配套企业 328 家，实现企业总产值约 66 亿元，其中软件企业产值超亿元企业 17 家，聚集各类科技人才约 1 万人。

2.5 产业园一期及二期总建筑面积约为 23 万平方米，于 2011—2013 年陆续投入运营。该产业园着力建设形成"为二产制造业服务的高端三产服务业"的特色产业体系。截至 2020 年年末，该产业园入驻企业及配套总数共 129 家，同时已引进多家世界 500 强及行业巨擘入驻，聚集各类人才约 8000 人。

两个资产发行基础设施 REITs，可以更好发挥高新技术产业带动作用与长三角区域协同作用，进一步促进产业内部发展的良性循环与国际化产业的双向合作，建设国家级战略性新兴产业基地、世界级制造业集群，打造经济新增长点与改革开放新高地，加快形成"国内国际双循环相互促进新发展"的新格局。

（二）经验积累较多，保障能力较强

苏州工业园区旗下国有公司在苏州工业园区管委会的支持下，一直把布局 REITs 工作作为提高资产流动性、推动重资产公司转型发展的重要抓手，2018 年以来陆续获批发行了 5 单类 REITs 项目，发行总规模为 87.2 亿元，涉及资产总建筑面积约为 131 万平方米，涵盖社区商业、写字楼以及高新技术产业园等类型资产。类 REITs 的成功发行，为后续苏州工业园区基础设施公募 REITs 的发行和运营积累了经验。

科技公司和建屋产业公司是拥有十余年管理经验的专业产业园运营服务商，科技公司旗下运营管理同类型产业园项目约 105 万平方米，建屋产业公司旗下运营管理同类型产业园项目约 44 万平方米，均具备专业化的辅导能力。除传统的硬件设施建设外，还围绕新一代信息技术产业发展需求，集聚政产学研等各类专业伙伴，引进并整合产业发展要素，开展产业规划、产业研究、创新加速、产学研合作、投融资服务、政策推广和落地、品牌推广、渠道拓展和营销等各类产业生态活动，提供全方面、多层次的软件服务，有效助力企业成长和产业聚集。

（三）资产质量较好，经营质效较高

苏州产业园项目包含两个基础设施资产，国际科技园五期 B 区项目 2018—2020 年经营净现金流分别为 0.86 亿元、0.89 亿元及 0.61 亿元，净利润分别为 0.44 亿元、0.42 亿元和 6.57 亿元，2.5 产业园一期及二期项目 2018—2020 年经营净现金流分别为 0.45 亿元、0.52 亿元及 0.37 亿元，净利润分别为-0.002 亿元、0.07 元和 0.50 亿元。从净利润来看，国际科技园三期 B 区项目运营相对成熟，2.5 产业园一期及二期项目成长性较好。

2.5 产业园一期及二期项目 2018 年、2019 年净利润相对较少的原因是考虑了财务费用支出、折旧及摊销及所得税支出，但 REITs 产品分派金额应关注经营净现金流情况而非资产净利润。两个项目打包后，净现金流分派率可以满足基础设施 REITs 试点条件。

在对未来两年现金流进行预测时，充分考虑到两处基础设施资产实际经营情况，国际科技园五期 B 区预计未来出租率水平将在往年的基础上保持稳定，2.5 产业园一期及二期预计未来出租率水平在往年基础上能实现一定比例的提升。两个项目打包后，未来可供分配现金流或将具有一定增长空间。

（四）产品结构合理，管控机制灵活

苏州产业园项目包含两个专项计划，该结构设置与其他首批项目设置存在一定差异，项目交易结构如图 18.4 所示。

苏州工业园区 2019 年年末开始着手准备公募 REITs 项目试点工作，先行搭建并操作了类 REITs 结构。由于苏州产业园项目包含两个基础设施资产，每一个基础设施资产对应不同项目公司、原始权益人及运营管理机构，因此针对两个资产分别设置专项计划。该结构的优势在于可加强项目存续期间对单个资产的管理与控制，同时在对单个资产进行处置时，可在不影响其他资产的情况下对资产对应的专项计划进行清算。

总的来看，苏州产业园项目位于国内外知名的苏州工业园区，依托长三角地区经济发展优势，资产质量具有较好保障。同时，原始权益人充分借鉴其他金融产品实践经验，创新交易结构设置，探索优化金融服务园区发展质效，对产业园区项目参与基础设施 REITs 具有一定示范引领作用。

第五节 中金普洛斯仓储物流项目

一、项目概况

中金普洛斯仓储物流封闭式基础设施证券投资基金项目（以下简称"中金普洛斯项目"，基金代码 508056），原始权益人为普洛斯中国控股有限公司（以下简称"普洛斯中国"，注册地为香港），基金管理人为中金基金管理有限公司，资产支持证券管理人为中国国际金融股份有限公司。该项目于 2021 年 4 月由国家发展改革委推荐至中国证监会，6 月 21 日在上海证券交易所挂牌上市，准予募集份额总额为 15 亿份，发行价格为 3.89 元，实际发售基金总额 58.35 亿元，普洛斯中国回购基金金额 11.67 亿元，实际净回收资金 42.96 亿元。普洛斯中国拟将实际净回收资金全部以资本金方式投资于普洛斯顺义李桥产业园等 15 个新增物流园区和产业园区项目。

该项目的底层资产包括位于北京、广东、江苏 3 省（市）的 7 个资产，分别是普洛斯北京空港物流园、普洛斯通州光机电物流园、普洛斯广州保税物流园、普洛斯增城物流园、普洛斯顺德物流园、苏州望亭普洛斯物流园、普洛斯淀山湖物流园，建筑面积合计约 70.5 万平方米，2005—2017 年陆续竣工并开始运营。2018—2020 年，项目经营现金流净额分别为 1.92 亿元、2.00 亿元和 1.90 亿元，实现净利润分别为 0.91 亿元、1.11 亿元和 1.21 亿元，经营收益和现金流总体稳定。截至 2020 年年末，项目租户合计 53 个，其中前十大租户租金及管理费占比约 58.32%，收入分散程度较高。

该项目原始权益人普洛斯中国的实际控制方普洛斯集团（注册地为新加坡）是全球仓储物流领域的知名企业。根据第三方统计数据，目前普洛斯集团在中国仓储物流行业市场份额排名居前。近年来，普洛斯中国持续创新和投资运营，其资产均为高标准仓库，同时普洛斯集团与国内外知名企业建立了良好的合作关系，在全世界范围内为其提供优质的仓储设施服务。

二、发行情况

（一）发行流程

该项目于 2020 年 10 月申报至北京市发展改革委，10 月由北京市发展改革委申报至国家发展改革委，2021 年 3 月北京市发展改革委正式推荐至国家发展改革委。国家发展改革委于 2021 年 4 月推荐至中国证监会及上海证券交易所。

该项目于 2021 年 4 月 29 日正式申报上海证券交易所，当日获正式受理；5 月 14 日完成项目封卷，并于当日获得上海证券交易所关于基金上市及资产支持证券挂牌转让无异议的函；5月17日获得中国证监会准予注册的批复。

该项目于5月19日发布询价公告，5月24日当日开展网下询价工作，5月31日—6月2日开展公众发售工作。5月31日，该项目发售工作提前结束，全部基金份额完成发售，发售规模合计58.35亿元。6月21日在上海证券交易所正式挂牌上市。

（二）产品结构

发行准备阶段，该项目底层7个仓储物流资产由6个项目公司分别持有，原始权益人普洛斯中国持有6个项目公司100%股权。产品发行阶段，基础设施REITs通过资产支持专项计划自原始权益人普洛斯中国收购项目公司100%股权，并完成项目公司原有债务清偿，进而实现"公募基金+ABS"的产品结构搭设。至此，基金设施REITs通过资产支持证券和项目公司等载体取得了基础设施项目完全所有权。产品存续阶段，基金管理人中金基金管理有限公司和资产支持证券管理人中金公司将委托普洛斯投资（上海）有限公司作为运营管理机构，为该项目提供运营管理服务。

此外，该项目的托管人为兴业银行股份有限公司，审计机构为毕马威华振会计师事务所，资产评估机构为深圳市戴德梁行土地房地产评估有限公司，税务咨询顾问为普华永道咨询（深圳）有限公司北京分公司，法律顾问为北京市海问律师事务所及上海市通力律师事务所。

中金普洛斯项目产品结构如图18.5所示。

（三）发行结果

该项目共发行基金份额15亿份，初始询价区间为每份3.70—4.26元，最终通过网下询价方式确定发行价格为3.89元，发行总规模为58.35亿元。投资者包括原始权益人关联方、战略投资者、网下投资者和公众投资者。其中，原始权益人关联方GLP Capital Investment 4（HK）Limited认购11.67亿元，占比20%；战略投资者如泰康人寿保险有限责任公司、大家投资控股有限责任公司等6家共认购约30.34亿元，占比52%；参与询价的网下投资者共37家，最终获配33家，认购倍数6.69倍，经回拨后认购规模约11.44亿元，占比

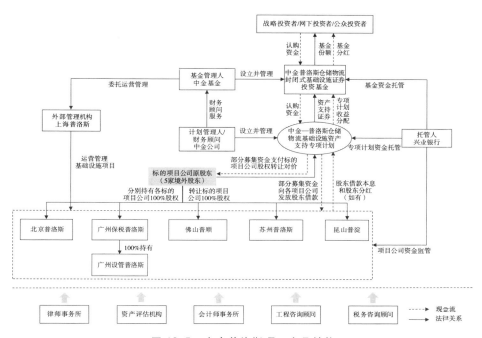

图 18.5 中金普洛斯项目产品结构

19.6%；公众投资者初始认购倍数约为 15 倍，因公众投资者认购倍数较高，该项目实施了网下向网上回拨机制，回拨后网上基金认购申请确认七例约为 10.04%，共认购约 4.9 亿元，占基金发售总额的 8.4%。

三、项目特色

（一）资产质量较高

该项目 7 个资产分别位于京津冀、长三角、大湾区三大城市群，服务于京津冀协同发展、长江经济带发展、粤港澳大湾区、"一带一路"建设等国家重大战略。项目所在区域经济发达、人口密集，为项目持续稳定运营提供了较好的市场环境。

7 个资产均为设施优良、运营成熟的高标仓库。仓库建筑结构为钢结构或钢混结构，具备宽敞和更加现代化的装卸平台，雨棚等附属设施完备，电梯、消防系统等设备维护良好。7 个物流园区大部分有 10 年左右的运营历史，整体经营情况良好。截至 2020 年年末，平均出租率达 98.72%，租金水平较高，具备较好的投资价值。据评估机构提供的市场调研数据，普洛斯北京空港物流园、通州光机电物流园租约价格较同期北京市场租金平均水平高出近 17% 和 37%，苏州望亭物流园租约价格较同期苏州市场租金平均水平高出 12%，增城物流园租约价格较同期当地租金平均水平高出 23%。

随着仓储物流行业对配送效率和合规性要求的提高，租户群体对高标仓库的需求将逐步增加。该项目资产作为现代化的高标准物流基础设施，预计可以保持较强的租赁需求及市场竞争力。同时，从历史情况看，租金每年上涨约 4%—6%，该项目具备一定的资产增值空间，有望为投资者提供良好的回报。

此外，普洛斯中国拟将实际回收资金全部投资于新的现代仓储及其他基础设施项目。这些项目的投资建设，将有利于促进所在城市的产业结构优化升级，增强所在城市经济辐射能力，从而更好地带动整体经济社会效益提升。

（二）运营保障较好

该项目的基础设施基金具备健全的治理机制和管理架构，基金管理人主动履行项目的运营管理职责，可以为项目的稳健运营提供有力保障。基金管理人计划设立创新投资部，负责基础设施基金的研究、投资及运营管理等；设立投资决策委员会，负责对基础设施基金重大事项的审批决策；设立运营咨询委员会，为基金投资和运营提供专业咨询意见和建议。

基金管理人委托上海普洛斯作为运营管理机构，负责基础设施项目的部分运营管理职责。上海普洛斯在物流基础设施运营方面具有丰富经验和专业化优势，有利于保障项目持续稳定运营。该项目设置浮动管理费用作为激励机制，基金的浮动管理费为基金当年经审计的仓储租赁收入乘以当年的浮动管理费用费率，从第二年起，当年经审计的仓储租赁收入越高，则用于计算浮动管理费的费率（分为 4.8%、5.0% 和 5.2% 三档）也随之提高。浮动管理费的机制安排将运营管理机构与基金投资人的利益绑定，并能够有效激励运营管理机构为其自身及基金投资人的利益勤勉尽责地管理和运营底层资产。

从保障机制来看，原始权益人与运营管理机构已就资产出表后可能出现的利益冲突，分别出具了公平对待目标基础设施项目的承诺函，承诺其及同一控制下的关联方将公平对待与其相关的物流仓储项目，不会将基金项下项目公司已取得或应取得的业务机会不公平地授予或提供给任何其他竞品项目，不会作出不利于项目公司及基础设施资产、而有利于其他以自有资金投资或管理的竞品项目的决定或判断，并将避免该种客观结果的发生。运营管理机构进一步承诺，其同时向其他机构提供基础设施项目运营管理服务的，应当采取充分、适当的措施避免可能出现的利益冲突，不得损害基础设施基金及其持有人的利益。此外，项目将根据基金管理人章程、关联交易管理制度，对关联交易履行 REITs 投委会审议等内部审批程序，充分防范原始权益人、运营管理机构和基金投资人之间潜在的、未来可能产生的利益冲突，从而保障基金投资人的合法权益。

（三）唯一的外商投资项目

该项目 7 个资产在发行基础设施 REITs 前均直接或间接由境外股东持有，是基础设施 REITs 首批试点项目中唯一的外商投资项目。由于项目涉及外商投资，在交易的操作程序上更为复杂，例如原股东股权转让价款的出境、项目公司由外商投资企业转换为内资企业等。针对上述情况，项目前期与各地市场监管、税务等部门进行了充分沟通，厘清操作路径，也为后续同类型外资项目参与我国公募 REITs 市场探索了道路。中金普洛斯项目顺利参与基础设施 REITs 试点，作为外商投资我国基础设施项目并最终在我国资本市场成功退出的案例，将有利于发挥示范作用，带动更多的外资企业参与我国的基础设施建设。

普洛斯集团在 REITs 产品发行方面，具有丰富的实操经验。普洛斯集团于 2012 年在日本发行了 J-REITs 产品（以下简称"GLP J-REIT"），同时作为 GLP J-REIT 的发起人、信托管理人和资产管理公司。截至 2021 年 2 月 28 日，GLP J-REIT 在东京证券交易所（TSE）上市交易共发行 8 期，资产总量 83 个，共计 7411 亿日元，GLP J-REIT 自首次发行后租金从未出现下滑，租户续租率达到 90%，平均出租率达到 99.8%。此次在境内发行 REITs 时，在项目方案设计方面，吸收借鉴了境外 REITs 的管理运作模式，底层项目公司及专项计划层面进行了空心化处理，优化了 REITs 的管理机制和责任分工。此外，运营管理方面设置了分阶梯的浮动管理费，以通过市场化机制激励运营管理机构。这些运作模式，可供其他基础设施 REITs 项目参考借鉴。

（四）专业的第三方仓储物流运营机构

该项目原始权益人普洛斯中国是仓储物流领域专业的第三方运营管理机构，其实控人普洛斯集团业务遍及中国、日本、巴西、欧洲、印度、越南等地，在不动产及私募股权基金领域的资产管理规模达 1000 亿美元。中国市场是普洛斯集团最大的市场和最主要的增长市场，普洛斯中国在国内拥有 15 年以上的现代仓储行业开发运营经验，专注现代仓储的开发、经营和管理，主要服务于第三方物流企业、零售业、制造业等下游行业。截至 2020 年年底，普洛斯集团在中国投资、开发和管理着近 400 处物流、制造、数据中心、科创办公类设施，其中持有的仓储物流等物业总建筑面积约 4332 万平方米。普洛斯中国良好的市场地位以及较大规模的优质资产储备，将为该基础设施 REITs 未来的扩募安排持续提供满足监管要求并符合投资人利益的优质底层资产。

普洛斯中国主要为第三方企业提供现代物流基础设施和服务，除了少量仓储租给了普冷物流等普洛斯投资的企业，95%以上的仓储均租给了其他市场化租户。同时，普洛斯中国不以服务特定类型承租人为目的，以市场化方式面向各行业承租人提供服务，客户类型和数量较多，收入来源分散。2020 年年末，普洛斯中国前 10 大仓储租户租金及管理费收入占比不到 60%，且 2020 年度不存在收入占比超过 10%以上的重大承租人，项目租户分散度高，对单一客户的依赖度低，抗风险能力较强。

总的来看，中金普洛斯项目积极选择优质资产参与基础设施 REITs 试点，同时借鉴海外 REITs 市场丰富的实践经验，充分发挥第三方运营管理机构优势，不仅将推动中国 REITs 市场的未来发展，也将有利于吸引更多的外资企业参与我国基础设施建设，发挥良好的示范作用。

第十九章 深圳证券交易所首批 REITs 项目

2021 年 6 月 21 日，博时招商蛇口产业园封闭式基础设施证券投资基金（180101）、平安广州交投广河高速公路封闭式基础设施证券投资基金（180201）、红土创新盐田港仓储物流封闭式基础设施证券投资基金（180301）、中航首钢生物质封闭式基础设施证券投资基金（180801）等 4 单基础设施 REITs 项目在深圳证券交易所成功发行，规模合计 143.71 亿元。

第一节 博时蛇口产园项目

一、项目概况

博时招商蛇口产业园封闭式基础设施证券投资基金项目（以下简称"博时蛇口产园项目"，基金代码 180101），原始权益人为招商局蛇口工业区控股股份有限公司（以下简称"招商蛇口"），基金管理人为博时基金管理有限公司（以下简称"博时基金"），资产支持证券管理人为博时资本管理有限公司（以下简称"博时资本"）。该项目于 2021 年 4 月由国家发展改革委推荐至中国证监会，6 月 21 日在深圳证券交易所挂牌上市，准予募集份额总额为 9 亿份，发行价格为 2.31 元，实际发售基金总额 20.79 亿元，招商蛇口认购基金份额 6.6528 亿元，实际净回收资金约 11.6 亿元。招商蛇口拟将净回收资金全部以资本金方式投资于招商局智慧城等 5 个在建产业园项目。

该项目的底层资产是深圳市蛇口工业区蛇口网谷产业园中的万融大厦和万海大厦（以下简称"两项资产"）。两项资产是蛇口网谷产业园中运营成熟稳定的资产，建筑面积合计约 9.53 万平方米，分别于 2013 年 12 月、2014 年 9 月投入运营。在 2020 年度合计实现营业收入约 11493 万元（疫情租金减免前约为 13361 万元），截至 2020 年 12 月末的平均加权出租率达 90%、平均租金约为 128 元/平方米/月和 146 元/平方米/月，属于行业及所处区域的较高水平。

该项目原始权益人招商蛇口是中央企业招商局集团旗下城市和园区综合开发运营板块旗舰企业。招商蛇口创立于 1979 年，41 年前建设开发的深圳蛇口工业区是中国改革开放的发源地，为中国经济发展作出了重要的历史贡献。招商蛇口聚焦于产业园区开发与运营、社区开发与运营、邮轮产业建设与运营三大业务板块，截至 2020 年 12 月末，招商蛇口总资产规模 7371.6 亿元，业务覆盖全球 111 个城市和地区。招商蛇口拥有产业园资产规划面积近 403 万平方米，项目个数达 27 个，深耕粤港澳大湾区、长三角经济区、"一带一路"等国家重大战略区域。

二、发行情况

（一）发行流程

该项目于 2020 年 5 月启动，11 月完成资产重组工作。

该项目于 2020 年 8 月申报至深圳市发展改革委，10 月深圳市发展改革委申报至国家发展改革委，2021 年 3 月深圳市发展改革委正式推荐至国家发展改革委。国家发展改革委于 2021 年 4 月推荐至中国证监会及深圳证券交易所。

该项目于 2021 年 4 月 21 日正式申报深圳证券交易所和中国证监会，4 月 23 日获正式受理，5 月 14 日获深圳证券交易所基金上市及资产支持证券挂牌转让无异议的函，并于 5 月 17 日获得中国证监会准予注册的批复。

该项目于 2021 年 5 月 20 日发布询价公告，5 月 25 日开展网下询价工作，5 月 31 日—6 月 1 日为基金募集期。截至 6 月 1 日，该项目全部基金份额完成缴款。6 月 21 日，该项目在深圳证券交易所正式挂牌上市。

（二）产品结构

发行准备阶段，该项目底层资产原由招商蛇口全资子公司深圳市招商创业有限公司持有，资产重组后分别由深圳市万融大厦管理有限公司和深圳市万海大厦管理有限公司两家项目公司持有。产品发行阶段，基础设施 REITs 通过资产支持专项计划下属的 SPV 公司自原始权益人招商蛇口收购项目公司 100%股权，进而实现"公募基金+ABS"的产品结构搭设。产品存续阶段，基金管理人博时基金和资产支持证券管理人博时资本委托深圳市招商创业有限公司作为运营管理机构，为该项目提供运营管理服务。

该项目的基金财务顾问为招商证券股份有限公司和中信证券股份有限公司，托管人为招商银行股份有限公司，会计师事务所为德勤华永会计师事务所，资产评估机构为深圳市戴德梁行土地房地产评估有限公司，项目法律顾问为北京市中伦律师事务所，税务顾问为毕马威企业咨询（中国）有限公司深圳分公司，原始权益人咨询顾问为中联前源不动产基金管理有限公司。

博时蛇口产园项目产品结构如图 19.1 所示。

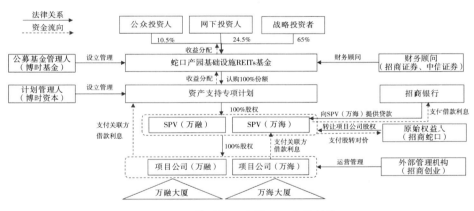

图 19.1　博时蛇口产园项目产品结构

（三）发行结果

该项目共发行基金份额 9 亿份，初始询价区间为每份 2.10—2.42 元，通过网下询价方式确定发行价格为 2.31 元/份，发行总规模 20.79 亿元（不含募集期利息）。投资者包括战略投资者、网下投资者和公众投资者三类。其中，战略投资者包括招商蛇口、首钢基金、首源投资、东方资产、国新投资、中国保险投资、光证资管诚享 7 号（光大理财）、富国基金智享 8 号 FOF、工银瑞投—工银理财四海甄选、招商财富—招银基础设施 1 号和中信证券等 11 家，共认购约 13.51 亿元，占比 65%；参与询价的网下投资者为 51 家网下投资者管理的 116 个配售对象，最终获配为 46 家网下投资者管理的 106 个配售对象，初始认购倍数 15.31 倍，经回拨后共认购约 5.10 亿元，占比 24.5%；公众投资者基金认购申请确认比例约为 2.39%，共认购约 2.18 亿元，占基金发售总额的 10.5%。

三、项目特色

（一）第一个对外开放的工业区——蛇口工业区，具有特殊历史意义和示范意义

该项目基础资产万融大厦和万海大厦所处的蛇口网谷产业园隶属于蛇口工业区。蛇口工业区是我国第一个对外开放的工业区，也是真正意义上的第一个产业园区。1979 年，招商局蛇口工业区随着改革开放的"开山第一炮"而创建，为一年之后深圳经济特区的创立起到了探路者的作用。1984 年 1 月，邓小平同志考察并鼓励蛇口工业区持续发展，挥笔题词写下，"深圳的发展和经验证明，我们建立经济特区的政策是正确的"。秉持创新、实干、敢为天下先的改革精神，2010 年招商蛇口在腾笼换鸟战略下，对蛇口工业区内的旧厂房进行更新改造、引入战略新兴产业，以此打造现在的蛇口网谷产业园，是为庆祝深圳经济特区建立 30 周年开工建设的"五个领域 60 大项目"之一。

（二）蛇口网谷产业升级效果显著，获多项国家及省级荣誉

在深圳市委市政府的领导下，招商蛇口于 2010 年与深圳市南山区委区政府共同合作，将原先的工业厂房改造升级为科技研发、创新创业基地，正式推出蛇口网谷产业园项目。蛇口网谷主要集聚了科技、文化、电子商务及物联网等企业，建设 10 年来产业升级效果显著。规模由最初的 3 万平方米增加至截至 2018 年年末，42 万平方米，每平方米产值由不到 2000 元增长至 10 万元，年总产值达到 400 亿元；引进客户约 450 家，吸纳就业人口超过 3 万人，先后共培育了 17 家上市公司。

蛇口网谷获得多项国家级、省级及市级的荣誉及资质，是国家首批大众创业万众创新示范基地、国家级电子商务示范基地、广东省物联网产业示范基地，也获得了深圳市文化产业基地、深圳市战略新兴产业基地以及深圳市物联网示范产业园区等市级荣誉资质。

（三）项目资产质量较好

招商蛇口在蛇口网谷中从运营成熟、出租率稳定、规模适度的角度出发，选择了万融大厦和万海大厦作为博时蛇口产园项目的首发资产。两项资产 2018—2020 年平均租金年化增长率为 10%，两项资产 2020 年 12 月租金分别约为 128 元/平方米/月和 146 元/平方米/月，租期内的租金按每年 5%增长。

两项资产产业集聚效果显著，租户主要集中于新一代信息技术、物联网、电子商务、文化创意，近三年产业聚集度为 70%左右，同时也囊括了包括雀巢研发、敢为软件和联合光伏等 6 家知名企业。知名企业长期入驻，贡献了项目整体年租金收入的 30%左右，一定程度保障了资产收入的稳定性。受益于较强产业聚集效应和完备的园区配套服务，资产出租率较为稳定，2020 上半年疫情期间出租率受到一定影响，但下半年调整后出租率迅速恢复至 90%左右的历史平均水平。

（四）运营能力突出

招商蛇口以"中国领先的城市和园区综合开发运营服务商"为战略定位，聚焦产业园区开发与运营业务，曾荣获中国产业园区大会 2020 年度中国产业园区运营商 TOP50 第一名、中国产业园区大会 2019 年度中国产业园区运营商 50 强第一名、克而瑞 2019 年度粤港澳大湾区产业（园区类）优秀运营商、2019 金融界（金智奖）科创价值机构（产业园区）。此外，蛇口网谷还荣获 2020 中国年度影响力科创产业园区。

招商蛇口为蛇口网谷提供了完善的运营服务体系。一是为园区提供"业务+空间"一体化的智慧园区平台，以智慧能源、智慧安防、智慧物联、智慧停车、园区支付、小招通等园区项目群打造全方位线上客户服务能力。二是提供"客户+管理"一体化的产业通平台，使用大数据、人工智能技术建设赋能客户服务、客户数据分析等。三是底层资产享受蛇口网谷专属的数据中心，项目为国家标准电信级数据 A 级机房，机柜数量为 1176 个，单机柜容量

3.96kVA。四是搭建独特的创新孵化平台，为初创企业提供全生命周期加速到成长的产业空间载体，通过投融资路演、产业投资、技术交易、业务撮合等产业服务支持，促进国际创新资源的落地和转化。五是依托招商局集团"产业+金融"的资源优势促进园区企业全周期的产融联动体系，在园区内设置不同规模的产投基金专注扶持孵化期和加速期企业发展，为企业各个生命周期的不同需求提供全方位金融服务，以产融联动方式激发产业生成活力。

（五）原始权益人具有丰富的资产储备

招商蛇口深耕粤港澳大湾区、长三角经济区等国家重大战略区域、拓展"一带一路"沿线节点地区，形成了独特的产业园区产品，储备产业园主要分为网谷系、意库系、智慧城系等多个产业园品牌，运营中的产业园总建筑面积合计 193 万平方米。招商蛇口结合未来产业园发展规划及项目成熟预期，重点考虑部分具备增长潜力的优质项目作为未来 REITs 扩募注入的备选资产，区位着重选取深圳等重点区域，力求通过引入优质扩募资产提升公募 REITs 的整体吸引力。

（六）原始权益人具有香港 REITs 的发行和运营经验

招商蛇口于 2019 年在香港成功发行了招商局商业房地产投资信托基金（HK.1503）（以下简称"招商商业房托"）。作为曾在香港发行 REITs 的原始权益人，招商蛇口融合了香港招商局商业房托运作经验和优势，推动了本次博时蛇口产园项目的发行。

一是招商商业房托和博时蛇口产园项目均是盘活存量、支持资产有效循环的平台。无论是基础设施资产或是商业资产，作为持有型资产均具有建设成本较高、收益周期较长的特点。招商蛇口上述两类资产的储备规模较大，通过发行 REITs，可实现存量资产盘活，回收资金用于相关资产再投资；同时原始权益人能够通过保留资产的经营管理权持续输出资产运营能力。两个 REITs 项目均是盘活存量资产、提升资金使用效率的有效平台。

二是招商商业房托的发行经验协助博时蛇口产园项目通过严格监管审核。两个 REITs 平台项目在首发申报时，均经过严格的第三方机构独立全面尽调，以及监管部门的严格审核，确保在发行阶段保证项目的质量以及确保有合理的机制保护投资者的利益。招商蛇口前期发行境外 REITs 的经验，使其对项目资产质量、架构搭建、治理设计能够更好地把握要点，使项目整体准备更加充分，设计更加合理。

三是博时蛇口产园项目与招商局商业房托具有不同特点。首先是平台定位不同。博时蛇口产园项目定位于优质产业园基础设施资产，而招商商业房托定位于商业物业。两个 REITs 平台的资产定位和投资策略有所区别。其次是治理架构存在差异。博时蛇口产园项目的管理人体系以基金管理人、资产支持证券管理人和外部管理机构为核心，在压实基金管理人主动管理责任的同时，充分发挥外部管理机构在产业园运营端的专业优势，保持了基础设施项目运营管理的延续性与稳定性，在我国现阶段客观国情下，这种治理结构模式实现了金融端与产业端较为有效的融合与平衡，这与招商商业房托是由原始权益人来申请香港证监会第 9 号资产管理牌照并作为房托管理人有所区别。另外，基金借款空间也有差别。目前基础设施 REITs 试点规则要求，基金用于基础设施项目收购的借款金额，不得超过基金净资产的 20%。而境外 REITs 市场经过多年探索，杠杆运用体系逐步发展成熟，香港 REITs 在借款杠杆工具的品类、可运用杠杆的层级及杠杆率三方面与境内基础设施 REITs 有所不同。其中，香港 REITs 的借款总额比例上限为总资产的 50%。博时蛇口产园项目在境外经验上，也谨慎利用借款杠杆，首发借款占总资产比例约为 12%，招商局商业房托首发时借款占总资产的比例约为 28%。

总体来看，博时蛇口产园项目依托具有特殊历史意义和示范意义的蛇口工业区，选取工业区内的优质产业园资产参与本次基础设施 REITs 试点，并充分发挥招商蛇口的产业园运营管理能力、发行香港 REITs 的经验以及丰富的产业园资产储备优势，具有较好的示范意义。

第二节　平安广州广河高速项目

一、项目概况

平安广州交投广河高速公路封闭式基础设施证券投资基金项目（以下简

称"平安广州广河高速项目",基金代码180201),原始权益人为广州交通投资集团有限公司(以下简称"广州交投集团"),基金管理人为平安基金管理有限公司,资产支持证券管理人为平安证券股份有限公司。该项目于2020年12月由国家发展改革委推荐至中国证监会,6月21日在深圳证券交易所挂牌上市,准予募集份额总额为7亿份,发行价格为13.02元,实际发售基金总额91.14亿元,广州交投集团回购基金份额46.48亿元,实际净回收资金18.43亿元。广州交投集团拟将实际净回收资金全部以资本金方式投资于南沙至中山高速公路、从化至黄埔高速公路(一期工程)及东晓南南站连接线北段(海珠湾隧道)等高速公路项目。

该项目的底层资产是广东省境内连接广州市、惠州市与河源市的广州至河源高速公路的广州段,位于粤港澳大湾区,连接广州市中心区至快速发展中的中新知识城和增城,是省际城际的重要高速通道,在广东省高速路网规划中具有重要地位。平安广州广河高速项目底层资产路线全长71千米,路线呈东北走向。全线设春岗、八三、九龙等互通立交9处,项目总投资69.34亿元,2011年12月30日开通,收费期自2011年12月至2036年12月,共25年。2018—2020年,该项目经营性现金流净额分别为5.91亿元、5.96亿元和4.60亿元,实现净利润分别为1.45亿元、1.50亿元和0.57亿元,经营收益和现金流总体稳定,2020年因新冠肺炎疫情实行免通行费政策,收益和现金流有一定下滑。该项目收入来源分散,不依赖第三方补贴等非经常性收入,历史通行费收入占比达99%以上,收入持续、稳定增长。

该项目原始权益人广州交投集团是广州市政府直属的大型国有独资企业,总资产规模过千亿元。广州交投集团以全资、控股、参股等方式参与广州市高(快)速公路和机场、铁路等交通基础设施的投资建设,运营管理经验丰富。经过多年发展,广州交投集团已成为广州地区的交通基础设施龙头企业,建设经营广州地区大部分优质高(快)速公路项目,并逐步向珠三角地区扩展,对广州及珠三角地区的经济发展作出了重要贡献。截至2020年年末,广州交投集团共管理14条高(快)速公路,均属经营性公路,管理的收费总里程约680千米,占广州市属高速公路的绝大部分,属于广东省高速公路网的重要组成部分。

二、发行情况

（一）发行流程

2020 年 10 月，该项目由广州交投集团申报至广东省发展改革委，10 月广东省发展改革委申报至国家发展改革委，12 月广东省发展改革委正式推荐至国家发展改革委。国家发展改革委于 2020 年 12 月将该项目推荐至中国证监会及深圳证券交易所。

2020 年 10 月 20 日，广州市国资委同意广州交投集团依法申请国家首批基础设施不动产投资信托基金试点；12 月 14 日，广州市国资委同意广河项目公司股权转让无须另行履行国有资产进场交易程序；12 月 29 日，广河项目完成资产重组，实现广河项目公司对底层广河高速公路资产的持有；12 月 29 日，广州市交通运输局与广河项目公司及广州市高速公路有限公司签署特许经营协议补充协议，广河项目公司享有广河项目车辆通行费的特许经营权。

该项目于 2021 年 4 月 28 日正式申报至深圳证券交易所，5 月 6 日获得交易所正式受理，5 月 14 日获交易所基金上市及资产支持证券挂牌转让无异议函，并于 5 月 17 日获得中国证监会准予注册的批复。

该项目于 2021 年 5 月 20 日发布询价公告，5 月 25 日开展网下询价工作，5 月 31 日开展公众发售工作。截至 6 月 1 日，该项目全部基金份额完成发售。6 月 21 日，该项目在深圳证券交易所正式挂牌上市。

（二）产品结构

发行准备阶段，该项目底层资产由广州交投集团有限公司全资子公司广州市高速公路有限公司（以下简称"市高公司"）持有，资产重组后由原始权益人新设全资子公司广河项目公司持有。产品发行阶段，基础设施 REITs 通过资产支持专项计划自原始权益人广州交投集团收购广河项目公司 100% 股权，并向广河项目公司发放股东借款，广河项目公司偿还其原有部分债务，进而实现"公募基金+ABS"的产品结构搭设。产品存续阶段，基金管理人平安基金和资产支持证券管理人平安证券委托广州交通投资集团有限公司作为运营管理统筹机构、委托广州高速运营管理有限公司作为运营管理实施机构，为该项目提供运营管理服务。

该项目的托管人为中国工商银行股份有限公司，审计机构为普华永道会计师事务所，资产评估机构为深圳市世联资产房地产土地评估有限公司，法律顾问为北京市汉坤律师事务所。

平安广州广河高速项目产品结构如图 19.2 所示。

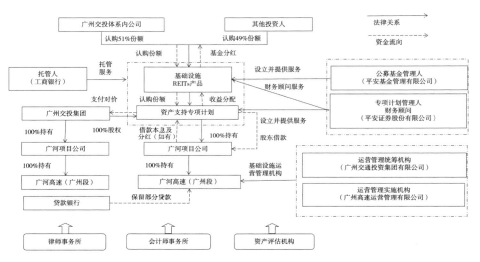

图 19.2　平安广州广河高速项目产品结构

（三）发行结果

该项目共发行基金份额 7 亿份，初始询价区间为每份 12.471—13.257 元，通过网下询价方式确定发行价格为 13.020 元，发行总规模 91.14 亿元。投资者包括战略投资者、网下投资者和公众投资者三类。其中，战略投资者包括广州市高速公路有限公司、中国平安人寿保险、中再保险、东兴证券、中银理财、工银瑞信、广州银行等 17 家，共认购 71.98 亿元，占比 78.97%；参与询价的网下投资者共 34 家，最终获配 24 家，超额认购倍数 4.56 倍，共认购 13.41 亿元，占比 14.72%；公众投资者基金认购申请确认比例为 10.8%，共认购 5.75 亿元，占基金发售总额的 6.31%。

三、项目特色

（一）项目资产质量较好，发行规模最大

该项目位于粤港澳大湾区，在广东省高速路网规划中的地位非常重要，是省际城际的重要高速通道，连接珠三角与粤东地区、福建地区，是广州路网规划"五环十八射"的"第六射"，是广州市城市空间发展规划中"北优"战略和连通广佛都市圈与粤东北之间的重要交通枢纽，也是建立"9+2"泛珠三角经济圈的重要基础设施。该项目是连通广佛都市圈至河源、梅州、潮汕揭及以东地区的大通道，兼有城市通勤交通功能，是广州往潮汕揭、福建方向的最优路径。

该项目经过多年培育，已产生市场化的稳定收益及现金流，具有持续经营能力，2015 年年底因揭博高速通车，使广河高速成为连接珠三角和粤闽地区的重要通道，收入同比增长 39%，路费收入实现跨越式发展。目前，该项目已运营约 10 年，其中 2017—2020 年路费收入分别为 5.93 亿元、6.81 亿元、7 亿元、5.41 亿元，路费收入占总收入 99% 以上。2017—2019 年的标准车流复合增长率为 13.43%，2020 年全年整体收入有一定下滑，2020 年下半年路费收入同比 2019 年同期增长 7.5%，其中四季度同比增长 11%，虽受疫情影响但仍保持较高增长率。

未来项目运营期内，随着大湾区及广东省人口规模持续增长，城镇化率逐步提高，将有效拉动人流、物流交通，支撑项目未来增长。粤港澳大湾区发展战略的实施，将为区域经济社会注入新的活力，广河高速作为广州城区对接大湾区互联互通的重要连接，可望释放一定车流增长潜力，为投资者提供良好回报。

该项目共发行 REITs 份额 7 亿份，发行后市值 91.14 亿元，从社会资本融得资金 44.66 亿元，是首批试点项目中发行规模最大的项目。

（二）推动资产重组，确保手续合规

平安广州广河高速项目原为广州交投集团全资子公司广州市高速公路有限公司持有资产。根据试点要求，项目申报必须符合"基础设施项目权属清晰、资产范围明确，发起人（原始权益人）依法合规拥有项目所有权、特许经营

497

权或运营收费权，相关股东已协商一致同意转让"的要求。由于广州市高速公路有限公司持有包括底层资产在内的多项资产，为满足底层资产范围明确的要求，广州交投集团对项目进行了资产重组，新设全资子公司广州交投广河高速公路有限公司，由其持有广河高速项目。重组工作时间紧、任务重、程序复杂，广州交投集团通过合理筹划、整合资源、多方协调，仅用 2 个月时间就完成了平安广州广河高速项目资产重组。其间，广州交投集团积极协调政府交通主管部门，与广河项目公司重新签署特许权协议，确认广河项目公司享有独占的、具有排他性的特许经营权；同时，针对广河项目公司股权转让行为，广州交投集团经过与国有资产管理部门及债权人充分沟通协商，对项目股权转让限制条件予以合理解决，并豁免国有资产进场交易。

平安广州广河高速项目的资产重组、重签特许经营权协议及合理解决股权转让限制，确保了该项目基础资产满足资产权属清晰、范围明确的产品发行政策要求，为产品顺利发行打下了坚实的基础。

（三）治理机制合理

广河高速基础设施基金具备健全的治理机制和管理架构，基金管理人主动履行项目运营管理职责，可以为项目的稳健运营提供有力保障。基金管理人设立投资运营委员会，项目公司的重大事项须报投资运营委员会审批，投资运营委员会委员含外部专家，为基础设施项目运营提供专业咨询意见和建议。

基金管理人、资产支持证券管理人及广河项目公司共同委托广州交投集团和广州高速运营管理有限公司分别作为运营管理统筹机构和运营管理实施机构（以下合称"运营管理机构"）进行运营管理，委托周期 16 年，运营管理机构负责对该项目进行通行费征收管理、大中修及日常养护管理、路政管理、安全管理等。运营管理机构广州交投集团拥有 20 多年的高（快）速路建设管理及铁路轨道交通项目投资经营经验，形成了一套完善科学的管理体系，汇集了一大批工程技术和经营管理专业人才，打造出北环高速、丫髻沙大桥、机场高速等一系列精品工程，运营管理经验丰富，业绩突出，始终坚持服务创新，具有专业化优势。

为促进项目平稳运营和激发运营管理机构管理积极性，该项目设置固定管理费及浮动管理费，其中浮动管理费以项目公司实际的营业收入与预估的营业收入差额为基数，按一定比例提取，有效提高运营管理机构管理积极性。

从保障机制看，原始权益人与广州高速运营管理有限公司分别出具了避免同业竞争的承诺函，承诺原始权益人及其实际控制的关联方与广州高速运营管理有限公司不存在直接、间接持有或运营与该项目存在竞争的收费公路项目，以不低于其管理的其他同类资产的运营管理水平为该项目提供运营管理服务。在管理运营其他同类资产时，将公平对待不同的基础设施项目，采取适当措施避免可能出现的利益冲突，充分保护基金份额持有人的利益。

（四）资产储备丰富

广州交投集团是广州市交通基础设施行业的龙头企业，1985 至今已在高速公路行业深耕 36 年，负责广州市及周边高速公路的投资建设及营运管理。截至 2020 年年末，共管理 14 条高（快）速公路，收费总里程约 680 千米，部分路段进入成熟运营后，可作为优质资产持续装入平安广州广河高速项目。同时，广州交投集团在建和拟建的高速公路达 9 条，包括机场第二高速、广州市从化至黄埔高速、南沙至中山高速等，总里程约 350 千米。随着在建和拟建高速公路项目的完工及开通，将进一步丰富优质资产储备，逐步将平安广河高速打造成广州交投集团资产上市平台。

总的来看，平安广州广河高速项目作为本次试点发行规模最大的项目，广州交投集团坚持"只盘活、不退出、谋长远、共发展"的理念，与投资者共享成长红利，具有借鉴意义。同时，广州交投集团通过发行基础设施 REITs 持续优化资本结构，也将为各地方交通国有企业提供新的发展思路。

第三节　红土创新盐田港项目

一、项目概况

红土创新盐田港仓储物流封闭式基础设施证券投资基金项目（以下简称"红土创新盐田港项目"，基金代码 180301），原始权益人为深圳市盐田港集团有限公司(以下简称"盐田港集团"),基金管理人为红土创新基金管理有限公司,资产支持证券管理人为深创投红土资产管理(深圳)有限公司。该项目于 2021 年 4 月由国家发展改革委推荐至中国证监会,6 月 21 日在深圳证券交易所挂牌上市,准予募集份额总额为 8 亿份,发行价格为 2.3 元,实际发售基金总额 18.4 亿元,盐田港集团回购基金份额 3.68 亿元,实际回收资金 14.72 亿元。盐田港集团拟将全部募集资金以资本金方式投入深圳港盐田港区东作业区一期集装箱码头工程、深汕特别合作区小漠国际物流港一期项目以及盐田港冷链服务仓项目等。

该项目的底层资产是位于广东省深圳市盐田港保税区的盐田港现代物流中心项目。项目总建筑面积超 47 万平方米,此次纳入的一期和二期部分建筑面积共计 32.0 万平方米,其中仓储及配套部分可租赁面积为 26.6 万平方米,是国内最大的盘道直入式单体仓储配送中心,是港口基础设施的代表性项目。项目于 2014 年 8 月开始运营,运营模式为出租收取租金及综合管理服务费,经营收益和现金流总体保持稳定。截至 2020 年年末,项目的仓储及配套部分有 23 个租户,非仓储及配套部分有 3 个租户,租户类型包括第三方物流公司、货运代理机构、港口运营商等,承租人行业分布合理。

该项目原始权益人盐田港集团成立于 1985 年,主体评级为 AAA 级,是以港口建设、投资与经营、综合物流和港口综合配套服务为主业的大型港口产业集团。盐田港集团是深圳市属唯一的港口产业发展平台,所辖盐田港、大铲湾港区是深圳港的主要港口,集装箱吞吐量占深圳港的 55% 以上。盐田港集团目前拥有已建成和在建的港口物业建筑面积约 350 万平方米,主要位于深圳市盐田区,部分位于深圳市宝安区及福田区,港口区域内基础设施资产规模超过 200 亿元。盐田港集团持有或运营的同类资产较多,可以为后续扩募提供丰富的备选标的。

二、发行情况

(一) 发行流程

该项目于 2020 年 10 月 12 日获得深圳市国资委就该项目无须另行履行国

有资产交易程序的正式批复；10 月 14 日完成资产重组，实现项目公司对底层资产的持有。

该项目于 2020 年 10 月申报至深圳市发展改革委，10 月深圳市发展改革委申报至国家发展改革委，2021 年 3 月，深圳市发展改革正式推荐至国家发展改革委；国家发展改革委于 2021 年 4 月将该项目推荐至中国证监会及深圳证券交易所。

该项目于 2021 年 4 月 28 日正式申报深圳证券交易所，5 月 6 日获正式受理，5 月 14 日获交易所基金上市及资产支持证券挂牌转让无异议的函，并于 5 月 17 日获得中国证监会准予注册的批复。

该项目于 5 月 19 日发布询价公告，5 月 24 日开展网下询价工作，5 月 31 日开始募集，并于当天提前结束对公众投资者的募集。截至 6 月 1 日，该项目全部基金份额完成发售。6 月 21 日，该项目在深圳证券交易所正式挂牌上市。

（二）产品结构

发行准备阶段，该项目底层资产由原始权益人深圳市盐田港集团有限公司持有，资产重组后由深圳市盐港现代物流发展有限公司持有。产品发行阶段，公募基金通过资产支持专项计划自原始权益人深圳市盐田港集团有限公司间接收购项目公司深圳市盐港现代物流发展有限公司 100% 股权及股东借款，进而实现"公募基金+ABS"的产品结构搭设。产品存续阶段，基金管理人红土创新基金管理有限公司（以下简称"红土创新"）将委托深圳市盐田港物流有限公司（以下简称"盐田港物流"）作为外部管理机构，为该项目提供运营管理服务。

此外，该项目的牵头服务机构为深创投不动产基金管理（深圳）有限公司，销售财务顾问为国信证券股份有限公司，托管人为招商银行有限公司，审计机构为普华永道中天会计师事务所，资产评估机构为深圳市戴德梁行土地房地产评估有限公司，律师事务所为北京市海问律师事务所。

红土创新盐田港项目产品结构如图 19.3 所示。

（三）发行结果

该项目共发行基金份额 8 亿份，初始询价区间为每份 2.163—2.381 元，

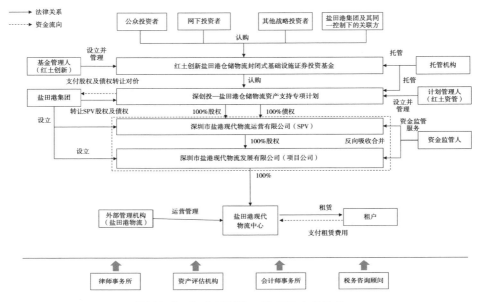

图 19.3　红土创新盐田港项目产品结构

通过网下询价方式确定发行价格为 2.300 元，发行总规模 18.4 亿元。投资者包括战略投资者、网下投资者和公众投资者三类。其中，战略投资者包括深圳市盐田港资本有限公司、深国际控股（深圳）有限公司、泰康人寿保险有限责任公司、深创投不动产基金管理（深圳）有限公司等 10 家，最终共认购 11.04 亿元，占比 60%；参与询价的网下投资者共 47 家，有效报价认购倍数 9.58 倍，最终 35 家获配，最终共获配售 5.152 亿元，占比 28%；公众投资者基金认购申请确认比例为 8.80%，最终共获配售 2.208 亿元，占基金发售总额的 12%。

三、项目特色

（一）资产质量较高

该项目位于粤港澳大湾区的核心城市、中国特色社会主义先行示范区深圳市，所在区域经济发达、人口密集，为项目持续稳定运营提供了较好的市场环境。作为海运仓储物流设施，该项目所在的盐田港 2020 年集装箱吞吐量

1334.85 万标箱，是超大型船舶首选港之一，拥有国际班轮航线近 100 条。

盐田港现代物流中心项目，是国内最大的盘道直入式单体仓储配送中心，其仓库均为盘道式的高标准仓库。该项目仓库建筑结构均为钢结构或钢混结构，设有外置月台及雨棚，配置了完备的消防系统和楼宇监控系统。项目距盐田港国际集装箱码头约 2.5 千米，距惠深沿海高速入口约 2.5 千米，距离盐排高速入口约 3 千米，并可通过海铁联运辐射内陆腹地。截至 2020 年 12 月 31 日，该项目已实现成熟运营，出租率为 100%，租赁期限 1—12 年不等。

（二）关联租赁定价公允，约束机制良好

该项目的收入来源主要为租金收入及综合管理服务费收入，其中租金收入占比约 87%，综合管理费收入占比约 13%。项目租户类型包括第三方物流公司、货运代理机构、港口运营商等。其中，第一大租户为盐田港集团，租赁面积占总可出租面积、所贡献收入占总收入的比例均为 44%；前十大租户的租赁面积占比、所贡献收入占比均为 92%。通常来讲，港口运营企业均存在对港口仓储物流设施的租赁、使用需求。盐田港港区作为全球集装箱吞吐量较大的港口，其进出口业务衍生出盐田港集团租赁物流仓储资产以提供港口配套服务的需求。因此，项目收入来源中，盐田港集团占比较高具有一定客观性。

为切实保障投资者利益，盐田港集团作为原始权益人，其自用租赁部分的租金采用市场化定价，租金支付及结算建立了完备的约束机制，相关情况将对投资人予以充分披露，重大关联交易将由基金份额持有人表决。

盐田港集团关联租赁的价格基于市场租金水平确定，且第二年、第三年的租金水平均将较上一年的租金水平递增 3%。自第四个租赁年度起至第六个租赁年度，该项目将参考其所聘请的第三方评估机构出具的报告来确定该租赁年度的租金水平。

盐田港集团关联租赁的款项收缴具有较为完备的约束机制。在租金支付、结算方面，除首个租赁季度租金系盐田港集团收到发票后 10 个工作日内向项目公司支付外，剩余的每个租赁季度，盐田港集团均须在租赁季度开始前的第 5 个工作日前将租金支付与项目公司在监管银行设立的监管账户；在保证金支付方面，保证金金额等额于首个租赁年度内一个租赁月度的租金金额；在违约及赔偿机制方面，如盐田港集团出现逾期支付租金及保证金的情况，项目公司将加收逾期付款违约金。此外，资金自支付给项目公司起即受到监管银行的监管。

（三）通过土地分宗实现资产有效分割，并解除了相应的限制条件

该项目的底层资产现代物流中心项目前期存在部分资产宗地附带转让限制条件等问题。同时，现代物流中心项目由深圳市属国企盐田港集团持有，以其发行基础设施 REITs 可能涉及国资转让问题。

针对上述问题，牵头服务机构与原始权益人等各方与当地政府部门进行了充分的前期沟通，得到了深圳市各级政府部门的大力支持，通过土地分宗、签署补充协议、取得豁免函件等方式，解决了相关问题，从而使得现代物流中心项目符合基础设施 REITs 发行所需要的相关条件。

土地分宗方面。该项目按三期规划建设，三期工程建设原均位于同一宗土地上，其中部分资产运营未满 3 年。为了符合该项目资产运营年限要求，经深圳市政府常务会议审议同意，通过签署土地使用权出让合同补充协议，原宗地实现以现状三号路为界进行分宗。在土地分宗后，现代物流中心一期及二期项目已与三期项目分属不同宗地，其中现代物流中心一期及二期项目可以独立纳入盐田港 REITs 项目进行首次发行上市，从而满足权属清晰，原则上运营 3 年以上的发行要求。

宗地转让限制条件方面。现代物流中心项目原土地出让合同书中载有"未经批准不得转让"的限制条款。经深圳市政府常务会议审议同意，通过签署补充协议，项目解除了原土地出让合同书中载有的转让限制条款，可整体转让，允许抵押，满足试点针对资产可转让性的要求。

国有资产转让程序方面。深圳市国资委为支持该项目申报，于 2020 年 10 月出具了对盐田港集团申请基础设施 REITs 试点的反馈意见，明确了该项目所涉国有资产按照中国证监会公布的证券监管制度要求，遵循等价有偿和公平公正的原则公开规范发行，无须另行履行国有资产交易程序。

（四）合理的委托运营安排和保障措施

该项目通过将管理费、奖金激励与运营收入挂钩，并安排相应的防范利益

冲突条款，建立起一套激励约束相容的奖惩机制，既可以明晰运营管理目标、保障基金管理人主动管理的权限，防范利益冲突，又能够充分激励外部管理机构及其团队积极管理物业，提高物业租金和估值，从而提升投资人回报。

项目外部管理机构每年收取的管理费和运营收入紧密挂钩，且如果项目公司年度运营收入高于运营业绩指标，基金将向外部管理机构支付奖金激励。同时，基金会要求外部管理机构为招商团队设置一定的激励条款，对招商人员进行挂钩个人招商结果的激励，以此激发招商人员的招商积极性，提升资产的预期收入表现。

基金首年向外部管理机构支付运营收入的 **4%** 作为管理费，并按照以下累进计算比例计算奖金激励，如表 19.1 所示。

表 19.1　基金奖金激励累进计算比例

区间 　　项目公司年度运营收入（不含税、不含物业费）为 A，对应年度运营业绩指标为 X	累进计算比例
A≤X	0
100%X<A≤125%X	13%
125%X<A≤150%X	25%
A>150%X	45%

如果项目公司年度运营收入未达到该年度运营业绩指标，基金管理人将要求、督促外部管理机构进行整改，同时保留更换其招商团队的权利。在既定条件下，基金管理人将依据政策指引和相关合同约定，代表投资人行使解聘、更换外部管理机构的权利和程序。

此外，基金为外部管理机构制定了不低于周边对标项目的管理标准，并安排了优先出租条款，即要求外部管理机构首先安排潜在租户租赁该项目，有效防范利益冲突，为项目长期平稳运营打下了坚实基础。

总的来看，红土创新盐田港项目作为地处一线城市依托优质港口的仓储物流项目，港口进出口业务衍生出对资产的强劲市场需求，项目收入稳定性较强。

同时，该项目明确了多项保障措施，妥善处理因依托港口业务带来的单一客户收入占比较高的问题，建立了激励约束相容的奖惩机制，为同类资产参与基础设施REITs提供了有益借鉴。

第四节 中航首钢生物质项目

一、项目概况

中航首钢生物质封闭式基础设施证券投资基金项目（以下简称"中航首钢生物质项目"，基金代码180801），原始权益人为首钢环境产业有限公司（以下简称"首钢环境"），基金管理人为中航基金管理有限公司，资产支持证券管理人为中航证券有限公司。该项目于2020年12月由国家发展改革委推荐至中国证监会，6月21日在深圳证券交易所挂牌上市，准予募集份额总额为1亿份，发行价格为13.38元，实际发售基金总额为13.38亿元，首钢环境及关联方作为战略投资人认购5.352亿元，实际净回收资金约8亿元。首钢环境拟将净回收资金全部以资本金方式投资于生物质二期及河北永清生活垃圾焚烧发电厂项目。

该项目底层资产包含三个子项目，即生物质能源项目、餐厨项目、暂存场项目，位于北京市门头沟区鲁家山首钢鲁矿南区。其中生物质能源项目2014年1月起开始运行。垃圾处理能力为3000吨/天，年实际处理量超过100万吨，主要处理来自门头沟区、石景山区、丰台区及部分海淀区、东城区、西城区的生活垃圾。项目设计年均发电量3.2亿度，年上网电量2.4亿度。餐厨项目设计日处理量100吨，垃圾分类后目前稳定在约150吨/天。暂存场项目为生物质能源配套项目，用于暂时存储生物质能源项目产生的焚烧炉渣。

该项目原始权益人首钢环境为首钢集团有限公司全资子公司，是首钢集团发展新产业、打造城市综合服务商的重要平台，致力于为用户提供全循环、全流程、全功能的定制化城市固废解决方案。首钢环境拥有多年环保领域实践经验，已形成"3+2"的产业发展模式，即生活垃圾综合处理、城市固废资源化处置、工业污染场地土壤治理及生态修复三个主营业务，环保工程建设、环境监测服务两个支撑平台。自 2013 年中航首钢生物质项目投运以来，又陆续有四个固废处理和土壤修复项目投运，公司正处于稳步发展阶段。

二、发行情况

（一）发行流程

该项目于 2020 年 9 月申报至北京市发展改革委，10 月由北京市发展改革委申报至国家发展改革委，12 月由北京市发展改革委正式推荐至国家发展和改革委，国家发展和改革委于 2020 年 12 月推荐至中国证监会及深圳证券交易所。

该项目于 2021 年 4 月 21 日正式申报至深圳证券交易所，4 月 23 日获正式受理，5 月 14 日获交易所基金上市及资产支持证券挂牌转让无异议的函，并于 5 月 17 日获得中国证监会准予注册的批复。

该项目于 5 月 19 日发布询价公告，5 月 24 日开展网下询价工作，网下认购配售比重为 10.724%。5 月 31 日—6 月 1 日开展公众发售工作，公众配售比例仅为 1.759%。截至 5 月 31 日，该项目全部基金份额完成发售。

项目启动至正式上市挂牌期间，如期完成了资产重组，实现基金对项目公司的实际持有和控制。6 月 21 日，该项目在深圳证券交易所正式挂牌上市。

（二）产品结构

发行准备阶段，该项目底层资产由原始权益人首钢环境持有，资产重组后由北京首钢基金有限公司（以下简称"首钢基金"）全资子公司北京首锝管理咨询有限责任公司（以下简称"首锝咨询"）持有。产品发行阶段，基础设施 REITs 通过资产支持专项计划自首钢基金收购首锝咨询 100% 的股权。产品发行后，项目公司北京首钢生物质能源科技有限公司完成对首锝咨询的反向吸收合并，最终实现"公募基金+ABS+项目公司"的产品结构搭设。产品存续阶段，基金管理人中航基金管理有限公司（以下简称"中航基金"）将委托北京首钢生态科技有限公司作为运营管理机构，为该项目提供运营管理服务。

此外，该项目的财务顾问为华泰联合证券有限责任公司，托管人为招商银

行股份有限公司，会计师事务所为普华永道中天会计师事务所，资产评估机构
为北京戴德梁行资产评估有限公司，国有资产评估机构为北京天健兴业资产评
估有限公司，法律顾问为北京市汉坤律师事务所。

中航首钢生物质项目产品结构如图 19.4 所示。

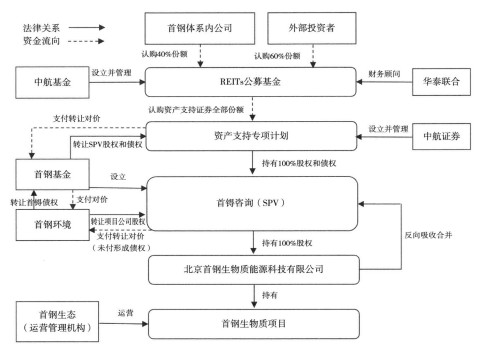

图 19.4　中航首钢生物质项目产品结构

（三）发行结果

该项目共发行基金份额 1 亿份，初始询价区间为每份 12.5—14 元，通过
网下询价确定发行价格为 13.38 元，发行总规模 13.38 亿元。投资者包括战略
投资者、网下投资者和公众投资者三类。其中，战略投资者包括原始权益人首
钢环境及其同一控制下的关联方首钢基金等 9 家，共认购 8.028 亿元，占比
60%；参与询价的网下投资者共 29 家，最终获配 24 家，有效认购倍数 9.32
倍，共认购 3.7464 亿元，占比 28%；公众投资者基金认购申请确认比例为
1.76%，共认购 1.6056 亿元，占基金发售总额的 12%。

三、项目特色

（一）资产质量较好

中航首钢生物质项目与北京市城管委签订了《垃圾处理服务协议》，服务期限 28 年，至 2041 年年末服务期届满。根据服务协议的约定，项目保底垃圾处理量为 100 万吨/年，暂定垃圾处理费为 173 元/吨。同时，当垃圾供应量或垃圾发电标杆电价发生调整时，市城管委应按照"恢复约定经济地位"的原则，对垃圾处理服务费价格进行调整。

自 2014 年运营以来，项目现金流稳定，盈利能力较强。近四年经营性净现金流为正，如表 19.2 所示，年均经营性净现金流 1.39 亿元。随着北京市垃圾分类及垃圾处理零填埋工作的深入推进，该项目垃圾处理量有望维持在 100 万吨/年以上的水平。同时，该项目发电量有望维持在 4 亿度/年以上的水平，并网电量维持在 3.2 亿度/年以上水平，吨垃圾发电水平仍存在进一步提升的空间。

表 19.2　2017—2020 年中航首钢生物质项目指标对比　　单位：亿元

指　标	2017 年	2018 年	2019 年	2020 年
营业收入	3.57	3.92	4.31	3.60
净利润	0.05	0.66	0.86	0.54
经营性净现金流	2.11	0.65	1.11	1.33

注：（1）2017 年预收了部分 2018 年的垃圾处理费，因此 2018 年经营性净现金流较 2017 年下降明显。（2）2020 年受疫情影响，垃圾处理量下降，收入减少。

相较其他特许经营权项目，中航首钢生物质项目底层资产收入端受宏观经济或社会事件（疫情）影响较小，且北京市垃圾量与终端处理设施的处理能力匹配度极高，项目收入确定性较强。

（二）风险应对有措施

2020 年 9 月 29 日，财政部、国家发展改革委联合印发的《关于〈关于促进非水可再生能源发电健康发展的若干意见〉有关事项的补充通知》（财建

〔2020〕第426号），明确生物质发电项目自并网之日起满15年后，不再享受中央财政补贴资金，核发绿证准许参与绿证交易。该项目2014年年初开始运营，在2029年开始面临国补退坡。

针对国补退坡问题，项目具备一系列保障措施，保障投资者收益稳定性。根据与北京市城市管理委员会签署的《垃圾处理服务协议》10.4条的约定，垃圾处理服务期内，如果垃圾发电标杆电价发生调整，北京市城市管理委员会应按照"恢复约定经济地位"原则，对垃圾处理服务费价格进行调整。因此国补退坡后，按照"恢复约定经济地位"的原则，北京市城市管理委员会预计将对垃圾处理服务费价格进行调整，项目可因此受益。同时，2021年5月17日，生态环境部根据《碳排放权交易管理办法（试行）》，发布了《碳排放权登记管理规则（试行）》、《碳排放权交易管理规则（试行）》和《碳排放权结算管理规则（试行）》，进一步规范全国碳排放权等级、交易与结算活动，全国碳市场即将落地。基金管理人将借助市属平台北京绿色交易所，适时参与绿证交易、碳排放交易。而且，在"碳达峰、碳中和"的大背景下，相关"绿色"衍生品及交易市场预计将得到迅速发展。项目未来也可通过获取"绿证"并在市场上进行交易获得收入。

（三）后续运营有保障

根据交易安排，基础设施REITs上市后首钢集团不再对项目公司进行并表管理。该项目具备健全的管理机制和运营保障措施，基金管理人主动履行运营管理职责，确保REITs上市后项目平稳运营。在机制安排上，仍委托原始权益人的子公司负责运营管理项目，原运营团队继续运营该项目，促进项目平稳运行。

项目通过《运营管理服务协议》夯实市场化营运机制，明确双方的权利义务。建立合理的激励和约束机制，压实运营管理机构的运营责任。出现下列情形的，将视具体情况扣减运营管理机构基础运营管理成本：按照《北京市生活垃圾粪便处理设施运行管理检查考评办法》，基础设施项目年度考核得分低于95分；如因运营管理机构导致项目公司出现安全、环保等各类处罚、罚款；如因运营管理机构导致项目公司信息披露不及时、信息披露不准确等；如运营管理机构瞒报、漏报项目公司重大事故、事项或向基金管理人提供误导性信息；如运营管理机构及其职工泄露项目公司的未公开信息，或者利用该信息从事或者明示、暗示他人从事相关交易活动。同时，项目设置了激励运营团队的安排，当项目公司每自然年度实际收入超过 3.95 亿元时，超过部分的 20% 将作为激励分配给运营团队，有助于激发运营管理人员的积极性和责任心，保障投资者利益的实现。

而且，该项目首钢系投资者拟认购 40% 的基金份额，并计划长期持有，与公众投资者利益保持高度一致，可有效防范运营管理机构的道德风险。口航首钢生物质项目中，基金管理人与底层资产、运营管理机构存在一定的关联关系，这种关系有助于保证项目的平稳运营。

（四）践行社会责任，政府大力支持

该项目是具有良好示范效应的清洁能源类项目，是北京市实现垃圾"资源化、减量化、无害化"利用的重要基础设施工程。项目的垃圾处理过程对环境相对友好，生活垃圾采用焚烧及餐厨垃圾采用发酵技术，而传统的垃圾填埋方式对土壤和地下水造成严重污染。利用垃圾焚烧产生的热能，最终转化成电，输送到千家万户，发电过程中二氧化碳等温室气体较传统的火力发电大幅降低。同时，将人们丢弃的垃圾转换成清洁能源，也是变废为宝的过程，实现了垃圾资源化利用。

该项目先后被评为"环境保护部宣传教育中心培训教学实践基地"、"北京市中小学生社会大课堂资源单位"及"外国使节交流基地"，接待学习、访问人员超过 3.6 万人次。项目每周设有接待日，免费接待社会参观，普通投资人和老百姓也可提前预约进行参观。自项目运营以来，不仅取得良好的经济效益，也取得了良好的社会效益，在业内起到了标杆和示范作用。

该项目募集资金用于持续提升首钢鲁家山生物质能源项目垃圾处理能力，高标准建设集生活垃圾、厨余垃圾及建筑垃圾处理于一体的固废综合处理利用基地，有利于更好地提升北京市垃圾处理水平，助力绿色发展，对北京市国有企业打造国内领先资产管理处置平台、降低企业杠杆具有典型意义。

项目申报过程中得到了北京市委市政府和相关委办局的大力支持。北京市相关领导同志多次召开专题会，协调解决项目申报过程中遇到的实际困难，并明确项目豁免国有资产进场交易程序，简化了国有资产转让手续，提高了申报效率。市发展改革委对项目申报材料进行认真指导，高效办理项目尚未办结的批复手续；市城管委多次协调，高效办结了项目公司股权转让审批手续。

（五）搭建 REITs 产业基金，助力实现碳达峰碳中和

为助力北京市环保产业升级，持续践行绿色发展理念，服务实体经济，实现可持续发展，首钢拟借成功发行 REITs 的东风与国内大型金融机构搭建北京绿色产业基金，协助行业主管部门对北京市环保类基础设施进行整合。北京绿色产业基金通过收并购北京地区正在运营的环保类基础设施项目，经过专业团队的运营，充分提质增效，通过 3 年左右的培育周期，为基础设施基金提供优质的扩募资产，回收资金投资新的基础设施项目，并将实现投资良性循环。

总的来看，中航首钢生物质项目是全国首个发行 REITs 的生物质发电新能源项目，资产质量较好，对项目稳定运营、国补退坡等行业普遍面临的重点问题明确了保障措施，并在当地政府的大力支持下完善相关手续，确保股权转让合法合规，对新能源项目参与试点、助力实现碳达峰碳中和目标具有积极意义。

附　　录

附录一　美国基础设施 REITs

美国 Nareit 协会将美国 REITs 分为 12 类，分别是写字楼、工业、商贸零售、出租公寓、酒店度假村、自助仓储、医疗健康物业、林场、基础设施、数据中心、其他专业类（如赌场、电影院）和多样型物业（既包括写字楼也包括工业地产）等，但其基础设施 REITs 的物业主要为无线通信、广播基础设施、通信配电系统和管道、传输线等通电通信设施资产，范围非常窄。为增强全书可比性，凡是符合《关于做好基础设施领域不动产投资信托基金（REITs）试点工作的通知》（发改办投资〔2020〕586 号）的资产类型均纳入本部分基础设施 REITs 研究范围。

第一节　发展历史

1960 年，美国国会通过《国内税收法典》（*Internal Revenue Code*）的修正条款，正式确立了 REITs 的法律地位。修正条款通过后，第一联合地产股权及抵押贷款投资公司（First Union Real Estate Equity and Mortgage Investments）、宾夕法尼亚房地产投资信托基金（Pennsylvania REIT）、华盛顿房地产投资信托基金（Washington REIT）等首批 REITs 陆续成立。

美国 REITs 的发展并非一蹴而就，制度法案也多次颁布和修订。其中，对 REITs 发展影响深远的法案包括 1976 年的《1976 年税制改革法》（该法案降低了 REITs 享受税收优惠的条件，取消了 REITs 出售房地产须缴纳的特许权税；允许 REITs 对经营损失进行 8 年期的亏损结转）、1986 年里根总统签署的《1986 年税制改革法》（该法案允许 REITs 直接经营不动产而不必交由第三方管理；取消房地产加速折旧的规定，对一年内不符合房地产税收优惠条件的物业投资，给予税收优惠）、1999 年的《REIT 现代化法》（该方案给予 REITs 更高的灵活性，REITs 可以通过持有 TRS①，从事原来 REITs 被禁止从事的事项）、2004 年布什总统签署的《美国创造就业法案》（该法案对外国投资者投资美国公开市场 REITs 给予同等对待，提高外国投资者参与美国 REITs 市场的积极性）。这些规则制度为以运营管理为重要特征的美国 REITs 市场发展提供了重要空间，为其成为全球最大 REITs 市场奠定了基础，也为普通投资者、海外机构、养老金等全球投资者大类资产配置提供了有效工具。如图附 1.1 所示。

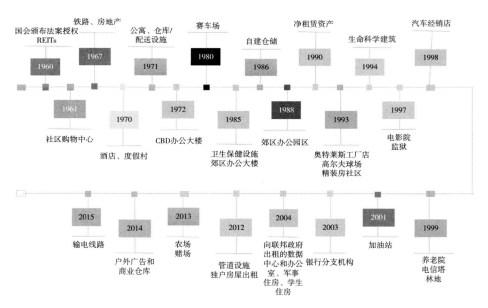

图附 1.1 美国各类型不动产 REITs 发行时间表

资料来源：Nareit。

从广义基础设施 REITs 的发展历程来看，有典型意义的案例包括：（1）1967 年发行的第一只铁路 REITs 产品：基础资产为匹兹堡和西弗吉尼亚铁路

---

① TRS，taxable REIT subsidiaries，又称应税 REIT 子公司，一般是 REITs 下设的子公司，可经营 REITs 被禁止经营的业务，如为第三方提供服务、房地产交易等，其获得的收益需要全额缴税。TRS 可以提供物业运营服务，但不能直接管理酒店和医疗设施。

公司（Pittsburgh & West Virginia Railroad）持有的一段 112 英里的主干线铁路和 20 英里的分支线，承租人为诺福克与西部铁路公司（Norfolk & Western Railway Co.）；（2）1971 年发行的首只仓储配送设施作为基础资产的 REITs 产品；（3）2004 年发行的首只数据中心 REITs 产品：总部位于旧金山的数字房地产信托公司（Digital Reality Trust，Inc，DLR）是第一家公开上市的数据中心 REITs 产品，上市时该公司共持有 23 个、总计 560 万平方英尺的数据中心资产；（4）2012 年转型的首只通信铁塔 REITs 产品：美国铁塔公司（American Tower Corporation，AMT）是北美地区最大的铁塔公司之一，1999 年作为普通公司上市，并在 2012 年成功转型为 REITs；（5）2012 年发行的运输管道 REITs 产品：2012 年能源投资公司 Tortoise Capital Advisors 将其下属的 Tortoise Capital Resources Corp. 剥离成为一家新公司 CorEnergy Infrastructure Trust Inc.（代码 CORR），并以运输管道等作为基础资产发行 REITs；（6）2015 年发行的输电线路 REITs 产品：2015 年得克萨斯州的高压电力传输公司 Infra-REIT（HIFR）成为首家 REITs 化的公用事业公司，InfraREIT 持有大量政府管理的电力传输与配送（T&D）资产，其中包括约 620 英里的输电线路资产。

美国狭义的基础设施 REITs 和数据中心 REITs 的大发展应该是在 2008 年金融危机之后，奥巴马政府颁布了《2009 美国复苏与再投资法案》，提出要通过投资基础设施刺激经济增长。后来特朗普政府提出的"长期基建投资计划"也备受瞩目。积极的财政政策和宽松的货币政策导致政府债务增加，仅仅依靠政府负债难以促进基础设施投资的快速提升，利用 REITs 为基础设施项目融资日益成为一种创新的尝试。

第二节　制度框架

一、REITs 规则

美国《国内税收法典》第 856—860 节对 REITs 成立的资格条件作出核心规定，合格的 REITs 可以享受税收优惠待遇，但需要通过一系列的资产、收入和活动的测试，主要判断要点如下：

第一，股东要求：REITs 必须是由董事会或受托人管理的公司、信托基金或协会，不能是金融机构或保险公司；应为美国国内注册的独立核算法人实体；股东人数须大于 100 人，且前 5 大股东不能持有超过 50% 的股份，并且没有对外国股东持股比例的限制。

第二，收入要求：每年 REITs 的应税总收入中至少有 75% 必须来源于房地产相关收入，包括不动产租金、不动产抵押贷款利息、物业出售利得以及投资其他美国 REITs 的股息和收益等。此外，房地产相关收入再加上股息、利息及证券出售的利得不得低于总收入的 95%。

第三，资产要求：REITs 必须将不少于 75% 的资产投资于房地产资产（不动产权益、不动产抵押贷款以及其他 REITs 的股份）、现金和现金等价物（如应收账款）和美国政府债券。除政府债券外，持有任何一个企业发行的证券价值不超过 REITs 总资产的 5%，也不能超过该企业证券的 10%，但如果是持有的其他 REITs 或者 TRS 则不受上述限制。REITs 拥有的 TRS 所有证券的价值不能超过该 REITs 总资产价值的 20%。

第四，利润分配要求：REITs 须把至少 90% 的年度应税收入（taxable income）（扣除资本所得后）分配给投资者，即股东。

第五，活动要求：TRS 可以从事一些 REITs 不能从事的活动，且不会破坏 REITs 的认定。一个公司能否被认定为 TRS，需要与对应的 REITs 一起向税务局提交《应税申报表》，税务局审核确认为 TRS 的，TRS 需要就其收入缴纳所得税，而 REITs 也可持有该 TRS 的股份。

二、基础设施 REITs 的规则

2007 年，美国国内税务局（Internal Revenue Service）在给美国电力基础设施联盟的批复函中确认了基础设施可以成为 REITs 的投资对象，由此开启了 REITs 投资基础设施的序幕。美国国内税务局的批复函中对基础设施是否符合美国《国内税收法典》中关于 REITs 资产和收入的相关约定进行了解释。

第一，REITs 投资的基础资产系出租给拥有经营权的租户，该 REITs 本身并非有意获得相关经营权。换言之，基础设施 REITs 的收入来源于向承租人租赁资产而获得租金收入，并非直接经营租赁物产生的效益。REITs 并没有主动的销售、生产过程，而是被动地出租基础资产而带来租金收入。

第二，基础资产签订的租约系三净租约，租金数额并不直接和租户的净收入或利润挂钩，而是由租户承担全部必要的设备和人员成本来保障物业运行。租户支付租金后，获得设施的使用权，而 REITs 不再提供任何服务。协议的实质是租金相对较低，承租人承担全部的税务、费用、运维等，使基础设施 REITs 的业务重点放在投资基础设施项目上。

第三，基础资产必须在本质上属于永久性结构，且其各个组成部分无论在物理上还是在功能上都不可分割，即需要满足美国《国内税收法典》对于不动产具有不可分割性的定义，比如基础资产可以是楼宇内的布线、水管系统、中央供暖或中央空调机、管道、电梯等永久性构筑物，但不能包括机械、运输设备、冰箱等非固定附着物。

第四，资产的用途只能是被动地传输或储存产品，并不涉及相关产品的生产或加工过程。

截至 2019 年年底，美国国内税务局已经确认 REITs 可投资的基础设施领域包括：铁路、微波收发系统、输变电系统、天然气储存及输送管线、固定储气罐等。工业物流仓储和数据中心 REITs 除遵守一般 REITs 规则以外，没有特别要求。

三、主要参与主体

REITs 的主要参与主体有：发起人、投资者、REITs 公司、受托人、顾问公司/资产管理公司等，同时在 IPO 时提交给美国证券委员会的登记申请材料、招股说明书还需要专业的会计师、律师、承销商等中介机构参与。

发起人：是指将名下物业资产出售予 REITs 公司的原所有人。发起人通常是机构或组织，包括商业银行、房地产公司、私人公司等。

REITs 公司：REITs 上市的载体为公司，取得 REITs 资格，按内部管理人/外部管理人机制，由董事会/受托人委员会作为决策机构，负责公司的日常经营。1976 年，美国《国内税收法典》修订后，允许银行、保险和其他特定金融机构以外的公司获得 REITs 资格。

受托人：即保管机构，作为 REITs 资产的名义持有人，负责 REITs 资产的保管、过户和收益的分配等。

顾问公司/资产管理公司：作为外部管理机构，接受董事会聘请，负责资产管理和经营，收取资产管理费用，帮助 REITs 资产实现稳定增值。

会计师：美国基础设施 REITs 须按照季度、年度披露经审计的财务报告，制作较详细的信息披露文件。财务报告的审计须由专业第三方机构完成。

四、物业运营机构

美国 REITs 在成立之初，一直被视为被动的不动产投资工具，缺乏主动管理职能。为避免 REITs 成为逃避税收管理的工具，1960 年的《国内税收法典》不允许 REITs 设立子公司，并要求 REITs 的资产必须交给独立第三方机构经营和管理，即外部管理人模式。外部管理人收取相应的管理费，管理费的结构可能包括固定比例的基本费用，以及基于净收入、净资产或相对于 REITs 份额价格的绩效费用等。REITs 若未通过独立第三方机构向承租人提供基础服务或管理，则该物业产生的收入视为不合格收入，有丧失 REITs 资格的风险。

1986 年，美国国会通过了《1986 年税制改革法》，放松了对 REITs 的经营限制，允许 REITs 直接持有物业资产，并对自身的投资组合经营、管理提供物业租赁业务中常见的各种基础服务，如供热、供水、照明、空调、公共区域卫生、安保服务等。这一法案的生效，使得 REITs 公司有条件进行内部主动管理，即内部管理人模式。与其他上市公司一样，董事会负责 REITs 的运营，决策 REITs 拥有和管理哪些资产组合，董事会对全体股东负责。在纽约证券交易所、纳斯达克上市的 REITs 要求独立审计，按季度、年度披露审计报告，同时提交给美国证券交易委员会。

按照 Nareit 的统计，大多数上市交易型 REITs 采用内部管理人模式，而非上市 REITs、私有化 REITs 则采用外部管理人模式较多。一般来讲，外部管理人模式下的决策链条更长，REITs 持有人和管理人的委托代理关系更复杂，会增加代理成本和道德风险，但外部管理人模式更有利于发挥管理人的专业能力。

1999 年 12 月，对美国 REITs 市场影响重大的《REITs 现代化法》生效，该法规定从 2001 年 1 月 1 日起，REITs 可以持有 TRS 的股权，并将之计入 RE-ITs 的资产。TRS 须缴付公司所得税，且 REITs 持有的 TRS 所有证券的价值不能超过该 REITs 总资产价值的 20%。REITs 公司可通过 TRS 进行物业管理、租赁运营、维修服务、出售/购置物业等，也可开展 REITs 不允许进行的物业开发及其他多元化业务。

五、承租人的租约选择

美国 REITs 由外部管理人或公司董事会选择租赁策略、招商的谈判和维护等，在监管层面并未对租户集中度有明确规定。在租约模式上，一般有总租赁（gross lease）和净租赁（net lease）两种模式，主要区别为租赁产生的税收、保险、经营性费用由业主承担还是租户承担，相关费用完全由租户承担的视为三净租约。

美国国内税务局在 2007 年给美国电力基础设施联盟的批复函裁定中对基础设施项目 REITs 相关约定进行了解释。除了资产类型、收入比例线之外，其中还提到，基础设施项目签订的租约系三净租约，租金的数额与承租人的净收入或利润没有直接关系，承租人承担保证经营所需的一切设备和人员费用，包括租赁产生的税收、保险、维修保养等费用。租户支付租金后，获得设施的使用权，而 REITs 不再提供相关服务，收到租金即为净租金收入。美国在商业物业中一般也是采用三净租约。

第三节　市场现状

根据美国 REITs 分类，截至 2019 年年底，工业类 REITs 共 15 只，市值为 1194.49 亿美元，占比 8.99%；基础设施类 REITs 共 6 只，市值为 1901.83 亿美元，占比 14.31%；数据中心 REITs 共 5 只，市值为 895.01 亿美元，占比 6.74%；自助仓储 REITs 共计 6 只，to B 端的市值为 96.90 亿美元，占比

0.72%，这四类 REITs 合计占比 30.76%。基础设施 REITs 虽然发行数量较少，但已成为市值占比最大的一类 REITs。从平均规模来讲，基础设施 REITs 的平均规模最大，达 316.97 亿美元/只，排名第二的是数据中心 REITs，为 179 亿美元/只，如表附 1.1 所示。

表附 1.1　美国各类型 REITs 信息

分类	数量（只）	年回报率（%）		股息率（%）	市值（亿美元）	占比（%）	平均规模（亿美元）
		2018 年	2019 年				
工业	15	-2.51	48.71	2.58	1194.49	8.99	79.63
写字楼	20	-14.5	31.42	3.11	1069.27	8.05	53.46
商贸零售	38	-4.96	10.65	5.07	1714.04	12.90	45.11
出租公寓	21	3.09	30.89	2.64	1886.72	14.20	89.84
多样型物业	18	-12.52	24.1	5.78	629.84	4.74	34.99
酒店度假村	18	-12.82	15.65	6.89	460.71	3.47	25.60
医疗健康物业	17	7.58	21.2	4.9	1231.06	9.26	72.42
自助仓储	6	2.94	13.7	3.72	639.79	4.81	106.63
林场	4	-31.96	42	4.26	302.27	2.27	75.57
基础设施	6	41.95	41.95	2.14	1901.84	14.31	316.97
数据中心	5	44.21	44.21	2.51	895.01	6.74	179.00
其他专业类	11	27.39	27.39	6.15	533.74	4.02	48.52
抵押型 REITs	40	-2.52	21.33	9.77	829.28	6.24	20.73
合计	219				13288.06	100.00	

资料来源：Nareit。

一、基础设施 REITs

美国基础设施 REITs 是狭义的基础设施，美国国内税务局以一事一议的方式批准所设基础设施类型，以表附 1.2 为例，截至 2019 年 12 月 31 日，存续的 6 只基础设施 REITs 主要聚焦在无线通信（SBAC、AMT、CCI），通信配电系统（UNIT）以及能源资产如管道、存储终端（CORR）和环境能源（PW）等领域。基础设施 REITs 的规模分化很大，6 只 REITs 中，最大的美国铁塔

（AMT）市值高达 1016 亿美元，而最小的 Power REIT 市值才 0.16 亿美元；除 CORR 和 PW 外，其余 4 只均被纳入标准普尔指数成份股，如表附 1.2 所示。

表附 1.2　基础设施 REITs 明细

公司名称	公司业务	市值（亿美元）	债务水平（%）①	评级	股息率②（%）	相对流动性③
AMT：American Tower Corporation	AMT 是一家无线通信以及广播基础设施公司，从事持有、管理、开发和租赁无线和广播通信塔等业务。公司的租金和管理部门从事通信网点的租赁业务。截至 2019 年 3 月 31 日，公司在 16 个国家拥有 17 万个通信站点，通信站点运营规模仅次于中国铁塔	1016	21.9	BBB-	1.76	0.33
CCI：Crown Castle International Corp.	拥有、租赁和运营无线基础设备，包括通信铁塔和其他结构，如屋顶（信号塔）、分布式天线系统（DAS）以及各种形式的第三方信号塔下的土地权益	591	28.6	BBB-	3.38	0.421
SBAC：SBA Communications Corp. Class A	SBAC 是一家在北美和中美洲领先的无线通信基础设施提供商和经营者。该公司主要有两个业务：站点租赁和网站开发服务	273	31	BB	0.31	0.569
UNIT：Uniti Group Inc.	负责在美国和墨西哥从事通信分布系统的购置和租赁，主要专注于收购和建设光纤宽频网络、无线通信铁塔、铜缆和同轴宽频网络以及数据中心	16	76.2	CCC-	10.72	2.124
CORR：CorEnergy Infrastructure Trust, Inc.	专注于收购美国中上游能源基建资产，同时与能源公司进入长期三方净租赁。公司重点投资于管道、存储槽罐、传输线以及收集系统等	6	20.5	—	6.71	0.75

① 最近两个季度的平均总债务/（最近一个季度的 EBITDA×4），下同。
② 年化股票分红/当前股票价格，下同。
③ 平均日成交额/总市值，下同。

公司名称	公司业务	市值 （亿美元）	债务 水平 （%）①	评级	股息率② （%）	相对 流动性③
PW：Power REIT	拥有与美国运输、能源基础设施和可控环境农业（CEA）相关的房地产资产组合，目前涉足的3个领域：受控环境农业（温室）、太阳能农场土地和交通运输	0.16	35.3	—	0	1.096

资料来源：Nareit。

基础设施 REITs 类别自 2012 年纳入 Nareit 以来，是唯一一个连续 8 年均实现正收益的 REITs 类别，平均年化回报率为 19.12%；股息支付方面，由于股价表现较好，基础设施 REITs 平均股息率 3.81%，低于整体平均股息率 5.28%；债务水平方面，平均负债比率为 35.6%，略低于整体平均值 37.33%；相对流动性方面，日平均换手率为 0.88，高于整体平均值 0.75，流动性较好。

美国铁塔（AMT）市值超过 1000 亿美元，既是基础设施中占比最高的 REITs，占比 53.42%，也是全美最大的 REITs。AMT 创立于 1995 年，1998 年在纽约证券交易所上市，2011 年宣布 REITs 化意向，2012 年起正式开始作为符合联邦所得税要求的 REITs 运作。截至 2019 年年底，持股 AMT 的机构达 1398 家，前 10 家合计持股比例仅 33.8%，大股东 Vanguard（先锋基金）持股占比为 13.2%。

二、工业 REITs

美国工业 REITs 出现较早，1971 年成立第一只仓储物流 REITs 后，截至 2019 年年底，共存续 15 只工业 REITs，总市值 1194.49 亿美元，占全部权益性 REITs 的比重为 9.59%，其底层资产主要以仓储物流和配送中心为主。工业 REITs 在 2015 年以前表现平平，但随着电子商务的迅速发展，供应链效率和时效性要求的提升，以及高标仓的供应紧缺，近年来成为投资者尤为关注的一类资产。美国工业 REITs 虽然只占全部工业地产 5%—10% 的规模，但却拥有较高比例的高标仓，其建筑面积平均约为 20 万平方英尺，这部分资产租金增长明显，让工业 REITs 成为典型的增长型 REITs，其大部分回报来自营运现金流（FFO）增长。

工业 REITs 在 1994—2019 年期间的平均年化回报率为 14.11%，2015—2019 年期间的平均年化回报率超过 20%；股息支付方面，工业 REITs 平均股息率 3.55%，低于整体平均股息率 5.28%；债务水平方面，平均负债比率为 24.1%，低于整体平均值 37.33%；相对流动性方面，日平均换手率为 0.96，高于整体平均值 0.75，流动性较好。从物业类型分布来看，仓储物流类占比约为 80%；工业厂房占比约为 10%；其他物业占比约为 10%。中美贸易摩擦以来，投资者开始担心工业 REITs 的表现情况，与国际贸易的影响相比，工业 REITs 越来越依赖于美国国内消费，现在将近 80% 的工业空间使用来自面向消费者的租户。Prologis 是工业物流基础设施的全球领袖，也是将 A 类物流基础设施引入中国的第一家企业。1994 年，Security Capital Industrial Trust 公司（SCI）在美国纽约证券交易所首轮公开募股；1998 年 SCI 更名为 Prologis（PLD）；2003 年入选标准普尔 500 指数，当年进入中国。2008 年，由于受到全球金融危机的影响，迫于严重的财务压力，Prologis 断臂求生，将亚洲业务出售给新加坡国有控股公司，也就是后来在 2010 年新加坡上市的 REITs——Global Logistic Properties（GLP），其中文名字为普洛斯①。2011 年，Prologis 与在纽约证券交易所上市的另一家 REITs 安博（AMB）合并，新公司继续以 REITs 形式、以 PLD 为代码在纽约证券交易所挂牌交易，英文名为 Prologis，中文名为安博，Prologis 安博是目前世界上最大的物流基础设施公司。Prologis 安博 2019 年租赁面积达到 8.14 亿平方英尺，以美国本土业务为主，平均租赁期限约为 64 个月，期限较长且稳定。

三、数据中心 REITs

数据中心（Internet Data Center，IDC）是信息化时代下的新兴产物，指一

---

① 2018 年 1 月，普洛斯从新加坡证券交易所退市，完成私有化。

种拥有完善的设备（包括高速互联网接入带宽、高性能局域网络、安全可靠的机房环境等）、专业化的管理、完善的应用的服务平台。在这个平台基础上，IDC 服务商为客户提供机柜出租，互联网基础平台服务（服务器托管、虚拟主机、邮件缓存、虚拟邮件等）以及各种增值服务（场地的租用服务、域名系统服务、负载均衡系统、数据库系统、数据备份服务等），以租金收入为主要来源，现金流入相对稳定、可预期，被称为"数字世界商业地产"。美国第一个数据中心 REITs 出现在 2004 年，但直到 2015 年 Nareit 才将数据中心 REITs 作为一个类别进行统计。截至 2019 年年底，美国共有 5 只数据中心 REITs，市值合计 895.01 亿美元。美国数据中心 REITs 多采用公司制架构，主要是为了获得所得税优惠，同时在融资和估值方面也有诸多优势：（1）融资方面，数据中心现金流稳定的特点使其可以更加便捷地获得融资，5 只数据中心 REITs 有 4 只拥有公开评级，其中 Digital Realty（代码 DLR）的评级达到 BBB，为投资级证券，其余三只最差的也是 BB-。（2）估值方面，因数据中心在近几年的优异表现，成为大学基金、养老基金等长线资金最为偏好的资产类别之一，特别是在疫情环境下，数据中心是 2020 年一季度唯一不跌反升的资产，进一步推动了数据中心 REITs 估值的上升。

数据中心 REITs 中最大的为 EQIX，成立于 1998 年，并于 2003 年登陆纳斯达克，但真正转为 REITs 是在 2015 年，REITs 化后 EQIX 的有效税率降低了 7.4%，同时盘活了底层资产。2019 年公司机构股东数量达 813 家，前 10 大股东合计持股仅 27%，其中第一大股东为贝莱德（BlackRock），持股占比 7.4%。

四、自助仓储 REITs

Nareit 将自助仓储定义为出租给个人和企业的自助仓库设施，强调存储概念，而物流运输概念较弱。自助仓储分为个人仓储和企业仓储，个人仓储对应个人物品的存放，企业仓储主要包含文件设备、船只车辆、零售存货、温控存储（如文物）等类别。

其中，企业仓储与物流仓储资产较为类似。参考美国自助仓储协会 2020 年行业报告数据，企业用户数为 148 万，个人用户数为 1350 万，企业用户占比为 10%，企业用户的仓储空间需求占市场总需求的 13%。考虑价格因素后，企业用户的市场收入贡献占市场整体的 15%，对应自助仓储 REITs to B 端的市值为 96.90 亿美元。

第四节　收益和波动

截至 2019 年年底，富时 Nareit 权益类 REITs 的 5 年累计收益率为 49.9%，低于同时期标准普尔 500 指数的累计收益率 73.9%。波动率方面，权益类 REITs 的年度收益波动率为 12.2%，小幅低于标准普尔 500 指数波动率 14.6%。

收益率方面，权益类 REITs 各板块之间的表现差异较大。基础设施、工业、数据中心 REITs 的收益率位于第一梯队，均超过 100%，大幅高于标准普尔 500 指数以及权益类 REITs 平均水平。出租公寓、专业类以及自助仓储 REITs 为第二梯队，收益率大致在权益类 REITs 和标准普尔 500 指数之间，而写字楼、医疗健康物业、多样型物业、林场、商贸零售以及酒店度假村 REITs 的收益率都要低于板块平均水平。

波动率方面，收益率位于第一梯队的基础设施、工业以及数据中心 REITs 的波动率处于 17%—24% 之间，均高于标准普尔 500 指数以及权益类 REITs 波动率，代表这三类 REITs 的收益水平增长较快。位于第二梯队的出租公寓、其他专业类和自助仓储 REITs 的波动率在 11%—19% 之间，低于第一梯队，与第一梯队类似的是板块间差异不明显。而第三梯队各板块波动率差异较大，最高的林场的波动率达到 28.1%，最低的商贸零售为 6.6%。

夏普比率方面，基础设施、工业以及出租公寓 REITs 的夏普比率高于标准普尔 500 指数的 0.8，其他专业类与数据中心 REITs 的比率与权益类 REITs 平均水平 0.69 接近，最高的为基础设施 REITs，最低的为酒店度假村 REITs，夏普比率分别为 1.05 和 0.02。

一、基础设施 REITs 收益率和波动率

基础设施 REITs 的投资对象是以交通运输、能源物流、信息通信承载设施

为代表的被动运输或储存产能产品，此类产品大多合约期长、不受周期性影响且规模效应显著，因此收益增长较为稳定。

从细分领域来讲，基础设施 REITs 大致可以分为两类：通信铁塔和能源运输。通信铁塔类的收益一般要高于能源运输类。2015—2019 年，以 AMT 为代表的通信铁塔类 REITs 的收益率逐年稳定攀升。AMT 5 年累计收益率达到 156.5%，CCI 与 SBAC 的收益率分别为 118.9% 与 118.2%。而 UNIT 与 PW 的累计收益率长期为负。UNIT 的主营业务为通信分布系统租赁及光纤网络建设，由于与 Windstream 存在长年债务纠纷导致市场对该公司的投资意愿不强，股价逐年走低。PW 的主营业务为温室以及再生能源相关设施，近期开始向医用大麻方向发展，基于投资者对公司未来盈利能力改善的预期，公司股价在 2019 年下半年开始走升。

由于基础设施领域有较强的规模效应，大公司往往收益更高且增长更稳定。从图附 1.2 来看，三家铁塔公司 AMT、CCI 和 SBAC 的市值要远超另外三家公司，平均收益率在板块内相对较高，而波动率却较低，使其成为良好的 REITs 投资标的。能源类 REITs CORR 起步稍晚，但 2015—2019 年持续增长，波动率高主要是受到 2015 年年底能源市场系统性风险的影响。

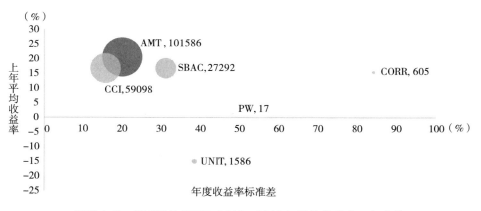

图附 1.2　基础设施 REITs 2015—2019 年平均收益率及标准差

注：气泡大小代表 2019 年年底市值（单位：百万美元）。

资料来源：公司公告、Yahoo Finance、Nareit。

在股息率方面，几家公司差别较大。AMT 和 CCI 的股息率非常稳定，2015—2019 年分别维持在 1.9%—3.7%的范围内。SBAC 在 2017 年转型成为 REITs，2019 年第一次分红，股息率为 0.37%。CORR 的股息率 2016—2019 年间基本稳定在 8%左右，2015 年年底由于能源市场剧烈波动导致股价在一小段时间内出现巨幅下挫。UNIT 分红在 2015—2018 年每股均为 2.4 美元左右。2019 年的分红为每股 0.37 美元，跌幅超过其股价变化，使股息率出现急剧下滑。PW 因公司处于扩张阶段，债务过重，近几年都未发放股利。

二、工业 REITs 收益率和波动率

工业 REITs 的投资对象主要为位于沿海、交通枢纽或者人口密集地区的生产、研发以及仓储物流所需的场地及设施。得益于电商的迅猛发展，工业 REITs 所拥有的资产出租率以及租金回报率近年来不断上涨，为 REITs 收益提供了有力保障。

工业 REITs 收益率在 REITs 分类板块中处于第一梯队，2019 年收益率为分类板块第一。截至 2019 年年底，各工业 REITs 2015—2019 年累计收益率整体稳步上升，2/3 的工业 REITs 累积收益率在 100%以上。前三名 IIPR、REXR 和 TRNO 的累计收益率均超过了 200%，而作为第一家主营医用大麻生产加工场地的 REITs 产品，IIPR 自 2016 年 12 月上市三年以来的累计收益率更是达到了 356%。

由于业务的高度相似性，大部分的工业 REITs 年化收益率集中在 10%—25%之间，波动率在 15%—25%之间，差异不大。

股息率方面，工业 REITs 的股息率相对稳定，2019 年的股息率大部分在 2%—4%之间，中位数为 2.5%。

三、数据中心 REITs 收益率和波动率

数据中心 REITs 起步较晚，2014 年才纳入 Nareit 指数，主要投资于用于海量数据存储、运营与计算的平台和设备。在全球 5G、云计算、人工智能等信息技术大爆发的背景下，数据中心 REITs 的发展势头十分强劲。从 2015—2019

年的统计数据来看，数据中心 REITs 收益良好，仅次于基础设施以及工业地产 REITs。2019 年的收益率 44.2%，为各板块第二，略低于工业地产 REITs 的收益率 48.7%，是极具潜力的投资标的。

2015—2019 年行业整体收益波动率在 15%—35% 之间，高于工业地产与基础设施 REITs，原因在于投资标的所处的信息技术行业存在较大的政策性风险，比如 2018 年中美贸易摩擦对数据中心 REITs 股价的影响要远超工业地产与基础设施 REITs。

股息率方面，数据中心 REITs 的股息率稳定在 2%—5% 之间，各 REITs 之间股息率差异不大。

四、自助仓储 REITs 收益率和波动率

自助仓储 REITs 通过投资、开发、运营等方式为企业或者个人提供自助仓储设施和服务。自助仓储中 85% 的租户为个人客户，因此与数据中心 REITs、基础设施 REITs 和工业 REITs 的租户结构有较大差异。自助仓储 REITs 2015—2019 年累计收益率为 64.2%，高于权益类 REITs 的平均水平，低于标准普尔 500 指数的收益率。收益率水平位于权益类 REITs 的第二梯队，低于基础设施、工业和数据中心 REITs。

自助仓储 REITs 股息率较接近，除了 SELF 股息率在 5% 以上明显高于同行外，其余 5 家成份股公司 2015—2019 年的股息率基本处于 2%—4.5% 之间，2019 年的平均值为 3.7%。

第五节　产品特色

一、结构特色：UPREITs 和 DOWNREITs

美国 REITs 一般可分为三种结构：第一种为传统意义上的 REITs，由 REITs 公司直接持有底层资产；第二种和第三种分别为 UPREITs 和 DOWNRE-ITs。

1992 年，美国 Taubman Centers 公司首次公开发行了一种新型结构的 REITs，即伞形合伙房地产投资信托（umbrella partnership REIT，UPREITs）。鉴于其递延纳税功能，一经推出便迅速成为权益型 REITs 的主流形式。而 DOWNREITs 是 UPREITs 结构上的进一步升级。

UPREITs 不直接拥有房地产，而是通过一个经营性合伙企业（operation partnership，OP）控制底层资产，结构如图附 1.3 所示。

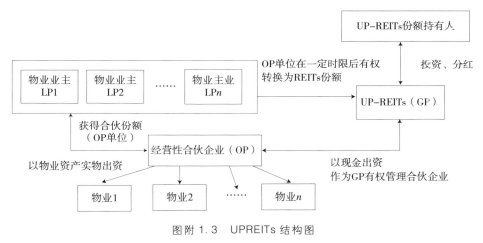

图附 1.3　UPREITs 结构图

资料来源：Nareit。

大致过程如下：

第一，若干合伙人设立一个 OP，然后转让自持的物业来获得代表有限合伙权益的凭证——经营性合伙单位（operating partnership unit，简称 OP 单位），成为有限合伙人（LP）。

第二，UPREITs 公司以募集资金向 OP 出资，并成为合伙企业的普通合伙人（GP），拥有管理合伙企业的权利；

第三，LP 持有 OP 单位一段时间（一般为 1 年）后，可以把 OP 单位转换成 REITs 股份或现金，从而获取流动性。

第四，REITs 公司和物业原持有人通过 OP 持有物业产权，但物业原持有人将物业实际控制权让渡于 REITs 公司，仅拥有收益权。

UPREITs 的核心优势在于：

第一，纳税延迟优惠。物业原持有人以物业资产出资成为 LP，换取 OP
单位这一交易行为不需要纳税，直至其转换成 REITs 股份或现金时缴纳资本利
得税。

第二，以 OP 单位充当"收购货币"，提高资产规模。UPREITs 设立后，
OP 可以用 OP 单位来收购物业资产，替代用现金来收购资产，这就缓解了
REITs 收购资产所需资金量，从而弥补 REITs 高比例分红造成扩张资本不足的
缺点，利于提升资产规模。

DOWNREITs 是在 UPREITs 结构基础上的衍生，即在 UPREITs 结构下增设
多个 OP 用于收购新资产，如图附 1.4 所示。这样，各经营性合伙企业的经营
和份额划分各自独立，彼此之间不产生影响，并且可以灵活地购买资产，扩大
规模。

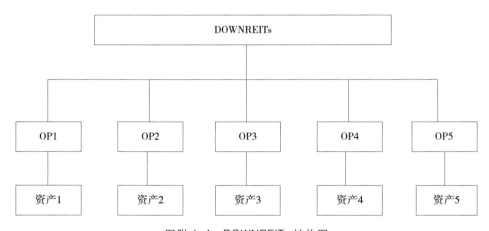

图附 1.4　DOWNREITs 结构图

二、类型特色：REITs 与 MLPs

业主有限合伙基金（Master Limited Partnerships，MLPs）是主要应用在石
油、天然气、煤炭、石化、木材等能源行业的金融产品，和 REITs 是两个截然
不同的融资工具，监管规则也不相同。MLPs 是一种在证券交易所公开交易的
有限合伙基金，一般由公用事业公司担任 GP，由投资人认购有限合伙份额担

任 LP。

美国 MLPs 在 1981 年即以公开交易合伙企业（publicly traded partnership，PTP）的形式出现，是介于上市公司与有限合伙企业之间的一种企业组织形式，由于其兼具了公开交易证券的流动性优势以及有限合伙的税收优势而获得较快发展。美国《国内税收法典》第 7704 章规定，MLPs 可以合伙企业形式享受税收中性，避免双重征税，但前提条件是其收入的 90% 以上必须来源于合格资产，包括石油、天然气、煤、石化、木材等能源行业以及房地产及大宗商品投资等特定产业。截至 2020 年 6 月 30 日，美国交易所公开市场上流通的 MLPs 约有 75 只，约 85% 的 MLPs 业务来源于中游能源基础设施服务，如管道、站点、储存等。

然而税法并没有对 MLPs 的分红比例有强制要求，这也是 MLPs 与 REITs 在税务规定上的最大区别。但是为了吸引投资人，MLPs 通常按季度将其收入分配给投资人，其风险相对较低，收益率相对较高（5%—10%）。

（一）MLPs 与 REITs 的联系

MLPs 和 REITs 在许多方面都有共同基金的特点，比如 MLPs 和 REITs 旨在使个人投资者进行本来没有机会参与的投资，例如大型房地产、天然气管道等地产和能源领域。MLPs 和 REITs 所投资资产均具有被动收入的特质，这些资产旨在为投资者被动产生长期稳定的现金流收入。MLPs 和 REITs 均可以通过资产组合为投资者提供多元化收益，历史上为投资者带来的收益高于标准普尔 500 指数，两者均能够享受税收优惠，拥有可转让的所有权，流动性较强，更容易退出；两者均会公开披露信息使得价格更具透明性，并能够满足公司筹集资金的需求。

（二）MLPs 与 REITs 的区别

两者的投资领域存在区别。REITs 以房地产为主，投资范围相对宽泛，2007 年基础设施才成为 REITs 的合格投资领域，并且集中在无线通信基础设施领域。而 MLPs 主要投资方向是能源领域的基础设施资产，包括石油、天然气的开采、运输、储存等领域，范围相对集中。

两者受到的法律限制不同。REITs 需要遵循的法律要求较多，例如税收条文中有明确的强制分红要求，股权结构有 5/50 的要求，单一股东持股比例通常不超过 10%，更有利于保护投资者。MLPs 的灵活性则要大得多，税收条文中并没有对分红作出要求，只有收益来源受到法律限制，而作为合伙制企业，其很多方面都可通过合伙协议自主约定。

两者税收的核算方式不同。REITs 与 MLPs 均有税收中性待遇，但 REITs 在美国通常以公司为载体，分红时股东需要就公司的营业收入扣减相关成本费用之后的利润，按股息红利所得缴纳所得税。而 MLPs 的收入可向合伙人免税分配，各种税前抵扣项也可以向合伙人传递，并入合伙人的税务申报表进行税前抵扣。

第六节　启示和借鉴

美国作为 REITs 发展最早的国家以及目前最大的市场，有以下几点经验可供我国借鉴：

第一，税收制度在 REITs 发展中起到决定性作用。从 1976 年的税制改革推动权益性 REITs 的发展，到 1986 年的税制改革进一步放宽 REITs 的管理和税收中性待遇，再到 1997 年的《纳税者减免法》和 1999 年的《REIT 现代化法》，美国 REITs 每一阶段的发展，都有税收政策做推动力。我国财政税务部门可出台专门适用于基础设施 REITs 的税收政策，以进一步推动中国基础设施 REITs 的发展。

第二，OP 单位可作为原始权益人或小股东自持的探讨方案之一。在 UP-REITs 的结构中 OP 单位起到很重要的作用，不仅让 REITs 主体获得物业的实际控制权，原始权益人通过持有 OP 单位还可以延缓税收缴纳。我国基础设施 REITs 使用的是转让项目公司股权的方式，项目公司股权一定程度上是与 OP 单位类似的，只是我国要求必须将全部项目公司股权转让给 REITs，原始权益人需要通过持有 REITs 基金份额来保留自持部分。如能考虑借鉴美国 OP 单位理念，在保证基础设施 REITs 对项目公司拥有绝对控制权和运营管理权前提下，允许部分小股东的存在，有助于减少小股东对发行 REITs 的阻力。

第三，将基础设施 REITs 引入相关指数或可提高其流动性。截至 2019 年年底，全美 REITs 总市值为 1.33 万亿美元，其中 1.05 万亿美元的 REITs 被纳入了标准普尔指数。被纳入指数后，一些被动型指数基金将自动配置这些 RE-ITs，有利于扩大成交量。以美国较大的几个广义基础设施 REITs 股东为例，AMT、PLD 的第一大股东均为先锋基金，EQIX 第一大股东为先锋基金、第二大股东为贝莱德，DLR 第一大股东为贝莱德。先锋基金是全球最大共同基金管理人，而贝莱德是全球最大的 ETF 提供商。

随着中国基础设施 REITs 的试点发行，可以为基础设施 REITs 专门制定独立的指数，或者纳入其他标准化权益类指数中，以增加 REITs 二级市场交易量，提高 REITs 流动性。

附录二 亚太区域基础设施 REITs

相较于美国和欧洲的 REITs 市场，亚太区域 REITs 市场的发展历史较短。由于亚太区域各国 REITs 的发展历程以及对应的法律框架不同，基础设施 REITs 的定义也存在着差异。比如，新加坡没有对基础设施 REITs 的相关分类，上市的 S-REITs 类垄中包含工业/物流 REITs、数据中心 REITs、综合类 REITs，上市的商业信托中涉及水电气热、固废处理、通信电缆等基础设施资产；日本从 J-REITs 衍生出了基础设施基金，涉及资产包括可再生能源的设施、公共设施经营权、交通相关资产和能源相关资产、水资源、污水、无线电设备；印度对基础设施 REITs 专门立法，将交通、能源、水利与环保、通讯、公共和商业基础设施五大行业纳入基础设施资产范畴，并进一步细化至 34 个子行业；澳大利亚基础设施基金覆盖收费公路、机场、铁路等公共交通类，水电气热等公用事业类基础设施。

第一节 新加坡

一、发展历史

新加坡是亚洲地区第二个推出 REITs 的国家。1999 年新加坡金融管理局（以下简称"金管局"）颁布《房地产信托指引》（*Property Fund Guidelines*），明确了新加坡 REITs 市场的基本规则，被视为新加坡 REITs 市场正式起步的标志。为推动新加坡 REITs 的发展，新加坡政府在各方面逐步完善 REITs 市场制度。2001 年，新加坡税务局明确了 REITs 税收优惠政策。2002 年，新加坡金管局根据《证券及期货法》（*Securities and Futures Act*）第 289 章颁布了《集体投资计划守则》（*Code on Collective Investment Schemes*），新加坡证券交易所颁布了上市规则（Listing Manual）。2002 年 7 月，新加坡第一只 REITs——凯德商用新加坡信托（CapitaLand Mall Trust）在新加坡证券交易所主板成功上市。

新加坡 REITs 根据不同的业态类型分为零售类、酒店类、公寓类、办公类、医疗健康类、工业/物流类、数据中心及综合类，没有针对基础设施单独进行分类。而水电气热、固废处理、通信电缆等基础设施类资产主要是通过 2004 年金管局推出的商业信托模式在新加坡证券交易所上市。本书将选取工业/物流 REITs、数据中心 REITs、综合类 REITs 以及涉及水电气热、固废处理、通信电缆等基础设施类资产的商业信托进行分析。

2002—2007 年，新加坡政府采取积极措施打造新加坡成为全球金融中心和全球领先的物流、供应链管理枢纽地位，进一步加速了新加坡基础设施 REITs 的发展进程，不断有境内基础设施资产通过 REITs 模式在新加坡证券交易所上市，存续的基础设施 REITs 也不断收购新资产逐渐扩大管理规模，境外基础设施资产也尝试通过新加坡 REITs 上市。例如 2007 年，首只主要投资于印度工业园区的印度腾飞信托（Ascendas India Trust）通过商业信托的模式在新加坡证券交易所上市。

2008—2009 年，受次贷危机的影响，新加坡基础设施 REITs 的发行出现了短暂停滞，2010 年再度迎来了发行高潮，全年上市的 3 只 REITs 均为基础设施类。

2011 年至今，受限于新加坡整体工业用地面积以及市场规模，上市发行的基础设施 REITs 大多采取多元化的投资策略，所投资产逐步向周边国家扩张，目标大多锁定在泛亚太区域①，英国、美国等发达国家也有涉猎。

总体来看，从最初以本国基础设施市场起步，到全球多元化的资产组合扩张，新加坡基础设施 REITs 已经发展得非常成熟，基础设施业态也不断创新优化。

---

① 泛亚太区域指：新加坡、马来西亚、印度尼西亚、菲律宾、泰国、越南、中国、中国香港、中国澳门、中国台湾、印度、日本、韩国、澳大利亚以及新西兰。

二、制度情况

明确而完备的法律制度体系是 REITs 成功上市的基础。新加坡基础设施 REITs 与新加坡其他类型 REITs 在同一制度框架下开展。随着 REITs 市场的不断发展，从 1999 年到 2020 年，新加坡金管局对 REITs 相关的主要法律法规《房地产信托指引》（*Property Fund Guidelines*）、《证券和期货法》（*Securities and Futures Act*）之《集体投资计划守则》（*Code on Collective Investment Schemes*）进行了多次修订，加强了对投资者的保障，同时也减少很多领域的合规成本。

1. 税收政策

2001 年新加坡税务局出台的 REITs 税收透明待遇（tax transparency treatment）约定以单位信托形式设立上市的 REITs 可以免收印花税。对于将可分配收入的 90%以上分配给投资者的，REITs 层面可以向新加坡税务局申请税收透明待遇，免收分配收益部分的所得税，仅对未分配收益部分征收所得税。这一重大利好，推动了新加坡首只 REITs 的成功上市。此后，新加坡政府继续积极推动税收制度的改革，在吸引更多房地产企业发行 REITs 的同时，也调动了投资者投资 REITs 的积极性。

2. 投资限制

根据《集体投资计划守则》要求，新加坡 REITs 应将资产的 75%以上投资于房地产资产，但不限于境内或者境外，且产权可为永久产权或者租赁产权。新加坡 REITs 不得从事房地产开发活动，也不得投资于空置土地和抵押贷款的土地，除非在开发完成后持有该物业。除房地产投资之外，新加坡 REITs 可以投资股票、债券以及现金类资产，但是以上资产的投资收入不得超过总收入的 10%。

3. 杠杆要求

2015 年 7 月，新加坡金管局规定新加坡 REITs 的杠杆率不超过 45%，不存在因评级不同杠杆率不同的情况。整体来看，新加坡各类 REITs 的杠杆比例较为均衡，平均杠杆率为 36%，低于 45%的杠杆上限[①]。然而，2020 年新冠

---

① 中国房地产业协会金融分会、戴德梁行：《亚洲房地产投资信托基金 REITs 研究报告》，2019 年，第 12 页。

肺炎疫情的暴发，各类物业的营运环境都面临着挑战。为缓冲 REITs 估值下调，改善资本结构，2020 年 4 月 16 日新加坡财政部、税务局和金管局联合发布公告，将新加坡 REITs 整体的杠杆率上限由 45% 提高至 50%，放宽了总杠杆率的规定①。

4. 分红比例

为了申请税收透明待遇，新加坡 REITs 必须将可分配收入的 90% 以上分配给投资者。

三、主要参与方

（一）REITs 结构

新加坡基础设施 REITs 主要为契约型结构，其主要特点是虽然在法律层面上资产由托管人所有，但是资产管理却是由管理人负责。管理人与托管人需要互相独立且无关联关系。此外，管理人还需聘请物业管理人，为 REITs 投资组合中的资产提供物业管理与维护等，如图附 2.1 所示。

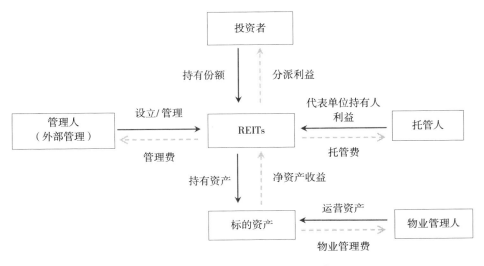

图附 2.1 新加坡 REITs 交易结构

---

① "Support for REITs"，https：//www.mas.gov.sg/regulation/covid‐19/supporting‐businesses‐through‐covid‐19/support‐for‐reits。

（二）商业信托结构

商业信托是以信托形式设立的商业企业。商业信托与 **REITs** 模式十分相似，其主要区别在于商业信托模式的管理人和托管人的角色可以合二为一，称为信托管理人。信托管理人本身可以代替股东持有和管理资产，如图附 2.2 所示。商业信托可投资产包括但不限于房地产，公共事业、基础设施、通信电缆等可产生稳定现金流的资产均可通过商业信托结构发行。

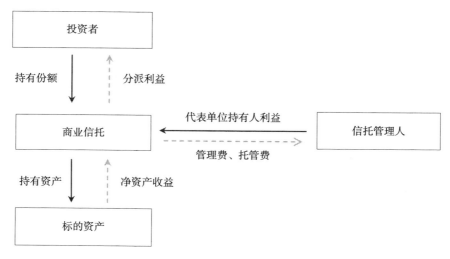

图附 2.2 新加坡商业信托交易结构

（三）REITs 主要参与方

1. 发起人

新加坡基础设施 **REITs** 的发起人通常为持有相关基础设施物业的房地产开发商，例如吉宝置业、腾飞地产、丰树投资等。发起人在新加坡基础设施 **REITs** 中处于主导地位且具有强大影响力，其职能包括为 **REITs** 提供基础设施资产、收购新资产、对资产进行升级、提供流动性支持等。一般情况下，为保证对物业的控制权，发起人会持有一定比例的 **REITs** 份额。

2. 管理人

出于公司治理的目的，新加坡基础设施 **REITs** 的管理人一般为发起人的全资子公司。除了确保 **REITs** 遵守各项法律法规之外，管理人的主要职责是在控制总杠杆率的情况下，对基础设施资产或者资产组合进行主动管理，通过定期维护、资产翻新、并购等举措，提升资产的运营效率，实现资产长期稳定的增长，从而提高 REITs 的投资回报率。

3. 托管人

因新加坡 REITs 大多采用契约型结构，管理人需要与托管人签订托管协议。托管人独立于管理人且与管理人无关联。根据托管协议的约定，托管人的职责主要是开立相关账户，监督管理人，维护 REITs 持有人的利益。此外，托管人还需根据管理人决策，进行资产收购、借贷、抵押和出售等。

4. 物业管理人

新加坡基础设施 REITs 的物业管理人一般为发起人的全资子公司。物业管理人主要为 REITs 投资组合中的资产提供物业管理、租赁管理、项目管理和营销服务等，例如提供物业维护服务、管理租金收取、发起续租及租约条款谈判等具体事务。

四、发展现状

根据新加坡证券交易所统计，截至 2019 年年末，合计有 43 只 REITs 在新加坡交易所上市（含商业信托以及合订证券），占 2019 年新加坡股市日均成交额的 24%，其总市值为 1119 亿新加坡元，占新加坡股市总市值的 12%。其中，纳入海峡时报指数的产品有 5 只，权重占比约为 10%。2019 年新加坡 REITs 的整体表现良好，平均杠杆率控制在 35.18%，平均总回报率为 23%，平均股息收益率①（dividend yield）为 6.2%，远超海峡时报指数 9.4%的总回报率以及 4%的股息收益率②。

新加坡的 43 只 REITs 中，基础设施 REITs（含 1 只商业信托，即腾飞印度信托）有 11 只，见表附 2.1 所示。截至 2019 年年末，基础设施 REITs 市值为 357.33 亿新加坡元，占新加坡 REITs 市场的 32%，占新加坡股市总市值的

---

① 股息收益率是指过去 12 个月的股息与股票价格的比率（本章截取的为 2019 年 12 月 31 日 REITs 股票市价）。

② 新加坡证券交易所、Bloomberg。

表附 2.1 新加坡基础设施 REITs 信息汇总

编号	名称	股票代码	上市时间	类型	资产类型	市值（百万新加坡元）	股息率（%）	杠杆率（%）	地域分布
1	腾飞房地产信托	A17U	2002年	REITs	工业	10730	5.4	36.2	新加坡79%，澳大利亚14%，英国7%
2	丰树物流信托	M44U	2005年	REITs	工业	6607	4.6	37	新加坡31.7%，香港32.7%，日本10.2%，中国7.9%，澳大利亚7.8%，其他9.7%
3	易商红木信托	J91U	2006年	REITs	工业	1848	7.6	41.6	新加坡100%
4	宝泽安保资本工业房地产信托	O5RU	2007年	REITs	工业	1004	7.1	35.4	新加坡84.7%，澳大利亚15.3%
5	腾飞印度信托	CY6U	2007年	商业信托	多元化资产	1772	5.2	33	印度100%
6	凯诗物流信托	K2LU	2010年	REITs	工业	773	7.8	38.3	新加坡69%，澳大利亚31%
7	丰树工业信托	ME8U	2010年	REITs	工业/数据中心	5722	4.7	29.2	新加坡90.8%，美国9.21%
8	胜宝工业信托	M1GU	2010年	REITs	工业	484	6.1	30.8	新加坡100%
9	吉宝数据中心房地产投资信托	AJBU	2014年	REITs	数据中心	3395	3.4	28.9	新加坡51.8%，欧洲26.4%，澳大利亚14%，英国6.4%，马来西亚1.4%
10	运通网城房地产信托	BWCU	2015年	REITs	工业	597	8.2	39.6	中国100%
11	星狮物流工业信托	BUOU	2016年	REITs	工业	2801	5.7	33.4	澳大利亚58%，欧洲42%

注：数据截止日期为2019年12月31日。
资料来源：新加坡证券交易所，Bloomberg。

3.8%。2019 年基础设施 REITs 平均杠杆率为 34.85%，略低于整体平均杠杆率。基础设施 REITs 平均总回报率为 31%，比整体平均总回报率高出了 35%。基础设施 REITs 的平均股息收益率 5.98%低于整体水平，其主要原因是 2019 年吉宝数据中心房地产投资信托（以下简称"Keppel DC REIT"）股息收益率为 3.4%，是新加坡 REITs 中股息收益率最低的一只。Keppel DC REIT 为亚洲首只且是目前唯一一只主要投资于数据中心的 REITs，自 2014 年 12 月 12 日上市至 2019 年 12 月 31 日，股价从 0.93 新加坡元上升至 2.08 新加坡元①，其股价增长较快且居高不下是 Keppel DC REIT 股息收益率低的主要原因。此外，底层资产为数据中心的物业在设施设备上需要大量投入，包括后期定期进行设备更新、检修等，运营及维护成本远高于其他工业地产，所以 Keppel DC REIT 要预留部分收入作为未来的资本性支出。

2020 年新冠肺炎疫情的暴发导致国内外经济形势更加恶化。在疲弱的经济环境下，基础设施物业空置率将会有所提升，对租金收入产生一定的压力。然而新加坡证券交易所公布的数据显示，市值最大的 3 只基础设施 REITs（腾飞房地产信托、丰树物流信托和丰树工业信托）因投资资产多元，地理分布分散，平滑了单一区域以及单一资产受经济环境影响的风险，展现了稳定的业绩和良好的增值前景。

五、特色与借鉴

新加坡是亚洲第二大 REITs 市场。不同于其他国家由于各种限制条件而仅可投资于本国市场，新加坡 REITs 可以投资本国或者国外的资产，投资业态多元，覆盖区域广，国际化程度高，这让新加坡大部分 REITs 都持有离岸资产，也成为泛亚太区域物业境外上市 REITs 的首选。在基础设施 REITs 层面，除了腾飞印度信托，其主要投资于商业园区、科技园区、仓储物流、数据中心的 REITs 大部分是通过 REITs 结构发行，而燃气、发电、固废处理等基础设施资产则是通过商业信托模式发行。

---

① 新加坡证券交易所、Bloomberg。

（一）政策支持

全球 REITs 的发展，都离不开政策支持。就新加坡来说，金管局一直积极向公众、房地产投资信托机构以及相关行业参与者征集提案，不断完善市场规则。在多项政策推动之下，才使得新加坡 REITs 发展壮大，让新加坡成为泛亚太区域物业境外上市 REITs 的首选。

税收政策是影响 REITs 发展的关键要素之一。新加坡针对 REITs 所有交易运营环节产生的税费都进行了梳理和统一，以单位信托形式设立上市的 REITs 可以免收印花税，符合将可分配收入的 90% 以上分配给投资者的可以免收所得税。

（二）健全的公司治理及信息披露

健全的公司治理及信息披露是吸引投资者投资 REITs 的关键。新加坡金管局一直努力加强对 REITs 市场的公司治理。REITs 管理人需要取得相应的业务许可证，其控股股东至少要有 5 年以上管理、投资 REITs 的相关经验。REITs 管理人执行严格的信息披露制度，必须设置独立董事与审计委员会。

第二节　日　本

一、发展思路和资产选择①

日本曾经历了 J-REITs 的大起大落，因此更倾向于选择收益稳定且不易受到经济趋势影响的资产发行 REITs。东京证券交易所于 2015 年 4 月 30 日建立基础设施基金，其底层资产的范畴仅包括基础设施相关资产，如可再生能源的设施、公共设施经营权、交通相关资产和能源相关资产、水资源、污水、无线电设备等，如表附 2.2 所示。截至 2019 年年末，日本基础设施基金的底层资产主要为太阳能发电资产。

---

① 日本三菱日联信托银行不动产咨询部：《图解日本 REIT》，中信出版集团 2019 年版；东京证券交易所：《J-REIT 指南》，2019 年。

表附 2.2　基础设施基金的资产分类

分类	内容
绿色能源	太阳能、风能、地热能、生物质能、中小型水力发电等
公共设施经营权	各类公共设施经营权
交通相关资产	公路、机场、港口设施、铁路、船只等
能源相关资产	电力设施（发电厂）、燃油和天然气管道
其他	水资源和污水、无线电设备

资料来源：东京证券交易所。

为促进太阳能和基础设施基金的稳定发展，日本对可再生能源规定了固定价格收购制度（以下简称"FIT"），如表附 2.3 所示，规定由太阳能、风能、地热能、生物质能、水力等可再生能源发出的电能，电网公司须在一定期限内以国家设定的价格进行回收，比如针对太阳能，该期限为 20 年，如表附 2.3 所示。

表附 2.3　历年 FIT 价格变化情况

财经年度	税前销售价格（千瓦时）	有效期
2012 年	40 日元	
2013 年	36 日元	
2014 年	32 日元	
2015 年（4 月 1 日至 6 月 30 日）	29 日元	
2015 年（1 月 1 日至 3 月 31 日，7 月 1 日至 12 月 31 日）	27 日元	20 年
2016 年	24 日元	
2017 年	21 日元	
2018 年	18 日元	
2019 年	14 日元	

资料来源：Ichigo Green Infrastructure Investment Corporation。

二、参与者及交易结构

基础设施基金沿用了 J-REITs 的交易结构，参与者包括投资者、资产管理公司、原始权益人、资产运营机构、东京证券交易所等其他证券化业务相关机构，如图附 2.3 所示。由资产管理公司设立并管理基础设施基金，通过贷款、发行债券和发行股票募集资金，用于向原始权益人购买或部分租赁基础设施，并转租给资产运营机构，资产运营机构及其关联运营公司负责基础设施的日常运作，并将租金收入定期交付给资产管理公司。值得注意的是，基础设施基金的重要参与方为资产管理公司和资产运营机构，根据目前日本已发行的基础设施基金，两个参与方通常为关联公司。

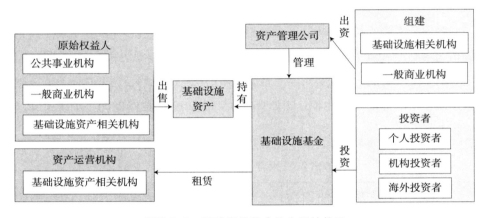

图附 2.3　基础设施基金的交易结构图

资料来源：东京证券交易所。

三、与 J-REITs 的对比

东京证券交易所特别要求基础设施基金上市须披露运营机构的选取标准以及所选取的运营机构情况，并且仅能投资于监管列明的资产，其他上市条件与 J-REITs 一样，如表附 2.4 所示。上市后，监管机构还会持续关注资产管理过程中信息披露合理性和及时性、资产管理的完善性和稳定性、收益分配的可持续性、是否存在影响公众利益和投资者利益的情况等。对于不合规或者运营不善的基础设施基金或者 J-REITs，可通过合并方式退市。

表附 2.4　基础设施基金和 J-REITs 上市条件对比

条件	基础设施基金	J-REITs
资产管理公司	投资信托协会认证公司	
交易场所	东京证券交易所或其认可场所	
底层资产要求	至少 70% 底层资产为基础设施相关资产	至少 70% 底层资产为不动产相关资产
	至少 95% 底层资产为基础设施相关资产、与基础设施资产现金流类似资产以及现金类资产	至少 95% 底层资产为不动产相关资产、与入池不动产现金流类似资产以及现金类资产
上市要求	财务要求：总资产不低于 50 亿日元，且净资产不低于 10 亿日元	
	流动性要求：如至少 1000 名投资者等	
	收益分配要求：需具有持续进行收益分配的能力	
	审计条件：近两年财务报表等无虚假情况；近两年审计报告需为"无保留意见"或"有保留意见"并说明意见	
	运营期限：至少 6 个月	
	设置选取基础设施运营机构的标准和管理政策	—
股票份额要求	流动股数量：不低于 4000 股	
	前十大股票持有人及自持股票的股票份额：不超过 75%	
	股东数：不低于 1000 人	
信息披露	披露基础资产及各参与方情况等	
	披露基础设施运营机构情况	—

资料来源：东京证券交易所。

　　与 J-REITs 相同，基础设施基金满足至少 90% 的收益分配要求，且最大投资者持有股份不超过 50%，满足上述两点可通过会计处理从应税收入中剔除分红部分，避免双重缴税，这是 J-REITs 和基础设施基金分红高于股票的原因之一。值得注意的是，税务减免有效期为自第一个资产租赁生效时间起至 20 年止。

　　贷款价值比（loan-to-value，LTV）是 J-REITs 或者基础设施基金中，发债和贷款形成的负债与资产总值的比例。高 LTV 意味着基金具有高杠杆，投资风险较大，同时意味着再次增资时难度会上升，资金成本可能会更高。日本没有对 LTV 做具体的硬性限制，对 LTV 的管理主要由资产管理公司控制，一般不超过 60%。

四、市场情况

(一)公司成立和基金上市时间

截至 2020 年 2 月底,上市基础设施基金 7 只,仅有 1 家来自加拿大的集团公司在日本设立资产管理子公司,其余的资产管理公司均为日本公司,如表附 2.5 所示。基础设施基金的形态为公司型,设置有股东大会。

表附 2.5 基础设施基金上市时间

序号	基金名称	代码	公司成立时间	上市时间
1	Takara Leben Infrastructure Fund, Inc. (TIF 基础设施基金)	9281	2015 年 8 月 5 日	2016 年 6 月 2 日
2	Ichigo Green Infrastructure Investment Corporation (一护绿色基础设施投资公司)	9282	2016 年 6 月 24 日	2016 年 12 月 1 日
3	Renewable Japan Energy Infrastructure Fund, Inc. (日本可再生能源基础设施基金)	9283	2016 年 7 月 27 日	2017 年 3 月 29 日
4	Canadian Solar Infrastructure Fund, Inc. (阿特斯基础设施基金)	9284	2017 年 5 月 18 日	2017 年 10 月 30 日
5	Tokyo Infrastructure Energy Investment Corporation (东京基础设施能源投资公司)	9285	2017 年 10 月 10 日	2018 年 9 月 28 日
6	Enex Infrastructure Investment Corporation (Enex 基础设施投资公司)	9286	2018 年 8 月 3 日	2019 年 2 月 13 日
7	Japan Infrastructure Fund Investment Corporation (日本基础设施基金投资公司)	9287	2019 年 10 月 24 日	2020 年 2 月 20 日

资料来源:东京证券交易所。

(二)基础设施基金资产规模情况

在 FIT 政策的支持下,自 2016 年第一只基础设施基金落地以来,平均每年都会发行至少 1 只基金,截至 2019 年年末,6 只基础设施基金资产管理数量约为 189 个，总市值 884.4 亿日元，如图附 2.4 所示。基础设施基金迅速发展的另一个原因是专业的管理团队，基金运作需寻找资产、筛选资产、评估收益性、商讨成本并且运作维护等，通过引入外部管理人模式，可借助其渠道优势、多角度的资产评估方式，高效完成资产购买相关流程。目前基础设施基金中外部管理人均在太阳能、热能、风能方面具有一定的运营经验。

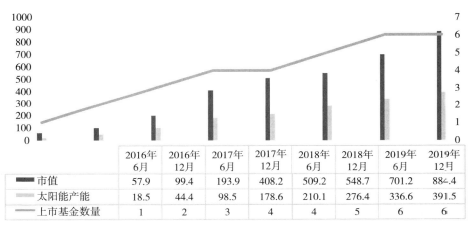

	2016年6月	2016年12月	2017年6月	2017年12月	2018年6月	2018年12月	2019年6月	2019年12月
■市值	57.9	99.4	193.9	408.2	509.2	548.7	701.2	884.4
太阳能产能	18.5	44.4	98.5	178.6	210.1	276.4	336.6	391.5
上市基金数量	1	2	3	4	4	5	6	6

■市值（左轴，亿日元）　太阳能产能（左轴，兆瓦）　上市基金数量（右轴，只）

图附 2.4　2016 年 6 月—2019 年 12 月日本基础设施基金发展情况

资料来源：Enex Infrastructure Investment Corporation。

（三）基础设施基金交易情况

第一只基础设施基金上市的时候，投资者的情绪比较高涨，存在一定的不理性行为，导致股价大幅飙升，随着投资情绪的稳定，股价随之迅速跌落。除了投资者情绪以外，另一个影响股价的原因就是分红，如 Takara Leben Infrastructure Fund，Inc. 和 Japan Infrastructure Fund Investment Corporation 的基金分红期为每年 5 月和 11 月，Ichigo Green Infrastructure Investment Corporation 的基金分红期为每年 6 月，在分红期中股价均有下降。目前基础设施基金的资产集中于太阳能，因此，除了市场资金的博弈之外，波动趋势存在一定相关性。从月末交易量方面可见，基础设施基金的交易活跃性非常不稳定，存在大额股份投资者抛售份额的情况，个人投资者居多带来的群体跟随效应也会对交易量的不稳定性产生影响。

（四）基础设施基金指数情况

与 J-REITs 一样，为使得投资者对基础设施基金有整体了解，且便于未来衍生品开发，东京证券交易所于 2020 年 4 月 27 日发布了基础设施基金指数，如图附 2.5 所示，指数目前涵盖 7 只基础设施基金（其中 1 只为 2020 年 2 月 20 日发行上市）。基础设施基金指数计算是以计算时指数中市值与基准日市值计算的，指数中市值为每只基础设施基金股票数量乘以股票价格确定，基础设施基金指数的基准日为 2020 年 3 月 27 日，基准值为 1000。指数数值以每 15 秒的频率计算并发送给证券公司等机构。计算公式如下：

$$指数数值 = \frac{计算时指数总市值}{基准日市值} \times 基准值$$

$$计算时指数总市值 = \sum 各基础设施基金股票数量 \times 股票价格$$

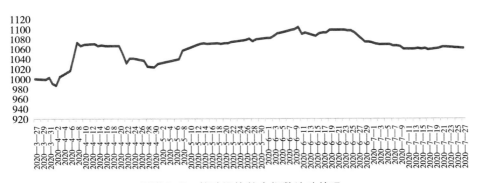

图附 2.5　基础设施基金指数波动情况

资料来源：东京证券交易所。

（五）基础设施基金的投资者情况

虽然每个基础设施基金的分红水平参差不齐，但在日本低利率环境下是十分有吸引力的。根据基础设施基金年度财务展示报告，基础设施基金的投资者总数均超过千人，甚至成立的第一只基础设施基金投资者总数已有上万人。投资者类型方面，基础设施基金主要以日本国内的个人投资者为主，除 Ichigo Green Infrastructure Investment Corporation 以外，个人投资者持有比例均超过 50%，如图附 2.6 所示。

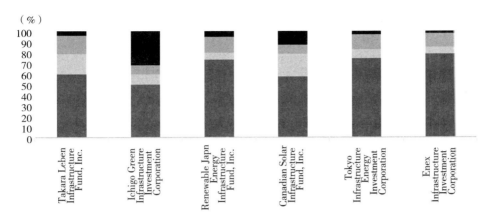

■ 国内个人　■ 其他国内企业　■ 金融机构及金融产品　■ 海外个人及机构

图附 2.6　基础设施基金投资者持有份额占比情况

资料来源：基础设施基金年度财务展示报告。

五、产品特点

（一）基础设施基金经营特点

基础设施基金采取外部管理模式。为明确分工，基础设施基金将管理机构分为资产管理公司和运营机构。资产管理公司以管理整体基金运作为主，包括运营机构选取、机制建立、资金使用、成本控制等。为明确各方职能、保持整体运营的透明性，资产管理公司通常和运营机构为关联公司。

（二）基础设施基金的租金回收设计特点

基础设施基金的分红来源于运营机构的租金收入，基金通常将租金回收设计为固定租金与浮动租金两个部分。由于太阳能适用于 FIT 对能源回收的规定，且每块太阳能板的能源输出较为固定，因此在考虑气象、设备所处地理环境等外部影响因素后，预测出次年太阳能的最低总产能。资产管理公司通常会基于预测的年度产能，并根据每块太阳能板的 FIT 价格，加权计算出产能销售收入，在扣除预测的运营成本后，按照一定比例设定为固定租金，一些资产管理机构将该比例设定为 70% 或者 100%。

因太阳能实际产能会与预测产能出现差额，所以资产管理公司会设计浮动

租金，将租金回收与太阳能实际产能挂钩。根据太阳能板的运作情况、保证金
设计、运营机构的激励制度等设定不同的超额收入比例。其中 Enex
Infrastructure Investment Corporation 因设定了保证金制度，故将超额基准设定为
10%，即实际租金收入超过固定租金收入的110%后才可计算超额收入，同时
为激励运营机构，超过部分仅收取50%作为浮动租金收入。针对新购买的太
阳能资产，Enex Infrastructure Investment Corporation 会通过调减浮动租金收入
的比例，辅助运营机构积累保证金。固定租金回收和浮动租金回收的模式完全
取决于资产管理公司对收入的要求，以及对运营机构和底层的整体管理，如
Canadian Solar Infrastructure Fund, Inc. 则是将超出预测租金收入的部分全部纳
入超额收入。

（三）基础设施基金中原始权益人"出表"特点

原始权益人在出让资产后，是否能"出表"处理须根据《关于出让人有
效利用特殊目的公司进行不动产流动化的会计处理实务指南》具体判断，如
对资产附有回购条件、特殊目的公司（special purpose company，SPC）为原始
权益人关联公司、风险担负比例超过5%等都将会被认定为金融交易，而无法
形成"出表"。日本基础设施基金多是从原始权益人处购买资产并根据资产管
理公司和运营机构对底层资产的管理获取收益，而原始权益人的目的是获得资
金，不参与后续管理或者投资，因此实现"出表"的难度不大。

（四）基础设施基金的行业周期性特点

以太阳能为底层资产的基础设施基金，资产规模受到周期性影响，日本6
月为雨季，9月至来年2月为秋冬期，在两个阶段中，太阳能的产能会出现阶
梯式降低的变化，如图附2.7所示。受制于天气变化，产能收入同样会受到直
接影响。但是随着气象的向好，太阳能产能和收入可较快恢复到往日水平。资
产管理公司基本可以预测出影响规模，进而对评估年度固定租金水平没有太大
的影响。

六、启示与借鉴

日本是世界上为数不多的单独推行了基础设施证券化的国家，更可能是目

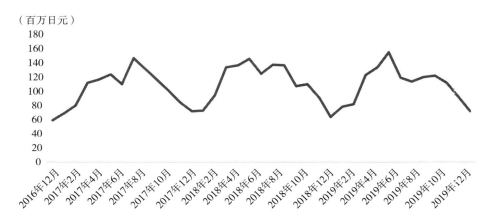

（百万日元）

图附 2.7　2016 年 12 月—2019 年 12 月 Ichigo Green 基础设施基金太阳能产能收入
资料来源：Ichigo Green Infrastructure Investment Corporation。

前唯一一个推出了以太阳能为底层资产的国家，其动力是通过非国有资本发展绿色能源，降低民众对不可再生能源的依赖感，提高国家在能源方面的竞争力。我国政府已提出实现碳达峰、碳中和目标的具体时间，大力发展绿色能源势在必行，因此日本基础设施基金对于绿色能源的支持亦对我国具有很大的借鉴意义。

基金管理方面，日本基础设施基金中运营机构和资产管理公司基本都是关联公司，如同为集团的下属公司，甚至运营机构可能为资产管理公司的股东，这种设计有利于统一经营目标，规避信息不对称和不及时造成的负面影响。我国《基础设施 REITs 指引》中提到基础设施资产支持证券将持有基础设施项目公司全部股权，这与日本基础设施基金的做法类似，但是基金管理人与聘请的第三方运营管理公司很多不会是关联关系，可能会造成难以统一经营目标、利益不一致的情形，因此基金管理人须重视如何与外部第三方运营管理公司深度绑定，提高管理效率。

信息披露方面，日本基础设施基金个人投资者占比较高，这符合日本推行基础设施基金的初衷，但是个人投资者对资产的评估能力有限，投资情绪波动难以控制，因此对信息披露的透明度、易懂化和及时性要求更高。中国公募基金的信息披露已发展得较为成熟，但是针对基础设施资产信息披露的程度还需要进一步探索。

收益方面，无论是 J-REITs 还是基础设施基金，对于投资者的吸引力是每年较为固定的分红部分以及浮动的资本增值部分。中国可以借鉴日本基础设施基金租金回收设计和差额补足设计来实现稳定分红的效果，合理设定交易最大涨跌幅以缓和投资者对该投资标的的非理性情绪。

第三节　印　度

一、发展背景

印度证券交易委员会（SEBI）于 2014 年 9 月 26 日颁布《基础设施投资信托条例》（以下简称"InvITs 条例"），印度成为全球第一个专门为基础设施 REITs（以下简称"InvITs"）立法的国家。印度 InvITs 的发展背景如下：

第一，经济增速下滑，财政压力大。过去十几年，中印两国经济均高速发展，有别于中国以第二产业为主的发展路径，印度以金融、软件和服务外包等第三产业为主要发展路径。2014 年 InvITs 条例出台之前，印度 GDP 增速在 5% 基础上缓慢上升，已不复 2010 年 GDP 同比增长 8.50% 的惊人速度。由于印度政府财政情况紧张，财政赤字占 GDP 比重在 2014 年前后维持在 7% 的水平，外债占 GDP 比重常年维持 20% 以上，赤字高企和债台高筑导致政府可投资金紧缺，基建发展缓慢，只能依靠社会资本来弥补基建资金缺口，因此印度大力推广 PPP 模式，希望带动社会资本的投资热情。但基建项目普遍周期较长，风险较高，建设目的以服务民生、国家战略为主，收益率较低，因此投资者对 PPP 参与热情不高。

尽管印度市场广阔，但由于整体基础设施水平低、缺乏工业生产配套设施，导致社会资本和外商的投资热情不高，发展基建的资金"燃料"不足。因此，InvITs 作为一种向基建输送"燃料"、为经济持续增长提供新动能的金融工具应运而生。

第二，莫迪新政，大力发展基建。印度现任总理莫迪深谙"基建强国"

之道，2014 年就任后，正式推出"印度制造"计划，意图将基础设施建设、制造业等作为带动经济发展的主力军，改变印度过分依赖服务业、二业羸弱的格局。在此背景下，印度在 2014 年推行 InvITs，作为基建的专属配套金融工具，旨在减轻金融机构贷款负担以及政府财政支出赤字，进一步盘活基建开发商资本，提供新的资金渠道支持基础设施建设。2014—2019 年，在莫迪新政的带动下，印度呈现出较强的经济增长动力，GDP 年均复合增长率达到 6.05%。截至 2019 年，印度 GDP 已达 28751.4 亿美元，位居全球第 5 名。

在莫迪的首个任期内，印度基建在新政助推下有一定积极改观，但总体来看依旧羸弱。电力是现代工业主要动力，印度 2019 年发电量为 15587 亿千瓦时，仅为我国的五分之一，输配电损失率高达 20% 以上。工业增加值占 GDP 比重持续下降，经济增长没有加速推进其工业发展，现代化基建水平仍亟须提升。

2019 年 8 月 15 日是印度独立日，莫迪在这一天表示，未来 5 年将着手打造 5 万亿美元经济体的"新印度"，继续采取积极的财政支出模式，以投资拉动经济增长，未来 5 年内将在基建领域投入 100 万亿卢比（约 1.4 万亿美元、10 万亿元人民币）。在财政赤字压力仍然较大的情况下，InvITs 将发挥重要作用，助力印度经济发展。

二、制度框架

第一，InvITs 的基础资产范围。印度在《基础设施投资信托条例》中对合格的基础设施项目给予了明确定义，标的基础设施项目归属于印度财政部所规定的基础设施行业范围内（5 大行业、34 个子行业），根据运作模式分为 PPP 项目及非 PPP 项目两类。

第二，InvITs 相关税务。印度为了推行 InvITs，在税收方面抛出橄榄枝，目的在于提高投资者的收益率、降低基础设施项目的融资成本。InvITs 所涉税负如表附 2.6 所示。

表附 2.6　InvITs 税负概览表

对象	交易环节	税负
发起人	以 InvITs 份额交换 SPV（公司）股份	交换时无税负
		交换时递延最低公司税（MAT）18.5%
	以 InvITs 份额交换资产	交换时需缴税
		长期资本利得税率 20%
		短期资本利得税率 30%
	在交易所出售 InvITs 份额	长期资本利得超过 10 万卢比部分按 10%征税
		短期资本利得享受优惠税率 15%
		最低公司税（MAT）18.5%在实际出售时征收
InvITs	利息收入	不征税。InvITs 会扣缴，对外国投资者按 5%，对国内投资者按 10%扣缴
	分红	不征税
	出售资产、SPV 股份所获资本利得	依据持有时长，在 InvITs 层面按适用税率征收
SPV	分配股息	依据情况，免征股息分配税
	租金收入	依适用税率征收
	支付 InvITs 利息	扣除可用利息
		无预扣税
	出售资产所获资本利得	依据持有时长，按适用税率征收
投资者/份额持有人	利息收入	外国投资者：5%（从 InvITs 层面扣除）国内投资者：适用税率（按 10%税率扣除）
	分红	不征税
	出售资产、SPV 股份所获资本利得	不征税
	直接持有的房产租金收益	依适用税率征收
	在交易所出售 InvITs 份额	长期资本利得不征税
		短期资本利得享受优惠税率 15%
		征收最低公司税（MAT）18.5%

资料来源：安永研究报告。

　　第三，杠杆率要求。InvITs 及其控股公司、SPV 合并借款、递延付款不超过 InvITs 资产价值的 70%。InvITs 及其控股公司、SPV 合并借款、递延付款超过 InvITs 资产价值的 25%，须满足无最低信用评级以及份额持有人批准。

第四，分红政策。InvITs 分红须达到其净可分配现金流的 90% 以上。InvITs 控股公司向 InvITs 分配的最小可分配净现金流：从 SPV 收到现金流的 100%、底层资产产生现金流的 90%；每个 SPV 向 InvITs/控股公司至少分配其可分配现金流的 90%。

第五，投资限制。有关资产相关限制：InvITs 总值中 80% 投资于已建成并产生收入的基础设施项目。InvITs 资产总值中不超过 20% 来自：（1）在建基础设施项目（不超过 InvITs 总值的 10%）；（2）基础设施业公司债务；（3）80% 收入来自基础设施的印度上市公司股权；（4）政府证券、货币市场工具、流动性共同基金、现金等价物；（5）私募发行的 InvITs 对于在建项目投资比例可超过 10%。

第六，发行方式。InvITs 分为私募发行、公募发行两种形式。两种发行方式的部分发行条件如表附 2.7 所示。

表附 2.7　部分发行条件对比

募集要求	私募	公募
资金来源	资金来源为机构投资者或法人团体	无限制，个人可以参与
最低资产价值	50 亿卢比（6655 万美元）	50 亿卢比（6655 万美元）
最低募集金额	25 亿卢比（3328 万美元）	公开募集比例浮动制： （1）发行后规模低于 160 亿卢比（2.13 亿美元），至少公开募集资产的 25% 或 25 亿卢比（3327.70 万美元）（两者孰高） （2）发行后规模等于或超过 160 亿卢比（2.13 亿美元）小于 400 亿卢比（5.32 亿美元），至少公开募集 40 亿卢比（5324 万美元） （3）规模大于 400 亿卢比（5.32 亿美元），至少公开募集 10% （4）三年期内，必须将公开募集规模占比提升至发行后资本的 25%
投资限制	InvITs 资产总值 10% 以上可投资于在建项目	InvITs 资产总值的 80% 以上投资于已完工和创收的基础设施项目，最多 10% 的资产投资于在建项目

募集要求	私募	公募
最低申购额度	1 千万卢比（13.31 万美元）	100 万卢比（1.33 万美元）
当 80% 资产投资于已完工和创收基础设施项目，最低申购额度	2.5 亿卢比（332.77 万美元）	
最小交易单位	1 千万卢比（13.31 万美元）	50 万卢比（6655.40 美元）
当 80% 资产投资于已完工和创收基础设施项目	2 千万卢比（26.62 万美元）	
投资者数量	5—1000	20—不限
	单一投资者持有份额不可超过 InvITs 总份额的 25%	

资料来源：安永研究报告。

InvITs 条例中对各参与方的核心要求如下：

（1）发起人：最多 3 个共同发起人；合并净资产或有形资产净值至少为 100 亿卢比（约 1.33 亿美元）；至少有 5 年基础设施开发或基础设施基金管理经验；至少有 2 个竣工基础设施项目。

（2）基金管理人：净资产或有形资产净值不低于 1 亿卢比（约 133.3 万美元）；5 年以上基础设施基金管理或基础设施咨询、开发相关经验；至少 2 名员工有 5 年以上基础设施基金管理或基础设施咨询、开发相关经验；至少 1 名员工有 5 年以上基础设施子行业投资经验。

（3）项目管理人：发起人或发起人关联方应担任项目管理人至少 3 年，除非由持有人指定合适的替代者。

三、市场现状

印度财政部先后于 2013 年 10 月 7 日及 2017 年 11 月 14 日发布通知，对基础设施子行业进行说明，涉及 5 大行业，34 个子行业。印度由于基建落后，因此对基础设施的范围覆盖很广，意图全面发展。

传统的基建是以"铁公机"（铁路、公路、机场）为核心要素的交通基础设施。"铁公机"的价值不仅仅在于其本身对于 GDP 的直接贡献，而是通过运输能力的提升带动整体社会生产力的大幅提升①。印度交通基础设施的质量堪忧，运能有限。电作为第二次工业革命的产物，是现代工业的主要动力源，印度电力的传输配送水平甚为落后，损失率居高不下，推动电力传输设施建设迫在眉睫。

因此，印度率先落地的两单公募 InvITs 产品，分布于收费公路、电力传输领域，这两个子行业作为工业发展、经济活动的动力传输血脉，其率先完成公募 InvITs 上市，极具战略意义。

印度《基础设施投资信托条例》于 2014 年颁布实施，2 只公募 InvITs 在 2017 年上市发行，2 只产品初始市值合计 1175.61 亿卢比（约 15.65 亿美元）；受新冠疫情影响，股价下滑严重，截至 2020 年 3 月 31 日②，市值大幅缩水至 670.59 亿卢比（约 8.92 亿美元）。截至 2020 年 6 月 30 日，随股价反弹、2 只产品市值涨至 816.06 亿卢比（约 10.86 亿美元）。

印度市场首推的 2 只公募 InvITs，涉及公路及电力传输领域，补短板意图非常明确。近年来，电力及道路行业一直是银行基建信贷的主要支持对象，合计占据了 70% 以上的基建信贷额度。印度以往主要通过债务驱动基建发展，InvITs 的推行开拓了新的资金渠道。

四、启示和借鉴

印度作为全球第一个专门为基础设施 REITs 立法的国家，其发展 InvITs 的背景和目的等，对我国发展基础设施 REITs 具有一定借鉴意义。

印度在经济增速放缓的情况下，将基础设施建设确立为拉动经济增长的核心手段之一，利用 InvITs 吸引新的资金拉动基础设施建设，助力经济发展。我

① 《新基建：数字时代的新结构性力量高端对话在北京举办》，2020 年 7 月. 见 http：//www.xinhuanet.com/tech/2020-07/10/c_ 1126220451.htm。

② 印度的财经年度为每年 4 月 1 日至次年 3 月 31 日，并非自然年 1 月 1 日至 12 月 31 日，如 2017—2018 财经年度，指 2017 年 4 月 1 日至 2018 年 3 月 31 日，其公司财务数据均按财经年度进行披露。

国近年来经济增速放缓，经济下行压力较大，基建投资仍将在稳定经济增长方面发挥重要作用。我国同样面临财政压力较大的问题，2015 年全国一般公共预算赤字占 GDP 比重已达 2.35%，2019 年更升至 2.80%，财政资金对基建的无条件投入难以为继，基建投资增速从 2013 年的 21.21% 降至 2019 年的 3.33%。

我国基础设施 REITs 制度的出台，可以广泛吸引社会资本参与基础设施建设，将有限的政府投资资金用于其他难以募资的领域；发行基础设施 REITs，还可以增强基建行业的产业活力，提升基础设施建设投资回报率，为经济增长持续提供新动能。

第四节　澳大利亚

一、发展背景

澳大利亚 REITs（以下简称"A-REITs"）市场的建立可追溯至 1971 年第一只 REIT 在澳大利亚证券交易所上市。A-REITs 主要投资于写字楼、零售商业、工业地产，不包含基础设施。在澳大利亚，基础设施被统一归类为基础设施基金（listed infrastructure fund，LIF），这是与 A-REITs 同样受到监管、在交易所上市交易且具有 REITs 属性的金融产品。

从 20 世纪 70 年代开始，澳大利亚的私营部门开始关注基础设施，例如收费公路、机场、铁路等交通基础设施，水电气热等公用事业基础设施。在1970—1980 年期间，澳大利亚出现非上市基础设施产业基金，基础设施基金既满足了私营部门对基础设施领域的投资需要，也提高了基础设施建设及运营效率，有效降低了政府在基础设施方面的投入，因此得到澳大利亚政府的重视。1996 年，首个基础设施基金在澳大利亚证券交易所上市。

2008 年，澳大利亚成立基础设施建设局。2011—2012 年，澳大利亚陆续出台税收政策以刺激基础设施领域的私人投资，并且鼓励养老基金等投入基础设施领域。2016 年 2 月 17 日，基础设施建设局公布《澳大利亚基础设施规划》，这是澳大利亚首个长期性的全国基础设施规划，内容涉及交通、水利、电力、电信等。规划提出了 78 项建议，列出了"基础设施优先名单"，涉及 90 余个重大基础设施建设优先项目。在澳大利亚基础设施建设的热潮下，LIF 在能源、交通基础设施建设中发挥了很大作用。

二、制度情况

1998 年，澳大利亚《公司法》（*The Corporations Act*）增设了管理投资计划（The Managed Investment Scheme，MIS）相关规定，A-REITs 以及 LIF 均适用 MIS 规定。

公司法要求，MIS 受证券及投资管理委员会（以下简称"ASIC"）监管并实施注册制，设立 MIS 需要向 ASIC 提交申请文件。MIS 通常由一家公司担任管理人或受托人（trustee），称之为责任实体（responsible entity）。责任实体同样受 ASIC 监管，ASIC 从组织架构、公司治理、财务状况、合规表现等方面考察责任实体，满足要求的责任实体将取得资格许可，具备发起 MIS 的资质。

澳大利亚并未制定针对 A-REITs 或上市基础设施基金的规则。A-REITs 以信托为载体，是契约型 REITs，A-REITs 对投资地域、物业最短持有期、投资于不动产的比例、负债比例和管理结构均无限制，但在分红政策上要求全部的费后收益分配给投资者，即股息支付率是 100%。

澳大利亚上市基础设施基金亦具备 REITs 的基本特征：以基础设施资产投资为主，收入主要来自基础设施运营，如收费公路的过路费、电力设施的租金收入等，三是分红政策与 A-REITs 趋同，以分红形式给予投资者长期稳定的现金流回报。

澳大利亚公司法定所得税率为 30%，公司制实体或普通信托均适用该税率。为吸引境外投资，2008 年 5 月 13 日，澳大利亚联邦政府授予管理投资信托（The Managed Investment Trust，是基础设施和房地产领域的重要投资方式，简称 MIT）预提税优惠待遇。2008 年颁布的《所得税（MIT）法案》规定，MIT 向特定境外投资者分配的预提税率从 30% 逐步递减至 7.5%。2012 年，这一税率从 7.5% 调整为 15%，但依然只有法定所得税率 30% 的一半。

上市基础设施基金如采用合订结构①的，持有基础设施的资产信托若符合如下认定条件将被认定为 MIT，其向境外投资者的分配可享受 15% 的优惠预提税率。认定条件如下：

第一，信托受托人是澳大利亚居民企业，或者信托的核心管理及控制机构设置在澳大利亚。

第二，信托仅被动持有资产，不得从事或主导积极的交易行为（如运营活动），因此，MIT 通常需与资产运营者达成资产租赁安排，该租赁安排须符合公平交易。

第三，信托是一项管理投资计划，须符合澳大利亚公司法中对管理投资计划的规定。

第四，信托满足广泛持有（widely held）的要求，例如信托须有至少 25 名成员，或特定的、广泛持有的实体（specified widely held entities）共同持有超过 25% 的信托权益且没有其他类型的单一实体持有超过 60% 的信托权益。特定的、广泛持有的实体包括：至少有 50 名成员的外国集体投资信托、人寿保险公司或外国人寿保险公司、超级基金、存款基金或至少有 50 名成员的外国超级基金等。

第五，信托须符合严格限制（closely held restriction）：不得存在 10 位或更少的人持有 75% 及以上的信托权益的情况；不得存在外国居民个人持有 10% 及以上的信托权益的情况。

第六，信托须由受监管的实体进行经营或管理，信托必须按照《公司法》要求进行注册。

三、市场情况

（一）基础设施基金（LIF）

LIF 主要投资于收费公路、机场、通信铁塔等通信资产、铁路设施和其他

---

① 合订结构是采用内部管理的合订证券结构，将两个或两个以上法律实体的权益合订在一起，最常见结构是将 1 个信托单位和 1 份管理公司（即运营实体）的公司股份捆绑在一起，且一经合订，两者不可拆分交易，投资者通过持有 1 股合订证券，同时持有 1 个信托单位和 1 份管理公司股份。

运输资产、电力线和天然气管道等公用事业设施。2013—2019 年，澳大利亚基础设施基金市场规模从 500 亿美元左右上升至 909 亿美元，增长 81.80%。截至 2019 年 12 月 31 日，澳大利亚拥有 8 只基础设施基金，如表附 2.8 所示，其中，Transurban Group（高速公路）、Sydney Airports（机场）以及 APA Group（能源设备）位列前三。

表附 2.8　澳大利亚上市基础设施基金（截至 2019 年 12 月 31 日）

名称	交易所代码	类型	基础资产类别	上市日期	市值（百万美元）	资产描述
APA Group	APA	合订证券	能源—油气管道	2000 年 6 月	13096.82	15000 千米天然气管道，占全国天然气使用量的一半
AusNet Services	AST	合订证券	能源—供电设备	2005 年 12 月	6335.63	维多利亚州输电网络、维多利亚州的五个配电网络之一和三个燃气分配网络之一
Infigen Energy	IFN	合订证券	能源—供电站	2005 年 10 月	625.4	6 处风力发电站、1 处能源储存站、9 处在建风力发电站、8 处在建太阳能电站
Atlas Arteria	ALX	合订证券	交通—收费公路	2010 年 1 月	6882.76	2323 千米高速公路（法国东部）、20 千米公路（法国南部城市安纳西至意大利热那亚）、20 千米公路（美国大华盛顿地区）、部分公路及隧道（德国东部罗斯托克）
Spark Infrastructure Group	SKI	合订证券	能源—配电网络	2007 年 3 月	3550.59	南澳大利亚覆盖 178000 平方千米的配电网络；墨尔本中央商务区和内城区 157 平方千米的配电网络；运营维多利亚州最大的配电网络；以及部分高压输电网络
Sydney Airports	SYD	合订证券	交通—机场	2002 年 8 月	19559.45	悉尼机场

名称	交易所代码	类型	基础资产类别	上市日期	市值（百万美元）	资产描述
360 Capital Digital Infrastructure Fund	TDI	合订证券	未获取	未披露	99.61	未披露
Transurban Group	TCL	合订证券	交通—收费公路	1996年3月	40750.10	20条收费公路，其中4条位于北美地区，16条位于澳大利亚悉尼、墨尔本和布里斯班；计划未来几年完成6个路桥隧道项目

资料来源：澳大利亚证券交易所官网、ASX投资产品报告以及各公司官网。

（二）工业类 A-REITs

澳大利亚 A-REITs 按照投资领域可分为：工业信托基金（industrial trusts）、写字楼信托基金（office trusts）、酒店和休闲信托基金（hotel and leisure trusts）、零售信托基金（retail trusts）及多元化信托基金（diversified trusts）。其中，工业信托基金投资于仓库、工厂和工业园区，属于广义基础设施领域。截至2019年12月31日，工业类 A-REITs 市值340.30亿美元，占比23.70%，仅次于零售类 A-REITs，如表附2.9所示。

表附2.9 澳大利亚 A-REITs 市值（按资产类别，截至2019年12月31日）

分类	2019年12月市值（10亿美元）	占比（%）
零售类	47.26	32.91
工业类	34.03	23.70
多元化	24.53	17.08
酒店和休闲类	4.55	3.17
特殊类	12.11	8.43
其他	21.13	14.71
累计市值	143.61	100.00

资料来源：ASX投资产品报告。

四、基金参与者

LIF 可采用两种管理结构，即传统结构和合订结构。其中，传统结构是指采用外部管理的独立单位信托，投资者持有 REITs 信托单位，REITs 持有物业并聘请资产管理公司作为外部顾问提供专业的资产管理服务；合订结构是采用内部管理的合订证券结构，将两个或两个以上法律实体的权益合订在一起，最常见的结构是将一个信托单位和 1 份管理公司（即运营实体）的公司股份捆绑在一起，且一经合订，两者不可拆分交易，投资者通过持有 1 股合订证券，同时持有 1 个信托单位和 1 份管理公司股份。合订结构基础架构如图附 2.8 所示。

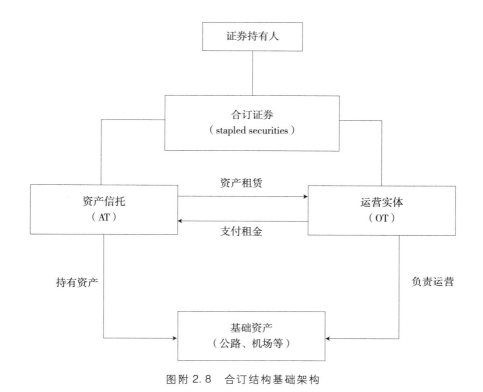

图附 2.8　合订结构基础架构

现实中，几乎全部基础设施基金均采用合订证券结构。合订证券结构下，资产信托（asset trust，AT）持有资产并将资产出租给运营实体运营；运营实体（operator trust/entity，OT）不持有土地及实物资产，负责资产运营，取得收入后向资产信托支付租金。合订证券投资者作为运营管理公司股东对资产运营有部分决策权，因此实现了内部管理。

以 Transurban Group 为例，Transurban Group 由三个法律实体合订构成，每份合订证券包含 1 份 THL 公司股份、1 份 TIL 公司股份以及一个 THT 信托单位，如图附 2.9 和表附 2.10 所示。

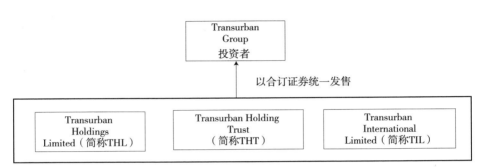

图附 2.9　Transurban Group 合订结构

资料来源：Transurban Group。

表附 2.10　上市基础设施基金参与者及职责（以 Transurban Group 为例）

角色	职责
发行人/受托人/责任实体（Issuer/Trustee/Responsible Entity）Transurban Infrastructure Management Limited	聘请中介机构，如估价师、审计机构、承销机构、律师等；确定发行日期、安排证券发行及兑付事宜，确定每个分配期的可分配收入，计算每个证券持有人的收益；可购买或处置资产、可对外负债筹集资金、可抵押基金持有的资产等。受托人有权获得不高于基金资产净值的 2% 作为回报
资产信托（MIT）Transurban Holding Trust	代表证券持有人持有资产
运营公司 1 Transurban Holdings Limited	是澳大利亚居民企业，负责经营和维护 Transurban Group 在澳大利亚本土的公路
运营公司 2 Transurban International Limited	负责经营和维护 Transurban Group 北美业务
审计师	受托人聘请，对信托进行审计；给予受托人必要的、合理的建议或信息；信托终止清算时出具审计报告；作为独立第三方出席持有人大会

续表

角色	职责
估价师	受托人聘请，对基金持有的资产进行价值评估；受托人有可能采纳评估师出具的建议作为合订证券的公允价格；给予受托人必要的、合理的建议或信息
承销商	可由受托人或受托人的关联公司担任；与受托人签订承销协议，按照与受托人的协商，可能承担余额包销职责；受托人可能聘请单一或单个承销商

资料来源：Transurban Holding Trust 章程。

收益和波动

从回报率来看，2019 年度 LIF 平均收益率为 24.48%，除 SKI 在 2019 年总收益率为负值以外，其他 7 只基础设施基金的收益率均位于 15% 以上。IF、APA、SYD 的收益率名列前三，且均超过 30%，如图附 2.10 所示。基础设施类资产通常需求稳定、合约期长、不受周期性影响且规模效应显著，因此收益增长较为稳定。

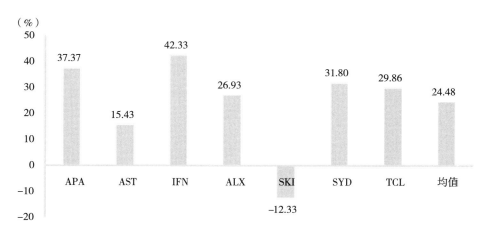

图附 2.10　上市基础设施基金 2019 年收益率

资料来源：Morningstar。

我们将澳大利亚基础设施相关指数、A-REITs 相关指数以及澳大利亚受市场认可的基准指数做一个比较。澳大利亚标准普尔 200 指数（S&P/ASX 200）

由在澳大利亚证券交易所上市的符合条件的 200 只流通市值最大、流动性最好的证券组成，被广泛认为是澳大利亚最优秀的基准指数之一。A-REITs 指数于 2014 年发布，由 S&P/ASX 200 中的 A-REIT 构成。澳大利亚标准普尔基础设施指数于 2009 年发布，由 S&P/ASX 300 指数中的交通和市政这两个板块的上市公司证券组成，但未包括能源板块。

表附 2.11 澳大利亚部分指数回报情况（Price Return） （%）

指数名称	1 年期	3 年期	5 年期	10 年期
澳大利亚标准普尔基础设施指数 S&P/ASX Infrastructure Index	−13.34	−1.23	2.72	5.71
澳大利亚标准普尔 200 指数 S&P/ASX 200	−11.03	1.47	1.57	3.00
澳大利亚标准普尔 200A-REITs 指数 S&P/ASX 200 A-REIT（Sector）	−25.33	−2.05	−0.84	3.57

资料来源：标准普尔道琼斯指数官网（spglobal.com）。

基础设施指数虽然在 1 年期、3 年期的回报略低于 S&P/ASX 200，但从长期来看优于 S&P/ASX 200，其 5 年期回报比 S&P/ASX 200 高出 73.25%，10 年期回报比 S&P/ASX 200 高出 90.33%，如表附 2.11 所示。与 A-REIT 指数对比来看，基础设施指数从回报率和波动水平上均表现更突出。由此可见，澳大利亚基础设施类资产的长期回报更稳健，更能匹配长期资金的配置需求，是长期资金优质的投资标的。

在股息率方面，由于 2018 年股价集体走低，2018 年股息率基本处于近三年的高点。其中，AusNet Services 股息率一直保持在较高水平；Spark Infrastructure Group 除 2017 年因股价大幅上涨股息率较低以外，其他年份基本维持在 5%以上；APA Group、Sydney Airport 以及 Transurban Group 相对稳定，对应波动率分别为 0.75%、0.92%及 0.47%；Spark Infrastructure Group 波动较大，波动率为 3.31%，如表附 2.12 所示。总体上看，交通类上市基础设施基金股息率变化较小，以收费公路、机场等为基础资产的上市基础设施基金股利分配稳定，股价波动相对更小。

表附 2.12　上市基础设施基金 2015—2019 年股息率情况（**dividend yield**）

（%）

名称	基础资产	2015 年	2016 年	2017 年	2018 年	2019 年
APA Group	能源	4.61	5.53	5.37	5.40	3.75
AusNet Services	能源	7.68	7.64	4.96	6.28	5.79
Infigen Energy	能源	未披露	未披露	未披露	未披露	1.61
Atlas Arteria	交通	4.16	3.99	1.63	4.04	3.86
Spark Infrastructure Group	能源	8.08	5.61	3.14	7.39	未披露
Sydney Airport	交通	3.94	5.27	4.89	2.89	4.25
Transurban Group	交通	4.19	5.02	4.51	4.83	3.87

资料来源：Morningstar，360 Capital Digital Infrastructure Fund 未披露，因此仅列示七只。

五、启示与借鉴

首先，充分发挥税收政策的引导作用。澳大利亚为广泛吸引境外投资者，专门制定 MIT 的优惠预提税率，境外投资者可享受 15% 的优惠预提税率。从政策效果来看，境外基金（如共同基金、信托基金）配置 LIF 的积极性确实较高，80% 以上投资 LIF 的基金产品来自澳大利亚以外市场，如美国、新加坡、中国香港、加拿大、爱尔兰等国家或地区，利用税收优惠政策吸引外资的效果显著。可以借鉴澳大利亚的立法思路，有针对性地制定我国基础设施 REITs 的税收政策。

其次，培育国内基金管理人的项目运营管理能力。基础设施资产通过专业化运营管理，可降低运营成本、提高管理效率，既能促进基础设施更快更好发展，也能让投资人分享到超额投资回报。澳大利亚培育了多家基础设施领域专业机构，其中麦格理集团（Macquarie Group）是全球最大的基础设施投资管理人。我国基础设施 REITs 中基金管理人是核心角色，不仅承担基金层面受托职责，也要在基金运作期间积极履行基础设施项目运营管理职责。澳大利亚麦格理集团提供了范本，其产融结合战略及相关经验值得我国基金管理人借鉴。

最后，积极发展交通基础设施 REITs。截至 2019 年 12 月 31 日，澳大利亚投资于交通基础设施（收费公路、机场）的 LIF 市值占比达 74%，其中收费公路资产在 LIF 市值中占比为 47%。我国交通基础设施体量巨大，市场空间广阔，可借鉴澳大利亚经验，积极探索发展公路、铁路等交通基础设施 REITs。

附录三　欧洲基础设施REITs

自荷兰1969年首只REITs推出之后，欧洲有15个国家相继推出了REITs的制度框架，并根据自己国家的情况不断改进完善。荷兰、比利时、英国、法国、西班牙等都形成了各具特色的REITs市场。根据欧洲各国REITs市场的发行类型看，只有比利时对PPP以及基础设施资产有自己的定义和划分，其余国家都没有特定的基础设施分类。本章将从广义的基础设施定义着手，对欧洲各国REITs市场相关行业进行分析，包括工业、仓储物流、医疗等。

第一节　发展历史及制度

欧洲各个国家REITs的诞生，均基于美国1960年之后REITs的快速发展。荷兰是欧洲首个紧随美国脚步的国家，1969年便引入了财政投资机构制度（Fiscale Beleggingstinstelling，FBI），并发行了欧洲第一只REITs产品；时隔近30年，比利时作为欧洲第二个国家于1995年颁布了房地产投资法——SICAFI，2014年在SICAFI基础上制定了 *BE-REIT Law*；随后希腊、法国等也陆续立法建立REITs市场；英国在2006年颁布《2006财政法案》（*Finance Act 2006*），开始建立REITs市场，随后英国政府进一步完善了相关法律制度，即《2012财政法案》（*Finance Act 2012*）。

截至2019年12月31日，欧洲有15个国家制定了关于REITs的法律法规，有11个国家推出了REITs产品。欧洲各个国家的REITs制度情况如表附3.1所示。

表附 3.1 欧洲各个国家制度汇总

国家和地区	出台时间	标志性条令
荷兰	1969 年	FBI（art. 28 CITA）
比利时	1995 年	Royal Decree of December 07，2010
	2014 年	Law of May 12，2014 as modified by the Law of October 22，2017（together the "BE-REIT Law"）
希腊	1999 年	Law 2778/1999（REIC Law）
法国	2003 年	Article 11 of the Finance Act for 2003
保加利亚	2004 年	Special Purpose Investment Companies Act（SPICA）
英国	2006 年	Finance Act 2006，and subsequently issued regulations
意大利	2006 年	Law No. 296/2006
德国	2007 年	Real Estate Investment Trust Law
芬兰	2009 年	Act（24. 4. 2009/299）
西班牙	2009 年	Act 11/2009
匈牙利	2011 年	Act on Real Estate Investment Companies
爱尔兰	2013 年	Finance Act 2013
立陶宛	2008 年	Law on Collective Investment Undertakings
卢森堡	2007/2016 年	Law relating to specialised investment funds（SIF） Law relating to Reserved Alternative Investment Funds（RAIF）
葡萄牙	2019 年	Decree-Law No. 19/2019

纵观整体欧洲 REITs 制度框架，欧洲各国的 REITs 制度多是借鉴美国 REITs 模式。在欧洲 REITs 体系内，各个国家未对基础设施专门设置特殊法规及制度限制。

一、荷兰财政投资机构制度（FBI 制度）

1969 年荷兰引入财政投资机构制度（FBI 制度），随后一直被各个国家引用和借鉴。该制度结合荷兰当时的公司所得税法，要求 FBI 机构要遵守荷兰的公司所得税要求，名义上需要缴税，但是实际税率为零。除了房地产业务之外，该制度同样适用于非地产投资组合。

FBI 制度为迎合欧盟法律，于 2007 年进行了修订。自修订生效后，境外实体企业也可以申请采用 FBI 制度，原限制外国投资者的条案被撤销，允许外国人在荷兰境内投资 REITs。

2017 年 10 月，荷兰政府宣布到 2020 年将要取消荷兰的直接投资房地产项目的 FBI 制度，同时取消荷兰的预提税制度①。由于受到相关行业团体和反对党的强烈反对，荷兰政府最终决定不再取消股息税，并且保留了直接投资房地项目的 FBI 制度。

二、比利时房地产信托基金制度——SICAFI 与 BE-REIT

在现行的比利时房地产投资信托基金制度下，房地产投资可以采取以下形式：（1） SICAFI/Vastgoedbevak （固定资产固定投资银行）；（2） SIR/GVVV（简称"BE-REIT"）；（3） FIIS/GVBF （特殊房地产信托投资基金）；（4） 不受管制 （在一般法律规定的情况下，公司法中的条例将适用）。SICAFI/Vastgoedbevak 和 BE-REIT 是公共房地产基金的主要模式。

为了提高比利时房地产信托基金的吸引力及竞争力，在 *BE-REIT Law* 与 BE-REIT 皇家法令的加持下，BE-REIT 的成立允许投资受监管的房地产（由此可以享受更好的税收条例），进而可以规避另类投资基金管理法的监管。

SICAFI 与 BE-REIT 的区别在于，后者并不是另类投资基金，即从投资者公开筹集资金，按照既定的投资政策进行投资，以使这些投资者受益。BE-REIT 按照法律仅能直接或通过其依法持有的公司持有不动产和参与基础建设项目，BE-REIT 需要保持一个运营行为而非一个投资行为。因此，BE-REIT 不仅仅是一个在投资限制框架下的投资行为，更是一个创造长期价值的商业计划。基于该特点，法规要求 BE-REIT：（1） 直接参与运营之中；（2） 与客户、供应商保持直接联系；（3） 维持一个运营团队。因此它与 SICAFI 不同，除了

---

① 荷兰的预提税制度：根据荷兰税法，企业所得税实行预提制度，荷税务机关在每个营业年份开始前向企业预收所得税，营业年度结束后三个月内企业根据实际应税情况与税务机关汇算清缴。其中，对非免税部分的股息收入，荷税务机关须预提 15% 固定税率的税款，对企业的股息、利息和许可费预提 5%—7% 的税款，对汇出国外部分免征预提税。

考虑股东利益，也要考虑公司的整体利益。

BE-REIT Law 也为建立机构型 BE-REIT 提供了可能性，机构型 BE-REIT 股东应为"合格投资者"。从这个角度看，转换为机构型 BE-REIT 的条件已放宽，因为 BE-REIT 法令规定的"合格投资者"名单包括最低投资额为 10 万欧元的机构投资者。

三、英国 REITs 法规——*Finance Act 2006* 和 *Finance Act 2012*

在英国，REITs 是通过《2006 财政法案》（*Finance Act 2006*）浮出水面的，该财政法案在 2007 年 1 月 1 日开始实施。2007 年 1 月 1 日，有 9 家公司被选定成立 REITs 产品，在法规颁布第一年中，REITs 产品的成立数量迅猛增长。在随后的年份中，每年成立的产品数量不多。直到 2012 年对法规作了修改后，REITs 产品的成立数量又出现大幅增长。

《2012 财政法案》（*Finance Act* 2012）对 REITs 法规进行了修改。此次修改让英国的 REITs 产品更具吸引力，成立 REITs 产品的成本更低——产品初始费用被取消，新的 REITs 产品也可以在伦敦证券交易所 AIM①（Alternative Investment Market，高增长市场）挂牌上市，并且具有三年的过渡期，在过渡期内 REITs 产品可以由公众持有且不会退市。因为持有 REITs 产品的份额属性为公众持有，所以一些特定的机构也被鼓励投资 REITs 产品。在 2013 年和 2014 年的财政法案中，政府部门对投资其他英国 REITs 的事项进行了法规修订，使得投资其他英国 REITs 所获取的收益被认为是 REITs 投资免税地产项目所获的租金收益，既考虑到封闭式的公司形式，也放松了对 REITs 股东的要求。这些改变给 REITs 行业带来了三个有利因素：投资的多元化，现金管理的灵活性和税收的简便性。

---

① AIM（Alternative Investment Market，高增长市场），是伦敦证券交易所于 1995 年 6 月 19 日建立的专门为小规模、新成立和成长型的公司服务的市场，是美国纳斯达克之后欧洲设立的一个"二板"性质的股票市场，由伦敦证券交易所（LES）负责监管和运营，但又具有相对独立性，与日本、新加坡的创业板市场有所区别。

第二节　市场现状及收益

欧洲 REITs 市场起步虽晚于美国，但是发展速度较快。尤其是英国市场，起步于 2007 年，迅速形成欧洲区域内最大体量的 REITs 市场。欧洲 REITs 市场的资产大部分以房地产为主，根据欧盟上市房地产协会（EPRA）、富时全球房地产指数（FTSE EPRA Nareit Global Real Estate Index）以及 Bloomberg 的数据统计，截至 2019 年 12 月 31 日，欧盟 28 个国家（含英国，当时未正式脱欧）的国内生产总值合计超过 18.7 万亿美元，其商业地产市值总和超过 8.1 万亿美元。欧盟上市房地产公司的总市值为 5130 亿美元，约为欧盟商业地产总市值的 6.33%；其中包括 225 个 REITs 项目，合计总市值为 2414.71 亿美元。根据 EPRA 和富时的统计数据，纳入商业地产统计范围的全球 79 个国家共有 862 只上市 REITs，市场总规模为 2.04 万亿美元，欧盟 28 个国家 REITs 市场规模占全球的 11.82%。

截至 2019 年 12 月 31 日，欧洲 11 个国家拥有 REITs 市场，合计 225 只，其中，英国 55 只，合计市值 933.12 亿美元；其他欧盟国家 170 只，合计市值 1481.59 亿美元①。英国、法国、比利时、西班牙、德国、希腊 6 个国家 REITs 的市值占欧洲 REITs 市场总市值的比例约 97%。具体每个国家发行情况如表附 3.2 所示。

表附 3.2　欧洲各国 REITs 发行情况（截至 2019 年 12 月 31 日）

序号	国家	REITs 数量（只）	REITs 市值（亿美元）
1	英国	55	933.12
2	法国	24	869.66
3	西班牙	67	258.99
4	比利时	17	206.18

①　此处市值为 Bloomberg 截至 2019 年 12 月 31 日的数据，欧元本币数据根据最新汇率进行换算的美元计量价值。

续表

序号	国家	REITs 数量（只）	REITs 市值（亿美元）
5	德国	7	65.67
6	荷兰	3	23.99
7	爱尔兰	3	21.34
8	希腊	3	19.51
9	意大利	4	11.91
10	保加利亚	41	3.89
11	芬兰	1	0.45
合计		225	2414.71

资料来源：Bloomberg。

根据欧洲 REITs 市场的发行情况，只有比利时对 PPP 以及基础设施资产有自己的定义和范围划分，其余国家均没有特定的基础设施分类。如果从广义基础设施着手，涉及行业包括工业、仓储物流、医疗等，英国、法国、西班牙、比利时、保加利亚以及爱尔兰六个国家有广义基础设施 REITs。

225 个项目中，涉及工业、仓储物流等行业的项目有 19 个，2019 年年末合计市值 286.24 亿美元，占欧洲 REITs 市场的 11.85%。具体情况如表附 3.3 所示。

表附 3.3　欧洲广义基础设施 REITs 的发行情况（截至 2019 年 12 月 31 日）

序号	标的	国家	类型	市值（亿美元）
1	SAFE LN Equity	英国	工业仓储	22.43
2	BBOX LN Equity	英国	工业仓储	33.64
3	WHR LN Equity	英国	工业仓储	3.55
4	BYG LN Equity	英国	仓储	26.57
5	BLND LN Equity	英国	混合型—工业	78.38
6	SREI LN Equity	英国	混合型—工业	3.80
7	CREI LN Equity	英国	混合型—工业	6.22
8	LXI LN Equity	英国	混合型—工业	9.67
9	YP3L SM Equity	西班牙	混合型—工业	0.34

续表

序号	标的	国家	类型	市值（亿美元）
10	YGOP SM Equity	西班牙	混合型—工业	1.19
11	YAPS SM Equity	西班牙	混合型—工业	3.64
12	ARG FP Equity	法国	混合型—工业	19.29
13	MONT BB Equity	比利时	工业仓储	14.35
14	INTO BB Equity	比利时	工业仓储	7.08
15	WDP BB Equity	比利时	混合型—工业	44.85
16	WEB BB Equity	比利时	混合型—工业	2.13
17	LEAS BB Equity	比利时	混合型—工业	7.51
18	5BU BU Equity	保加利亚	混合型—工业	0.39
19	YEW LN Equity	爱尔兰	混合型—工业	1.22
合计	286.24			

资料来源：Bloomberg。

我们主要看以上 19 个广义基础设施 REITs 的表现。欧洲 REITs 市场与欧洲基础设施 REITs 的整体市值在金融危机之后稳步增长，但是在 2019 年之后，REITs 市场受疫情经济环境的影响大幅下跌，同期基础设施 REITs 也下跌明显，如图附 3.1 所示。而对于净资产收益率（ROE），整体 REITs 的收益表现波动不大，但是基础设施 REITs 的收益水平在 2017 年之后有明显的增幅。再来看基础设施 REITs 在价格走势、波动率和分红方面的表现，很明显基础设施 REITs 的价格表现优于整体 REITs，但是价格波动相较整体 REITs 较大。基础设施 REITs 的分红表现也优于整体 REITs 市场的表现。

第三节 特色国家

一、英国发掘基础设施的发展潜质

作为欧洲体量最大的基础设施投资市场，英国在基础设施 REITs 中具有很大特色，基础设施的项目投资人或持有者以寻求收益和通货膨胀相匹配的养老金和主权财富基金为主。

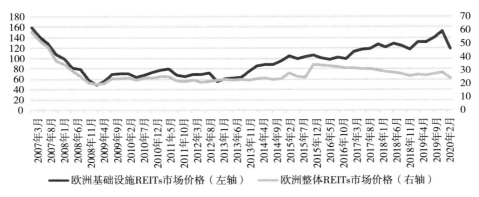

图附 3.1　欧洲广义基础设施 REITs 价格与欧洲整体 REITs 市场走势对比

资料来源：Bloomberg。

英国对于寻求中长期投资前景的外国资本来说，仍然是一个有吸引力的目的地。2019 年版全球基础设施中心和 EDHEC 基础设施研究所（EDHECinfra）的调查将英国排为未来五年私人基础设施投资潜力第三大的市场。

许多新型的基础设施项目可能即将出现，英国首相约翰逊可能会推动引入新的 5G 网络，他也表示将增加额外支出用于医疗基础设施、铁路网的延伸，特别是高速铁路等基础建设领域。此外，英国脱欧后，英国各地关于"自由港"的谈论将需要更多的基础设施和房地产开发项目作为支撑。而基础设施投资往往与房地产和私人投权投资具有相似性，因此是相对有吸引力的选择。

具备底层资产支持的基础设施投资（共享房地产和私人股权特征）的一个典型案例即是港口投资。港口在运营和物流方面都与私人股权投资非常相似。此外，鉴于潜在的房地产权益，此类基础设施投资受经济基本面和房地产市场力量的影响，特别是资产的部分资本价值来自租赁活动、租金增长和估值收益率中隐含的房地产风险。

除了基础设施投资的共同优势外，下面还比较了基础设施与私人股权和房地产投资的相似性，为基础设施投资成为普遍的选择增添了理由①：

---

①　"An Asset on the Rise：Infrastructure（part two）"，https：//www.ocorian.com/article/asset-rise-infrastructure-part-two.

基础设施资产并非传统 REITs 的投资标的，但目前基础设施 REITs 也得到市场的广泛认可。传统 REITs 投资机会包括零售、办公、住宅和工业，专门的基础设施 REITs 则拥有和管理具有租金收入流特征的基础设施资产。基础设施物业类型可包括数据中心、港口、机场、风能和太阳能农场、光纤电缆、木材、无线基础设施、通信铁塔和能源管道等。

举一个具体案例，英国最大的物流项目 SEGRO 运营管理的是以现代仓储和轻工业为主的资产，合计 122 亿英镑（其中 SEGRO 在合资企业中的份额合计 103 亿英镑）。这些资产主要集中在 9 个欧洲国家的主要城市和地区中心。无论在仓库的地理位置还是客户的选择上，SEGRO 都是领先的 REITs 项目。

SEGRO 的主要资产有两部分：城市仓库及大型仓储。城市仓库占据优异的地理位置，有较强的升值空间以及租金上涨空间；而大型仓储虽然租金上涨空间不及城市，但是在范围以及供应链的使用效率上有很大优势，这两部分的结合就是 SEGRO 的投资策略。

SEGRO 在 2018 年也进入了中国市场，押注中国一二线城市的物流前景。而事实上，在中国物流高速发展的过程中，物流行业的租金回报率确实高于传统商业物业的租金回报率，故从基础设施方面起步的我国公募 REITs 市场有很大的未来空间，值得期待。

二、比利时 BE-REITs 中的 PPP 模式①

比利时的 BE-REIT，有专门的一项分类——PPP 模式，该模式主要包括 BE-REIT 中执行 DBF（设计—建设—融资）协议、DB（F）M（设计—建设—融资—维护）协议、DBF（M）O（设计—建设—融资—维护—运营）协议，或特许公共工程协议（即参与公私合营）的资产，即与我国的 PPP 模式类似。BE-REIT 可以直接签订合同，也可以在项目公司的合资企业签署一些特许工程的协议。

这些与基础设施相关的活动也可以由 BE-REIT 参与的项目公司来进行。

---

① European Public Real Estate Association，"EPRA Global REIT Survey 2019"，p. 10.

在项目公司参与的情况下，将给予项目最低参与门槛的计损，只要允许该 BE-REIT 在两年内增加该项目公司股本的 25% 以下即可（在公共建设阶段需要更长的时间），以符合以下关于投资合资企业的要求。此外，项目公司还可以选择机构 BE-REIT 的身份，并从其税收制度中获益。

第一，PPP 模式的风险分散优势。普通的 BE-REIT 投资于单个房地产项目的资金不得超过其总资产的 20%。在某些特定条件下，只要其杠杆限额不超过其合并资产的 33%，就有可能从比利时金管局（FSMA）得到避免该规则的条件。

如果 PPP 的基础设施的租户、用户或受益人为欧洲经济区（EEA）成员国，则该风险分散要求和 BE-REIT 资产上限的 20% 均不适用。

鉴于投标保证金或类似机制，BE-REIT 为第三方授予贷款或既有证券的限制不适用于针对公私合营伙伴关系所述的基础设施活动框架。根据一系列条件，抵押或其他担保不得超过相关资产价值的 75% 的限制也不适用，并且与这些基础设施项目有关的债务也不受杠杆限制的约束，也未纳入 BE-REIT 的杠杆限制范围内。

第二，PPP 模式中的合资企业。考虑到 BE-REIT 投资者的利益，该法规还包含适用于合资企业的特定条款。最低参与度为周边公司的资本的 25%（加 1 股股份），这也可以选择机构 BE-REIT 的身份。对于 BE-REIT，这些参与（在没有排他性或共同控制的情况下）不能超过其合并资产的 50%。禁止 BE-REIT 根据其参与合资企业（至少 25% 加 1 股股份）而减损其投票权的股东协议。

第三，PPP 模式中的杠杆比例优势。

关于 BE-REIT 的杠杆比例，主要有三方面要求：

（1）LTV 比率限制为（合并）资产的 65%（在特定条件下限制为 33%）；

（2）利息支出限制为总收入的 80%；

（3）抵押（或其他抵押品）限制为全球资产的 50%，"不动产"的公允价值和抵押的每个"不动产"价值的 75%，但涉及公私合营的情况除外。

比利时的法律规定，贷款总额不得超过 BE-REIT 资产总公允价值的 65%

（在签订贷款时）。此外，年度利息成本不得超过年度运营和财务收入总额的80%。如果 BE-REIT 持有投资房地产的关联公司的股份，则杠杆限制将进行合并计算，需要符合以上限制。

为了保证主动管理，BE-REIT 的综合债务资产比率超过 50%时，必须立即向 FSMA 提交下一阶段的财务计划。而当 BE-REIT 取得了减免风险分散条款的许可，则资产负债率不得超过 33%，BE-REIT 只能将房地产的抵押（或其他抵押品）用于其"不动产"活动或"不动产"活动的融资。但是 PPP 模式，即与公私伙伴关系有关的基础设施项目，可以抵押不动产（或其他抵押品）的公允价值 75%以上，而其他项目是不可以的。

后　记

　　本书是集体智慧的结晶，是共同创作的成果。来自中国 REITs 一线的多位专家和资深人士以不同方式参与了本书的写作，向他们表示衷心感谢。

　　由衷感谢上海证券交易所金永军、王长辉、姚远，深圳证券交易所卞超、尚凯东、王立华，以及德恒律师事务所黄华珍、中税税收研究院高晟、中信证券俞强、中建基金金浩、中伦律师事务所刘柏荣参与本书政策篇的撰写。感谢他们对 REITs 基金指引、交易所审核规则、PPP、金融、税收、国资等方面的政策解读与分析。

　　由衷感谢中信证券陈聪、弓永峰、关鹏、李想、姜娅、黄莉莉，招商证券苏宝亮、余俊、游家训，南方基金尹力、刘迪，中再资本王文武参与本书行业篇的撰写。感谢他们为行业篇贡献了大量有益观点和宝贵资料。

　　由衷感谢中联基金杨扬、李宗霖、李婧、张唯也、陈真、彭超、葛建宇，汉坤律师事务所方榕，戴德梁行胡峰，普华永道康杰参与本书实务篇的撰写；感谢嘉实基金王艺军，中信建投证券谢常刚，招商证券赵可，中信证券余经纬参与本书投资篇的撰写。感谢他们为本书提供了丰富的实操内容和参考资料。

　　由衷感谢张江高科刘樱，浙商资管范勇光，首创股份杨梦佳，苏州工业园国控公司钱晓红，普洛斯投资杨敏，招商蛇口黄均隆，广州交投邓鉴焜，深创投不动产基金孔令艺，中航基金刘建参与本书案例篇的撰写。感谢他们提供了首批基础设施 REITs 试点项目鲜活而翔实的一手资料。

　　由衷感谢华金证券杜鹏、杨超参与本书附录国际 REITs 市场有关内容的撰写。感谢他们提供了美国、亚太区域、欧洲等境外成熟 REITs 市场的法规制度、实践经验，为本书内容做了很好的扩展。

　　由衷感谢普华永道陈静，毕马威于芳，国寿资产闫立罡，招商局置地余志良，中金公司张宇，深创投不动产基金罗霄鸣，中国 REITs 论坛柏甜雪，中邮理财彭琨，越秀集团曾志钊，E20 研究院薛涛，华金证券郭颖、林倩倩、陈一格等为本书提供的宝贵意见和建议。感谢北京大学光华管理学院张骞、李尚宸提供的研究和撰写支持。

　　由衷感谢人民出版社对本书的大力支持，感谢责任编辑曹春等同志的敬业精神和无私帮助，使本书得以高质量、高效率出版。

责任编辑：曹　春
封面设计：汪　莹

图书在版编目（CIP）数据

REITs：中国道路/韩志峰等 著. —北京：人民出版社，2021.6（2021.7 重印）
ISBN 978 - 7 - 01 - 023519 - 6

Ⅰ.①R…　Ⅱ.①韩…　Ⅲ.①房地产投资-信托基金-研究-中国
　Ⅳ.①F832.49

中国版本图书馆 CIP 数据核字（2021）第 116603 号

REITs：中国道路
REITs：ZHONGGUO DAOLU

韩志峰　张　峥　等著

人 民 出 版 社 出版发行
（100706　北京市东城区隆福寺街 99 号）

北京汇林印务有限公司印刷　新华书店经销

2021 年 6 月第 1 版　2021 年 7 月北京第 2 次印刷
开本：710 毫米×1000 毫米 1/16　印张：37.5　插页：4
字数：600 千字

ISBN 978 - 7 - 01 - 023519 - 6　定价：138.00 元

邮购地址 100706　北京市东城区隆福寺街 99 号
人民东方图书销售中心　电话 （010）65250042　65289539